Snátha den Seansaol
Strands of Traditional Life

Do Mháire, Áine, Dónall, Liam agus Étaín

Snátha den Seansaol
Strands of Traditional Life

PÁDRAIG Ó HÉALAÍ

Aistí ar bhéaloideas an Bhlascaoid agus na míntíre
Essays on Blasket and mainland folklore

SNÁTHA DEN SEANSAOL
First published in 2022 by Martello Publishing
Glenshesk House
10 Richview Office Park
Clonskeagh
Dublin D14 V8C4
Republic of Ireland
martellopublishing.ie

Copyright © Pádraig Ó Héalaí

ISBN: 978-1-99989-687-4

All rights reserved. The material in this publication is protected by copyright law. Except as may be permitted by law, no part of the material may be reproduced (including by storage in a retrieval system) or transmitted in any form or by any means; adapted; rented or lent without the written permission of the copyright owners. British Library Cataloguing in Publication Data.

A CIP catalogue record for this book is available from the British Library.

Published in association with Comhairle Bhéaloideas Éireann / Folklore of Ireland Council
With support from Ollscoil na Gaillimhe / University of Galway

Proofing by Tracey Ní Mhaonaigh
Book and cover design by Niall McCormack
Printed by SprintPrint
Set in 12pt on 17pt Adobe Jenson Pro

10 9 8 7 6 5 4 3 2 1

Clár / Contents

Réamhrá		vii
Eagarthóireacht		viii
Nóta buíochais		ix
Léaráidí / *Illustrations*		xii
Léarscáil Corca Dhuibhne / *Dingle Peninsula Map*		xiv

CAIBIDIL / CHAPTER

1	Iompar agus Saolú Clainne ar an mBlascaod	1
2	Saol an Linbh ar an mBlascaod	53
3	Mothú Tuistí i leith a Leanaí	89
4	*Child Death Traditions in Ireland*	109
5	Síthuadach agus Iarlaisí i mBéaloideas Chorca Dhuibhne	127
6	Creideamh agus Cinniúint	149
7	Toise na Draíochta i Leigheas na Muintire	177
8	Peig Sayers agus Leigheas na Muintire	207
9	*The Priest in Irish Fairy Legends*	231
10	Lorg Leabhar Eineoc ar an Sísheanchas	247
11	*Rival Brokers of Supernatural Power* *The legend of the priest's stricken horse*	259

12	Snátha i Seanchas na Mallacht	277
13	*A View from the Forge* *Traveller prejudice in Irish legends*	289
14	An Fhéile i Scéalta Cráifeacha	311
15	An Timpeallacht trí Shúile an Chreidimh An Slánaitheoir agus feithidí i scéalta mínithe	335
16	Bó, Beannaitheacht; Im is Asarlaíocht	355
17	Paidreacha na Muintire	387
18	An Leabhar Eoin – idir Dheabhóid agus Phiseogacht	417
19	Trí Scéal Fiannaíochta ó Thomás Ó Criomhthain	435
20	Fionn agus na Fir Ghorma	469
21	'Lean Ar Do Láimh' Seanscéal idirnáisiúnta in Éirinn	499

Noda / *Abbreviations*	515
Foinsí / *Sources*	517

Réamhrá

Bailiúchán aistí atá sa leabhar seo ina bhfuil plé ar shnátha de shainréimse cultúir a choimsíonn tuiscintí traidisiúnta, nósanna agus scéalaíocht. Tá an cur síos ar na hábhair a chuirtear i láthair ann bunaithe go príomha ar fhianaise bhailiúchán Chnuasach Bhéaloideas Éireann, roinnt freisin ar scríbhinní an Bhlascaoid, agus i gcásanna áirithe, ar obair pháirce an údair. Dírítear go sonrach i gcuid de na haistí ar shaol an Bhlascaoid ach ní chiallaíonn sin, ar ndóigh, gur le saol an Oileáin amháin a bhaineann na traidisiúin a phléitear iontu. Ní breac ann féin ar fad é béaloideas an Bhlascaoid, mar gurb é an béaloideas céanna den chuid is mó a bhí ag pobal na míntíre ba ghiorra dóibh, ní nach ionadh, óir ba den phór céanna iad, iad fite fuaite ina chéile, agus a lán dá dtaithí saoil i gcoiteann acu. Cé nach bhfuil an fócas logánta céanna seo ar ábhar na n-aistí eile atá dírithe ar thraidisiún na tíre trí chéile, fós féin, is cuid dhílis freisin de bhéaloideas Iarthar Dhuibhneach iad na gnéithe den seansaol a chíortar iontu – léiriú ar an tsraith choiteann cultúir atá mar mháithreacha faoi bhéaloideas na Éireann.

Tá an éagsúlacht a bhaineann leis na réimsí den bhéaloideas a chuirtear i láthair sa leabhar le léamh ar theidil na n-aistí. Aidhm bhunúsach i léann an bhéaloidis is ea léiriú a thabhairt ar an staid dhaonna agus tuiscint ina taobh a chur chun cinn. Féachtar, dá réir sin, in aistí an leabhair seo le tionchar an traidisiúin ar réimsí de shaol an phobail a ríomh, agus aird a dhíriú ar an ról a bhí ag scéalta, seantuiscintí agus nósanna ar chruinneshamhail agus ar iompar daoine ina saol laethúil.

Eagarthóireacht

Cuireadh gnáthlitriú an lae inniu i bhfeidhm ar théacsanna Gaeilge lámhscríbhinní Chnuasach Bhéaloideas Éireann agus ar thras-scríobh an údair ar thaifeadtaí faisnéiseoirí. Glacadh, áfach, le roinnt foirmeacha atá aitheanta in *Foclóir Gaeilge-Béarla* (Ó Dónaill). Níor deineadh aon athrú ar chomhréir ná ar fhoirmeacha gramadaí ach idirdhealaíodh de réir cheart stairiúil na teanga na réamhfhocail 'de' agus 'do' agus a bhforainmneacha réamhfhoclacha. Scríobhadh 'don' in áit 'an' na lámhscríbhinne a léiríonn gluaiseacht, e.g., ag dul an chré > ag dul don chré. Maidir le hathruithe tosaigh, glacadh le séimhiú, urú nó loime mar bhí sna foinsí, seachas corruair fhánach nuair a measadh gur sciorradh pinn nó focail faoi deara iad. Léiríodh de réir canúna, cáilíocht chaol an chonsain deiridh sa bhfoirceann briathartha '-mair' agus arís i roinnt foirmeacha eile mar gaibh, loirg, tair. Scríobhadh 'ag' in áit 'a' (+ ainm briathartha), e.g., a leanúint > ag leanúint. Scríobhadh an réimír threise 'an-' in áit 'ana' na lámhscríbhinne. Cóiríodh poncaíocht agus paragrafaíocht na lámhscríbhinní in áiteanna a measadh gur chúnamh sin don léitheoir.

An t-údar féin atá freagrach as an aistriúchán ar shleachta Gaeilge sna haistí Béarla agus as aon bhotúin nó míchruinneas in ábhar na n-aistí.

Nóta buíochais

Táim fíorbhuíoch don Dr Críostóir Mac Cárthaigh, Stiúrthóir Chnuasach Bhéaloideas Éireann, as dréacht den leabhar a léamh, leasuithe a mholadh agus cead a thabhairt ábhar ón gCnuasach a fhoilsiú ann. Is mór agam leis an cúnamh a thug sé ag cóiriú na léaráidí agus, mar aon lena chomhghleacaí, Jonny Dillon, ag soláthar míreanna ón gCnuasach. Is maith an ceart dom mo chomaoin ar na Blascaodaigh, Seán Pheats Tom Ó Cearnaigh agus Lís (Ní Chatháin) Uí Laoithe, a chur ar taifead anseo, agus buíochas ó chroí a ghabháil as a gcineáltas agus a bhféile ag tabhairt faisnéise faoi shaol an Oileáin. Tá mo bhuíochas dlite freisin do na daoine seo a leanas as a n-eolas a roinnt liom agus cúnamh a thabhairt i slite éagsúla leis an leabhar a chur ar fáil: na hOllúna Bo Almqvist, Máirín Ní Dhonnchadha, Séamas Ó Catháin, Cathal Ó Háinle agus Ríonach uí Ógáin; An Msgr Pádraig Ó Fiannachta; An Dr Máirtín Ó Briain, An Dr Fionnuala Carson Williams, An Dr Clodagh Ní Dhúill, Lorcán Ó Cinnéide, Stiúrthóir Ionad an Bhlascaoid Mhóir agus Michael Kenny, Ard-Mhúsaem na hÉireann; An tAth. Éamon Ó Conghaile; Siúracha San Clár, Gaillimh; Máirín (Ní Laoithe) Uí Shé, Cáit (Ní Laoithe) Uí Bheaglaoi, Jimmy Bruic; Máiréad (Ní Chearnaigh) Uí Fhlatharta agus a céile Pádraig.

Is cuí dom leis aitheantas a thabhairt do dhea-mhéin na bhfoilsitheoirí sin a cheadaigh leas a bhaint anseo as leaganacha luatha de na haistí, mar atá sonraithe thíos. Táim faoi chomaoin ag Ollscoil na hÉireann, Gaillimh, as cúnamh maoinithe a chur ar fáil d'fhoilsiú an leabhair, agus ag na foilsitheoirí, Comhairle Bhéaloideas Éireann agus Martello Publishing, as a gcúram gairmiúil slachtmhar ina leith. Tá buíochas ar leith ag dul uaim don Dr Tracey Ní Mhaonaigh as an téacs a phrofú. Ar deireadh, ba mhaith liom mo bhuíochas a chur in iúl d'fhoireann na Sainbhailiúchán, Leabharlann Uí Argadáin, Ollscoil na hÉireann, Gaillimh, as a gcroíúlacht ag cur ábhar léitheoireachta ar fáil faoi fhorálacha cóibhide.

Tá leaganacha de chaibidil an leabhair i gcló cheana sna foilseacháin seo a leanas:

1 *Léachtaí Cholm Cille*. 22. Maigh Nuad: An Sagart. 1992: 81–122.
2 *Ceiliúradh an Bhlascaoid*. 2. Baile Átha Cliath: Coiscéim. 1998: 44–81.
3 Bo Almqvist et al., Eag. *Atlantic Currents. Sruthanna an Atlantaigh Thiar. Aistí in onóir do Shéamas Ó Catháin*. Dublin: University College Dublin Press. 2012: 223–40.
4 Jim Higgins. Ed. *Irish Islands Folk Studies and Folklore*. Galway City International Heritage. Conference Papers. Galway: The Crows Rock Press. 2019: 107–24.
5 Lesa Ní Mhunghaile & Ríonach uí Ógáin. Eag. *'Rí na Gréine': Aistí i gcuimhne ar An Seabhac*. Baile Átha Cliath: An Cumann le Béaloideas Éireann. 2015: 1–22.
6 Aogán Ó Muircheartaigh. Eag. *Oidhreacht an Bhlascaoid*. Baile Átha Cliath: Coiscéim. 1985: 45–79.
7 *Ceiliúradh an Bhlascaoid*. 22. Baile Átha Cliath: Coiscéim. 2018: 17–46.
8 *Béaloideas*. 87. Baile Átha Cliath: An Cumann le Béaloideas Éireann. 2019: 139–54.
9 Leander Petzholdt. Ed. *Folk Narrative and World View*. Beiträge zur Europäischen Ethnologie und Folklore. Sraith B. Iml. 7. Frankfurt am Main: Peter Lang. 1996: 609–21.
10 Ríonach uí Ógáin et al. Eag. *Sean, nua agus síoraíocht. Féilscríbhinn in ómós do Dháithí Ó hÓgáin*. Baile Átha Cliath: Coiscéim. 2012: 289–300.

Nóta buíochais

11 *Béaloideas*. 62–3. Baile Átha Cliath: An Cumann le Béaloideas Éireann. 1994–5: 171–88.
12 Kelly Fitzgerald, Bairbre Ní Fhloinn, Meidhbhín Ní Úrdail & Anne O'Connor. Eag. *Life, Lore and song. Essays in Irish tradition in honour of Ríonach uí Ógáin.* 'Binneas an tSiansa.' *Aistí in onóir do Ríonach uí Ógáin.* Dublin: Four Courts Press: 2019: 263–70.
13 Coimbra Group. Ed. *Migration, Minorities, Compensation. Issues of cultural identity in Europe.* Brussels: Coimbra Group Publications. 2001: 83–92.
14 *Breis Faoinár nDúchas Spioradálta. Léachtaí Cholm Cille.* 30. Maigh Nuad: An Sagart. 2000: 7–28.
15 Máirtín Ó Briain & Pádraig Ó Héalaí. Eag. *Téada Dúchais. Aistí in ómós do Bhreandán Ó Madagáin.* Indreabhán: Cló Iar-Chonnacht. 2002: 313–37.
16 *Iris na hOidhreachta.* 4. Baile an Fheirtéaraigh: Oidhreacht Chorca Dhuibhne. 1992: 61–102.
17 *Léachtaí Cholm Cille.* 10. Má Nuad: An Sagart. 1979: 131–52.
18 Micheál Mac Craith & Pádraig Ó Héalaí. Eag. *Diasa Díograise. Aistí i gcuimhne ar Mháirtín Ó Briain.* Indreabhán: Cló Iar-Chonnacht. 2009: 363–85.
19 *Irisleabhar Mhá Nuad.* An Daingean: An Sagart. 2015: 195–245.
20 *Léachtaí Cholm Cille.* 25. Maigh Nuad: An Sagart. 1995: 165–88.
21 Séamas Ó Catháin. Eag. *Northern Lights. Following folklore in North-Western Europe. Essays in honour of Bo Almqvist.* Dublin: University College Dublin Press. 2001: 279–91.

Léaráidí / Illustrations

1. Peig Sayers.
2. Máire Uí Dhuinnshléibhe, 'Méiní': bean ghlúine ar an mBlascaod.
3. Lís Ní Shúilleabháin: í féin agus a deartháir [Maidhc?] ag socrú mála plúir ar asal le hiompar chun an tí.
4. Seán (Pheats Tom) Ó Cearnaigh, Blascaodach.
5. Seosamh Ó Dálaigh: bailitheoir lánaimseartha le Coimisiún Béaloideasa Éireann (1936–1951), agus Tomás Mac Gearailt, Márthain, Corca Dhuibhne.
6. Mícheál Ó Gaoithín ('An File'): mac Pheig Sayers, údar agus bailitheoir páirtaimseartha le Coimisiún Béaloideasa Éireann.
7. Seán Sheáin Í Chearnaigh: Blascaodach, údar agus bailitheoir páirtaimseartha le Coimisiún Béaloideasa Éireann.
8. Máire agus Cáit Ruiséal, Dún Chaoin: finnéithe dílse ar an seansaol.
9. Seán Ó Criomhthain, mac údar *An tOileánach*, agus a bhean chéile Lís Ní Shúilleabháin.
10. Lís (Ní Chatháin) Uí Laoithe, Blascaodach, lena gariníonacha Nóirín agus Céitílís Ní Bheaglaoi.
11. Cóta ar gharsún ar an mBlascaod: Maras (Mhaidhc Léan) Ó Guithín, an buachaillín fionn sa lár chun tosaigh.
12. Caipíní ar gharsúin ar an mBlascaod.
13. Leanaí an Bhlascaoid ag baint taitneamh as ceol.
14. Rinn an Chaisleáin, An Blascaod Mór.

15. Figiúirín bábóige (c. 9cm ar fhad) ón tochailt sa Riasc.
16. Pádraig Ó Siochfhradha ('An Seabhac'): Uachtarán, An Cumann le Béaloideas Éireann (1927–1964).
17. Sabhaircíní: molta mar leigheas ar an liath bhuí.
18. Crobh dhearg: molta mar leigheas ar mhún fola.
19. Magairlín meidhreach: molta mar chóir leighis do bhaill ghiniúna an fhireannaigh.
20. Conach: creideadh go dtugadh an bolb seo an mún dearg d'ainmhithe.
21. Nioclás Breatnach: bailitheoir lánáimseartha le Coimisiún Béaloideasa Éireann (1935–1937).
22. Cró na Snáthaide, Cill Maoilchéadair.
23. A blacksmith in his forge.
24. Travelling family's temporary dwelling.
25. Beach: mhúin a cealg ceacht do Naomh Peadar.
26. Deargadaol: feithid mhallaithe de réir an tseanchais.
27. Priompallán: feithid bheannaithe de réir an tseanchais.
28. Damhán alla: thug cosaint don Slánaitheoir.
29. Cuigeann: creideadh go mbíodh bagairtí iomadúla ar an maistreadh.
30. Scrín Laichtín.
31. Agnus Dei agus Leabhar Eoin.
32. Tomás Ó Criomhthain.
33. Fionán Mac Coluim: duine de bhunaitheoirí an Chumainn le Béaloideas Éireann.
34. Peats Dhónaill Ó Cíobháin, scéalaí, Baile na nGall, Corca Dhuibhne.
35. Donncha Ó Laoithe, scéalaí, Baile Uí Chorráin, Corca Dhuibhne agus Seán Bruic, a shín-gharnia ar a leathghlúin.

I:
Iompar agus Saolú Clainne ar an mBlascaod

MEON I LEITH CLAINNE

Mar ba ghnách i bpobal traidisiúnta, bhíodh fáilte mhór i gcónaí ar an mBlascaod roimh dhuine clainne, ba chuma cé chomh líonmhar agus a bhí an muirear cheana nó cé chomh dealbh is bhí an líon tí. 'Ní raibh a dhóthain clainne ag fear bocht riamh', a deir an seanfhocal agus is cosúil go raibh glacadh iomlán leis sin.[1] Ba thabhartas ó Dhia acu a gclann agus fógraíonn seanfhocail eile go láidir an ríméad a spreag páistí: 'Spéir gan réilthín, tinteán gan leanbhaí';[2] 'Na trí glórtha is binne – meilt bhró, géimreach bó is béic leinbh';[3] 'Grianán tighe, teine nó leanbh maith'.[4] Rud eile a léiríonn cé chomh mór agus ba mhian le lánúintí i sochaí thraidisiúnta muirear a bheith orthu is ea an iliomad oideas agus cleachtas ar cuireadh eolas fúthu ar aghaidh ó ghlúin go glúin a raibh sé d'aidhm leo clann a chinntiú do lánú a bhí á huireasa.[5] Tá buneilimintí den mheon traidisiúnta i leith clainne curtha i láthair go drámatúil sa scéal a theagascann nár chum Dia béal riamh nár cheap sé rud le cur ann, agus is cinnte gurbh éifeachtach an sás an scéal céanna seo chun an meon sin a dhaingniú:

Bhí beirt deirféar ann uair, duine acu pósta ar fhear saibhir ach gan aon chlann uirthi agus an bhean eile pósta ar bhochtán agus muirear mór uirthi sin. Saolaíodh leanbh óg eile don bhean bhocht agus nuair a shíl sí cúnamh beag airgid a iarraidh ar a deirfiúr shaibhir, is amhlaidh a dhírigh sí siúd uirthi ag rá nach raibh aon dealramh léi leanbh eile a thabhairt ar an saol agus gan aon ní aici le cur ina bhéal. Trí ráithe ón lá sin saolaíodh mac di féin agus ní raibh aon bhéal ar an leanbh sin.[6]

In aguisín a chuir Peig Sayers (léaráid 1) le leagan dá cuid den scéal seo tá friotal teagascúil curtha aici ar an dearcadh traidisiúnta maidir le cúram Dé i leith muirear mór:

Ná cíonn tú an dreoilín agus bíonn muirear mór air agus tógann sé gach ceann acu agus cuireann rud i ngob gach gearrcaigh acu ón gcéad cheann go dtí an ceann déanach. Sin é an scéal ag máithreacha bochta go mbíonn muirear mór orthu, tugann Dia cabhair dóibh chun iad a thógaint ó dhuine go duine.[7]

Ní hé go deimhin go rabhthas dall ar an méid a bhain saolú agus tógaint an mhuirir mhóir as na mná: 'Más trom é an toradh is lag é an crann', an nath a bhíodh ag seanbhean ar an Oileán le bean go raibh mórán clainne aici.[8] Bhí an tuiscint ann chomh maith gur bhain fiúntas spioradálta le saolú clainne, mar a thug bean chabhartha ar an mBlascaod, Máire Uí Dhuinnshléibhe, 'Méiní' (léaráid 2), le fios: 'Deir siad, bean a bheidh ag iompar linbh go mbeidh sí naofa agus logha mór atá ag máthair cúpla.'[9] Bhí an tuiscint ann leis nach rachadh bean phósta a shaolaigh leanbh go hifreann choíche.[10]

Bhí dearcadh eile i leith muirir, áfach, tagtha chun cinn sa ghlúin dheireanach a chleacht saol an Oileáin. Níor leor feasta fáiltiú gan cheist roimh bhreis clainne, níorbh fholáir bheith freagrach agus féachaint chuige go mbeadh saol ar fónamh le fáil ag clann. Sin é an meon a léiríonn Lís Ní Shúilleabháin (léaráid 3) i litir léi go George Chambers ar an 24 Márta 1939:

Iompar agus Saolú Clainne ar an mBlascaod

Children are not for poor people with four or five shillings a week dole money and nothing else. Surely it's a sin to have children and not being able to give them what they want in life, educations and good jobs, if they can't have that it's better for them not to be born. They are spared around the Island already, no one wants them, they are just in the way, with no money. Don't you see my father and mother today the state they are in with the family reared inside the house, with them yet supporting them.[11]

Ní hamhlaidh nár féachadh i sochaí thraidisiúnta le srian a chur le líon clainne óir bhí roinnt seanchleachtas a bhí dírithe air sin,[12] agus léiríonn an fhianaise ón mBlascaod go gcuathas ina leith sin go háirithe nuair a measadh gur bhagairt ar bheatha na máthar é saolú linbh. Tuigeadh, mar shampla, go raibh mná áirithe a gcuirfeadh saolú linbh i mbaol báis iad agus chuathas i leith cleachtais thraidisiúnta lena chinntiú nach mbeadh leanbh eile acu. Tá an cuntas seo ag Méiní ar chur chuige amháin díobh seo:

Do thugadh máithreacha deoch dá n-iníonacha uaireanta dá mbeidís olc ar leanaí. Do thugaidís deoch dóibh chun ná beadh aon leanbh eile acu. Do thugaidís bhód agus cupros le n-ól dóibh.[13]

Dhealródh gur chreid Méiní féin go raibh an chumhacht sin ag an deoch mar cuireann sí i láthair mar an fhírinne ghlan, eachtra faoi bhean ó Dhún Chaoin a chuir bhód trí dhearmad i gcorcán uisce a bhí ar an tine, agus conas mar d'ól a triúr iníon an deoch – ag ceapadh gur tae é – agus nach raibh clann ag aon duine acu tar éis dóibh pósadh. Bhí sé ráite, a dúirt sí, gurbh é an deoch a chuir ó pháistí iad.[14] Rud eile, a dúirt sí, a d'fhéadfadh bean a chur ó chlann ab ea cuairteoir chun an tí a dhul amach doras eile seachas an ceann a tháinig sí/sé isteach.[15] Tugann faisnéis ó Chontae an Chláir le fios nach mbeadh tuilleadh clainne ag máthair mura bhfágfaí oscailt sa chónra ag cosa linbh léi agus é á adhlacadh.[16] I gcás mná a bheadh tar éis marbhpháiste a shaolú, nó a raibh leanaí léi básaithe cheana, théití i leith cleachtais eile chun í a choimeád ó leanbh a bheith aici, mar atá, an leanbh básaithe a chur béal faoi.¹⁷ Luann Peig Sayers an cleachtas seo go háirithe le bean shingil a saolófaí leanbh di agus a chuirfeadh sí chun báis, rud nárbh annamh tráth mar gheall ar an gcol láidir sóisialta agus reiligiúnda a bhí le páiste a shaolú lasmuigh den phósadh:¹⁸

> Is minic a bhí leanbh ar an sly ag cailín óg agus is minic, go bhfóire Dia orainn, níosa thúisce ná mar a thabharfadh sí a haghaidh ar na daoine leis an leanbh san, go gcuireadh sí crích bháis air. An té go dtarlódh san di, nuair a bheadh sí chun an leanbhín sin a chur uaithe – pé poillín go gcuirfeadh sí é – dá ndéanfadh sí a bhéal agus a fhiacla a bhualadh fé, ní bheadh aon leanbh go deo arís aici sin.¹⁹

Cleas eile a dtéití ina leith, le teann mailíse, d'fhonn bean a choimeád ó chlann ab ea snaidhm a chur ar phíosa éadaigh nó corda leis an intinn sin ('snaidhm ghiniúna'), go háirithe le linn shearmanas an phósta. Creideadh nach mbeadh sé ar chumas na mná leanbh a shaolú fad a sheasódh an tsnaidhm.²⁰

MAC SEACHAS INÍON

Ach oiread le go leor dúichí eile ina raibh saoldearcadh fírinneach in uachtar, bhíodh fáilte faoi leith sa tír seo go traidisiúnta roimh mhac seachas iníon.²¹ Tharlódh go bhfuil friotal curtha ar an meon seo i bhfad siar sa tré Sean-Ghaeilge a áiríonn ar cheann de na trí breoiteachtaí is fearr ná sláinte, tinneas clainne mná ar mhac.²² 'Is mó d'fháilte go mór a bhíodh roimh leanbh mic ná leanbh iníne,' a dúirt Peig Sayers go neamhbhalbh – dearcadh atá an-choitianta i bhfoinsí béaloidis.²³ Dealraíonn gur tuigeadh gurbh fhearr de shaol a bheadh ag fireannach ná baineannach. Is cinnte gurb é sin éirim chaint na mná ar an slip i nDún Chaoin nuair a bhí seachtar leanbh ón Oileán á gcur i dtír ann le tabhairt chun baiste – garsúin ba ea an chéad seisear díobh agus nuair a tógadh cailín amach ar deireadh, seo mar a labhair an bhean úd: 'Dúluí ná raibh ort! Is mairg duitse ná raibh ar aon rian leo.'²⁴

Iompar agus Saolú Clainne ar an mBlascaod

Má fhágtar as an áireamh ar fad an spré nárbh fholáir, b'fhéidir, a sholáthar d'iníon, bhí cúiseanna maithe eile ann a d'fhág gurbh inmhianaithe mac ná iníon ar an mBlascaod. Bhí cuid mhór den obair a bheadh le déanamh ar an Oileán nach mbíodh aon bhaint ag mná léi de ghnáth, ionramháil naomhóige go háirithe, agus cé go mbíodh cailíní ann a dhéanadh obair chrua lasmuigh, ba ón mac is mó a bheifí ag súil le cúnamh a fháil leis sin. Sa tsochaí thraidisiúnta, ar ndóigh, cuireadh breis luacha ar obair na bhfear seachas obair na mban.[25] Seo mar a mhínigh an Blascaodach, Seán (Pheats Tom) Ó Cearnaigh (léaráid 4), an scéal:

> Is iad na garsúin is mó a thabharfadh láimh chúnta dhóibh an dtuigeann tú, abair a bheadh ag obair amuigh sa ghort ina dteannta, ag tarrac mhóna abhaile ón gcnoc agus rudaí mar sin. Cé go n-oibríodh na cailíní beaga leis go cruaidh sna goirt – na cailíní ná beadh aon bhuachaill sa líon tí – bhídís amuigh sna goirt chomh maith leis na buachaillí, ag rómhar is ag tarrac aoiligh is ag tarrac mhóna … ag tabhairt na bó abhaile is gach aon rud mar sin.
>
> Gan dabht b'fhearr leis an athair an mac, mar fós, an dtuigeann tú, bhí a thuilleadh oibre ná féadfadh na cailíní a dhéanamh mar nár thástáladar riamh ar an Oileán é, is é sin, dul ag gabháil do naomhóga, dul ag iascach, dul amach go Dún Chaoin, abair, ag triall ar leathmhála plúir nuair a bheadh an t-athair ar an bhfarraige. Ar lá tirim b'fhéidir go bhfaighfeá seans dul amach agus leathmhála plúir a thabhairt leat agus spárálfadh san lá dhó nár ghá dhó dul amach …
>
> Is fíor é … ná raibh aon doicheall ag a n-athair leis rompu [iníonacha] … mar na cailíní leis [nuair] ná bíodh aon bhuachaill ann, dheinidís go hiontach dona n-athair comh maith. Ach bhí rudaí áirithe ann, abair, timpeall caorach agus ag teanntach chaorach, agus dá mbeadh caora i ndraip agus dul ag triall uirthi, ní raghadh cailíní i bhfaillteacha, an dtuigeann tú, chuige.[26]

Is bunfheidhm de chuid an bhéaloidis é freagairt do riachtanais i saol an duine agus nuair a tharlaíodh nach raibh mian lánú go saolófaí mac dóibh á comhlíonadh, bhí bearta áirithe molta sa bhéaloideas mar réiteach ar a gcás. Ceann díobh seo is ea go n-iompódh an fear a chaipín siar aniar ar a cheann agus é i mbun gníomh collaí lena bhean, nó fós é bheith ag feadaíl ar an ócáid. Tá insint mhaith ag Méiní ar conas mar a mhol sí do Bhláithín nuair a bhí sé fós gan mhac, triail a bhaint as an bhfeadaíl:

> Mhuise a Chríost, n'fheadar an ceart dom guíochtaint le Bláithín, beannacht Dé lena anam. Bhí sé istigh san Oileán agus is minic a thugadh sé turas isteach orm agus bhaininn ana-chuileachta as. Iníonacha ar fad a bhí an uair sin aige. Ach bhíomair ag caint agus ní mór fara ráithe a bhí an iníon ab óige.
> 'Is ea, a Bhláithín,' arsa mise, 'tá breis eile oraibh, slán a bheidh sibh, ó bhís anso cheana.'
> 'Tá a Mhéiní,' ar seisean, 'iníon eile.'
> 'Dhera,' arsa mise, 'cad ina thaobh ná bíonn mac agat?'
> Mhuise mo ghreidhin é, ba mhór an fear seóigh é, agus pé rud a déarfá leis chreidfeadh sé thú. Ní raibh ann ach ar nós an linbh.
> 'Conas a bheadh mac agam a Mhéiní?' ar seisean.
> Ó, go maithe Dia dhom é, dúrt leis é: 'A Bhláithín,' arsa mise, 'an chéad uair eile a bheir ag déanamh do chúraim le do mhnaoi, bí ag feadaíl agus beidh mac agat.'
> D'imigh Bláithín agus dúirt sé liom ina dhiaidh san gur dhein sé fé mar dúrt leis. Nuair a bhí a laethanta saoire caite d'fhág sé an t-Oileán agus bhíodh sé ag scríobh i gcónaí dtí Tomás Dhónaill agus fé chionn trí ráithe scríobh sé dtí Tomás: 'Do saolaíodh mac óg ó shin dúinn,' ar seisean sa litir, 'agus Pádraig a bhaisteamair air, agus abair le Méiní é,' ar seisean.
> Ach nuair a tháinig sé ansan sa tsamhradh bhíos ar bharr na hInneona nuair a ghaibh sé aníos. Rugas ar láimh air: 'Is ea a Bhláithín,' arsa mise, 'ná raibh an ceart ag Méiní?'
> 'Bhí an ceart agat,' ar seisean.[27]

Tuairiscíonn Seosamh Ó Dálaigh (léaráid 5) go raibh slí mós sollúnta ag bean chabhartha eile a bhí i mBaile na Rátha, Dún Chaoin, chun oidhre a chinntiú – aon lánú óg a chasfaí uirthi 'chaithidís dul ar a nglúine dhi agus sheasaíodh sí laistiar díobh agus deireadh sí an ortha a bhíodh aici chuig mac a bheith acu'.²⁸ Ach tharlaíodh leis, gan dabht, nuair gur gharsúin ar fad a bhíodh ag lánú gur mhian leo iníon a bheith acu, agus féach go raibh cleachtais thraidisiúnta a d'fhéach le freastal ar an riachtanas sin freisin, e.g., tua a chur sa leaba nó eiteán faoin bpilliúr.²⁹

RÓL AN ATHAR

Bhí an tuiscint ar an mBlascaod go mbeadh sé le haithint ar an athair nuair a bheadh a bhean ag iompar, go háirithe i dtreo dheireadh a cúrsa, mar go mbeadh sé féin ag dul as beagán agus ag cailliúint meáchan:

> Sa tarna mí déanach is ea is mó a dh'aithneofaí é, ach b'fhéidir go mbíodh sé braite ag an bhfear roimhe sin. Gheibheadh sé an-lom ar fad. Chaillfeadh sé mórán Éireann meáchan ... Dé dhealraimh, go raibh sé seo i ngan fhios don saol ar chuma éigin ag cur leis an leanbh chomh maith agus a bhí an mháthair ag cur leis ar deireadh thiar. Agus b'fhéidir toisc iad a bheith ag dul a chodladh le chéile, b'fhéidir gur as san go raibh sé ag cur leis an leanbh ... go mbeadh siad ag sú nádúir ó chéile ar chuma éigin an dtuigeann tú, lena gcuid allais nó rud éigin, an dtuigeann tú? Sin é mar a bhí. Ach ansan nuair a shaolaítí an leanbh dh'fhaigheadh sé a ghreim arís. Bhíodh sé ag teacht chuige féin as san amach, bhíodh. Ar mh'anam mhuis bhíodh.³⁰

Ní ar an mBlascaod amháin a bhí an tuiscint seo, ar ndóigh, rud is léir, mar shampla, ón gcuntas seo ó Chontae Thír Eoghain:

> It used to be a strong belief here that if a woman was pregnant her husband would suffer as well. For instance, if he took weak at the chapel at Mass and had to go outside they would say it was because of the way his wife was. Other narrators in the area confirmed this and gave as reason, 'The man must suffer some as well as the woman.'³¹

Tuiscint eile a bhí ar an mBlascaod agus a bhfuil fianaise fhorleathan freisin uirthi is ea gur chabhair do mháthair i ndeighilt linbh, ball éadaigh de chuid an athar a bheith ina haice. B'fhéidir gur cúnamh nó cosaint ó neart an athar a bhí i gceist leis seo, ach bhí an tuiscint ann chomh maith go n-aistreofaí cuid den phian ón máthair go dtí an t-athair dá bharr. Sin é go díreach mar a thuig Méiní é: 'Nuair a bheadh na pianta ar an mbean, bhuaileadh sí leathstoca a fir aniar ar a drom d'fhonn is go mbeadh leath an tinnis ar an bhfear.'[32] Deirtí leis go mbíodh 'tinneas na circe' ar an bhfear le linn dá bhean bheith ag saolú linbh.[33] Tuiscintí iad seo atá gaolmhar do thraidisiún an *couvade* i seanchultúir áirithe mar a n-iompraíonn an firinneach é féin amhail is gurbh eisean a bhí ag saolú an linbh. Tá mínithe éagsúla tugtha ar chleachtais agus ar thuiscintí den sórt seo, ina measc, go n-eascraíonn siad as éad an fhir le cumas breithe na mná.[34]

BAGAIRTÍ AR AN MÁTHAIR AGUS AR AN MBUNÓC

Fógraíonn a liacht sin beart a bhí ceaptha bheith sona nó míshona maidir le hiompar agus saolú clainne, cé chomh priaclach a tuigeadh a bhí an cúrsa. Ar fhianaise na bhforálacha líonmhara a bhain leis, is cosúil gur mothaíodh go raibh dhá bhaol go háirithe ag bagairt ar an máthair agus ar an naíonán, mar atá, an slua sí agus an coiriú nó an drochshúil. Measadh gur bhaol dóibh na daoine maithe mar tuigeadh go mbídís siúd ag faire ar bhanaltraí agus naíonáin a sciobadh chucu féin nó ar dhíobháil a dhéanamh dóibh. Bhí a lán scéalta sa Bhlascaod a chothaigh agus a dhaingnigh an tuiscint seo agus dealraíonn gur glacadh leis go forleathan, mar a thugann Mícheál Ó Gaoithín (léaráid 6) le fios, gur fuadaithe a bhíodh an mháthair a chaillfí ar leanbh:

> Is minic a chailltí cuid acu, agus deirtear gurb iad an dream sí a thugadh leo iad.[35]
>
> Bhí sé ráite leis, éinne a dh'imeodh as a bheatha shláinte, go mór mhór bean bhreá go mbeadh leanbh óg aici – nó gan aon leanbh – gurb é an lios a stáitse. Banaltraí is mó a bhíodh á scuabadh an bóthar.[36]

Iompar agus Saolú Clainne ar an mBlascaod

Deirtí go leanfadh mísheans an chlann a mhairfeadh i ndiaidh máthar fuadaithe – bhíodh eagla go mbeadh sí ag iarraidh iad a tharraingt chuici féin. Tá an t-eireabaillín seo le cuntas ó Sheán Sheáin Í Chearnaigh (léaráid 7) faoi bhean ar an Oileán a cailleadh ar a leaba luí sheoil:

> Deireadh na seana-mhná gurb ea sciobadh an bhean san mar dh'imigh sí amach as a beatha shláinte agus seisear leanbh ina diaidh … Agus an seisear clainne d'fhág an mháthair sin ina diaidh, níor éirigh an saol ró-mhaith le héinne acu. Níor mhaireadar le bheith críonna. Bhí a bhformhór caillte agus gan iad ach leath chéad bliain agus deirtear gurb é deascaibh an sciobaidh a fuair an mháthair a tháinig leo.[37]

Ní théadh poc sí a bhuailfí ar mháthair go maith dá clann ach oiread de réir an tseanchais. Bhí scéal ar an Oileán mar gheall ar bhean a bhí ag iompar linbh, agus oíche go raibh tromluí uirthi, dúisíodh í agus í ag siúl ar an tráigh. Saolaíodh leanbh ansin di sa ghaineamh agus cailleadh gan mhoill í féin. Níor mhair an leanbh thar cúig bliana agus ní raibh aon fhocal cainte aige agus 'deireadh na seanmhná ina dhiaidh sin gur poc millte a buaileadh ar an mbean san.'[38]

Bhí baol a coirithe ar an mbean le linn di bheith ag iompar mar tharraingeodh a staid féin aird na ndaoine uirthi agus measadh go raibh baol coirithe ar éinne a bheadh i súil an phobail. Bheadh an-cheann á thógaint don leanbh nuashaolaithe leis gan dabht, agus toisc é bheith beag lag, b'fhurasta a cheapadh gur mhó fós an bhagairt a bhí air. Bhí an mháthair leis i mbaol tar éis an leanbh a shaolú mar go mbíodh sí féin lag, agus go mór mór toisc go mbíodh rudaí moltacha á rá léi nó fúithi. Is léir ó na scéalta i dtaobh an choirithe agus ó na cosaintí a bhíodh á gcur ag obair ina choinne, gur géilleadh go forleathan don tuairim gur lean baol mór an drochshúil. Tugann Seán (Pheats Tom) Ó Cearnaigh, le fios cé chomh beo is a bhí an creideamh seo i dtaobh na mná a bheadh ag iompar agus a linbh:

Ní bheadh sí imithe an leathbhliain, bean, nuair ná raghadh sí go dtí aifreann ná go dtí áit go mbeadh mórán daoine, ná go dtí sochraid ná go dtí tigh coirp. Ní raghaidís … ar eagla is dócha go millfí í, nó go gcífeadh drochshúil éigint í, an dtuigeann tú … ag féachaint ar an toirt a bheadh inti, is an déanamh a bheadh uirthi, agus an chuma comh láidir a bheadh uirthi, agus rud mar sin an dtuigeann tú … Bhí san an-mhór ina gceann, rudaí mar sin. Bhídís ag teitheadh ó rudaí mar sin.[39]

Th'anam 'on diabhal, in aon tigh go mbeadh seanbhean, abair, an mháthair chríonna, déarfaimid, an linbh – bheadh sí sin ansan, í anuas ar an gcliabhán i gcónaí is a cos ar an gcliabhán. Dá dtiocfá isteach ag féachaint ar an leanbh, a mhic ó, bheadh a láimh sa scáth ort. Bheadh, ní chífeá aon bhlúire den leanbh aici.[40]

COSAINTÍ: MAOTHACHÁN

Ach má tugadh aitheantas go traidisiúnta do na bagairtí sin, tugadh aitheantas chomh maith do nithe a raibh bua luaite leo mar chosaintí ar an máthair agus an leanbh. Bhí maothachán ar cheann díobh seo, sás cosanta an-choitianta sa seansaol agus ábhar míthaitneamhach nárbh ionadh go measfaí col a bheith ag neacha osnádúrtha mar na sióga leis.[41] Ina theannta sin bhain sé leis go mbeadh beag is fiú á dhéanamh don duine ar a gcaithfí é agus é á thabhairt le fios nárbh fhiú mórán an té sin. B'éifeachtach mar chosaint ar an gcoiriú é seo mar de réir an traidisiúin níor coiríodh riamh ach rud a raibh luach mór curtha air agus fiúntas luaite leis. I dteoiric faoi fheidhmiú na drochshúile áirítear cúis eile a mbeadh feidhm chosantach luaite le maothachán. Dá réir sin is amhlaidh a shamhlaítear an drochshúil ag triomú cibé ní ar a dtiteann sí – amhail is go ndéanann sí lacht na beatha a shú as – agus maítear ansin nuair a chaitear lacht an mhaothacháin le duine, go gcoscann nó go gcealaíonn sé sin bagairt an triomaithe.[42] Is léir ar aon nós gur fhág an siombalachas a bhain le maothachán thar a bheith oiriúnach é chun cosaint ar an dá mhórbhagairt ar mháthair agus a naíonán, mar atá, an slua sí agus an drochshúil.

Iompar agus Saolú Clainne ar an mBlascaod

Tá fianaise líonmhar ar an maothachán a bheith in úsáid go forleathan ar an mBlascaod mar fhearas cosanta ar neacha osnádúrtha:

> Sa tseanaimsir ní raibh aon dul ar ghabháil amach san oíche gan braon maothacháin a chaitheamh orthu féin le heagla roimis na fairies. Deiridís ná raibh aon bhaol ort nuair a bheadh san caite agat ort féin, ná tiocfadh aon phúca chughat.[43]
>
> Bhainidís úsáid eile as mar chosaint ar choiriú, ar mhillteoireacht. Do nídís iad féin i mbáisín den stuif seo sula raghdaís amach tráthnóna ag siúl nó ag scoraíocht.[44]
>
> Agus sin rud eile ansan, i dteannta uisce beannaithe a chaitheamh orthu, is é rud is mó a chaithidís ansan arís – steámar. Ach bhíodh san acu, abair. Ach ní bheadh a fhios agat é go mbeifeá ag dul i mball éigin, ar phósadh nó rud éigin; nó b'fhéidir go mbeifeá i do chailín álainn nó breá, chaithfeadh do mháthair braon de san id dhiaidh.[45]

D'fhéachtaí chuige go mbeadh soláthar maothacháin sa tigh mar bhí gnóthaí praiticiúla dó – chuirtí an snáithín olla ar bogadh ann chun an tuar a bhaint as agus nití an anairt ann chun í a ghealadh.[46] Nití éadaí ann chomh maith:

> … plainíntí, cóta plainín … bháscótaí plainín, i gcónaí i gcónaí ag níochán olla – maothachán. Uisce bog nó uisce cruaidh te, galúnach … agus buidéal mór, braon maith dho anuas ar an uisce … Agus bhí sé ana-mhaith dhon gcraiceann agus deiridís go gcoimeádadh sé glan folláin é.[47]

Bhí sé molta mar leigheas ar mhéiscrí agus ba mhinic a chaití steancán de in uisce na gcos:

> … deiridís linn ár gcosa a ní ann. Ní mar gheall ar aon rud ach glanachar. Bhíodh sé an-ghlan, Jeyes Fluid dhóigh leat, an saghas céanna; chaití é sin ar an uisce, maothachán … na méiscrí doimhne a bhíodh isteach ár gcosa … agus

bhídís comh céasta, á in ainm Dé, bhímis ag gol le céasadh. Agus aon uair a níodh mo mham sinn, agus gach aon mham, an maothachán, an maothachán, ar an uisce; agus 'ní bheidh aon rud teinn anois oraibh, ní thógfaidh sibh aon drochní agus beidh sibh folláin láidir ach bhúr gcosa a ní ann.' Ach glanachar maith ab ea é, théadh sé isteach tríd an gcraiceann agus amach leis gach aon ní salach.[48]

Bhailítí go cúramach an steámar nó an máistir,[49] mar a mhínigh Máire Ruiséal (léaráid 8): 'Bhíodh corcán de seo fén leaba agus nuair a bhíodh cuid mhaith sa chorcán, chaití an lán san síos i ndrabhlach ag stálú.'[50] Dála fearaistí draíochtúla eile, lean tuiscintí agus deasghnátha ar leith an maothachán agus bhí treoracha beachta ann chun a chinntiú go mbeadh oiread cumhachta agus ab fhéidir aige:

Deireadh na seandaoine nárbh aon mhaith dhuit an maothachán a bheadh agat féin, go gcaithfeá malartú le duine eile, agus é bheith trí oíche stálaithe. Níorbh aon mhaith an maothachán a bheadh sa lá ann gan é bheith déanta istoíche.[51]

Uaireanta ní bhíodh a dóthain de ag bean an tí chun na hoibre a dhéanamh agus duine an-chairdiúil léi a thabharfadh di é, ar eagla go dtabharfadh an bhean a thógfadh an maothachán uaithi, aon ní uaithi dá bharr – cuir i gcás, a cuid ime. Ach bhí cleas ann chuig an drochiarracht san a chur ar neamhní: do nífeadh an bhean go mbeadh an maothachán aici giobal éigin éadaigh ann sara dtabharfadh sí uaithi é agus bheadh sí ar an taobh sábhálta ansan.[52]

Tuigeadh go raibh de bhua ag an maothachán go gcoiscfeadh sé eagla agus go gcothódh sé misneach:

Dá mbeadh garsún nó gearrchaile ansan agus go mbeadh eagla tógtha aige roim aon rud agus is minic a bhí, bheadh scanradh air roim chráin nó roim ghabhar nó b'fhéidir bacach; is é an rud a dheinidís leis, braon maothacháin a chroitheadh air agus thabharfadh san a mhisneach arís dó.[53]

Léiríonn an úsáid a bhaintí mar fhearais chosanta as maothachán agus uisce coisricthe i dteannta a chéile nár mothaíodh aon mhíshuaimhneas faoi dhul i muinín dhá chóras cumhachta osnádúrtha a bhí neamhspleách ar a chéile. Chuirtí ag obair in éineacht iad ar an leaba luí sheoil:

> Gheofaí buidéilín uisce coisreac ansan agus do buailfí féna ceann é agus gheofaí buidéilín den máistir agus sáfaí isteach sa leabaidh ag cosa na mná é. Do croithfaí an máistir leis agus do croithfí é timpeall na leapthan roim ghlao an choiligh ar feadh na naoi n-oíche a bheadh sí ina luí seol.[54]

Tugann Seán Ó Criomhthain (léaráid 9) cuntas ar an úsáid chosantach a bhaintí as an maothachán nuair a shaolaítí an leanbh:

> Caithfí é sin a chaitheamh gach aon oíche chomh luath is a saolófaí an leanbh. Is é an maothachán an chéad rud a thiocfadh. Ní hé an t-uisce coisreactha in aon chor a thiocfadh ach an maothachán. Cuirfí amach sa bhuaile é, agus cuirfí timpeall an tí lasmuigh é. Cuirfí ar gach duine istigh é is ar gach duine a thiocfadh isteach. Sara ngabhfadh sé amach gheobhadh sé steancán de … le heagla na bpúcaí agus le heagla go millfí an leanbh nó máthair an linbh. Is ea. Cosaint ar an namhaid, na púcaí nó na fairies é, mar a thugadís anseo orthu.[55]

Bhíodh scléad maothacháin ag cúinne na leapan thíos agus thógadh an bhanaltra braon de san ar a bais agus chroitheadh sí braon de i dtreo an doiris agus ar an mbean scolta agus timpeall na leapan chun í a chosaint.[56]

Deir cuntas ó Abhainn an Scáil go n-úsáidtí é go háirithe mar chosaint ar bhean ar a céad leanbh, agus go gcaití amach an doras nó an fhuinneog é dá gcloisfí aon ghlór neamhghnách lasmuigh.[57] Is cosúil, áfach, nár fháiltigh gach aon mháthair roimh an maothachán. Insíonn Méiní conas mar a d'fhógair a deirfiúr féin, Siobhán, ar a máthair chéile nuair a shíl sí maothachán a chroitheadh uirthi ina leaba luí sheoil:

Ach i gceann tamall den oíche do tháinig máthair céile Shiobháin, Cáit Chuainí, aníos as an seomra agus sciléad aici agus liobar éadaigh. Agus cad a bhí insa sciléad ach an máistir. Agus do thosnaigh sí ag cuimilt an mháistir leis an liobar ar phlánaí na fuinneoige agus do na sasheanna agus do chuaigh sí go dtí an bhfuinneoig a bhí taobh thiar agus do dhein sí an rud céanna. Agus nuair a bhí san déanta aici, thosnaigh sí ar bheith á raideadh in airde sa tsiminé. Shín sí chughamsa ansan an sciléad agus an braoinín a bhí ann:

'Caith isteach, a Mhéiní, ar Shiobhán é sin.'

'Ní chaithfidh sí ormsa é,' arsa Siobhán, 'is nár thuga Dia aon lá dona thairbhe dhuit.'

Do dh'ísligh sí féin síos agus do chuir sí a láimh ann agus chaith sí de dhroim Shiobháin isteach ar an leabaidh é. Bhuail sí léi síos don tseomra ansan.[58]

Tugann an nósmhaireacht a bhain leis an maothachán le fios gur áiríodh gur chosaint ar an slua sí é, bheith laistigh d'fhallaí an tí, mar gur leis an taobh amuigh a bhain an dainséar. Níorbh fholáir dá réir sin cúram speisialta a dhéanamh de na hoscailtí a bhí ar an tigh agus cosaint a chur go háirithe ar gach teorainn idir an spás sábhálta istigh agus an spás bagarthach amuigh. Ag teacht leis sin bhí cosc ar leanbh óg a thabhairt amach as an tigh. Toisc an leanbh bheith lag, measadh go raibh sé go mór i mbaol ó bhagairtí osnádúrtha agus gur phriaclach an chéim é a thabhairt thar an tairseach, go mór mór agus é ina chodladh:

Ní lobhalálfaí an uair sin don leanbh óg codladh in aon áit istoíche ach i leabaidh a mháthar le heagla go sciobfaí é agus ní thabharfaí amach thar doras an leanbh go mbeadh sé comh cruaidh is go siúlódh sé féin amach.[59]

Ní ceart leanbh óg a thabhairt amach in aon chor go dtí go mbeadh sé féin ábalta ar shiúl, ach ní ceart d'aon leanbh a chodladh a thiteam amuigh air.[60]

Tuigeadh, ar ndóigh, go raibh baol speisialta ar an mbean a shaolaigh leanbh le deireanas, agus bhí cosc dá réir uirthi sin leis dul thar tairseach go ceann tréimhse áirithe: 'Ar aon agó ní ligfí an bhean tseolta thar béal an doiris go ceann lá is fiche.'[61] Is cinnte, áfach, go bhféadfadh rud eile a bheith i gceist leis an gcosc seo chomh maith le cosaint na máthar, mar atá, an tuiscint nach raibh an bhean seolta éiritheach go dtí go mbeadh an smál – mar a tuigeadh go traidisiúnta – a bhain le bean seolta curtha i leataoibh: 'bhí sé ráite nárbh fhearr ar feadh seacht mbliana aon áit a siúlfadh sí air.'[62] Glacadh leis gur bhagairt í ar rath agus ar thorthúlacht, agus i ndúichí Críostaí, creideadh gur lean sí sa staid mhíshona seo go dtí gur dhein deasghnátha an choisreacain an bhagairt a chealú.[63]

TINE

Bhíodh an-tábhacht leis an tine mar shás cosanta ina lán réimsí den saol agus i gcomhthéacs saolú clainne féachadh air go háirithe mar chosaint ar an slua sí. Bhí sé ráite dá léimfeadh cailín go glan thar an tine chnámh oíche Shan Seáin go gcinnteodh sin clann di agus nár bhaol dá leanbh na daoine maithe.[64] Chomh maith leis sin bhí dlúthcheangal san aigne thraidisiúnta idir an tine san iarta agus rath an tí. I dtrátha criticiúla dhéantaí cúram faoi leith gan an tine a scaoileadh lasmuigh den doras ar eagla go mbeadh an rath á scaoileadh chun siúil in éineacht leis an splanc. Ba thráth criticiúil in aon tigh é an tráth a mbeadh leanbh le saolú ann agus an tréimhse tar éis a shaolaithe. Is minic le seanghnása dúshraith shiombalach a bheith fúthu bunaithe ar dhraíocht chomhbhách agus tá aitheantas soiléir tugtha dó sin sa chaint seo ó Sheán Ó Criomhthain:

> Má bheadh an bhean ar tí leanbh a bheith aici, i rith a hama sara dtiocfadh an leanbh, ní ligfí aon spré dhearg amach as an dtigh riamh is choíche nó go saolódh sí é. Is minic a tháinig duine ag lorg spré ón tine nuair a gearrfaí naomhóg, chun paiste a chur uirthi, nó rud mar sin. Raghadh sé suas go tigh ar an mbaile. Tar éis dul suas dó, thugadh sé faoin tlú agus bheireadh sé air. Ach thógadh an tseanbhean in airde a láimh agus deireadh sí: 'Fág istigh é sin go dtiocfaidh na rudaí atá istigh amach' ... le heagla ná beadh an leanbh

cumtha ná ceaptha i gceart, nó rud éigin mar sin, nó go mbeadh cumhacht éigin ag rudaí ná feadarsa air.[65]

Bhíodh cosaint ón tine ar an leaba luí sheoil féin – chuirtí aingeal inti, is é sin, sop a lastaí sa tine agus ansin a mhúchfaí:

> Comh luath is buailfí isteach don leaba ansan, is é sin an leaba luí sheoil, an bhean, thiocfadh a máthair nó máthair na céile dá mbeadh sí mór léi, thairriceodh sí sop as an leaba, brobh maith tuí agus sháfadh sí isteach an brobh barrdhóite fén gceann thíos agus fén gceann thuas den leabaidh chun ná béarfadh na fairies leo an mháthair.[66]

Tá scéal eiseamláireach ag Seán Sheáin Í Chearnaigh ag léiriú nach ceart an tine a scaoileadh as an tigh tar éis saolú linbh:

> Tháinig fear isteach lá go dtí bean a bhí i leaba luí sheoil agus dhearg sé a phíp agus thug sé leis lán de thine í. Mar is chuige a bhí sé, go dtabharfadh sé an seans ón mbean eile. Agus thug sé leis an tine agus chuir sé isteach i gcúinne an tseomra í agus í thíos i muga aige. Pé scéal é, ní raibh an bhean a bhí sa leabaidh ag dul i bhfeabhas agus dúirt sí lena máthair go dtug an fear san amach an tine agus go bhfeaca sí aige í.
>
> Ní dúirt an mháthair faic ach chuaigh sí go dtí bean an leighis agus dúirt sí léi mar gheall ar an iníon agus ar an bhfear a thug amach an tine agus gur minic roimis sin a thug sé amach í. Ansan dhein bean an leighis suas buidéal di le tabhairt go dtí an iníon agus dúirt sí léi dul anois agus dul isteach i seomra na mba a bhí ag an bhfear agus go bhfaigheadh sí muga ann agus é lán de lua agus é chaitheamh isteach don tine. Agus bhí an iníon ag dul i bhfeabhas as san amach agus ní raibh aon lá den tseans ar an bhfear san as san amach.[67]

Ní scaoiltí an luaith féin amach as an tigh ag an tráth sin:

Iompar agus Saolú Clainne ar an mBlascaod

An tigh go mbeadh leanbh óg ann agus bean ina luí sheoil, ó bhuailfeadh breoiteacht an linbh í go dtí go n-éireodh sí, ní cuirfaí amach an luaith ach í chuir i leataoibh i gcúinne éigin agus bhíodh an tine dhearg i gcónaí sa tinteán. Ní heolach dom aon ní eile a dheinidís chun an leanbh a chosaint ar na fairies.[68]

I gcuntas ó Abhainn an Scáil deirtear nár cheart aon tine a scaoileadh as an tigh go mbeadh an leanbh baiste:

> *It is very unlucky to leave a coal of fire out of the house before a child is baptised. This may take away the luck of the child or maybe he would die. If the person who took the coal had charms or was connected with the fairies in any way, she would be in a position to carry the child away to the fairy land.*[69]

Leaba thuí a bhíodh sa leaba luí sheoil agus a thúisce is a mhothaítí go raibh an mháthair ar tí an leanbh a shaolú, chóirítí go speisialta í i gcúinne na cistine taobh leis an tine. Uaireanta leagtaí tocht clúimh anuas ar an tuí nuair ba mhíchompordach leis an máthair an tuí mar leaba.[70] Chrochtaí folach éigin timpeall na leapa, 'bratacha' nó *screen*,[71] agus tugann cuntais le fios gur mhinic seol báid á úsáid chuige seo.[72] Chleacht daoine áirithe deasghnáth faoi leith agus an sop dóite á chur sa leaba acu:

> Nuair a shíneadh an bhean bhreoite isteach inti dhéineadh a máthair nó an bhean chabhartha sop a tharrac as an dtuí a bhíodh sa leabaidh agus é lasadh sa tine agus an sop a bhualadh isteach fé cheann na leabthan 'in ainm an Athar', 'is an Mhic' fé lár na leabthan, agus 'an Spriorad Naomh' fé chosa na leabthan. Bheadh an leabaidh dóite ansan.[73]

Bhí scéal a léiríonn éifeacht na gcosaintí seo ag Méiní faoi fhear a bhí ina aonar san oíche ag tabhairt aire do bhean a raibh leanbh saolaithe di agus gur tháinig an slua sí lasmuigh den tigh ionas gurbh éigean dó an tine dhearg a chaitheamh ar fud an tinteáin chun an mháthair agus an leanbh a chosaint orthu. An lá ina dhiaidh sin thréaslaigh duine a bhí in éineacht leis an slua sí a ghaisce leis an bhfear, ach mhínigh nárbh é an tine ar an tinteán a chosain an naíonán ach buidéal uisce coisricthe a bhí faoi cheann na mná sa leaba agus buidéal den mháistir ag a cosa agus an sop lasta sa leapa fúithi.[74]

Tar éis an leanbh a bheith saolaithe chuirtí sméaróid chosanta nó sop tuí deargtha sa tine (ach é múchta) nó píosa súiche ina fheisteas nó ar an gcliabhán, agus nuair a bheadh an leanbh níos sine chuirtí an chosaint ina leaba.[75] Go deimhin, ní scaoilfí amach gan aingeal fiú leanbh fásta dá mbeadh sé á chur ar theachtaireacht tar éis dhul faoi na gréine:

> Bhí an-mhuinín ag daoine fadó sa sméaróid ... Bhídís an-eaglach i dtaobh na leanaí mar deiridís go bhfuadaíodh na daoine maithe iad dá raghaidís amach tar éis luí don ghrian, agus chuiridís an sméaróid ina gcuid éadaigh, mar b'fhéidir go sciopfaí an leanbh agus síofra a chur ina ionad chun a bheith á gcrá agus á gclipeadh. Is minic a chonac leanbh á chur ar theachtaireacht go tigh comharsan tar éis titim na hoíche, ach chuiridís an sméaróid ina phóca agus níor bhaol dó na daoine maithe. Sin é an bua a bhí ag an sméaróid.[76]

Laistiar den tine a chaití an t-uisce lena nití leanbh tar éis é theacht ar an saol,[77] agus sa tine leis a chuirtí an slánú:

> An méid a leanadh an leanbh ghaibhdís tuige nó rud éigin agus dhéanfaidís bogha roundálta de agus chasaidís an méid a leanadh an leanbh timpeall ar sin. Ansan dh'fhadófaí tine mhór, Chonac á dhéanamh é, dh'fhadófaí tine mhór sa tigh agus chuirfí isteach i lár na tine é sin agus dhófaí é.[78]

Measadh gur bhain práinn ar leith le dó an tslánaithe i gcás linbh a bheadh i mbaol púcaí a fheiscint toisc gur in am míthráthúil a saolaíodh é:

> Fé mar dúirt Dochtúir Murphy liomsa – an leanbh a saolófaí timpeall a dó, cuir an slánú don dtine sara ngearrfar an leanbh nó sara gceanglófar an leanbh, agus ansan ní chífidh an leanbh san aon phúcaí.[79]

Iompar agus Saolú Clainne ar an mBlascaod

BEAN CHABHARTHA

Is í an bhean chabhartha de ghnáth a dheineadh freastal ar mhná ar an mBlascaod nuair a bhíodh cúram linbh orthu ach dá mbeadh aon chastacht sa scéal thugtaí dochtúir isteach.[80] De bharr an drochfhuadair a bhí luaite leis an aos sí i gcomhthéacs saolú linbh, measadh gur bhaol don teachtaire a bheadh ag dul ag triall ar an mbean chabhartha, agus bhí sé ráite nár cheart d'aon duine dul ag triall uirthi ina aonar, san oíche go háirithe: 'Bíonn sé coiscthe ar dhuine dul ag triall ar mhnaoi chabhartha istoíche ina aonar. Bheadh contúirt go gcuirfí amú a leithéid. Raghadh duine éigin lena chois.'[81] Mar léiriú ar an méid sin tá seanchas faoi dhaoine a fuair scanradh maith agus iad ar an turas sin ina n-aonar. Tharla a leithéid do sheanathair Eoin Mhóir Uí Shúilleabháin, agus deirtear gur casadh drochsprid air a bhagair é a mharú, agus gur le cúnamh sagairt a d'éirigh leis scarúint léi.[82] De bharr scanradh a thug púca do theachtaire aonair eile, thit sé in abhainn agus bhris sé a chos, ach de réir bhriathra a bhéil féin sa charúl a chuirtear go magúil ina leith, ní ar an bpúca ach air féin a chuir sé aon mhilleán faoi sin:

Mo mhallacht ort mar bhod,
do bhrisis mo chos
agus mharaís mo bhean bhocht.[83]

Bhí muinín as an Marthain Phádraig mar chosaint ar an teachtaire aonair mar a chuir bean ó pharóiste Múrach in iúl leis na focail seo: 'an té a déarfadh na marthaineacha so [ag] dul ag iarraidh mná naíonáin, slán a thiocfadh, is a ghin ón ngníomh san.'[84]

MNÁ COIMHDEACHTA

D'fhanadh mná coimhdeachta i bhfochair na máthar agus an linbh ar feadh naoi n-oíche tar éis an leanbh a theacht ar an saol. Ba mhinic gaol acu seo le muintir an tí agus bhíodh gal tobac agus braonaíocha dí á gcoimeád ag muintir an tí leo.[85] Chomh maith leis sin cibé ceiliúradh a dhéanadh an teaghlach ar shaolú an linbh bhídís páirteach ann:

> Bheadh sé ullamh istigh ag an bhfear, abair, bheadh buidéal fuiscí tugtha aige leis agus bhíodh saghas party deas acu fhéin agus na mná seo a bhíodh ag tabhairt aire dhóibh agus ag muintir na mná ... Agus bhailídís i dteannta a chéile agus bhíodh braoinín acu agus gal tabac agus na rudaí mar sin ... Ní bheadh sé acu de gheit chuige, abair. B'fhéidir go mbeadh cúpla lá nó trí ann sa tslí is go mbeadh an bhean [ábalta] sásamh a bhaint as í fhéin.[86]

Bheadh ar a laghad beirt de na mná coimhdeachta in éineacht agus bhídís ag fritheáil ar an máthair de réir mar bhí gá aici leis, iad ag déanamh obair an tí, ag coimeád cainte léi agus ag tabhairt misnigh di. Ní ar chúiseanna praiticiúla amháin, áfach, a bhí siad ann, mar ba chuid dhílis dá ngnó, agus an chuid ba bhunúsaí de b'fhéidir, an mháthair agus an leanbh a chosaint ar an slua sí:

> Fantaí naoi n-oíche ag airneán le bean tar éis leanbh a bheith aici agus ó thitim na hoíche bheadh an bolta ar an ndoras, nó ar an dá dhoras dá mbeidís ann. Agus bheadh an maothachán cuimilte do bholtaí an doiris chun an dream aerach a choinneáilt amuigh. Dhera, d'fhanadh scata suas léi, scata ban, cailíní óga agus mná críonna. B'é b'fhada leo go mbíodh an bhunóc ar an mbaile acu chun go mbeadh oícheanta ag airneán acu. Bhíodh na cailíní óga ag déanamh uanaíochta ar a chéile chun fuireach suas léi. Bhuailidís síos corcán mór mine coirce i gcóir na hoíche. Ní múchfaí aon tsolas ar feadh naoi n-oíche agus ní múchfaí an deichiú oíche leis é ach do raghfaí a chodladh.[87]
>
> Máthair linbh óig a chaillfí tar éis leanbh a shaolú dhi, déarfaidís b'fhéidir gurb amhlaidh a sciobadh í. Sin é an taobh go bhfanaidís ag airneán léi naoi n-oíche tar éis an leanbh a theacht ar an saol.[88]

Is maith a tuigeadh go raibh an toise draíochtúil seo le gnó na mban coimhdeachta agus is cosúil mura mbeadh fáil ar mhná chun an fhaire seo a dhéanamh go ndéanfadh an t-athair é, rud a thuigfí ón scéal thuas inar chosain sé an mháthair agus an leanbh le tine dhearg. Cuirtear in iúl go drámatúil sa scéalaíocht an phráinn a bhain le cúram dícheallach a dhéanamh don fhaire seo. Bhí sé ráite, mar shampla, faoin ngabha a thagadh ag cur cruite faoi chapall san Oileán, gurbh í an chúis go raibh cosa cama faoi ná gur thit a codladh ar bhean faire a bhí ar a mháthair agus é ina naíonán; gur tháinig beirt bhan sí isteach a d'iarr ar an máthair brollach a thabhairt do leanbh a bhí leo, agus toisc gur dhiúltaigh sí, gur fhágadar balbh í féin agus máchail ar chosa a linbh.[89] I scéal eile ón Oileán tráchtar ar choimhlint idir an bhean faire agus an slua sí a raibh sé de thoradh air gur sciob na sióga í féin in áit na bunóice.[90] Tá cuntas an-bhreá ag Tomás Ó Criomhthain ar na mná coimhdeachta agus is léir uaidh an seanbhlas a bhí aige ar an toise cosantach seo a bhí luaite lena gcúram:

> Bíonn bábán óg i dtigh den bhaile tar éis na hoíche. Tagann an bhean chabhartha agus fanann go maidin agus téann thar n-ais abhaile di féin ag lorg an chodlata a bhíonn caillte aici.
>
> Sea, pé nósanna atá glan leo níor ghlan nósanna na nDaoine Maithe fós leo agus dá dheasca sin b'éigean beirt de mhná scoth aosta a sholáthar i gcomhair na hoíche chun go mbeadh an naíonán le fáil ar maidin. Bhí tine mhór ann. Bhí bia agus deoch ann. Fuair an bheirt bhan faireacháin píp an duine acu agus tarraingt ar thobac a chur iontu – agus de réir m'aithne orthu ba mhó an costas a lean an dá phíp ná airgead baistí an linbh.
>
> Dá dhaoire atá an t-uisce beatha, ní bhíonn tigh den sórt seo de cheal braon de ach ní bhfuair an bheirt bhan seo aon deoir de gur gheal an lá ar maidin ar eagla go mbeadh an naíonán goidte uathu trí aon mhearbhall beag dí. Nuair a mhúscail fear an tí ar maidin bhí an gárlach gan goid.
>
> 'Tabhair leat an buidéal atá ansin,' arsa bean an tí, 'agus tabhair braon dóibh sin de.'
>
> 'Is maith an ceart,' ar seisean. 'Beidh deoch an dorais acu.'
>
> Thug sé leis é gan braon a bhaint riamh as, thug tomhaisín dóibh, agus tomhas maith mór dó féin.[91]

Bhíodh an seomra ina mbíodh an mháthair agus an leanbh dorchaithe chun solas an lae a choimeád amach:

> Agus an rud is mó ansan, an seomra go mbeadh sí, bheadh seál dubh curtha ar an bhfuinneoig. Ach chuireas féin ceist ar dhuine éigin, n'fheadar ar Pheig Sayers é, cad é an bun a bhí leis. Dúirt sí go raibh, an dtuigeann tú, nár mhaith do bhean mar sin – dhera, ní raibh ann ach caint – an solas a dh'fheiscint ró-thapaidh agus go gcoimeádtaí dorcha í ar feadh an áirithe sin ar eagla fiabhras aerach. Nárbh ait an rud é.[92]

Is cinnte go raibh de thoradh ar an nós seo gur cosnaíodh súile an naíonáin ar an solas, agus d'fhéadfadh go deimhin gur soláthar cosanta do shúile linbh a bhí mar bhunús leis. Ach toisc gur measadh gur bhagairt chomh dáiríre sin iad an slua sí, b'fhéidir go raibh ceilt na máthar agus an linbh i gceist leis chomh maith.[93]

Tá léiriú ar an mórbhagairt eile a tuigeadh a bhí ar an mbean seolta agus a leanbh sa tslí inar féachadh le cuma chomh mídheas agus ab fhéidir a bheith uirthi féin agus an leaba ina raibh sí ina luí. Ba chosaint ar an drochshúil a bhí i gceist leis seo mar gur shlí é lena fhógairt nach raibh siad tarraingteach ná fiúntach agus mhaolódh an méid sin an dóchúlacht gur sprioc a bheadh iontu don drochshúil:

> Ó luífeadh an bhean sa leaba luí sheoil ... ní cuirfí aon athrú ar an leabaidh. Ní dhéanfaí í chóiriú ná í shocrú go n-éireodh an bhean amach aisti. Ní nífí aghaidh na mná ná ní nífí a gruaig, ná ní ligfí di féin é a dhéanamh.[94]

Faid a bhíodh an bhean i leaba an luí sheoil, ní nídís a n-aghaidh ná ní chíoraidís a gceann, agus ní chuiridís aon éadach glan orthu féin ná ar an leaba go ceann dhá lá dhéag.[95]

Iompar agus Saolú Clainne ar an mBlascaod

CAIPÍN SONAIS

Uair fada fánach tharlaíodh sé go mbeadh caipín sonais nó scannán mar deirtí leis, slán ar cheann an naíonáin ag teacht ar an saol dó. 'Is mó leanbh a thugas ar an saol ar an Oileán agus ní fhaca é sin ach ar aon ghearrchaile amháin,' a dúirt Méiní.[96] Is minic cumhacht dhraíochtúil á lua le rud suaithinseach agus toisc gur imeacht neamhghnách é leanbh a shaolú le caipín sonais, níorbh ionadh buanna speisialta a bheith luaite leis an gcaipín agus an leanbh féin. Bhí sé ráite gur rud éiritheach é an caipín agus thugadh daoine ard-aire dó:

> Dhéantaí é a ní is é a ghlanadh is é chur ar salann, is chuirtí i gcoimeád i gcófra é nó go mbeadh an leanbh fásta agus ullamh chun imeacht dó fhéin.[97]
>
> Saolaíodh le leanbh istigh san Oileán é agus dúirt an dochtúir … lena mháthair é sin a chur i gcoimeád mar go mbeadh ádh ar an leanbh san. Is dóigh liom gur isteach i gcófra a chuiridís chun taisce an caipín sonais.[98]

Chuireadh daoine eile 'fé mhaide bhuaca an tí é mar rathúnachas', rud a dhéantaí chomh maith le scannán nó brat searraigh.[99] Tuigeadh gur bhraith rath an linbh ar an gcaipín sonais, amhail is gur chuid de féin i gcónaí é, agus dá bhrí sin nár cheart é a scarúint uaidh. Ba mhinic é á fhuáil ina chuid éadaigh é agus é fásta suas ar fhágail an tí dó,[100] agus choimeádtaí ina aice é agus é ina naíonán:

> Agus pé áit a raghadh an leanbh, é a thabhairt leat … agus an leanbh ina chodladh [é bheith] féna cheann nó in aice leis. Ae, i gcuntais Dé, caint! Ach is dócha gan dabht nár cheart duit aon easonóir a thabhairt dó ach é choimeád go maith, ach pé áit go raghadh an leanbh go gceart don mháthair é thabhairt léi i dteannta an linbh.[101]

Tuigeadh nach rachadh sé go maith don leanbh dá gcaithfí go míchuí leis an gcaipín:

Deiridís, an nurse ... go gcaitheadh sí uaithi é, ná raibh aon bhrí leis. N'fheadair sí, n'fheadair sí. Ach thá a fhios agam seanbhean a bhí san Oileán agus saolaíodh leanbh di leis an gcaipín agus do dhein an nurse, an bhanaltra a bhí san Oileán é a chaitheamh uaithi, agus bhí an leanbh – d'éirigh sé suas ina fhear – go hainnis. Agus dúradar, na mná a bhí istigh, bhí a fhios aige duine éigin acu é is dócha, gur mhaith é an caipín, gur mhaith é. Ach n'fheadair sí sin [an bhanaltra] faic is dócha. Ach dúradh go gcaith sí san aoileach an caipín agus nuair a dh'fhás an leanbh san suas – faic ach ainnise, ainnise an tsaoil. Ní cheart aon easonóir a thabhairt dó is dócha ach é choimeád.[102]

Bhí leigheas ar chraosghalar is ar ailse luaite leis an gcaipín sonais i gCorca Dhuibhne agus thugtaí do mhná a bhíodh ag iompar é chun a chinntiú go saolófaí a bpáiste gan bhaol,[103] ach ba é an bua ba choitianta a luaití leis ná gur chosaint ar bhá é. Tá fianaise i mbéaloideas an Bhlascaoid ar an éileamh a bhíodh go forleathan ag mairnéalaigh ar na caipíní: 'Thugadh na mná cabhartha leo iad agus is mó ceann acu a díoladh ar chaladh an Daingin.'[104] Ach dealraíonn gur thraidisiún é seo a bhain le hárthaí seoil agus mairnéalaigh seachas le hiascairí agus báid bheaga:

Chloisinn go mbíodh captaein árthaigh, go mbíodh an-dhúil acu iontu, go dtabharfaidís aon airgead duit air mar go mbíodh an-sheans ag baint leis i dtaobh farraige ... Ní bhíodh aon lorg [ag iascairí an Bhlascaoid] air. Ara, n'fheadar, an saghas dream a bhí ann, ní chreididís mórán rudaí mar sin chuige.[105]

In ainneoin gur minic trácht ar an gcaipín sonais bheith á dhíol, ní móide gur le fonn a scartaí i gcónaí leis mar creideadh go leanadh drochiarsma an leanbh dá bharr:

Agus bhí bean ann agus dúirt sí liom go bhfaigheadh sí céadta punt ó mhairnéalaigh farraige air ... ach é thabhairt dóibh. Agus bhí sí chun é thabhairt dóibh ach tháinig bean isteach agus n'fheadar an bean siúil í, ach dúirt si léi gan baint leis, ach iad a choimeád i bhfochair an linbh go deo, gan iad a thabhairt uaithi ar ór ná ar airgead.[106]

Measadh gur leor fiú teagmháil an strainséara leis an gcaipín sonais le rath an linbh a chur i mbaol:

> Ach bhí a fhios agam bean, agus a Mhaighdean Bheannaithe, agus bhí sé ar bheirt nó triúr [léi], agus aige baile, aige baile a choimeádaidís iad. Agus gach aon áit a théadh sí, thugadh sí léi iad agus timpeall istoíche sa tseomra, is gach aon rud, le heagla ... Agus má bhuaileann tú orthu is mór an trua tú! Thaispeáineadh sí dúinne iad chun iad a dh'fheiscint. Ach ná tar in aice leo ar eagla go dtógfá an luck.[107]

Fiú agus úsáid á baint as an gcaipín chun leighis, d'fhéadfadh sé iomard a fhágaint ar an leanbh ar leis é. Tá cuntas ón gClochán i gCorca Dhuibhne, ar aimride á leigheas le deoch den uisce inar beiríodh caipín sonais, agus tugtar le fios ann go mbeadh ar dhuine an caipín a ghoid mar gur leasc leo siúd ag a mbeadh sé é thabhairt chun an ghnótha sin toisc go mbaintí a neart ón leanbh dá bharr.[108] Thuigfí ó chuntais áirithe ar an gcaipín sonais gur gheall le comhartha cráifeachta é mar luaitear é bheith ar leanaí ar dhein sagairt agus mná rialta díobh nuair a d'fhásadar suas.[109]

Tarlaíonn uaireanta sa bhéaloideas go n-áirítear an rud céanna mar chomhartha áidh agus mar chomhartha mí-áidh,[110] agus is amhlaidh a tharlaíonn i gcás an chaipín sonais chomh maith:

> Caipín sonais, caipín sonais. Agus deirtí go mbíodh sé ina ábhar bróin don leanbh chomh maith. Ó, mísheans agus seans; go raibh an dá rud ag baint leis ... is minic a chuala é.[111]

Ba nós sa mheánaois an caipín sonais a thabhairt go dtí an sagart le baiste,[112] agus is spéisiúil go maireann fós macalla éigin den nós sin sa seanchas comhaimseartha:

Agus deirtear go dtugadh mná eile don sagart iad le coimeád sa tsáipéal don leanbh, go mbeidís sábhálta, glan ó bhaol ... choimeádadh an sagart sa tsáipéal iad. Ara, ní fhéadfá é sin a dhéanamh. Á no, ní chreidfinn é. Ach chuireadh sé in áit éigin iad is dócha.[113]

TLÚ

Tá iarann aitheanta ina lán cultúr mar shás cosanta ar fhórsaí neamhshaolta agus bhaintí leas as chuige sin sa tír seo freisin. Tá cuntas ó Abhainn an Scáil, mar shampla, ar phíosa iarainn a bheith á fhuáil in éadach linbh: *This prevents fairy strokes or the evil eye or overlooking.*[114] Bhaintí feidhm as an tlú chun leanbh sa chliabhán a choimeád ó bhaol, go háirithe nuair ná bíodh súil duine air:

Ó a Chríost, bhíodh sé an-mhór sa cheann ag daoine ... [cosaint linbh]. Am baiste, bheadh duine ina bhun i gcónaí; agus fiú amháin dá mbeadh an mháthair éirithe agus í ina chúram, ní raghadh sí amach thar doras gan an tlú a chur trasna an chliabháin á sheachaint.[115]

Nuair a theastódh ón máthair nó ó éinne a bheadh i mbun an linbh gabháil amach agus ná beadh éinne eile istigh, chuireadh sí tlú trasna an chliabháin chun é chosaint ar na daoine maithe chun ná buailfí poc air nó chun ná sciobfaí é.[116]

Tugann Lís Uí Laoithe (léaráid 10) éachtaint spéisiúil ar theannas idir an tseanghlúin agus an ghlúin óg maidir le húsáid chosantach á baint as an tlú:

Bhí bean ar an mbaile agus nuair a bheadh sí amach in aon áit, bhí seanduine ann, agus i gcónaí nuair a dh'fhaigheadh sé fear an tí agus bean an tí imithe go dtí an aifreann ... chuireadh sé an tlú trasna an chliabháin ... go bhfanfadh na púcaí ón leanbh. Á, simplí! Is bhíodh bean an tí ag imeacht as a meabhair. Níor mhaith léi in aon chor é, agus is dóigh liom go ndúirt sí leis an sagart é, agus ní dhein sé ó shin é. Chuireadh sé an tlú i gcónaí, pé áit a dh'imeoidís, chun an leanbh a chosaint ar na fairies. Ná dóigh leat ná go raibh creideamh acu san! Bhí mhuis!¹¹⁷

ARÁN

Is feiniméan aitheanta é i gcultúir éagsúla go gcuirtear tábhacht shóisialta le nithe a bhfuil tábhacht phraiticiúil leo (tine, arán, iarann etc.), agus go minic léirítear an tábhacht shóisialta sin trí bhua draíochtúil a lua leo.¹¹⁸ Tuigeadh go maith an fiúntas cothaithe a bhí in arán, agus féach go raibh buanna leighis agus cosanta luaite leis chomh maith sa tír seo. Cleachtadh go forleathan an nós damhaid aráin a bheith ar iompar ag duine mar chosaint ar an bhféar gorta agus théití i leith an aráin chun cosanta go minic i gcomhthéacsanna eile leis.¹¹⁹ Bhaintí feidhm as ar an Oileán mar chosaint ar bhean seolta agus a naíonán:

> Nuair a saolófaí an leanbh … agus nuair a shocródh an bhean chabhartha siar sa chúinne an mháthair, ansan thabharfadh sí léi damhaid aráin agus dhéanfadh sí ceithre ghaimbín de agus chuirfeadh sí gaimbín aráin ins gach aon chúinne den leabaidh.¹²⁰
>
> Nuair a ghearánfadh an bhean óg ansan thabharfaí isteach cúpla gabháil tuí agus dhéanfaí leaba luí sheoil sa chúinne … Nuair a shínfeadh an bhean bhreoite isteach inti dhéanadh a máthair nó an bhean chabhartha … breith ar bhlúire aráin ansan agus é chaitheamh de na droim isteach sa leabaidh chun í chosaint ar na púcaí.¹²¹

D'úsáidtí an t-arán mar chosaint ar leanbh go háirithe sa chás go mbeadh leanaí eile faighte bás ar an máthair roimhe sin: 'An fhaid a bhíodh an leanbh san sa chliabhán, bhíodh sop tuí nó féir casta ar chois an chliabháin agus damhaid aráin bháin fén adhairt ag ceann an linbh.'¹²² Bhíodh an t-arán mar chosaint leis ar an leanbh ag dul chun baiste mar a luafar thíos. Ar ndóigh, cuireadh go mór le stádas an aráin sa chultúr Críostaí de bharr é bheith lárnach i ndeasghnátha shacraimint na heocairiste. Chomh maith leis sin, bhí sé mar nós sa mheánaois dhéanach go mbeannaíodh sagart gnátharán tar éis nó le linn Aifrinn agus bhaintí leas as an arán seo mar chosaint ar gach ainsprid agus anachain.[123]

MIAN GAN SÁSAMH

Tuigeadh nár cheart an dúil a bheadh ag bean thorrach i mbia (*pica*) a fhágaint gan sásamh mar go raibh an baol ann go leanfadh mí-ádh í féin nó an leanbh dá bharr.[124] Is duine dainséarach i gcomhthéacs an choirithe é an té a mbeadh dúil aige/aici i rud éigin, mar dá rachadh an dúil gan sásamh, b'fhurasta éad a theacht chun cinn leis an té go raibh an rud aige. Tá nasc an-chinnte sa bhéaloideas idir éad agus millteoireacht, rud a léiríonn an seanfhocal 'scoiltfeadh an t-éad/maíomh an chloch'.[125] Dá mhéid é an dúil, ba mhó é an baol. Mothaíodh gur bhain géire faoi leith le mian na mná a bheadh ag iompar agus cuirtear in iúl sa scéalaíocht go raibh ceangal an-chrua ar dhuine freastal air:

> Bhí bean eile agus bhí sí ag iompar linbh agus is é an rud gur tháinig dúil aici ann, i mblúire de cholpa a fir. Agus bhí an dúil agus an miangas ag gabháil di gurbh éigeant dona fear sa deireadh teacht agus stéig a bhaint de na cholpa agus é thabhairt di.[126]

Bhí an dualgas a mhothaigh daoine maidir leis an dúil seo a shásamh chomh láidir sin go bhféadfadh bean thorrach teacht i dtír air:

> Ambaiste, go gcaithfeá bheith ag ganfhiosaíocht fadó ar bhean trom ar aon rud suaithneach ná beadh flúirseach a bheadh le n-ithe agat. Dá mbeadh feoil á róstadh anso agam gheobhaidís a bholadh ... agus bheidís chughat agus chaithfeá blúire a thabhairt dóibh.[127]

I scéalaíocht Chorca Dhuibhne nascadh an dúil seo leis an dúil a chuir Muire i dtorthaí sa seanscéal apacrafúil ina ndéanann Dia an crann a chromadh di chun a mian a shásamh.[128] Mothaíodh gurbh é an dúil a bheadh ag an mbean thorrach sa bhia an rud díobhálach ar ghá cosaint air:

> Dá mbeadh aon nuaíocht in aon chor agat ar an mbord nuair a thiocfadh bean go mbeadh leanbh ar iompar aici isteach, ba cheart duit é thathant uirthi le heagla go mbeadh dúil aici ann.[129]

Baineann sé le hábhar gur chuid de thraidisiún an choirithe é go bhféadfadh duine drochshúil a chaitheamh i ngan fhios dóibh féin agus nár ghá in aon chor gur go mailíseach a dhéanfaí é:

> Deir siad go raibh daoine áirithe go raibh an tsúil sin acu ábalta ar tú a choiriú. Bheadh sí ag aon duine dé dhealraimh, bheadh sí ag aon duine agus ní bheadh a fhios aige é.[130]

Toisc an dlúthcheangal a bhí idir an mháthair agus an leanbh ina broinn, tharlódh nach ag an máthair a bheadh an drochshúil a leanfadh an mian gan sásamh, ach ag an leanbh. Tá léiriú drámatúil ar an tionchar a bhíonn ag an rud a mhothaíonn an mháthair ar an leanbh ina broinn, sa tuiscint go mbeadh rian ruda a chaithfí leis an máthair mar chomhartha cille ar an leanbh nuair a shaolófaí é:

> Is minic paiste dearg i gcraiceann duine – comhartha cille. Deiridís nár cheart seamairc ná aon ní mar sin a chaitheamh ar bhean a bheadh ag iompar mar pé áit go mbuailfeá leis an urchar san í, bheadh pátrún an rud san ar an áit chéanna ar an leanbh. Ach bhí cosaint ag an mnaoi ar sin mar dá mbuailfeadh sí buille dá bos ar a cromán nó aon áit mar sin, is san áit sin a bheadh an paiste ar an leanbh.[131]

Bhí scéal uafáis sa Bhlascaod a thug rabhadh faoin dainséar seo:

Chuala, bean go raibh leanbh ar iompar aici, agus bhí muc mharbh sa tigh agus nuair a bhíodar á gearradh – fé mar a bheadh cráin – do gearradh na siní amach as an gcráin agus caitheadh ar an mbean seo é, agus nuair a saolaíodh an leanbh bhí rian siní na cránach ar a aghaidh. Ní cheart aon ní a chaitheamh ar bhean óg phósta.[132]

Mar gheall ar an nasc dlúth idir an mháthair agus an leanbh sa bhroinn, tuigeadh go mbeadh an leanbh thíos leis dá rachadh mian a mháthar gan sásamh le linn di bheith á iompar. Is spéisiúil an léiriú a thugtar ar an iomard a leanfadh dá dheasca sin:

> Bean a bheadh ag iompar linbh ... dá dtiocfadh a leithéid isteach i dtigh na gcomharsan agus go mbeadh an bia ar siúl, ba cheart é thathant uirthi mar dá gcuirfeadh sí aon nath ann agus ná faigheadh sí é, bheadh a dheascaibh ar an leanbh nuair a saolófaí é, agus nuair a fhásfadh sé suas bheadh a leadhb á shá amach i gcónaí aige.[133]
>
> Bheadh an leanbh nuair a d'éireodh sé suas ag cur a theangain amach gach aon tsíorneomat.[134]

Friotal siombalach atá anseo ar an tuiscint go mbeadh ocras an bhia sin ar an leanbh i gcónaí, agus an té a bheadh ocrach amplach ba bhaolach go mbeadh an drochshúil aige.[135] Bhí scéal a chuir in iúl nach leigheasfadh aon ní an iomard a bhí ar an leanbh ach blaiseadh den bhia áirithe a ceileadh ar a mháthair:

> Bhíodh duine de mhná na gcoastguards [agus í torrach] ag tabhairt turasanna soir ar thigh a bhí i mBaile Ícín, agus sa tsaol san ní bhíodh an chóir bídh a bhíonn anois acu ann. Chuaigh sí isteach lá ann agus is é an rud a bhí acu istigh iasc garbh agus tornapaí beirithe. Agus nár chás do bhean an tí go samhlódh sí le bean an choastguard blúire den iasc garbh agus taoscán de na tornapaí beirithe a thathant uirthi! Chuimhnigh sí go maith air ach ná ligfeadh náire dhi an bia san a tharrac di.

Saolaíodh an leanbh ach go háirithe, agus bhí a theanga amuigh agus ní fhéadfaí a theanga a chur isteach agus bhí sé ag cur an-thinnis uirthi. Ach dúirt bean éigin léi sa deireadh blúire de gach aon rud a bheadh aici féin á ithe a chur i mbéal an linbh. Ach bhí gach aon ní á thriail aici leis an leanbh agus aon lá amháin iasc garbh a bhí aici agus chuir sí blúirín den iasc garbh ar theanga an linbh agus comh luath agus chuir, do thairrig sé isteach a theanga agus choimeád sé istigh í.

Sin é an uair a chuimhnigh sí gur tháinig dúil aici san iasc garbh an lá a bhí sí sa tigh sin i mBaile Ícín nuair a bhí an leanbh ar iompar aici, ach ná ligfeadh náire dhi blúire dhe a lorg.[136]

Tá 'gorta bean luí sheola' luaite i *Seana-Chaint na nDéise* agus é le tuiscint ón gcomhthéacs go raibh dainséar ar leith ag baint le mian gan sásamh a bheadh ag páiste na mná a bhí ina leaba luí sheoil. Ba é an leanbh a measadh a bhí i mbaol sa chás seo leis mar deirtear sa chuntas go mbíodh ar chuairteoirí bia a ghlacadh thar a cheann chun a chinntiú nach leanfadh an t-ocras dó:

Ní ceart do éinne bia ná deoch a dh'eiteach i dtigh a mbeadh bean 'n a luí sheól le h-eagala gorta bean luí sheola thabhairt leis, sé sin go mbeadh tart nó ocaras ar a' leanbh choíche; 'caithfí' tú é dh'ól agus ná tabhair gorta bean luí sheola leat,' *said to a visitor (man or woman, usually woman) who refuses food or drink after birth of child*; gorta bean luí sheola fuair sé, *he was born hungry and thirsty*.[137]

Tuigeadh go glé an baol a bhain le dúil linbh a fhágaint gan sásamh agus i scéal a bhí ar an Oileán léirítear an aird a tugadh ar an tuiscint sin. Tagraítear sa scéal seo do gharsún óg a bhí ar cuairt in éineacht lena athair i dtigh a raibh cuigeann déanta ann, agus mar a dúirt an scéalaí, toisc 'tuiscint na gile' bheith ag bean an tí, thug sí braon bláthaí dó:

Bhí a fhios ag an mnaoi seo aon rud a chífeadh garsún go dtiocfadh dúil aige ann mar gurb é mian an mhic a shúil ... agus níor lig sí dúil an linbh gan sásamh. Thug sí deoch den mbláthaigh le n-ól dó agus cuid le tabhairt abhaile ... 'Ara a fhir mhaith' [a dúirt sí le hathair an linbh] 'flúirse nó gan aon fhlúirse, pé rud a bheadh ar siúl ach go mbeadh garsún mar é seo i láthair ... níor cheart duit do shúil a dhúnadh air. Mar is suarach an rud do leaghfadh súil linbh agus is suaraí ná san an rud a dhéanfadh díobháil.'[138]

Dearbhaíonn an seanfhocal 'Mian mic a shúil,'[139] dlúthbhaint a bheith ag mian linbh lena shúil, agus leanann as sin dá mbeadh mian gan sásamh aige, go mbeadh súil mhíshásta nó drochshúil aige. Is léiriú eile ar thosaíocht thraidisiúnta na bhfireannach gur do gharsúin seachas cailíní a thagraíonn an seanfhocal, tosaíocht atá curtha in iúl go soiléir sa leagan seo den seanfhocal: 'Mian mic a shúil agus mian iníne a bhfaighidh sí.'[140] D'fhéachfadh muintir a theaghlaigh féin chuige nach mbeadh mian gan sásamh ná súil ocrach ag garsún óg:

> Ó leath bhliain amach bheidís ag cur blúiríocha beaga ina bhéal chuige, ach dá ba leanbh mic é, ní bhlaisfeadh éinne aon ghreim sa tigh gan é a chuimilt dona bhéal ar dtúis, mar 'mian mic a shúil.'[141]

Bhí 'tabhair blúire don bhfireannach' uaireanta mar aguisín le 'Mian mic a shúil,'[142] treoir a d'fhéadfadh bheith mar bhonn leis an mbrú a chuireadh Tomás Maol agus a bhean in *An tOileánach* ar Thomás Ó Criomhthain, bia a thógaint uathu agus é ina gharsún beag:

> Is minic do chuireadh mo mháthair mise go dtí é, féachaint cathain do bheadh an lá saoire seo agus an lá saoire úd ann, agus má bheadh aon tsórt á ithe acu do thiocfadh an bheirt idir me agus an doras chuin go gcaithfinn é a ghlacadh.[143]

Níorbh í an drochshúil an t-aon drochiarmsa, áfach, a leanfadh dúil i mbia a rachadh gan sásamh, mar bhí an tuiscint ann go bhféadfadh a leithéid de dhúil, bás an té a bhí i gceist a thabhairt i gcrích chomh maith:

Dá raghadh sí isteach in aon tigh de na comharsain, pé bia a bheadh ar siúl ann, ní ligfí amach í gan blúire den mbia a thabhairt di. Dá ligfí amach í gan blúire den rud a bhí ar siúl a thabhairt di, b'fhéidir nach fada ón dtigh a bheadh sí nuair a chaithfeadh sí filleadh ar an dtigh arís agus é lorg nó thitfeadh an t-anam [aisti].[144]

Léiríonn eachtra faoi bhean phósta a measadh a bhí i mbaol dúil a chur i mbia, cé chomh cáiréiseach a bhítí á cosaint:

Bhí bean ón Oileán in éineacht lena fear céile agus le fear eile lá sa Daingean. Bhíodar istigh i dtigh mar a raibh feoil á róstadh agus an boladh le fáil acu. 'Tóg amach do bhean ón bhfiontar,' arsa a chompánach le céile na mná. Chuala fear an tí é agus thuig sé go maith cad a bhí i gceist, agus dúirt sé leis an mbean dul isteach don chistin áit a mbeadh cuid den mbia le fáil aici. Ach is amhlaidh a bhuail náire í siúd agus rith sí amach faoin tsráid.[145]

Bhí tuiscint faoi leith i gcás an fhireannaigh, ar an tslí a dtabharfadh dúil gan sásamh a bhás i gcrích, mar atá, go sciorrfadh an bradán beatha as:

Agus bhí sé ráite ach go háirithe, gur b'in rud nár cheart duit a dhéanamh go deo, i dtaobh garsúin anois – ní i dtaobh gearrchaile chuige, ach i dtaobh garsúin amháin – dá mbeadh an dinnéar agat á dh'ithe agus go dtiocfadh garsún ón mbaile isteach agus go suífeadh sé sa chúinne agus go mbeadh sibhse ag ithe, b'fhéidir go mbeadh rud éigin agaibhse an uair sin, abair – ní bheadh sócamaistí fadó chuige fé mar thá anois – b'fhéidir fiú amháin crúibíní a bheith beirithe nó píosa de chíste milis a bheith ar an mbord agus ná faigheadh … ná tabharfá blúire don leanbh san, bhuailfeadh sé breoite.

Is é an rud a deiridís go gcaillfeadh sé, pé an rud é, go gcaillfeadh sé a bhradán beatha agus dá dtabharfá aon bhlúire beag dó – mian mhic a shúil, mian mhic a shúil – dá dtabharfá aon bhlúire dó … nár bhaol dó, ach mara dtabharfá go mbeadh sé breoite … Tá an bradán beatha sa leanbh … n'fheadarsa cá bhfuil sé ann, agus bíonn an-dhúil aige tríd an mbradán beatha, abair, a bheith ann, bíonn an-dhúil aige nuair a bhíonn sé beag i rudaí. Bíonn, a deir siad, agus ní ceart go deo é dh'eiteach.[146]

Ní gá a rá, ar ndóigh, ná go raibh feidhm mhaith phraiticiúil leis na tuiscintí seo faoi dhúil i mbia sa mhéid gur chinntigh siad go mbeadh an chuid ab fhearr d'aon ní a bheadh ar fáil ag an mbean thorrach agus an garsúinín óg go háirithe: 'Má bheadh aon chineál nó aon rud maith i dtigh is ag an mbean óg a bheadh ag iompar linbh a bhí se le fáil i gcóir an chúraim a bhí roimpi.'[147]

COSC AR CHION A LÉIRIÚ DO LEANBH

Ba chuid den mheon traidisiúnta i leith an linbh é nár cheart an iomarca ceana a léiriú dó – 'Cion i ngan fhios do mhnaoi nó leanbh', mar a deir an seanfhocal.[148] Tuigeadh mar chomhairle phraiticiúil í seo mar is léir ón míniú a thugann An Seabhac ar an seanfhocal sin: 'Má bhíonn a fhios aca cion a bheith ortha bainfidh siad feidhm as an gcion san ar mhaithe leo féin gan beann aca ar mhaith an té bhíonn ceanúil ortha.'[149] Is cosúil go raibh an tuiscint go láidir ar an Oileán nár cheart do thuismitheoirí cion míchuí a léiriú do leanbh agus an bunús pragmatach céanna leis, mar atá, go ndéanfaí peataí díobh agus go n-imeoidís ó smacht:

> Deiridís nár cheart don mháthair ná don athair a gceanúlacht ar fad a thaispeáint don leanbh chuige, go loitfidís é, go loitfidís é, ach é choimeád chúchu fhéinig, agus bheith á dh'fhaire, an dtuigeann tú, ach gan é thaispeáint chuige dhó go rabhadar mór leis ... Is dócha, an dtuigeann tú, dá mbeadh a fhios agat go rabhdar – d'athair agus do mháthair – mór leat, go dtosnófá ag déanamh do rogha ruda agus go mbeadh a fhios agat ná cuirfidís aon chur isteach ort, agus ní bheadh aon eagla roim bhuillí agat agus loitfeadh san i gcomhair do shaoil tú. Loitfeadh, loitfeadh.[150]

'Deireadh na seanmhná nár cheart an iomarca tóir a dhéanamh de leanbh', a deir Peig Sayers ach ní théann sí níos faide leis an scéal.[151] Tá fianaise ón mbéaloideas in áiteanna eile sa tír, áfach, gur bunús draíochtúil a bhí leis an gcosc ar chion a léiriú do leanbh mar gur d'fhonn coiriú a sheachaint a bhí an cosc sin ann. Tá sé ráite go neamhbhalbh i dtéacs ó Chontae Thír Eoghain: *'It was considered wrong here to be excessively fond of a baby. The reason is you might overlook it, blink it.'*[152] I scéal ó Chontae Mhaigh Eo instear faoi leanbh a bhí breoite agus a leigheas bean siúil nuair a chaith sí trí sheile air agus gur chomhairligh sí don mháthair gan an iomarca tóra a bheith aici feasta ar an leanbh: *'It is not right to have too much tóir on a child or they say it's all the sooner you might lose it.'*[153] Cosaint aitheanta ar dhrochshúil é seile agus toisc gur seile a leigheas an bhreoiteacht sa scéal seo, tá le tuiscint gur drochshúil a bhain don leanbh, agus tá sé intuigthe ó chomhairle na mná siúil gurbh í an mháthair a chaith í. In eachtra a thóg Seámas Ó Duilearga síos ó Stiofán Ó hEalaoire i gContae an Chláir léirítear go drámatúil an tuiscint go gcuirtear an leanbh i mbaol a choirithe má thugtar róthaitneamh dó:

Satharain Domhnach Chrom Dubh do bhí bean ó Chonnacht a' dul siar go dtí Tobar Dhaigh Bríde le hagha cholla insan oíhe ann, agus a turas a thabhairt ar maidin Dé Domhna. Do bhí sí ag iúmpar leanabh ar a droim, agus do ghlac sí tuirse ar a' mbóthar. Do shui sí síos chuig a scíth a dhéana. Do thóg sí an leanabh aniar dá drom, agus do chuir sí ar a brollach é, agus do bhí sé ag ól na cín. Do d'fhéach sí ar a' leanabh, agus do bhí sé go math lé feiscint; ba dh'éard é leana' math, agus is dócha gur thaithin sé ró-mhór léithi. Do thit amach di gur dhin sí an drochshúil do.

Do chrom an leanabh láithreach ar bheith ag oibriú insna fits, slán gach áit a n-instear é! Do rith sí go dí an dteh ba ghoire di … Do bhí sean-fhear insa teh a raibh tuiscint ann. Do d'eighri sé amach, agus d'fhéach sé ar a' leanabh insa nós a raibh sé ag oibriú.

'By dad, a bhean chroí,' adúirt sé, 'b'fhéidir gur thit amach duit héin gur tu a dhin a' droch-shúil do! Anois,' adúirt sé, 'caith trí sheile ar a' leanabh, agus cuir "Bail ó Dhia" trí huaire i ndia a chéile air agus be fhios aghut más tu féin a dhin aon anachain do, agus ná bíodh aon aiféal amáireach ort.'

Mar sin a bhí. Do dhin a' bhean mar adúirt sé léithi, agus do bhí an leanabh chó sleamhain chó slán agus bhí sé riamh ná rimhe sin ó rugav é.¹⁵⁴

Is feiniméan idirnáisiúnta é an ceangal seo idir léiriú ceana agus an drochshúil, rud atá le tuiscint, mar shampla, ón tuairisc seo ó réigiún Gujerat san India:

> *A woman was once feeding her child and looked at it with great affection. Her mother-in-law, fearing for the child, suddenly directed the young woman's attention to the stone flour mill, which immediately broke in half.*¹⁵⁵

Tugadh géilleadh sa Ghréig freisin don bhaol a bhain le léiriú ceana: '*Some Greek mothers went so far as to refuse to show children to their father.*'¹⁵⁶ Ba gheall le moladh é, grá nó geanúlacht mhór a léiriú, agus ar ndóigh, b'eagal le daoine moladh mar ba bhaolach leo go ndéanfaí drochshúil don té a bhí molta. Is comhartha ceana i leith linbh é a thógaint sa bhaclainn agus bhí cáiréis ar leith dlite ar an té a dhéanfadh é de réir na faisnéise seo ó Abhainn an Scáil:

> *People taking a baby in their arms or looking at it, they should always say 'God bless it', for fear they would overlook the child … It is considered not safe to take an unbaptised child in one's arms without making the sign of the cross over it. The reason given is lest the person might overlook the child because a child not baptised is very apt to be overlooked or swept by the fairies.*¹⁵⁷

PAIDREACHA

Ní nach ionadh i bpobal Críostaí, ba nádúrtha le daoine dul i leith paidreacha nuair a mhothaigh siad an dainséar buailte leo. Bhíodh an phaidir seo a leanas ag mná i bpéin linbh, mar shampla:

> A Bhanríon atá ar neamh, labhairse led mhac,
> Chun ár gcoire is ár gcionta do mhaitheamh dúinne go glan,

Iompar agus Saolú Clainne ar an mBlascaod

Mar is mise an chaora thuathail atá i bpéin fén ualach,
Ó Íosa déan díon dom; tar taoibh liom is fuascail.[158]

D'fhéachtaí leis an máthair agus an leanbh a chosaint le beannachtaí:

> Gach aon duine a thagadh isteach an chéad uair ar thuairisc an linbh, 'Go mairir t'athair agus do mháthair,' agus bhíodh focal eile leis acu … ara bhíodh mórán acu … 'Go saolaítear beo thú,' 'Go saolaítear beo thú an fhaid a mhairfir,' 'Dia agus Muire idir tú agus cinniúintí agus trioblóidí an tsaoil,' … 'Go mairir agus go gcaithir do mháthair,' 'Dia leat mhuis,' 'Bail ó Dhia ort agus ar bhain leat,' … Ara bhíodh a lán beannachtaí acu … 'Nár chuirir aon trioblóid go deo ar éinne a bhaineann leat,' … 'Nár fheice aon drochshúil sibh,' … 'Buíochas le Dia, an leanbh fé mhaise gan mháchail.'[159]

Bhí an-mhuinín i mBrat Bhríde mar chúnamh i saolú linbh agus fós arís mar chosaint ar fhórsaí dochracha osnádúrtha.[160] Mar aon leis na beannachtaí, chroitheadh cuid de na cuairteoirí uisce coisricthe ar an máthair agus an leanbh agus bhíodh leabhar urnaí nó cros nó bonn cráifeach mar chosaint orthu chomh maith: 'Bhíodh eagla acu roimh rudaí áirithe. Ach bhíodh saghas croisín bheannaithe nó medal bheannaithe crochta ar an leanbhín chun é choimeád ó na drochshúile.'[161]

SEILE

Bhíodh seile mar thaca leis an nguí ag daoine áirithe:

> Aon bhean a thiocfadh isteach agus a dh'fhéachadh ar an leanbh – ní mór go gcuirfeadh aon fhear aon tsuim ann – chaitheadh sí a seile ar dtúis air agus déarfadh sí: 'Bail ó Dhia is ó Mhuire is bhuamsa air,' agus ansan dhealródh sí lena athair nó lena mháthair é.[162]

Ach oiread leis an maothachán, is rud míthaitneamhach ann féin é seile agus déanann sé beag is fiú de pé ní ar a gcaitear é ag tabhairt le fios nach fiú mórán é. Bheadh cosaint ar an gcoiriú sa mhéid sin mar tuigeadh gur rudaí luachmhara amháin a bhí i mbaol uaidh sin. Arís, ar aon dul leis an maothachán, ba lacht é a chuir an corp ar fáil agus bhíothas ag cur le stóras lachta an té a bhí faoi bhagairt ag drochshúil nuair a chaithfí seile air.

BAISTE

Dealraíonn gurb é an t-osnádúr Críostaí trí shearmanas an bhaiste a sholáthraigh an chosaint ba mhó a raibh muinín as in aghaidh na bhfórsaí bagarthacha a bhí ag faire ar an leanbh agus ba nós ar fud na hEorpa ón mheánaois leanbh a bhaiste lá nó dhó tar éis é a shaolú.[163] Níorbh ionadh sin ar ndóigh, mar de réir theagasc na heaglaise thug an baiste an naíonán slán ó chumhacht na hainspride, chomh maith le smál pheaca an tsinsir a ghlanadh dó agus ballraíocht a chinntiú dó sa chomhluadar Críostaí. Is léir ó chuid de na téacsanna thuas gur tuigeadh nach mbeadh an leanbh chomh leochaileach tar éis a bhaiste agus a bhí roimhe. Mar sin féin, ba phriaclach an ócáid don bhunóc é an baiste, mar bheadh air sábháilteacht an tí a fhágaint agus aghaidh a thabhairt den chéad uair ar an saol bagarthach lasmuigh. An drochshúil agus na sióga na bagairtí móra sa chás seo leis, agus ba iad na gnáthshásanna cosanta a bhíodh in úsáid ina gcoinne – arán, salann, súiche agus maith na circe:

> Nuair a bhíodh an leanbh ag dul á bhaiste ansan, cuirtí crios bheag timpeall a choirp agus blúire beag aráin laistigh de, nó rud éigin a bheadh beirithe, le heagla go sciobfaí é.[164]
>
> Tuigeadh dom go chuala rud éigin ... sara raghadh an leanbh ón Oileán ann [á bhaiste] go ndéanfaí braon uisce salainn a bhualadh ar liopaí a bhéil, pé bun a bhí acu leis. N'fheadar an á chosaint ar phiseoga a bheidís nó ar aon mhaíomh nó mar sin.[165]

Iompar agus Saolú Clainne ar an mBlascaod

> *Any time a child was born in the same house, the same old woman used to make a ball of soot, salt and hen's dirt and sew it into the little shirt next the skin. She was sure to do that before the child was baptised. Tis a cure against the fairies.*[166]

Bhíodh athair an linbh, an t-athair baistí agus fear gaoil eile sa chóisir mar aon leis an máthair bhaistí agus bean a mbeadh taithí mhaith aici ar leanaí – aintín nó gaol don leanbh, b'fhéidir – agus is aici sin a bhíodh an leanbh ar iompar. Bheadh naomhóg acu amach go Dún Chaoin, agus cairt agus capall ar iasacht ansin ó thuaidh go Baile an Fheirtéaraigh.[167] Cé nach dtéadh an mháthair ar an mbaiste – níor chuí di corraí amach go mbeadh sí coisricthe, mar a luadh thuas – mar sin féin, ba dhainséarach an tráth di siúd leis é agus níor mhór di bheith ag faire amach di féin:

> Agus deireadh bean éigin le máthair an linbh gan aon chodladh a thiteam uirthi dtí go dtiocfaidís féin abhaile, nó má thitfeadh go mbeadh gach aon tseans go n-éireodh mí-sheol éigin di.[168]

Ba mhaith leo go rithfeadh a n-aistear go dtí an séipéal go réidh leo: 'Deiridís dá n-éireodh aon mhí-sheol don gcapall nó d'aon ní bheadh acu, deiridís ná beadh sé seansúil.'[169] Bhíodh daoine áirithe agus b'fhearr le dream an bhaiste nach gcasfaí orthu iad: 'Aon duine go mbeadh aon amhras acu go mbeadh aon drochshúil aige ná aon drochchroí aige dhóibh, abair … ní mhaith leo daoine a bheadh ag caitheamh anuas orthu.'[170] Nuair a shroichidís an séipéal dhéanfaidís deimhin de nach dteagmhódh aon drochní leis an leanbh:

> Roimis an mbaiste chaithidís seile air … chun an rath a bheith air … sara dtiocfadh an sagart i láthair. Eagla coiriú é sin, an dtuigeann tú, ar eagla go dtiocfadh aon duine isteach, an dtuigeann tú, don tsáipéal.[171]

Bhí treoracha áirithe le leanúint ionas go seachnófaí an mí-ádh in ainmniú an linbh:

Níor mhaith le haon bhean ainm a athar a thabhairt ar an gcéad leanbh garsúin a saolófaí. Bhí cur ina choinne acu. Thabharfaidís ainm uncail éigin leo air. Bheadh seans ag an darna mac gurb é ainm a athar a thabharfaí air. Fágfaí fén máthair a rogha ainm a thabhairt air. Ní raghfaí thar a breithiúntas ar an scéal.[172]

Ba mhinic leanbh á ainmniú ó naomh ar thit a fhéile i gcóngar dá dháta saolaithe:

Dhéanfaidís a ndícheall gan é a chur óna chara-aspail. Is é sin, cuir i gcás, go raibh Lá tShin Seáin cóngarach don lá a baistfí é, ghlaofaí Seán air mura mbeadh Seán ar dheartháir do cheana.[173]

Uaireanta eile is cosúil go bhfágtaí faoin gcinniúint an t-ainm a roghnú. Áiríodh mar rud mí-ámharach é a ainm a thabhairt ar leanbh sula mbaistfí é:

Dá mbeadh duine ann – b'fhéidir gurb í an bhean chabhartha a déarfadh é, dá mbeadh sí misniúil – déarfadh sí b'fhéidir: 'Cuirimse cosc ar aon ainm a thabhairt ar an leanbh so ach ainm an chéad duine a thiocfaidh isteach ar maidin.' Ní tugtaí aon ainm ar an leanbh go dtí go mbaistí é.[174]

I gcásanna áirithe d'fhéachtaí le leanaí a choimeád ó aithne a naimhde osnádúrtha, trí ainm eile seachas a n-ainm féin a thabhairt orthu:

Is minic ná glaodh daoine an ainm cheart ar a gclann. Sa cheantar so mar shampla, 'Billy' ab ea 'Muiris', 'Peig' ab ea 'Máire', 'Revet' ab ea 'Seán' agus mar sin, ar eagla go gcaillfí iad. Bhíodh daoine comh cliste sin go nglaoidís na leasainmneacha san ar a gclann nó ar chlann a gclainne, ar eagla go gcaillfí iad. Ach is minic ná tosnaíodh ar an nós so go dtí go mbíodh leanbh nó dhó caillte ar an máthair agus thagadh duine éigin chúichi a chomhairlíodh í. Ní bheadh a bhac orthu a n-ainm baistí a thabhairt orthu nuair a raghaidís go sprioc na seacht mblian.[175]

Iompar agus Saolú Clainne ar an mBlascaod

Bhuailfí bob ar naimhde an linbh dá dtabharfaí ainm cúl le cine air, mar dhia nach n-athneofaí cérbh é, agus go n-éalódh sé ón tubaist:

> Nuair a bhíodh an bás ag breith na leanbh ó bhean ... thugadh sí ainm in aghaidh a shloinne ar an leanbh. Tugtaí an ainm agus an tsloinne in éineacht don sagart. Gheibheadh an sagart a dhá oiread duaidh an leanbh sin a bhaisteadh. Ach ba chuma leis an muintir gur leo é, mar do mhairfeadh an leanbh san agus do gheobhadh sé a lánshaol.[176]

Bhíodh an-imní ar dhaoine go bhfágfaí fuíoll baistí ar an leanbh, is é sin, go bhfanfadh cuid éigin de dheasca pheaca an tsinsir gan glanadh, agus dá bharr sin, go mbeadh baint éigin ag an aos sí leis, sa mhéid go mbeadh sé á bhfeiscint nuair nach bhfeicfeadh aon duine eile iad.[177] Bhí an tuiscint ann leis go bhféadfadh fuíoll baistí súil choirithe a fhágaint ag an leanbh.[178] D'fhágfadh botún éigin a dhéanfadh an sagart nó na cairde as Críost i searmanas an bhaiste (lúb ar lár sa bhfoclaíocht, mar shampla, nó sleamhnú ar an altóir nó rud a thitim) fuíoll baistí ar an leanbh. Dhealródh freisin gur áiríodh mar bhotún é mura ndéanfadh an sagart sloinne an linbh a lua sa searmanas – rud nach raibh riachtanach de réir rúibricí an liotúirge:

> Sa tsaol fadó nuair a bhíos féin ag éirí suas, deireadh daoine nuair a bheadh duine ansan a bheadh ag feiscint rudaí istoíche gur fuíoll baistí a d'fhanadh air sin. San am san, timpeall cheithre fichid blian ó shin, nuair a tabharfaí leanbh á bhaiste go dtí an sagart – is é an baiste céanna fós é, baochas le Dia – ba é dán an tsagairt a dh'fhiafraí cad é an ainm a tabharfaí ar an leanbh. Déarfadh an mháthair bhaistí 'Seán'. Dhéanfadh an sagart ansan roinnt den mbaiste nuair a dh'fhiafródh sé cén sloinne. Bheadh fuíoll baistí ar an leanbh san ansan agus bheadh taibhsí agus rudaí á dh'fheisicint aige nuair ná cífeadh éinne eile iad.
>
> Ach chuaigh daoine géarchúiseacha amach ar sin ansan agus nuair a fhiafraítí ansan cad é an ainm a tabharfaí ar an leanbh, thabharfaidís ainm agus sloinne an linbh in éineacht. Ach deir údair mhaithe anois go mbíonn

níos mó trioblóide go mór ag an sagart an baiste a dhéanamh an ainm agus an tsloinne a thabhairt in éineacht ar an leanbh ná dhá leath a dhéanamh do.[179]

Dúradh go raibh drochiarsmaí praiticiúla chomh maith a leanfadh don té ar a mbeadh fuíoll baistí:

> Chuala ná beadh sé cruinn fé mar bheadh fear eile chuige. Bheadh rud éigin in easnamh ar an bhfear bocht. Bheadh liobarnaíocht éigint ag baint leis … ná beadh sé ábalta a chúram a chur chun cinn. Ní fhéachadh sé i ndiaidh a chúirim i gceart … aon ní a dhéanfadh sé mar sin bun os cionn, déarfaí is ea ná baisteadh i gceart an fear san.[180]

Measadh gur chosaint ar leanbh a bheadh i mbaol báis a lán cairde as Críost a bheith aige. I gcás na mná thuas a mbíodh an bás ag breith na leanbh uaithi, deirtear go gcuireadh sí trí mháthair bhaistí agus trí athair baistí ag seasamh lena leanbh ag súil go rithfeadh leis.[181] Áiríodh mar rud an-mhícheart é diúltú do chuireadh seasamh le leanbh chun baiste:

> Deir siad nár cheart é. Deir siad ná beadh aon rath ort fhéin … nár cheart duit chuige an rud san a dhiúltú, go dtiocfadh sé ort id shaol, b'fhéidir i ngan fios duit, agus ná beadh a fhios agat cad é an bun a bhí leis an rud san a theacht ort, ach go raibh an dearmad san déanta agat. Ní cheart duit é dh'eiteach go deo. Tá an leanbh ag dul, an dtuigeann tú, chun a bheith ina Chríostaí, agus teastaíonn é ghlanadh ó pheaca an tsinsir, ach glaofadsa ortsa chun dul agus é thabhairt don láthair chun é ghlanadh, ach dh'eitís me.[182]

Bhítí an-cháiréiseach ag roghnú cairde as Críost a chinnteodh séan do leanbh:

> Ní cuirfí bean chun baistí le leanbh go mbeadh leanbh ar iompar aici féin … Chloisinn iad a rá go raibh daoine ann agus go raibh ádh á leanúint agus ná geobhadh aon leanbh bás a seasóidís leis.[183]

Bheadh an dream a thug an leanbh á bhaiste breá sásta é a shíneadh ar ais slán go dtí an mháthair ar fhilleadh go sábhálta dóibh: 'Slán as gach láimh is as mo láimhse leis; luí seoil fé chion ort agus éirí tar éis mic ort' – sin mar a bheannaigh máthair bhaistí do mháthair an linbh ar ócáid acu sin.[184]

CRÍOCH

Tá sé ginte sa duine bheith corrbhuaiseach faoi nithe atá tábhachtach dó ach nach bhfuil a riar go hiomlán faoi féin, agus is cinnte go raibh iompar agus saolú clainne le háireamh ar ócáidí ar bhain leibhéal éigin teannais leo riamh anall. Fásann nósanna agus tuiscintí traidisiúnta thart ar ócáidí den chineál seo agus go bunúsach is iarrachtaí iad sin ar dhul i ngleic le himní. Déantar léiriú siombalach sna nósanna agus sna tuiscintí seo ar na bagairtí as a n-eascraíonn an imní trí ainm agus cruth nithiúil a lua leo, mar a mhíníonn Abrahams:

> *Expressive folklore assists in maintaining the status quo by giving a name to the threatening forces both within and without the group, and by presenting these names in a contrived artificial form and context, giving the impression that the forces are being controlled.*[185]

Cumasaíonn an siombalachas seo an duine chun déileáil leis an imní mar tá a lán eolais ar fáil dó ón traidisiún faoi chineál na mbagairtí sin agus conas is féidir cosaintí a chur i bhfearas ina n-aghaidh nó cén chaoi lena seachaint. Ní hiad na tuiscintí traidisiúnta faoi deara an imní, níl iontu ach a comharthaí sóirt, agus ní hiad siúd a bunús. Ba shlite iad a tháinig chun cinn sa phobal féin agus iad ag déileáil leis an dainséar a tuigeadh a bhí ag bagairt ar an máthair agus a leanbh, rud a chiallaíonn gur féidir breathnú orthu mar dhearbhú láidir ar chúram na muintire don bheirt leochaileach sin.

SUMMARY

Traditions dealing with pregnancy and childbirth on the Great Blasket are focused on here. The mindset towards children is examined and the positive attitude to new life outlined, while cognisance is taken of the difficulty which women faced not only in giving birth but also in raising children on the Island. A change in perspective among the final generation of Islanders is noted with the growing recognition of the need to provide adequately for their children. Traditions relating to the prevention of further pregnancies are featured, and practices designed to ensure the birth of a son rather than a daughter are discussed. The care extended to a woman in confinement is outlined, as is the recognition by the wider community of the need to protect both mother and child from malign influences. Foremost among these perceived threats to their well-being were the evil eye and fairy interference – both interpreted here as imaginative manifestations of underlying tensions – and numerous beliefs and practices aimed at preventing or counteracting these threats are described. In this context, baptism was seen to play an important role in safeguarding the child, but should the ceremony be deemed to have been defective, then the child was considered to be in a vulnerable position. It is argued that the traditions discussed served to empower the mother and ensure due care for her and her child.

Iompar agus Saolú Clainne ar an mBlascaod

1. Ó Siochfhradha 1926: # 65; cf. Ó Máille 1948: # 1133: "Siad a chlann saibhreas an duine bhoicht, 's bochtanas an duine shaibhir (uasail)."
2. Ó Siochfhradha 1926: # 91.
3. *Ibid.*: # 1826.
4. *Ibid.*: # 90.
5. Cf. Ó Súilleabháin 1942: 209; Wilson 2000: 12939.
6. Tá leagan den scéal seo ó Pheig Sayers in Jackson 1938: # 25; maidir leis an scéal féin, féach Ó Súilleabháin 1973–4.
7. CBÉ 983: 126–7.
8. CBÉ 1495: 35.
9. CBÉ 1202: 247. Maidir le Méiní, féach Matson 1996; tagairtí in Almqvist 1990: 109, n.74.
10. Ó Súilleabháin 1942: 209; cf. ráiteas 1 Tiomóid 2: 15, faoina raibh i ndán don bhean tar éis d'Éabha bheith díbirte as Gairdín Pharthais: 'slánófar í, áfach, trí chlann a iompar má chloíonn sí go stuama leis an gcreideamh, leis an ngrá agus leis an gcráifeacht.'
11. Ní Shúilleabháin 1987: 73.
12. Cf. Thomas 1978: 223: '*The relative rarity of charms to prevent conception, however, suggests that as a means of birth control they were less popular than the well-known, if unobtrusive practice of coitus interruptus, and the numerous potions and medicines to procure abortion.*' Maidir le cleachtais dhraíochtúla dírithe ar ghin a chosc, féach Wilson 2000: 123–4.
13. CBÉ 1202: 241. Bhí cupros aitheanta mar ghinmhillteán sa mheánaois (Riddle 1992: 106, 136). Níor mhiste a chur san áireamh anseo nár mheas formhór an phobail in aoiseanna romhainn gur bheart mímhorálta é ginmhilleadh a tugadh chun cinn roimh chorraíl an linbh sa bhroinn (Delay 2021). B'oideas aitheanta bhód sa chianaimsir i gcúrsaí leighis (Hamburger 2002: 334) ach ba dhathú éadaigh an úsáid ba mhó a bhaintí as cupros agus bhód ar an mBlascaod, cf. Peig Sayers in CBÉ 1201: 166–8; Ó Criomhthain 2002: 80.
14. CBÉ 1202: 241.
15. CBÉ 1202: 245.
16. CBÉ 433: 65–6.
17. Maidir le cúiseanna eile a gcuirtí corp béal faoi, féach Simpson 2001: 306; O'Brien 2020: 153–5.
18. Maidir le naíonmharú in Éirinn sa nuathréimhse, féach O'Connor 1991a: 31–2; O'Connor 1991b; Kelly 1992; McAuley & Redmond 2021.
19. CBÉ 910: 184.
20. Ó Súilleabháin 1942: 209; féach e.g., Ó Duilearga 1928: 201–2; CBÉ 28: 284–92; Herity 2009: 198–9; Opie & Tatem 1989: 221.
21. Heywood 2001: 56.
22. Meyer 1906: # 224; táim faoi chomaoin ag An Ollamh Máirín Ní Dhonnchadha as a chur in iúl dom go bhféadfadh gur leanbh seachas fireannach a chiallaíonn *mac* sa tré sin (cf. DIL s.v. *mac* (*macc*) II); is cinnte, áfach, gur firinneach atá i gceist sa ghuí 'luí seoil fé chion ort agus éirí tar éis mic ort'. Thuas ar lch 57 atá an seanfhocal luaite.
23. CBÉ 910: 186; Ó Muirgheasa 1976: 116; Ó Máille 1948: # 1564, # 1589; cf. Ó Héalaí & Ó Tuairisc 2007: 54–5: 'Deirtí nár bhean cheart í an bhean go mbéarfaí mac di. Ag an am céanna bheadh fáilte i gcónaí roimh an gclann iníne dá mbeadh beirt nó triúr mac roimpi.'
24. CBÉ 910: 215.
25. Arensberg & Kimball 1968: 45–58.
26. Seán (Pheats Tom) Ó Cearnaigh in SVC 424.
27. CBÉ 1202: 246–7. Ar na cleasanna den sórt seo a bhfuil fianaise orthu ó áiteanna eile sa tír, tá spáid a chur faoi leaba na

27. lánúine (CBÉ 1220: 351) agus garsún óg a bheith sa leaba leo (CBÉ 1363: 135).
28. CBÉ 1202: 242. Seosamh Ó Dálaigh a thóg ó Mháire Uí Dhuinnshléibhe (Mhéiní); tá téacs ortha do bhean i dtinneas clainne in Ó Héalaí & Ó Tuairisc 2007: 115.
29. CBÉ 1363: 135.
30. SVC 9/3/1990; féach freisin LUL in SVC 495: 'Bhíodh sé go lom agus go suaite agus muintir an tí go léir … gan dabht, dath dubh air, caol dubh suaite. Chailleadh sé *weight* agus chailleadh sé a shláinte.'
31. CBÉ 1220: 352.
32. CBÉ 1202: 248; féach leis Mac Cárthaigh & O'Reilly 1990: 58; Ó Súilleabháin 1942: 210. Dúirt Peig, áfach, nár chuala sí riamh faoin nós seo (CBÉ 910: 186), rud a léiríonn, is dócha, an discréid agus an príobháideachas a lean iompar den chineál seo. Tá léiriú seanda sa traidisiún abhus ar an tuiscint gur féidir pianta breithe na máthar a bhualadh ar dhuine eile i scéal cheas naíon na nUltach, cf. Gantz 1981: 127–9.
33. Mac Cárthaigh & O'Reilly 1990: 58
34. Leach 1949–50: *s.v.* couvade; Douglas 1975: 60–72; Ó Catháin 1980: 92–7; Fusick & Pauli 2021. D'fhéadfaí tagairt sa chomhthéacs seo freisin do nós a chleachtaí in áiteanna sa tír a thug ar an athair ualach a iompar (uisce nó clocha) fad a bhí a bhean i bpéin linbh.
35. CBÉ 1406: 183–4. Seán Sheáin Í Chearnaigh.
36. CBÉ 1462: 431. Mícheál Ó Gaoithín.
37. CBÉ 1494: 256. Seán Sheáin Í Chearnaigh.
38. CBÉ 1441: 93–5. Seán Sheáin Í Chearnaigh.
39. SPT in SVC 424.
40. SPT in SVC 425.
41. Ó Súilleabháin 1942: 406–7.
42. Dundes 1981b.
43. CBÉ 1426: 59–60. Seán Sheáin Í Chearnaigh.
44. CBÉ 1459: 95. Mícheál Ó Gaoithín.
45. SPT in SVC 496. Tá plé ar leas cosantach á bhaint as maothachán in aghaidh bagairtí osnádúrtha i gcomhthéacsanna eile in Mac Gabhann 1995: 95.
46. Lucas 1967: 185.
47. Lís Uí Laoithe (LUL) in SVC 495.
48. *Ibid.*; maidir le maothachán á úsáid chun leighis, féach e.g., Ó Súilleabháin 1942: 406–7; K'eogh 1739: 100–1; Logan 1972: 47, 68, 73, 77, 115, 156. Baintí úsáid freisin as tráth chun dath órbhuí a chur ar fholt gruaige, cf. Carpenter 2003: 57: 'The men, after the old Irish fashion, as well as the weomen, weore theire haire verie long, as an ornament, and to add to it the weomen commonly on Saturday night, or the night before they make their appearance at mass or any publick meeting, doe wash it in lee made with stale urine and ashes, and after in water to take away the smell, by which their locks are of a burnt yellow colour much in vogue among them.'
49. Cé nach bhfuil sé aitheanta in FGB, is focal coitianta ar mhún stálaithe é máistir (maighistir sa Gháidhlig); cf. magisterium i Laidin na meánaoise agus magistery sa Bhéarla, téarmaí a tagraíodh do chumas claochlaithe nó leighis, nó d'oideas a mbeadh cumas dá leithéid ann.
50. CBÉ 469: 119–20. Máire Ruiséal, Dún Chaoin, a d'inis do Sheosamh Ó Dálaigh; maidir le Máire, féach Wagner & Mac Congáil 1983: iii–iv.
51. Seán Sheáin Í Chearnaigh in CBÉ 1494: 265.
52. CBÉ 469: 119–20. Máire Ruiséal, Dún Chaoin, a d'inis do Sheosamh Ó Dálaigh.
53. CBÉ 910: 182. Peig Sayers a d'inis do Sheosamh Ó Dálaigh.
54. CBÉ 1202: 236. Máire Uí Dhuinnshléibhe

a d'inis do Sheosamh Ó Dálaigh. Bhí úsáid maothacháin agus uisce coisricthe inmhalartaithe i gcomhthéacsanna eile freisin, e.g., Verling 1999: 129: 'Im briatharsa go bhfaca bean á dhéanamh, chodlaíos in aon leaba léi – á coisreacan féin leis an maothachán.'

55 Seán Ó Criomhthain in Tyers 1982: 113.
56 CBÉ 469: 123–5. Máire Ruiséal, Dún Chaoin, a d'inis do Sheosamh Ó Dálaigh.
57 CBÉ 782: 257.
58 CBÉ 1202: 236–7.
59 CBÉ 910: 229. Peig Sayers a d'inis do Sheosamh Ó Dálaigh.
60 *Ibid.*: 199.
61 CBÉ 469: 123–5. Máire Ruiséal, Dún Chaoin, a d'inis do Sheosamh Ó Dálaigh.
62 Peig Sayers in CBÉ 1201: 29. Tá fianaise líonmhar ar an mbagairt a creideadh a bhain le bean seolta gan choisreacan sa tír seo, e.g.: Carpenter 2003: 69; Herity 2009: 249; Wood Martin 1902: 13; Lady Wilde 1890: 70; Ó Héalaí & Ó Tuairisc 2007: 57–8; CBE 524: 563; CBÉ 900: 11–12; CBÉ 1142: 374; CBÉ 1363: 150; CBÉ 1364: 105; CBÉ 1797: 338.
63 Maidir leis an deasghnáth seo, féach Thomas 1978: 41–3; Coster 1990: 377–87; Cressy, 1993: 106–46; Knödel 1997: 106–25; Humphreys 2008: 98–111. Ba chleachtas ag a lán pobal nár bhain leis an gcultúr Iúdach-Críostaí, beart ar leith a chur i bhfeidhm sula gceadófaí do bhean seolta bheith páirteach sa ghnáthshaol, cf. Frazer 1987: 208.
64 Wilde 1852: 49; CBÉ 782: 219.
65 Tyers 1982: 112–13.
66 CBÉ 469: 124–5. Máire Ruiséal, Dún Chaoin a d'inis do Sheosamh Ó Dálaigh.
67 CBÉ 1406: 183–4.
68 Peig Sayers in CBÉ 910: 189.
69 CBÉ 782: 191–2.
70 CBÉ 1202: 235–6.
71 CBÉ 910: 228–9; CBÉ 469: 124.
72 CBÉ 469: 123–5; CBÉ 1202: 235–6; Tyers 1982: 54; maidir leis an téarma leaba luí sheoil, féach DIL *s.v. séolae: state of being in childbirth.*
73 CBÉ 1202: 235–6. Máire Uí Dhuinnshléibhe ('Méiní') a d'inis do Sheosamh Ó Dálaigh.
74 *Ibid.*
75 Mac Giollarnáth 1941: 298; Evans-Wentz 1981: 58; *Béaloideas.* 5 (1935): 227–8; CBÉ 9: 384; CBÉ 551: 396.
76 Ní Mhaoileoin 2011: 64; cf. leis Ó Siochfhradha 1932c: 351–2; ar ndóigh, ba chosaint ag daoine fásta freisin é an t-aingeal ag ócáidí criticiúla, féach e.g., Verling 1999: 128.
77 CBÉ 1202: 235–6. Máire Uí Dhuinnshléibhe ('Méiní') a d'inis do Sheosamh Ó Dálaigh.
78 SPT in SVC 424.
79 CBÉ 1202: 256. Máire Uí Dhuinnshléibhe ('Méiní') a d'inis do Sheosamh Ó Dálaigh.
80 Ní Ghaoithín 1986: 12; cf. CBÉ 1202: 411 mar a ndeir Peig Sayers nach bhfaca sí dochtúir ag teacht chun an Oileáin le leanbh a shaolú ach dhá bhabhta le linn a tréimhse ann (1892–1942). Téarmaí eile sa Ghaeilge ar bhean chabhartha is ea gogaire agus bean ghlúine, téarmaí a thagraíonn dá suíomh le linn na breithe. Go forleathan san Eoraip go dtí cúpla céad bliain ó shin is cosúil gur ar a gogaide nó ar a glúine a bhíodh sí mar gurbh shin é freisin suíomh na máthar ag saolú an linbh agus í i ngreim i bprapa éigin (Lövkrona 1989: 101–2). Tá léargas ar an suíomh sin, mar shampla, sa chuntas ar shaolú Naomh Seanán in Stokes 1890a: líne 1887, a deir go raibh cleith chaorthainn ina láimh ag a mháthair le linn na breithe.
81 CBÉ 910: 186–7; cf. CBÉ 701: 202:

'Ní dh'imigh fear riamh san Oileán ina aonar ag triall ar bhean chabhartha, gan duine éigin bheith in éineacht leis.' Is scéal coitianta é go mbíonn bagairt ón aos sí ar fhear aonair ag lorg bean chabhartha, féach, e.g., Ó Súilleabháin 1952: # 30; Murphy 1975: 54; Ó hEochaidh et al. 1977: 102, 274; CBÉ 782: 256; CBÉ 147: 469–78.

82 CBÉ 1493: 358–65. Mícheál Ó Gaoithín.

83 CBÉ 1202: 254–6. Máire Uí Dhuinnshléibhe ('Méiní') a d'inis do Sheosamh Ó Dálaigh.

84 CBÉ 331: 511. Neil Uí Chonchúir, Baile Dháith, a d'inis do Sheosamh Ó Dálaigh.

85 LUL in SVC 495; SPT in SVC 424.

86 SPT in SVC 424. Tá cuntas in Sayers 1998: 145 ar an gcóisir seo ag tarlú ar an oíche a saolaíodh a céad leanbh do Pheig agus bhí an bhean chabhartha páirteach ann.

87 CBÉ 1202: 256. Máire Uí Dhuinnshléibhe ('Méiní') a d'inis do Sheosamh Ó Dálaigh.

88 CBÉ 910: 187. Peig Sayers a d'inis do Sheosamh Ó Dálaigh.

89 CBÉ 1463: 44–8. Mícheál Ó Gaoithín.

90 CBÉ 1495: 18–21. Seán Sheáin Í Chearnaigh.

91 Ó Criomhthain 1977: 336–7.

92 SPT in SVC 496. Tinneas intinne é an fiabhras aerach agus mothaíodh gur bhagairt faoi leith é ar bhean a bhí tar éis leanbh a shaolú. Tuairiscíonn Peig Sayers (CBÉ 910: 189) go dtabharfadh fuacht a thógfadh an bhean seolta chun cinn é: 'Is minic a thagadh creathaí fuachta ar bhean seolta agus dá mbeifí ag bailiú anuas uirthi go deo níorbh fhéidir í a théamh. Agus is é an ainm a thugaidís ar sin, fuacht failce, agus is as an bhfuacht san a thagadh gabháil shraoth orthu, mar bhíodh an bainne cí gafa sna féitheanna acu agus bhídís an-bhreoite. Thagadh an fiabhras aerach ansan ar a leithéidí agus théadh cuid acu as a gceann ar fad agus cuid eile acu a thagadh chucu féin.' Ba chleachtas fadbhunaithe i ndúichí éagsúla é leanbh nuashaolaithe a chosaint ar sholas láidir, féach Shahar 1990: 40–1.

93 Tá comhthreomhaireacht spéisiúil idir an nós seo agus dorchú an tseomra ina dtugadh na seanfhilí an leaba orthu féin agus iad ag iarraidh dán a chur díobh, cf. Bergin 1913: 156.

94 CBÉ 1202: 257. Máire Ní Dhuinnshléibhe ('Méiní') a d'inis do Sheosamh Ó Dálaigh.

95 CBÉ 910: 228–9. Peig Sayers a d'inis do Sheosamh Ó Dálaigh. Bhí cosc ar bhean gan choisreacan í féin a chóiriú freisin (Ballard 1998: 134).

96 CBÉ 1202: 251; cf. Mícheál Ó Gaoithín in CBÉ 1478: 98–9: 'Is corrdhuine fánach a thugadh an scannán glan ar shaol na bpeacaí seo.'

97 Ibid. Faoi ghlas i dtrunc ina seomra codlata féin a choimeád máthair Sheáin (Pheats Tom) an caipín a bhí ar dheirfiúr leis, SPT in SVC 424.

98 CBÉ 910: 198–9. Peig Sayers a d'inis do Sheosamh Ó Dálaigh; maidir le hádh bheith ag leanúint an chaipín, féach CBÉ 910: 215, CBÉ 469: 133.

99 CBÉ 1478: 98–9 Mícheál Ó Gaoithín. Tá tomhas ag Mícheál anseo agus caipín sonais mar fhreagra air: 'Léine a deineadh do mhac rí is ní gan dua; scáil na gréine trína taobh, is í gan ní, gan fí, gan filleadh, gan fua.'

100 CBÉ 1202: 251. Máire Ní Dhuinnshléibhe ('Méiní') a d'inis do Sheosamh Ó Dálaigh.

101 LUL in SVC 495.

102 Ibid.

103 Hartmann 1942: 112.

104 CBÉ 1478: 98–9. Mícheál Ó Gaoithín.

105 SPT in SVC 424. Is cinnte leis, gur bhac ar iascairí spéis a chur sa chaipín sonais, an t-airgead mór a leanadh é.

Iompar agus Saolú Clainne ar an mBlascaod

106 LUL in SVC 495; maidir leis an bpraghas ard a thugtaí ar chaipín sonais go háirithe nuair a bhí na báid seoil faoi réim, féach Opie & Tatem 1989: 66–7; Radford 1961: 92; Leach 1949: I: 199.
107 LUL in SVC 495.
108 Hartmann 1942: 112; Sartori 1916.
109 LUL in SVC 495.
110 Jones 1965.
111 LUL in SVC 495.
112 Thomas 1978: 41.
113 LUL in SVC 495.
114 CBÉ 782: 192.
115 SPT in SVC 425.
116 CBÉ 910: 207. Peig Sayers a d'inis do Sheosamh Ó Dálaigh.
117 LUL in SVC 495.
118 Steiner 1956: 116–25; Arensberg 1988: 174–7.
119 Ó Súilleabháin 1942: 90, 399; mar shampla, féach Carmel 1913: 11: 'For instance, in parts of Ireland, a visitor when leaving a house he is asked – jocosely in these days of enlightenment – to take with him bia nó práta na spioraide, *that is cooked food of some sort as a protection against ghosts.*'
120 CBÉ 910: 187. Peig Sayers a d'inis do Sheosamh Ó Dálaigh; cuntas eile uaithi in CBÉ 936: 253.
121 CBÉ 1202: 235–6. Máire Uí Dhuinnshléibhe a d'inis do Sheosamh Ó Dálaigh. Tagraíonn Laoide 1909: 7, don 'cheapaire cneadach' a thugadh an bhean chabhartha don mháthair nuair a bheadh an leanbh saolaithe. Tá breis eolais curtha ar fáil aige faoi in *An Claidheamh Soluis* 11/6/1910, lch 6: 'Déantar an ceapaire seo de mhin choirce, im agus siúcra agus braon bainne dá fhliuchadh suaidhtí trí n-a chéile agus annsin nuair a bheirtear páiste tugann an gogaire trí ghreim beag de'n cheapaire do'n bhean tá insa luighe seoil.'
122 CBÉ 1478: 100. Mícheál Ó Gaoithín.
123 Atchley 1898: 171; cf. Tubach 1969: # 755.
124 Sa seansaol thug dlí na mbreithiúna cosaint áirithe don bhean maidir le sásamh *pica* agus leag dualgas ar a fear an dúil sin a shásamh mar gur bhaol don leanbh mura ndéanfaí sin; féach Ó Corráin 2002: 33–4.
125 Féach tagairtí in Dundes 1981b: 263–5; cf. nóta 6, caibidil 8.
126 CBÉ 1202: 244. Máire Uí Dhuinnshléibhe a d'inis do Sheosamh Ó Dálaigh.
127 *Ibid*.
128 CBÉ 1178: 363. Seosamh Ó Dálaigh a thóg ó Mhicheál Ó Loineacháin, Cnoc na hAbha, An Daingean; tá plé ar an scéal apacrafúil in Ó Héalaí 2012: 394–416; léirítear Naomh Pádraig ag freastal ar dhúil mná torrthaí sa *Vita Tripartita* (Ó Corráin 2002: 33–4).
129 CBÉ 702: 558. Eoghan Ó Duinnshléibhe, Blascaodach, a d'inis do Sheosamh Ó Dálaigh.
130 SPT in SVC 425; féach Dundes 1981b: 259–60.
131 CBÉ 910: 208. Peig Sayers a d'inis do Sheosamh Ó Dálaigh.
132 CBÉ 702: 553. Eoghan Ó Duinnshléibhe a d'inis do Sheosamh Ó Dálaigh.
133 CBÉ 910: 185. Peig Sayers a d'inis do Sheosamh Ó Dálaigh.
134 CBÉ 702: 553. Eoghan Ó Duinnshléibhe a d'inis do Sheosamh Ó Dálaigh.
135 Dundes 1981b: 270–1.
136 CBÉ 1202: 242–4. Máire Uí Dhuinnshléibhe a d'inis do Sheosamh Ó Dálaigh; cf. caint mná siúil thorrach a chuir dúil in úll in Mac Mahon 1972: 121: '*If I'm denied an apple now, the child'll cry for apples all his days.*'
137 Breathnach 1961: 283.
138 CBÉ 1462: 149–55. Mícheál Ó Gaoithín.

139 Ó Siochfhradha 1926: # 76; cf. Ó Muirgheasa 1976: # 115; Ó Héalaí & Ó Tuairisg 1977: 50.

140 Almqvist 1991a: 232.

141 CBÉ 910: 191. Peig Sayers a d'inis do Sheosamh Ó Dalaigh.

142 Ó Siochfhradha 1926: # 76

143 Ó Criomhthain 2002: 27.

144 CBÉ 1202: 242. Máire Uí Dhuinnshléibhe a d'inis do Sheosamh Ó Dalaigh.

145 *Ibid*.: 244–5.

146 SPT in SVC 425. Tuigeadh go raibh an dainséar céanna seo ag bagairt ar fhir fhásta freisin, féach Almqvist 1991a: 141–54; agus téacsanna *ibid*. ar lgh. 217–33.

147 CBÉ 1202: 242. Máire Uí Dhuinnshléibhe a d'inis do Sheosamh Ó Dalaigh.

148 Ó Siochfhradha 1926: # 235.

149 *Ibid*.

150 SPT in SVC 425.

151 CBÉ 910: 191.

152 CBÉ 1220: 21.

153 CBÉ 117: 82–3.

154 Ó Duilearga & Ó hÓgáin 1981: 279.

155 Dundes 1981a: 204.

156 *Ibid*., 12.

157 CBÉ 782: 191.

158 CBÉ 1406: 52. Seán Sheáin Í Chearnaigh.

159 LUL in SVC 495.

160 CBÉ 782: 266.

161 *Ibid*.

162 CBÉ 910: 190 Peig Sayers a d'inis do Sheosamh Ó Dálaigh.

163 I ndúichí eile freisin breathnaíodh ar an mbaiste mar shás cosanta don leanbh ar bhagairtí éagsúla, féach e.g., Alver & Selberg 1987: 38–9; Bolstad Skjelbred 1991; Valk 1997; Heywood 2001: 51–5.

164 CBÉ 469: 125–6. Máire Ruiséal a d'inis do Sheosamh Ó Dálaigh; cf. Evans 1957: 289

CBÉ 96: 331 (= *Béaloideas* 6: 258).

165 SPT in SVC 425. Bhí sé ráite nach dtiocfadh tinneas farraige go deo ar an té a gcuirfí trí bhraon sáile ar a bhéal agus é ag dul á bhaiste (CBÉ 65: 195).

166 CBÉ 551: 396.

167 167 SPT in SVC 425; Ní Ghuithín 1986: 8–9.

168 CBÉ 469: 125–6. Máire Ruiséal a d'inis do Sheosamh Ó Dálaigh. Nósmhaireacht níos nua-aoisí atá á tuairisciú ag Seán Ó Criomhthain in Tyers 1982: 56, nuair a thugann sé le fios go mbíodh máthair an linbh ar an mbaiste.

169 CBÉ 910: 215–8. Peig Sayers a d'inis do Sheosamh Ó Dálaigh.

170 SPT in SVC 425.

171 SPT in SVC 425; cf. CBÉ 8: 54: 'Dá raghfá ar bhaiste linbh ba cheart duit do sheile a chaitheamh air chun rath a chur air.'

172 CBÉ 1478: 99. Mícheál Ó Gaoithín.

173 CBÉ 469: 126. Máire Ruiséal a d'inis do Sheosamh Ó Dálaigh; maidir le nósanna a bhain le hainmniú linbh i ndúichí éagsúla, féach Heywood 2001: 54–5.

174 CBÉ 910: 190. Peig Sayers a d'inis do Sheosamh Ó Dálaigh.

175 CBÉ 469: 133–4. Máire Ruiséal agus a hiníon Máire Bn an tSíthigh a d'inis do Sheosamh Ó Dálaigh. Ainmneacha éan a thugtaí ar leanaí sa chás seo i dTír Chonaill, mar a thuairiscítear in Ó hEochaidh 1969–1970: 294–5: 'Roimhe seo ba ghrách leofa ainmneacha éanacha a thabhairt ar pháistí suas go dtí aois a seacht mblian. Ceart go leor, bhí cuid acu nach mbíodh comh sean seo nuair a stadfaí a thabhairt an ainm seo orthu, ach bhíodh cuid eile acu a gcomhnaíodh an t-ainm orthu lena saol. Ba dh'iad na hainmneacha a bhí coitianta ar na cailíní Spideog, Eiseog (Fuiseog) agus Cuach; Colmán, de réir rá

Iompar agus Saolú Clainne ar an mBlascaod

béil na ndaoine, an t-ainm a ba choitianta ar na gasraí. Ba é an fáth go dtugtaí na hainmneacha folaithe seo ar pháistí beaga ar eagla go ndéanfadh 'Na Daoine Beaga' imeartas orthu, agus go dtabhairfeadh siad leofa iad, ach nuair a bhíodh ainmneacha eile orthu, chuireadh siad 'Na Daoine Beaga' thaire n-a gcoimhéad.'

176 CBÉ 1478: 99–100. Mícheál Ó Gaoithín.
177 Ó Cróinín 1980: 137; Verling 1999: 78, 141; CBÉ 437; CBÉ 910: 221–2; CBÉ 1462: 210a; CBÉ 2000: 186–7.
178 Ó Súilleabháin 1942: 389: *Béaloideas* 3 (1932); 358; CBÉ 227: 130–1; CBÉ 744: 99–102.
179 CBÉ 910: 221–2. Peig Sayers a d'inis do Sheosamh Ó Dálaigh.
180 SPT in SVC 425.
181 CBÉ 1478: 100. Mícheál Ó Gaoithín. Ba nós sa mheánaois a lán cairde as Críost seasamh le leanaí na n-uasal mar shlí le gréasán sóisialta an teaghlaigh a neartú, féach Heywood 2001: 53; Corish 1981: 15–16.
182 SPT in SVC 425; féach leis CBÉ 910: 224–5.
183 CBÉ 910: 224–5 Peig Sayers a d'inis do Sheosamh Ó Dálaigh.
184 CBÉ 469: 126–7. Máire Ruiséal a d'inis do Sheosamh Ó Dálaigh.
185 Abrahams 1971: 18.

2:
Saol an Linbh ar an mBlascaod

Is dán é 'Cúl an Tí' a théann i bhfeidhm láithreach ar a lán dá léann é. Cur síos fileata atá ann ar dhomhan an linbh, fuinneoigín glé ar aois na hóige. Míníonn Seán Ó Coileáin ina mhórshaothar ar an Ríordánach, gurb é an spás fisiciúil atá i gceist le 'Cúl an Tí' ná an seomra breise ab éigean a chur le tigh an Ríordánaigh in Inis Cara tar éis dó teacht ón sanatorium den chéad uair.[1] Soiléiríonn an Coileánach, áfach, gur áit shamhailteach chomh maith é seo agus gan éachtaint le fáil ag aon duine ach file nó leanbh ar an draíocht a bhaineann leis:

> Má tá iontaisí le feiccáil ar an mbanc dramhaíl sa chúinne ann ní hé an chomharsa a fheicfidh ach an file nó na leanaí úd a raibh sé ag scríobh ina gcomhair ...[2]

Cuid den ghiglis aigne a bhaineann leis an dán is ea gur éirigh le Seán Ó Ríordáin dul isteach i ndomhan an linbh ann agus cuntas ón taobh istigh a thabhairt ar a raibh ina thimpeall:

> Tá Tír na nÓg ar chúl an tí,
> Tír álainn trína chéile,
> Lucht ceithre chos ag siúl na slí
> Gan bróga orthu ná léine,
> Gan Béarla acu ná Gaeilge …³

In ómós do ghean an Ríordánaigh ar Chorca Dhuibhne, is cuí, dar liom tagairt don dán sin i dtús na caibidle seo a phléann le saol an linbh ar an mBlascaod. Is baolach, áfach, gur cuntas ón taobh amuigh a bheidh á chur i láthair anseo den chuid is mó ar fad, mar gur ag féachaint isteach ar shaol an linbh a bheimid trí shúile scríbhneoirí agus sheanchas an Bhlascaoid. Tuigtear go maith dóibh siúd a chuireann spéis i mbéaloideas leanaí, a dheacracht atá sé léargas a fháil ar an gcaidreamh príobháideach a bhíonn eatarthu agus maítear gur geall le treibh chianda iontu féin iad:

> *The folklorist and anthropologist can, without travelling a mile from his door, examine a thriving unconscious culture which is unnoticed by the sophisticated world, and quite as little influenced by it as is the culture of some dwindling aboriginal tribe living out its helpless existence in the hinterlands of a native reserve … The world-wide fraternity of children is the greatest of savage tribes, and the only one which shows no sign of dying out.*⁴

Tá a fhios againn, ar ndóigh, nach ag iarraidh rún ná diamhaireacht staid na leanbaíochta a léiriú a bhí scríbhneoirí an Bhlascaoid ná na faisnéiseoirí ann ónar bailíodh seanchas, agus dá chomhartha sin, is eolas seachtrach faoi shaol an linbh, agus go háirithe, an chuid den saol sin ina mbíonn an leanbh i dteagmháil le daoine fásta, a chuirtear os ár gcomhair ina gcuntais beagnach i gcónaí.

Saol an Linbh ar an mBlascaod

FEISTEAS

Ar an mBlascaod, ach oiread le háiteanna eile, léiríodh trí fheisteas an linbh (fireann nó baineann), an dul chun cinn a bhí á dhéanamh aige le linn dó bheith ag neartú agus ag fás. De réir a chéile d'fhágadh sé ina dhiaidh balcaisí an naíonáin agus chuirtí feisteas air a measadh a bhí níos oiriúnaí dá aois. Níor mhaith le daoine deimhin a dhéanamh dá ndóigh maidir leis an leanbh a bhí chucu agus creideadh nach mbeadh sé éiritheach go ndéanfadh an mháthair (nó go gceannódh sí) éadach don leanbh sula saolófaí é ná go gcoimeádfaí an t-éadach sin sa tigh:

> Ní ligfí don mháthair ar an gcéad leanbh aon bhall acu san a dhéanamh. Ní chífeadh sí in aon chor iad.[5]
>
> Bhí sé coiscthe ar aon mhnaoi nuaphósta éadaí an chéad linbh a dhéanamh ná a cheannach í fhéin.[6]
>
> Ach is minic a chuala bean á rá go mbíodh bean ann agus go mbíodh sí ag cniotáil stocaí agus gach aon rud roimis an leanbh, sara saolaítí an leanbh – ach chailltí an leanbh agus ní chaith sé riamh iad.[7]

Go luath tar éis an leanbh a shaolú dhéantaí bindealáin a fhilleadh timpeall air:

> [Nuair a bheadh an leanbh saolaithe] gheobhaidís píosa eádaigh – trí nó ceathair d'orlaí maithe ar leithead ann, ach bhíodh sé fada. Agus thosnófaí thuas ansan ag poll ascaille leis agus dh'fháiscfí é – ní dh'fháiscfí mór é, abair – dh'fháiscfí timpeall síos ar fad é, síos thar a imleacán síos ansan go dtí bun a bhoilg. Agus má bheadh sé spártha dh'iompófaí aníos arís é agus ansan chuirfí bíorán ann agus bheadh sé *alright* ansan. Bhuailfí go dtí an mháthair ansan é.
>
> … Bheadh an leanbh ag tarrac ar bhliain nó ar leathbhliain ach go háirithe sara mbainfí de é. Dh'fhanaidís go dtí go mbeadh na heasnaíocha beaga agus gach aon ní láidir ann, agus chun ná tiocfadh bolg mór air agus ná titfeadh na putóga síos … choimeádfaí gach aon ní sa bhfoirm cheart.[8]

Bheadh stráice [plainín] aniar thar dhrom an linbh go ceann leath bhliana mar bheadh an droimín lag aige. Bheadh banlámh plainín casta aniar ar a chom, ag dul suas féna ascalla istigh sa chliabhán.[9]

Bhíodh léine bheag lasmuigh ar an leanbh sa chliabhán:

Bheadh dhá léine bheag déanta roimh ré, ceann de bheaifití gheal a bheadh lena chneas agus ceann eile a mbeadh dath gorm nó dath éigin eile air lasmuigh. Bháscóta bunóice a thugtaí ar an gceann a bhíodh lasmuigh.[10]

Bheadh léine bheag de bheaifití geal déanta a bheadh lena chneas agus léine bheag *flannelette* agus stráice plainín a thiocfadh thairis aniar. N'fheadar ná gurb é an *bellyband* a thugadh cuid acu ar sin agus ansan an fhallaing.[11]

Nuair a d'fhágadh an leanbh an cliabhán d'fhágadh sé slán chomh maith leis an bhfallaing a bhíodh ina thimpeall istigh ann:

Istoíche a bhíodh an fhallaing air. Bhíodh sí mór fada agus bhíodh sí sa tslí ná tiocfadh sí aníos dá chosa beaga sa chliabhán.[12]

Fallaing déanta de phlainín a bhíodh ar an leanbh. Scaoiltí seanbháscóta lena athair agus deintí dhá fhallaing de i dtreo is go mbeadh ceann tirim ag an leanbh i gcónaí.[13]

Tuigeadh leis, pé éadach a chuirfí ar an leanbh ar dtús, nár cheart é bheith róthaibhseach – ar eagla go dtarraingeofaí aird na drochshúile nó na sióga air gan dabht:

Éadaí bochta ... giobail, a chasadh ar an leanbh go dtí go mbeadh sé baistithe ... Bheadh gúna baistí an uair sin air. Ach go dtí san ná dein faic ach na giobail a bheith timpeall [air]... aon luid a chur ar an leanbh ach seanbhalcaisí, giobail, go dtí go mbeadh an leanbh baistithe ... Á Dia linn is Muire, caint, piseoga ceart.[14]

Ba thuiscint an-choitianta é go raibh cosaint sa dath dearg ar bhagairtí osnádúrtha.[15] Bhí baint ag an bhfocal dearg le cumhacht sa ghnáthchaint mar mhír threise (deargéitheach, deargmheisce, etc); ba é dath na fola é agus dá bhrí sin ba shamhail ar phrionsabal na beatha é; de bhreis air sin, níorbh fhada ó dhath na tine é agus b'fhéidir gur chuí dá réir sin go luafaí cumhacht dhraíochtúil leis. Dath donndearg, dath na meirge, a bhaintí as duileascarnach na gcloch agus measadh é bheith éiritheach ar éadaí linbh:

> Le linn m'óigese is é an dath a bhíodh ar bhalcaisí leanbh acu ó bhídís ina mbunóca go mbídís éirithe suas go maith, duileascach na gcloch. Chloiseas Máire Chonail a bhí anso thíos á rá, aon leanbh a chaithfeadh trí baill in ndiaidh a chéile de dhath dhuileascach na gcloch nár bhaol dó é a sciobadh ná aon phoc a bhualadh air.[16]

Is cosúil, áfach, go raibh an tuiscint ann leis gur dhath dainséarach é an dearg sa mhéid go raibh tarraingt ann do na sióga:

> Ní raibh aon éadach á chaitheamh go raibh cur ina choinne chomh mór le héadach dearg. Níor mhaith le héinne é fheiscint ar ghearrchailí. Deiridís gur dath gránna mírathúil é agus go mbíodh na daoine maithe i ndiaidh éinne a bheadh á chaitheamh.[17]

Dá chomhartha sin, ní chuirfí dearg go deo ar leanbh a mbeadh clann roimhe caillte ag a mháthair:

> Éadach dorcha dubh do cuirtí air ar dtús nuair a d'éiríodh sé suas. Ní fágtaí aon éadach dearg ina thimpeall. Dá mba leanbh gearrchaile a bheadh i gceist, do gheobhadh sí an cóiriú céanna nó go mbeadh sí isteach is amach i measc ghearrchailí an bhaile, agus an uair sin féin ní lobhálfaí di aon ní i bhfoirm an deirg a chaitheamh.[18]

Ach mar is minic le seantuiscintí, is cosúil nach raibh an col céanna ag gach aon duine le dearg a chur ar leanbh. Léiríonn an eachtra seo thíos ó Pheig

Sayers go raibh a lán tuismitheoirí breá sásta dearg a bheith ar a leanaí – in ainneoin an tsagairt féin a bheith ag fógairt an dainséir a bhain leis:

> Trí rátha a bhíos féin an uair sin agus thall sa tseanbhothán so thall a bhíos. Ach bhí na *stations* sa tigh agus sin béas a bhí an uair sin ann – d'fhanadh na seanphlandaí go léir tar éis na coda eile ag éisteacht leis an sagart agus ag tabhairt aighnis dó. Nuair a bhí an t-aifreann agus gach aon ní i leataoibh agus an bricfeasta á chaitheamh ag na sagairt, do bhí mo mháthair suite sa chúinne agus an cliabhán laistiar di. Bhí Fr. Egan ar thaobh den mbord agus an *coadjutor* ar an dtaobh eile. Tá siad go léir ag Dia anois agus go dtuga Dia dhóibh a bheith.
>
> Bhíodh caipíní ar na leanaí an uair sin. Bhíodh *bonnet turkey red* ar na gearrchailí agus bhíodh caipín ar na garsúin go mbíodh a mhullach dearg agus cliatháin ghorma ann ... Pé gíotáil a bhí orm fhéin sa chliabhán, d'fhéach an sagart suas. Bhí Máire Ní Dhuinnshléibhe istigh agus bhí Máire an-dheisbhéalach.
>
> Ach nuair d'fhéach an sagart orm féin: 'Caith anuas,' adúirt sé, 'an caipín dearg san agus dein di *bonnet* bhán go mbeidh *ballín* dubh ann.'
>
> Go dtí gur cailleadh í bhíodh sí ag eachtraí air.
>
> 'Sin é an saghas,' arsa mo mháthair, 'a bhíonn anso riamh againn.'
>
> 'Á, a bhean,' ar seisean, 'ná fuil a fhios agat go mbíonn na *fairies* i ndiaidh an deirg.'
>
> Is é an gheimhreadh a bhí ann, *stations* na Samhna a ba iad iad, mar bhí carbhat mór dearg fén sagart féin. Bhí Máire Ní Dhuinnshléibhe ag éisteacht leis agus chroith sí í féin.
>
> 'Nach maith ná fuil siad i do dhiaidh féin agus tá carbhat breá dearg fút, a athair,' a dúirt sí. D'iompaigh sé de dhroim a ghualann siar uirthi.
>
> 'Mhuise, nára slán scéal duit,' a dúirt sé. 'Ná fuil a fhios agat a bhean ná fuil aon chuid acu ná go mbeinnse maith mo dhóthain dóibh, agus nach mar a chéile mé agus an bhean bhocht so anso, í féin is a leainbhín.'
>
> Tháinig sórt feirge air. Ar mh'anam gur éist Máire.[19]

Ar fhágaint an chliabháin, cóitín cabhlach an chéad fheisteas eile a bhuailtí ansin ar an leanbh, idir bhuachaillí agus chailíní agus bheadh faire amach ag an tráth seo do chéad choiscéimeanna agus do chéadfhocail an linbh:

> Caithfear ligeant do gach aon leanbh lámhacán ar dtúis, is é sin siúl ar a lámha agus ar a nglúine. Bíonn cuid acu ag siúl ar a leathtóin agus ar a lámha. Bíonn muintir an tí á gcur ina seasamh le teannta. Tar éis bheith ag lámhacán tamall b'fhéidir go seasódh sé. Rachadh a athair nó a mháthair cúpla coiscéim uaidh agus déarfadh sé: 'Deideá, deideá, siúlaigh anois.' Thabharfadh an leanbh cúpla coiscéim agus thitfeadh sé isteach i mbaclainn a athar ansan. Deir siad nach maith é leanbh a shiúl ró-óg mar go mbíonn na cnámha ró-bhog fé agus go dtiocfadh bóráil ann.[20]
>
> 'Mam' agus 'daid' na chéad fhocail a thagann ó leanbh. 'Papaí' a thugann sé ar phráta, 'babh' ar an madra, 'puis, puis' ar an gcat. Bítear ag faire ar an leanbh féachaint cad é an duine go nglaofadh sé air ar dtúis. Más 'daid, daid, daid' a déarfadh sé ar dtúis, mac a thiocfadh ina dhiaidh, agus más 'mam, mam, mam' na chéad fhocail a thiocfadh dó, iníon a thiocfadh ina dhiaidh. Dá mbeadh báiléar mná istigh agus go gcloisfeadh sí 'daid, daid, daid' aige, déarfadh sí: 'Ho, ho, ó, tá an bioránach ag glaoch ar a dheartháir chuige.'[21]

D'éirigh sé coitianta ar fud na hEorpa ón séú céad déag amach cóitín – sciorta nó gúna mar a bhíodh ar a ndeirféaracha agus a máithreacha – a chur ar gharsúin bheaga. Roimhe sin bhídís feistithe mar a bhíodh a n-aithreacha ach tháinig sé sa bhfaisean i measc na n-uasal sa bhFrainc sa chéad leath den séú céad déag gur tosaíodh ar bhuachaillí beaga a ghléasadh i sciorta fada síos go talamh. Tá an tuairim curtha chun cinn gur léiriú é an cleachtas seo ar thuiscint nua a bhí ag fás ag an am sin maidir le tábhacht an linbh sa chlann, agus áitítear gur shlí é seo le haitheantas nach mbíodh i gceist roimhe sin a thabhairt do thréimhse na hóige i saol an duine – óige an fhireannaigh go háirithe:

> *Nothing in medieval dress distinguished the child from the adult. As soon as the child abandoned his swaddling band ... he was dressed just like the other men and women*

of his class. In the seventeenth century, however, the child or at least the child of quality, whether noble or middle-class, ceased to be dressed like the grown-ups. This is the essential point: henceforth he had an outfit reserved for his age group, which set him apart from the adults ... This is the dress of the youngest boys ... dressed exactly like their sister, that is to say, like little women, in skirt, robe and apron ... it had become customary in the sixteenth century to clothe them like girls ...

These customs distinguishing between children's clothing and adult clothing reveal a new desire to put children to one side, to separate them by a sort of uniform ... The adoption of a special childhood costume, which became generalized throughout the upper classes as from the end of the sixteenth century, marked a very important date in the formation of the idea of childhood ... It is interesting to note that the attempt to distinguish children by their clothing was generally confined to boys.[22]

De réir a chéile leath sé mar nós buachaillí beaga a fheistiú in éide bhanúil i mórán dúichí san Eoraip. In Éirinn, mar aon le tíortha eile, d'imigh an nós seo i léig go mór tar éis an Chéad Chogaidh Dhomhanda, ach mar is léir ón ngrianghraf a thóg Carl von Sydow ar an mBlascaod in 1920, bhí an cóta cabhlach fós á chaitheamh ann san am sin (léaráid 11).

I bhfad na haimsire d'fhás a sheanchas féin faoin gcóitín cabhlach. Tháinig an tuairim chun cinn, mar shampla, gurbh é an bunús a bhí leis an nós garsúin a chóiriú i gcóta, ná iarracht ar iad a chosaint ar na sióga – ag tabhairt le fios mar dhia, gur cailíní seachas buachaillí iad. Níl aon cheist ná gur tuigeadh go traidisiúnta go raibh bagairt faoi leith ó na sióga ar gharsúin bheaga seachas mar bhí ar chailíní, ach ní móide in aon chor go raibh aon bhaint ag an tuiscint sin leis an gcóitín cabhlach a bheith á chaitheamh ag garsúin. Tá sé soiléir ón bplé a dhein Séamas Mac Philib ar an gceist seo gur scáinte í an fhianaise ón mbéaloideas, in Éirinn nó i dtíortha eile, ar an tuiscint sin ar ról an chóta.[23] Léiríonn sé gur cúrsaí faisin seachas eagla púcaí a thug chun cinn ar dtús é mar éide garsúin, agus nach móide ach an oiread go raibh aon bhrí dhraíochtúil i gceist leis an dath dearg a bhíodh ar an gcóitín uaireanta.

Tuairim eile a bhí sa timpeall maidir leis an gcóitín is ea gur ar mhaithe le héascaíocht i gcúrsaí leithris a bhíodh sé á chaitheamh. Thuigfí go raibh bunús áirithe leis an tuairim seo ón gcuntas atá ag Tomás Ó Criomhthain ar an deacracht a bhí aige an bríste glas a ionramháil nuair a cuireadh air in áit an chóta den chéad uair é:

> 'Sea, turas dár thugas go dtí an tine, d'fhéach mo mháthair orm agus chonaic sí an bríste glas fliuch báite.
> 'T'anam gléigeal!' ar sise; 'cad a fhliuch do bhríste? Bíodh geall gurb é do mhún do dheinis ann!'
> Dúrt léi gurbh é, agus go ndúrt le Nóra na cnaipí do scaoileadh dom agus nár dhein … Do ghaibh m'athair chuin an bhríste arís, mar is é a dhein ar dtúis é, agus do shocraigh go cliste é, go raibh sé oiriúnach chuin gach gnótha as san amach gan aon dua.[24]

Fág nárbh éascaíocht i gcúrsaí leithris ba bhun le nós an chóitín a theacht chun cinn sa chéad áit, is cinnte gur mothaíodh go raibh áis ag baint leis sa réimse seo:

> Bhíodh cóta á chur orthu … Ní chuirfí aon treabhsar orthu ná aon rud mar sin. Mar is é an scéal ag buachaillí beaga é, an dtuigeann tú, bheadh sé de shíor nuair a thiocfadh a chúram chuige, ag scaoileadh uaidh, agus dá mbeadh an treabhsar air bheadh an-*job* aige é bhaint de ach nuair a bheadh an cóitín air níor ghá dó ach suí síos, an dtuigeann tú, agus a chúram beag a dhéanamh … Dá mbeadh an treabhsar beag air chaithfí bheith ag ní i gcónaí dó.[25]

Tairseach aitheanta in óige an gharsúin ba ea an t-athrú a dhéanadh sé ag aois áirithe ón bhfeisteas banúil seo go feisteas na bhfireannach. Is léir ón gcuntas atá ag Tomás Ó Criomhthain gurbh ócáid mhór ríméadach dó féin an t-aistriú a dhein sé ón gcóitín go dtí an bríste a shocraigh a athair go cliste dó:

An lá a cuireadh an bríste orm, do chailleas mo mheabhair nách mór. Ní raibh aon stad agam le déanamh ach mar 'bheadh coileán cú. Cheapas nár ghá dhom faic a dh'ithe, agus níor dheineas, ach ag rith amach agus isteach, anonn agus anall. Bhíodh duine éigin ag faire im dhiaidh …

Ocht mbliana, adúirt mo mháthair, do bhíos an lá san. Larnamháireach, b'eo liom ar fuaid an bhaile, agus Eibhlín in aonacht liom, ó thigh go tigh. Nós é sin do bhí an uair sin ann: an uair do bheadh ball nua nó culaith nua ar gharsún, dul is gach tigh. Bheadh pingin is dhá phingin le cur id phóca is gach tigh. Ar theacht dúinn, bhí trí scillinge insa phóca ghlas.[26]

B'fhógra soiléir don gharsún ar a thábhacht féin mar dhuine é, an t-aitheantas a tugadh don fhorbairt fhisiciúil a bhí ag tarlú dó nuair a mhalartaíodh sé an cóiriú páistiúil ar fheisteas na bhfear. Mar is léir ó chuntas an Chriomhthanaigh thuas, cuireadh go mór le tábhacht na hócáide i súile an linbh de bhrí gur thug an pobal aitheantas dó i bhfoirm bronntanas ceiliúrtha agus comhghairdeachais. Ócáid cheiliúrtha ar fhorbairt an gharsúin ba ea an t-athrú seo agus léiríonn an nósmhaireacht a lean í an stádas breise a bhí ag garsúin seachas mar bhí ag cailíní, sa mhéid nár tugadh a leithéid d'aitheantas in aon chor d'fhorbairt an chailín. Tá rud beag íoróine dá réir sin ag baint le ról a dheirféar, Eibhlín, i gcuntas an Chriomhthanaigh – gan inti ach mar bheadh banóglach ag tionlacan an ghaiscígh.

Ocht mbliana a deir Tomás Ó Criomhthain a bhí sé nuair a d'aistrigh sé ón gcóta cabhlach go dtí an bríste agus, is cosúil ar fud na tíre trí chéile, go raibh seacht mbliana coitianta tráth mar sprioc leis an aistriú seo a dhéanamh.[27] De réir chuimhne Sheáin Pheats Tom Uí Chearnaigh (a saolaíodh in 1913), trí nó ceathair a bhíodh na garsúin a bhí suas lena linn féin nuair a dheinidís an t-aistriú seo, 'ach an dream a bhí romhainn anois, agus le linn m'athar agus iad san, bhídís ina mbroicligh móra groí, bhídís is dócha seacht nó hocht de bhlianaibh agus fós an cóta cabhlach orthu.'[28] Tá cuntas ag Mícheál Ó Gaoithín ina maíonn sé gur mhinic buachaillí a bheith sna déaga nuair a chuirtí an bríste orthu:

Bhíodh na garsúin an-mhór lem linnse sul a gcuirtí bríste ná casóg orthu. Gúna mór de phlainín glas a bhíodh orthu agus téip dubh lena bhóna agus le barr na muiriltí, cnaipí móra ina *row* anuas ina dhrom agus nuair a bhíodh an Domhnach ann bhíodh bib ghléigeal ar gach garsún agus b'é an dála céanna ag dul ar scoil – bhíodh an bhib bhán ar gach garsún … Nuair a thagadh na garsúin ón scoil do bhainidís díobh an bhib bhán.

Bheadh ionadh ar mhuintir na háite seo inniu dá bhfeicfidís stráice garsúin mór ard sna déagaibh de bhlianta, agus a chóta mór glas air mar a bheadh ar ghearrchaile. Ach ní déantaí aon nath an uair úd de mar is é a bhí ar gach garsún nó go dtosnaídís á mbearradh féin leis an rásúr.[29]

Bhíodh cleas a d'imrítí go minic ar gharsúin nuair a bhíodh na cótaí á gcaitheamh acu:

Ach níl aon rud is mó a mharaíodh sinne agus sinn inár ngarsúin agus na cótaí orainn, ach nuair a bheimís bailithe in áit éigin, abair, agus b'fhéidir go mbeadh alfraits éigin ann, leaid a bheadh níosa mhó, agus … sháfadh sé chugat agus chuirfeadh sé a láimh féd chóta agus déarfadh sé: 'Fhéach é, fhéach é!'. Bheifeá i gcás idir dhá chomhairle ansan aige agus ní bheifeá sásta. B'fhéidir go siúlófá amach … agus thógfá in airde do chóitín, féach an raibh sé ann …'

Ach bhí garsún amháin ann agus bhí sé mór groí, bhí sé am baist ina bhalcaire, agus dhéantaí i gcónaí leis é an áit go mbeadh cailíní agus deirtí leis go raibh sé imithe uaidh. Thógadh sé in airde a chóta: 'Fhéach thá sé agam fós mhuis,' a deireadh sé. Bhíodh an-chaitheamh aimsire acu, abair, ar a gcuma féinig, ar a slí fhéinig.[30]

Níorbh iad na leaideanna ba mheasa chuige dhuit ach na slatairí móra, b'fhéidir go bhfaigheadh slataire mná chugat, bean go mbeadh diablaíocht ina bolg, abair … chuirfeadh sí a láimh chugat; th'anam don diabhal agus thógfadh sí amach a láimh: 'Fhéach é!,' a déarfadh sí leat. Th'anam don diabhal, bheifeá ag féachaint … An chéad rud eile thógfá in airde do chóta, thógfá in airde do chóta, am baiste, déarfá, 'Fhéach é!,' a déarfá fhéin ansan agus é i do láimh. Sin é mar bhídis.[31]

Ba é dán an gharsúin fás ina fhear agus dheineadh a chuid feistis céimeanna ar leith ar an aistear sin a fhógairt. Bhain ceann acu seo le culaithirt cinn, caitheamh caipín go sonrach, mar 'ní raibh ógánach ina fhear go mbeadh caipín á chaitheamh aige'.[32] Is maith óg a áiríodh garsúin ina bhfir más fíor don tslat tomhais sin mar dhealródh gur go luath tar éis do Thomás Ó Criomhthain dul ar scoil in aois a ocht mbliana a thug a mháthair 'caipín go raibh dhá adhairc air' chuige ón nDaingean,[33] agus tá buachaillí atá óg go maith faoi chaipíní sa ghrianghraf a thóg Barbara Flower ar an mBlascaod sna chéad deichniúir den fhichiú haois (léaráid 12).

Tá cur síos ag Mícheál Ó Gaoithín ar thairseach eile i bhforbairt an linbh agus culaith nua éadaigh mar chomhartha léi chomh maith, is é sin, nuair a bhíodh deireadh le scoil ag an ngarsún óg agus é anois ag díriú ar stádas duine fásta. Bheadh sé, b'fhéidir, cúig déag nó sé déag de bhlianta an uair sin. Léiríonn an nós seo arís an stádas difriúil a bhí ag garsúin thar chailíní mar gur garsúin amháin a fuair an t-aitheantas seo:

Bhíodh nós ann le mo linnse agus chuala go mbíodh an nós céanna ann romham. Ach is fada go bhfaca á chleachtadh é. Tá sé imithe is baolach, mar a lán nósanna nach é. An chéad chulaith éadaigh nua a chuirfeadh garsún óg air féin tar éis na scoile dh'fhágaint, do rachadh sé ó thigh go tigh ag taispeáint an éadaigh. Níl aon tigh dá rachadh sé ná go bhfaigheadh sé beannacht chóir: 'Go mairir is go gcaithir í agus céad culaith is fearr ná í.' Déantaí leibhéal mór ar an slataire. Chastaí an ghirseach seo nó an ghirseach úd leis.

Nuair a bheadh sé ag fágaint chuirtí cúpla pingin ina phóca mar chomharthaí séan maith a bheith leis. Is minic a chuireadh slataire suas d'iad a thógaint ach deireadh seanbhean an tí: 'Mo ghrá thú, tóg iad. Aon rud a gheobhair i bpáirt maitheasa glac é. Ná bris acht agus ná dein acht. Ní chun stóir ná saibhris atáthars á thabhairt duit ach ag coimeád beogaíocht ar an sean-nós a bhí riamh inár measc.'

Ní fhaca riamh an nós san á chleachtadh ag na gearrchailí ná níor chuala go raibh sé de nós acu riamh.[34]

Céim eile a bhfuil trácht air i saol na mbuachaillí agus iad ag dul i dtreo stádas fir ab ea iad a thosú ag iascach, céim a thógaidís de ghnáth nuair a bhídís timpeall cúig bliana déag.³⁵ Tá an cuntas seo ag Mícheál Ó Gaoithín ar an gcor cinniúnach sin i saol na n-ógánach:

> Go luath tar éis deireadh bheith le scoil acu … dhéantaí madra uisce an phoill ghoirm de gach aon duine acu ansan – cuirtí isteach i naomhóig nó i mbád iad. Bríste glas de phlainín agus casóg agus péire de bhróga peirce. Déantaí suas go maith iad sula ligtí dóibh a n-aghaidh a thabhairt fé bheatha drom taoide a chleachtadh.³⁶

Tugadh aitheantas d'fhorbairt garsúin freisin nuair a ceadaíodh dó ag aois áirithe cur suas d'uisce a thabhairt ón tobar. Ba chuid d'obair na mban uisce a thabhairt chun an tí agus chabhraíodh leanaí, idir bhuachaillí agus chailíní, leo i gcónaí leis an gcúram sin. Ach nuair a bhíodh garsún ag déanamh isteach ar na déaga ní bhíodh fonn air ná ní chuirfí iachall air dul don tobar:

> Nárbh ait an rud é, chaillfí den dtart an fear istigh sa tigh agus ní rachadh sé ag triall ar bhocaid uisce. Ní rachadh. Ní rachadh sé ag triall ar bhraon uisce go dtí an dtobar chuige ar eagla go gcífí é, go mbeadh na fearaibh eile ag magadh chuige an dtuigeann tú … Ó, chuirfí garsúinín beag [go dtí an tobar], ach nuair a d'fhásfadh sé suas, timpeall dhá bhliain déag nó mar sin, ní raghadh, dá dtitfeadh an t-anam as le tart.³⁷

COTHÚ

Léirigh an cothú a bhíodh le fáil ag an leanbh an fhorbairt a bhí á dhéanamh aige de réir mar bhí sé ag fás. I dtús a shaoil bheadh an leanbh á chothú ar bhrollach a mháthar: 'Is ar an mbrollach a thógaidís na leanaí go dtí le fiche éigin bliain anseo. Ní bhíodh buidéil ná pípeanna acu.'³⁸ Ceithre bliana a deir Tomás Ó Criomhthain in *An tOileánach*, a bhí sé nuair a baineadh de dhiúl é agus míníonn sé go raibh sé chomh críonna sin toisc gurbh é an duine deireanach den ál é.³⁹ Is cosúil, áfach, nár rud eisceachtúil leanbh den aois sin a bheith á chothú ar bhrollach a mháthar san am úd mar a thuairiscíonn Seán Sheáin Í Chearnaigh: 'Bhíodh na leanaí sa tseanshaol ag tabhairt seáp fé chíocha a máthar agus iad ceithre bliana d'aois.'⁴⁰ Luann sé gaiscíoch fir de mhuintir Chearnaigh ar an Oileán, a bhí cúig bliana sular baineadh de dhiúl é agus tá sé le tuiscint ón gcuntas gur nascadh an tamall fada a thug sé ar an mbrollach leis an lúth agus an neart a bhí ann ina fhear fásta.⁴¹

Sa saol a chonaic Peig Sayers, áfach, is dealraitheach go raibh dhá bhliain mar uasteorainn le cothú linbh ar an mbrollach mar a mhínigh sí do Sheosamh Ó Dálaigh:

> Bhíodh leanaí go mbeidís dhá bhliain ag dul ar bhrollach a máthar sa tslí go mbíodh sí stracaithe as a chéile acu. Bhíodh leanaí eile ag glaoch 'peata na gcíní, peata na gcíní' ar leanbh mar sin.⁴²

Ba nós le mná a bhíodh ag cothú linbh bheith ag cleasaíocht ar leanaí a bheadh bainte de dhiúl – ag tairiscint bainne cíche go magúil dóibh, mar dhia go raibh spéis fós acu ann:

> Is minic a chuas isteach i dtigh go mbeadh leainbhín óg ann, saolaithe le coicíos agus nuair a rachainn isteach b'fhéidir go mbeadh sé ar a brollach ag a mháthair. Ach le rógaireacht a bhíodh uirthi, ná thógadh sí an leanbh den mbrollach agus deireadh sí liomsa teacht aníos agus an brollach ... ara, bheinnse trí nó ceathair nó cúig de bhliana an uair sin.⁴³

Le linn dó bheith ar an mbrollach, mura mbeadh fáil ar an máthair, dhéantaí an leanbh a bhréagadh le ceirtín siúcra:

> Sin rud eile a chínn. Bheadh an leanbh cruaidh agus nuair a chuirfí isteach i gcliabhán é, b'fhéidir go dtosnódh sé arís ag lorg. B'fhéidir go mbeadh an mháthair an-chúramach nó imithe ar an gcnoc, agus ná beadh istigh ach

gearrchaile nó duine éigin agus is é an t-ordú a bheadh acu, an dtuigeann tú, ceirt bheag a fháil agus siúicre a chur istigh inti agus í a chur síos in uisce bog ar dtúis, agus í a bhogadh agus í a chur siar ina bhéal ansan. Bheadh cóirdín beag ceangailte de agus biorán ann ar eagla go dtabharfadh sé an cheirt siar ina bhéal. Bheadh sé ag súpláil an tsiúicre ansan go dtitfeadh a chodladh air.[44]

Bheadh greamanna beaga á dtabhairt don leanbh de réir mar a bheadh sé ag cruachan:

Bhíos im peata ina theannta sin. Ceathrar deirféar agam, agus gach nduine acu ag cur a ghoblaigh féin im béal. Bhíos mar 'bheadh gearrcach éin acu.[45]

Gheobhadh sé ubh circe i gcónaí agus nuair a bheadh sé ag crua suas ansan gheobhadh sé ubh circe agus bhuailfí é agus braon bainne agus gráinne siúicre agus mheascfaí suas go maith é agus thabharfaí é sin dó le n-ól, mar dhia, go neartódh an t-ubh é. Ó, bhí an-mhuinín acu as uibhe cearc.[46]

Ó leath bhliain amach bheidís ag cur blúiríocha beaga ina bhéal chuige, ach dá ba leanbh mic é, ní bhlaisfeadh aon duine aon ghreim sa tigh gan é a chuimilt dona bhéal ar dtúis, mar 'mian mic a shúil'. Is é an chéad bhia a gheobhaidís arán bán fáiscthe aníos as uisce agus é curtha ag beiriú in uisce is bainne … le gráinne beag siúicre – *goody*. Thugaidís é sin do le spúnóigín maide. Iad féin a dheineadh na spúnóga seo le scian. Dheinidís i gcóir Dhomhnach Cásca iad chun na n-ubh a dh'ithe. Dheineadh gach aon gharsún a spúnóg féin.[47]

Thugtaí an bia do leanbh le sliogán chomh maith:

Sliogán go raibh bas beag air, gheofá ar an dtráigh é … sliogán bairní. Bhí sliogán eile ann … gheofá thíos ar an dtráigh leis é, rudaí fada bána … sceana mara. Bhíodh cuid acu san a bhíodh an-dheas, go mbíodh bas beag air agus chuirfí blúire beag ina bhéal leis sin.[48]

D'fhéachtaí le dúil in iasc a chothú sa leanbh:

> Agus ansan nuair a thosnódh sé ag crua agus é istigh sa chliabhán, gheofaí cnámh éisc agus bhuailfí ar a bhéal é, an dtuigeann tú, chun blas an éisc, mar dhia, a chur ina bhéal chun go dtiocfadh dúil san iasc aige.[49]

Bhí pleananna éagsúla ann chun an leanbh a bhaint de dhiúl:

> Is minic gurb é an rud a dheineadh an mháthair an tigh a fhágaint ar feadh cúpla lá chun go n-imeodh a cuimhne as ceann an linbh. Cleas eile ná súiche a chuimilt ar cheann an chí agus nuair a théadh an sú i mbéal an linbh thagadh col aige leis an mbainne cíche. Sin mar a chuirid cosc leo.[50]

Tá cuntas breá ag Máire Ní Ghuithín ar an gcóiriú a bhíodh ar bhéile na leanaí agus iad ag fás suas:

> Bhíodh an t-iasc briste mionaithe as a chéile do na leanaí ar a bpláta féin agus prátaí brúite agus braon de shúp an éisc caite anuas orthu. Bhíodh muga bainne nó uisce ag gach duine. Sáspain bheaga stáin nó mugaí beaga *enamel* bán a bhíodh ag na leanaí beaga. Mara mbeadh an bainne ann d'ólaidís uisce nó súp an éisc úr. Ní bhíodh scian ná forc ag aon duine ach ag ithe leis na méireanta agus ag scamhadh na bprátaí leo chomh maith ...
>
> Nuair a thosnaigh clann na seandaoine a bhí imithe go Meiriceá ag teacht abhaile agus na stróinséirí ag fanacht sna tithe, tógadh an leathphaca garbh den mbord aimsir dinnéir agus cuireadh na prátaí ar mhéis mhór stáin nó ar *thray* mór ar an mbord. Tugadh scian agus forc do gach duine; bhí sé sin go maith do na leanaí mar nuair a raghaidís ag ithe 'on Daingean nó in aon áit, d'fhéadfaidís ithe le scian agus forc chomh maith le cách agus a muintir chomh maith ...
>
> Nuair bhímis ag dul ag ithe, chaithimis sinn féin a choisreacan agus tar éis a bheith ite againn chomh maith. Bhaineadh na fearaibh agus na garsúin a gcaipíní díobh ag dul ag ithe ...[51]

Shuíodh fear an tí ag ceann an bhoird i gcónaí agus bhíodh cathaoir speisialta sa tigh aige. Cathaoir mo Dhaid, a thugaimis uirthi. Bhíodh an mháthair ag an taobh agus an bord isteach leis an *settle* agus an chlann istigh ar an *settle*. Ní bhíodh aon phaidir ann roimh bhéile ach choisrídis iad féin.[52]

SPRAOI NA N-ÓG

Ritheann sé go héasca linn, is dócha, soineantacht agus aoibhneas a shamhlú leis an óige. Tá na tréithe seo le brath go láidir ar an gcuntas a thugann Tomás Ó Criomhthain ar shaol an linbh ar an mBlascaod, agus in aois seo an chaithimh aimsire leictreonaigh, níor thógtha orainn, b'fhéidir, iarracht de mhaoithneachas a mhothú faoin gcuileachta fholláin, bunaithe ar an timpeallacht nádúrtha, a bhí ar fáil do leanaí an Oileáin. Léiriú maith ar chaitheamh aimsire den sórt sin is ea an nós a bhíodh ag garsúin bheaga ar an mBlascaod peataí a dhéanamh d'fhaoileáin óga, mar a léimid in *An tOileánach*:

> … is sid é an t-am díreach do bhíos ag tosnú ar bheith ag imeacht ag slatfhiach dom féin ó thráigh go cnoc, agus gan éinne ag faire im dhiaidh an uair seo, mar bhíos i mo chleithire fir, dar leo, slat bheag agam agus dubhán ceangailte ina barra. Bhíodh fiche donnán bainte amach as phoill age gach garsún againn – seilg neamaitheach, ach bhíodh peataí faoileann againn agus bhíodh na donnáin an-áisiúil dóibh … Cuireadh Máire amach ar mo thuairisc, ach thug sí cuntas chuin mo mháthar go rabhas ag lorg dhonnán, agus beirt in aonacht liom, Seán Mháraod agus Micil Pheig … Thána go dtím ghulaí (faoileann óg); do thugas mo chuid donnán di.[53]

Níor shoineantacht gan dainséar an obair seo, áfach. Bhíodh na leanaí á gcur féin i mbaol timpeall na bhfaoileán óg agus bhíodh imní dá réir ar a dtuismitheoirí fúthu: 'Féach an teallaire seo,' a dúirt a mháthair faoi Thomás Ó Criomhthain agus é ina pháiste, 'ag imeacht i rith an lae ó mhaidean, agus é i gcontúirt dul ar bhior a chinn síos i bpoll éigin ag soláthar éisc dá ghulaí.'⁵⁴ Níorbh aon bhagairt gan bhonn aici an méid seo, mar féach gur tharla sé ina dhiaidh sin don mhac ba shine a bhí ag Tomás féin, gur tóraíocht ghulaí ba thrúig bháis dó.⁵⁵

Lean dainséar áirithe chomh maith gnéithe eile den tseilg agus den tráiteoireacht a bhíodh ar bun ag leanaí an Oileáin. Mar shampla, ba bhéas leo dul sa tóir ar uibhe na n-éanlaithe fiáine agus, ar ndóigh, thabharfadh san i ndrocháiteanna iad. Tá cuntas ag Mícheál Ó Gaoithín ar an gcuthach feirge a bhí ar a athair chuige i dtaobh gur chuaigh sé i mbaol a anama ag iarraidh teacht suas le huibhe faoileán:

> Nuair a thána abhaile níor ghreas mholta do thug m'athair dom as saothar mo lae, ach is amhlaidh a bhris sé gach a raibh d'uibhe faoileann agam amuigh ar an leic, go dtí aon cheann amháin.
>
> 'Is beag a bheadh orm,' ar seisean, 'nó dhéanfainn an dálta céadna leis seo, ach tá sé ráidhte riamh gur mian mic a shúil. A gharsúin,' ar seisean, 'bíodh deire agat leis an obair seo nó ní bheidh san tigh seo ach tusa nó mise.'
>
> Bhíos chomh cráidhte le scadán rósttha, ach do bhí fhios agam go maith go raibh an ceart ag m'athair agus ná raibh sé ach ag cur eagla orm.⁵⁶

Bhí tarraingt mhór sa tráigh do leanaí an Bhlascaoid agus ba mhór an t-aoibhneas agus an sásamh a bhainidís aisti:

> Bhailídís le chéile gasra acu, garsúin agus gearrchailí agus b'í an Tráigh Bháin a stáitse. Tráigh bhreá ba ea í agus gainimh an-ghlan, an-gheal uirthi – gainimh bhreá thirim ag bun an phoirt ag an mbarrataoide.
>
> Dhéanadh na gearrchailí caisleáin den ngainimh i gcóir chasadh na taoide agus bhíodh píosaí gloiní agus seanáraistí briste acu, mar dhia gur áraistí cearta a bheadh acu á úsáid. Bhí leac mar bhord acu agus sliogáin mar chupáin agus iad chomh gealgháireach agus gur tigh ceart a bheadh acu.
>
> Thugaidís cuireadh do na mairnéalaigh óga a bhíodh tamall uathu agus báid mhóra ghainimhe déanta acu i gcóir chasadh na taoide. Théadh na mairnéalaigh óga seo go dtí na caisleáin agus bhídís ag déanamh spóirt ann

nó go mbíodh an t-uisce timpeall na mbád. As go brách leo [ansan] go dtí na báid agus d'fhanaidís ar bord nó go leagadh an t-uisce an bád. Bhíodh na gearrchailí ar bord na mbád seo ag déanamh aithris ar sheanmhná an Oileáin ag dul don Daingean d'fharraige. Is minic a bhíodh bróga fliucha ar an gcuid a bhíodh fásta suas ag fágaint na trá seo.⁵⁷

Bhíodh caid á himirt ar an tráigh ag buachaillí óga an Oileáin sna 1920í:

Ach siúrálta Lá Samhna, má bheadh sé breá, agus go mbeadh rabharta ann, mar bhíodh an tráigh amach ar fad, agus íochtar na trá chomh cruaidh leis sin [ag leagadh láimhe ar chathaoir adhmaid] bheadh *job* agat maide a chur tríthi síos … Théimis go dtí an aifreann agus tar éis teacht ón aifreann théimis le chéile, chuirtí maidí ann. Chúig dhuine dhéag ón dtaobh. Ní raibh aon am … go dtí go gcuirfeadh an taoide abhaile thu – ag stialláil ar a chéile agus ag marú a chéile … Ó bhíodh an chaid cheart againn, bhí. Tá a fhios agam, ara, go bhfuair, ara, craiceann na caide … go raibh sé stracaithe, ach bhí an lamhnán go maith. Ach rángaigh sé go raibh craiceann róin tirim ag duine éigin agus nár dheineadar fhéin é – dheineadar am baist, dh'fhuadar is gach aon rud é, is bhí sé go diail. Bhí sé go diail am baist, maith go leor. Ach chuamar ar an dtráigh aon lá amháin – faid a bhí sé ar an dtalamh, ar na goirt, bhí sé *all right* – ach chuamar ar an dtráigh aon lá amháin agus nár fliuchadh é, is dh'imigh sé ina leidhcide, bhog sé arís an dtuigeann tú, bhog …

… Lamhnán caorach a bhíodh againne nó lamhnán gabhair. Ara, ní gheibhmís aon tsásamh inti sin. Is é an rud is mó a bhíodh againn ansan nuair a bhíodh an chaid briste, bhíomair ag dul ar scoil an uair sin abair, tar éis scoile seanhata éigin dubh a dh'fháilt agus é líonadh d'fhéar, is é dh'fhua timpeall, am baist. Bhíodh sé go diail ar feadh tamaill nó go mbogadh sé.⁵⁸

Fad a bhíodh an chaid á himirt ag na garsúin ar an tráigh bhíodh a gcuileachta féin ag na cailíní: '*The boys play football on the strand, while the girls in rows walk back and forth singing together.*'⁵⁹ Dealraíonn gur bheag an deis a tugadh do na cailíní bheith páirteach san imirt: '*After dinner we went to the strand like every Sunday, playing a ball: of course it is the boys that have it, but we do kick it when we get the chance.*'[60] Tuairiscítear, áfach, páirt níos lárnaí bheith ag cailíní san iomáint, cluiche a thugann Máire Ní Ghuithín le fios a bhí fós á himirt ar an mBlascaod i dtús na haoise seo caite:

> Nuair a bhí mo mháthair ina cailín óg san oileán, sin é sé bliana déag is trí fichid ó shin [c.1910], bhídís idir ghearrchailí is gharsúin ag imirt chamán ar an dTráigh Bháin. Liathróid pheirce a bhíodh acu agus is iad na camáin a bhíodh acu ná stéibh soithigh, sin stéibh a bhíodh i mbairille ... Bhí mo mháthair féin ag imirt chamán ar an dTráigh Bháin.[61]

Bhíodh báid bheaga déanta ag na gársúin chomh maith agus taithí iascaireachta á tabhairt acu dóibh féin leo:

> Nuair a thagaimis abhaile ón scoil nach aon tráthnóna, théimis suas ar an leacain a bhí os cionn na dtithe agus báid bheaga déanta d'adhmad againn agus líonta beaga ina ndiaidh aniar agus súsán bán á chur isteach sna líonta againn, mar dhea gur maircréil ab ea iad.[62]

Uaireanta eile bheadh comórtas eatarthu féachaint cén ceann is fearr a chruthódh ar an bhfarraige:

> Ach bhíodh báid ansin arís againne, naomhóga beaga déanta againn, agus seol orthu agus an áirithe sin corda orthu, agus snáithín lín astu, agus iad scaoilte amach ón tráigh féachaint cén naomhóg is sia amach a raghadh, an dtuigeann tú? Í a tharrac isteach ansin arís agus í a scaoileadh amach arís. Sin mar a chaithimís an tráthnóna tar éis na scoile.[63]
>
> Théadh na garsúin síos ar an gcaladh agus bhíodh báid agus seolta orthu á gcur ar snámh acu ar linn an chuasa. Bhídís á fhéachaint le chéile cé go mbeadh an bád is fearr aige. Is minic a chuaigh cuid acu ar bhior a gcinn sa bhfarraige ach cad é an díobháil a dhein sé sin ach maitheas. Mhúin sé snámh

dóibh. Bhídís ag dul amach sna naomhóga leis na hiascairí go Beiginis agus Oileán na nÓg.⁶⁴

Feicimid taobh na máithreacha den scéal seo in *Peig*, áfach, nuair a léiríonn sí dúinn an imní a chothaíodh an caitheamh aimsire seo inti féin:

> Sea, bhí na páistí ag éirí suas. Ní raibh an scoil faid urchair méaróige uathu. Bhíos ar mo thoil féin iad do bheith ag dul ar scoil. Bhíodh eagla an domhain orm go mbáfaí ar an dtráigh iad, mar bhíodar ana-thugtha dhi agus iad beag. Bhí mianach na farraige ionta. Is minic a bhrisinn na báid bheaga a bhíodh aca ortha.⁶⁵

Bhain aeraíocht le saol an Oileáin. Bhí leagadh ag na hOileánaigh le spórt agus spraoi agus b'fhurasta dóibh cuileachta a dhéanamh. Dhealródh go raibh cuid mhaith den cheart ag Mícheál Ó Gaoithín, nuair a thug sé mar mhíniú ar an aoibhneas a bhaineadh Oileánaigh as an saol, gur lú go mór an brú oibre a bhíodh orthu ná mar a bhíodh ar lucht na míntíre:

> Ach is beag an caitheamh aimsire a d'fhéadfadh a bheith acu [lucht na míntíre] mar bhíodh seacht gcúraimí an tsléibhe le déanamh acu. Obair ba ea an saol ar fad ach an fhaid a bhídís ag ithe agus ina gcodladh. Ní mar sin d'fhear an Oileáin! Ba chaitheamh aimsire dó leath a chuid oibre agus sólás saolta leis, agus goblach maith le n-ithe ar scáth an chaitheamh aimsire sin go minic.⁶⁶

Ní hé go raibh na hOileánaigh leisciúil, ach cuid mhór dá saol ba ea an tseilg ar muir agus ar tír, agus bhain i bhfad níos mó saoirse leis an sórt sin oibre ná an sclábhaíocht leanúnach a d'éilíodh an fheirmeoireacht ó lucht na míntíre. Tá an chodarsnacht a mhothaigh na hOileánaigh idir a saol féin agus saol lucht míntíre léirithe go glé ag Seán Sheáin Í Chearnaigh san eachtra seo:

> Phós bean de mhuintir Chearna i mBaile an Chalaidh i bparóiste an Fheirtéaraigh fadó agus ní mó ná buíoch a bhí sí dona muintir a chuir ann

í, mar ní mór ná gur cailleadh ann í na céad bhlianta, le huaigneas tar éis an Oileáin. Ní thiteadh codladh lae ná oíche uirthi ach ag cuimhneamh air agus ar an gcuileachta a bhíodh ann aici – rud ná raibh i mBaile an Chalaidh mar ní raibh aon chuileachta riamh ann, ná n'fheadair siad cén rud í.

… Bhíodh máthair a céile ag gabháil di, agus deireadh sí léi gur ait an bhean í agus uaigneas a bheith uirthi i ndiaidh an stocáin mhara san, mar go mb'fhearr di go mór bheith i measc na ndaoine ar an míntír.

'Mhuise,' a deireadh bean an Oileáin léi, 'ní chímse faic anso ach capaill agus madraí; agus na daoine atá ann, tá siad chomh tútach le ba, gan focal cainte acu ach a gceann fúthu ó mhaidean go hoíche agus bior sáite sa talamh acu.'

B'í an ramhainn an bior a bhí i gceist aici. 'Agus,' arsa bean an Oileáin léi arís, 'dá mbeifeá san Oileán anois, chloisfeá siolla ceoil ann agus fear nó bean ag amhrán, ach ní chloisfeá faic anso ach *go on up and go on down*. Sin é an port ó mhaidean go hoíche.'[67]

Bhí tóir mhór ag na hOileánaigh ar cheol, amhráin agus rince, mar atá léirithe ag uí Ógáin.[68] Is cinnte go raibh a ndúil féin ag na leanaí sa chaitheamh aimsire seo (léaráid 13) agus ba ghnách leo bheith i láthair ag aon ócáidí cuileachtan a bhíodh ar an Oileán. Feicimid in *Allagar na hInise* cé chomh héadromchroíoch agus a bhídís i mbun amhránaíochta – fiú agus gíotáil bheag oibre ar siúl acu:

5 Aibreán 1919: Buaileann chugam suas mar a mbím ar chliathán an chnoic mar a mbím ag baint dorn móna gasra de ghramaisc mhion mar bheadh scata caorach. Stadaid i mo theannta tamall. Cuirim ceist orthu: "Cad a thug an bóthar sin sibh?" Bhí ceann acu cuíosach mór agus d'fhreagair sí i gceann tamaill: "Tá craobh uainn."

… I gceann cúpla uair an chloig téim suas go fíoraí an chnoic mar a mbíonn radharc ar dhá thaobh an chnoic agam. Bhí deich bpearsana fichead ag teacht ón dtaobh thuaidh de gharsúin, agus a bheart féin ar gach duine acu; an oiread céanna de ghearrchailí ar an dtaobh theas; an ceann ba mhó chun tosaigh ar gach treibh acu, agus iad mar sin de réir a n-aoise siar go deireadh. Tamall ina stad acu, tamall ag feadaíl, agus tamall ag amhrán …[69]

Tá cuntais ar fáil faoin nós a bhíodh ag cailíní óga an Oileáin a bheith ag amhránaíocht le linn dóibh bheith ag spaisteoireacht oícheanta gealaí, e.g.:

> Oícheanta gealaí ghabhaimis cailíní an bhaile go léir bóthar Bharra an Bhaile lastuas siar chomh fada leis an nDuimhe agus bóthar Bhun an Bhaile laistíos aniar ag amhránaíocht: na hamhráin a bhíodh againn ná 'Bruach na Carraige Báine', 'Cill Chais', 'Fáinne geal an lae', 'Cailín deas crúite na mbó', 'Táim sínte ar do thuama', 'Eibhlín a rún', agus 'Ailliliú na gamhna'.
>
> Oíche acu seo chuala Tomás Ó Criomhthain sinn, an guth aoibhinn ag gabháil thar ceann a thí, mar bhí bóthar Bhun an Bhaile ag gabháil dá bhinn. 'An Guth ar Nóin' a thug Tomás air seo.[70]
>
> *Tonight is very fine and the moon is shining bright … later on by this hour when children would be off in their dreams you could hear miles away, with the echoes of the strand, rows of fair young colleens, in four and five in rows after each other singing lovely Irish songs of love and joy and the older folks with their heads out the door gladly listening to them.*[71]

SAOIRSE AGUS SMACHT

Is dealraitheach go mbíodh breis saoirse ag leanaí ar an Oileán seachas mar a bhíodh ar an míntír. Ba ghnách, mar shampla, go mbíodh leanaí an Oileáin ina suí níos déanaí ná leanaí míntíre. Tá sé sin le tuiscint ón ngearán a bhí ag Seán Pheats Tom faoin tamaillín saoire a chaith sé i Márthain agus é timpeall deich mbliana d'aois:

> Bhailíos liom ina teannta [a mháthair chríonna] agus chuas ó dheas go Márthain, baile beag istigh idir dhá chnoc agus cúig nó sé de thithe ann, feirmeoirí. Bhídís sin éirithe, is dócha, ar a cúig nó a sé ar maidin agus bhídís ina gcodladh timpeall a leathuair tar éis a hocht nó a naoi. Bhínn an-shásta i

rith an lae ach nuair a thagadh an oíche, nuair a bhíodh orm dul a chodladh ag a naoi a chlog, sin é an uair díreach go mbínn ag dul síos ar an Inneoin, mé fhéin is na buachaillí eile san Oileán féachaint an bhfaighmis aon bhreac dos na faoileáin óga …

Bhínn istigh sa leaba agus mo dhá shúil oscailte ar chuma an ghiorria, mar tá sé ráite riamh, pé codladh a bhíonn ar an ngiorria ná dúnann sé a shúile chuige … Bhíodh mo dhá shúil oscailte agam anois agus mé ag éisteacht leo ag sranntarnaigh. Bhíodh an oíche chomh fada![72]

'Ba é nós an uair sin', a deir Seán Sheáin Í Chearnaigh, 'go mbíodh na daoine ag bothántaíocht gach oíche agus na leanaí ag imeacht ar fud na mbánta.'[73] Nuair a bhíodh an uain breá agus an oíche geal, ní bhíodh aon deabha in aon chor a chodladh ar leanaí an Oileáin:

Mí na Nollag 1921: Tá gealach bhreá ar an spéir agus an oíche chomh geal leis an lá. Dá gcuirfeá do cheann amach timpeall a deich a chlog ba dhóigh leat gur i bpríomhchathair Éireann a bheifeá le glisiam agus allagar na bpáistí, ag dul i bhfolach, 'an mada rua', agus gach cluiche dá bhfuil machnamh acu air a bhain leis na sean-Ghaeil. Níl aon dul a chodladh acu oíche mar seo nó go mbuailfidh sé an dó dhéag.[74]

Nuair a bhíodh na leanaí ag éirí suas ar an Oileán bhíodh a lán cleasa acu á gcleachtadh. Dul i bhfolach, ba é sin an cleas ba nótálta a bhíodh ar an Oileán acu gach oíche ghealaí.[75]

I litir dar dáta 27/2/1939 tugann Eibhlís Ní Shúilleabháin le fios go raibh tréigean an Oileáin ag cur as don ghnás seo:

I feel a promising of summer in the air and sky. I feel very light hearted about that but such a night in the Island ten years ago, when I was just young, is very different from this night. There is no stir or sound in this Island tonight, no children laughing or shouting in the moonlight.[76]

Tá an méid seo ag Seán Pheats Tom i gcuntas a thug sé ar an gcaitheamh aimsire a bhíodh ag daoine óga ar an Oileán:

> Sin é mar a chaithimisne an saol agus bhíodh trua againn dosna buachaillí a bhíodh ag fás suas lasmuigh mar dheinimis amach ná bíodh aon chaitheamh aimsire mar sin acu agus is dócha ná bíodh leis. Dá mbeadh orainne oíche a thabhairt i nDún Chaoin nó cúpla oíche, b'fhearr linn teacht abhaile. Ní mór ná go mbáfaimís sinn féin.[77]

Bíonn gach aon duine geal ar a phaiste féin gan amhras, ach is cosúil go raibh bunús réadúil le tuairim na nOileánach gur acu féin a bhí an chuid is fearr de mhargadh na cuileachtan agus iad beag. Níor cheart a mheas, áfach, nach raibh smacht ar leanaí an Oileáin, mar go deimhin, ba dheacair dóibh mórán a dhéanamh as an tslí, toisc go raibh sé de nós ag an seandream trí chéile, smacht a chur i bhfeidhm ar na leanaí. Ba bheag an deis, mar shampla, a bheadh ag leanbh lá a thabhairt faoin tor ón scoil:

> Níorbh aon mhaith dhuit é ansiúd, mar b'fhéidir gur seanduine a bheadh ag triall ar asal agus chífeadh sé i bpoll tú, nó chífeadh sé cois claí tú. Thiocfadh sé abhaile ansin is déarfadh sé é. Agus dá bhfanfá ó scoil aon lá agus go bhfaigheadh do thuismitheoirí amach ná rabhais ar scoil, ní rachfá i bpoll go brách arís. Bheadh gach aon bhlúire díot chomh dubh leis an iarta sin ó bheith ag gabháil ort.[78]

Níor bhréag do Thomás Ó Criomhthain a rá gur 'mar a bheadh clann aon mháthar' a bhí na hOileánaigh:[79]

> Ní raibh aon eiteach ar faic [a iarrfaí ort a dhéanamh] mar chaithfeá bheith mar sin san Oileán. Ní raibh aon oidhre air ach rialtas ann féin. Má dhéanfá aon choir nó má bheifeá bunoscionn, ní bheadh na daoine sásta leis, an méid a bhí ann acu. Chaithfeá do bhóthar díreach a choimeád i gcónaí, nó, mara ndéanfá, thiocfadh na hoileánaigh romhat, agus cheartóidís tú.[80]

Ba é an scéal céanna a bhí ag Seán Pheats Tom:

> Ach ba dheacair duit aon díobháil a dhéanamh ar an Oileán. Mar ní hiad mo mhuintir féin ba mheasa dhomsa chuige ach muintir an bhaile chomh maith. Dá mbeinnse imithe óm mhuintir féin anois agus tamall fén mbaile, abair, ná beadh aon radharc ag mo mhuintir féin orm, dá mbeinn ag déanamh aon ní as an slí, bheadh fear éigin ansúd a thógfadh suas mé agus a thabharfadh mo chlabhtáil dom i dtaobh an rud san a dhéanamh.
>
> PÓH: *Agus ní bhíodh aon olc ar do mhuintirse gur bhuail a leithéid seo nó siúd tusa?*
> SPT: Ó a Dhia na bhflaitheas, bhíodh áthas orthu! Nó dá raghainn abhaile ón scoil agus mé buailte ag an múinteoir, púic a bheith orm, is mó a gheobhainn ag baile ansan. Mar is é an rud a deirtí ná gur tú féin fé ndeara é.[81]

Dheineadh na tuismitheoirí an-chúram de thógaint cheart a thabhairt dá gclann agus níl amhras ná gurbh é meon an tseanfhocail 'nach mbíonn an rath ach mar a mbíonn an smacht' a bhí in uachtar:

> PÓH: *An é an t-athair nó an mháthair is mó a dhéanadh an leanbh a smachtú?*
> SPT: An mháthair. Gan dabht ba mheasa dhuit aon fhocal amháin ón mbuachaill ar deireadh thiar ná dá mbeadh do mháthair ag caint go deo. Bhí deireadh leat.
> POH: *An mbíodh slat ag do mháthair sa tigh?*
> SPT: Bhíodh slat aici. Ní slat a bhíodh ann ach scothán, tor mór craoibhe. Bhí mo mháthair féin ansan, dheara bean an-mhór ba ea í, agus go saora Dia sinn, an crobh láimhe a bhí uirthi sin, bhí sí chomh mór le sluasaid. Dá mbuailfeadh sí sin tú, chuimhneofá go deo air nuair a bhainfeadh sí do threabhsar duit. Chuirfeadh sí riastaí thiar in aird do thóna. Bhainfeadh sí díot anuas an treabhsar ar dtúis agus chuirfeadh pionós ansan ort tú a chur isteach don leaba i lár an lae dá mbeadh faic déanta as an slí agat.
>
> ... Is é an rud is mó [a bhíodh ag déanamh tinnis do na tuismitheoirí] ansan ná an chlann a thabhairt suas i gceart, go múinte béasach, ná beadh faic

le rá ag éinne leo. Bhíodh san ag gabháil dóibh i gcónaí ar eagla go ndéanfaidís aon rud as an slí, aon díobháil d'aon duine … Agus ní raibh aon rud ba mhó ba mheasa leo ná dá gcloisfidís ainm Dé á thabhairt agat gan ábhar. Ó, gheobhadh do dhá chluais é! Bhí an baile ag tabhairt aire dona chéile.[82]

CUILEACHTA PÁISTÍ

Bhaineadh daoine fásta a gcuileachta féin as leanaí ar an mBlascaod agus ba mhinic 'margadh na leanbh' acu leo chun iad a bhréagadh. Ina theannta sin bhíodh greann beag cneasta acu orthu leis mar a chonacamar thuas i gcás na máthar ag tairiscint braon dá bainne cíche do gharsún comharsan. Léiriú eile ar chuileachta á baint as leanaí ba ea an cleas, 'scamall na bunóice', a d'imríodh daoine fásta ar leanaí óga:

> Agus rud eile a mharaíodh sin nuair a shaolófaí leanbh inár líon tí féinig, b'fhéidir go raghfá amach fén mbaile, an dtuigeann tú, bhuailfeá isteach go dtí tigh go mbeadh seanduine ann, agus gan dabht, bheadh a rógaireacht fhéin ag baint leis sin. Ghlaofadh sé ort agus gan aon choinne agat leis. Ní bheadh a fhios agat cad a bheadh ar bord aige. Is é an rud a dhéanfadh sé, chuirfeadh sé in airde chúig méireanta agus d'fhiafródh sé dhuit cé méid méir a bhí ansan. Déarfása go raibh chúig méireanta. De gheit thógfadh sé anuas [dhá cheann]. Déarfadh sé ná raibh ach trí méir ann: 'Á, tá scamall na bunóice fós ort, a bhuachaill,' a déarfadh sé. Th'anam diabhal, thosnófá fhéin ag cuimilt do shúl ansan. B'ait leat é.[83]

Deireadh tuismitheoirí le leanaí gurbh é 'préachán an ghoib' a sciob chun siúil an rud a bheadh tógtha acu ón leanbh toisc é bheith díobhálach dó.[84] Bhagraítí an púca ('chugat an púca') nó an Róilí/Rálach, púca Róilí, bean bhán an Túir, nó Murcha, ar leanaí nuair a bheifí ag iarraidh iad a scanrú.[85] Bhagraítí an té a bheadh fachta bás le déanaí ar leanaí chomh maith:

Nuair a theastaíodh ó mháthair gan na leanaí a scaoileadh amach sa bhfuacht, oíche gheimhridh, chuireadh sí a leithéid seo de sheanduine a bhíodh tar éis bháis go mbíodh aithne mhaith ag na leanaí air, in iúl do na páistí: 'Fan ag baile a stóirín, tá seanMhicilín thíos ansan ag béal an bhóithrín agus spréacha dearga aige á chaitheamh amach as a bhéal, agus d'ardódh sé leis aon gharsúinín beag dána ná déanfadh rud ar a mháthair.'[86]

Bhí smacht ag na mairbh i slite eile leis ar iompar leanaí:

> Deir siad, i bpurgadóireacht go mbeidh tú ag imeacht timpeall duit fhéinig, ach ná féidir le duine tú dh'fheiscint. Mar bhí sé an-mhór ár gcoinne-ne, cheiltí orainn i gcónaí é, gan dul amach tráthnóna agus maide a bheith agat agus tú bheith ag bualadh toir, go raibh san mícheart. Agus deirimisne leo: 'Cad ina thaobh?'
>
> 'Ar eagla go mbeadh anam bocht éigin i bpurgadóireacht ann.'
>
> Ach n'fheadarsa an chun eagla a chur orainn é nó an ba é a gcreideamh féin é. Ba é a gcreideamh féin é is dócha an uair sin.[87]

Ceist a bhíonn le freagairt ag tuismitheoirí óna gclann i ngach aois is ea cad as a thagann leanaí, agus ar ndóigh, ní freagra dáiríre ba ghnáthaí a thabhairt ar an gceist sin. Bhí cumadóireacht agus magadh beag séimh sa bhfreagra a thugtaí ar leanaí an Oileáin mar go ndeirtí leo gur sa bhfeamainn a d'fhaightí iad. 'Féach cad a fuaireas-sa i bhfeamainneach na trá ar maidin,' an port a bhíodh ag Méiní an bhean chabhartha do leanaí an tí ina saolófaí bunóc.[88] Chreideadh na leanaí go diongbhálta an scéal seo mar a chuireann Lís Uí Laoithe in iúl:

> Deiridís gur sa bhfeamnaigh, feamnach na trá, a fuaireadh iad. Aon áit a bheadh leanbh saolaithe:
>
> 'Cá bhfuairis an leanbh; cé thug duit é?'
>
> 'Sa bhfeamnaigh thiar ar an dtráigh.'
>
> Agus théimis siar agus réabaimis a mbíodh d'fheamnach sa tráigh fhéachaint a bhfaighmis éinne.

Agus bhíodh seanduine ann, Micí, agus mharaíodh sé sinn i dtaobh bheith ag réabadh na feamnaí. 'Á, á, go dtuga an diabhal coirce dhaoibh', is gach aon eascaine aige orainn ... ach a bhfaighmis an leanbh, aon leanbh sa tráigh. Ach chuamar isteach go dtí Peig Sayers agus dh'fhiafraíomair di é, cá bhfaightí na leanaí agus, 'mo ghreidhin sibh,' a dúirt sí, 'beidh a fhios agaibh róluath. Beidh a fhios agaibh róluath.' Sin é an freagra agus dh'éiríomair as.[89]

Bhíodh leanaí fásta suas go maith agus iad fós ag géilleadh don fhreagra sin:

Ó th'anam an diabhal, ní mór ná go rabhas ag dul ag pósadh ... Am baiste cheapamair gur sa bhfeamnaigh é. Bhí máthair chabhartha istigh ann ach go háirithe, ach thug sí geallúint sa deireadh dom féinig – bhíodh gach aon mhallacht agam uirthi, cad ina thaobh ná tugadh sí garsún. 'An chéad turas eile anois a bhuachaill,' a deireadh sí.

Ach nuair a tháinig an garsún: 'Fhéach anois go dtugas chugat é. Fuaireas thiar ar Thráigh Ghearraí é agus é casta istigh sa bhfeamnaigh, an fear bocht, agus dúrt liom fhéin go dtabharfainn chugat é.' ... Th'anam on diabhal bhíomarna mór groí san Oileán, a chroí, agus ní raibh aon tuairisc ar aon rud mar sin againn. Ní raibh.[90]

Bhí raidhse mhór caitheamh aimsire ag leanaí an Oileáin nach féidir ach tagairt lom a dhéanamh do chuid acu anseo – bhíodh bothántaíocht agus scéalaíocht acu, tomhaiseanna agus casfhocail, agus ar ndóigh bhain cuileachta faoi leith le féilte na bliana – Lá 'le Bríde, Oíche Shamhna, An Nollaig agus Lá an Dreoilín go háirithe. Bhí réiteach don saol a bhí rompu neadaithe i gcuid dá gcaithimh aimsire. Bhí sin amhlaidh ar leibhéal na haigne nuair a bhí a gcluichí bunaithe ar chur i gcéill – garsúin ag ligean orthu go rabhadar ag iascach nó ag seoladh na farraige lena mbáidíní; cailíní ag cleachtadh ról máthar ag déanamh cúraim dá mbábóg nó i mbun 'tigín', nó fiú á samhlú féin mar phaisinéirí i naomhóga. Ullmhúchán praiticiúil don saol a bhí rompu ab ea cuid eile dá gcaithimh aimsire, mar a thuigfí ón gcuntas seo ar chailíní ag foghlaim scileanna láimhe:

Ansin nuair a thagadh oícheanta fada an gheimhridh bhíodh na cailíní móra ag múineadh *crochet* dúinn agus conas a dhéanfaimís seáil a chróiseáil le snáithín olla, agus cuilteanna; cuid eile de na cailíní ag déanamh obair snáthaide (*embroidery*).⁹¹

Sa tslí chéanna b'ullmhúchán praiticiúil ag buachaillí é an caitheamh aimsire a bhainidís as marú coiníní nó éanlaithe; bhí scileanna seilge á gcothú iontu, agus fós arís bhíodh eolas á chur acu ar iascach agus ionramháil naomhóige mar go dtugadh a n-aithreacha amach leo iad ó am go chéile – aird acu ar ndóigh ar an seanfhocal, 'an té a bhaistear sa taoide ní bháitear go deo é.'⁹²

Ach oiread lena macasamhail in aon phobal eile, bhain tábhacht le cluichí i bhforbairt an aosa óig ar an mBlascaod. Ba mhaith ann cluichí mar Trom Trom, An Fáinne, An Capaillín Spágach, An Mháthair Áil, An Láir Bhán, agus póiríní⁹⁴ sa mhéid gur eiseamláirí iad ar iompar taitneamhach ar bhain ord agus eagar leis agus chuir na cluichí i dtuiscint do na rannpháirtithe gur mhaith é cloí leis na rialacha – an té nach mbeadh sásta imirt dá réir, chuirfí míshásamh in iúl dó, nó chaithfí amach as an gcluiche é. Fuaireadar taithí ó na cluichí ar ghlacadh le torthaí nach mbeadh chun a sástachta i gcónaí – pé slí a thitfeadh an crann, bíodh sé fábhrach nó mífhábhrach, níorbh fholáir glacadh leis. D'fhorbair na cluichí cumas sa leanbh chun comhoibriú le daoine eile agus mhúineadar dó conas é féin a iompar mar bhall d'fhoireann. Fágann sin go raibh modhanna machnaimh agus scileanna sóisialta a bheadh fóinteach sa tsaol fásta á bhfoghlaim ag leanaí i ngan fhios dóibh féin trí na cluichí seo. Bhí scileanna teanga le foghlaim as na casfhocail a bhíodh acu agus ba dheis ag an leanbh iad chun a chumas féin a léiriú. Uaireanta chuirtí in iúl go fórsúil don leanbh gur ghá bheith cruinn sa chaint mar a thuairiscíonn Seán Sheáin Í Chearnaigh:

Seo seanchaint a bhí fadó ann agus chaithfeá í rá naoi n-uaire as a chéile gan aon stad ná gan aon dul amú, nó dá raghfá, dhíolfadh do chluasa go dóite as

Saol an Linbh ar an mBlascaod

agus bheadh cuimhne ar an oíche agat: 'Práisléad bán fé mhuineál mhadra an tsagairt, madra an tsagairt is carbhat fé.'⁹⁴

Is furasta an taitneamh a bhainfeadh ógánaigh as an bhfoclaíocht thíriúil i gcasfhocail áirithe a thuiscint, e.g.:

Ní mise a pholl do pholl a bhráthair, ná a chuir éinne ag polladh do phoill, ach go bpolltar mo pholl má phollas do pholl – ach fear poill a pholladh go bpolltar a pholl de bharr do phoill a pholladh.⁹⁵

Bhí an-tóir ag leanaí an Oileáin ar thomhais agus ar ndóigh, bhí fiúntas de bhreis ar chaitheamh aimsire i gceist leo seo. Tugann siad caoi don leanbh, ról duine fásta a ghlacadh chuige féin mar sa ghnáthchúrsa bíonn eolas ag daoine fásta agus tugann siad an t-eolas don leanbh nuair a chuireann sé ceist orthu. I gcomhthéacs na dtomhas, áfach, is ag an leanbh atá an t-eolas, an freagra 'ceart', agus an lámh uachtair aige dá réir sin ar aon duine aosta nó óg atá aineolach ar an bhfreagra sin.⁹⁶ Cothaíonn tomhais géarú intinne i leanaí sa mhéid gurb é an dúshlán a bhíonn ina lán díobh ná dhá mhír faisnéise a shamhlófaí a thagann salach ar a chéile a thabhairt chun réitigh (e.g. 'deatach sa ghleann is gan aon spré ann'; 'd'íosfadh sé a dtiocfaidh is a dtáinig ach ní chacann sé oiread an ghráinne'; 'droichead thar loch gan mhaide gan chloch').⁹⁷ Ach oiread le haon áit eile, níor chur amú ama caithimh aimsire na leanaí ar an mBlascaod mar is amhlaidh gur chuid riachtanach dá bhforbairt an chuileachta a bhíodh acu.

Fág gur bearnach mar chuntas é seo thuas ar shaol an linbh ar an mBlascaod, b'fhéidir mar sin féin, i bhfianaise cuid den ábhar atá pléite go gceadódh sé dúinn a mhaíomh más i gcúl an tí a bhí Tír na nÓg, nárbh fhada ó chúl an tí a bhí an tOileán Tiar.

SUMMARY

Traditions relating to childhood on the Blaskets are the focus of this chapter. The significance of clothing is discussed, from the swaddling band on a newborn baby to the gradual progression in childhood dress – a progression clearly marked in the case of boys by their advance from petticoat to trousers, and the adoption of headgear. Beliefs that colour could play a role in ensuring the well-being of a child are recorded and an ambivalent attitude to the colour red is noted – while it was believed to have protective power against the good people, it was also feared it might attract them. Consideration is given to the nourishment of children, the duration of breastfeeding, weaning and the gradual introduction to solids. Beaten eggs, milk, sugar and goody were usual fare when the child was being weaned. From an early age, fish was introduced into the diet to ensure the child developed a taste for it. Boys were more frequently favoured with titbits from adults than girls. Children's play is treated in some detail, and unsurprisingly, sand and sea featured prominently here – boys building sand boats with girls building castles and laying out a table to which they invited the boys when their boats were overrun by the incoming tide. Boys sailed little toy boats and played with an improvised football on the beach while girls entertained themselves by walking around and singing. Attention is given to the easy relationship between adults and children, which ensured a harmonious community, and to the role played by children's pastimes in furthering their social and practical skills.

Saol an Linbh ar an mBlascaod

1. Ó Coileáin 1982: 115.
2. *Ibid.*: 115.
3. Ó Ríordáin 1952: 61.[spás]
4. Opie 1959: 1–2. Féach freisin Holmes McDowell 1979: 1: '*Much of children's folklore paints adults as outsiders indicating that children have a rudimentary sense of their position in the social hierarchy. To communicate this type of material to adults amounts to betrayal. In popular and scholarly usage alike, children have been compared to savages and treated as an enclave of primitive society lodged within the most highly developed societies.*'
5. CBÉ 1202: 235. Máire Uí Dhuinnshléibhe a d'inis do Sheosamh Ó Dálaigh.
6. CBÉ 910: 197. Peig Sayers a d'inis do Sheosamh Ó Dálaigh.
7. LUL in SVC 495.
8. SPT in SVC 426.
9. CBÉ 910: 197. Peig Sayers a d'inis do Sheosamh Ó Dálaigh.
10. *Ibid.*: 196. Peig Sayers a d'inis do Sheosamh Ó Dálaigh.
11. CBÉ 1202: 235. Máire Uí Dhuinnshléibhe a d'inis do Sheosamh Ó Dálaigh. Is cosúil leis, de réir Sheáin Pheats Tom Uí Chearnaigh (SPT in SVC 426) go dtugtaí an fhallaing ar an mbindeálán a d'fhilltí timpeall an linbh tar éis é a shaolú; cf. Caomhánach [1936–42]: *s.v.* falaing: 'falaing bunóice: an t-éadach do castar ar leinbhín óg.'
12. CBÉ 910: 197.
13. CBÉ 469: 125. Máire Ruiséal, Dún Chaoin, a d'inis do Sheosamh Ó Dálaigh. Tharlódh gur mar chosaint ar shióga a dhéantaí an fhallaing as ball éadaigh an athar, féach Ó Súilleabháin 1942: 210.
14. LUL in SVC 495.
15. Ó Súilleabháin 1942: 427.
16. CBÉ 910: 197. Peig Sayers a d'inis do Sheosamh Ó Dálaigh. Maidir le dath dearg ar chótaí buachaillí óga, féach Mac Philib 1982–83.
17. CBÉ 1478: 76. Mícheál Ó Gaoithín.
18. CBÉ 1478: 100. Mícheál Ó Gaoithín.
19. CBÉ 910: 178.
20. CBÉ 910: 200–1. Peig Sayers a d'inis do Sheosamh Ó Dálaigh.
21. *Ibid.*
22. Ariès 1960: 48–56.
23. Mac Philib 1982–83: 133–46.
24. Ó Criomhthain 2002: 6.
25. SPT in SVC 426.
26. Ó Criomhthain 2002: 6. Is maith a léiríonn cuntas an Chriomhthanaigh ar an ócáid seo nach soláthar eolais ar ghnéithe den seansaol an chloch ba throime ar a phaidrín agus é i mbun scéal a bheatha a insint mar nach dtagraíonn sé in aon chor do ghnéithe eile den nósmhaireacht a lean an ócáid – an bheannacht a chuirtí ar an leanbh, nó an seile a chaití air chun é a chosaint ar choiriú – nithe a thuairiscíonn Seán Pheats Tom Ó Cearnaigh in SPT in SVC 426:

> Nuair a chuirfí ball nua ar leanbh, b'fhada lena chroí go mbeidh sí socair air chun dul ó thigh go tigh. Is théadh sé ó thigh go tigh ansan agus níl aon bhaol ná go bhfaigheadh sé síntiús beag éigin de réir an rachmais a bhíodh ag na daoine. Ní ligfí abhaile é gan rud éigin, fiú amháin dá mba ghráinne siúcra a chuirfí isteach ina dhorn, mar a mbeadh faic eile ann. Gheobhadh sé pingin nó ubh circe nó rud éigin.

POH: Agus an raibh rud éigin a déarfaí ar an ócáid sin leis an leanbh?

SPT: 'Go mairir is go gcaithir é agus céad ceann is fearr ná é' … 'Go mairir is go gcaithir í, go stollair is go stracair í agus seacht gcinn níos fearr ná í.' Nuair a raghfá isteach go dtí seanduine is nuair a raghfá isteach chuige is ea chaitheadh sé a sheile ar dtúis air, ort

féin is air féin, ar eagla … chun go mbeifeá saor ó aon drochshúil tú dh'fheiscint.
27 O'Neill 1977: 53.
28 SPT in SVC 426.
29 CBÉ 1478: 73–4.
30 SPT in SVC 425.
31 SPT in SVC 426.
32 Mac Síthigh 2013: 169.
33 Ó Criomhthain 2002: 19.
34 CBÉ 1478: 75–6.
35 Tyers 1982: 87.
36 CBÉ 1478: 74.
37 SPT in SVC 424.
38 CBÉ 910: 191. Peig Sayers a d'inis do Sheosamh Ó Dálaigh. 1943. Bhíodh bainne gabhair mar thaca leis an mbainne cíche sa chás gur ghá sin; féach Ní Chéilleachair 1989: 326. Ní hamháin gur chothú don leanbh an bainne cíche ach deir Peig chomh maith (CBÉ 910: 198) gur mhinic a chonaic sí aghaidh linbh á ní ag a mháthair leis.
39 Ó Criomhthain 2002: 1.
40 CBÉ 1442: 447. Seán Sheáin Í Chearnaigh.
41 CBÉ 1442: 446. Dealraíonn gur chleachtas coitianta i dtíortha Eorpacha i dtréimhse níos luaithe go mbíodh leanaí seanchríonna go maith agus iad fós ag diúl ar a máthair; tagraíonn Ariès 1960: 32–3, mar shampla, do cháipéis ón tríú haois déag ina luaitear freastalaithe aifrinn arbh fhearr leo bheith ar bhrollach a máthar ná sa séipéal.
42 CBÉ 910: 191.
43 SPT in SVC 424. Deir Seán (Pheats Tom) Ó Cearnaigh freisin anseo gur bliain, de ghnáth, a bhíodh mar sprioc ag an máthair le cothú an linbh ar a brollach.
44 SPT in SVC 425.
45 Ó Criomhthain 2002: 1. Tharlódh gur léiriú iad na goblaigh a bhí a dheirféaracha ag cur i mbéal Thomáis ar an gcúram breise a dhéantaí de chothú an fhireannaigh.
46 SPT in SVC 425.
47 CBÉ 910: 191. Peig Sayers a d'inis do Sheosamh Ó Dálaigh.
48 SPT in SVC 425. Dhéanadh sliogán gnó spúnóige do dhaoine fásta leis mar d'inis Máire Ruiséal (Uí Lúing) agus a hiníon Máire Bn. an tSíthigh do Sheosamh Ó Dálaigh (CBÉ 469: 133): 'Scian amháin a bhíodh i ngach tigh agus spíonóga adhmaid a dheinidís le scian, nó mura mbeidís sin acu d'úsáididís sliogán iascáin'; féach Ó Siochfhradha 1926: # 299: 'Sé an chéad bhiadh a chuaigh ar shliogán chuige é.'
49 SPT in SVC 425.
50 CBÉ 910: 192. Peig Sayers a d'inis do Sheosamh Ó Dálaigh. 1943.
51 Ní Ghuithín 1986: 39, 40, 78–9.
52 Ní Ghuithín 1978: 77.
53 Ó Criomhthain 2002: 13–14; tá faisnéis bhreise ar an nós ag LUL in SVC 494.
54 Ibid.: 14.
55 Ibid.: 247–8.
56 Ó Gaoithín 1953: 29.
57 Mícheál Ó Gaoithín in CBÉ 1478: 107–8.
58 Seán (Pheats Tom) Ó Cearnaigh, SVC 498, taifead fuaime, 9/3/1990.
59 Ní Shúilleabháin 1987: 67.
60 Ibid.: 56.
61 Ní Ghuithín 1986: 84. Bhí ré na hiomána ar an Oileán ag teacht chun deiridh timpeall an ama sin, áfach. Tugann fianaise ó Sheán (Pheats Tom) Ó Cearnaigh le fios nár imir sé féin riamh iomáint ar an Tráigh Bháin, 'agus ní dóigh liom,' ar seisean, 'go bhfaca m'athair puinn de, ach má chonaic, abair, is é an beag é. Ní dh'imir sé féin é. Ní dhein. Ní dhein.' SVC 498.
62 Í Chearnaigh 1974: 17.
63 Seán Ó Criomhthain in Tyers 1982: 119–20.

64 Mícheál Ó Gaoithín in CBÉ 1478: 108.
65 Sayers 1998: 154.
66 CBÉ 1478: 64.
67 CBÉ 1494: 125–8. Tá cuntas truamhéileach anseo leis aige ar chás na mná seo tar éis dá hathair cuairt a thabhairt uirthi: 'Nuair a d'imigh a hathair uaithi ag casadh na Gráige chrom sí ar ghol agus chuaigh sí in airde ar bharr Mhionnán na Gráige agus d'fhan sí ann nó go raibh an bád dulta don Oileán agus í ag briseadh a croí ag gol le huaigneas i ndiaidh a hathar agus i ndiaidh an Oileáin … Níl aon tráthnóna ar feadh bliana ná go dtagadh bean an Oileáin go Mionnán na Gráige ag féachaint isteach ar an Oileán, agus dá mbeadh sciatháin uirthi deireadh sí go léimfeadh sí isteach. Bhíodh sí ag teacht ann nó gur saolaíodh an chéad duine clainne di agus sin é an chéad *relief* a fuair sí ó chuimhne an Oileáin.'
68 uí Ógáin 1988, 1989, 1990, 1992, 1999, 2009.
69 Ó Criomhthain 1977: 64–5.
70 Ní Ghuithín 1978: 61. Foilsíodh 'An Guth ar Nóin' in *An Lóchrann*, Nollaig 1917.
71 Ní Shúilleabháin 1987: 72.
72 Ó Cearnaigh 1992: 61–2.
73 CBÉ 1441: 175–6.
74 Ó Criomhthain 1977: 311.
75 Mícheál Ó Gaoithín in CBÉ 1478: 100–1.
76 Ní Shúilleabháin 1987: 72.
77 Ó Cearnaigh 1989: 350.
78 Seán Ó Criomhthain in Tyers 1982: 117.
79 Ó Criomhthain 2002: 327.
80 Seán Ó Criomhthain in Tyers 1982: 131
81 SPT in SVC 424.
82 *Ibid*.
83 *Ibid*.
84 Ó Catháin 1989: 358. Sin é mar a dúradh le leanbh sa téacs seo nuair a tógadh uaidh an píopa a bhí á dhéanamh aige dó féin as rúta feamainne agus gan é ach ceithre bliana d'aois; ordóg portáin ba ghnáthaí mar phíopa ag garsúin óga ar an mBlascaod (Tyers 1982: 84).
85 CBÉ 701: 202; CBÉ 1462: 568; CBÉ 1478: 115–16. Deirtear gurbh í an sceoin a chuir Sir Walter Raleigh i ndaoine tar éis ár Dhún an Óir an bunús atá leis 'an Róilí' nó 'an Rálach' a bheith á lua mar neach scanrúil le leanaí, cf. Ó Conchúir 1973: 77. Deir Mícheál Ó Gaoithín (CBÉ 1462: 568) gur bean a bhíodh le feiscint ag éirí amach as an Túr agus ag siúl timpeall an Oileáin í bean bhán an Túir. Murcha 'na nDóiteán' Ó Briain, Iarla Inse Uí Chuinn agus comhghuaillí Chromail, a bhíodh á bhagairt ar leanaí nuair a deirtí 'féach Murcha' leo – an fear céanna a mbuanaítear a chuimhne nuair a deirtear faoi dhuine a fuair drochscanradh go bhfaca sé Murcha.
86 Mícheál Ó Gaoithín. CBÉ 1478: 115–16.
87 SPT in SVC 425.
88 CBÉ 910: 187. Peig Sayers a d'inis do Sheosamh Ó Dálaigh.
89 LUL in SVC 494. Cheap Lís Uí Laoithe gur timpeall deich mbliana a bhí sí an uair sin.
90 SPT in SVC 496.
91 Ní Ghuithín 1978: 36.
92 CBÉ 1478: 37.
93 Ní Ghuithín 1978: 19–23; Ní Ghuithín 1986: 84; LUL in SVC 494.
94 CBÉ 1463: 557.
95 CBÉ 1493: 375.
96 Virtanen 1989.
97 Dundes & Georges 1963.

3:
Mothú Tuistí i leith a Leanaí

FIANAISE AN BHÉALOIDIS

Sna haoiseanna romhainn níor tugadh an t-aitheantas céanna in aon chor do bhás linbh agus a tugadh do bhás duine fásta. Tá plé sa chéad chaibidil eile ar leibhéal íseal an tsearmanais a bhain le tórramh agus sochraid linbh i gcomparáid leis na deasghnátha cáiréiseacha a chleachtaí ar bhás duine fásta. Is i gcleachtais adhlactha go háirithe, a léirítear an difríocht mhór idir láimhseáil bhás an linbh agus bhás an duine fhásta, difríocht atá thar a bheith feiceálach ó na láithreacha seachreilige ina ndéantaí leanaí a adhlacadh – fiú isteach go maith san fhichiú haois.[1] Is láithreacha aitheanta adhlactha leanaí cuid díobh seo, ar a dtugtar in áiteanna éagsúla 'cillíní', 'ceallúraigh', 'ceallúnaigh' nó 'lisíní', agus iad an-choitianta go mór mór in iarthar agus i ndeisceart na tíre. Tá os cionn leathchéad ceann acu áirithe i gCorca Dhuibhne, mar shampla, agus tá ceann ar an mBlascaod i Rinn an Chaisleáin (léaráid 14) mar a gcuirtí leanaí an Oileáin ar fad (agus go heisceachtúil, fo-dhuine fásta – mar a tharlaíodh ar an míntír freisin).[2]

Bhí láithreacha eile chomh maith ina n-adhlactaí leanaí, go háirithe má cailleadh iad go luath tar éis a saolaithe, nó má saolaíodh marbh iad e.g., iothlainn, lios, gairdín, páirc nó claí (teorann), ag crosbhóthar, binse faille, faoi sceach, lasmuigh de chlaí na reilige, ar bhruach locha, abhann nó na farraige.³ Is mó fós an t-aimhriar a bhaineann le hadhlacadh seachreilige leanaí, nuair a chuirtear san áireamh a threise is a bhí an traidisiún sa tír seo gur ina theampall dúchais, i reilig na muintire, ba cheart corp a chur,⁴ agus is iomaí sin cuntas a thugann le fios a dháiríre agus a leantaí an treoir sin.⁵ Is léir chomh tugtha is a bhí na Blascaodaigh dá dteampall dúchais ón gcuntas a thugann Tomás Ó Criomhthain ar an gcallshaoth ab éigean do chriú naomhóige ón Oileán a sheasamh, lá drochshíne, d'fhonn fiacla tarraingte mná a chur ina teampall dúchais i nDún Chaoin 'mar nár mhaith léi an easpa a bheith ann nuair a rachadh sí ar an saol eile'.⁶ Ba chuid den bhéaloideas é go ndéanfadh cairde an mhairbh ar an saol eile an corp a chur ina theampall dúchais, sa chás nach n-éireodh lena mhuintir ar an saol seo é a adhlacadh ann. Bhí scéal ag Peig Sayers, mar shampla, ar fhear ó Cheann Trá a bhí ag fáil bháis thíos i gContae Aontroma agus d'iarr sé ar a chompánach an ceann a bhaint de tar éis a bháis agus é a thabhairt abhaile leis le hadhlacadh i reilig Cheann Trá; dhein an compánach amhlaidh, agus tamall ina dhiaidh sin nuair a osclaíodh an uaigh arís, bhí an chuid eile den chorp ann freisin: 'deineadh amach gurb iad a charaid ón dtaobh eile a thug leo é, ó pé áit go raibh sé curtha, agus a thug go dtína theampall dúchais é.'⁷ Is ábhar iontais, dá réir sin, nár mothaíodh aon dualgas leanaí a adhlacadh ina dteampall dúchais, ach gur deineadh iad a chur i láithreacha eile seachas i reilig na muintire. Is mó fós, b'fhéidir, an t-iontas é sa chuntas atá ag Seán Sheáin Í Chearnaigh ar ghearrchaile chúig bliana a cuireadh i Rinn an Chaisleáin, cé go raibh a máthair caillte tamall roimpi, agus í siúd curtha ina teampall dúchais i nDún Chaoin.⁸

Ainneoin gur minic ráite é gur naíonáin gan bhaiste iad na leanaí a fuair adhlacadh seachreilige, is é fírinne an scéil go mbíodh naíonáin a bhí baiste, agus go deimhin leanaí a bhí roinnt blianta d'aois (agus dá réir sin nach miste glacadh leis iad a bheith baiste), á gcur go rialta i láithreacha den chineál seo.⁹ Ní fhágann Seán Ó Criomhthain aon amhras orainn ina thaobh sin chomh fada is a bhaineann le reilig na leanbh ar an mBlascaod:

> Tá reilig san Oileán, an reilig sin a dtugann siad reilig Rinn an Chaisleáin air, agus pé leanbh a gheobhadh bás, baiste nó gan baisteadh … tá siad go léir curtha i dteannta a chéile sa reilig sin … Tá a fhios agamsa dhá chúpla a saolaíodh ar an Oileán le mo linn féin agus nuair a saolaíodh iad fuaireadar bás gan aon mhoill. Agus chonac an dá chúpla san ag teacht agus iad ina gceithre bhosca beaga ag a muintir agus iad á gcur sa reilig seo a bhfuil an dream atá baiste agus a bhí faoi lámh an Easpaig curtha ann chomh maith leo.[10]

Is léir leis ó fhianaise thochailtí seandálaíochta a deineadh ar roinnt de na láithreacha seo gur ghnách leanaí a adhlacadh iontu a bheadh cúpla bliain d'aois.[11] Fágann sin nach móide in aon chor gurbh é stádas neamhbhaiste an linbh faoi deara a adhlacadh seachreilige, ach gurbh ar bhonn aoise a socraíodh é. Tugann cuntas ar láthair i gContae an Chláir le fios, mar shampla, go raibh seacht mbliana mar theorainn le haois na leanaí a d'adhlactaí ann,[12] agus is aois roinnt blianta faoina bhun sin a bhí ag páistí a bhí curtha i láithreacha eile de réir fhianaise an bhéaloidis agus na seandálaíochta.[13]

I bhfianaise na ndeasghnáth giortaithe a bhain le tórramh linbh san am atá thart, agus go háirithe an t-adhlacadh seachreilige ar bheagán nó ar easpa deasghnáth a thugtaí do naíonáin agus do leanaí óga, níorbh ionadh, b'fhéidir, dá gceapfaí go léiríonn na cleachtais sin neamhaird, nó beag is fiú á dhéanamh, de bhás linbh, nó fiú go léiríonn siad easpa cineáltais i leith an linbh. Tagann léamh den chineál sin go maith le tuairimíocht faoi fhorbairt an teaghlaigh Eorpaigh a spreag an t-údar Francach, Philippe Ariès. De réir na tuairimíochta sin is cor nua i stair na clainne é stádas an linbh inniu, nuair is é an leanbh croílár an teaghlaigh, agus cuid mhór de mhaoin agus d'fhuinneamh na dtuistí dírithe ar é a chur chun cinn sa saol.[14] Mhaígh Ariès gur sa séú agus sa seachtú haois déag, i measc na n-uasal ar dtús, agus de réir a chéile ansin i measc an ghnáthphobail, a tháinig tuiscint chun cinn ar thábhacht an linbh mar dhuine ar leith, agus gur ón am sin anuas a dlúthaíodh an nasc ar leibhéal na mothúchán idir tuismitheoirí agus a gclann.

Bhí argóint shíceolaíoch mar bhunchloch faoin dearcadh seo – gur bhac ráta ard mortlaíochta leanaí sa ré réamhthionsclaíoch ar thuismitheoirí aon infheistiú mór mothúchán a dhéanamh ina bpáistí, ionas nárbh acmhainn go síceolaíoch dóibh bheith róghafa leo. De réir na hargóna seo, bhí bás leanaí chomh coitianta sin, gur ghnáthrud ag tuismitheoirí é a bheith ag súil leis go gcaillfí cuid dá gclann, agus go mbíodh muirear mór acu le súil go mairfeadh sciar éigin acu.[15] Is í éirim na hargóna seo ná gur chosain tuismitheoirí iad féin ar bhriseadh croí trí bheith seachantach ar aon róchion a bheith acu ar a leanaí.

Ag cur leis an teoiric faoi laghad an cheangail mhaoithnigh a bhí idir tuismitheoirí agus a gclann san am atá thart, luaitear chomh maith fianaise ón litríocht agus ón ealaín a léiríonn an neamhaird a deineadh don leanbh go dtí le cúpla céad bliain anuas; áitítear go léiríonn cleachtais mar altramas agus printíseacht óg, nach mór an teagmháil a bhíodh ag tuimitheoirí lena gclann, rud a lagaigh go mór an nasc maoithneach eatarthu.

Ní hionadh gur ceistíodh an dearcadh frithiomasach seo ar chaidreamh tuismitheoirí lena leanaí, agus shoiléirigh údair éagúla nárbh é amháin gur tugadh aitheantas d'óige an linbh mar staid ar leith i saol an duine roimh thréimhse na nua-staire, ach freisin gurbh ann do nasc maoithneach idir tuismitheoirí agus a gclann siar sna haoiseanna.[16] Ar ndóigh, de bharr cúinsí bitheolaíochta, mhothaigh tuismitheoirí riamh nasc lena gclann, agus is tréith bhuan sa duine é sin. Is rud cultúrtha, áfach, réimse an cheangail sin, mar aon leis an bhfriotal a chuirtear ar na claonta bunúsacha atá i gceist leis. Ciallaíonn sin gur féidir athrú a theacht ar an tslí ina gcuirtear an nasc sin in iúl ó aois go haois agus ó phobal go chéile.

I bhfianaise na díospóireachta a spreag tuairimí Ariès faoi stádas an linbh agus faoi chaidreamh tuistí lena gclann roimh theacht na nua-aoise, is fiú roinnt scéalta agus tuiscintí traidisiúnta bainteach le bás linbh in Éirinn a chíoradh, d'fhonn an léiriú a thugtar iontu ar mhothúcháin tuistí i leith a gclainne a mheas. Fág gur le cúpla glúin anuas go háirithe is mó a bailíodh fianaise ar sheanchas den chineál seo, mar sin féin, ní déantús comhaimseartha atá i gceist, agus is féidir glacadh leis go bhfuil friotal curtha san ábhar seo ar mheon a bhfuil seandacht áirithe ag baint leis. Tharlódh, go deimhin, gur contanam an seanchas seo a shíneann siar roimh nuathréimhse na staire agus gur cuí dá réir sin é a chur san áireamh sa phlé seo.

Ní maith a thagann fianaise roinnt scéalta traidisiúnta leis an dearcadh gur bheag ba thábhacht le tuismitheoirí bás a leanaí sna haoiseanna romhainn. Scéal acu seo is ea ATU 808, *The Devil and the Angel Fight for the Soul*, a bhfuil leagnacha de ar fáil ó go leor dúichí san Eoraip, agus 16 leagan ón tír seo de áirithe in TIF. Is féidir éirim an scéil sa bhéaloideas abhus a thuairisciú mar a leanas:

> Ní léiríonn máthair brón ar bith nuair a chailltear, duine ar dhuine, triúr dá clann, ach goileann sí go fuíoch ar bhás seanduine; míníonn sí go bhfaca sí an diabhal ag fanacht ar an seanduine ach gur aingeal a bhí ag fanacht ar a clann.

Is tróp de chuid na meánaoise an choimhlint idir deamhain agus naomhphearsana faoi anam ag leaba bháis agus é luaite i scéalta eiseamláireacha ón meánaois dhéanach,[17] agus tugadh aitheantas mór dó i litríocht an *ars moriendi* a tháinig chun cinn sa chúigiú haois déag. Is féidir a rá le cinnteacht go n-eascraíonn an scéal, ATU 808, as tuiscintí a bhí i bhfeidhm roimh an nuaré, agus b'fhéidir nár bhreall a mheas, gur dóichí ná a mhalairt é a bheith sa timpeall mar scéal in oirthear agus in iarthar na hEorpa, sa mheánaois dhéanach.

Eilimint chriticiúil sa scéal seo mar a d'instí in Éirinn é, is ea alltacht na gcomharsan faoi easpa bróin na máthar. Léiríonn a teaghlach féin a míshástacht léi faoin neamhshuim, dar leo, a chuireann sí i mbás a clainne, agus is féidir a áiteamh ón méid sin gur ghnách, i bpobal traidisiúnta, gurbh ócáid dóláis agus briseadh croí do thuismitheoirí bás linbh dá gcuid. Leagtar béim ar neamhchoitiantacht iompar na máthar i leagan den scéal mar a ndeirtear:

> D'imigh bliain nó cé ar bith cé mhéad é thart go raibh páiste eile ann, páiste fir, agus ní raibh sé ach cúpla mí nuair a cailleadh é. Ní raibh blas caitheamh

ina dhiaidh aici féin ach oiread is dá mbeadh gan páiste ar bith imeacht uaithi, ach maidir leis an gcuid eile [den teaghlach] is beag bídeach nár bhris a gcroí … Bhí a raibh ann ag déanamh iontais cén chaoi, nó cén fáth, nach raibh sí seo ag caitheamh i ndiaidh an dá pháiste bhreá a d'imigh uaithi.[18]

I roinnt leaganacha cuirtear an mháthair i láthair mar bhean ar bhain diamhaireacht éigin léi – bean a bhí básaithe ach a cuireadh ar ais ar an saol seo, nó bean a tháinig isteach ón bhfarraige, nó bean ar thrúig bháis di scéala a dhéanamh ar an radharc a fuair sí ar ócáid an bháis. Is féidir a áiteamh arís i gcás na leaganacha seo gurbh í an aduaine a samhlaíodh le máthair nach gcaoinfeadh a páiste faoi deara í á chur i láthair mar bhean a raibh aistíl éigin ag baint léi.[19]

Tugann an scéal seo le fios go raibh cúinsí eile seachas easpa spéise tuistí ina leanaí a mhaolódh brón na dtuistí agus a chuirfeadh srian le léiriú feiceálach ar a mbriseadh croí. Ar na cúinsí sin, tá an dán aingí a samhlaíodh leis an leanbh ar an saol eile, agus a bheadh ina ábhar sóláis ag tuistí. Ba mhóitíf choitianta i scéalta eiseamláireacha na meánaoise déanaí í, aingeal ag treorú nó ag iompar anama chun na bhflaitheas,[20] agus sa scéalaíocht abhus, tá fianaise fhairsing ar leanbh básaithe i ról an aingil i scéalta den chineál seo. I gceann acu, mar shampla, tráchtar ar bhaintreach a bhíodh de shíor ag caoineadh triúr iníon léi a cailleadh go hóg, ach gur thaibhsigh siad di lá amháin agus iad gléasta i gculaith ghléigeal, sciatháin orthu agus iad ag spraoi go sona leis an Leanbh Íosa; deirtear nár chaoin sí as sin amach iad.[21]

Tá léiriú ar an leanbh ag treorú a thuistí chun na bhflaitheas i leaganacha de scéal eile ar coimriú air é seo:

Cuireann máthair bhásaithe in iúl dá mac a bhíodh ag guí ar a son, gur mhó de thairbhe di le bheith sona ar an saol eile, beirt leanabh léi a cailleadh roimpi go hóg, ná na paidreacha go léir a bhíodh á rá aige sin di. Beartaíonn an mac éirí as na paidreacha agus i bhfad na haimsire pósann sé agus saolaítear clann dá bhean ach cailltear iad go hóg. Ní shileann sé deoir ar a mbás agus nuair a fhaigheann sé féin bás, tugann a leanaí isteach sna flaithis é.[22]

Soiléirítear sa scéal seo gur taispeánadh neamhshaolta faoi deara freagairt fháiltiúil an athar roimh bhás a leanaí, agus ar an gcúis sin, ní miste a mheas gur fhreagairt neamhghnách é. Treisítear leis an tuairim sin nuair a thagraítear go sonrach i leaganacha den scéal do bhriseadh croí na máthar. Tuairiscítear í bheith 'ag gol is ag caoineadh';[23] go raibh 'dólás agus brón ar an máthair agus ar mhuintir chríonna an linbh';[24] agus go raibh 'an mháthair ansin an-lánbhuartha'.[25] Tugtar le fios i leaganacha éagsúla den scéal gur chuir neamhaird an athar i mbás a chlainne olc ar an gcomhluadar: 'Bhí an bhean agus a muintir ar deargbhuile chuige';[26] 'Nuair a chonaic an mhuintir chríonna a laghad bróin a bhí ar an athair, tháinig smuilc agus breill orthu chuige ... díbríodh amach as an dtigh ar fad é';[27] 'Cén sórt fir é sin a thug tú isteach chun an tí seo? ... ón lá ar cailleadh an chéad duine clainne uaidh níor shil sé deor ina dhiaidh';[28] 'Thug siad leo a gcuid gunnaí le bheith roimh an mbuachaill nuair a rachadh seisean chuig an aifreann, go maródh siad é.[29] Feictear go soiléir ó fhreagairt fheargach seo an chomhluadair gur shárú gnáis ag an athair é, gan brón a léiriú ar bhás a linbh.

Tá an teachtaireacht chéanna sin curtha in iúl i scéal a chuala Peig Sayers óna hathair faoi fhear a bhí as baile agus a fuair foilsiú go raibh a mhac óg tar éis bháis agus é anois sna flaithis. D'fhill sé abhaile ach níor léirigh sé aon bhrón in aon chor ar bhás a mhic, rud nach raibh glacadh ag na comharsana leis:

> Bhíodar ag cogarnaigh agus ag siosarnaigh le chéile. 'A Rí na bhfeart,' arsa duine acu leis an nduine eile, 'nach beag an tsuim atá Séamas Ginneá ag cur ina mhac ... ná feiceann tú Máire, a bhean agus an brón atá uirthi.'[30]

Leagtar béim mhór sa bhéaloideas ar an gcúnamh i dtreo na síoraíochta a fhaigheann tuistí ó leanaí leo a bhí básaithe rompu:

> Tá muid ag éisteacht riamh anseo gur méanar don lánúin a rachadh cuid dá gclainn ar an tsíoraíocht nuair a bhéas siad beag ina bpáistí, sé sin, ach an tonn bhaiste a dhul orthu. Deir siad go mbíonn na páistí beaga seo ag guí ar shon

a muintire agus nuair a bhíos a n-athair nó a máthair ag fáil bháis go mbíonn siad sna flaithis ansin agus a gcuid sciathán beag spréite amach acu réidh le breith ar an anam chomh luath agus fhágas sé an cholainn.[31]

Bhí sé ráite fiú gur thairbhí iad ná aifrinntí agus paidreacha sagairt mar a thugann Peig Sayers le fios: 'B'fhearr do dhuine aon duine amháin clainne a thiocfadh ina choinne ar uair a bháis ná a bhfuil de shagairt ag caitheamh éide.'[32] Chuir scéalaithe eile éirim na tuisceana seo in iúl freisin: 'Dúirt sé gurbh fhearr dó aon tabhartas amháin a chuirfeadh sé sna flaithis [.i. leanbh básaithe] ná a bheith ag paidreoireacht ná ag rá aifrinn go deo';[33] 'B'fhearr dom an triúr leanbh do chuireas ná dá mbeifeá ar do ghlúine ar feadh do shaoil'.[34]

I scéalta faoin Slánaitheoir agus an Mhaighdean Mhuire déantar dlistiniú ar an tuiscint seo gur cúntach do thuismitheoirí ar uair a mbáis, leanaí leo a cailleadh rompu. Seo éirim scéil díobh a bhí ar eolas go forleathan:

> Bíonn Muire ag siúl roimpi agus an Leanbh Íosa ina baclainn aici; iarrann sí ar chailín a chastar uirthi an leanbh a iompar di ar feadh tamaill ach diúltaíonn sí; castar cailín eile uirthi agus toilíonn sí é a iompar; mar chúiteamh leo beirt, socraítear go mbeidh clann an chéad chailín timpeall uirthi agus í ag fáil bháis, ach go mbeidh clann an dara cailín básaithe go hóg roimpi ionas go dtiocfadh siad faoina déin; mar mhíniú ar an socrú sin meabhraíonn an Slánaitheoir gur fearr solas romhat ná solas i do dhiaidh.[35]

Tá an teachtaireacht chéanna in eachtraí eile faoin Slánaitheoir i dtaobh na buntáiste a thugann sé do thuistí maidir le dul sna flaithis, clann leo a bheith básaithe go hóg, mar go soilseoidh na leanaí básaithe an tslí dóibh. Orthu seo tá leaganacha de scéal faoi chúiteamh á dhéanamh le gníomh carthanachta; scéal faoin Dá Aspal Déag agus scéal faoi Mháire Mhaigdiléineach.[36] Níor mhiste a mheas go raibh éirim scéalta den chineál seo in aigne Pheig Sayers nuair a dúirt sí ag tagairt dá leanaí féin a cailleadh go hóg: 'Is maith liom iad a bheith i ríocht Dé romham', agus gur mhaolú ar a brón é a dteachtaireacht.[37]

Mothú Tuistí i leith a Leanaí

I scéalta eile a bhaineann le bás leanaí leagtar béim ar an gcúnamh atá le fáil ó ghlacadh leis an tubaiste go foighneach, mar chuid de thoil Dé. Insíonn scéal díobh seo conas mar a athbheodh go míorúilteach, de bharr foighne máthar, leanbh léi a beiríodh i gcorcán uisce.[38] Tugtar le fios i scéal eiseamláireach ón meánaois go raibh áit in áirithe sna flaithis, fiú in ainneoin a dhrochghníomhartha, don té a ghlacfadh go foighneach le toil Dé.[39]

Gné ar leith de chleachtadh na foighne ab ea srian a chur le deora. In aguisín a chuirtear le leagan de scéal an linbh a beiríodh sa chorcán, tá seo ráite:

> Deirtear ó shin gurbh é sin an duais a bhronn Dia uirthi [athbheochan a linbh] mar gheall ar an bhfoighne bhreá a bhí aici. Mar chreid na seanGhaeil nár chóir is nár cheart d'athair ná máthair aon deoir a shileadh i ndiaidh aon duine clainne leo a ghlaofadh Dia chuige féin.[40]

Bhí col ón gcianaimsir le brón iomarcach a léiriú i leith an mhairbh agus bhí cosc dá réir ar dhul thar fóir lena gcaoineadh i seansibhialtachtaí, e.g., san India, sa Pheirs, sa Ghréig agus sa Róimh.[41] Tá an míniú is sásúla ar an gcosc sin le baint as tuairimíocht van Gennep faoi fheidhm deasghnátha báis – aistriú éasca a chinntiú don duine ar a shlí ón saol seo go dtí an saol eile – óir measadh gur bhac an brón míchuí, ar an duine marbh scarúint go héasca leis an saol seo agus luí isteach go socair leis an saol eile. Is cinnte, ar aon nós, go raibh an tuiscint sin sa traidisiún béil abhus:

> Ba chuma cad é mar phúir é an duine a bheadh caillte, níor cheart dá mhuintir an iomarca goil a dhéanamh ina dhiaidh, mar ba mhar a chéile é sin agus a bheith ag iarraidh é a thabhairt ar ais ón saol eile, dar leo, agus níorbh é leas an mhairbh féin a thiocfadh as sin.[42]

Cuireadh bunús diagachta sa Chríostaíocht leis an gcosc ar léiriú iomarcach bróin i leith an mhairbh, mar dúradh gur gheall é le diúltú d'aoibhneas na bhflaitheas: 'Níor mhaith liom, a bhráithre go mbeadh sibh aineolach i dtaobh na marbh, i dtreo nach mbeadh sibh dobrónach ar nós na ndaoine eile atá gan aon dóchas' (I Teas 4: 13). I gcás an linbh go háirithe, i dtaobh é a bheith gan pheaca, glacadh leis go raibh sé glaoite ag Dia chuige féin, agus dá bhrí sin, nár cheart caitheamh rómhór a bheith ina dhiaidh. Ón meánaois i leith cháin an eaglais an róbhrón i leith na marbh,[43] agus bhí an argóint dhiagachta seo ar cheann de na cúiseanna ar cuireadh staitiúidí eaglasta i bhfeidhm sa tír seo i gcoinne an chaointe.[44] Is faoi thionchar na Críostaíochta leis a deirtí gurbh iad na deora a shilfí ar na laethanta deabhóide, Dé hAoine agus Dé Domhnaigh (go háirithe le linn aifrinn), ba ghéire a ghoillfeadh ar an marbh.[45]

Tá rabhadh faoi bhrón míchuí mar bhonn le seanscéal a bhfuil dáileadh fairsing air fiú lasmuigh de chultúir Ind-Eorpacha, agus a shonraítear mar ATU 769, *The Child's Grave*. Uaireanta luaitear mar dhrochthoradh ar na deora go mbíonn ar an marbh iad a bhailiú ina lámha, nó a iompar i gcrúsca, sin nó go bhfliuchann siad éadaí an mhairbh, nó go scólann nó go ndónn siad é, nó go ndéanann fuil díobh, nó sruth tréan a chuireann an marbh i mbaol a bháite. Drochiarsma eile a leanann na deora i roinnt leaganacha den scéal is ea go scriosann siad síocháin na marbh, agus tá an éifeacht dhocharach seo luaite leo arís i leaganacha den fhinscéal An Giúdach Fánach agus den bhailéad *The Unquiet Grave*.[46] Drochiarsma a luaitear leis na deora i dtraidisiún na hÉireann, áfach, is ea go gcuireann siad poll i gcorp nó i bhfeisteas an mhairbh, agus fógraíonn cuntas Déiseach, 'go mbeidh siad go léir le feiscint Lá an Bhreithiúntais mar fhianaise i gcoinne gach duine a shileann iad'.[47] Tugann an cuntas seo le fios freisin gur lean toise áirithe measarthachta an cosc seo, mar nár áiríodh mar rud docharach é gol a dhéanamh fad a bhí an corp á thórramh, ach nár cheart aon deoir a shileadh tar éis teacht abhaile ón tsochraid; bhí sé ráite leis nár cheart gol i ndiaidh aon duine nach raibh gairid i ngaol duit: 'Goil i ndiaidh mac do chomharsain agus geobhair féin gol do dhóthain.'[48]

I leagan den scéal AT 769*, *A Dead Man Released from Purgatory*, ó Chorca Dhuibhne, deirtear gur thaibhsigh deartháir básaithe dá dheirfiúr a bhíodh á shíorchaoineadh agus:

cuma an-dhólásach an-bhuartha ar an deartháir agus ní raibh blúire dá chroiceann dá bhfeacaidh sí, nach raibh, dar léithise, poll dubh tríd go cnámh ... 'Ó a dheirfiúr is tusa an deirfiúr thinn domhsa. Nach gcíonn tú an oidhe a thugais orm? ... Níl aon deoir dár shilis anso nár ghaibh tríomsa ...'[49]

Ba chuid de sheanchas Chorca Dhuibhne leis é go bpollann deora na máthar éadach linbh léi a bhí caillte, agus go dtarraingeofaí mí-ádh ar theach dá silfeadh bean chaointe deoir ar chorp ann.[50] Dearbhaíonn scéal a bailíodh i gCiarraí agus i nDún na nGall, go bhfuil aoibhneas na bhflaitheas le fáil as srian a chur le deora ar bhás duine clainne. Seo coimriú air:

Tagann sagart ar ais ón mbás chun a rá lena mháthair go raibh leaba le fáil aici sna flaithis toisc nár ghoill sí deoir ar a bhás féin, ná ar bhás fiche mac eile dá cuid.[51]

Bhí seantuiscintí eile a chothaigh foighne agus fadfhulaingt i ndaoine in am na tubaiste agus a mbeadh sé d'éifeacht acu maolú ar bhrón tuistí, agus srian a chur ar an léiriú a thabharfadh siad air. Ina measc seo bhí áit bhunúsach ag an tuiscint a luaigh athair Pheig Sayers sa sliocht thuas .i. gur chuid de dheonú Dé, bás linbh – ach oiread le haon tubaist eile a tharla. Lean a shólás féin an tuiscint seo dóibh siúd ar chumasaigh a gcreideamh iad chun glacadh leis, mar thug sé le fios nach tarlú gan chiall a bhí sa bhás, ach gur chuid de ghréasán na cinniúna diaga é. Bhí comhairle thraidisiúnta ar fáil do thuismitheoirí in am na broide, mar atá, a dtoil a chur le toil Dé – 'Dé bheatha toil (grásta) Dé', agus fiú ar an leibhéal saolta, bhí faoiseamh á thairiscint freisin ag an seanfhocal a dúirt: 'An rud ba mheasa leat ar domhan, n'fheadraís ná gurb é lár do leasa é.'[52]

Tá léiriú maith ag 'An File', Mícheál Ó Gaoithín, ar an úsáid a bhain comharsa as teagasc an scéil seo chun sólás a thabhairt don mháthair chroíbhriste, Neil Mhór, nuair a cailleadh gearrchaile léi:

'Níl aon áit is fearra do Neil Mhór a leanbh do bheith ná ar neamh ... Croch suas tu féin a Neil agus ná bí ag gol ...Beidh áthas ortsa fós a Neil nuair a thiocfaidh Máirín ag triall ort agus solaisín ina láimh chun tú stiúrughadh ar bhóthar fada na síorraidheachta.'⁵³

Thuigfí, áfach, ón gcaint a dhein bean eile ar an ócáid chéanna nach go réidh i gcónaí a bhí daoine in ann glacadh leis an sólás seo: 'nár agraidh Dia orm a rádh, b'fhearra di í bheith aice beó chun buicéad uisce do thabhairt ón dtobar chúiche.'⁵⁴ Seans gur freagra aitheanta é sin ina leithéid de chás mar tagann sé i gceist arís i bpíosa eile seanchais ó Uíbh Ráthach:

> Bhí bean ann go raibh a leanaí á gcailliúint agus dúirt duine éigin léi, d'fhonn í a chur chun suaimhnis is dócha, an bhean bhocht, go mbeidís roimpi ar an saol eile. Ach nuair a chuala an tAth. Tadhg cad dúirt an bhean:
> 'B'fhearr di go mór iad a bheith ag tabhairt poitín den uisce chuici ná cad a dheanfaidís ar an saol eile.'⁵⁵

Snáth eile sa saoldearcadh traidisiúnta a bhí dírithe ar bhrón tuistí a mhaolú, ab ea an tuiscint a bhí á cothú ag seanmóirithe ón meánaois,⁵⁶ gur sheachain an leanbh cinniúint a bhí i bhfad níos measa trí bhás a fháil go hóg. Tá friotal curtha ar an tuiscint sin sa seanscéal idirnáisiúnta, ATU 934C, *Death Forestalls Evil Fates*, a thuairiscíonn conas mar tugadh taispeánadh do thuiste ar an droch-chríoch a bhí i ndán dá chlann dá mairfidís, agus a deir go raibh an tuiste buíoch gur bhásaigh na leanaí go hóg ionas gur sheachain siad an drochíde a bhí i ndán dóibh. Ba chuid den traidisiún béil sa tír seo é an scéal seo, agus tá leaganacha de áirithe in TIF. Bhí an scéal ag Peig Sayers, agus feictear ón gcur síos a thugann sí ar an gcomhthéacs inar insíodh di féin é, an leas a bhaintí as an scéal seo chun faoiseamh a thabhairt do lucht dobróin:

> Do chuala an scéal seo ó bhean aosta i nDaingean Uí Chúis, Bean Uí Churráin, seanmháistreás go rabhas-sa in aimsir aici i dtúis m'óige. Agus is é an fáth gur

tharraing sí anuas é i lár an lae ghlégil ghil – bhí a lán daoine istigh – mar bhí trua aici dom mar do bhíos brónach bristechroíoch san am chéanna, mar is sin é an t-am go raibh mo bhuachaill breá dulta leis an bhfaill agus do bhíos cráite.

Bhí a fhios aici sin go rabhas, ach do bhí sí ag tabhairt céille dom agus im' mhúineadh, ag tabhairt teagaisc dom, mar dhea, foighne a bheith agam, agus do tharraing sí chúici an scéilín, mar dhea, go dtabharfadh sí sampla domsa ar mo bhuairt féin, ar an bhfeirmeoir go raibh an bhuairt air mar gheall ar an triúr mac agus cad a bhí leagtha amach dó.

'Anois a chailín bhig', a dúirt sí, 'bíodh ciall agat. B'fhéidir gur fearr duit Dia á thógaint chuige féin', a dúirt sí, 'ná é mhairiúint agus go mbeifeá i bponc agus i gcruatan agus i mbuairt aigne ag rud éigin bun os cionn a dhéanfadh sé, a chuirfeadh chuig báis é agus go mbeadh bás gránna aige le fáil. Thóg Dia leis é agus bí sásta leis.'

Do dheineas rud uirthi. Do dheineas mo dhícheall. Níor ghoileas deoir riamh ina dhiaidh sin ach mura dtiocfadh an-chúis agam leis.[57]

I leagan eile den scéal ó Pheig cuireann sí béim arís ar an gceacht a thug an teachtaire diaga don fheirmeoir maidir lena bhriseadh croí i mbás a chlainne:

Do thóg sé uait amach an doras iad glan galánta fé chlú is fé onóir is fé mheas níos tuisce ná bheadh do chroí cráite clipthe ó bheith ag féachaint orthu ag fáil an bháis ghránna úd i ndeireadh do shaoil.[58]

Tá léiriú arís ar an dearcadh seo sa chaint a chuireann Pádraig Ua Duinnín i mbéal máthar a chaill iníon óg:

Is uaigneach an rud an bás, ach dar ndóigh, nach ag dul abhaile atá mo leanbh! Beidh Muire Máthair, beidh na Naoimh, beidh ár Slánuightheoir féin ag feitheamh léi. Nach gearr go gcaithfeam féin í leanamhaint. Mo mhíle creach nár bhfearr liom a bhfuil agam acu bheith annsain sínte fuar marbh ós mo chomhair ná [iad] rud éigin as an tslighe a dhéanamh a chuirfeadh ceann-fé go deo orm féin is ar a mbaineann liom.[59]

Thuigfí óna bhfuil curtha i láthair thuas gur shás cumhachtach é an traidisiún béil ag cothú agus buanú na tuisceana gur mór é luach na foighne. Bhíodh 'grásta na foighne' á ghuí go gnáthúil ar lucht dobróin, agus fógraíonn freagra tomhaise gurb í an fhoighne an crann is airde i nGairdín Pharthais.[60] Bhí sé d'aidhm leis na scéalta eiseamláireacha a bhí faoi chaibidil anseo, treoir a thabhairt do thuismitheoirí conas ba chóir déileáil le bás linbh: bhí sólás á thairiscint a mhaolódh a mbrón trí bhéim a chur ar stádas ainglí an linbh ar an saol eile, agus bhí comhairle á tabhairt srian a chur le buairt agus a bheith foighneach. Tá seo an-soiléir ón gcomhthéacs a chuireann Peig le scéal a luadh thuas faoin athair a fuair an taispeánadh ar bhás a mhic:

> Tá cúig bliana déag ar fhichid anois ó chuala an scéilín seo á insint ag m'athair dúinn. Is ag tagairt domsa a bhí sé mar bhíos buartha cráite toisc na bpáistí a bheith ag fáil bháis orm. An oíche seo bhí corránach breá iníne, sé bliana d'aois, fachta bás an oíche sin. Do ba í an ceathrú duine í, agus dar ndóigh bhíos buartha gan amhras. Do labhair m'athair liom agus dúirt: 'Stop do chuid goil,' ar seisean, 'dar ndóigh ní leatsa iad, ach le Dia na Glóire. Is é a thug duit iad agus tá sé á mbreith uait, agus is amhlaidh is ceart duit lúcháir a bheith ort a bheith ag déanamh beagán de sheirbhís Dé, mar go brách, níorbh fhéidir leatsa stáitse is fearr a thabhairt do do chlainn ná an stáitse atá tabhartha ag Dia dóibh'. Ansan do thosnaigh sé ar an scéilín seo … [61]

Níor mhiste a mheas nach bhféadfadh gan anáil a bheith ag na tuiscintí seo ar fhreagairt tuistí do bhás clainne; bheifí ag súil leis go gcothóidís meon fadaríonach i leith na tubaiste, agus srianadh ar an léiriú bróin. Bhí stóchas i leith na tubaiste ar cheann de thréithe na haigne traidisiúnta ina lán cultúr,[62] ach ba bhreall a cheapadh gur eascair an stóchas sin as easpa mothúchán. Is dlistineach, dar liom, an fhreagairt seo a leanas do bhás duine clainne atá luaite le tuathánaigh na Fraince i nuaré na staire, a thagairt do phobal traidisiúnta sa tír seo freisin:

> *To make out that a peasant was less afflicted by the death of his wife than the death of one of his cows, as some eighteenth-century administrators did, was an insult to country people and showed a complete misunderstanding of their feelings ... It is true that the attitude to life typical of rural areas lead to an apparent apathy in the face of death, to what we should now call fatalism. Death, cruel as it was, was part of life's cycle. The death of a mother or child was hard to live with, but at the same time it was part of the natural order of things ... Their grief at the loss of a child was hidden and suppressed but sometimes it broke out in spite of them ...* [63]

Go deimhin, d'fhéadfaí a mhaíomh gur léiriú ar chion agus ar chúram don leanbh a bhí i gceist le roinnt nósanna a bhain lena bhás, e.g., áras a fhágaint i gcóngar a uaighe le go mbeadh deis aige an soláthar bainne ar an saol eile a ól, gan tairní a chur i gcónra linbh, ná clár a chur mar dhúnadh ar a chosa.[64] Sa chomhthéacs seo is spéisiúil gur thángthas ar bhréagáin in uaigh linbh sa tochailt ar an tseanláthair eaglasta ar an Riasc, i gCorca Dhuibhne (léaráid 15).[65] D'fhéadfaí a áiteamh chomh maith gur léiriú ar chúram tuistí dá gclann, iad na cosaintí (atá pléite i gcaibidil 1) a dtéití ina leith chun a chinntiú nach dteagmhódh fórsaí dochracha mar na sí nó an drochshúil le páiste. Níor ghá ar ndóigh, gur nasc mothálach a léirigh an cúram sin, ach ag cur líonmhaire na leigheasanna traidisiúnta ar ghnáthaicídí leanaí san áireamh, agus a mhinice is a théití ina leith, b'fhurasta a mheas go bhféadfadh toise áirithe mothálach bheith i gceist leo freisin.

Ní éasca i gcónaí slat tomhais chruinn a shíneadh le déine mothúchán i gcás seanchleachtais: '*The whole procedure of inferring attitudes from behaviour is problematic*', mar a dúradh in áit eile faoi mheasúnú ar chaidreamh tuistí lena gclann.[66] Is fíor sin gan amhras, ach mar sin féin, ní foláir a chur san áireamh gur iompar de shórt ar leith atá i gceist i ndeasghnátha báis, agus gur fada aitheanta iad comharthaí sóirt na ndeasghnáth sin. *Rites de passage* a bhaist van Gennep orthu i dtús an fichiú haois, agus mar a léirítear sa chéad chaibidil eile, is óna thuisicint siúd ar na deasghnátha sin is fearr a thuigtear cineál deasghnátha báis leanaí.[67]

Is déantúis shóisialta iad deasghnátha báis a thugann léargas ar stádas agus ar thábhacht an mharbháin sa phobal, agus ní hé is aidhm dóibh friotal a chur ar mhothú pearsanta a thuismitheorí ná a ghaolta. Tá siad dírithe ar aistriú sona ó chomhluadar na mbeo go comhluadar na marbh a chinntiú don mharbhán. Ballraíocht imeallach a bhí ag an leanbh sa phobal mar gur chosc a aois air aon ról suntasach a bheith aige i saol an chomhluadair, agus ar ndóigh, dá óige é, b'imeallaí é. Is léiriú ar a chaidreamh easnamhach leis an bpobal na deasghnátha giortaithe a lean a bhás, agus ní ceart a mheas gur easpa ceana a theaghlaigh atá á chur in iúl acu:

> ... it is almost a cliche to argue that rites for children are less elaborate, the pollution caused by their death less powerful as they had not fully entered the community and consequently can make the transition out of it more readily.[68]

Toisc nach raibh an leanbh dlúite leis an bpobal, níor ghá deasghnátha róthathagacha chun é a scaradh ón bpobal sin, agus ar bheith baiste dó, chinntigh a stádas neamhpheacúil go raibh ballraíocht shásúil i ndán dó i gcomhluadar na marbh:

> The death of a newborn child is an infra social event; since society has not yet given anything of itself to the child; it is not affected by its disappearance and remains indifferent. The individual sorrow may be very keen; but the social reaction, the obligation to mourn, is lacking.[69]

Ba chás ar leith an leanbh a fuair bás gan bhaiste, mar ba é ba lú ar fad a raibh cos istigh sa phobal aige toisc nach raibh fiú ballraíocht sa chomhluadar spioradálta Críostaí bronnta air, agus lean a bhuaireamh sainiúil féin é sin maidir lena stádas sa saol eile.[70] Ar aon nós, ba dhearmad a mheas gur easpa nasc mothálach faoi deara na deasghnátha giortaithe báis i gcás leanaí, bídís baiste nó gan bhaiste:

> *What is sometimes interpreted as lack of grief in such cases, was actually the lack of the public rituals of grief, since children had not yet left the private sphere and taken on roles and identities that were vital to society.* [71]

Léiríonn an plé thuas ar mhíreanna de bhéaloideas na tíre seo nach dtacaíonn an fhianaise a chuirtear ar fáil iontu leis an tuairim gur chaidreamh easnamhach ó thaobh mothúchán a bhí ag tuistí lena bpáistí san aois réamhthionsclaíoch. Go deimhin, tugann an fhianaise ar fad atá pléite anseo le fios go raibh nasc ceana idir tuismitheoirí agus a gclann – fiú má cheil gnásanna áirithe an mothú iomasach sin. Sa chomhthéacs seo leis is fiú tagairt don chorpas mór síscéalta a léiríonn imní tuismitheoirí faoi bhagairtí neamhshaolta ar leanaí, agus mar a thugtar le fios i gcaibidil 5, is deacair gan a cheapadh nach méar ar eolas iad scéalta den chineál seo ar thábhacht an linbh sa tsochaí agus a thógtha is a bhí tuismitheoirí lena gclann.

SUMMARY

The evidence of parents' emotional attachment to their children as manifested in folk tradition is considered in this chapter. It has been argued by some social historians that close parental bonding with their children is a relatively recent phenomenon entirely absent in pre-industrialised society. The practice of burying children in places other than the family graveyard may appear to manifest a lack of parental bonding but this view is challenged in the next chapter. Here the focus is on a number of traditional narratives whose origins can be traced to the premodern period and from which it clearly emerges that a loving bond between parent and child was the norm in earlier times. Foremost among the tales examined are Irish variants of the international folktale, ATU 808, *The Devil and Angels Fight for a Soul*. It is also argued that some traditional attitudes and beliefs could well have had the effect of muting or concealing expressions of emotion by bereaved parents. These include a measure of stoicism bolstered by Christian fortitude in the acceptance of personal tragedy as God's will, the belief that the dead child was happier in the enjoyment of eternal bliss than living in this wretched world, and the expectation it might even assist its parents by guiding them to heaven. According to another of these beliefs the dead child would be harmed or made unhappy by tears shed for him, and in some narratives this belief was given dramatic expression of stating the tears would burn into its body.

Mothú Tuistí i leith a Leanaí

1. Ó Súilleabháin 1939; Aldridge 1969.
2. Cuppage & Bennett 1986: féach plé ar láithreacha adhlactha leanaí sa chéad chaibidil eile.
3. Ó Súilleabháin 1939.
4. Fry 1999: 107–12; Ó Héalaí 2020.
5. E.g., Laoide 1905: 105–7; Ó Criomhthain 1977: 245–6, 267; Flower 1944: 54–6; Croker 1824: 167–8; Tyers 1992: 165; Ní Shéaghdha 2015: 286–8; CBÉ 550: 323–4.
6. Ó Criomhthain 1977: 245–6, 267.
7. CBÉ 858: 518–20.
8. CBÉ 1441: 95.
9. Tait 2002: 186 n.81; Crombie 1990: 3–4, 6, 54–5; Dennehy 1997: 97–9; Westropp 1912: 210–11; Donnelly, Donnelly, Murphy 1999; Ní Mhóráin 1997: 208; Ó Conghaile 1993: 50; Ní Ghaoithín 1978: 8; Ní Shéaghdha 2015: 129; SPT 424; Tyers 1992: 159; CBÉ 641: 279–80.
10. Seán Ó Criomhthain in Tyers 1982: 98–9.
11. Tait 2002: 186 n.81; Crombie 1990: 3–4; Dennehy 1997: 97–9.
12. Westropp 1912: 210–12.
13. Westropp 1912: 210–11; Ní Mhóráin 1997: 208; Ó Conghaile 1993: 50; NFC 641: 279–80. Tait 2002: 186 n.81; Crombie 1990: 3–4, 6, 54–5; Dennehy 1997: 97–9; féach nóta 38 caibidil 4.
14. Ariès 1960.
15. Maidir le ráta mortlaíochta naíonán agus leanaí óga sna haoiseanna díreach romhainn san Eoraip, féach e.g., Shahar 1992: 35. Bunaithe ar dhaonáireamh na bliana 1841, tá an fhianaise maidir le líon na leanaí sa tír seo a bhásaigh laistigh de bhliain dá saolú pléite in Ó Gráda 1993: 43–46, agus é le tuiscint uaidh nach rófhada ón marc a bheadh an tuairim gur leanbh as gach cúigear a bhásaigh roimh shlánú a gcéad bhliana, cf. tagairtí in Lysaght 1986: 375, nóta 17.
16. Vann 1982; Pollock 1983; Scheper Hughes 1985; Golden 1988; Shahar 1990; Garnsey 1991; Heywood 2001: 58–60; Classen 2005.
17. Féach tagairtí in Tubach 1969: # 1492 agus ATU 808; Ariès 1974: 34.
18. CBÉ 669: 406.
19. Féach CBÉ 669: 401–12; CBÉ 802: 503–5; CBÉ 848: 370–4; CBÉ 784: 150–1; CBÉ 1175: 133–41.
20. Thompson 1955–8: E322; Tubach 1969: ## 2490, 2497, 3198, 4533, 4549–50, 4825.
21. CBÉ 201: 339.
22. Ó Súilleabháin 1942: 630 # 11. Tá breis drámatúlachta in insint ar leith den scéal seo inar sagart é athair na leanaí: éiríonn sé as an tsagartóireacht nuair a fhaigheann sé taispeánadh gurbh é an rud ba mhó a chabhródh leis féin sa tsíoraíocht ná leanaí dá chuid a bheith imithe roimhe ón saol seo; pósann sé agus nuair a chailltear triúr leanbh a saolaíodh dá bhean, ní shileann sé deoir; tréigeann sé an bhean ansin agus filleann ar an tsagartóireacht ach castar ar a chéile arís iad, agus faigheann siad bás ar aon leaba; féach Ó Súilleabháin 1942: 630 # 12, agus leaganacha eile ó Chorca Dhuibhne in CBÉ 243: 215–18 agus CBÉ 807: 136–40.
23. CBÉ 807: 138.
24. CBÉ 910: 238.
25. CBÉ 30: 240.
26. CBÉ 807: 138.
27. CBÉ 910: 238–9.
28. CBÉ 191: 479.
29. CBÉ 191: 479–80.
30. CBÉ 201: 268.
31. CBÉ 990: 535–41. Micheál Ó hIghne, Cruachlainn, Teileann a d'inis do Sheán Ó hEochaidh. 1946.

32 CBÉ 910: 238.
33 CBÉ 243: 216.
34 CBÉ 30: 239.
35 Tá 17 leagan den scéal seo áirithe in Ó Héalaí 2012: 257–8, ina measc dhá leagan ó Chorca Dhuibhne (CBÉ 387: 416–19, CBÉ 701: 102–3).
36 Ó Héalaí 2012: 3.3.1; 3.34; 4.2.6.
37 Sayers 1988: 154.
38 CBÉ 38: 130–133; CBÉ 39: 300–3; CBÉ 129: 275–7; CBÉ 149: 874–8; CBÉ 151: 334–5; CBÉ 324: 99–105; CBÉ 1201: 454–67.
39 Tubach 1969: # 4215.
40 CBÉ 129: 277.
41 Thompson 1955–8; # C762.2 *Tabu: too much weeping for dead*; Child 1882–98. II. 235–6; Bolte & Polívka 1913: 489.
42 Tyers 1992: 181.
43 Nelson 1994: 93.
44 Ó Súilleabháin 1961: 119–23.
45 CBÉ 129: 281; CBÉ 550: 318–19; Pádraig Feirtéar. Ls 16: 75–6. Sainchnuasach. Leabharlann An Choláiste Ollscoile, Baile Átha Cliath.
46 Anderson 1965: 75; Child 1882–8. II, # 78; Bolte & Polívka 1915: 487.
47 CBÉ 129: 281.
48 CBÉ 550: 318–19.
49 Pádraig Feirtéar. Ls 16: 75–6. Sainchnuasach Leabharlann An Choláiste Ollscoile, Baile Átha Cliath.
50 Tyers 1992: 183–4, 106.
51 CBÉ 8 118–25; CBÉ 322: 498–9; CBÉ 595: 506–13.
52 Ó Laoghaire 1975: 237 # 122; Ó Duinnín 1905: 13; Ó Siochfhradha 1926: 146 # 1181. Tá tuilleadh plé ar thuiscintí a chumasaigh daoine chun déileáil le tubaistí pearsanta i gcaibidlí 5 agus 6.
53 Ó Gaoithín 1953: 34.
54 *Ibid.*; féach leis Ó Caoimh 1989: 76.
55 CBÉ 823: 243.
56 Shahar 1992: 50.
57 CBÉ 966: 476–7 (= Ó Súilleabháin 1952: # 120). Tógadh dhá leagan eile de uaithi freisin, féach Almqvist & Ó Héalaí 2020: 55–9, 122–5.
58 CBÉ 984: 473.
59 Dinneen 1905: 15.
60 Hull & Taylor 1955: 70 # 531.
61 CBÉ 201: 265–9.
62 Ringgren 1967: 185–6.
63 Gélis 1991: 252.
64 Ó Súilleabháin 1939: 150; Tyers 1992: 146.
65 Fanning 1981: 127–8, 138)
66 Garnsey 1991: 49.
67 Pentikäinen 1969.
68 Golden 1990: 85.
69 Hertz 1960: 84.
70 O'Connor 1991a; O'Connor 2005.
71 Tait 2002: 69.

4:
Child Death Traditions in Ireland

Some traditions associated with child death in Ireland are discussed in this chapter, with special attention given to practices that prevailed in the well-documented communities of the Great Blasket and the Gaeltacht area of west Co. Galway. We may reasonably assume, however, that usages in these areas were replicated in many other communities throughout the country, allowing for a measure of local variation, which is normal in folk tradition. The simple and rudimentary form of children's death ritual in former times contrasts sharply with the elaborate nature of that afforded adults, and even lacks some features of the ritual associated with adult death. Death omens are a significant aspect of traditions associated with death but they hardly ever feature in accounts of children's death, while the most distinctive of Irish death omens, the crying of the banshee, is only exceptionally attested in connection with a child.[1] The manner of laying out the dead child reflected his lowly social status. Unless baptism had been administered by a priest, generally the infant was not clothed in any special garb after death, but placed in a cradle or its mother's bed awaiting removal.[2] Even when a child had been baptised in church and was sufficiently grown to be laid out on a table or board in a white dress, it was not accorded an important feature in the laying out of an adult, namely, a temporary abode [*cábán*] created by enclosing the space around it with suspended sheets [*bratacha*] on three sides and arranging another sheet as a canopy overhead.[3]

Other aspects of the funerary ritual were also curtailed. Most tellingly, in view of the centrality of the wake in Irish funerary tradition, it frequently happened that a child was not waked at all. This was invariably so in the case of stillborn infants and also those who had received lay baptism. In various parts of the country, it also appears to have been customary to bury baptised children a few hours after death. This rather hasty dispatch of the infant body is very much at variance with the period of two full days which normally elapsed between the death and burial of an adult. The practice on the Great Blasket is illustrated in accounts of young children's death in the writings of island authors:

> *Bhí an gearrchaile leagaithe amach go deas i gcliabhán ar thaobh an tighe gur dhóigh le duine gur ina codladh shámh a bhí sí ... ní raibh aon tórramh le bheith uirthe toisc í bheith chómh hóg.*[4]
> [The girl was nicely laid out in a cradle by the wall so that one would imagine she was in a deep sleep ... she was not going to be waked because she was so young.]
> *... seoltar chun bóthair leanbh bliana nó dhó nó b'fhéidir naíonán ná beadh puinn dá shaol feicthe aige ... ní bhíonn aon tórramh ar pháiste den tsórt seo.*[5]
> [A child of a year or two, or perhaps an infant who has not seen much of this life, is soon sent off ... such children are not waked.]

In some areas it was customary to wake children who had received Church baptism, but in those instances the wake lasted one night only, rather than two, which was the norm for adults.[6] An account collected in West Galway, addressing this disparity, suggests as a reason for it the speedier putrefaction of a child's corpse.[7]

Alcoholic drink, a central ingredient in the traditional wake, was generally not offered to the participants at children's wakes and, on the Great Blasket, neither was tobacco;[8] in West Galway, however, tobacco was made available.[9] The absence of either of these substances from the wake represents a considerable diminution in ritual. Similarly, it was not customary to perform the traditional lament (known as the keen) for children who had only received lay baptism, and it appears that in some localities it was not performed either for those who had received normal Church baptism. A record from Co. Longford, referring to an attempt by local clergy to extirpate the custom of keening in post-Famine times, states they arranged for the church choir to sing at funerals, so as to eliminate the necessity for traditional keeners. However, as it affirms that this measure was not considered necessary at children's funerals, we may take it that keening had not been customary on such occasions.[10] Yet, in other areas it appears that children were keened: a West Galway informant, recalling a well-known keening woman, declared that her most heartrending performances were reserved for children,[11] and an account from Clonmel, Co. Tipperary, in 1732, tells how 'a Child was attended to its Grave with the Irish Howl'.[12]

The last rites were not administered to children under seven as they were deemed not to have attained the use of reason. Neither was it customary for a priest to officiate at their burial nor were funeral offerings taken up in those areas where that practice prevailed.[13] From the end of the nineteenth century the Catholic clergy, seeking to eliminate what were seen to be abuses at wakes, had urged that remains be brought to the church the night preceding interment.[14] This practice was gradually established throughout the country, but deceased children continued to be taken directly from home to their place of interment. On the death of an adult, it was customary for people in the townland in which the death had occurred, to refrain from work until after the burial. However, the Blasket author Tomás Ó Criomhthain illustrates divergent views among islanders regarding the need to abstain from work on the death of a one-year-old child.¹⁵ On the other hand, local variation in funerary rites is evident from a West Galway source, which states that cessation from work was the norm when the child –even if only a week old – had been baptised by a priest.¹⁶ The most significant differences between the funerary rites of children and those of adults relate to burial. Firstly, in marked contrast to the socially oriented timing of adult burials, it was customary for the burial of very young or stillborn children to take place secretly at night-time. In parts of the country a young child dying during the night was buried before daybreak.¹⁷ The hour of death generally determined the timing of the burial, and in some localities a child who died before noon was buried that same day.¹⁸ The noted storyteller Peig Sayers, recalling the practice in West Kerry, says children's burials took place as evening was falling or in the early morning, 'le faobhar an tráthnóna nó go moch ar maidin'.¹⁹ The frequently improvised nature of the child's coffin and the generally small attendance at the funeral were further indications that the child's death was an 'infrasocial event'.²⁰

Very much at variance with modern sensitivity was the practice of burying infants and young children in places other than the family grave. The sites of such burials have been comprehensively listed by Ó Súilleabháin (1939), and they frequently involve liminal locations such as boundary fences, crossroads, lone thorn bushes, ring forts or special burial grounds often located by river, well, lake or foreshore, as well as a haggard or a garden close to the house. The harshness of some of these burials, especially those carried out in places other than recognised children's burial grounds, and the minimalist nature of the ritual associated with them is demonstrated in this account of a boundary burial, collected in West Galway in 1939:

> *An chaoi a cuirtear páiste a fhaigheanns baiste urláir, nó páiste a rugadh marbh, nó páiste nach bhfaigheann sacraiméid an bhaiste – is iondúil go mbíonn seanbhean ag freastal ar bhean nuair a beirtear an páiste, agus má bhíonn an páiste sin lag agus é i mbaol a bháis, tugtar baiste urláir dó agus is í an tseanbhean*

seo a thugann an baiste urláir i gcónaí. Má fhaigheann an páiste sin bás sula mbaistfidh an sagart é, caithfear é a chur i dteorainn idir dhá bhaile. Nuair atá an páiste básaithe is í an tseanbhean seo a bhreathnaíonns ina dhiaidh. Cuirfidh sí seanéadach thar timpeall an pháiste agus gheobhaidh sí fear muintearach le máthair an pháiste agus rachaidh an bheirt acu – an fear seo ag iompar an pháiste faoina ascaill agus an tseanbhean ag siúl in éindí leis – agus beidh láí ag an bhfear agus bainfidh sé poll sa teorainn agus caithfear an páiste síos ann agus dúnfaidh sé air. Sin é an méid a déantar leis an bpáiste sin.[21]

[This is how a child who receives lay baptism, or a stillborn child, or a child who does not receive the sacrament of baptism, is buried. An old woman usually attends the woman when the child is being born, and if the child is weak and in danger of death, it is given lay baptism and it is this old woman who always does this. If the child dies before he is baptised by a priest, he must be buried in the boundary between two townlands. When the child has died it is this old woman who looks after him. She will wrap a piece of cloth around the child and she will find a male relative of the child's mother and both of them will set off – the man carrying the child under his arm and the old woman walking with him – and the man will have a spade and dig a hole in the boundary and the child will be thrown in it and the relative will then close it up. That is all that is done with that child.]

The practice of segregated burial of children, often, presumably, with little or no ritual, is well attested in some ancient civilisations and in some present-day so-called primitive cultures.[22] While there is no historical evidence for use of separate burial grounds for children in medieval times in either Britain or Ireland,[23] nonetheless, archaeological excavations of Bronze Age burial sites in these countries have revealed that children's remains are significantly under-represented, a fact indicative of their being buried apart, probably in a less formal manner than adults.[24] Distinctive disposal of the bodies of children has been noted in some Bronze Age burial sites in Ireland where excavations have revealed a pattern of cremation of adults but interment of children.[25] Nonetheless, excavations of burial sites from the early medieval period frequently indicate that children shared these sites with adults.[26]

In the Roman world, the adoption of Christianity proved to be a critical factor in ending segregated burial of children and augmenting the funerary recognition given them.[27] Even though an easy assumption that the introduction of Christianity brought in its wake, an immediate improvement in the treatment of children is not warranted,[28] yet a medieval legal text indicates it did bring about an enhancement in the status of children in the Irish context:

> The influence of Christianity is clearly responsible for the high legal worth of a young child. According to Bretha Crólige, the honour price (*díre*) of a child between baptism and the age of seven is the same as that of a cleric. Consequently, any injury inflicted on a young child entails a heavy penalty no matter what social class he or she belongs to.[29]

In Ireland, the cremation of the dead was gradually replaced by inhumation in the early centuries of the Christian era, but it has been argued that this change reflects Roman rather than specifically Christian influence.[30] Nonetheless, the emphasis placed on infant baptism by the Church since early medieval times might be expected to render unlikely the segregated burial of baptised children in Ireland after the adoption of Christianity. This expectation could only be bolstered by the privileged status afforded children as sinless members of the Church, and with the development of cemeteries as places of repose for the faithful awaiting resurrection. However, some 1,444 children's burial grounds variously referred to in different parts of the country as *cillíní, ceallúnaigh, reiligí, lisíní,* etc. in the Irish language, and frequently known as killeens, kyle burial grounds or lisheens in English, are recorded mostly from the west and the south-west of the country.[31] The vast majority of them continued to be utilised until the period between the middle of the nineteenth century and the early twentieth century, with a few still being used into the second half of the twentieth century.³² The existence of such sites might be considered to reflect the persistence of a pre-Christian tradition of segregated burial for children in seventh- and eighth-century Ireland, and perhaps much later, burial in non-Christian, possibly family or tribal cemeteries, was practised.³³ However, clear evidence is lacking for the practice of segregated burial of children in the centuries preceding the early modern period, yet subsequent to that period children's burial grounds appear as regular features of the landscape in many parts of the country.³⁴

The development of such sites has been linked to the formulation of the concept of limbo in the late medieval period,³⁵ and indeed their sometimes liminal location appropriately reflects the indeterminate status of the unbaptised child implied by the concept of limbo. It is widely believed that these burial grounds originated because of the canonical prohibition on the burial of unbaptised persons in Christian cemeteries. Certainly, extra-cemeterial burial grounds for the unbaptised would be in compliance with Church law, which urged that a suitable site be set aside and maintained for those to whom ecclesiastical burial could not be given.³⁶ It has recently been argued that the proliferation of children's burial grounds in the early modern period is linked to the emphasis in the teaching of Irish counter-reformation theologians on the gloomy fate of unbaptised deceased infants leading to the promotion of separate burial grounds for them.³⁷

However, despite these sites being regularly described as burial grounds for unbaptised children, interment in them of baptised infants and older children was in fact common practice. Oral tradition, as well as excavations carried out on some of these locales, indicate that children aged a few years and upwards – and so presumably baptised – were commonly interred in them.³⁸ On the Great Blasket, for example, each of the island families had its ancestral graveyard on the mainland, yet all their deceased children, including some who had been confirmed, were interred in a burial ground on the island, where only very occasionally, adults were also buried.³⁹ Variation in local tradition is demonstrated by an account indicating that on the mainland opposite the island, even children who had not received Church baptism were quietly buried in the family grave.[40]

Burial of children in places other than the family graveyard is all the more anomalous in view of the heavy onus imposed in Irish tradition on family and community to ensure burial of a deceased member in their appropriate ancestral graveyard. People went to great lengths to fulfil this requirement and according to traditional belief a person's dead relatives would carry out this duty if the living failed to do so.[41] Strikingly, however, such an obligation was not felt to apply to children buried in places other than the local cemetery. This is brought into focus in an account of a five-year-old Blasket girl being buried in the children's burial ground on the island, while her mother, who predeceased her by a few years, had been buried in the family graveyard on the mainland.[42]

The necessity of baptism to ensure salvation, a basic tenet of the Christian faith, was a doctrine promoted in Irish society over many centuries, as was the obligation on anyone in a position to do so – lay or cleric – to administer the sacrament to a worthy recipient in danger of death. The administration of lay baptism was a duty specifically assigned to midwives,[43] and even in her absence, it is reasonable to assume that parents would wish to ensure the prospect of eternal happiness for their dying infant by administering the sacrament. Church teaching does not distinguish between the essential efficacy of baptism administered by a layperson and that administered by a cleric. Canon law simply states that 'through baptism men and women are freed from sin, are reborn as children of God, and, configured to Christ by an indelible character, are incorporated into the Church'.[44] It is reasonable to expect that immediately the life of a neonate was felt to be endangered, lay baptism would promptly be administered (as in the West Galway text quoted earlier) and, consequently, that very few neonatal burials involved unbaptised infants. The determinant for burial of children in special burial grounds would then appear to be age rather than religious status – however one accounts for the proliferation of these locales in the early modern period and clerical tolerance of their use until relatively recent times.

Confusion in the popular mind about Church teaching on the efficacy of lay baptism is demonstrated by a legend, which tells of a dying mother's deceased children appearing as lights – one of which is weaker than the others – to accompany her to heaven. In the vast majority of the variants of the legend the dimness of the light is attributed to one of the children being either unbaptised or having received lay baptism only, thus implying that lay baptism is of no greater spiritual benefit than its absence. Further confusion is indicated by both the unbaptised or the lay-baptised child being given a place in the accompanying party guiding the mother to heaven – as their role here implies cognisance on their part of that happy destination and even the likelihood they already enjoyed it.[45]

Another practice which distinguished the burial of children from that of adults was the provision, in some cemeteries, of a special area reserved for the interment of children. While the introduction of these 'angel plots' in Ireland may be linked to the decline in the use of extra-cemeterial burial sites,[46] the practice was broadly in keeping with a canonical recommendation (dating from at least the beginning of the seventeenth century), which urged that, when convenient, baptised infants be buried in a separate part of the cemetery.[47] This recommendation, when implemented, led to infants being buried apart – albeit in the cemetery which held their family grave. The Church, in thus placing infants in a distinct category in relation to their place of burial, and again in providing in its funerary rites a special service, '*Ordo Sepeliendi Parvulos*', for children who had not attained the use of reason,[48] could be perceived as offering validation for popular practices involving distinctive funerary rites for children. Church acceptance of speculation in classical thinking on the development of maturity is probably responsible for the age of seven being adopted as a terminus for the burial of children in some of these sites, as this was the critical age recognised in Church law when children were deemed to have attained the use of reason and might be admitted to some of the sacraments.[49]

Van Gennep's analysis of rites of passage has been helpful in providing a satisfactory interpretation of the curtailed funerary ritual traditionally afforded children.⁵⁰ His proposed tripartite structure in the ritual associated with death posits some customs serving the function of ensuring a successful separation from the community of the living, others designed to ensure protection on the journey from this world into the next, and still others aimed at achieving successful incorporation in the community of the dead. Viewed from this perspective, the slender ties of young children to family and community rendered elaborate rites of separation unnecessary. If baptised, according to Christian teaching, their sinless state assured them an altogether satisfactory membership in the company of the dead, thus obviating the necessity for rites of incorporation and rendering superfluous any protective measures in passing from one state to the next. The unbaptised child, however, belonged to a special category, incapable – according to Church teaching – of achieving satisfactory membership in the company of the dead, and consequently, doomed to exist in a liminal state, the disquieting nature of which was exacerbated by the popular notion of limbo, a destination perceived as a place of darkness, cut off from the sight of God.⁵¹

An alternative interpretation of the diminished funerary ritual for children is offered by the 'pessimistic theory' on family relationships pioneered by Ariès (1962). According to this view, the emotional bonding of parents with children is a relatively recent phenomenon in Western society, and only in the modern era have parents made the heavy psychological and sentimental investment in their children which we now regard as normal. It is argued that in the premodern period the death of a child was of little significance, and it could then be said the nature of the funerary rites afforded children merely reflects their inconsequential status. It is suggested that in traditional communities a lack of acknowledgement of children, and an emotional deficit in relation to them, persisted well into the nineteenth century. The views of this school of thought have been summed up as follows:

Mitterauer and Sieder, like Shorter and Stone, believe there has been a steady evolution in the capacity for feeling affection. They write: 'Until the middle of the nineteenth century, there was, among large sections of the population little tenderness and loving intimacy', and state: 'family life has certainly gained in feelings of affection' ... The overall picture presented by researchers in the history of childhood varies little. It is suggested, with only a few exceptions, that parents regarded their children with indifference, that there was no appreciation of childhood as a separate state from adulthood and that harsh discipline was the normal lot for children – many authors claim, in fact, that children were systematically abused ...[52]

Among the reasons put forward for the alleged lack of parental bonding with their children was the high infant mortality rate in pre-industrialised societies. It was argued that this, together with the large size of families and the harsh conditions of life causing children to be sent out to work at a tender age, deterred parents from being too involved emotionally with their children. However, this rather counterintuitive view of family relations has been challenged and undermined by the uncovering of abundant evidence of various provenance, showing affectionate bonding of parents with their children throughout the ages.[53] Furthermore, attention has been drawn to the distinction between emotional response and ritual, and it is important to bear in mind that the primary function of rites of passage is to ensure successful change in status rather than providing a mechanism for emotional expression.[54]

The role of traditional attitudes and beliefs which could have resulted in muting or hiding expressions of emotion by bereaved parents have been highlighted in the preceding chapter. These include a measure of stoicism bolstered by Christian fortitude in the acceptance of personal tragedy as God's will, the belief that the dead child is happier in the enjoyment of eternal bliss than living in this wretched world, and the belief that the dead child would be harmed or made unhappy by tears shed for him. Notwithstanding the prevalence of such ideas, it is also argued there that evidence provided by traditional narratives concerning the death of a child runs counter to the view that parents were largely unaffected by the death of their children.

It might also be noted that affection for the dead child and concern for its happiness may well underlie the continuation of customs such as not using nails in making a child's coffin, or not placing an end-board at the child's feet in order to allow him room to grow, or placing a drinking vessel in the coffin or on the grave to enable the child to partake of the supply of milk said to be provided in the next world.[55] The excavation of a children's burial ground in Riasc, Co. Kerry, revealed that a statuette of an infant, possibly a toy (illustration 15), and some jack stones had been placed in the graves of two children buried there, which may reasonably be viewed as indicating parental emotional investment in the children.[56]

The numerous protective measures traditionally employed to safeguard the young from malign supernatural forces, and the great variety of folk cures for children's ailments, are other strong indicators of parents' concern for their children. While measures aimed at ensuring physical survival do not necessarily denote emotional involvement, nevertheless, their number and prevalence in traditional communities may well indicate an intensity of desire for the child's well-being that falls on the emotional end of the continuum spanning parents' interest in their children.

In contemporary Ireland, children's obsequies contrast sharply with those of even a few generations ago in the acknowledgement given the death of a child, however young, and the recognition given to the loss of the bereaved. Children's funerals today are events of social significance, acknowledged not only within the extended family but also within the local community and by the business and employment associates of parents. This is all the more evident when the death is especially tragic. The ritual today reflects the centrality of the child in contemporary family life and is expressive of powerful familial bonding even in infancy. Because there is an increased awareness of the child's belonging, and a consequent upward shift in the status of the child, a more elaborate ritual is appropriate in undoing his ties with family and community. The quality of the coffin, the use of a hearse, the large attendance at the funeral, the celebration of a special funeral mass as part of the obsequies, and finally burial in the family grave at which clergy usually officiate, all point to the acceptance of the child, in some instances even if stillborn, as an acknowledged member of family and community. It would be totally unacceptable to the vast majority of families today to have their child buried in a location other than the family grave.

The heightened recognition given to children's deaths has given rise to a certain measure of disquiet in relation to former usages and a corresponding desire to compensate for their inadequacies. A number of significant developments may be referred to in this context. Beginning from about the 1980s, there is evidence of a grassroots reassessment of the practice of extra-cemeterial burial. An early indication of this may be gleaned from an account of a woman from Tynagh, Co. Galway, who had given birth to three illegitimate children, and on her death in c.1840 had been refused Christian burial and interred in an unconsecrated location; however, in 1984 the local parish priest, with the support of a large number of parishioners, arranged for the reburial of her remains in the consecrated ground of the local cemetery.[57] In 1991 the mother of unbaptised twin babies buried in a children's burial ground near Renvyle in West Galway in the 1930s began a campaign to have the burial ground blessed. *The Irish Times* of 10 September 1994 reports that her efforts succeeded, and that the parish priest urged other families with children buried there to attend on the occasion of the blessing. Such public recognition of the inadequacy of these sites as a resting place for the dead reveals a changing attitude, and in the following years various communities directed attention to the children's burial grounds in their localities. Social employment schemes were availed of to tidy them up, repair walls and erect small monuments in memory of those buried there and mark the hidden grief of their families. In some instances, an annual pilgrimage to the site has been initiated. A report from the *Connacht Tribune* of 15 September 1995, on the occasion of the unveiling of a plaque on a children's burial ground, brings into focus the motivation leading to the event: at the ceremony the officiating priest said the intention was to heal the hurt caused to the parents and family of the children and apologised for the 'attitudes of the past'. The ceremony included the burial of a small white coffin in memory of all children buried in the site. At the offertory ceremony a hearthstone was carried by a number of local men, representing the unshared grief of bereaved parents in the past, which was only ever likely to have been expressed around the family fire.

Significant impetus was given to such developments by the sesquicentennial commemoration of the Great Famine in 1997, the sites being particularly appropriate for attention in this context, as they were often the burial place of famine victims of all ages, so much so, that they are sometimes referred to as famine graveyards. The burial grounds were also the focus of community schemes to mark the celebration of the millennium year.

In recent years the 'angel plots' in some cemeteries have been given special attention, with graves being refurbished and some, for the first time, provided with inscribed headstones. The holy angels plot in Glasnevin cemetery in Dublin, for instance, where an estimated 50,000 neonates were buried in common graves from 1832–1970, was the centre of media attention in the summer of 2004, when an agreement was reached to redevelop the dilapidated plot to look like a remembrance garden, and have the names of those buried there inscribed on a memorial stone at the request of the families.[58] Other novel developments in this area include an annual blessing of these plots and holding Church services to commemorate those buried in them.

A significant step in initiating a reappraisal of former practice in relation to children's obsequies was the founding of the Irish Stillborn and Neonatal Death Society in 1983 by a group of Dublin women who had all experienced child bereavement. They successfully lobbied government for the introduction of a Register of Stillbirths, and the appropriate legislation was enacted in 1995. The society later became the Little Lifetime Foundation and, together with other groups such as the Miscarriage Association of Ireland, First Light and Féileacáin – The Stillbirth and Neonatal Death

Association of Ireland, provide countrywide support to bereaved parents and organise well-attended events commemorating the memory of their prematurely deceased children.

Fuller appreciation on the part of hospital medical staff and chaplains of the need to acknowledge familial bereavement caused by a neonatal death has given rise to various commemorative expressions of these deaths in hospital settings. To cite but one example, in University College Hospital, Galway, a book containing the names of the deceased children is kept in a specially provided chapel, a garden of remembrance has been developed, featuring a Behan sculpture of the Children of Lir, and a children's remembrance tree is lit up at Christmas.

Some developments in Catholic teaching and practice, leading to a more optimistic view of the fate of unbaptised infants, played a role in facilitating communities coming to terms with the practice of segregated burial of children. One such measure was the relaxation in the revised Code of Canon Law (1983) of the strict prohibition which had previously prevailed on granting infants who died without baptism Church burial, by allowing such burials when the parents would have wished them to be baptised. The Roman Catholic Order of Christian Funerals, published in 1991, bears witness to a change in attitude in relation to the fate of unbaptised children, as it includes a special rite for the burial of all children, both baptised and unbaptised, where the previous Order allowed only for prayers for the baptised. A revised Catechism of the Catholic Church in discussing the fate of unbaptised infants, emphasises God's mercy and the universality of his saving will.[59]

In conclusion, it may be said that the reassessment of former practice in relation to children's funerary rites, especially those pertaining to extra-cemeterial burial locales, is indicative of an openness to engage with this aspect of the past, and a willingness to compensate for its perceived shortcomings in ways which accord with present-day sensitivities.

1. Lysaght 1986: 61.
2. Ó Súilleabháin 1939; NFC 910: 225–6.
3. Ó Súilleabháin 1939; Tyers 1992: 85–6; CBE 1462: 422.
4. Ó Gaoithín 1953: 34.
5. Ní Shéaghdha 2015: 127.
6. Ó Súilleabháin 1939.
7. NFC 641: 282.
8. STP 424.
9. NFC 641: 282.
10. Mac Gréine 1932.
11. Mac an Iomaire 2004; cf. Ó Madagáin 1992: 166.
12. Murphy 1987: 92.
13. Tyers 1992: 159; NFC 641: 280.
14. Ó Súilleabháin 1967a: 164–5.
15. Ó Criomhthain 1977: 94–5.
16. NFC 641: 282.
17. Ó Súilleabháin 1939.
18. Ní Shéaghdha 2015: 127–8; Flower 1944: 85.
19. NFC 910: 187–8; cf. O'Connor 1991a: 69.
20. Ní Shéaghdha 2015: 128; NFC 910: 226, 229; Hertz 1960.
21. NFC 641: 281. Brian Mac Lochlainn from Máirtín Ó Conaola. Na Creagáin, Indreabhán, Co. Galway. 1939. A mother's enduring grief at such a burial is masterfully portrayed in Máirtín Ó Cadhain's short story, 'An Strainséara' (Ó Cadhain 1953: 136–208).
22. Golden 1990: 83; Hertz 1960: 84, 152 n.332; Néraudau 1984: 375–6; Onians 1951: 263–4; Ucko 1969: 270–1; Wiedemann 1989: 179; Shepherd 2018: 530–4.
23. Murphy 2011: 410.
24. Finlay 2000; Watts 1989; Waddell 1981; O'Brien 2020: 228–32.
25. Cooney 1997.
26. See O'Brien 2020: Index, *s.v.* child/children.
27. Watts 1989; Shaw 1991.
28. Lyman 1974.
29. Kelly 1988: 83.
30. Raftery 1981: 200.
31. Donnelly & Murphy 2018: 608–9; for regional distribution in nomenclature and location of these sites see O'Connor 1991a: 69–70, which, incidentally, were also availed of for the burial of adults denied Christian burial.
32. Aldridge 1969; Crombie 1990: 55–6; Dennehy 1997: 104–6; Ó Súilleabháin 1939. The introduction in 1863 of the Act for the Registration of Births and Deaths in Ireland was hugely influential in discouraging the practice (Donnelly & Murphy 2018: 623–4). It has also been suggested (Burke 2020: 181) that the passing of an Infanticide Act in 1949 would have added further impetus to its abandonment 'rendering the clandestine burial of infants in any circumstance as inherently suspicious'.
33. Donnelly & Murphy 2018: 610–11; Fry 1999: 40–7, 188–9.
34. Donnelly & Murphy 2018.
35. Dennehy 1997: 16-28; Finlay 2000.
36. Gasparri 1917: c. 1212.
37. Donnelly & Murphy 2018. Flaithrí Ó Maolchonaire (Florence Conroy), one of the leaders of this group, published a treatise in 1624 on the fate of deceased unbaptised infants in which he concealed his personal belief that 'they are damned to sore punishments, in truth fire'. In his published work, however, he argued that to maintain these infants were exempt from hell was to deny the existence of original sin, and he contended that while they did not share the fate of evildoers, neither did they enjoy the beatific vision

and judgement on them was reserved until doomsday (Downey 2002: 106).

38 Westropp 1912: 210–11; Ní Mhóráin 1997: 208; Ó Conghaile 1993: 50; NFC 641: 279–80. Tait 2002: 186 n.81; Crombie 1990: 3–4, 6, 54–5; Dennehy 1997: 97–9; for a review of dating evidence from archaeological excavations see Donnelly, Donnelly, Murphy 1999: 198–212; Donnelly & Murphy 2018: 611–14.

39 Ní Ghaoithín 1978: 8; Ní Shéaghdha 2015: 129; SPT 424; Tyers 1982: 98–9; Tyers 1992: 159. The bodies of islanders whose burial on the mainland was prevented by bad weather were interred here (see illustration 14) as were also bodies washed ashore – this latter practice was normal in such burial grounds elsewhere in the country.

40 NFC 910: 225–6.

41 Croker 1824: 167–8; Laoide 1905: 105–7; Flower 1944: 54–6; Ó Criomhthain 1977: 245–6, 267; Tyers 1992: 165; Ní Shéaghdha 2015: 286–8; NFC 550: 323–4; NFC 858: 518–20; Fry 1999: 107–12; Ó Héalaí 2021–2.

42 NFC 1441: 95.

43 Dalyell 1834: 137; Gélis 1991: 266; Gittings 1984: 83; Illick 1974: 306; Marvick 1974: 282; Stephenson 1987: xxiii.

44 *Code of Canon Law* (revised 1983): Washington, D.C., 1999: c. 849.

45 This legend is comprehensively discussed in O'Connor 1991a: 75–80.

46 Crombie 1990: 54.

47 Gasparri 1917: c. 1209. 3.

48 Podhradsky 1967: 124–5.

49 Gasparri 1917: c. 12.

50 Pentikäinen 1969.

51 O'Connor 1991a: 18–19.

52 Pollock 1983: 31, 33.

53 Pollock 1983; Scheper Hughes 1985; Golden 1988; Shahar 1990; Garnsey 1991; Classen 2005.

54 Tait 2002: 69.

55 Ó Súilleabháin 1939; Tyers 1992: 146.

56 Fanning 1981: 127–8, 138.

57 *Connacht Tribune*. 9 November 1984: 1.

58 *The Irish Times*. 25 August 2004: 4.

59 *Catechism of the Catholic Church. Washington*. 1994: II. i. # 6.

5:
Sífhuadach agus Iarlaisí i mBéaloideas Chorca Dhuibhne

Chuir An Seabhac (léaráid 16) cnuasach síscéalta i gcló san iris *Béaloideas* in 1932, agus sa réamhrá leis scríobh sé an méid seo a chuirtear i láthair anseo mar chúlra lena mbeidh á phlé thíos:

> Ní bhíodh aon tslí eile chun oidhche thórraimh a chaitheamh ach le scéalaidheacht agus le sean-aimsireacht eile dá shamhail, agus toisc na hócáide, is minice bhíodh scéalta ar an sluagh sidhe agus ar phúcaí ar siubhal ag na seanchaithe ná aon tsaghas eile. Do bhíodh scáth ar an gcuid óg againn, agus go deimhin ní ró shásta a bhíodh na fir aosta féin, gluaiseacht abhaile nó go mbíodh labhartha, agus fé dhó féin b'fhéidir, ag an gcoileach. Do bhíodh saghas creidimh ag daoine an uair úd i nithibh a bhain leis an nDream Aerach agus le samhaileanna eile, allaití oidhche agus taisí daoine a bhíodh tar éis bháis.[1]

Is as an 'saghas creidimh' sin sna sí a eascraíonn na scéalta agus na tuiscintí atá i gceist sa chaibidil seo. Bhí an ceart ar fad ag An Seabhac nuair a dúirt sé go raibh géilleadh de shaghas ag daoine do na sí ina óige féin. Ag an tráth sin bhíodh eachtraí ina dtaobh á n-insint ar ócáidí scéalaíochta, agus is fianaise chinnte ar ghéilleadh de shaghas éigin é, fonn a bheith ar dhaoine iad a insint, agus lucht éisteachta a bheith sásta cluas a thabhairt dóibh. Mura mbeadh géilleadh de chineál éigin tugtha dóibh ní bheadh lucht inste ná éisteachta acu. Baineann sé le dinimic an traidisiúin bhéil nach gcuirtear ar aghaidh go deo ann ach nithe a fhreagraíonn i slí éigin do chúinsí shaol an phobail a chaomhnaíonn é. Is mar eachtraí a tharla i ndáiríre, nó ar a laghad, mar eachtraí a rabhthas sásta dóchúlacht éigin a shamhlú leo, a cuireadh síscéalta i láthair de ghnáth, agus mar threisiú ar dhóchúlacht an scéil, is minic daoine agus áiteanna aitheanta luaite iontu. Díreofar anseo ar chuid den fhianaise i mbéaloideas Chorca Dhuibhne faoi fhuadach agus iarlaisí, agus chomh maith leis sin, pléifear cad a thug ar dhaoine an t-ábhar seo a chur ar aghaidh ó ghlúin go glúin.

Tá stair fhada leanúnach sa tír seo ag an tuiscint gur féidir le neacha neamhshaolta duine daonna a fhuadach nó a mhealladh chun siúil agus é a thabhairt isteach i ndomhan na sí – sa lios nó sa bhruíon. Tá tagairtí don téama sin sa tseanlitríocht abhus,[2] mar aon leis na céadta agus na céadta eachtra ina thaobh i gcartlann Chnuasach Bhéaloideas Éireann, agus ar ndóigh, ní sa tír seo amháin atá fáil air mar go bhfuil dáileadh fairsing ar an téama seo go hidirnáisiúnta.[3]

Sa bhéaloideas againne ní hannamh bás duine á chur i láthair amhail is gur fuadaithe ag na sí a bhí an té a cailleadh – gurbh iad na sí a thug as an saol an té sin. Is cuid de shaoldearcadh cianda an tuiscint gur fórsa naimhdeach neamhshaolta faoi deara tubaist,[4] rud atá léirithe sa nasc seo sa seanchas idir sífhuadach agus bás. Bhí nasc de chineál eile freisin léirithe sa traidisiún abhus idir na sí agus an bás, mar ba ghnáth-thuiscint í go mbíodh na mairbh a fuair gnáthbhás 'nádúrtha' i gcomhluadar na sí – gur imithe ar athrú beatha a bhíodar – agus go deimhin is minic an deighilt idir na sí agus na mairbh doiléir go maith.[5] Thuigfí ó mhír a bhailigh An Seabhac ó Bhean Uí Loinse i bhFán, go raibh fiú an té a bhí ar tí bás a fháil, i gcomhluadar na sí cheana féin:

Síthuadach agus Iarlaisí i mBéaloideas Chorca Dhuibhne

Dúirt Máire Éamoinn liom go raibh sí ag féachaint duine breoite uair agus nuair a bhí sí ag filleadh abhaile ina haonar go bhfaca sí an cothalán ag an gcrosaire agus bhí an duine breoite ina measc. Lá arna mhárach bhí an duine breoite marbh.[6]

Le mná agus leanaí óga i gcomhthéacs saolú clainne is minice a luaitear síthuadach, agus is ar sheanchas fúthu siúd a dhíreofar anseo.

COSAINTÍ

Chuala An Seabhac óna athair féin go gcaithfí 'a bheith ag faire mná tar éis linbh, ar eagla go mbéarfadh an púca chun siúil iad',[7] agus is léir ón mbailitheoir lánaimseartha, Seosamh Ó Dálaigh, go mbítí dícheallach i dtaobh na faire seo:

> Bhíodar an-mhór ag faire ar bhean a bhí tar éis leanbh a bheith aici … Is ar mhná óga tar éis leanbh a bheith acu is mó go rabhadar ag faire orthu, agus ba mhó go mbíodh daoine á gcosaint orthu.[8]

Tá raidhse taifeadtaí a dhearbhaíonn gur ghéill go leor daoine don tuiscint go raibh an bhean sa chás seo, agus a leanbh chomh maith, i mbaol a bhfuadaithe nó a mháchailithe ó na sí, agus dá chomhartha sin, chuathas i leith cosaintí éagsúla a sholáthar dóibh mar atá léirithe i gcaibidil 1.

FUADACH AGUS ATHPHÓSADH

Fógraíonn na cosaintí éagsúla a cuireadh i bhfearas in aghaidh na sí gur creideadh go forleathan gur bhagairt an-dáiríre ar mháthair agus a naíonán é an slua sí. Ní rachfaí i leith na ngníomhaíochtaí seo ach amháin gur mothaíodh an baol a bheith ann. Bhí scéalta faoi dhaoine a bheith á bhfuadach ag na sí le clos go minic agus dírítear anseo ar cheann a bhí ar eolas go forleathan i gCorca Dhuibhne agus ar bhailigh An Seabhac trí leagan de, ceann an-bhreá ó Pheig Sayers ina measc.[9] D'oirfeadh Fuadaithe faoi Chuing an Phósta mar theideal air, agus d'fhéadfaí an insint is coitianta air a thuairisciú go lom mar seo:

> Cailltear bean óg phósta a raibh leanbh aici ach is fuadaithe atá sí i ndáiríre; tar éis tréimhse fhada cuireann sí scéala ar ais go dtí a muintir ag rá gur sa lios atá sí féin agus ag iarraidh orthu teacht agus í a fhuascailt; idir an dá linn phós a fear céile thar n-ais, agus sula dtéann a muintir ag triall uirthi, cuirtear an scéal faoi bhráid an tsagairt; ordaíonn sé sin í a fhágaint mar a bhfuil sí agus fágtar ann í.

Is féidir príomheilimintí an scéil seo a aithint i gcuntas a scríobh an ministir Protastúnach, Robert Kirk, in 1691 faoi bhean phósta óna chomharsanacht féin a fuadaíodh, agus a d'fhill ar a céile tar éis dhá bhliain. Thagair sé ann don chastacht a bheadh sa chás dá mbeadh a fear céile pósta thar n-ais nuair a d'fhill sí abhaile:

> *This person lived in the countrey next to that of my last residence and might furnish matter of dispute among casuists, whither if her husband had been marr'd in the interim of her two years absence, he was obliged to divorce from the second spouse at the return of the first.*[10]

Níorbh ionadh go mbeadh tarraingt do scéalaithe san fhadhb a chothódh cás mar seo – beirt bhan a bheith pósta ar an bhfear céanna ag an am céanna – agus go dtaitneodh leo scéalta a bhunú ar an teannas a d'fhéadfadh teacht chun cinn maidir le cuing an phósta i gcás céile fuadaithe.

Tá leagan fada de scéal ó Chúige Uladh ag William Neilson ar féidir é a áireamh mar mhalairt insinte de Fuadaithe faoi Chuing an Phósta, sa mhéid go dtráchtann sé ar bhean phósta a fuadaíodh ach go n-éiríonn le fear singil i bhfad ó bhaile í a shaoradh ón slua sí agus pósann sé í; faigheann a céad fhear amach go bhfuil sí pósta thar n-ais agus díríonn an scéal ansin ar conas a tugadh faoi chuing an phósta a shlánú sa chás sin.[11] San insint

Sífhuadach agus Iarlaisí i mBéaloideas Chorca Dhuibhne

seo is í an fhadhb a bhaineann le beirt fhear a bheith ag an mbean chéanna atá á cur i láthair, agus seo arís an suíomh atá i gceist in dhá leagan den scéal ó Dhún na nGall ina n-éiríonn le fear bean phósta atá á fuadach ag na sí a shaoradh uathu agus a thabhairt chun aontís leis féin.[12]

Is coitianta go mór, áfach, an chéad insint ar an scéal seo – bean chéile fhuadaithe agus í réidh le filleadh ar ais ón mbruíon ach go mbíonn a céile pósta thar n-ais. Sa leagan den scéal atá ag Croker, maíonn sé nárbh annamh i gceist a leithéid seo de chás:

> Sometimes an intricate legal question arises in the case of a young woman being carried off by the fairies, and returning after an absence of several years, which is by no means uncommon, when she finds her husband married to a second wife. More than one instance of this unexpected re-appearance has come within my own knowledge.[13]

Bhí an-éileamh i gCorca Dhuibhne ar an scéal Fuadaithe faoi Chuing an Phósta, agus is ann a bailíodh formhór mór na leaganacha de atá ar fáil.[14] Tá an greim a bhí ag an scéal i seanchas an cheantair seo le brath ar an tslí a gcuireann scéalaithe a gcreideamh féin san eachtra in iúl go fórsúil. Dá chomhartha san, luaitear sonraí mar ainmneacha baiste, sloinnte agus bailte fearainn níos pointeáilte fiú ná mar a dhéantar go minic i bhfinscéalta. Uaireanta, luann an scéalaí gur duine muinteartha leis a bhí i gceist san eachtra: dúirt Muiris Ó Loinse, an saor cloiche, le Jeremiah Curtin, mar shampla, gur leasdeartháir dó féin é Séamas Ó Cíobháin, an fear a bhí pósta ag an mbean a fuadaíodh, Lís Ní Shé ó Chill Uru, agus go raibh sé féin ar dhuine den bhuíon a bhí ag iarraidh í a fhuascailt;[15] d'inis Tomás Ó Criomhthain do Robin Flower go raibh gaol aige féin leis an mbean de mhuintir Shé ó Cheann Trá a bhí luaite ina leagan siúd den scéal,[16] agus dúirt scríobhaí leagain eile gur aintín dá sheanmháthair í an bhean de mhuintir Shé ó Ráthanáin a fuadaíodh.[17] Dúirt Peig Sayers sa leagan a thóg An Seabhac uaithi, gur de mhuintir Shé ó Chill Uru í an bhean, agus deirtear an rud céanna arís i leaganacha eile.[18] Léiríonn na sonraí cinnte seo gurbh fhonn leis na scéalaithe fírinne na heachtra a dhearbhú chomh háititheach agus a bhí ar a gcumas.

Feidhm fhollasach atá ag finscéalta faoi imeachtaí neamhshaolta is ea go soláthraíonn siad deis le dul i mbun tuairimíochta agus fantaisíochta faoin osnádúr, ach díríonn siad aird chomh maith ar fhadhbanna a bhaineann leis an saol réalaíoch. Tá sé sin curtha in iúl go sonrach faoin scéal seo:

> Our legend and other fairy abduction legends though seemingly dealing exclusively with the supernatural, de facto present fora, in which human problems often too difficult and sensitive to talk about openly ... can be discussed.[19]

Ag teacht leis sin, d'fhéadfaí léamh a dhéanamh ar an scéal seo gur friotal é ar an mbaol, ón taobh síceolaíoch agus sóisialta, a bhaineann le hathphósadh. Ar an leibhéal síceolaíoch, ba chúrsa priaclach é an t-athphósadh dá mbeadh scáth nó cuimhne na chéad chéile fós róláidir agus á chur féin in iúl sa dara caidreamh. Maidir le Fuadaithe faoi Chuing an Phósta, bheadh an teachtaireacht ón lios le tuiscint mar chur isteach dá leithéid sin. Tugtar aitheantas i míreanna eile den bhéaloideas don bhaol a bhaineann le hathphósadh, mar shampla, i scéalta faoin gcéad chéile ag léiriú a míshástachta ón saol eile faoi dhara pósadh a fir – go fiú ribí gruaige na chéad mhná a bheith le feiscint ar chíor na dara mná.[20] I roinnt mhaith leaganacha den scéal Fuadaithe faoi Chuing an Phósta, agraíonn an bhean a fuadaíodh díoltas ar a muintir féin toisc nár tugadh ar ais chun a céile í; déantar díobháil fhisiciúil dóibh nó buailtear buille marfach ar a hathair nó ar leanbh léi, agus i gcúpla leagan agraítear díoltas ar an dara bean.[21]

Ar an leibhéal sóisialta, bhain baol le hathpósadh mar gur mhinic aighneas faoi shealbhas agus maoin ag eascairt as, go háirithe i gcás pósadh cleamhnais, cleachtas a bhí an-choitianta faoin tuath ag an tráth a mbíodh an scéal seo á insint:

> The structure of the match tended to concentrate tension upon a few key relationships. These included disputes over the remarriage of widows, whose two

families often disputed over inheritance in the absence of clearly defined rules of succession. Earlier in the century conflict between first and second families was so rancorous that some landlords attempted to prevent the remarriage of widowed tenants …[22]

Ar na ceisteanna eile atá sa chúlra i gcás an scéil seo tá an deacracht a bhíonn ag an duine a bheith dílis i gcónaí do theagasc morálta a éilíonn cloí le prionsabal absalóideach – sa chás seo an dualgas a eascraíonn ó theagasc na heaglaise cloí le céile amháin mura mbriseann an bás cuing an phósta. I leaganacha éagsúla tagraítear go sonrach don bhagairt a bheadh ar an bprionsabal sin dá dtabharfaí an bhean fhuadaithe slán ón lios:

D'fhiafraigh sé [sagart] díobh cad a theastaigh uathu a dhéanamh nó arbh amhlaidh a lagóidís an creideamh …[23]

Ní thoileodh an sagart leis mar ní dh'oir sé dá chúrsa ná dá chreideamh.[24]

The priest said … it was against the law of the Pope that a man should have two wives and … it was a less evil that she should eat the fairy bread and be always with the fairies in the liss than that God's law should be broken.[25]

I leaganacha eile is ar bhonn dea-eagair shóisialta, seachas ar bhonn creidimh, a mholann an sagart gan an bhean a thabhairt ón lios: 'do dhéanfadh sé mórán crosa agus trioblóide díbhse agus dó san,'[26] nó 'chomhairligh an sagart paróiste dó … ná déanfadh sí ach tinneas agus tranglam'.[27]

Ní nach ionadh, ba leasc le muintir na mná géilleadh do rialú an tsagairt agus leagtar béim ar an deacracht a bhí acu glacadh leis:

… the neighbours all said it was a shame to them to leave her with the fairies in the liss; and the husband said it was a great wrong to leave his wife in the liss, and, whatever trouble it would bring, they should go and fetch her out of the liss.[28]

I roinnt leaganacha, déanann an bhean fhuadaithe iarracht teacht ar chomhréiteach a thabharfadh saor ón lios í, ach fós, a cheadódh d'athphósadh a céile seasamh. Chuige sin, tugann sí le fios ina teachtaireacht nach gcuirfeadh sí isteach ná amach ar an dara pósadh, ach go mbeadh sí sásta dul go Meiriceá nó cur fúithi i dtigh duine muinteartha léi, agus go bhfágfadh sí a céile agus a thigh faoin dara bean.²⁹ I leagan Bhláithín, féachann an fear céile freisin le teacht ar chomhréiteach:

> *And the husband said that when they had brought the woman out of the liss, he would not bring her back with him to make scandal in the country-side, but would send her to America.*³⁰

Ach diúltaíonn an sagart do na tairiscintí seo agus coscann sé aon iarracht a dhéanamh ar an mbean a thabhairt ón lios – socrú a ghoilleann ar mhuintir na mná ach go nglacann siad leis. Sna leaganacha sin den eachtra, is geall le scéal eiseamláireach é a léiríonn daoine ag cloí le teagasc creidimh fiú nuair a théann sé sin deacair orthu.

I leaganacha eile den fhinscéal, áfach, ní hé seo an réiteach a nglactar leis, mar de bharr mhothú ghrámhar an fhir i leith a chéadmhná, is léi sin a chloíonn sé nuair a éiríonn leis í a thabhairt ar ais, agus scaoileann sé an dara bean chun siúil. I leagan a bailíodh in Abhainn an Scáil, deirtear go raibh an fear níos ceanúla ar a chéad bhean a fuadaíodh ná ar an dara bean a phós sé. Nuair a shaorann sé an chéad bhean ón slua sí, ceistíonn sé a chairde faoina dhualgas i leith an phósta, agus aontaíonn siad leis gur fearr dó scaoileadh leis an dara bean agus an chéad bhean a thógaint ar ais. Tagann an sagart freisin leis an réiteach sin, ach molann dó imeacht go Meiriceá léi *'because it wouldn't be right for him to stay around the place'*.³¹ Ní hinstear cad ba dhán don dara bean. Arís, sáraíonn bá leis an gcéad bhean cuing an dara pósadh i leagan Lady Gregory, cé go dtugtar aitheantas do chruachás na dara mná – filleann an bhean a fuadaíodh ar a tigh féin, agus ceadaíonn an sagart don fhear scaoileadh leis an dara bean agus an chéad bhean a ghlacadh thar n-ais: *'That was rather hard on* *the second wife. Well, wasn't it a great thing for the first poor creature to be brought back.'*³²

Léirítear in insint Neilson go sáraíonn nasc na mná lena naíonán óna dara pósadh, a dualgas cloí leis an gcéad fhear a bhí pósta uirthi ach nach raibh leanbh aici leis a mhair. Sa leagan seo, tar éis do chléir na deoise staid phósta na mná a phlé agus tuilleadh faisnéise a iarraidh, tógann na comharsana orthu féin an cheist a réiteach – socraíonn siad go bhfágfaí an rogha faoin mbean. Tugtar rogha di siúl amach trí dhoras tosaigh an tí mar a bhfuil a céad fhear ag fanacht uirthi, nó siúl amach an doras cúil mar a bhfuil an dara fear ag fanacht uirthi. Tosaíonn sí ag siúl go dtí an doras tosaigh ach nuair a chloiseann sí an leanbh a bhí aici leis an dara fear ag gol, filleann sí agus fanann leis siúd. Sa dá leagan Conallach den scéal toilíonn an dara fear go fonnmhar an bhean a shaor sé ó na sí a scaoileadh leis an gcéad fhear. Seo mar a labhraíonn sé i gceann acu: 'Má mheasann tusa gurb í do bhean féin í, ar ndóiche, bíodh sí leat chun an bhaile.'³³

Tá aguisín le leagan Neilson den scéal a léiríonn conas a d'fhéadfadh duine dul ar scáth thraidisiún an fhuadaigh chun an fhírinne faoina n-iompar féin a cheilt. Tugtar le fios ann go raibh an chéad fhear mór le bean eile a bhí ag iompar clainne leis, gur fhág a bhean chéile an ceantar agus gur dócha gurbh í seo a casadh ar an dara fear, agus gur chum sí an scéal gur fuadaithe a bhí sí d'aon ghnó d'fhonn bá a chothú léi féin. Is cinnte leis go bhféadfadh an traidisiún faoi fhuadach scáth folaithe a sholáthar do bhean a bheadh chomh míshásta lena saol pósta go bhfágfadh sí a fear agus a clann. Feictear scéalaí mór Uíbh Ráthaigh, Seán Ó Conaill, ag dul i leith tuairimíochta den saghas sin agus é ag trácht ar bhean chéile a chuaigh ar iarraidh ar feadh seacht mbliana agus go raibh a fear pósta thar n-ais nuair a d'fhill sí abhaile: 'Déarfadh éinne gur slua sídhe a thug leo í, agus gur dócha gur i leasachán éigint a bhí sí.'³⁴ I gcás an scéil seo leis, imíonn an dara bean léi agus fágann an tigh faoin gcéad bhean.

Tá ról lárnach ag an sagart ina lán leaganacha den scéal seo agus is spéisiúil go léirítear go rialta é mar dhuine a ghlacann leis gur ann do na sí agus gur féidir leo daoine a fhuadach. Níl ach trí leagan as trí cinn déag ó

Chorca Dhuibhne, ina ndiúltaíonn an sagart glan don scéal gur fuadaithe ag an slua sí a bhí an bhean a cailleadh.[35]

IARLAISÍ

Níorbh annamh an tuiscint á cur i láthair sa traidisiún béil gur fuadaithe ag na sí a bhí duine a fuair bás. Uaireanta deirtear gur cuireadh in áit an té sin, neach ón lios ina chosúlacht, ar tugadh iarlais nó síofra go minic air, agus gurb é sin a cuireadh san uaigh i gcló an choirp.[36] Uaireanta eile, is comhartha sóirt mar spreota giúise nó a leithéid a fhágtar in áit an té a fuadaíodh, agus tagann sé seo chun soiléire nuair a osclaítear an chomhra ar chúis éigin.[37] I gcásanna eile fós, is malartú seachas bás a luaitear leis an té a fhuadaítear mar is amhlaidh a chuirtear neach in áit an té sin, agus maireann sé mar bhall den teaghlach go dtí go ndíbrítear é (de ghnáth). Is ar an neach seo is coitianta a thugtar iarlais i síscéalta, agus is i gcás leanaí fuadaithe is minice a luaitear an téarma sin. Bhí dáileadh fairsing ar thraidisiún seo na hiarlaise go háirithe in iarthar agus lár na hEorpa,[38] agus tá fianaise líonmhar air i mbéaloideas na hÉireann mar is léir ó bhreis agus cúig chéad cuntas faoi a d'fhiosraigh Séamas Mac Philib.[39] Leanann comharthaí sóirt aitheanta an iarlais i dtuairiscí éagsúla – bíonn sé leochaileach nó breoite, é ag síorghol, é máchaileach ar shlí éigin ó thaobh coirp nó aigne, é ocrach i gcónaí agus pé cothú a thugtar dó, ní théann sé chun tairbhe dó, bíonn fiacla fada aige, é féasógach clúmhach, a shúile sloigthe siar ina chloigeann, cuma chríonna air, a chraiceann feoite rocach, agus i dtraidisiún na hÉireann agus na hAlban go háirithe, bíonn sé deisbhéalach agus bua ceoil aige.[40]

Mura mbeadh leanbh ag forbairt go maith, ach é ag titim chun deiridh ar a chomhaoisigh, dealraíonn gur mhinic a rithfeadh sé lena thuistí, nó go luafadh comharsa éigin leo, gur fuadaithe a bhí sé, agus gur iarlais a bhí anois acu. Mar a dúirt sárscéalaí Mhuscraí, Amhlaoibh Ó Luínse: 'Cheapfadh na daoine dá mbeadh duine breoite sa tig acu – fanta ró-fhada breoite, agus dulta chun iarmhaireachta – nách é a nduine

Síthuadach agus Iarlaisí i mBéaloideas Chorca Dhuibhne

féin a bhí acu.'⁴¹ Thagair Robert Bell don fheiniméan céanna in 1804 agus é ag trácht ar an ngéilleadh a thug go leor Éireannach ag an am do ghníomhaíochtaí na sí:

> suspicions arose if a child from a state of good health, became sickly and consumptive. The poor little patient was no longer looked upon as the offspring of human parents, but the creation of demons.⁴²

Tá dhá chur chuige éagsúla le haithint sna scéalta chun an iarlais a dhíbirt agus an leanbh ceart a fháil ar ais. Cur chuige nár bhain foréigean fisiciúil leis is ea ceann acu – féachaint le bob a bhualadh ar an iarlais trína fhógairt go raibh an lios áitiúil trí thine, ionas go n-imeodh sé leis de gheit chun cabhrú lena mhuintir féin, agus ansin ar phointe na boise bheadh an leanbh ceart ar ais arís. Is insint ar leith atá anseo ar an bhfinscéal a ainmnítear mar The Fairy Hill Is on Fire,⁴³ a bhfuil leaganacha an-bhreátha de foilsithe ó Bhab Feiritéar.⁴⁴ I scéalta eile freisin tagtar aniar aduaidh ar an iarlais, sa mhéid go gcloistear i ngan fhios é ag scéachtaint air féin trí aois neamhshaolta a admháil, nó cumas iontach ceoil a léiriú. Ach ní go cineálta a fhéachtar lena dhíbirt sna scéalta seo ach le cur chuige cruálach, agus dealraíonn nárbh annamh an modh díbeartha seo á chur i ngníomh. Tá an méid sin le tuiscint ó chás cúirte is fiche sa naoú haois déag a bhí bunaithe ar spídiúlacht a tugadh do dhuine ar measadh gur iarlais é.⁴⁵ Ghoill sé ar William Wilde in 1851 go raibh a leithéid sin de chleachtais i réim:

> It is this affection [wasting sickness] which has given rise to the popular ideas respecting the 'changeling', and in this country to the many superstitious notions entertained by the peasantry respecting their supposed 'fairy stricken' children, so that year by year up to the present day, we read accounts of deaths produced by cruel endeavours to cure children and young persons of such maladies.⁴⁶

Tagraíonn sé in áit eile d'fhear i gContae Chiarraí: '[who] roasted his child to death under the impression it was a fairy.'⁴⁷ Luaitear go minic sluasaid deargtha sa tine á cur faoi thóin iarlaise d'fhonn é a dhíbirt. Dealraíonn go raibh cúis mhaith gur moladh an tsluasaid a chur faoina thóin, sa mhéid go raibh sé ráite i dtaobh aon mharc a chuirfí ar an iarlais, go mbeadh a leithéid chéanna ar an leanbh ceart ag teacht ar ais ar an saol seo dó.[48] Tá an tsluasaid luaite i scéal a bhíodh sa timpeall i gCorca Dhuibhne, agus ar bhailigh An Seabhac an leagan seo de ó Sheán Grumaill, Cathair Scoilbín:

> Beirt leanbh do bhí sa chlíobhán ag bean bhocht agus bhí sí cráite acu. Bhíodar leice, breoite crosta. Dhein sí leite lá agus bheir sí an leite go dtí fear an tí ar an ngort. Nuair a bhí sí imithe tháinig duine éigin ar a tuairisc don tig. Nuair a tháinig an duine chuala sí an chaint istigh:
>
> 'A Chathail, an bhfacaís bia braimileóige ar ghort riamh?'
>
> 'Ní fhaca,' arsa Cathal.
>
> 'Mhuise a Chathail,' arsa Fíothal, 'tairrig chugat do phíopaí agus seinn tiúin!'
>
> Do sheinn sé tiúin an-bhreá go léir ansan. Nuair a stad sé ansan dúirt sé le Fíothal:
>
> 'A Fhíothail,' ar seisean, 'an cuimhin leatsa cath Meidhe?'
>
> 'Is cuimhin,' arsa Fíothal, 'agus dhá chath déag Reagha roimhe sin.'
>
> *Well*, ansan nuair a tháinig an mháthair ón ngort, d'inis an bhean a bhí amuigh don mháthair cad a bhí ar siúl acu.
>
> 'N'fheadar cad a dhéanfad leo,' arsa an mháthair.
>
> 'Déanfair,' arsan bhean den mbaile, 'an tsluasad a chur don tine agus nuair a bheidh sí dearg, iad a chur ar an tsluasaid dheirg agus iad a chaitheamh an doras amach.'
>
> Nuair a bhí an tsluasaid ag deargadh, d'éirigh an bheirt amach as an gclíobhán bhailíodar leo.[49]

Má tá iarracht éigin den ghreann i gceist sa scéal sin, is léir ó chuntais eile gur tháinig na cúrsaí seo go leaba an dáiríre freisin:

Sífhuadach agus Iarlaisí i mBéaloideas Chorca Dhuibhne

> The Daily Telegraph reports that on 17 May 1884, two women were arrested at Clonmel and charged with cruelly illtreating a child three years old. The evidence given in court was to the effect that the child who had not the use of its limbs, was a changeling. During the mother's absence, the prisoners accordingly entered her house and placed the child naked on a hot shovel, under the impression that this would break the charm. As might be expected the child was severely burned.[50]

In 1895 tharla eachtra a tharraing aird go forleathan ar thraidisiún na hiarlaise sa tír seo nuair a dhóigh gaolta agus a fear céile ina beatha Brigid Cleary ó cheantar Chluain Meala, ar scáth na tuisceana go raibh sí féin fuadaithe agus gur iarlais a bhí anois ina háit.[51] De réir fhianaise an bhéaloidis, áfach, níorbh é an tine an t-aon chineál spídiúlachta a ídíodh ar leanaí ar measadh gur iarlaisí iad – bhuailtí iad agus thugtaí ocras dóibh le súil go rachadh a ngol i bhfeidhm ar na daoine maithe agus go bhfágfaidís an leanbh ceart ar ais.[52] I gcuntais eile tugtar le fios go ndéantaí an leanbh a thumadh in uisce, ag bagairt bá air, d'fhonn an iarlais a dhíbirt. Tá tuairisc ar chás truamhéileach den saghas seo a bhí os comhair cúirte i dTrá Lí i mí Iúil 1826:

> Morning Post, Tralee Assizes, July, 1826 – Child Murder
>
> Ann Roche, an old woman of very advanced age, was indicted for the murder of Michael Leahy, a young child, by drowning him in the Flesk. This case, which at first assumed a very serious aspect, from the meaning imputed to words spoken by the prisoner, 'that the sin of the child's death was on the grandmother and not on the prisoner', turned out to be homicide committed under the delusion of the grossest superstition. The child, though four years old, could neither stand, walk, or speak – it was thought to be fairy-struck – and the grandmother ordered the prisoner and one of the witnesses, Mary Clifford, to bathe the child every morning in that pool of the river Flesk where boundaries of three farms met; they had so bathed it for three mornings running, and on the last morning the companion (the witness, Mary Clifford) said to the prisoner, 'How can you hope ever to see God after this?' to which the prisoner replied, 'that the sin was on the grandmother and

not on her'. Upon cross-examination, the witness said it was not done with intent to kill the child, but to cure it – to put the fairy out of it.

The policeman who apprehended her stated, that on charging her with drowning the child, she said it was no matter if it had died four years ago.

Baron Pennefather said, that though it was a case of superstition, and required to be thoroughly examined into, yet the jury would not be safe in convicting the prisoner of murder, however strong their suspicions might be. Verdict – Not guilty.[53]

Cleas eile a dtéití ina leith chun iarlais a dhíbirt ab ea an leanbh a fhágaint faoin síon – nós a cleachtadh ina lán cúltúr mar shlí le naíonáin a chur chun báis.[54] Amach ar an gcarn aoiligh agus sluasaid faoina thóin ba ghnách a chuirtí an leanbh sa tír seo de réir an tseanchais: 'When the infant is thus known to be undoubtedly a changeling, it is removed on an iron shovel from the cabin and placed on the centre of the dunghill.'[55] Tugann Westropp fianaise ó Chontae Luimnigh ar an gcleachtas:

> I know of two cases of reputed changelings. My second sister, whose delicacy when an infant, excited remark, was, about 1842, taken out by a servant to be exposed on a shovel on the doorstep at Carnally. The angry and hasty intervention of another servant saved the child, but the would-be 'exposer' was convinced of the propriety of her attempt 'to get back the real child' from the fairies.[56]

TARRAINGT NA SCÉALTA

Is tráthúil díriú anois ar an gcúis ar tugadh géilleadh do scéalta faoi fhuadach agus iarlaisí ar feadh na gcianta, agus ar an tarraingt a bhí sna scéalta ina dtaobh, a d'fhág gurbh fhonn le daoine iad a chur ar aghaidh ó ghlúin go glúin, anuas go dtí ár lá féin, geall leis. Is cinnte go raibh toise samhlaíochta agus fantaisíochta ag baint le hábhar na scéalta atá faoi chaibidil anseo, rud a thuig scéalaithe áirithe mar Sheán 'ac Cairbre ó Uíbh Ráthach, a chaith an tuairim seo faoi bhunús na scéalta púcaí:

Sífhuadach agus Iarlaisí i mBéaloideas Chorca Dhuibhne

Níor thug sé aon ghéilleadh go raibh púcaí ann. B'é an rud a chuireadh an creideamh san i dtaobh púcaí i gceann na seandaoine dar leis, nuair ithidís bleaist mhuar phrátaí agus bláthaighe, go n-éirigheadh geas na bprátaí agus na bláthaighe ináirde sa cheann aca, agus go dtagadh i bhfuirm speabhruídí ortha, agus go gceapaidís ansan go bhficidís na samhlacha so ón saoghal eile!⁵⁷

Tá cruth rósheasmhach, áfach, ó thaobh plota agus móitífeanna ar na síscéalta le gur féidir a rá gur as speabhraídí nó tromluí a d'eascair siad. Is déantúsaíocht chomhfhiosach atá iontu, rud a fhágann gur tráchtaireacht ar leibhéal éigin iad ar shaol an phobail ónar eascair siad. Gné den tráchtaireacht sin a luaitear go minic is ea an ról a bhí ag an sísheanchas ag soláthar mínithe ar thubaistí pearsanta, bás, breoiteacht nó ealaing go háirithe – tubaistí ar cheist chráite riamh ag an duine ina dtaobh, cad chuige gur thit an crann seo ormsa? Bhí freagra á thairiscint ag an sísheanchas ar an gceist seo – bhí do chéile nó do leanbhsa breá sláintiúil go dtí gur chuir an slua sí isteach orthu, agus siúd iad faoi deara an tubaist a bhain dóibh. Toisc gur leis an mbás anabaí is deacra glacadh, agus gurb é is géire a éilíonn míniú, ní hionadh gurb é freisin is minice a bhíonn i gceist i síscéalta faoi fhuadach, rud a tharlaíonn, mar shampla, nuair is leanbh nó banaltra an sprioc iontu.

Lonnaigh an sísheanchas an tubaist laistigh de mhúnla gníomhaíochta síúil a raibh cloiste go minic ag daoine ina thaobh agus cur amach acu air. Chiallaigh sin nár tharlachtaint thaismeach gan bhrí a bhí ann, ach gur bhain sé le pátrún aitheanta. Bhí gníomhartha na sí seasmhach agus teoranta sna scéalta, agus bhí cur amach ar bhealaí traidisiúnta chun dul i ngleic leo, agus fiú b'fhéidir, iad a shárú. D'fhéadfaí cibé sórt géilleadh a tugadh do na sí a áireamh mar chóras creidimh tánaisteach a mhair taobh le taobh leis an bpríomhchóras creidimh inar suíodh an tubaist laistigh de phátrún aitheanta eile, mar atá, toil Dé nó an chinniúint.⁵⁸ Is fusa do dhaoine dul i ngleic le tubaist ach í a fheiscint faoi scáth córas éigin a bhfuil glacadh acu leis.⁵⁹

Bhí léas beag dóchais á thairiscint ag an sísheanchas i gcás an fhuadaigh – ní básaithe i ndáiríre a bhí an duine ach imithe ar mhalairt beatha, agus bhí scéalta sa timpeall faoi dhaoine a tháinig slán ón lios, agus cá bhfios ná go gcloisfí arís ón té a bhí imithe? De bhreis air sin, is saol sona go leor a samhlaíodh sa síseanchas le muintir an leasa – bhí ithe agus ól, rince agus ceol ann. Féach, mar shampla, gur meangadh gáire a bhíonn ar leanbh fuadaithe i scéal a bhí ag Mícheál Ó Gaoithín,[60] agus i scéal ó Pheig Sayers, deir fear sí le hathair cailín a fuadaíodh: 'Is agamsa atá Máire siúrálta, agus níl aon drochshaol aice agus ní bheidh.'[61]

Míniú eile ar an tarraingt a bhí i bhfinscéalta faoi fhuadach agus iarlaisí i gcás leanaí agus banaltraí, is ea go gcuirtear i bhfriotal iontu an imní a lean saolú agus tógaint linbh, tráth a raibh ráta mortlaíochta máthar agus linbh thar a bheith ard. Is deacair gan a mheas, mar shampla, nach léiriú ar imní faoi shláinte buachaillí (ar bronnadh stádas breise thar chailíní orthu go traidisiúnta) is cúis le garsúin a bheith luaite in 85% de na cuntais ar fhuadach leanaí a fiosraíodh i gCnuasach Bhéaloideas Éireann.[62] Mar a luadh i gcaibidil 1, déantar an teannas a leanann na hócáidí seo a léiriú go siombalach mar bhagairt ó iompar naimhdeach na sí, agus trí ainm a chur ar an namhaid, cruthaítear sprioc ar féidir díriú air d'fhonn an bhagairt a chealú. Chuir an síseanchas an bhagairt a bhí sa dainséar a bhain le saolú agus tógaint linbh i láthair faoi chló coincréiteach, mar atá, an slua sí, agus bhí treoracha ar fáil ann conas cosaintí a chur i bhfearas d'fhonn an bhagairt a sheachaint nó a shárú. Sa tslí sin chumasaigh an síseanchas daoine chun a n-imní a láimhseáil, mar thug sé le fios go bhféadfadh smacht áirithe a bheith acu ar a gcás, rud a d'fhágfadh, ar ndóigh, na finscéalta sin tarraingteach dóibh.

Tharlódh go raibh baint mhór ag easláinte leanaí le forbairt thraidisiún na hiarlaise. Tá comhthreomhaireacht, mar shampla, idir líon ard na scéalta faoi gharsúin á bhfuadach agus an ráta breoiteachta (agus mortlaíochta) níos airde a bhaineann le buachaillí seachas cailíní: '*one authority states that for most developmental disabilities, three to four boys will be affected for each girl with the disorder.*'[63] Tá aird dírithe le fada ar na cosúlachtaí idir na comharthaí sóirt a leanann galair nó míchumais áirithe mar thíoróid lochtach, pairilís, seargadh, raicíteas nó éalaing intinne, agus na sonraí fisiciúla a luaitear le hiarlaisí sna scéalta.[64] Dá mba rud é go dtiocfadh cló míthaitneamhach mísciamhach ar leanbh, b'fhurasta a shamhlú go mbeadh ceist ar thuistí i sochaí ina raibh traidisiún na hiarlaise fréamhaithe, ar leo féin é. Tá sé áitithe chomh maith go dtagann na comharthaí sóirt a luaitear le hiarlaisí le deasca a leanann go minic do leanbh nach mbíonn nasc tréan mothálach ag tuistí leis. Maítear nach bhforbraíonn leanaí sa chás seo go fisiciúil, go hintleachtúil ná ó thaobh na mothúchán, baol air chomh maith le leanaí a mhurnaítear.[65]

Is cinnte gur caitheadh go cruálach agus go míthrócaireach uaireanta le leanaí éalaingeacha nuair a measadh gur iarlaisí iad. Ní ábhar iontais ar fad é sin, áfach, mar sa tsochaí thraidisiúnta níor glacadh mar dhuine ceart daonna leis an té a samhlaíodh ina iarlais, agus dá bharr sin, maolaíodh nó cealaíodh ar fad an col a bheadh de ghnáth le spídiúlacht a thabhairt do pháiste: *'society's attitudes towards disability are coloured by deep rooted fear of the unknown, the anomalous and the abnormal.'*[66] Ach bhí taobh eile ar an scéal chomh maith, sa mhéid gur thug an tuiscint gur iarlais é an leanbh, saoirse do na tuistí ón stiogma sóisialta a leanfadh leanbh leo a bheith máchaileach – d'fhéadfaidís a mhaíomh nach raibh aon mháchail ar a leanbh féin go dtí gur chuir na sí isteach air. Rud eile, is claonadh aitheanta i gcás tuistí – máithreacha go háirithe, b'fhéidir – milleán a leagadh orthu féin faoi thubaist a tharlódh dá leanbh. Ba chúnamh chun fuascailt a thabhairt do thuistí ó aon mhothú ciontachta maidir le cás a linbh, an géilleadh a tugadh d'fheiniméan na hiarlaise.

Mar fhocal scoir, is fiú tagairt don ról dearfach a bhí ag scéalta púcaí sa mhéid gur thug siad deis do dhaoine a n-aigne a scaoileadh ar imeachtaí scanrúla ach fós a bheith ábalta scarúint ón scanradh sin, agus a bheith slán ag deireadh an scéil. Is tréith aitheanta de chuid an bhéaloidis í go léirítear go siombalach ann mothúcháin, claonta agus mianta an duine. Thug na finscéalta seo deis imní a chur i láthair i bhfoirm ealaíonta faoi dhaoine leochaileacha mar pháistí agus banaltraí i suíomhanna criticiúla. Cuirtear cruth siombalach 'coincréiteach' iontu (i gcló neacha osnádúrtha) ar an mbagairt, ach ag an am céanna bíonn gníomhaíocht na bhfórsaí bagracha seo faoi smacht i gcónaí ag coinbhinsiúin na scéalaíochta – tá cur amach ar a n-iompar, agus eolas ar chosaintí ina n-aghaidh. Is eispéireas fiúntach taitneamhach é catairsis den sórt seo – scanradh a mhothú ach é a mhothú i gcomhthéacs a fhágann an t-éisteoir slán dá éis. Tagraíonn an Blascaodach, Máirín Ní Dhuinnshléibhe, go sonrach don taithí sin ón síseanchas:

> Bean ab ea Gobnait go raibh aici bua na scéalaíochta agus é tuillte aici. Thagadh sí chugainne gach aon oíche, fliuch agus tirim, 7 bheadh bailiú den aos óg roimpi. ... Bhíodh scéalta aici faoi leanaí a sciobadh agus na síofraí a cuirtí ina n-ionad. Bhíodh fuarallas amach trínn ag éisteacht léi agus ár gcroíthe ag preabarnaigh le scanradh agus anbhá ach chiúnaímis anuas nuair a thosnaíodh sí ar an gCoróin Mhuire.[67]

Bhí an síseanchas ag fónamh i slí eile leis, mar chuir sé ina luí go drámatúil ar dhaoine gur ghá aire mhaith a thabhairt do leanaí agus do mhná seolta, agus gur cheart gach rud a dhéanamh chun a chinntiú go dtiocfaidís slán. Ba í an chosaint ab fhearr ná súil duine ar an té a bhí i mbaol. Thug Seosamh Ó Dálaigh an méid sin leis go cruinn ó scéal a d'inis Neil Uí Chonchúir i mBaile Dháith dó:

> Bhí sí ag eachtraí scéil dom mar gheall ar bhean a sciobadh agus thit a codladh ar an mbean a bhí ag tabhairt aire dhi. Ní fheadar ná gurb í a máthair a bhí ag tabhairt aire dhi, agus gan dabht, bhí peaca maraitheach déanta má thit a codladh uirthi tar éis leanbh a shaolú go dtí go mbeadh an leanbh baistithe. Chaithfeadh duine éigin bheith ina dhúiseacht i gcónaí taobh leis.[68]

Bhí raidhse mhór scéalta sa bhéaloideas abhus a léiríonn na daoine maithe ag faire ar leanaí a fhuadach nó ar dhíobháil a dhéanamh dóibh. I bhfianaise líonmhaire na scéalta seo agus a mhinice a bhídís á n-insint, níor mhiste a mhaíomh go bhfuil tábhacht an linbh sa tsochaí á fógairt acu agus go léiríonn siad gur mhór le tuismitheoirí a gclann.

Is léir ón bplé thuas ar an síseanchas, gurbh fhíor don Seabhac nuair a mhaígh sé gur foinse luachmhar eolais é an béaloideas ar shaol, ar lón intinne agus ar mheon glúnta dár sinsear.[69]

Sífhuadach agus Iarlaisí i mBéaloideas Chorca Dhuibhne

SUMMARY

The significance and prevalence of fairy legends in West Kerry folklore is treated in this chapter, where special attention is given to tales of changelings and fairy abduction. The link between death and fairy interference is particularly strong in the traditional world view and is frequently referenced in relation to death in childbirth. A tale discussed in detail here, which was particularly prevalent in West Kerry, tells of a married woman who apparently dies, but was actually abducted by the fairies; her husband remarries but subsequently a message comes from the abducted woman asking to be rescued; the priest is consulted and commands the woman be left in the fairy dwelling. The outline of the story, which first appears in the writings of Robert Kirk, highlights the moral dilemma it poses – the possibility of a man having two wives and how best that situation could be managed. Its appeal to storytellers is analysed and its role in providing a forum for speculation and fantasy about the fairy world, and the practicality of having two wives, is noted. The possibility is alluded to that a widespread belief in fairy abduction could afford cover to a woman who was unhappy with her marriage and wished to run away. Changeling legends were also well-known in West Kerry, and changeling characteristics, and the sometimes baneful influence of the widely asserted belief that a sickly child was not human are illustrated, with theories on the possible origin of such a belief outlined.

1   Ó Siochfhradha 1932b: 309.
2   Cross 1952: F320–F327*.
3   Thompson 1955–8: F320 Fairies carry people away to fairyland.
4   Fejos 1968: 281; Hartmann 1942: 16.
5   Ó Súilleabháin 1942: 450.
6   An Seabhac 1927: 136 # 25
7   *Ibid.*: 135 # 20.
8   Ó Héalaí & Ó Tuairisg 2007: 242.
9   Almqvist 2012: 264–6. Tá an dá leagan eile in Ó Siochfhradha 1928a: 136 §23 (ó Bhean Uí Longaigh, Fán) agus Ó Siochfhradha 1932b: 311–12 (ó Liam Ó Maoileoin, Mám na Gaoithe).
10 Kirk 1893: 33–4.
11 Neilson 1808: 70–84; athinste in Wilde 1852: 129–31.
12 Ó hEochaidh, MacNeill, Ó Catháin 1977: # 12, # 95.
13 Croker 1824: 87. Is cinnte gur suíomh réalaíoch é, céile a bheith ar iarraidh ar feadh tréimhse fhada, agus ar fhilleadh, go mbeadh a bpáirtí pósta thar n-ais. Tharraingeodh an cás caint, agus údar scannail a bheadh ann d'údaráis eaglasta, rud atá léirithe i gcáipéis ó 1758 le Nicholas Madgett, easpag Chiarraí, in Manning 1976: 90–1; tráchtar ann ar fhear a bhí ar iarraidh ar feadh i bhfad agus a raibh a bhean pósta thar n-ais nuair a d'fhill sé abhaile: *I have seen this happen in the town of Tralee when Denis Kent returned. His wife Helen Long had married Thomas Paradine two years before her husband's return and she still continued to live with him, to the great scandal of the people, pretending to be a Protestant so as to avoid the remarks of the Catholic priest and his good advice.*
14 Leaganacha ó Chorca Dhuibhne: Almqvist 2012: 264–6; Curtin 1974: 23–8; Flower 1944: 137–40; Ó Héalaí & Ó Tuairisg 2007: 245–6; Ó Siochfhradha 1928a: 136 §23; Ó Siochfhradha 1932b: 311–12;

Wagner & Mac Congáil, 1983: 159 #61; CBÉ 8: 83–4; CBÉ 15: 43–5; CBÉ 26: 202–8; CBÉ 272: 310–11; CBÉ 744: 142–7; CBÉ 782: 112–19; CBÉ 1114: 98–100. Tá leaganacha den scéal ó áiteanna eile sa tír le fáil in Neilson 1808: 78–84 (Co. an Dúin); Croker 1824: 287–88 (Tiobraid Árann); Gregory 1976: 112–13; Lenihan 2003: 287–8 (Co. an Chláir); *Béaloideas* 72 (2004): 233–5 (Co. Mhaigh Eo); Ó hEochaidh, MacNeill, Ó Catháin 1977: # 12, # 95 (Co. Dhún na nGall). Tá sé leagan a thagann le hinsint Neilson i gcartlann Scoil Eolais na hAlban áirithe in MacDonald 1994–5: F53, agus tá finscéal gaolmhar in af Klintberg 2010: # K111.

15 Curtin 1974: 23–8.
16 Flower 1944: 137.
17 CBÉ 15: 43–5.
18 Almqvist 2012: 264; Ó Siochfhradha 1928a: 136 # 23; CBÉ 26: 202–8.
19 Almqvist 2012: 278.
20 CBÉ 179: 464–5; Curtin 1974: 195, 197; Ó Héalaí & Ó Tuairisg 2007: 250; *An Sagart*, Fómhar 1975: 8; Ó Loideáin 2007: 58.
21 Curtin 1974: 28; Almqvist 2012; CBÉ 26: 202–8; Ó Héalaí & Ó Tuairisg 2007: 246.
22 Fitzpatrick 1985: 127.
23 CBÉ 26: 202–8.
24 CBÉ 272: 310–11.
25 Flower 1944: 139.
26 Almqvist 2012: 266.
27 Ó Héalaí & Ó Tuairisg 2007: 246.
28 Flower 1944: 139. Tá bá na gcomharsan le cruachás na mná a bhí le fágaint sa lios léirithe freisin in CBÉ 1114: 100: 'Deir siad, gan dabht, gur mór an trua gur dhein sé rud ar an sagart.'
29 CBÉ 1114: 98–100; Curtin 1974: 27; CBÉ 26: 207; Wagner agus Mac Congáil 1983: 159; Ó Héalaí & Ó Tuairisg 2007: 246.

Síthuadach agus Iarlaisí i mBéaloideas Chorca Dhuibhne

In Croker 1824: 87–90, tagann an chéad bhean slán ón lios (ní thugtar sonraí) ach diúltaíonn a fear céile glacadh léi.

30 Flower 1944: 139.
31 CBÉ 782: 119. Ní hannamh i síscéalta go dtugann daoine a bhí i gcomhluadar na sí Meiriceá orthu féin – ar mholadh sagairt nó as a stuaim féin – socrú a thugann le fios gurbh údar míshuaimhnis don phobal iad a bheith ina dtimpeall (e.g., Gregory 1976: 138, 140; CBÉ 45: 9–15).
32 Neilson 1808: 112–13.
33 Ó hEochaidh, MacNeill, Ó Catháin 1977: # 12, # 95.
34 Ó Duilearga 1948: 295–6.
35 Ó Siochfhradha 1932b: 312: 'Dúirt an tAthair Dómhnall leotha freach age baile, gan aon ghéilleadh a thúirt do chainnteanna mar sin'; CBÉ 26: 206a: 'Nuair a chonaic an sagart [an litir ón lios] is amhlaidh a chrom sé ar a bheith ag magadh fúthu, ag déanamh spior spear dá gcuid cainte, agus ag rá gur daoine maola macánta iad nár chuaigh riamh thar Daingean amach'; CBÉ 1114: 98–100: 'Téir abhaile duit féin agus cuir as do cheann a leithéid sin d'fhastaím', freagra an tsagairt ar scéal an fhuadaigh. Tá an léiriú a thugtar sa bhéaloideas ar ghéilleadh an tsagairt do na sí pléite i gcaibidil 8.
36 Féach mar shampla, Flower 1944: 138.
37 'Maide dubh daraí', a luaitear sa leagan de Fuadaithe faoi Chuing an Phósta in Ó Siochfhradha 1932b: 311.
38 Munro 1991: 251.
39 Mac Philib 1991.
40 Thompson 1955–8: F321.1 Changeling. Fairy steals child from cradle and leaves fairy substitute; Mac Philib 1991: 125–6.
41 Ó Cróinín 1980: 160.
42 Luaite in Zimmerman 2001: 76; féach freisin Croker 1824: 85.
43 O'Neill 1991.
44 Almqvist 1991c: 258–61; Almqvist & Ó Cathasaigh 2002: 117–21.
45 Young 2013.
46 *Census of Ireland 1851*. Cuid 5, iml. 1: 455.
47 Wilde 1852: 28.
48 Ó Cróinín 1980: 160.
49 *Béaloideas* 1 1927: 157.
50 Hartland 1891: 121.
51 Bourke 1999.
52 Féach, mar shampla, Wood Martin 1902. II: 16: 'The wise woman told her not to give the child enough to eat and to beat and pinch it without mercy.'
53 Tugtha in Danaher 1972: 123–4.
54 Thompson 1955–58. VI: *s.vv.* Abandonment, Exposure.
55 Wood Martin 1902. II: 15.
56 Westropp 1910: 198–9.
57 Ó Murchadha 1948: 31.
58 Féach plé ar nóisean na cinniúna sa chéad chaibidil eile.
59 Eliade 1954: 97–8.
60 CBÉ 1478: 77–80.
61 CBÉ 910: 8.
62 Mac Philib 1991: 131.
63 Schoon Eberly 1988: 63.
64 *Ibid.*; Sayce 1942: 77.
65 Munro 1991.
66 Barnes 1991: 11.
67 Ní Dhuinnshléibhe 1989: 341.
68 Tyers 1999: 80.
69 *Irish Independent*, 25 Samhain 1929: 7.

6:
Creideamh agus Cinniúint

BLASCAODAIGH I NGLEIC LEIS AN TUBAIST

Meon na mBlascaodach i leith thubaistí an tsaoil, sa mhéid go bhfuil sé sin léirithe ina scríbhinní agus sa bhéaloideas a bhaineann leo, is ábhar don chaibidil seo. Ní hé, ar ndóigh, gurbh ionann meon do gach Blascaodach, níl ann ach go gcuirtear i láthair tuiscintí áirithe ar chuid de shaoldearcadh traidisiúnta iad atá léirithe sna foinsí a fiosríodh, agus gur féidir glacadh leis go rabhadar coitianta go maith i measc na nOileánach.

Ba bhunchloch ar a raibh saoldearcadh na mBlascaodach daingnithe í an tuiscint gurb é Dia an cruthaitheoir, bronntóir na beatha agus máistir an tsaoil seo. Ba mhinic friotal curtha ar an smaoineamh sin san fhilíocht agus sna paidreacha traidisiúnta agus bhí tionchar bunúsach aige ar shaoldearcadh na nOileánach.[1] 'Do b'fhíor don bhfile é,' a deir Peig Sayers, 'nuair adubhairt sé an dán diadha fadó:

> Moladh is buidheachas leat, a Athair Naomhtha
> Do cheap na spéartha agus neamh ar dtúis,

Is do cheap ina dhéidh sin an mhuir mhór bhraonach,
Is na cárnáin éisc innti ag snámh go dlúth.'²

Chothaigh teagmháil laethúil na nOileánach leis an bhfarraige an creideamh iontu gurb é Dia a riarann gach ní. Ba 'thabhartas Dé' acu an t-iasc ar a rabhadar ag brath le greim a chur ina mbéal agus pingin ina bpóca,³ agus ina theannta sin, ba mhinic a chuir farraigí cáite go tairseach na síoraíochta iad. Seo mar a chuireann Seán Ó Criomhthain síos ar an gceangal a mhothaigh sé idir taithí farraige agus creideamh:

> Ní raibh iascaire riamh gan creideamh is ní bheidh go deo. Tá siad amuigh faoi shíonta Dé, agus is minic a cuireadh go béal an bháis iad ach go dtugadh Dia agus A ghrásta saor iad. Pé creideamh atá agat tá sé go láidir ar an bhfarraige agat mar ná fuil trua ná taise ar an bhfarraige d'aon duine ... Áit is ea oileáin, má tá daoine ag maireachtaint orthu agus go bhfuil aon phaidir chuige sa cheann ná sa chroí acu, is ag leathnú agus ag méadú a bheidh an creideamh chucu óna mbeidh de shamplaí ó Dhia á fheiscint acu.⁴

Cuireann Tomás Ó Criomhthain in iúl, leis, chomh mór is a bhíonn iascairí ag brath ar chabhair Dé in am na broide:

> Ba lánmhinic an fharraige ag gabháil lastuas dínn, gan radharc againn ar thír ná ar thalamh. Oíche mhór fhada fhuar mar seo ag comhrac na mara, go lánmhinic ar bheagán fáltais, ach ó uair go huair ag tnúth le cabhair Dé.⁵

Cuireann sé in iúl chomh maith gur faoi Dhia agus nach faoin duine atá an domhan a rialú: 'Ach dá mhéid é an fuadar a bhíonn fés na huachtaráin go minic, cuireann comhacht an Ardmháistir anois agus arís i ndiaidh a gcúil iad.'⁶ Glacadh leis gurbh é Dia a chruthaigh an domhan agus gurb é a chuirfeadh deireadh leis:

'Mhuise, a Pheig, a chroidhe,' ar sise, 'cionnas is féidir leat-sa bheith chomh saoghaltach san agus deire an tsaoghail buailte linn?'

'Mhuise, Dé n-a bheatha,' ar mise, 'ach ní chuirfidh an cogadh so deire leis an saoghal, ná an cogadh a thiocfaidh ina dhiaidh. Ní cogaí, ach Dia féin, moladh go deo leis, a chuirfidh deire leis.'[7]

Níorbh aon phrionsabal neamhphearsanta teibí ag na hOileánaigh an Dia seo a chruthaigh agus a rialaíonn an domhan. Bhí baint dhlúth aige leo féin agus lena saol. Tagraíonn Peig Sayers dó mar 'an Té do chruthaigh is do chuir ar an saol mé,'[8] agus thug nathanna coitianta mar 'le cúnamh Dé', 'buíochas le Dia', 'bail ó Dhia', aitheantas dó ina saol laethúil. Ba ghnáthrud ag na hOileánaigh lámh Dé a fheiscint in imeachtaí a saoil féin:

A Dhia atá ar neamh ... is minic i gcaitheamh mo shaoghail do thug tú cabhair dom. Is maith is eol domh-sa do chabhair naofa mar ba mhinic mé gafa ag brón agus gan dul as agam. Nuair ba aoirde a bhíodh an gádh, sin é an uair a leagthá do shúil trócaireach orm, agus thagadh lonnradh mar a bheadh taitneamh na gréine arís ar m'aigne buadhartha.[9]

Is minic á mhaíomh ar ócáidí ar a dtángthas slán ó dhainséar gur chuir Dia a ladar isteach sa scéal, agus is iomaí duine ar chuir Dia an anachain tharstu:

Nach minic i gcaitheamh mo shaoghail a dhein Dia trócaire orm. Théighinn i ngiorracht urchair méaróige don mbás agus do leagadh sé a shúil ghlórmhar anuas orm. Chuireadh sé an anachain tharm.[10]

'Is dócha, a Thomáis Dhómhnaill,' arsa Muiris, 'gurbh é Dia na Glóire, moladh go deo leis, fé ndeár dúinn fanacht ar barr an chalaidh i ndiaidh na coda eile. Dá raghaimís abhaile do bheadh mo dhearbhráthair báidhte agus cad a dhéanfaimis?'

'Tá gach aon deallramh go mbeadh,' arsa Tomás Dhómhnaill.[11]

Is ar mhuintir Dhún Chaoin a bhí an t-áthas nuair a fuaireadar greim ar cheann na téide. Dob í an chabhair ina ham féin í, mar do bhí na fir bhochta traochta agus ní raibh ionnta buille eile do thabhairt. Nuair a thánadar go dtí caladh an Oileáin do bhí tuargaint agus liúighrigh agus bualadh bas ann.

'Cuiridh uaibh an gibris gan éifeacht, a mhná agus a leanbhaí,' arsa Neil Mhór, 'ach tugaimís buidheachas ó chroidhe do Dhia do thug slán abhaile na fir chughainn as an nguais go rabhadar.'

'An daigh, a bhean mhacánta, gurb í sin an chaint go bhfuil an chiall léi agus nach í an chabaireacht gan deallramh atá acu so,' arsa Peats Mór.[12]

Níorbh í an bheartaíocht a dhein criú naomhóg an Oileáin ag cur na téide i dtreo bhád Dhún Chaoin sa sliocht deireanach sin a fuair aon aitheantas ó Neil Mhór – do Dhia amháin a thugtar é. Chothaigh an dearcadh seo ar Dhia – gurb é cruthaitheoir agus caomhnóir na beatha é – uirísleacht sa duine mar nár cheadaigh sé dó ligean i ndearmad gur créatúir é féin a bhí ag brath go hiomlán ar thabhartas Dé. Cé go bhfáilteodh an duine roimh an dea-rud, ar ndóigh, ní raibh aon teideal aige air. As an aigne sin a eascraíonn buille scoir Mhicil sa phíosa seo in *Allagar na hInise*:

> Chuaigh naomhóga ag iascach le líonta aréir. Bhí baoite an spiléir acu agus dheineadar é a bhaoiteáil agus tá lá fada earraigh caite acu i mbolg na bá agus gan dóthain duine d'iasc acu.
>
> 'Dar Muire, a dhuine mhuinteartha,' arsa Mícheál, a chonaic ag teacht iad agus gan breac ar a méir, 'tá iasc na farraige féin fachta bás. Sé chéad duán, baoite maicréil ar gach duán acu agus iad sínte i mbolg na bá ó gheal lá agus gan breac an tlú air,' ar seisean.
>
> 'Taithí a bhí ar aimsir an Chogaigh Mhóir sa Fhrainc agat,' arsa Micil, 'nuair a bhíodh luach fiche punt d'iasc ar gach cor spiléir.'
>
> 'Nár chóir gurbh í an fharraige chéanna fós í,' arsa fear eile.
>
> 'Is í, ach níl iachall uirthi fiche punt a thabhairt duitse gach lá,' arsa Micil.[13]

Ba léir do na hOileánaigh nach raibh aon cheangal ar Dhia maidir lena thabhartais, ach gur dhual don duine glacadh i bpáirt maitheasa le pé ní a tháinig óna láimh, agus buíochas a bhreith leis dá bharr. Sin é go díreach éirim scéil Triúr Naomh Ghallarus, ar thóg An Seabhac síos leagan de ó Mhéin Mháire an Ghabha, Bn Uí Mhaoileoin, Cill Maoilchéadair, sa bhliain 1930.¹⁴ De réir an scéil sin, bhíodh bia ag teacht ó neamh go laethúil go triúr naomh a bhí i nGallaras fadó. Tháinig drochlá agus nuair a chuir naomh acu a cheann amach, is é a dúirt sé ná, 'is olc an lá é', gan 'buíochas le Dia', a chur leis in aon chor. Stop an bia ó neamh ansin agus níor cuireadh chucu arís é gur deineadh aithrí san fhaillí sin.

Tuigeadh go raibh pátrún nó eagar áirithe sa tslí inar riar Dia a ollmhaitheasaí – má chuir sé sceach i mbearna amháin d'oscail sé bearna eile. Tá friotal slachtmhar ar an tuiscint sin sna chomhráití seo in *Allagar na hInise*:

'A Mhuire, nár bhreá a bhíodar [na prátaí] anuraidh,' arsa Peig, 'lán de phlúr gléigeal nár ghá duit aon arán ach iad, agus do chiota tae a shlogadh siar ina ndiaidh.'

'Má bhí plúr gléigeal le ceithre bliana iontu,' arsa Máire, 'bhí a lán de phlúr dubh ina dteannta againn. Nach breá a mhair aoinne air.'

'Ní air a mhaireadar, a chroí,' arsa Peig, 'ach ar na prátaí breátha úd, agus tá plúr breá i mbliana ann nuair atá na prátaí go holc agus is ceart dúinn buíochas a bhreith le Dia a riarann gach ní mar is cóir.'¹⁵

'Ar mh'anamsa gur againn a bhí an saol breá nuair a bhíomar á n-ithe,' arsa Eoghan [ag tagairt do na rónta], 'mar go rabhadar chomh maith le n-ithe leis an muc a bhfuil an dá scilling ar an bpunt di inniu.'

'Tánn tú gan muc gan feoil ó stadais díobh siúd,' arsa Seán, 'mar ná fuil sé i do chumas an mhuc a bheith agat, agus is chuige a chuir Dia iad siúd mar mhuca ann chun na ndaoine bochta mar chúnamh maireachtainte,' ar seisean.¹⁶

Sa tslí chéanna, má fhágann Dia easpa ar dhuine amháin, tugann sé flúirse do dhuine eile, agus fágann sin ar a chumas fóirithint ar fhear an ghátair.

Sin é an smaoineamh a rith le Tomás Ó Criomhthain nuair a chonaic sé fear go raibh dóthain tobac aige agus a dhiúltaigh é a roinnt le fear bocht eile a raibh gabhair thobac air:

> B'ait liom féin an freagra [diúltach] sin agus dheineas machnamh cé acu ba mheasa, an té a raibh an leigheas uaidh ná an té a raibh an leigheas aige agus ná tabharfadh uaidh é … Agus machnamh eile a dheineas – an Té a chuir an galar air gurb é a thug an leigheas don dara duine.[17]

Gné eile den bhainistíocht a samhlaíodh le riar Dé is ea an tuiscint nach iad na daoine céanna a ndáileann sé go fábharach orthu i gcónaí. Seo mar a labhair Tomás Ó Criomhthain le bean sa Daingean ónar cheannaigh sé banbhaí, agus arbh ait léi go mbeadh cothú dóibh ar an Oileán:

> Ach nách dall an bhean ar an saol thusa ná fuil 'fhios agat an Té do chuireann ar an gcaolchuid tamall sinn gurb É an Té céanna do thugann an raidhrsiúlacht tamall eile dhúinn … Nár thug Dia úr ndóthain d'úr gcuid féin díbhse an uair do chuir Sé sinne ar an gcaolchuid? Ansan, an uair do chas an roth, do scaoil Sé chúinne raidhrse am an ghátháir …[18]

Cuid bhunúsach de dhearcadh na mBlascaodach ar dhán an duine ab ea an nóisean nach raibh seilbh bhuan ag éinne ar mhaitheasaí an tsaoil, mar go mbíonn an roth de shíor ag casadh agus Dia na Glóire féin ina bhun. Tá léiriú beacht ar an tuiscint seo le fáil i scéal a bhí coitianta go maith i mbéaloideas Chorca Dhuibhne, agus tábhacht dá réir leis maidir le cothú agus daingniú na tuisceana céanna sin. Seo mar a thóg Máire Ní Ghuithín an scéal ó Phádraig Ó Catháin ar an mBlascaod Mór in 1937:

> Tráth den saol go mbíodh na scoláirí bochta an-fhlúirseach ag imeacht mórthimpeall na hÉireann ag múineadh na ndaoine … Ach go háirithe, san am san do bhí an scoláire bocht so ag siúl leis féachaint an bhfaigheadh sé aon tigh i gcóir na hoíche, ach fé dheireadh do bhuail tigh feirmeora leis agus do

chuaigh sé isteach ann. Tráthnóna breá fómhair do b'ea é [agus] d'fhiafraigh an feirmeoir dó cérbh é féin.

'Is ceann de na scoláirí bochta mé,' ar seisean. Is é an chéad rud a tharraing an scoláire bocht anuas ná Dia na Glóire, moladh agus buíochas leis, go raibh sé ina shuí i gcathaoir na glóire ar neamh agus roth mór ar a aghaidh amach agus gan ach dhá spóca uirthi, 'séan' ceann acu agus 'mí-shéan' an ceann eile.

'Ní chreideann tú mé?' arsa an scoláire bocht leis an bhfeirmeoir.

'Ní chreidim, agus dá bhrí sin bí amuigh as mo thigh agus ná tairrig mallacht anuas air.'

Amach leis an scoláire agus fuair sé leabhairín beag agus do scríobh sé síos gach rud a bhí idir é féin agus an feirmeoir, an dáta agus an lá de mhí. Bhí san go maith agus ní raibh go holc. Do chuaigh an scoláire bocht chun cónaí i dtigh eile den mbaile. Agus i gceann bliana ón lá san bhí an feirmeoir ag dul i mbochtanacht agus cailleadh gach bó a bhí aige agus sa deireadh thiar thall cuireadh amach as an dtigh é mar ní fhéadfadh sé an cíos a dhíol. Agus b'éigean dó breith ar a mhála agus bailiú leis ag bailiú a choda ó thigh go tigh.

Is ea, más ea, do cuireadh tigh an fheirmeora agus a chuid talún in airde agus do bhí oiread airgid saothraithe ag an scoláire bocht agus a cheannaigh dó é. Ansan am briathar, gur phós an scoláire agus bhí beirt iníon aige agus bhí sé ag caitheamh a shaoil go sásta agus go sona.

Tráthnóna breá fómhair agus an scoláire bocht amuigh sa chlós agus a bhrollach buailte anuas ar an gclaí aige agus é ag féachaint dul fé ar an ngréin (sic). Cé chífeadh sé chuige ach bacach bocht agus mála thiar air. Nuair a tháinig sé gairid dó d'aithnigh sé go maith é – an feirmeoir do cuireadh as a thigh. Bhí sé ina ghruangaire beag críonna agus féasóg bheag liath síos go talamh leis. Do ghlaoigh an scoláire isteach air agus do chuaigh sé isteach ina theannta. Is ea, chuir an scoláire cóir bídh agus dí air. Nuair a bhí an bia caite aige d'fhiafraigh an scoláire bocht dó: 'An aithníonn tú an tigh seo?'

'Aithním go maith é,' ar seisean, 'agus ba mhaith an ceart dom cuimhneamh air, mar is mó lá de mo shaol do chaitheas ann.'

'An aithníonn tú an té gur leis é?'

'Ní aithním, ní fhaca riamh im dhá shúil tú.'

'Is ea,' arsa an scoláire bocht, 'an gcuimhníonn tú ar faic a dheinis i rith do shaoil agus ar chuiris amach éinne riamh?'

'Ní chuimhním,' arsa an feirmeoir.

Is ea, d'imigh an scoláire bocht síos don tseomra agus thug sé aníos an leabhairín beag agus léigh sé don mbacach bocht é.

'Á, cuimhním go maith agus go dian mhaith anois ar cad a dheineas. Do chuireas amach go héagórach tú agus do bhí an ceart agat i dtaobh Dé agus roth na hintleachta agus na spócaí. Is ea, is é do cheartsa mise do chur amach anois.'

'Ní chuirfead in aon chor agus coimeádfad tú go nglaofaidh do thiarna Dia chuige féin tú. Tabharfad bia agus deoch agus cóir codlata duit i rith do shaoil.'[19]

Is fada siar i stair an duine a ceapadh an roth mar shamhail ar a dhán. I seanlitríocht na hIndia is túisce léiriú air agus is cosúil gur as sin a scaip sé chun na nGréagach agus na Rómhánach.[20] Sa mheánaois dhéanach san Eoraip ba shamhail choitianta ar dhán an duine é casadh an rotha, agus níorbh annamh an roth á léiriú faoi stiúir an bhandia Fortuna.[21] Sa tréimhse sin leis bhí scéalta bunaithe ar shamhail an rotha in úsáid ag seanmóirithe Críostaí,[22] agus is as an traidisiún scéalaíochta sin is dóichí a eascraíonn an scéal thuas. Sa leagan de a bhailigh Seosamh Ó Dálaigh ó Pheig Sayers, deir sí siúd freisin gur dhá spóca ar a dtugann sí 'an t-ádh' agus 'an mí-ádh' atá sa roth.[23] Tá 'roth na hintlíochta' aici ar an roth i leagan eile a bhailigh Robin Flower uaithi, agus an cuntas seo aici air:

'Níl inti mhuise, a dhuine uasail,' ar seisean, 'ach dhá roth agus is é an ainm atá orthu 'síos' agus 'suas'. Baineann siad leis an gcine daonna,' ar seisean. 'An té bheidh síos inniu bíonn sé suas amáireach agus an té a bheidh suas amáireach beidh sé síos arbhú amáireach.'[24]

I léiriú coitianta ar roth na cinniúna, samhlaíodh rothanna beaga laistigh de agus gach roth acu siúd ag freagairt do staid faoi leith i saol an duine. Mar shampla, i sean-nath a bhí sa timpeall ón gcúigiú haois déag i dteangacha éagsúla, luaitear sé staid, mar atá, síocháin, saibhreas, uabhar, cogadh, bochtaineacht, uiríslacht, agus sa dearadh a deineadh mar léiriú air seo, cuireadh i láthair gach staid acu mar roth faoina ainm féin.[25] Tharlódh, mar sin, gur macalla den tsamhail sin ar roth na cinniúna atá i gceist leis na hainmneacha ar an dá spóca, agus an dá roth a luaitear sna leaganacha den scéal seo ón mBlascaod.

De bharr na tuisceana a bhí ag na hOileánaigh go raibh eagar agus cothromaíocht áirithe sa dáileadh a dhéanann Dia ar a mhaitheasaí, b'fhurasta dóibh tubaist cosúil le cailliúint árthaigh a shamhlú mar shás fóirithinte ar a gcruachás féin: 'maraíonn Dia duine chun an duine eile a thógaint' mar deir an seanfhocal.[26] Seo mar a thráchtann Tomás Ó Criomhthain ar bhriseadh bhád na mboltaí:

> ... insa chlodach so do briseadh an long, agus do bhí cliathacha móra istigh insan áit seo fós di, lán dos na boltaí luachmhara so ... Drochbhlianta dob ea iad agus, mara mbeadh an long so a bhualadh, ní bheadh duine beo ann, adeireadh na seandaoine. Chloisinnse go maith an chailleach bhéal doiris á rá go minic gurb é Dia do chuir i measc na mbochtán í. Do mhaireadar go maith cúpla bliain dá deascaibh, an uair do bhí an ceantar lasmuigh ag siollagar, agus ganntar a ndóthain ag breith orthu.[27]

In eagrán An tSeabhaic de *An tOileánach* cuirtear a leithéid chéanna sin de chaint i leith na caillí agus í ag trácht ar long eile a briseadh – long na cruithneachta.[28] Fiú muna bhfuil fáil ar an gcaint sin i lámhscríbhinn an Chriomhthanaigh, níorbh éagóir ar na hOileánaigh a leithéid de dhearcadh a lua le duine acu, mar dhealródh go raibh sé coitianta go maith ina measc:

> Dúirt an fear gur mhaith an saol a bhí san oileán seo cheana nuair a bhí Cogadh Mór na Fraince ar siúl agus go mb'fhéidir dá mbeadh cogadh anois, leis, ann go ndéanfadh Dia árthach breá luachmhar eile a líonadh thall sna Stáit Aontaithe agus go seolfadh sé isteach go Carraig an Lóchair í mar a sheol sé an Quabra.[29]

Ní as leithleachas thar na bearta, ná as neamhshuim iomlán ina gcomhdhaoine a d'eascair an dearcadh sin, dar liom, ach as an tuiscint gur chuid den riaradh a bhí ar chúrsaí an tsaoil é, go gcuireann Dia éadáil i dtreo na mbochtán: 'Is é Dia a sheol chugam tú', mar a deir an sean-nath. Tá meon na nOileánach i dtaobh chailliúint na n-árthach léirithe arís sa seanfhocal: 'Is minic a d'fhág béal na huaighe rud ag béal na trua.'[30] Ní gá in aon chor go ndallfadh an tuiscint sin duine ar chruachás an fhir thall, rud a léiríonn Seán Ó Criomhthain agus é ag trácht ar bhád na cruithneachta nuair a thagraíonn sé do na paidreacha a cuireadh go minic le hanamacha na bhfear a cailleadh léi:

> Ní raibh fear, bean, leanbh ná páiste ná go raibh ag tarrac na cruithneachtan abhaile leo le málaí agus le hasail agus le húmacha. Thriomaíodar suas í, rud nár dheacair a dhéanamh mar ná raibh an sáile súite aici. Is í an t-árthach sin agus an t-ualach a bhí ar bord inti a thug na cosa ón ocras dóibh. Leanann an scéal agus an t-árthach sin i mbéal na ndaoine ón lá a bhuail sí an fhochais go dtí an lá atá inniu ann, agus is mó paidir a cuireadh chun Dé ag tabhairt buíochais Leis agus ag guí ar son na bhfear a bádh léi.[31]

Mura mbeadh srian ag pobal ar an tuiscint go ndéanann Dia cúram díobh, agus gurb é a réitíonn gach aon ní faoina gcomhair, is baolach go ligfidís a maidí le sruth agus ná beadh mórán gusa iontu chun deacrachtaí a shárú, ná chun ceannas a ghlacadh ar imeachtaí a saoil féin. I gcás na nOileánach, áfach, bhí srian le meon seo an spleáchais mar is léir ó éirim na seanfhocal a deir: 'D'ordaigh Dia cúnamh' agus 'Is maith le Dia cúnamh.'[32] Dá réir seo, bhí sé de dhualgas ar an duine a chion féin a dhéanamh chun a ghnó a chur i gcrích, agus gan a bheith ag brath ar chabhair Dé chun rud a dhéanamh a bhí ar a chumas féin. Is deas an friotal atá ar an smaoineamh sin sa phíosa seo in *Allagar na hInise* mar a dtugann Micil aghaidh a chaoraíochta ar bhuachaill a bhí ag magadh faoi:

> 'Cathain a bhainfir an mheirg den ramhann, a Mhicil?' arsa buachaill suilt leis, mar fear beag garbhghlórach nimhneach is ea Micil seo agus bíonn na hóga ag baint ghrinn as.

'Cé beag dom an mheirg a bhaint di nuair a bheidh deireadh an méid prátaí atá agam ite agam,' arsa Micil. 'Ach ní mór duitse cromadh cheana ar í a bhaint di chun na prátaí nua a bhreith luath ort mar nach aon tolmas a bhí agaibh riamh acu agus ní bheidh go deo mar ná ligfeadh an diabhal ná an díomhaointeas daoibh aon chrích a chur orthu tar éis iad a chur don talamh,' ar seisean.

'Nach faoin Máistir Beannaithe a fhágann gach aoinne iad?' arsa an slataire.

'Ar mh'anam!' arsa Micil, 'go bhfuil Sé go maith duit má chuireann Sé leasú ar phrátaí duit.'[33]

Tá teagasc an tseanfhocail 'D'ordaigh Dia cúnamh' i gceist chomh maith sa scéal grinn atá fós sa timpeall i dtaobh an fhir a chuir prátaí ach nár bhac le haon aire a thabhairt dóibh ina dhiaidh sin. Nuair a bhí sé á mbaint, ní raibh na prátaí ar fónamh agus seo mar a mhínigh sé a chás do dhuine dá chomharsana: 'Do chuireas iad agus d'fhágas fé Dhia iad,' ar seisean, 'ach d'fhág Dia fúmsa iad, agus eadrainn loiteadh iad.'[34]

Ach fiú má d'ordaigh Dia cúnamh, dob é fós a bhí mar mháistir ar an saol seo. Ní hé sin amháin é ach ba é 'an té is fearr', 'an té is airde' agus 'corp na maitheasa' é – rud a d'fhág fadhb le réiteach i gcás na ndrochnithe a tharla abhus .i. conas go bhféadfaidís tarlú faoina leithéid siúd de mháistir? Dhealródh go raibh dhá réiteach ag na hOileánaigh ar an bhfadhb ársa sin agus an péire acu suite go hiomlán laistigh de thraidisiún na diagachta Críostaí. Cuireann Peig Sayers ceann acu i láthair agus í ag trácht ar an dara cogadh domhanda:

Tá an saoghal so ag teacht ana-chruaidh orainn le déannaighe … Níl le clos agam ó mhaidin go hoidhche ach cogadh, cogadh, cogadh, dream anso ag dul chun cinn agus dream eile ag géilleadh. Tá baoghal ar muir agus ar tír. Tá sceoin agus scannradh ar gach aoinne … Uabhar agus teasbach fé ndear an obair seo go léir.[35]

Maíonn Peig anseo gurb é an peaca faoi ndeara an cogadh – tuairim atá chomh seanda le nóisean pheaca an tsinsir – agus d'fhonn treisiú lena ráiteas deir sí: 'Nár airighis go mbáidhtear lán luinge i ngeall le haoinne amháin.'[36] Ag tagairt atá sí anseo do scéal a bhí forleathan i mbéaloideas na tíre seo agus eolas air i gCorca Dhuibhne leis. Bhailigh Seosamh Ó Dálaigh an leagan seo de ó Phádraig Mac Gearailt i Márthain 1938:

> An Slánaitheoir agus Naomh Peadar, bhíodar ag siúl agus do thóg an Slánaitheoir a láimh in airde agus do bháigh sé an bád a bhí lasmuigh sa bhfarraige. Bháigh sé an bád ar fad mar gheall ar éinne amháin a bhí inti, drochdhuine éiginteach. Dúirt an naomh gur mhór an obair dó an bád ar fad a bhá mar gheall ar éinne amháin.
>
> 'Mar sin do chealg sé sin mise,' ar seisean. Ach nuair a bhí sé á rá ansan bhuail an chruiceog meach leo agus dúirt sé leis dul insa chruiceog agus lán a dhoirn de na meacha a thabhairt leis. Chuir sé lámh don chruiceog agus do bhí sé ag teacht agus iad aige agus do chuir ceann acu an cealg ann agus do luigh sé orthu agus mhairbh sé iad agus scaoil sé uaidh iad.
>
> 'Cad ina thaobh nár thugais chugam iad?' arsa an Slánaitheoir.
>
> 'Do chealg ceann acu mé,' a dúirt sé.
>
> 'Do chealg sé siúd mise leis,' arsa an Slánaitheoir, 'bhí duine insa bhád a chealg mé.'[37]

Tá réiteach eile ar fhadhb an oilc curtha i láthair in *Allagar na hInise*, mar atá, gurb é Dia faoi ndeara an tubaist ceart go leor, ach go mbíonn cúis mhaith éigin aige lena cur ann seachas mar phionós ar pheaca. Beirt bhan na bprátaí ó chianaibh a dhúisíonn an cheist eatarthu:[38] ag tagairt don uainíocht a dhein dea-phlúr agus dea-phrátaí ar a chéile, deir duine de na mná gur ceart 'buíochas a bhreith le Dia a riarann gach ní mar is cóir'. Níl an bhean eile sásta ar fad go bhfuil an riaradh atá ar chúrsaí chomh cóir sin agus cuireann mar cheist: 'Ní fheadar ab É faoi ndeara an cogadh mór a bheith ann?' Faigheann sí mar fhreagra: 'Dhera, mo chroí tú, is dócha gurb É faoi ndeara gach ní. Nach É an Máistir É?' Cuireann 'is dócha' anseo in iúl an deacracht a bhí ag an mbean seo a thuiscint conas a chuirfeadh Dia drochrud mar an cogadh mór ann. Mar fhuascailt ar a deacracht deir sí ansin: 'Is iomdha rud a chaitheann teacht chun cinn chun an chine daonna a dhísciú chun slí a thabhairt dona mbíonn le teacht.' De réir na tuisceana seo is cuid de dheonú Dé é go dtagann a maith féin as gach tubaist, agus gur mar gheall air sin a cheadaíonn Dia dó tarlú. Ba dhearcadh é seo freisin a thabharfadh ar na hOileánaigh a mhaíomh gurb é Dia a sheol chucu féin na báid raice.

Níl aon phobal ná go dtagann a sciar féin den anachain ina dtreo, ach ar shlite áirithe is cinnte gur déine a luíonn deacrachtaí an tsaoil ar oileánaigh ná ar phobal míntíre. Tugann údair an Bhlascaoid le fios gur dhream fadfhulaingteach iad pobal an Bhlascaoid a raibh an-teacht aniar iontu. Tá an tréith sin go mór chun tosaigh, mar shampla, sa chuntas a thugann Tomás Ó Criomhthain ar bhás beirt dá chlann agus drochshláinte a mhná:

> 'Sea, tar éis m'anróidh domsa, do bhíos a d'iarraidh mé féin do chroitheadh suas. Do buaileadh im aigne ná raibh aon leigheas ar na bearta so ach an méid foighne do caithfí leo.³⁹

Tá an smacht daingean céanna aige ar a mhothúcháin agus é ag cur síos ar bhás a mhic a thit le haill:

> ... le linn dom gharsúnsa breith ar an bhfaoilinn óig, do léim sí agus do bhain sí an garsún, agus do thit sé síos amach ar an bhfarraige, slán beo mar 'hinstear é. Bhí sé i bhfad gan suncáil, agus d'fhan ar bharra an uisce nó gur ghaibh naomhóg photaí timpeall ... ach do bhí an t-aon tsásamh amháin orainn: ná raibh maisle ná máchaill ar aon phioc dá chabhail, cé go raibh titeam na faille ard. B'éigeant dom cur suas leis agus a bheith sásta.⁴⁰

Má bhí gus agus misneach ó nádúr sna hOileánaigh, is cinnte gur chothaigh agus gur dhaingnigh a gcreideamh na tréithe sin iontu. Ba mhór an cúnamh dóibh in am na broide é bheith mar chreideamh acu gurbh é toil Dé gach ar tharla agus gur chun maitheasa ar shlí éigin é. Thug an tuiscint sin brí don tubaist – ba chuid de phlean Dé anois é agus chaithfeadh, dá bhrí sin, ciall éigin a bheith leis, fiú nuair nach 'mar is toil linne is toil le Dia'. Chuir an creideamh seo freagra áirithe ar fáil ar an gcruacheist úd: 'Cad ina thaobh an mí-ádh seo a thitim ormsa?' De réir an fhreagra sin, ní rud taismeach gan bhrí í an anachain, ach rud a bhí áirithe i scéim Dé, agus do phobal a raibh creideamh láidir acu i nDia, ba réiteach éigin ar an gcruachás an méid sin. Ina theannta sin, bhí próis intinne aitheanta ann chun déileáil leis an tubaist, is é sin, do thoil a chur le toil Dé. Seo mar a chuir Seán Ó Criomhthain é sin in iúl: 'Pé strus nó trioblóid a bhuaileadh chucu chuiridís na trioblóidí sin go léir mar íobairt chun Dé, agus ghlacaidís le maith agus olc ón gCumhacht i gcónaí.'⁴¹

Ar ndóigh, mar atá léirithe i gcaibidil 3, ba trí shúile an chreidimh amháin a bhí radharc le fáil ar shólás den sórt seo agus fiú i gcás an té a ghéill go hiomlán dó, bhí gá fós le foighne chun fulaingt leis an tubaist. Ní hionadh go raibh an fhoighne molta sna seanfhocail mar ba thréith í a chuir ar chumas daoine dul i ngleic leis an mí-ádh: 'An rud ná fuil leigheas air, foighne is fearr air', 'Níl leigheas ar an gcathú ach é mharú le foighne', 'Níor chlis Dia riamh ar chroí na foighne'.⁴² Is ar éirim na seanfhocal sin atá an chomhairle a thug Peig Sayers dá mac Mícheál bunaithe:

> Ná bí mí-shuaimhneasach má thagann an rud so nó an rud úd treasna ort. Tuig, a mhic, nach féidir leat do shaoghal a chaitheamh mar is maith leat féin. Tiocfaidh a lán rudaí treasna ort i rith do shaoghail is ní foláir duit foidhne do bheith agat. Gan an fhoidhne níl aon dul agat ar theacht saor ó chathuighibh an tsaoghail seo. Sé Dia féin, moladh go deo leis, a thugann an fhoidhne dhúinn chun fulang leis na nithe seo go léir atá gearrtha amach Aige dúinn feadh ár saoghail.⁴³

Ní go neafaiseach i gcónaí, áfach, a tháinig an creideamh le daoine gur chuid de phlean Dé, agus dá bhrí sin gur chun maitheasa, an tubaist a bhuail iad. Léiríonn scéal atá fós sa timpeall faoi fhear ó Dhún Chaoin, nach gan cheist a glacadh leis an tuiscint shólásach sin i gcónaí:

Bhí garraí beag prátaí curtha ag an bhfear seo agus iad ag fás go deas chuige nuair a shéid stoirm agus gála gaoithe a dhubhaigh na gais agus a d'fhág drochbhail orthu. Bhí sé go cráite sa ghort prátaí lá arna mhárach nuair a ghabh sagart an treo agus labhair an sagart leis á rá go raibh Dia ag déanamh cúraim dá phrátaí agus go dtiocfadh siad chun cinn i bhfad na haimsire. D'éist fear na bprátaí leis ar feadh tamaill agus ansin thug sé mar fhreagra air: 'Dá mbeadh Dia i mbun cúraim a dhéanamh do mo chuid prátaí-se, b'fhusa go mór is go fada dó iad a fhágaint mar a bhíodar.'

Bhí roinnt scéalta sa bhéaloideas a dhein iarracht léiriú a thabhairt ar fhírinne an tseanfhocail: 'An rud is measa le duine ar domhan, ní fheadair sé ná gurb é lár a leasa é.'[44] Ceann acu seo is ea an scéal faoin bhfeirmeoir a bhfuair gach duine dá chlann mhac bás ina n-óige, agus is é an sólás atá á thairiscint ann ná gur bhreá an lá dóibh gurbh amhlaidh a tharla, mar cuirtear in iúl ann cad é mar dhrochshaol agus mar dhrochbhás a bhí i ndán dóibh dá mairfidís.[45] Scéal é seo atá pléite i gcaibidil 3 agus is leor anseo tagairt don fhaisnéis thábhachtach a thugann Peig Sayers i gcás an scéil seo faoin úsáid a baineadh as chun sólás a thabhairt di féin in am a broide. Ag tagairt don bhean a d'inis an scéal di deir sí: 'ach do bhí sí ag tabhairt céille dom agus im' mhúineadh, ag tabhairt teagaisc dom, mar dhea, foighne a bheith agam, agus do tharraing sí chúici an scéilín.'[46]

Rud eile a chabhraigh leis na hOileánaigh agus iad i ngleic le deacrachtaí an tsaoil agus go háirithe an bás, ab ea an tuiscint a bhí acu ar an gcinniúint. Ba shnáth den aigne thraidisiúnta é go raibh lá agus cineál an bháis leagtha amach, agus nach raibh aon dul ag an duine iad a sheachaint.[47] Tá cur síos ag Tomás Ó Criomhthain in *Seanchas ón Oileán Tiar* ar fhear a chonaic samhlaoid ar an bhfarraige – triúr fear ag siúl ar bhóthar tirim tríthi – agus conas mar bádh an fear sin mar aon le beirt eile tamall ina dhiaidh sin.[48] Tá an t-aguisín seo leis an leagan den eachtra a thóg Robin Flower uaidh:

'Why did they not take warning from the vision?' I asked Tomás when he told me the tale.

'Dhera,' he said, 'what good would there have been in that? A fisherman must follow the sea and how can a man escape the day of his death? There is such and such a time marked out for a man on this earth and when his day is come, if he went into an ant's hole, death would find him there. We have only our time and, young or old, a man must go when he is called.'[49]

Tá do-sheachantacht na cinniúna léirithe go drámatúil i scéal ar tógadh an leagan seo de i gCorca Dhuibhne:

Bhí fear thiar in Ard na Caithne fadó. Bhí sé ag baint mhóna amuigh in aice Binn Dhiarmada agus bhí ábhar móna bainte aige. Ní raibh éinne ina theannta. Do shuigh sé síos is do dhearg sé a phíb. Do labhair an guth os a chionn: 'Tánn tú i do shuí ar fhód do bháis,' arsan guth.

'Cuirfeadsa in iúl duit,' arsa é sin, 'ná fuilim,' ag éirí agus ag gearradh an fhóid mórdtimpeall lena ramhann. Níorbh fhada uaidh an fhaill. Do thóg sé leis an fód agus do chaith sé leis an bhfaill é. Nuair a tháinig sé abhaile bhí sé ag eachtraí ar cad a chuala sé is cad a dhein sé agus ná beadh an scéal fíor.

I gceann cúpla bliain ina dhiaidh sin bhí sé ag bailiú feamnaí agus do bhuail an bloc leis agus feamnach ag fás air.

'Don diabhal,' arsa é sin, 'dá mbeifeá sa chúinne agus tú tirim gur deas an suíochán a dhéanfá.'

Do scrios sé anuas an fheamnach de agus do thug sé leis an bloc. Chuir sé ag triomú é. Bhí sé sa chúinne. A bhean a bhí suite ar an mbloc i gcónaí ach aon oíche amháin: –

'Beir an leanbh uaim,' arsa í sin, 'go ndéanfaidh mé rud éigin ar fuaid an tí.'

Thóg sé an leanbh. Ní fada a bhí sé suite ar an mbloc nuair a scread sé. Ní mór ná gur thit an leanbh uaidh. D'imigh sé den iarracht sin. Sin é an uair a cuimhníodh. Fuarthas scian agus do gearradh an bloc féachaint conas a bhí aige. Fód a bhí ann. Nárbh fhada an seasamh aige é.[50]

Le bás anabaí, go háirithe, a luaitear an chinniúint. Ba gheall le sólás acu siúd a chaill duine a bhain leo go tubaisteach, an tuiscint go raibh lá an té sin tagtha agus nach raibh saol thairis sin ceaptha dó. Chabhraigh an méid sin le daoine glacadh leis an mbás mar gur dhearbhú é nár rud fánach inseachanta a bhí ann, ach gur rud é a tháinig i gceist de bharr oibriú córais ar tugadh géilleadh dó, mar atá, an chinniúint. Thug an tuiscint sin brí éigin don tubaist agus bhain cuid den ghoimh as. Feictear i gcuntas ar bhás tubaisteach a scríobh Seán Mac Mathúna, bailitheoir béaloidis ó Luach, Dubhlinn, Contae an Chláir, conas mar baineadh leas as nóisean na cinniúna mar ábhar sóláis:

> Is cuimhin liom nuair do thit cailín bocht don bhaile seo le aill uafásach ansiúd dosaen blian ó shin, cad a duairt seanfhear comharsain ná maireann le fada an lá. Bhí na táinte daoine ó na bailte thart timpeall láithreach, gach n-aon go heaglach ag baint lán súl as an marbhán bocht do bhí ansiúd caite ar aragail den aill, na céadta troigh síos ó bharr. Bhí an duine seo agus an duine úd a d'iarraidh sos éicint do chur leis an mbuaireamh do bhí ar athair an chailín, ach is é an focal a bhí ag an seanfhear seo a bhfuil mé ag tagairt dó le rá nuair a d'fhéach sé síos ar an radharc uafásach: 'Is é fód a báis a bhí ann.'[51]

Cuid de thuiscint na nOileánach ar an gcinniúint ab ea gurbh ionann í agus deonú Dé: '... pé ní atá ceapaithe ag Dia dhomhsa gheobhad é,' mar a dúirt Peig Sayers.[52] Féach fós an seanfhocal, 'Cuir do cheann i gcúl an adharta agus gheobhair pé foirtiúin a gheall Dia duit,'[53] agus na línte seo in 'Caoineadh na Luasach':

> ... Ó, bhíobhair ceapaithe i gcóir anaithe an lae úd
> a's ná fuil aon leigheas ar ghrásta Dé 'guin ...[54]

Tá an tuiscint gurb é Dia an máistir ar dhán an duine léirithe freisin i scéal a bailíodh i gContae na Gaillimhe ina samhlaítear fad saoil an duine le buaine coinnle a bhí lasta ag Dia.[55] Is cóiriú Críostaí é seo ar an tuiscint faoin gcinniúint a bhí sa domhan clasaiceach mar ar samhlaíodh na déithe ag beartú dhán an duine.[56] Níor ligeadh an seandearcadh seo i léig ar fad, áfach, óir mhair fós tuiscint ar an gcinniúint mar chumhacht ar leith ó Dhia na Críostaíochta:

> *Medieval Christians from Boethius to Dante had maintained the pagan tradition of the goddess Fortuna side by side with a belief in God's omnipotence ... Aquinas had stressed that the notion of Divine Providence did not exclude the operation of chance or luck.*[57]

Tá an dá thuiscint ar an gcinniúint léirithe i seanchas an Bhlascaoid – tuigeadh í mar dheonú Dé, ach tuigeadh chomh maith í mar chumhacht neamhspleách. Is furasta an chinniúint a thuiscint mar chumhacht ar leith i gcaint an Chriomhthanaigh le Robin Flower thuas, agus arís sa scéal faoi fhód an bháis. Cuirtear i láthair leis í mar chumhacht gan spleáchas ar Dhia na Críostaíochta i scéal eile a raibh an-éileamh air sa cheantar a léiríonn 'Banríon na bPlainéad' ag riaradh dhán an duine. Tráchtar ann ar fhear a chuaigh ar cuairt go dtí an saol eile, agus ar casadh isteach i dtigh é mar a raibh bean álainn agus gnóthaí aite ar siúl aici – tamall aici á bá féin nó á dó féin, tamall eile á crochadh féin, tamall eile ag gearradh a scornaí, agus tamall eile fós ag léamh leabhair. Míníonn sí gurb í féin Banríon na bPlainéad agus gur de réir a báis féin a bheadh cinniúint pé leanaí a saolaíodh le linn an ama sin.[58] Tugann scéal eile le fios go bhféadfadh fiú iompar a áireofaí mar mhímhoráltacht, a bheith ceapaithe do dhuine, agus léiríonn sé fiú an sagart ag géilleadh don tuairim sin:

> Chuala scéal eile mar gheall ar scoláire bocht a ghaibh thíos chun an Leitriúigh fadó agus ghaibh sé isteach ar thitim na hoíche i dtigh, i dtigh feirmeora [ina raibh bean an tí i dtinneas clainne]. Ní fada go bhfaca sé bean ag gabháilt isteach agus bean eile agus [iad] ag dul don tseomra. Thairrig sé amach a leabhar is bhí sé á léamh agus chuireadh sé tuairisc anois is arís an raibh an leanbh saolaithe. Agus nuair a saolaíodh an leanbh d'fhiafraigh sé cad é an saghas é. Dúrthas leis gur gearrchaile. Thairrig sé osna is dhún sé an leabhar is bhuail sé ina phóca é agus níor fhan aon fhocal aige. Ach ar maidin lá arna

mhárach bhí fear an tí á cheistiú cad é an bun a bhí aige leis an gcaint aréir.

'Á, ní raibh aon ní,' arsa é sin.

'Dheara, bhí,' arsa fear an tí, 'agus ní fhágfair an tigh go dtabharfair cuntas domhsa.'

'B'fhéidir nárbh fhearr duit a fhios a bheith agat,' arsa é sin.

'Is fearr liom cuntas a fháil air,' arsa é sin, 'pé bun a bhí leis.'

'Do léas insa leabhar an uair sin,' arsa é sin, 'go gcasfaí isteach i dtigh mé is go saolófaí leanbh iníne ann agus nuair a dh'éireodh sí suas go mbeadh triúr leanbh aici le triúr d'fhearaibh pósta.'

Do bhailigh sé leis ansan agus do dh'éirigh an gearrchaile suas nó go dtáinig a chomhrá chun cinn. Do dhíbir an sagart as an áit ansan í. Dúirt sé léi gan casadh go deo aríst. Ach bhí sí imithe tamall agus do bhí *stations* thíos i dtigh mo mhuintire chríonna-sa, thíos i bhFaiche, agus tar éis an aifrinn is na haon ní, bhí an sagart ina sheasamh thíos ag an doras. Cé gheobhadh isteach ach amháin í.

'Ó, a dhiabhail,' arsa an sagart, 'ná dúrt leat gan filleadh go brách arís. Cuir díot,' arsa é sin, 'as mo radharc, tapaidh.'

D'éirigh mo mháthair chríonna ansan is chonaic sí í.

'A Athair,' arsa í sin, 'an bhfaghadsa cead cainte?'

'Geobhaidh tú,' arsa é sin.

D'eachtraigh sí dó mar gheall ar an scoláire bocht tríd is tríd fé mar tá eachtraithe agamsa duitse.

'Nuathair,' arsa í sin leis an sagart, 'is dócha nár fhéad sí gabháilt thairis an rud a bhí ceapaithe dhi.'

Thiomáin sé teachtaire ina diaidh is do tháinig sí arís. Dúirt sé lem mháthair chríonna bia a thabhairt di agus ná cuirfeadh sé aon chur isteach go deo arís uirthi.

Bhí m'athair ag eachtraí dom air sin. Sin scéal fíor mar thíos i dtigh mo mhuintire chríonna a bhí na *stations* an lá san.[59]

Sa mhéid gur ciontú le triúr fear pósta dán na mná seo, ní maith a réitíonn an scéal sin leis an tuiscint gurb é Dia a bheartaíonn an chinniúint, ach tagann sé go héasca leis an tuiscint gur cumhacht gan spleáchas ar Dhia í an chinniúint. I scéal a thóg Seosamh Ó Dálaigh ó Pheig Sayers in 1943, léirítear caidreamh spéisiúil a bheith ag an Slánaitheoir leis an gcinniúint, mar is é éirim an scéil go bhfuil cur amach aige ar an gcinniúint agus cumhacht áirithe aige uirthi, ach i ndeireadh na dála go bhfeidhmíonn sí gan spleáchas dó:

> Lá bhí Muire agus an Leanbh Íosa agus Naomh Iósaef ag dul ó Bheithil go Gailílí. Bhíodar ag siúl an bhóthair leo, agus is dócha go raibh an Leanbh Íosa an uair sin hocht mbliana d'aois. Ach pé cas-shúil a thug Muire, do chonaic sí an fear tamall uaithi agus é ag imeacht fiain, agus gan luid éadaigh air, é ag imeacht ina gheilt agus do bhí sí ag breathnú air.
>
> 'Cad air go bhfuileann tú ag breathnú, a mháthair? arsa an leanbh léi.
>
> 'Táim ag breathnú ar an bhfear breá óg san thall,' ar sise, 'agus is mór an trua é a leithéid d'fhear bhreá, agus an tslí go bhfuil sé ag imeacht.'
>
> 'Chím é,' arsa an leanbh. 'Tá sé sin anois a mháthair,' ar seisean, 'ag dul á bhá féin.'
>
> 'Ó, mo thrua é,' arsa Muire, 'a leithéid d'fhear breá óg a bheith ag imeacht mar sin.'
>
> 'Ó, níl leigheas air,' arsa Íosa, 'sin é an plainéad gur saolaíodh é sin ann.'
>
> 'Ach a mhic,' ar sise, 'an bhfuil aon leigheas air?'
>
> 'Ar mhian leat a mháthair,' arsa Íosa, 'aon leigheas a dhéanamh air?'
>
> 'Ó, ba mhian, mhuise,' ar sise. 'Gabhann sé trí mo chroí fear óg mar sin a bheith á dh'ídeach féin.'
>
> 'Tá go maith,' ar seisean, 'déanfar é.'
>
> Do chas an fear a bhí ag imeacht ina gheilt agus do chuaigh sé abhaile.
>
> 'Tá san go maith,' arsa Muire, 'is fearr san ná é á dh'ídeach féin.'
>
> 'Tá, a mháthair,' arsa Íosa, 'ach nuair nár bádh sa mhuir é, báfar ina chuid allais fhéin é.'
>
> Fuaireadh básaithe sa leabaidh ar maidin lá arna mhárach an fear breá óg san. Ní raibh aon dul as aige. Sin é an plainéad go raibh sé saolaithe ann agus sin é an bás a bhí ceapaithe dhó.[60]

Ach féach nach cumhacht dho-sheachanta a bhíonn i gceist i gcónaí leis an gcinniúint sa bhéaloideas. I scéal a bhí ar eolas i gCorca Dhuibhne déantar cinniúint a bhí beartaithe i bplainéad a chealú le paidreacha, rud a thabharfadh le fios gur faoi réir Dé a bhí an chinniúint ag feidhmiú. Seo leagan de a thóg Seosamh Ó Dálaigh ó Pheats 'ac Gearailt, Com Dhíneoil i 1937:

> Bhí scoláire bocht ag imeacht fadó roimis agus a mhála leabhartha thiar air. Ach bhí sé ag imeacht agus casadh isteach i dtigh é go raibh bean i mbreoiteacht linbh agus bean chabhartha faréithi is do sheasaibh sé idir dhá líne an doiris san áit go raibh sé ach dúirt sé leis an mbean chabhartha:
>
> 'Moill ar do láimh,' a dúirt sé, 'go gceann trí nóimint, dá bhféadfaí trí nóimint moille a chur uirthi, ar an rud atá idir do dhá láimh.'
>
> 'Ní fhéadfainn é,' arsa an bhean chabhartha, a dúirt sí, 'aon nóimint moille a chur anois air,' a dúirt sí, 'ach é fháscadh suas.'
>
> Ach do tháinig an t-athair isteach, athair an linbh agus d'imigh an scoláire bocht do fhéinig amach. Ach do bhí an bhean chabhartha ag eachtraí d'athair an linbh cad dúirt an scoláire bocht leis an rud a bhí aici á thabhairt ar an saol, go ndúirt sé dá bhféadfadh sí trí nóimint moille a chur air go ndéanfadh sé maitheas.
>
> 'Dar so súd ormsa, mhuise,' arsa an t-athair, a dúirt sé léi ag greamú an ghunna, 'go n-imeodsa ina dhiaidh agus go gcaithfidh sé bunrúta a thabhairt dom leis.'
>
> D'imigh sé i ndiaidh an scoláire bhoicht agus do rug sé in áit éigin ar an mbóthar air. Dúirt sé leis stad suas dá mba é a thoil é. Stad an scoláire bocht.
>
> 'Cad é an chúis a bhí agat,' a dúirt sé, 'leis an bhfocal a dúrais ó chiainibh,' a dúirt sé, 'leis an mbean chabhartha a bhí fara máthair an linbh?'
>
> 'Ní fearr dhuit a fhios agat,' arsa an scoláire bocht, a dúirt sé.
>
> 'Ó, caithfidh tú bunrúta a thabhairt dom leis,' a dúirt sé, 'nó gheobhair a bhfuil sa ghunna.'
>
> 'Ná bac tharat é,' arsa an scoláire bocht, a dúirt sé.
>
> Chocáil sé an gunna.

'Is ea,' arsa an scoláire bocht,' a dúirt sé, 'dé dhealraimh,' a dúirt sé, 'caithfidh mé bunrúta a thabhairt duit leis.'

'Caithfir,' a dúirt sé.

'Insa bplainéad gur tháinig sé ar an saol,' arsa an scoláire bocht, a dúirt sé, 'dá bhféadfadh bean an chabhartha trí nóimint moille a chur air,' a dúirt sé, 'bheadh sé *all right*. An chaor a mharóidh é. An chaor a mharóidh an garsún,' a dúirt sé.

Baisteadh an garsún agus d'éirigh sé suas go raibh sé bliain is fiche agus an méid ná borrfadh an oíche dó, bhorrfadh an lá dó é agus i gceann a bhliain is fiche do dhein a athair *tower* dó nó comhra miotail, ní fheadar cé acu, agus chuir sé an garsún isteach ann. Bhí an garsún aige. Thug sé leis i bpáirc amuigh é. Shéid an lá chun toirneacha agus chuir sé an garsún isteach ann. Ní raghadh an garsún isteach ann ach a leabhar a ghreamú agus a hata a bhaint dó nó a chaipín, pé acu bhí air, agus dul amuigh ar an bpáirc agus a leabhar ar leathadh aige ag paidreoireacht. Do tháinig an chaor, go saora Dia sinn, agus dhein sé ceathrúna den d*tower* nó den gcomhra miotail agus do mhair an garsún.[61]

Tá an tuisicint go bhfuil máistreacht ag Dia ar an gcinniúint léirithe leis ag Peig Sayers i leagan den scéal atá luaite thuas faoin bhfeirmeoir ar cailleadh a thriúr mac go hóg. Cuireann sí friotal air sna focail seo a labhraíonn an teachtaire diaga leis an bhfeirmeoir sa scéal: 'Sin é an bás a bhí i ndán do gach éinne de thriúr acu san, ach níorbh é sin toil Dé. Do thóg sé uait amach an doras iad, glan galánta fé chlú is fé onóir is fé mheas.'[62] Tugann dhá scéal eile dá cuid le fios go raibh sé de bhua ag an Leabhar Eoin an chinniúint a shárú – deirtear i gceann gurbh é faoi deara fad a chur leis an saol gearr a bhí i ndán do gharsún toisc gur saolaíodh Domhnach Cásca é, agus de réir an scéil eile, chinntigh an Leabhar Eoin saol fada do chailín a raibh bás óg i ndán di.[63]

Tá seanfhocail ann a fhógraíonn go bhfuil smacht éigin ag an duine ar an gcinniúint, gur féidir leis í a sheachaint nó í a chur thairis: 'Is treise foighne ná cinniúint', agus 'Buann an fhoighne ar an gcinniúint'.[64] Ní dán an duine, áfach, a chiallaíonn 'cinniúint' sna ráitis sin ach tubaist, timpist nó mí-ádh – ciall a bhíonn leis an bhfocal sa ghnáthchaint freisin, ar ndóigh. Seo, mar shampla, an nóta a chuir An Seabhac leis an seanfhocal: 'Ní chuireann an chinniúint a cos fúithi': 'Olc nó mí-ádh a thuigid lucht labhartha na Gaedhilge leis an bhfocal cinniúint'.[65] Ag teacht leis sin, míníonn sé an seanfhocal 'Buann an fhoidhne / an t-imní / an t-aireachas ar an gcinniúint' sa tslí seo: 'An t-é bhíonn imshníomhach (foidhneach, aireach) seachnaíonn sé an t-olc.'[66]

Mar fhocal scoir, níor mhiste tagairt do chosaint eile fós a bhí ag na hOileánaigh ar speach na tubaiste, mar atá, an tuiscint gur beag is fiú an saol seo ná aon ní a tharlaíonn ann, mar gurb é an saol eile amháin a bhfuil aon tábhacht leis. Is finné í Peig arís ar an dearcadh seo:

> Gach ní dár chruthuigh sé, ba shólás dom é, go fiú an bhróin féin is amhlaidh a chuireadh sé ag machtnamh níos doimhne mé. Dar liom, ní raibh i nithe an tsaoghail seo ar fad ach an dealbhas – an áit seo lán indiu agus é folamh amáireach … Is baois dar liom gach ní ach amháin grádh do thabhairt do Dhia.[67]
>
> Sé an rud is mó a bhí ag dóghadh mo gheirbe riamh, a mhic, ná an méid seo a déarfaidh mé leat. Is minic do ghuidheas go dúthrachtach chun Rí na Glóire ná déanfainn féin ná sibhse aon ní as an slíghe Air ar an saoghal so, do chuirfeadh ó n-a chéile sinn lá mór an bhreitheamhnais, ach go mbeimís i gcomhluadar a chéile fé mar bhíomar ar an saoghal so i ríoghacht Dé.[68]

Níl amhras ná gurbh fhóinteach na hairm aigne ag na hOileánaigh agus iad i ngleic le tubaistí an tsaoil seo a gcreideamh i nDia, agus na tuiscintí traidisiúnta a chumasaigh iad chun déileail leo.

SUMMARY

This chapter considers the mindset of the Blasket Islanders in relation to tragedy as depicted in their writings and folklore. Their outlook was based on a fundamental belief in God as creator and bestower of life. This resulted in the unwavering belief that all happenings were in accordance with his will, thus leaving them to grapple with the age-old problem of evil. The accepted response to tragedy was the patient acceptance of it as God's will, while also acknowledging that some good, even if unknowable, can come from it. It was felt there was a certain equilibrium and equality in the way God managed affairs. Islanders' belief in God was firmly linked to their dependence on the sea, and the daily peril in which they lived. God played a central role, therefore, in their daily lives. However, the pre-Christian notion of fate as an independent, otherworldly force surfaces in some items of folklore. In a tale frequently recorded in West Kerry (ATU 759**, *How God's Wheel Turns*) human destiny is portrayed as being determined by a turning wheel with various spokes indicating luck or misfortune, while another tells how the Queen of Planets allots to men the manner of their death. Fate is again featured as an independent agent in narratives validating the notion of the unavoidability of one's 'sod of death', and in another tale, the Lord God while on earth professes himself powerless to avert a man's death. It is suggested that seeing tragedy as the working of God's will or of fate was helpful in dealing with it. Parallel to the belief that God was responsible for all happenings, the notion that God helps those who help themselves was strongly promoted by narrative and proverb.

Creideamh agus Cinniúint

1. Féach e.g., Whitaker 1985.
2. Sayers 1939: 189.
3. Ó Criomhthain 1977: 139, 234; Sayers 1939: 189; Ó Gaoithín 1953: 24.
4. Seán Ó Criomhthain in Tyers 1982: 37–8. Tá an dearcadh céanna seo, cuid mhaith, léirithe in Ní Shéaghdha 2015: 145: 'Is dócha, aon duine a tógtar agus a bhíonn ag maireachtaint ar oileán mara, go mbíonn siad ag brath chomh mór sin ar Dhia, toisc an fharraige a bheith ina dtimpeall agus a mbeatha á sholáthar, go mbíonn sé [creideamh] iontu go dúchasach nádúrtha.'
5. Ó Criomhthain 2002: 327.
6. Ó Criomhthain 2002: 308.
7. Sayers 1939: 240.
8. Ó Gaoithín 2019: 56.
9. Sayers 1939: 266; féach leis Sayers 1998: 183; Ó Súilleabháin 1933: 108; Ní Shéaghdha 2015: 24–5.
10. Ó Gaoithín 1953: 103.
11. *Ibid.*: 16.
12. *Ibid.*: 26.
13. Ó Criomhthain 1977: 332.
14. Ó Siochfhradha 1932b: 11. Tá an scéal seo áirithe in ATU faoin uimhir 756C, *The Two Sinners*; cf. Tubach 1969: # 3664. Tá 26 leagan de áirithe in TIF.
15. Ó Criomhthain 1977: 129.
16. *Ibid.*: 124.
17. *Ibid.*: 163.
18. Ó Criomhthain 2002: 274.
19. CBÉ 459: 358–61. Tá leaganacha eile den scéal seo ó Iarthar Dhuibhneach le fáil in CBÉ 23: 116–19 Máire Bn Uí Ghrífín, Cinn Aird, a d'inis, 1934; CBÉ 298: 256–66 (= CBÉ 357: 344–9) Seán Brún ó Bhn. Uí Loinse, Gallarus 1927; CBÉ 304: 234–46 Seosamh Ó Dálaigh ó Sheán Ó Grífín, Cathair Boilg 1934 [= Ó Súilleabháin 1952: # 122]; CBÉ 430: 10–14 Seosamh Ó Dálaigh ó Mhícheál Mac Gearailt, Com Dhíneoil, 1937; CBÉ 772: 73 Seosamh Ó Dálaigh ó Neil Bn Uí Chonchúir, Baile Dháith 1941; CBÉ 858: 53–62 Seosamh Ó Dálaigh ó Pheig Sayers, Baile Bhiocáire 1943; CBÉ 935: 561–71 Seosamh Ó Dálaigh ó Mhait Gromail, An Mhuiríoch 1944; CBÉ 983: 187–90 Robin Flower ó Pheig Sayers, An Blascaod Mór. Tá leaganacha den scéal áirithe in TIF faoin uimh. AT 759**, *How God's Wheel Turns*.
20. HdA.vii: 486–7.
21. Patch 1967: 147–59; Leach 1949: 1: 412.
22. Tubach 1969: # 2157, # 5255; HdA.vii: 486–7; Patch 1967: 19.
23. CBÉ 858: 53–62. Sa leagan seo téann Peig i leith na móitíse a áirítear in Thompson 1955–8 mar D1323.1, *Magic Clairvoyant Mirror*, le heolas Dé ar dhán an duine a mhíniú: 'Tá Dia trína ghlóire suite i gcathaoir na diagachta agus é ag féachaint trí scáthán atá ar an roth sin lena shúile glórmhara ar imeachta an tsaoil uile go léir.'
24. CBÉ 983: 187–90. B'fhéidir gur faoi anáil 'roth na gintlíochta' ar a mbíodh trácht sa scéalaíocht mar chosaint dhraíochtúil ar dhúnta a tugadh 'roth na hintleachta' nó 'roth na hintlíochta' ar roth na cinniúna; féach tagairtí ag Cross 1952 faoin uimhir D1389.4, *Magic Wheel prevents entrance to fortress*. Tá scéal luaite in Ó Súilleabháin 1942: 617 # 24, a thugann le fios gur chuaigh d'Araisteatail oibriú roth na hintlíochta a thuiscint.
25. Bolte 1900: 66–73; tugtar an leagan Béarla seo ann:
    War begets Poverty – Poverty Peace;
    Peace bringeth Riches – Fate ne'er doth cease;
    Riches gender Pride – Pride is War's ground;
    War begets Poverty – and so the World goes round.
26. Ó Siochfhradha 1926: # 672; Dinneen 1927: s.v. tógaint. Tá mo bhuíochas ag dul don Dr Fionnuala Carson Williams as an tagairt seo.

27 Ó Criomhthain 2002: 5–6.
28 Ó Criomhthain 1929: 16. 'Do shábháil na hoileánaigh na mílte mála den chruithneacht, do dhein a ndóthain agus dóthain ar bhain leo ar feadh i bhfad. Ní bheadh aoinne beo ins an oileán so mara mbeadh í, agus níor chuaigh sé gan rádh ón gcailligh ná gurbh é Dia do chuir chun na mbocht í.'
29 Ó Criomhthain 1977: 320.
30 Cf. Ó Siochfhradha 1926: # 132, # 154; Sayers 1939: 100.
31 Tyers 1982: 58.
32 Ó Máille 2010: # 2167.
33 Ó Criomhthain 1977: 271.
34 Cf. Ó Máille 1948: # 1340: 'D'fhág mise fá chúram Dé é, 's d'fhág Dia fá mo chúram féin é.'
35 Ó Gaoithín 1953: 96.
36 Cf. Ó Máille 1948: # 373.
37 CBÉ 571: 329–30. Tá leaganacha eile den scéal áirithe in TIF faoi na huimhreacha 759, *God's Justice Vindicated* agus 774K, *Peter Stung by Bees*; cf. Ó Héalaí 2012: 276–78. Tá an scéal seo pléite freisin i gcaibidil 15.
38 Ó Criomhthain 1977: 129.
39 Ó Criomhthain 2002: 259.
40 Ibid.: 247; cf. Luce 1969: 164–5: 'One can, I suggest, find a Homeric quality of spirit and outlook in the passage.'
41 Tyers 1982: 38. Féach freisin plé ar thuiscintí a chumasaigh daoine déileáil le tubaistí pearsanta i gcaibidlí 3 agus 5.
42 Ó Siochfhradha 1926: # 1290, # 1302; Ó Máille 2010: #3265.
43 Ó Gaoithín 1953: 95. Ar lch 104 luaitear fiúntas breise fós leis an bhfoighne: 'Nach sinn a bhíonn go cráidhte nuair a thagann rudaí beaga treasna orainn agus fhios againn go maith gur péarlaí ar ár gcoróinn síorruidhe gach trioblóid a glacfar le foidhne ar son Dé.'
44 Ó Siochfhradha 1926: # 1181.
45 Leagan é seo de ATU 934C, *Death Forestalls Evil Fates*; tá leaganacha de áirithe in TIF faoin uimhir 759, *God's Justice Vindicated*.
46 CBÉ 966: 476–7 (= Ó Súilleabháin 1952: # 120).
47 Féach Gwynn 1910: O'Rahilly 1922: 86–8; Carney 1957.
48 Ó Criomhthain 1956: 187–9.
49 Flower 1944: 122.
50 CBÉ 967: 234–235. Seosamh Ó Dálaigh a thóg ó Sheán Criomhthain, Cill Maoilchéadair, 1945. Tá aistriúchán Béarla air seo mar aon le nótaí in O'Sullivan 1977: # 2; cf. Ó Máille 1948: # 352: 'Níl fhios ag aon duine cá bhfuil fód a bháis.'
51 CBÉ 1044: 213–14.
52 Sayers 1998: 51. Tá an tuiscint chéanna seo léirithe leis in Ó Gaoithin 2019: 38 : '... is fíor go bhfuil fód ár mbáis gearrtha amach ag Dia dúinn go léir'; Ó Gaoithín 1953: 95: 'Sé Dia féin, moladh go deo leis, a thugann an fhoidhne dhúinn chun fulang leis na nithe seo go léir atá gearrtha amach Aige dúinn feadh ár saoghail.'
53 Ó Siochfhradha 1926: # 1151.
54 Ó Criomhthain 1956: 54.
55 CBÉ 630: 364–5.
56 Onians 1988: 352–77.
57 Thomas 1978: 91.
58 Scéal idirnáisiúnta é seo, ATU 947A, *Bad Luck Cannot be Arrested* (roimhe seo AT 947A, *Goddess of Fate Allots Fate to People*) agus i scéalaíocht na tíre seo, cumasctar é le ATU 461, *Three Hairs from the Devil's Beard* agus le ATU 471, *The Bridge to the Otherworld*. Bailíodh na leaganacha seo a leanas den scéal seo i gCorca Dhuibhne: CBÉ 2: 13–19; CBÉ 2: 122–39 (= *Béaloideas* 18: 85–9 = Ó Súilleabháin

Creideamh agus Cinniúint

1952: # 50), CBÉ 3: 385–413; CBÉ 11: 7–11; CBÉ 12: 80–9 (= CBÉ 215: 807–36); CBÉ 13: 136–42; CBÉ 13: 332–7; CBÉ 34: 206–13; CBÉ 34: 255–7; CBÉ 120: 3–111; CBÉ 201: 209–11; CBÉ 211: 200–7; CBÉ 241: 1–2; CBÉ 243: 514–40; CBÉ 307: 635–89; CBÉ 324: 13–19; CBÉ 361: 52–139; CBÉ 379: 125–34; CBÉ 386: 217–46; CBÉ 411: 4–20; CBÉ 417: 113–18; CBÉ 452: 26–30; CBÉ 506: 163–8; CBÉ 534: 262–86; CBÉ 772: 404–17; CBÉ 778: 342–7; CBÉ 808: 552–CBÉ 809: 11; CBÉ 965: 487–510; CBÉ 967: 89–95; CBÉ 980: 464–71; CBÉ 1065: 530–5; CBÉ 1066: 45–9; CBÉ 1124: 232–4; *Béaloideas* 2: 199–204, Wagner and Mac Congáil 1983: # 47. I gcuid de na leaganacha seo féachtar leis an tuiscint go gcinntíonn an plainéad an chinniúint a thabhairt chun réitigh le huilechumhacht Dé, trína thabhairt le fios gur ag feidhmiú thar ceann Dé atá an bhean mar go dtugtar 'plainéad ó Dhia' nó 'ceann de phlainéid na bhflaitheas' uirthi.

59 CBÉ 936: 547–9. Seosamh Ó Dálaigh ó Sheán Criomhthain, Cill Maoilchéadair 1944; tá leagan eile in CBÉ 621: 15–20 agus iad araon áirithe in TIF faoin uimhir 930–49, *Tales of Fate*.

60 CBÉ 847: 494–6. Tá an dearcadh céanna léirithe i scéal eile (CBÉ 267: 506–7) ina dtugann an Slánaitheoir le fios 'gur sin mar a bhíonn – an té atá le bá go gcaithfidh sé bheith múchta'.

61 CBÉ 430: 80–3. Bailíodh dhá leagan den scéal seo ó Pheig Sayers, ceann a thóg Bláithín uaithi agus a scríobh Seosamh Ó Dálaigh amach in CBÉ 983: 121–5, agus ceann eile a d'inis sí do Kenneth Jackson agus atá i gcló in *Béaloideas* 8: 28–30 (= Jackson 1838: # 6). Thóg Seosamh Ó Dálaigh an scéal ó Neil Bn Uí Chonchúir, Baile Dháith in 1941 (CBÉ 772: 174–6) agus tá leagan eile de ó Chorca Dhuibhne in CBÉ 6: 555. Tá siad seo ar fad áirithe in TIF faoin uimhir 934, *The Prince and the Storm*; maidir leis an scéal féin féach Ó Curraoin 1988.

62 CBÉ 984: 473.

63 CBÉ 968: 115–17; CBÉ 847: 300–7. Maidir leis an Leabhar Eoin, féach caibidil 18.

64 Ó Máille 1948: # 2487; CBÉ 1044: 210; cf. Ó Gaoithín 2019: 14: 'Deineann Dia an stubháil is cuireann sé an chinniúint tharainn go minic, céad buíochas go hard leis.'

65 Ó Siochfhradha 1926: # 1223; féach FGB *s.v.* cinniúint.

66 Ó Siochfhradha 1926: # 1187. Seo é leis an scéala a fhógraíonn seanfhocail an Bhéarla mar *Diligence is the mother of good fortune* (Wilson 1970: 102). Is spéisiúil, áfach, go ndealraíonn nach mí-ádh ná tubaist a thuig an Duinníneach leis an bhfocal cinniúint i gcás an tseanfhocail 'Buaidheann an t-imshníomh ar an gcinneamhaint', mar gur *diligence overcomes destiny* a thugann sé mar mhíniú air (Dinneen 1927: s.v. cinneamhain).

67 Sayers 1939: 264.

68 Ó Gaoithín 1953: 96.

7:
Toise na Draíochta i Leigheas na Muintire

Tá a lán eolais faoi chúrsaí leighis i mbéaloideas Chorca Dhuibhne agus a lán cleachtas dírithe ar an tsláinte a chosaint nó breoiteacht a chloí i gceist ann. Ní hábhar iontais é seo, ar ndóigh, mar is feidhm bhunúsach de chuid an bhéaloidis faoiseamh a thabhairt do dhaoine ó fhadhbanna a mbíonn siad i ngleic leo, agus is cinnte go bhfuil easláinte agus cúrsaí leighis go mór chun tosaigh i measc na nithe a bhíonn ag cur as don duine.

Tá dhá mhór-roinn is féidir a dhéanamh ar leigheas na muintire trí chéile: ar dtús, tá an chuid sin de atá bunaithe ar bhua nádúrtha éigin a bheith ag an gcóir leighis – fiúntas a léireodh anailís eolaíochtúil a bheith sa mhíochaine nó in cibé cur chuige as a mbaintear feidhm – agus ansin, tá an dara cuid de nach léir aon bhonn eolaíochtúil in aon chor a bheith faoi. De réir an áirimh atá déanta ag saineolaí amháin, baineann fiúntas le c.25% den leigheas traidisiúnta – oidis mar cheiríní, suathaireacht, agus go mór mór, an úsáid a bhaintí as luibheanna a bhfuil cumas leighis iontu i ndáiríre.[1] Is ceart a rá, áfach, gur deighilt acadúil é an t-idirdhealú seo, mar nárbh aon chuid d'aigne na ndaoine a chleacht nó a chleachtann an leigheas traidisiúnta é, a leithéid sin d'idirdhealú, agus is minic eilimintí den dá aicme san oideas leighis céanna.[2]

Tá fairsinge mhór ábhair i gceist le leigheas na muintire agus ní gá a rá nach as an gcúlra céanna a eascraíonn sé ar fad. Cuid de, mar shampla, is ea an t-eolas praiticiúil a bhí foghlamtha ag daoine ó thaithí na nglúnta ag déanamh cúraim sa bhaile d'othair le breoiteachtaí éagsúla. Tá cuid eile de bunaithe ar chleachtais a bhíodh i réim sa leigheas léannta sular thosaigh cur chuige eolaíochtúil ar theacht chun cinn go forleathan sa leigheas sin ón 17ú agus ón 18ú haois amach. Baineann leis an aicme sin an ghibneoireacht as a mbaintí feidhm nuair a measadh go raibh an scéithín / cleithín tite, agus an chuisleoireacht a bhíodh á cleachtadh ag tuataigh.[3] Is féidir aicme eile fós de a aithint — an chuid de a bhfuil spéis faoi leith anseo ann — an chuid de atá bunaithe go príomha ar thuiscintí draíochtúla, cibé acu an ó thaithí an phobail féin, nó ó chleachtais an leighis réamheolaíoch a eascraíonn sé.

Ó tharla tuiscintí éagsúla ann faoi bhrí an fhocail draíocht agus faoin mbailíocht atá leis mar théarma anailíse, níor mhiste a shoiléiriú gurb é atá á chur in iúl anseo leis an téarma 'leigheas draíochtúil' ná cóir leighis nach féidir bonn eolaíochtúil a lua léi.[4] Is é sin le rá cóir leighis nach féidir a thaispeáint trí anailís thurgnamhach go bhfuil aon eilimint sa chur chuige ná i gcomhdhéanamh an oidis a mbeadh sé de chumas ann an leigheas a thabhairt chun cinn. Gan spleáchas dó sin, áfach, creidtear fós go bhfuil cumhacht bhisiúil ag an gcóir leighis, agus is fada fairsing fianaise ar a leithéidí seo de chóracha leighis i gcultúir éagsúla ón gcianaimsir anall.

Tá cuid mhór den leigheas draíochtúil bunaithe ar an tuiscint go bhfuil bá de chineál éigin, nó comhbhraistint, idir dhá rud, agus de bharr an cheangail sin eatarthu go mbíonn éifeacht ag ceann acu ar an gceann eile — draíocht an chomhbhá (*sympathetic magic*), mar a deirtear leis. Aithnítear dhá léiriú ar leith ar an sórt seo draíochta, mar atá, draíocht na cosúlachta nó na haithrise (*homeopathic/imitative magic*), agus draíocht na teagmhála (*contagious magic*). Fág go mbíonn an dá chineál seo draíochta ag feidhmiú in éineacht uaireanta agus dul thar a chéile i gceist leo ar ócáidí, is téarmaí fóinteacha fós iad i bplé ar chleachtais dhraíochtúla.[5]

DRAÍOCHT NA COSÚLACHTA

Is é an prionsabal ar a bhfuil draíocht na cosúlachta bunaithe ná gur féidir le macasamhail nó cosúlacht ruda dul i bhfeidhm ar an rud féin. I gcomhthéacs leighis, mar shampla, glactar leis go mbeadh éifeacht ar shláinte ag cosúlacht nó samhail an othair nó an ghalair. Bheadh an bhábóg vúdú, b'fhéidir, ar an léiriú is aithnidiúla den sórt seo draíochta, agus ní gá dul go dtí na tíortha teo in aon chor chun fianaise a fháil ar chleachtais mar é seo. Tráchtann dlíthe na mbreitheamh ar chineál aoire ar a dtugtaí 'glam dicend' a chleachtadh na seanfhilí agus creideadh ina thaobh go dtabharfadh sé fiú bás an té ar a raibh sé dírithe i gceist trí chumhacht fhocail an fhile, le linn dó dealga a shá in íomhá chré dá sprioc.[6]

Bhí nós in áiteanna sa tír seo punann chóirithe i gcló duine a mbeifí ag iarraidh díobháil a dhéanamh dó, a chur sa talamh, agus creideadh de réir mar bhí an phunann ag lobhadh go mbeadh an té sin ag ceiliúradh.[7] Tá siombalachas go mór chun tosaigh i gcónaí i gcúrsaí draíochta, agus ní hionadh, dá réir sin, go mbeadh draíocht na cosúlachta (a bhfuil siombalachas lárnach ann) i gceist go minic i leigheas na muintire abhus. Tá an draíocht sin, mar shampla, mar bhonn faoin moladh traidisiúnta go séidfeadh bean thorrach boilg cheártan d'fhonn éascaíocht a chinntiú di i saolú a linbh – mar dhia go mbeadh sí in ann an leanbh a dheighilt gan deacracht, ar aon dul leis an tslí a chuir sí a raibh sna boilg amach go héasca.[8] Is é an prionsabal draíochtúil céanna atá ag feidhmiú i leigheas ar fhaithní sa chuntas seo:

> B'ait liom féin riamh an leigheas a bhí ag an seana-dhream ar na faithní, agus dá mhéid géilleadh a thugaidís dó, ní raibh ann ach piseog gan éifeacht. Is amhlaidh a gheibhidís slithide agus é chuimilt dos na faithní; ansan sháidís dealg sceiche gile tríd an slithide agus dh'fhágaidís ansan é nó go leighfeadh sé. De réir mar bheadh an slithide ag leigheadh bheadh na faithní ag imeacht.[9]

Tá eolas fairsing ar shnaidhm na péiste agus daoine ann i gcónaí atá ábalta an tsnaidhm sin a chur suas. Bhaintí feidhm as snaidhm na péiste mar leigheas ar ainmhí breoite, nó uaireanta i gcás linbh a mbeadh tinneas boilg air.[10] Chun faoiseamh a thabhairt ón bpian dhéantaí snaidhm speisialta a chur ar phíosa de chorda ar dhroim an ainmhí nó ar bholg an linbh, agus paidir nó foirmle éigin á rá; ach nuair a tharraingeofaí ó chéile dhá cheann an chorda, scaoilfeadh an tsnaidhm. Feidhmíonn draíocht na cosúlachta ar an tuiscint go bhfuasclaítear cibé greim atá ar an othar nuair a scaoiltear an tsnaidhm.[11] Draíocht na cosúlachta atá i gceist arís leis an gcomhairle seo a thóg Seosamh Ó Dálaigh síos ó Mhéiní (Máire Uí Dhuinnshléibhe), ar an mBlascaod:

> Le linn do bhean bheith i mbreoiteacht linbh, tá sé ordaithe gan glas a fhágaint ar dhoras ná ar chófra, ná bollta, ná ar aon rud sa tigh faid a bheadh sí sa bhreoiteacht, d'fhonn is go n-osclódh gach ní.[12]

Tá sinsearacht fhada ag a lán de na tuiscintí ar a bhfuil an leigheas draíochtúil bunaithe, rud a léirítear go maith sa chás seo ón treoir a bhí ag an údar Laidine, Pliny, d'éinne a bheadh taobh le bean thorrach, gan na méaranta a bheith fite ina chéile acu ná cos leo a bheith leagtha ar a leathghlúin, mar go bhféadfadh geáitsí a mbíonn fáscadh i gceist leo deacracht a chruthú do shaolú an linbh.[13]

Tá draíocht na cosúlachta i gceist arís ina lán córacha leighis atá bunaithe ar phrionsabal theagasc na comharthaíochta (*doctrine of signatures*). Mar bhunchloch faoin teagasc seo tá an tuiscint go bhfuil aontas fisiciúil sa chruinne go léir, nó comhcheangal idir eilimintí uile na cruinne, agus mar gheall air sin, gur féidir le ceann díobh dul i bhfeidhm ar cheann eile. Díreach mar a luaitear ceangal a bheith idir gluaiseachtaí reanna nimhe agus dán an duine i gcás na hastralaíochta, maítear freisin i gcúrsaí leighis, go bhfuil tionchar ag fásraí áirithe ar ghalair ar leith. Maítear go bhfuil comharthaí le feiscint ar phlandaí a thugann le fios cé na galair gur leigheas orthu iad. Bhí an tuiscint seo fairsing i seansibhialtachtaí na nGréagach agus na nÉigipteach, agus í á cur chun cinn i scoileanna leighis na hEorpa ar feadh na gcéadta bliain.

Ina fhianaise sin, ní hionadh, b'fhéidir, go mbeadh údar Éireannach ag fógairt gur d'aon ghnó, d'fhonn cúnamh a thabhairt don duine, a chuir Dia na comharthaí seo ar phlandaí.[14]

Is minic leas á bhaint as córacha leighis bunaithe ar chomharthaíocht i leigheas na muintire. Maidir leis an liath bhuí, mar shampla, tuigeadh go mbeadh an dath buí go maith chuige, agus is ar an gcúis sin a théadh daoine i muinín an tsabhaircín chun é a leigheas – bheirítí idir bhláth buí agus ghas in uisce agus ansin thugtaí le hól don othar é (léaráid 17).[15] 'Is dócha,' a dúirt Peig Sayers, 'gurb í an liath bhuí an buí mór. Níl aon leigheas air, ach baintí úsáid as luibh na liatha buí fadó.'[16] Leigheas eile air nach mbeadh puinn fonn ar dhaoine dul ina threo, b'fhéidir, ba ea cac caorach a bheiriú i leamhnacht agus an lacht modartha glasbhuí sin a ól.[17] Ag teacht leis an tuiscint chéanna sin bhí luibh an chreatha, nó an chrobh dhearg (léaráid 18), a bhí molta mar leigheas ar mhún fola ar stoc. Tá an cuntas seo ag Maidhc Dháith Ó Turraoin ón Rinn ar an gcur chuige a bhíodh ann maidir le húsáid na luibhe seo:

An bhroinne dhearg [ar ghamhain], bheadh a chuid uisce dearg. An chrobh dhearg a bhíodh mar leigheas air – í go léir a tharraint as an talamh agus an cré a bhaint di agus í a chuir dhá uair a chloig ag beiriú in uisce. An méid a thabharfá leat id ladhar di a chuir ar chárt uisce agus nuair a bheadh sé beirithe, gloine dhe a chuir ar an mbainne go dtí an lao maidean is tráthnóna.[18]

Tá cuid de na leigheasanna seo bunaithe ar an tuiscint go ndéanann fásra atá i gcosúlacht an bhaill thinn, an ball sin a leigheas. Tuigeadh, mar shampla, de bharr cosúlacht tiúbair nó rútaí an mhagairlín mheidhrigh le baill ghiniúna an fhireannaigh go ndéanfaidís na baill sin a neartú, agus is dá bharr sin leis a bhíodh an magairlín meidhreach in úsáid in upaí seirce (léaráid 19).[19]

Tuiscint thraidisiúnta eile is ea go ndéanann cosúlacht chomharthaí sóirt an ghalair, an galar féin a chosc. Is ar an gcúis seo, mar shampla, a bhaintí an chos de ghamhain a chailltí leis an gceathrú dhubh, agus go ndéantaí í a leasú agus a shocrú thuas sa siminé mar chosaint in aghaidh an ghalair sin a theacht ar aon cheann eile de ghamhna na feirme:

> As an instance may be mentioned the custom of keeping a calf's hind leg hanging in the smoke of an open chimney. The inquirer may receive a hint that in some way the presence of this limb in its present position will have some influence in averting the dreaded "black quarter" from the young cattle on the homestead.[20]

Tá léiriú stairiúil ar an gcur chuige seo i bhfógra Chomhairle chathair Londain sa bhliain 1075, ag cosc cnámha ainmhí a cailleadh le plá, a chrochadh in aice tí mar chosaint ar an ngalar sin.[21] Léiriú eile ar an tuiscint chéanna é leigheas a bhíodh ann ar an mún dearg – bolb a creideadh a thug an galar sin chun cinn a bheiriú in uisce agus é a thabhairt le hól don ainmhí breoite. Conach a thugtaí ar an mbolb seo,[22] agus tá dhá shampla d'íomhá (c.3 orlach ar fad) a fuarthas i gContae Chorcaí den bholb seo déanta as airgead agus gloine san Ard-Mhúsaem i mBaile Átha Cliath (léaráid 20). Is amhlaidh a chuirtí an íomhá in uisce a bheirítí le tabhairt le hól ansin don ainmhí breoite.[23]

Léiríonn na samplaí seo an úsáid fhorleathan a bhaintear i leigheas na muintire as an bprionsabal a d'fhógair an t-údar Gréagach, Hippocrates, is é sin go leigheasann a chosúlacht an galar féin (teagasc a chuirtear in iúl leis an nath Laidine *similia similibus curantur*). Is cinnte go bhfuil an tuiscint seo bunaithe ar mhodh machnaimh seanda agus seans maith gur ón mbéaloideas a fuair Hippocrates féin í. Ar aon nós, ba dhlúthchuid de leigheas na muintire anuas trí na haoiseanna an tuiscint seo, agus sa lá atá inniu ann tá aird i gcónaí air i gcóras leighis an hoiméapaite.

Cor cinniúnach i gcás an chleachtais seo – comhartha sóirt galair a úsáid mar chosaint ar an ngalar sin – ba ea an spreagadh a tháinig as le leigheas vacsaíne nó ionoclú a thabhairt chun cinn. Leis na cianta cairbreacha bhí cosaint aimsithe i leigheas na muintire in áiteanna san Áis agus san Aifric ar bholgach dhaonna (*smallpox*), nó bolgach Dé mar deirtí leis, galar marfach a gcailltí na mílte dá bharr. Bhí an chosaint seo bunaithe ar an tuiscint go ndéanfadh deasca an ghalair an galar féin a chosc. Is amhlaidh a dhéantaí smearadh beag den bhraon ó phuchóid bolgaí a chuimilt do ghearradh a chuirtí ar chroiceann duine shláintiúil, sin, nó púdar ó ghearbacha triomaithe bolgaí a shéideadh ina shrón. Thagadh comharthaí sóirt na bolgaí chun cinn ar an duine sláintiúil ansin ach mhaolaídís go luath agus bhí imdhíonadh feasta ag an té sin ar an ngalar.[24] Cé gurbh eol le fada san Eoraip an cleachtas seo a bheith in úsáid san Oirthear, níor thug lucht leighis abhus aitheantas dó go dtí an t-ochtú haois déag nuair a tosaíodh á mholadh mar chóir leighis. Luann an chéad taifead ar úsáid á bhaint as an sórt seo cosanta in aghaidh na bolgaí in Éirinn gur ar phríosúnaigh i gCorcaigh a deineadh é in 1721, timpeall an ama chéanna ar tosaíodh á úsáid i Sasana.[25]

Tharla dul chun cinn mór i láimhseáil na bolgaí nuair a bhain feirmeoir i Sasana leas as eolas a bhí le fada ag muintir na tuaithe .i. go mbíodh cosaint ón mbolgach dhaonna ag an té a tholg bolgach bó – cineál i bhfad níos séimhe den ghalar. Bhuail racht den bholgach dhaonna Dorsetshire in 1774 agus bheartaigh feirmeoir cosaint uirthi a sholáthar dá chlann trí bholgach bó a thabhairt dóibh. Chuige sin, thóg sé ar shnáthaid, braon ón mbolgach a bhí ar úth bó agus chuir an tsnáthaid faoin gcroiceann ar lámh a mhná agus a bheirte mac. Ba é seo an chéad uair ar taifead ar tugadh vacsaín do dhuine – téarma bunaithe ar an bhfocal Laidine ar bhó, *vacca*. Fiche bliain ina dhiaidh sin d'fhorbair an Dr Edward Jenner an vacsaín a thuilleadh, agus de réir a chéile bhain dochtúirí eile úsáid as.

Ba chuid de leigheas na muintire abhus vacsaíniú mar chosaint ar an gceathrú dhubh:

> After proper 'curing' scrapings from the dried muscle were believed … to be efficacious as a preventative of the disease, when spread on tapes which were to be then inserted, as a seton, through a fold of the skin of a healthy calf with a special needle.[26]

Bhí vacsaíniú ar dhaoine á chur chun cinn in Éirinn ó thús an naoú haois déag agus bhíodh tuataigh chomh maith le dochtúirí an leighis oifigiúil á chleachtadh.[27] Féach, mar shampla, an fhaisnéis seo a tógadh ó Mhártan

Ó Colmáin, Cill Mhic Thomáisín, Contae Phort Láirge a saolaíodh c.1826: 'Bhí mé dhá bhliain déag d'aos nuair a ghearraigh bean desna comharsain an bholgach orm. Is cuimhin liom an lá san chomh maith agus is cuimhin liom an lá inné.'[28] Tharlódh leis go raibh leigheasóirí a ghearradh an bholgach i measc na *'quack doctors [who] abounded in all directions'*, a cháin Rev. Jn Graham sa *Statistical Survey* in 1815: '*Such practitioners could not fail to find abundant employment, creating it as they went along, and often disseminating variolus infection of the very worst description.*'[29]

DRAÍOCHT NA TEAGMHÁLA

Is léiriú eile ar dhraíocht chomhbháúil í draíocht na teagmhála, téarma a luaitear leis an tuiscint go leanann ceangal folaithe nó misteach idir dhá rud a bhíonn i dteagmháil, fiú tar éis dóibh a bheith scartha ó chéile. De thoradh ar an nasc diamhrach sin samhlaítear tionchar a bheith fós ag an rud a scartar ar an rud ar bhain sé leis tráth. Is é an prionsabal seo atá i gceist, mar shampla, nuair a fhéachtar le breoiteacht a chloí trí rud a bhí i dteagmháil leis an othar (ball éadaigh, abair, nó dlaoi gruaige), a dhó nó a chur in áit nach dtiocfaidh sé as.[30] Seo cuntas ó Pheig Sayers a léiríonn feidhmiú na draíochta seo:

> Sin rud eile a chonac á dhéanamh agus leanbh trí mbliana a bhí ann agus go dtiocfadh aon ní air go tapaidh – trí tháth a ghearradh as a chuid gruaige ar mhullach a chinn; iad a ghearradh in ainm an Athar, an Mhic agus an Spioraid Naoimh, agus na trí tháth a chaitheamh isteach i gcroí lár na tine agus a rá: 'Olc agus urchóid mo linbh an bóthar leat.'[31]

Bhí an sórt seo leighis molta freisin ar phoc sí:

> *A fairy stroke – the persons don't be theirself, while they are in the trouble they are contrary. By cutting three pinches of the hair off their head in the name of the*

Toise na Draíochta i Leigheas na Muintire

Father and of the Son and of the Holy Ghost, Amen. And by putting it between two red sparks and leaving it burn the patient will get alright.[32]

Is léiriú spéisiúil ar an tuiscint go mbíonn ceangal diamhrach idir dhá rud a bhí tráth i dteagmháil le chéile, an cur chuige a bhí molta chun gearradh ó thairne nó ó uirlis ghéar a chneasú. Toisc an t-arm bheith i dteagmháil leis an lot, tuigeadh go bhféadfaí an lot a leigheas trí dhíriú ar an arm. Bhí an tuiscint ann gurbh é an rud a dhein an díobháil an rud is fearr a leigheasfadh é (*similia similibus*), agus is amhlaidh a dhéantaí cúram den arm d'fhonn an lot a chneasú.[33] Tráchtann an bailitheoir béaloidis, Nioclás Breatnach (léaráid 21), ar a thaithí féin ar an gcóir leighis seo:

> Dh'airínn leis 'á mbeadh nimh fola ag baint le duine agus dá mba phíosa iarainn ba chiontach leis, an t-iarann céanna a dh'fháilt a ghearraigh tú, é a chur isteach sa tine agus é a dheargadh, bheadh sé álraight.
>
> Bhain san dom féin agus ar ndóigh do chuir mé an píce a chuaigh trí mo chois sa tine agus dhearg mé é agus dh'imigh an phian nuair a bhí sé dearg.[34]

Seo cuntas ó cheantar an Daingin ar an modh leighis seo i dtús na haoise seo caite:

> *One day I was playing on a swing in my cousin's cow-house. Hay forks and manure forks were stored across the rafters. The action of the swing dislodged a fork. One of its tines went right through my foot. I hopped back home in agony. My mother washed the wound out with Jeyes Fluid. I sat near the fire for the rest of the day. My foot grew hot as the poison spread.*
>
> *In the evening, the cousin who owned the cow-house came in with the guilty fork in his hand. He put the tines in the fire and said to me: 'The fire will now kill all the germs on the fork. As they die, your foot will get better'.*[35]

Ar an múnla céanna seo, ba ón madra a bhain snap as duine, a bhí leigheas le fáil ar an lot a leanfadh a ghreim, mar a léiríonn an fhianaise ó Pheig Sayers a chuirtear i láthair i gcaibidil 8. Cur chuige eile bunaithe ar dhraíocht na teagmhála a bhí molta mar leigheas ar ghreim madra, ba ea ribe dá chlúmh a leagadh ar an lot.[36] B'fhéidir nár mhiste a mheas go raibh anáil éigin ag an tuiscint gurb é an rud a dhein an dochar an rud a dhéanfadh an leigheas, ar fhorbairt na comhairle a thugann an seanfhocal maidir le póit: leigheas na póite í ól arís – comhairle atá curtha go fileata sa rann:

> Má bhíonn tú suaite, brúite, marbh, tnáite,
> Ó shú na n-úll cúmhra is an leanna láidir,
> Glacse chugat más fonn leat teacht i do shláinte,
> Ribe de chlúmh na cún sin lá arna mhárach.[37]

Tá éachtaint mhaith le fáil ón eachtra inar bhain rón greim as colpa Thomáis Uí Chriomhthain in *An tOileánach*, ar an ngéilleadh láidir a tugadh don tuiscint gurb é an rud a dhein an dochar a dhéanfadh an leigheas. Tuairiscítear ann an dua a bhí a uncail Diarmaid agus a chomharsana sásta a chur orthu féin chun dul go hInis Mhic Aoibhleáin ar lá nach raibh thar mholadh beirte, ag soláthar stiall d'fheoil róin le cur leis an ngreim a bhain bainirseach as cois Thomáis. Dearbhaíonn an cuntas leis gurbh éifeachtach mar leigheas é – fiú sa chás seo nuair gur ó rón eile a fuarthas an leigheas seachas an ceann a dhein an díobháil:

> Agus do thóg an captaein, Diarmaid, Ceann Sléibhe don chéad scríb léi, agus thóg a chaladh féin don tarna scríb, agus níor stad gur chuir ailp don rón fuinte isteach im chois féin, agus i gceann seachtaine bhíos chomh maith agus do bhíos riamh.[38]

SONRAÍ ILGHNÉITHEACHA

Tá a lán leigheasanna draíochtúla atá bunaithe ar thuiscintí eile chomh maith leis an gcomhbhá, ach gheofar leor anseo le cúpla léiriú fánach orthu.[39] Ina measc seo tá cleachtais a dhíríonn ar an ngalar a aistriú ón othar go duine eile, nó go hainmhí, nó éan, nó fásra, nó fiú rud éigin neamhbheo.⁴⁰ Seo faisnéis ar chúpla ceann díobh:

> Rud eile atá ins na spideogaí seo; tá muid ag éisteacht ariamh leis an tseanbhunadh a' rá go bhfuil léas cat-bhrághaid [*scrofula*] iontu. Chonnaic me fhéin an léas seo á dhéanamh go minic agus ní rabh ann ach an spideog a a chuimilt ar an áit a mbeadh an chneadh trí huaire ar maidin sula n-itheadh an t-othar aon ghreim. Níl a fhios agham ceoca atá maith ar bith ins an léas sin nó nach bhfuil ach bhíthear ag goil dó go leithideach anseo sa tsean-am. Tá sé canta fosta go stiúgfadh an spideog i ndiaidh an léas seo a dhéanamh léithi, is é sin, má léastar an té atá ag éagaoin.⁴¹
>
> *Well, I heard them say that it was on a boor tree that Judas hanged himself – I don't know how true it is. But they always said that that was why a boor tree was old and foegy and rough. That's why they used to put their hand on the boor tree for the cure in heart fever, for it was taken to be little odds and no harm to give the disease to the boor tree.*⁴²

Tá léargas le fáil ar chleachtais eile den saghas seo ó tháilliúir iomráiteach Gharraí na Péice, Tadhg Ó Buachalla:

> Dá mbeadh ceathrú dhubh ar ghamhnaibh, bhí an leigheas seo acu leis – é a dhíbirt uaitse agus a chur ag triall ormsa. Mharódh an cheathrú dhubh na gamhna.
>
> Bheiridís an cheathrú sin den ghamhain leo istoíche agus chuiridís i dtalamh duine eile é. Is minic a deineadh é. Deiridís go gcuireadh sin an díbirt air; ach an té a gcuirfeá ina chuid tailimh é, bheadh sé aige sin ansan. Nó aon ghalar eile a thiocfadh ar ghamhnaibh nó ar bhuaibh, nó fiú amháin ar an cearca, chuiridís uathu ar an slí sin é. Ba chuma leo cá ngeobhadh sé ach é a chur uathu féin.
>
> Thagadh galar ar na cearca go minic, agus galar tógálach ab ea é. Thiocfadh sé ar gach aon chearc a bheadh agat agus mura gcuirfeá stop leis agus leigheas éigin a fháil dó. Is minic a caitheadh cearc mharbh thar claí na teorann chun an galar a dhíbirt.⁴³

Ba mhinic a d'fhéachadh daoine le scarúint lena dtinneas ag láthair oilithreachta mar thobar beannaithe,[44] rud atá le tuiscint, mar shampla, ón nguí lena gcuirtear críoch ar thuras Ghobnatan i mBaile Bhúirne: 'Ar impí an Tiarna agus Naomh Gobnatan mo chuid tinnis a fhágaint anseo.'[45] Cuireann Mícheál Ó Gaoithín in iúl an glacadh a bhí leis an tuiscint gur féidir galar a aistriú san fhaisnéis seo ar chailín ar ionsaigh an slua sí í:

> Fuaireadh ar maidin sa Chlasach í agus í ina hóinsigh stollta stracaithe, gan aon phioc dá cló féin uirthi. Nuair a chonaic a máthair í, do ghuigh sí chun Dé, dá ba é a thoil naofa é, an galar a thógaint den ngearrchaile agus é chur uirthi féin. Agus is mar sin a bhí. Níor fhan faic ar Mháirín Dubh ach gur bhris féith na filíochta amach inti … ach tháinig gach ainnise ar a máthair.[46]

Cur chuige draíochtúil eile a bhí ann chun déileáil le galar ba ea an t-othar a chur trí spás cúng chun an galar a scarúint uaidh, sin, nó de réir tuisceana a thugann draíocht na cosúlachta i dtreis, chun an t-othar a athshaolú go siombalach ina shláinte.[47] Mar leigheas ar thriuch agus roinnt aicídí eile chuirtí leanbh trí bhearna a dhéanfaí trí ghéag crainn a lúbadh síos go talamh, nó an leanbh a chur trí oscailt a ghearrfaí ar chrann óg fuinseoige nó ar ghéag chrann sailí.[48] Leigheas aitheanta ar bhruitíneach nó ar bhreoiteachtaí eile linbh, ba ea an leanbh a chur trí huaire faoi bholg asail – spás cúng eile.[49] Chuirtí leanaí breoite trí pholl i gcloch chun fáil réidh le tinneas,[50] agus arís creideadh go raibh leigheas le fáil as dul trí oscailt chúng mar Chró na Snáthaide i gCill Maoilchéadair (léaráid 22).[51] Creideadh go mbeadh bua leighis ag píosa éadaigh a tharraingeofaí trí pholl i gcloch,[52] agus gur chúnamh do bhean thorrach i saolú a linbh, ball éadaigh léi a tharraingt trína leithéid.[53] Fógraíonn an phaidir a deirtear ag dul trí chrios Bhríde gur dea-shláinte a chinntiú is aidhm don nós sin:

> Crios Bhríde mo chrios,
> crios na gceithre gcros;

an té a rachas trí mo chrios,
go mba seacht fearr a bheas sé bliain ó inniu.[54]

Tuigeadh go bhféadfaí easláinte a dhíbirt le bagairt:

> Dr G.U. MacNamara tells me that Denis Curtis near Corofin cures liver complaints, bleeding, and cows that have swallowed raw potatoes. He puts his human patients on their backs on his anvil and pretends to strike them with his sledgehammer. This is done on three occasions, on two Mondays and a Thursday. The patients then drink forge water.[55]
>
> A gooseberry bush twig is prepared by plucking all but nine thorns from it with each thorn pointing in the opposite direction to the one on either side of it. Then each thorn in turn is pointed at the sty saying Pater, Ave and Gloria at each pointing. This is repeated daily for nine days and then the sty will have gone.[56]

D'fhéach cleachtais eile fós leis an ngalar a leigheas tríd an mball tinn a thomhas chun an galar a aithint agus a smachtú:[57]

> A common method of magical diagnosis was to inspect a belt or girdle ... belonging to the patient on the assumption that it would magically reflect the wearers state of health. Girdle measuring was an ancient procedure throughout Europe. The assumption behind it was that the presence of an evil spirit would reflect itself in the inconstancy of the measured length. It was still practiced at the end of the sixteenth century.[58]

Measadh i gcás leigheasanna áirithe gur ghá aird a thabhairt ar phointe sonraithe ama mar éirí nó dul faoi na gréine, nó lá áirithe den tseachtain nó den bhliain;[59] nó go gcaithfí an leigheas a dhéanamh nó a fháil in áit shonraithe mar chrosaire nó teorainn,[60] nó fós go gcaithfí é a dhéanamh líon áirithe uaireanta, tuiscint a léirítear, mar shampla, sa téacs seo ó Uíbh Ráthach:

Dá mbeadh duine breoite deirtí fadó go mbeadh leigheas i n-uisce na dtrí dteoranna. Chathadh duine dul i n-a aonar trí huíhe as a chéile i n-am mhairbh na hoíche go dtí áit a mbeadh uisce trí bhaile a' teacht i dteannta a chéile i n-aon áit amháin ... An té a raghadh ad' iarraig an uisce, chathadh sae an t-uisce a chuir san áit chéanna arís nuair a bheadh sae réidh leis ruime ghlao an choiligh, gan aonne á fheiscint, agus dá mbuailfeadh aonne sa tslí leis, ní bheadh neart aige labhairt chuige.[61]

Uaireanta bíonn tábhacht luaite le dathanna agus ag teacht leis sin, creideadh, mar shampla, go raibh plainín dearg fóinteach in aghaidh tinnis áirithe, agus bhí leigheas ar an triuch luaite le hanáil an ghandail bháin.[62] I gcás galair chnis go háirithe – leithéidí borrphéist agus tine dhia (*erysipelas / St Anthony's fire*) – d'fhéachtaí le hiad a theorannú go draíochtúil trí scríobh thart ar an bpaiste tinn:

Dá mbeadh an tine dhia ar dhuine is amhlaidh a scríofadh sé a ainm agus a shloinne timpeall air le peann agus dubhach – ach ní ceart an dúbhach a ligint isteach sa tine dhia.[63]

I leigheasanna eile bhí tábhacht dhraíochtúil luaite leis an tslí ina soláthrófaí an chóir leighis – an t-uisce ceárta a ghoidfí bhí sé ráite go raibh bua breise leighis aige dá bharr sin, agus go sonrach, go gcabhródh sé le bean i saolú linbh.[64] Uisce a dtiocfaí de thimpist air i bpoll cloiche, dúradh go raibh leigheas ann, ar fhaithní go háirithe,[65] nó dá gcuirfí fáinne ar mhéar duine gan é bheith iarrtha aige/aici, go leigheasfadh sé crampa.[66] Tugtar le fios uaireanta go mbíonn leigheas ag brath ar shonraí gluaiseachta nó treo – siúl i ndiaidh do chúil seachas chun cinn, nó casadh deiseal seachas tuathal.[67] I gcásanna eile cuireadh tábhacht le staid éigin de chuid an othair agus/ nó an leigheasóra – tost, mar shampla:

D'inis sí dhó cén chaoi a dtóigfeadh an cailín beag na luibheannaí agus 'anois,' a deir sí, 'ar an mbealach abhaile dhuit ná labhair le haon duine faoin domhan nó má labhaireann ní bheidh aon mhaith in d'aistir.'[68]

Ach bhí sé ina sheanghnás riamh againne [Inis Oírr], dá ndófaí do chois mar sin ach gan aon duine a labhairt, dá rithfeadh sé siar ins an gcreig in áit ar bith, slam maith raithní a fháil agus é a chur leis an áit a bhí dóite, bhí tú ceart. Ach rithfeadh an fear siar, ach mura labhradh aon duine, bhí an leigheas déanta.

Ach an lá seo, níor imigh an fear bocht, an dtuigeann tú, chomh tapaidh, níor rith sé agus bhí an strainséara seo ann. 'Ó céard atá tú a dhéanamh', a deir sé, 'agus faigh slam raithní, nach bhfuil do chois ... nach bhfuil drochrath uirthi?'

'Ó mhuise, go dtachtar beo beithíoch thú,' a deir sé. 'Tá sí leigheasta anois go slachtmhar, go háirithe,' a dúirt sé. 'Cén fáth ar labhair tú ar chor ar bith?' a deir sé. 'Ar ndóigh, níl aon leigheas i mo chionn anois,' a dúirt sé, 'ó labhair tú.'[69]

D'fhágfá do thigh amach, agus ní labharfá chun aoinne beo – dá mbuailfeadh an sagart nó an pápa leat – aon fhocal le haoinne beo ó chuirfeá do chos thar tairsigh ... Dúirt gach aoinne a ghaibh an slí riamh ná raibh aon éifeacht leis an dturas á labharfá le haoinne ó fhágfá do thairseach féin amach go dtí go dtiocfá thar n-ais arís. Do bhí sé sin ag gabháil leis gan dabht.[70]

Bhí béim ar an gcéalacan freisin mar staid éiritheach i leigheas na muintire:

An chéad seile a bheadh ag duine ar maidin, bhí leigheas ann. Chaití ar leic an teallaigh é ar maidin agus é a chorraí thart sa dusta agus fíor na croise a ghearradh air trí huaire agus fáinne a dhéanamh thart ar an lot sa bhfeoil bheo, go mór mhór ar scrabhóg an ábhair ar an liopa íochtarach.[71]

An bás an staid dheireanach a luafar sa chomhthéacs seo, staid a bhfuil bua draíochtúil – marbhdhraíocht – luaite léi ina lán réimsí eile chomh maith le leigheas.[72] Tá faisnéis líonmhar i bhfoinsí béaloidis ar an tuiscint go bhfuil leigheas le fáil ón marbhán, nó ó rud éigin a bhí i dteagmháil leis, nó ó threalamh tórraimh, nó ó chré nó airnéis reilige.[73] Is geall le paradacsa é, ar ndóigh, go mbeifí ag iarraidh leigheas a fháil ón mbás: *It is one of the ironies of folk medical practice that things connected to the realm of the dead should by some inexplicable logic be employed to combat sickness and sustain life.*[74] Mar iarracht ar an *inexplicable logic* sin a shoiléiriú, tá sé áitithe, mar shampla, go raibh ceangal do-scartha in aigne an duine chianda idir bás agus beatha, ceangal a d'eascair ó thaithí daoine ar an tslí ina léirítear an bheatha ag teacht chun cinn tar éis di dul i léig i ngnéithe suntasacha den dúlra, e.g., líonadh na gealaí tar éis di bheith caite, breacadh an lae ó dhoircheacht na hoíche, borradh ar fhásraí san earrach tar éis a meath i ndúluachair na bliana. I miotaseolaíocht na tíre seo, tá aird dírithe ar an nasc idir bandia na torthúlachta agus pearsa mhiotasúil bainteach le bás,[75] agus tá taispeánadh drámatúil i gcás pearsa mhiotasúil, Miach, agus arís i gcás an naoimh, Gallagán, ar leigheas a bheith á sholáthar ag a gcoirp tar éis a mbás.[76] Is léiriú cumhachtach é ar an tuiscint go dtiocfadh beatha agus biseach ón mbás, teagasc lárnach na Críostaíochta gur trí bhás Chríost a cuireadh an bheatha shíoraí ar fáil don duine.[77]

Fógraíonn seanfhocal modh amháin leighis ó mharbhdhraíocht, mar atá: 'Tá leigheas i lámh an mharbháin.'[78] Seo cúpla cuntas ar chleachtais bunaithe air sin:

> Bhí ana-mhuinín acu as lámh dhuine mhairbh mar leigheas leis; agus dá mbeadh lot nó aicíd ar dhuine, rachadh sé go dtí an áit a raibh an marbhán agus dhéanfadh sé pé ball beatha leis a bheadh tinn a nochtadh agus lámh an duine mhairbh a chur leis.[79]
>
> Ceapann daoine, cuid acu, go bhfuil corp in ann galra a leigheas ... Tá an nós sin anseo go fóill mar níl sé mí ó shin ó cailleadh fear ar an mbaile seo. Bhí cailín beag a raibh glúin thinn aici le bliain nó mar sin agus tugadh an cailín go dtí an teach agus cuimlíodh lámh an choirp do ghlúin an chailín bhig mar shúil is go leigheasfadh sé í.[80]

Creideadh dá gcuimleofaí an lámh do chomhartha cille go nglanfadh sé é,[81] agus dúradh go raibh bua leighis le fáil ag an té a chuimleodh a lámh féin do lámh marbháin.[82] Bhí an tuiscint ann leis go raibh fiúntas ó thaobh leighis in ithe cuid de chorp marbháin agus an tuiscint sin léirithe, mar shampla, i dtráchtas leighis a foilsíodh i mBaile Átha Cliath in 1739:

> *The heart pulverised and given to the quantity of a dram in the morning fasting, is accounted good to cure the falling sickness, apoplexy, vertigo and other diseases of the head ... The marrow is esteemed good to cure the contraction of the nerves and sinews. An oil extracted from the bones by distillation is discussive and anodyne, therefore an excellent remedy against the gout, the grieved parts being anointed therewith.*[83]

Tá macalla soiléir den teagasc léannta seo i scéal a bhailigh Heinrich Wagner ó Pheig Sayers a thráchtann ar bhean a fuair leigheas ar a gearán tar éis di blonag corpáin a bhí á bheiriú ag dochtúir a ithe.[84] Bhí leigheas ar ghearánta éagsúla ar nós tinneas cinn, faithní, súile laga, an rua nó neascóidí, luaite le teagmháil de chineál éigin le corp an mhairbh.[85] Creideadh go raibh leigheas san uisce lena nití an corp, i mbraillíní tórraimh, i ngeir na gcoinnle tórraimh, i snaois tórraimh agus sa phluda a bheadh faoi chosa na bhfear a d'iompródh an chónra ar shochraid.[86] Creideadh go raibh fiúntas i bpíosa de chlár cónra a chuirfí i gceirín don bhorrphéist,[87] agus bhí leigheas luaite le cré na reilige:

> Ach bhí sé de nós ann ar a shon san dá mbeadh leanbh breoite agus ná beadh sé ag teacht chun cinn, go rachadh duine éigin go dtí uaigh na muintire agus beagán de chré na húire a thabhairt leis i mblúire éadaigh. D'fhliuchfaidís í agus chuimlídís í don gcliabhán, ní don leanbh. Ach más ea, chuiridís thar n-ais arís an méid a thugadar leo mar nár cheart aon ní a thabhairt amach as an reilig, fiú amháin buidéal an uisce choisreactha.[88]

Tá sé áitithe go bhfuil an mharbhdhraíocht bunaithe ar an tuiscint gur samhlaíodh fáil a bheith ag an té a bhíonn i dteagmháil le corp an mhairbh ar an bhfuinneamh a bhain leis agus é beo: '*The idea underlying all these practices is that the vitality which quits the dead may be transferred to the living.*'[89]

Tacaíonn leis an tuiscint sin fianaise a léiríonn beatha bhreise fós a bheith luaite le corp i gcás báis anabaí, amhail is nach raibh a cheart den bheatha caite ag an té sin agus gur mhó an bua leighis a bheadh aige dá bharr sin:

> Deir siad go bhfuil leigheas sa gcorp le haghaidh a lán rudaí agus go mór mhór dá mbeadh páiste ann a caillfí gan baiste, bíonn daoine a mbíonn easpaí orthu á gcuimilt féin do lámh an choirp.[90]

Is cuid eile den tuiscint seo cumhacht dhraíochtúil a bheith luaite le corp an té a chuir lámh ina bhás féin, nó le corp coirpigh a cuireadh chun báis.[91]

SONRAÍ BREITHE

Creideadh go raibh bua leighis ag daoine áirithe a raibh rud neamhghnách ag baint lena saolú – an seachtú mac nó iníon, nó leanbh a saolaíodh i ndiaidh a chosa, nó a raibh a athair básaithe sular saolaíodh é.[92] Luann Seán Sheáin Í Chearnaigh, mar shampla, go raibh leigheas do leanbh a bheadh i mbaol báis tar éis é a shaolú, in anáil an duine a raibh a athair básaithe sular saolaíodh é féin: 'Chuireadh sé trí phuth dena anáil isteach i mbéal an linbh agus as san amach bheadh an leanbh ag dul i bhfeabhas.'[93] Creideadh go raibh leigheas ar chraosghalar ag anáil an té ar bhásaigh a athair sular saolaíodh é, agus bhí an bua céanna sin luaite le hanáil an ghandail bháin, rud a chuireann Mícheál Ó Gaoithín in iúl.[94] Thug an ceoltóir aitheanta Junior Crehan faisnéis ar an mbunús a bhí le bua seo an ghandail sin:

> And the gander used to cure them, because usually the gander would be killed when he would have the job done with the geese. He would get too wicked and he would be by himself when the geese were hatching. The hatched gander didn't see his father because he'd be killed and eaten by then. They would hold the gander up to the child's mouth and the gander's breath used to cure them.[95]

Chomh maith le diminsean draíochtúil a bheith i gceist le córacha leighis, tá sé i gceist freisin i dtuiscintí faoi bhunús na heasláinte, mar ba mhinic an drochshúil, nó gníomhaíocht na sí, nó mallacht luaite mar chúis le breoiteacht.[96] Ar an lámh eile, ba thuairim choitianta í gur ó na sí a d'fhaightí bua leighis, agus creideadh go raibh bua leighis ag daoine i ngairmeacha ar leith chomh maith le lucht feasa, go háirithe ag sagart, gabha agus fíodóir.[97]

GÉILLEADH DO LEIGHEASANNA DRAÍOCHTÚLA

Ag féachaint ar an raidhse mhór de chleachtais dhraíochtúla atá luaite thuas, agus ar an easpa cumais atá iontu de réir na heolaíochta, is deacair gan iontas a dhéanamh den ghéilleadh leanúnach a tugadh dóibh i gcultúir éagsúla, agus go deimhin, a thugtar fós inniu do go leor díobh. Baineann an leigheas draíochtúil le cineál ar leith iompair agus tuairimíochta a eascraíonn as tuiscintí traidisiúnta bainteach le hionramháil an áidh. Tá léiriú ar an sórt céanna iompair agus tuairimíochta le tabhairt faoi deara i réimsí eile de shaol an duine chomh maith, agus is minic an téarma drochmheasúil 'piseogacht' á lua leis. Ní téarma an-sásúil é piseog ag tagairt do sheantuiscintí agus nósanna ar cuid de shaol pobail iad. Rómhinic bíonn a bheag nó a mhór de tharcaisne nó de sheanbhlas i gceist leis an bhfocal piseog, agus ní hannamh á lua mar achasán é sa ghnáthchaint, ag tabhairt le fios nach bhfuil bonn slán ó thaobh réasúin ná cúisíochta leis an bhfeiniméan dá dtagraítear é. Fágann sin go bhfuil an baol ann go dtabharfadh an téarma le fios dul amú a bheith ar an té a thugann géilleadh don rud sin, ionas nach tuairisciú neodrach ar ghníomh ná ar thuiscint atá i gceist leis mar théarma. Is oibiachtúla go mór labhairt ar 'nósanna agus tuiscintí traidisiúnta bainteach le hionramháil an áidh'. Is téarmaíocht amscaí é sin, ar ndóigh, agus tá de bhua ag an bhfocal aonair piseog gur lipéad áisiúil é, ach is ceart a thuiscint go leanann bagáiste diúltach é.

Cad a fhágann an duine chomh tugtha d'iompar agus do mhachnamh den chineál seo? Is é an freagra gearr ná go bhfuil sé ginte ionainn iarracht a dhéanamh meabhair a bhaint as rudaí a theagmhaíonn linn. Chuige sin téimid i leith an réasúin sa chéad áit, agus go háirithe, i leith phrionsabal na cúisíochta. Tá claonadh ón nádúr ionainn dul sa tóir ar an gcúis atá le rudaí, mar santaímid smacht nó eagar de shórt éigin a bheith ar an saol inár dtimpeall, agus sinn ag iarraidh déileáil lenár dtaithí féin agus lena mbíonn ag tarlú dúinn.[98]

Is rud maith é sin, ar ndóigh, ceann de bhunchlocha na heolaíochta go deimhin, ach is amhlaidh atá an claonadh seo chomh tréan nach leor linn i gcónaí ár réasún chun rudaí a mhíniú, agus téimid thar a theorainneacha amach chun teacht ar fhreagraí i réimsí eile den aigne; *we are programmed to look constantly for patterns, imagining hidden forces and patterns*' mar a mhaíonn údair áirithe.[99] Dá réir sin, dealraíonn go dtagaimid ar an saol agus é ginte ionainn géilleadh a thabhairt do thuiscintí osnádúrtha nó draíochtúla. Is é sin le rá, gur nádúrtha linn a cheapadh go bhfuil rudaí i gceist sa saol seo bunoscionn leo siúd ar féidir leis an réasún a aimsiú agus dearbhú eolaíochtúil a chur leo.[100]

Táimid tugtha do phátrúin a lorg sa saol inár dtimpeall, agus dá bharr sin dírímid aird ar nithe a chothaíonn an pátrún, agus déanaimid neamhaird de nithe nach réitíonn leis.[101] Is minic réasúnú lochtach ag obair againn; feictear cúisíocht in áit nach bhfuil ach comhtharlú, agus déanaimid ceangal fánach idir rudaí nach bhfuil aon cheangal cúiseach eatarthu i ndáiríre (*post hoc propter hoc*).[102] Is í an tóir seo ar phátrúin a aimsiú is dóichí faoi deara, mar shampla, cóir leighis á nascadh le sonraí mar am, áit, minicíocht, srl., agus arís éifeacht á lua le cóir leighis bunaithe ar dhraíocht na cosúlachta nó draíocht na teagmhála. Is léiriú maith é ar a ghníomhaí is a bhíonn an ghné seo dár n-aigne, an t-éileamh leanúnach atá ar leigheas draíochtúil ón gcianaois anuas go dtí an lá atá inniu ann.

Bhí rudaí tarraingteacha a bhain leis an leigheas traidisiúnta a chothódh an géilleadh a tugadh dó. Mar rud amháin, níor lean costas rómhór é, mar de ghnáth, d'fhágadh leigheasóirí faoi na hothair cúiteamh a dhéanamh de réir a mbreithe féin, agus níor ghnách ach oiread, go mbíodh aon ní rophianmhar ná ródheacair ag baint le leigheas na muintire. Níor bhain imní i dtaobh snáthaidí ná sceanairte leis, agus go hiondúil ba dhaoine meabhracha cneasta iad na leigheasóirí agus iad faoi mheas sa phobal. Rud eile a chothaigh muinín an phobail sa leigheas traidisiúnta is ea go bhfacthas go mbíodh an éilít – lucht oideachais, rachmais nó cumhachta – ag triall ar leigheasóirí traidisiúnta ar uaire, agus thuig daoine chomh maith nach raibh leigheas gach galair ag an leigheas eolaíochtúil.

Rud eile de, is leor go leanfadh toradh dearfach uair fada fánach an leigheas draíochtúil le muinín an phobail a chothú ann. I gcásanna den sórt seo is mó go mór an aird a bhíonn ar aon bhua amháin ná na céadta teip. Tugann ár dtaithí leis an *lotto* é sin chun soiléire – téann scéal an ticéid a bhuann i bhfad is i ngearr, ach ní bhíonn aon chaint ar na ticéadaí nach mbuann, rud a mhíníonn an prionsabal síceolaíochta: '*occasional intermittent reward is sufficient to maintain behaviour.*'[103]

I dtuairisc a d'fhoilsigh an British Medical Association in 1956, deineadh áireamh ar roinnt cúinsí a d'fhéadfadh míniú a thabhairt ar an éifeacht a luaitear le leigheas draíochtúil – diagnóis mhíchruinn, prognóis mhíchruinn, gnáthmhaolú ar thinneas, leigheas sealadach, leigheas iomlán uaidh féin agus úsáid chomhuaineach cóireanna leighis eile.[104] Sa chomhthéacs seo níor mhiste a mheabhrú chomh maith, go raibh údarás an traidisiúin leis an gcóir leighis dhraíochtúil, agus i bpobal coimeádach, bheadh tionchar áirithe aige sin ar an ngéilleadh a thabharfaí dó. Chothódh na deasghnátha a bhain le córacha leighis draíochtúla, dóchas san othar. D'fhógair an bhéim a bhí ar shonraí mar am áirithe, áit áirithe, staid áirithe, agus mar sin de, gur ghnó an-speisialta é an leigheas seo, go raibh an ghníomhaíocht a bhain leis difriúil agus deighilte amach ó ghnáthghníomhaíochtaí laethúla agus gur ghá cáiréis mhór maidir léi. De bhreis air sin, bhí an t-othar ag teacht i láthair leigheasóra a raibh a bheag nó a mhór de mhistéir ag baint leis an mbua a bhí luaite léi nó leis, agus toisc go raibh ómós áirithe don té sin sa phobal, ba dhearbhú de shórt é sin don othar, go raibh leigheas ar chumas an duine seo.[105] Is mar gheall air seo a maíodh gurbh é an rud ba mhó a chinntigh dea-thoradh ar obair an leigheasóra thraidisiúnta ná an dóchas a bhí ag an othar go leigheasfaí é:

> *The cunning man's greatest asset was his client's imagination; and, in view of what is known today about the potentialities of any cure in which both doctor and patient have complete faith, its power cannot be disregarded.*[106]

Tá a lán taighde déanta ar an éifeacht dhearfach a bhíonn ar chineálacha éagsúla tinnis ag oideas caoch nó *placebo* á thabhairt d'othar a chreideann gur cóir leighis dháiríre é:

> *Scientific studies have shown that placebos actually work about one third of the time. They were found to be effective for the relief of severe postoperative wound pain, cough, drug induced mood changes, angina pain, headache, seasickness, and the common cold in 35% of patients. Placebos work even better when the goal of therapy is some change in behaviour (drowsiness, alertness), in subjective sensation (pain or discomfort), or in a response controlled by the endocrine glands or by the autonomic nervous system (blood pressure, acid stomach, asthmatic breathing).*[107]

Cé nach bhfuil tuiscint iomlán ar conas go díreach a fheidhmíonn an *placebo*, dealraíonn go bhfuil an fiúntas a bhaineann leis préamhaithe go doimhin sa dóchas a chothaíonn sé san othar go n-oibreoidh sé.[108] Tá eolas níos iomláine inniu ná riamh ar an idirphlé casta a bhíonn idir an inchinn agus an chuid eile den cholainn, agus ag éirí as sin, an tábhacht a bhaineann le meon dearfach othair i leith a thinnis:

> *It would appear then that there is a rational scientific explanation, even if not yet complete, for the mechanisms connecting beliefs and expectations of individuals and outcomes of the physical healing process.*[109]

Is spéisiúil go raibh an tuiscint seo a fhaigheann aitheantas mór anois sa leigheas eolaíochtúil comhaimseartha, ina cuid den dearcadh traidisiúnta i leith an leighis chomh maith. Seo, mar shampla, faisnéis ó Nioclás Breatnach:

Toise na Draíochta i Leigheas na Muintire

Leigheasfadh Brat Bhríde tinneas cinn. Ní gá ach géilleadh dó agus cúpla paidir a rá do Bhríd Naofa. Aon rud ná fuil géilleadh agat dó níl aon mhaith duit a bheith ag trácht air. Dóchas – aon duine ná fuil san aige, tá sé ag iompar droch-ualach. Neamhdhóchas an mhallacht is mó a gheobhadh titim ar éinne.[110]

Is cinnte go mbíodh agus go mbíonn dóchas ag daoine go raibh leigheas le fáil ón míochaine thraidisiúnta, mar mura mbeadh an dóchas sin ann, ní leanfadh daoine leis. I bhfianaise a bhfuil ar eolas faoi éifeacht *placebo*, is dlistineach a mheas gurb é an dóchas seo is cúis lena lán den toradh dearfach a luaitear leis an leigheas draíochtúil.

Tá daoine seachas a chéile claonta i dtreo an sórt seo leighis, ach méadaíonn an seans go rachfar ina threo nuair nach mbíonn freagra sásúil ón leigheas eolaíochtúil. I ndeireadh thiar, is léiriú é an géilleadh a thugtar don leigheas draíochtúil ar fheidhmiú fabhtach na haigne daonna, agus is dearbhú é an géilleadh céanna sin ar fhírinne ráiteas cáiliúil an fhealsaimh, Francis Bacon: *'People tend to believe what they would like to be true.'*

SUMMARY

Traditional cures relying on the operation of magical power are the subject of this chapter. Numerous instances are given of cures based on imitative (homeopathic) or contagious magic, terms whose analytic shortcomings are noted but are retained for their descriptive value. Traditional homeopathic cures frequently reflect the influence of the doctrine of signatures, which in turn is guided by the magical principle according to which like cures like (*similia similibus curantur*). Cures based on contagious magic are strikingly represented by twentieth-century instances of the practice of weapon salve – an injury being healed by treating the weapon that caused it. Other examples of cures based on contagious magic involve the disposal by burning or burial of an item of a patient's clothing or body parts such as hair or nail clippings. Examples are given of other methods of treating illness relying on the operation of magic, e.g., transferring the illness, or containing it by measuring, or separating from it by coming through a confined space. Magical healing power is sometimes attributed to a particular colour, and also to circumstantial movement (e.g., walking backwards, turning right) or state (e.g., fasting, silence). Another tranche of traditional cures is based on the notion that the dead are a source of healing (e.g., cure from graveyard clay, touching a corpse). The source of the traditional healer's power is frequently attributed to an unusual circumstance of birth (e.g., seventh son/daughter, predeceased father) or else is understood as an ancestral inheritance. Many reasons have been given for the persistent demand for magical healing through the centuries, despite its many failings. Here it is accepted that it comes from a desire to seek order in the world and a proven susceptibility to the placebo effect.

Toise na Draíochta i Leigheas na Muintire

1. Honko 1962–3: 134. Tá plé údarásach ar an tairbhe leighis i gcás 114 de na luibheanna is coitianta sa mhíochaine thraidisiúnta in Tyler 1993, a áiríonn go mbaineann éifeacht chinnte leighis le 66 díobh; féach freisin Corrigan 1984, agus an t-eolas faoi luibheanna áirithe in Uí Chonchubhair & Ó Conchúir 1995 agus Williams 1993.

2. Yoder 1972: 200: 'On the other hand, these 'natural' cures are rarely used without magical spells.' Ní hannamh an dá chineál leighis ag dul thar a chéile, e.g., fág go bhfuil fiúntas leighis i luibheanna áirithe, éilítear go minic – in éagmais aon bhonn eolaíochtúil – go ndéanfaí iad a phiocadh in áit ar leith mar chlaí teorann, nó ag tráth ar leith mar bhreacadh lae nó Lá Bealtaine, nó nárbh fholáir foirmle éigin a rá le linn iad a phiocadh. Arís, fág go bhfuil bua nádúrtha leighis ag ceirín i gcás othrais nó neascóide, tharlaíodh uaireanta gur ar eilimint dhraíochtúil sa cheirín a leagtaí an bhéim, e.g., ba ghá smúit ó tháirseach an dorais bheith ann – 'beannú an dorais' a thugtaí air mar gur ón táirseach a chuireadh cuairteoir beannacht mhuintir an tí ar theacht isteach dó. Sainníonn Peig Sayers mar seo é: 'an smúit a bhíodh ar lic an dorais agus an chré a bheadh sa scraithín os cionn an dorais.' (CBÉ 936: 538)

3. Is mar seo a mhíníonn Peig Sayers an scéithín (CBÉ 965: 238): 'cnáimhín beag fé bhun do chroí go bhfuil dhá bhilleog amach aisti. Nuair a deirtear go bhfuil an scéithín ar lár is amhlaidh atá gortú déanta do cheann de na billeoga so.' Maidir le cuisleoireacht féach, mar shampla, an fhaisnéis seo ó Chontae Mhaigh Eo (CBÉ 551: 187–8): 'Fadó ó shin sa seansaol bhíodh dochtúirí ag dul thart anseo ag imeacht ó theach go teach i ngan fhios do na dochtúirí móra – níor mhaith leo iad a bheith ag baint an jab díobh féin. Agus duine ar bith a dtiocfadh fiabhras nó lot ar bith air, bhí siad ag baint fola as. Agus an fear a dtiocfadh fiabhras air, shuíodh siad suas ansin, bhaineadh siad fuil as, agus shuíodh siad suas lena thaobh, agus tar éis naoi nó deich de laethantaí bhí sé chomh maith is a bhí sé riamh.'

4. D'oirfeadh leigheas osnádúrtha freisin mar ainm ar an sórt seo leighis ach is minic gur le leigheas i gcomhthéacs reiligiúnda go háirithe a luaitear an téarmaíocht sin.

5. Cé nárbh é James Frazer ba thúisce a d'úsáid an téarmaíocht seo, is cinnte gurbh é a mhórshaothar, *The Golden Bough* I–XV, London, 1907–15, faoi deara forleathnú na téarmaíochta seo i measc an phobail, go háirithe i ndomhan an Bhéarla. Fiú mura bhfuil glacadh anois le tuairimí Frazer faoi éabhlóid intleachtúil an duine ná lena mhaíomh gur rialaigh tuiscintí draíochtúla réasúnú an duine i bhfad siar (ionas gur 'dhlí aiceanta' ag an duine cianda é go ndéanfadh an chosúlacht nó an teagmháil an toradh a thabhairt chun cinn gan teip), is téarmaí úsáideacha fós iad draíocht na cosúlachta agus draíocht na teagmhála ag tuairisciú cineálacha ar leith iompair agus machnaimh.

6. Breatnach 1987: 140.

7. Conboy 1982–3; dáganacht a thugtar ar an gcleachtas seo in Mhac Meanman 1940: 174; cf. Hartmann 1942: 104.

8. Féach CBÉ 132: 124; CBÉ 1220: 51.

9. Ó Fiannachta 1990: 171.

10. Ó Danachair 1980; Ó Siochfhradha 1928b: 212–13; Delaney 1985–6; Ní Bhrádaigh 1936: 259.

11. Ó Siochfhradha 1928b: 212–13.

12. CBÉ 1202: 248–9.

13. Bostock 1855: 28, xvii.

14. Tuairim í seo atá curtha chun cinn sa naoú haois déag ag an bhfear léinn, Aodh Mac Domhnaill, féach Beckett 1967: 115.

15 Mhac Meanman 1940: 161; Logan 1972: 45–8.

16 CBÉ 965: 146. Ní léir go díreach cén luibh atá i gceist; níl 'luibh na liatha buí' sonraithe in Uí Chonchubhair & Ó Conchúir 1995 ná in Williams 1993; cóir leighis aitheanta, áfach, don liath bhuí ab ea an phraiseach bhuí, féach Logan 1972: 46; Williams 1993: 142.

17 CBÉ 554: 160.

18 Verling 2007: 140.

19 Uí Chonchubhair & Ó Conchúir 1995: 259; cf. K'eogh 1735: 49: 'The decoction of the roots drank in goat's milk mightily provokes Venery, and helps Conception, and strengthens the Genital Parts.'

20 Mason 1928: 223.

21 Kittredge 1929: 41.

22 Tá an iontráil seo in Dinneen 1927, s.v. 'conach': 'the elephant hawk moth (choerocampa elpenor); found in dark places and regarded with aversion; on being discovered it is instantly killed as it is believed to sting cattle severely in the muzzle; the ass is supposed to kill it.' Soiléirítear in Kelly 1997: 199, gur do ghalar an oilc ar mhadra a thagraíonn an téarma 'conach' ó cheart, ach go dtagraítí do ghalair bó leis é, go háirithe an mún dearg, agus fiú don spiorad neanta, 'elephant hawk moth, deilephila elpenor', a creideadh (go mícheart) a chuireadh gath i bpus bó óna dtagadh an mún dearg chun cinn.

23 Táim faoi chomaoin ag Clodagh Doyle agus Nessa O'Connor, baill d'fhoireann an Mhúsaeim as íomhá den chonach a chur ar fáil; cf. Wood-Martin 1902: II: 76–80.

24 Spinage 2003: 397; cf. http://www.medicaldaily.com/history-vaccines-variolation-378738; fiosraithe 5/3/2018.

25 Kelly 1999; Brunton 1999: 140; McNeill 1977: 220.

26 Mason 1928: 223; cf. Verling 2007: 135: 'Ní raibh aon leigheas air ach dheinidís téip a tharraint trasna tríd an mbrollach nó píosa *wire copper* chun ná tiocfadh an galar san orthu.'

27 Féach, mar shampla, Logan 1972: 6–7. B'údar imní don lucht leighis oifigiúil obair na dtuatach sa réimse seo; féach Kelly 1999: 30: '*Recourse to authorised personnel was advisable because not all the itinerant inoculators who competed for business in increasing numbers in the second half of the eighteenth century knew what they were doing. In a horrible incident in Co. Donegal in 1781, fifty-one out of fifty-two children inoculated by one such individual died as a result.*'

28 de Hindeberg 1943: 241.

29 Luaite in Wood-Martin 1902: II: 167.

30 Hand 1966. I gcásanna eile is ball éadaigh othair nó a ingne bearrtha a chaitear sa tine nó a chuirtear i gcré, e.g., CBÉ 554: 159; Lady Wilde 1988: 197.

31 CBÉ 910: 207–8.

32 CBÉ 554: 156. Seán Óg Ó Dubhda ó Eibhlís Bean Uí Chonchúir, Baile an Oidhre, An Clochán, Co. Chiarraí, 1938.

33 Tá fianaise ar an tuiscint seo i gcultúir éagsúla tugtha in Frazer 1987: 41–2.

34 Breatnach 1988: 168; féach freisin Wood-Martin 1902: I: 80: '*A country man had the misfortune to be badly wounded in the chest with a steel hay fork, whilst working on a rick. His wife kept the prongs of the implement bright and polished until the wound healed as she said that otherwise if the steel of the fork became rusty, the wound would suppurate.*'

35 Lena Neligan, Baile an Mhathamhnaigh, An Daingean, Co. Chiarraí, *Memoir*, gan foilsiú. Táim buíoch dá nia, Maurice Neligan, as an téacs seo a chur ar fáil dom.

36 Ó Súilleabháin 1942: 400. Tugadh poiblíocht don tuiscint sin i gcás cúirte i Lancashire in 1872 inar cuireadh i leith

úinéir madra a bhain greim as leanbh, gur dhiúltaigh sé ribí de chlúmh an mhadra a thabhairt do mháthair an linbh chun an lot a leigheas (Harland & Wilkinson 1873: 225).
37 Ó Rathaile 1925: # 55.
38 Ó Criomhthain 2002: 94.
39 Tá cur síos ar mhórán de na leigheasanna seo agus tagairtí do phlé ar na cleachtais a leanann iad in Hand 1971–3.
40 Hand 1965.
41 Ó hEochaidh 1969–70: 284. Léirithe eile ar aistriú galair ba ea an leigheas a bhí molta ar leicneach, an t-othar a thabhairt go cró na muc d'fhonn an galar a aistriú go dtí na muca agus cleachtais dírithe ar fhaithní a aistriú go duine eile, e.g., Wood Martin 1902: II: 84; CBÉ 936: 525–6; *An Sagart*, Earrach 1976: 14.
42 CBÉ 1216: 123. Michael J. Murphy ó M. Morris (55 bl.) An Caisleán Glas, Co. Thír Eoghain.
43 Ó Muimhneacháin 1978: 95; féach tuairiscí eile, mar shampla, in Mhac Meanman 1940: 171; Hartmann 1942: 98; CBÉ 175: 132; CBÉ 1052: 176–7.
44 Logan 1980: 69–88.
45 Ó hÉaluighthe 1952: 61.
46 CBÉ 1462: 243–4.
47 Hand 1968; maidir le seandacht an chleachtais seo féach Ó Catháin 1995: 22 n.86.
48 Féach mar shampla, *Béaloideas* 3 (1933): 332.
49 E.g., CBÉ 936: 525; Mac Manus 1973: 185. Tá cuntas in Hand 1968: 393 ar chás cúirte i mBéal Feirste in 1890 inar cuireadh faillí choiriúil i leith úinéir asail toisc gur bhásaigh an leanbh a cuireadh trí huaire faoina bholg.
50 E.g., Logan 1980: 105; CBÉ 407: 58; Wood Martin 1902. II: tulphictiúr: Frazer 1896: 158.
51 CBÉ 936: 525; CBÉ 22: 399; Barrington 1976: 248. Bhí an tuiscint ann leis go raibh an té a thiocfadh trí Chró na Snáthaide saor ó pheaca, léiriú ar an nasc sa traidisiún Giúdach-Críostaí idir sláinte agus fiúntas morálta, easláinte agus neamhfhiúntas morálta (Leonard 1953: # 791de, # 798a; Thomas 1978: 98–103).
52 Logan 1980: 106.
53 Evans 1957: 301;
54 Ó Súilleabháin, Seán C. 1982; Ó Catháin 1995: 11.
55 Westropp 1912: 213; cf. Ó Súilleabháin 1942: 419; Logan 1972: 58.
56 *Ulster Folklife*. 9 (1963): 89.
57 Ó Súilleabháin 1942: 394, 419.
58 Thomas 1978: 217–18; cf. Hand 1973; Dalyell 1835: 111–23; féach faisnéis ar an gcleachtas sa tír seo in CBÉ 819: 218–19; Lady Wilde 1890: 21, 22; Logan 1972: 50.
59 Ó Súilleabháin 1942: 362–3.
60 *Ibid*.: 364–5.
61 *Béaloideas* 4 (1933), 424. Maidir le bá leis an uimhir trí i gcultúir éagsúla, féach Dundes 1980: 134–59.
62 Ó Suilleabháin 1942: 426–7; cf. Logan 1972: 4, 124; Ó Gaoithín 1953: 18–23. Tá faisnéis bhreise ó Pheig Sayers ar ról datha agus sonraí draíochtúla eile sa leigheas traidisiúnta i gcabidil 8.
63 CBÉS 422: 49. Bríd Uí Lubhaing, Cill na gColmán, Ceann Trá, Co. Chiarraí. Bhí fuil cait dhuibh molta uaireanta chun na scríbhneoireachta, e.g., CBE 544: 159, agus i gceantair éagsúla bhí fuil leigheasóra ar shloinne áirithe molta don scríobh, e.g., Breathnach, Ó Cathail, Creithíneach, Mac Eochaidh; féach Ó Súilleabháin 1942: 382, 313.
64 CBÉ 1429: 225–6; Sartori 1916.
65 E.g., Evans 1957: 299; Logan 1980: 86,

108. Léiriú eile ar an tuiscint seo is ea leigheas ar an triuch á lua leis an gcéad fhear a gheobhadh an treo ag marcaíocht ar chapall bán, Ó Súilleabháin 1942: 386; e.g., CBÉS 422: 49.

66 *Béaloideas* 1 (1928): 328; CBÉ 965: 160.
67 Ó Súilleabháin 1942: 370–3
68 Chearra 2010: 103; cf. MacManus 1973: 183.
69 Becker 1997: 219–20.
70 Verling 1999: 120.
71 Ó Finneadha 1993: 40; cf. Ó Súilleabháin 1942: 386, 417.
72 Ó Súilleabháin 1942: 237, 407–9; féach, mar shampla, an plé ar lámh an mhairbh i gcaibidil 16 thíos.
73 Hand 1970; Ó Crualaoich 1993.
74 Hand 1970: 323.
75 Bhreathnach 1982; Ó Cathasaigh 1989; McCone 1990: 132.
76 Ó hÓgáin 1990: 156; Ó Catháin & O'Flanagan 1975: 240–1.
77 Cf. I Cor 15: 36: 'An síol a chuireann tú sa talamh ní thagann beatha ann gan é a fháil bháis ar dtús'; Eoin 12: 24: 'Amen. Amen a deirim libh, an gráinne arbhair a thit sa talamh, mura bhfaigheann sé bás, fanann sé leis féin amháin. Ach má fhaigheann sé bás, tugann sé toradh mór uaidh.'
78 Ó Máille 1948: # 367a; áit a mhínítear brí an tseanfhocail mar seo: 'Leigheasfar lot nó anshógh má cuimiltear lámh duine mharbh dó'; cf. Thompson 1955–8: D1500.1.6.1. *Corpse's hand as remedy.* Bhí an tuiscint sin sa leigheas léannta i bhfad siar, cf. Bostock 1855: caib. XI. Tá léiriú ar úsáid dhraíochtúil eile á baint as lámh marbháin i gcaibidil 16.
79 Ó Fiannachta 1990: 169; cf. Wilde 1888: 82: 'A dead hand is esteemed also a certain cure for most diseases, and many a time sick people have been brought to a house where a corpse lay that the hand of the dead might be laid on them.'
80 CBÉ 551: 165. Corr na Móna, Co. na Gaillimhe. 1938. Proinsias de Búrca a bhailigh.
81 Cf. *Béaloideas* 1 (1927): 137. 'Duine a dheineadh é – mar bhíodh eagla orthu – agus beirt ná déanfadh', a deirtear i dtaobh an leighis seo i gcuntas ó Uíbh Ráthach in CBÉ 1224: 137–8.
82 Ó Héalaí & Ó Tuairisg 2007: 101.
83 K'eogh 1739: 102–3.
84 Wagner & McGonagle 1991: 204–5; cf. leigheas speisialta luaite le blonag coirp sagairt in Hartmann 1942: 107.
85 Ó Súilleabháin 1942: 219, 220–2, 237, 407.
86 Ó Crualaoich 1993; CBÉ 782: 362.
87 CBÉ 992: 649–50.
88 Tyers 1992: 161.
89 Frazer 1968: 96–7, 116–17.
90 CBÉ 552: 187; féach tagairt do chumhacht bhreise luaite le lámh duine mhairbh i gcaibidil 16.
91 Féach Hand 1970; Logan 1982: 9; Ellis Davidson 1964: 122; Brand 1849: 278; tagairtí in Thompson 1955–8 agus Cross 1952: M316 *Strength will be gained when milk is drunk from hero's skull*; D1500. 1. 2. 6 *Fragment of gibbet as cure*; D1500.1.7.3.1 *Blood of executed man as remedy*; D1502.1.1 *Hangman's noose cures headache*; D1502.2.1 *Dead man's tooth as cure for toothache.*
92 Ó Súilleabháin 1942: 382, 286, 388–9; Tillhagen 1973.
93 CBÉ 1406: 309; ta friotal i bhfad siar ar an dlúthnasc bitheolaíochta atá idir anáil agus beatha; cf. Geineasas 2: 7, mar a dtuairiscítear gur lena anáil a chuir Dia beatha sa duine.
94 Ó Gaoithín 1953: 18–23.
95 Munnelly 1999: 120.

96 Maidir le tuiscintí traidisiúnta faoi bhunús breoiteachta, feach Fejos 1968.

97 Randolph 1941; MacManus 1973: 183–4; Ó Héalaí 1977.

98 Féach, mar shampla, Shermer 1997: xxii: 'We evolved to be skilled pattern finding, causal seeking creatures.'

99 Hood 2009: 9; cf. Vyse 1997: 6: 'Superstitions are not abnormal. They are a largely predictable outcome of the processes that control human learning and cognition. Indeed, some of the characteristics that have led to our emergence as the dominant species on earth are the very ones that make us superstitious.'

100 Cf. Hood 2009: 5: 'It is natural to think that there is something more to reality than what is known, seen, measurable or scientifically explained – it is supernatural.' Is féidir breathnú ar an nath 'not everything that counts can be counted' mar léiriú eile ar an tuiscint seo.

101 Cf. Taleb 2007: 60: 'we come equipped with mental machinery that causes us to selectively generalize from experiences.'

102 Cf. Hood 2009: 223: 'Our brains have a mind design that leads us naturally to infer structures and patterns in the world and to make sense of it by generating intuitive theories'; Lewis 2017: 40: 'The human mind is bad at seeing things it did not expect to see and a bit too eager to see what it expected to see, and this is responsible for the "confirmation bias".'

103 Bachrach 1962: 3.

104 British Medical Association 1956: 10–13.

105 Maidir leis an gcúnamh a thugann stádas an leigheasóra don othar i sochaí thraidisiúnta, féach Honko 1962–63.

106 Thomas 1978: 248; cf. Coe 1997: 2: 'The ability of a physician to communicate concern and care is thought to be a critical part of a placebo response and effect.'

107 Tyler 1993: 6.

108 Evans 2003.

109 Coe 1997: 4.

110 Breatnach 1988: 126. Tá an tábhacht chéanna luaite le muinín an othair sa leigheas seo ar thiteamas a bhailigh an bailitheoir lánaimseartha P. J. Gaynor ó Chontae an Chabháin: 'This is supposed to be one great cure; that if you are able to get a waterdog and boil him and drink the soup that it will surely cure them. There are several people who got cured with that, and others took it and had no belief in it and it did them no good.'

8:
Peig Sayers agus Leigheas na Muintire

Is mar scéalaí go háirithe atá cáil ar Pheig Sayers, ach is é an cur amach a bhí aici ar ghné eile den saol traidisiúnta atá faoi chaibidil anseo, mar atá, an scil a bhí aici i leigheas na muintire agus sa mhíochaine thraidisiúnta. Coicíos tar éis di filleadh ar an míntír ón mBlascaod in 1942, thosaigh Seosamh Ó Dálaigh ag bailiú scéalta agus seanchais uaithi agus lean sé go dícheallach leis an obair sin gur éirigh sé féin as a phost mar bhailitheoir le Coimisiún Béaloideasa Éireann in 1951.[1] Tá 3,200 éigin leathanach d'ábhar tras-scríofa mar thoradh ar an mbailiúchán sin, agus de bhrí gur moladh do Sheosamh leas a bhaint ina chuid oibre as lámhleabhar Sheáin Uí Shúilleabháin, *A Handbook of Irish Folklore*,[2] tá faisnéis le fáil ann ar an gcur amach a bhí ag Peig, ní hamháin ar an scéalaíocht, ach ar mhórán gnéithe eile den saol traidisiúnta freisin.

Is maith ar fad mar tharla an bailiúchán sin, mar ina éagmais, ba lúide go mór an léargas a bheadh ar fáil i dtaobh mheon pearsanta Pheig agus ar a tábhacht mar fhaisnéiseoir faoin seansaol. Maidir le leigheas na muintire, is léir láithreach ón mbailiúchán gur bhean í Peig a shealbhaigh go cruinn agus go cuimsitheach tuiscintí, eolas agus cur chuige bainteach leis. Tá dhá rud a sheasann amach, dar liom, maidir leis an ábhar seo: ar dtús gur bhean í a fáisceadh as an traidisiún agus a bhí múnlaithe dá réir, ach ansin arís, cé go raibh sí go mór faoi anáil an traidisiúin, gur bhean í ag a raibh aigne cheisteach chriticiúil. Féachfar thíos le faisnéis a chur i láthair a léireoidh an méid sin.

Is tuiscint bhunúsach í i leigheas na muintire go bhféadfadh cumhachtaí neamhshaolta mar mhallacht, nó an drochshúil nó gníomhaíocht mhailíseach na sí cur as do shláinte an duine, agus tá faisnéis fhairsing sa bhailiúchán ó Pheig ar an tuiscint sin. Nuair a chuirtear san áireamh an tógaint a fuair sí agus an timpeallacht inar fhás sí suas, níorbh ionadh gur chuid dá lón intinne é géilleadh a thabhairt don tuiscint seo. Dá réir sin, is mar fhíric a thuairiscíonn sí go leanfadh easláinte an té a chaithfeadh go míchuí le baintreach nó a chuirfeadh olc ar shagart – ag tabhairt le fios go raibh éifeacht mallachta ag míghean an té a raibh cumhacht dhiamhrach luaite léi nó leis:

> Níor dhein éinne riamh éagóir ar bhaintrigh ná gur chaith sé díol as. Chaillfeadh sé féin an tsláinte nó a mhaoin shaolta. Bheadh mí-ádh éigin air … Níor chuir éinne riamh aon chur isteach ar shagart go rachadh sé leis. Thiocfadh máchail nó galar air nó ar a chlainn. Dhéanfadh sé díobháil dá shláinte agus ní bheadh ádh an tsaoil leis.
>
> Duine go mbeadh eascaine á chaitheamh leis, ní bheadh sé buan. 'Go dtite eascaine do bhéil féin ort', a déarfadh duine nuair a bheadh duine eile ag eascaíní air.[3]

Tá leaganacha aici d'fhinscéalta a thuairiscíonn conas mar a dhein an drochshúil nó na sí díobháil do shláinte duine nó ainmhí, agus ar ndóigh, is mar eachtraí fíorasacha a chuireann sí iad seo i láthair. Fág gurbh ealaíontóir í Peig agus gur cuid d'ealaín an scéalaí cruth fíorasach a chur ar fhinscéal, mar sin féin, is féidir glacadh leis gur ghéill sí i ndáiríre do phríomhtheachtaireacht na scéalta seo – go bhféadfadh cumhacht neamhshaolta cur as do shláinte duine nó ainmhí. Seo, mar shampla, aguisín a chuir sí le leagan de scéal choiriú chapall an tsagairt:

Peig Sayers agus Leigheas na Muintire

> Galar mílte is ea an ciorú a bhuachail! Tá daoine ann go bhfuil súil cioraithe acu, agus ba mhór duit iad a bheith id chuine insa bhóthar. Tá luibh ag fás chuin leigheas a dhéanamh ar an ngalar so go nglaetar Luibh an Chioraithe uirthe agus is í an luibh is feár dár fhás riamh. 'Bail ó Dhia ort,' nó 'Bail ó Dhia oraibh,' nú mar sin, aene do chífir nú go mbeir ag trácht thairis.[4]

Tá léargas le fáil ar conas a cothaíodh inti an tuiscint gur bhain dainséar leis an drochshúil ón gcuntas ar choiriú muice in *Beatha Pheig Sayers*. Feictear uaidh conas mar a bhí an traidisiún faoin drochshúil neadaithe i saol laethúil an phobail inar tógadh í, agus léirítear chomh maith an scil a bhí aici i luibh an choirithe mar leigheas uirthi agus gan inti fós ach cailín óg: 'Bhí aithne mhaith agam,' a deir sí, 'ar luibh an choirithe. Is minic a chonac bean mo dhearthár á baint do dhaoine go mbíodh gá acu léi.'[5]

Is geall le friotal eile ar choiriú é an maíomh, ó thaobh na díobhála a bhí luaite leis – 'scoiltfeadh an maíomh an chloch', mar a deir an seanfhocal.[6] I ráiteas uaithi ar chumhacht dhocharach an mhaíte, cuireann sí údarás sagairt leis an tuiscint go ndéanfadh caint mhaoiteach díobháil do dhuine, agus ní miste a mheas gur dhlistiniú aici ar a tuiscint féin, dearbhú sin an tsagairt: 'N'fheadar cad é an sagart é siúd a bhí ar an mBuailtín a dúirt dá luífeadh béal na ndaoine ar Chruach Mhárthain, go leibhéalfaidís go dtí an dtalamh í.'[7]

Ach má ghlac sí leis mar phrionsabal ginearálta go bhféadfadh maíomh dochar a dhéanamh do shláinte duine, féach gur mar thuairimíocht daoine eile ('deiridís') agus nach le dearbhú pearsanta uaithi féin a thugann sí faisnéis ar mhaíomh a bheith ina thrúig easláinte i gcás comharsana di: 'Deiridís gur maíomh a luigh ar chlann Sheáin Phíotair ar an gCeathrúin. Chailleadar an tsláinte, slán beo mar insimid é.'[8] Is ceist mhaith í cén mheabhair atá le baint as 'deiridís' i ráiteas den sórt seo. Tharlódh go deimhin go n-áiríonn sí í féin ina duine den bhuíon le 'deiridís', ach d'fhéadfaí a áiteamh chomh maith, go léiríonn sé scáth éigin amhrais uirthi faoi fhírinne an ráitis, óir is mar thuairimíocht daoine eile a chuireann sí chun cinn é, agus ní mar dhearbhú uaithi féin. D'fhéadfaí a mhaíomh dá réir sin, go bhfuil criticiúlacht á síneadh aici le hábhar an traidisiúin le 'deiridís', mar nach gcuireann sí barántas uaithi féin leis an ráiteas.

D'fhéadfaí, b'fhéidir, an chriticiúlacht chéanna a lua le ráitis uaithi faoi ghníomhaíocht dhocharach na sí nuair is ó bhéal an phobail ('deireadh gach éinne', 'déarfaí', 'déarfaidís b'fhéidir') seachas mar dhearbhú uaithi féin a sholáthraíonn sí faisnéis ar an ngné seo den traidisiún:

> Is mó duine breá a chuaigh amach don ghort nó ar an gcnoc nó ar thráigh nó ar shliabh agus é ina bheatha shláinte, agus a tháinig abhaile agus pian tinnis air. Deireadh gach éinne gur poc millte a buaileadh air. Bhuaileadh sé in aon bhall dá chorp é agus le an-sheans a d'éireodh sé.[9]
>
> Dá dtiocfadh pian nó tinneas obann ar dhuine agus é ina bheatha shláinte, déarfaí gur poc ón spéir a buaileadh air, nó dá dtabharfadh sé pian nó tinneas as a chodladh, agus go mór mhór as a chodladh dá gcodlódh sé amuigh ... Duine óg a caillfí go hobann le pian nó le tinneas nó le cinniúint éigin a d'éireodh dó, déarfaí gurb amhlaidh a sciobadh é.[10]
>
> Máthair linbh óig mar sin a caillfí tar éis linbh a shaolú dhi, déarfaidís b'fhéidir gurb amhlaidh a sciobadh í. Sin é an taobh go bhfanaidís ag airneán léi naoi n-oíche tar éis an leanbh a theacht ar an saol.[11]

Féach, áfach, gur le lánchinnteacht a luann sí gníomhaíocht na sí mar thrúig easláinte i gcásanna eile. Tá scéal aici ar fhear a bhí ag obair amuigh sa ghort gur 'tuigeadh dó gur buaileadh le urchar é,' agus ar theacht abhaile dó chuaigh sé chun donachta. Cuireadh fios ar an sagart agus tar éis dó siúd an ola dhéanach a bheith curtha aige air, d'iarr deirfiúr an fhir bhreoite air a dearthráir a leigheas. D'fhreagair an sagart í ag rá gur chóra di fios a chur ar 'sheanbhean mhaith thuisceanach' chun é a leigheas, ach níor thug sí toradh air agus cailleadh an fear. Ag deireadh an scéil sin deir Peig: 'Poc millte a buaileadh gan aon amhras air sin'[12] – amhail is nárbh ionann aici cás an fhir seo agus cás daoine eile nach raibh a leithéid de shiúráil curtha aici féin le tionchar na sí ar a sláinte.

Arís, ní léiríonn sí aon cheist ná gurbh iad na sí faoi deara tinneas nuair a thráchtann sí ar mheall ('mar bheadh miongán beag') i gceirín a cuireadh le scornach mná:

> Urchar éigin ab ea an miongán san a caitheadh léi agus níorbh aon ionadh é mar bhí an baile úd aerach go maith. Bhí an baile úd lán de liosanna, bhí cheithre cinn acu ann.[13]

In áit eile baineann sí leas as an bhfoclaíocht 'déarfadh fo-dhuine' agus scagadh á dhéanamh aici ar leibhéal an ghéilleadh a thabharfaí do thionchar na sí ar shláinte. Is ar éigean sa chás seo, go bhfuil glacadh aici féin le tuiscint an mhionlaigh, ach gur ag tabhairt faisnéise atá sí ar chreideamh beagán daoine seachas ar a creideamh féin:

> Dá dtitfeadh a chodladh ar dhuine amuigh agus go mbuailfeadh taom é ina dhiaidh, agus go n-atfadh a cheann agus a scornach, déarfadh fo-dhuine gur poc ón aer a buaileadh air.[14]

Is ceist arís í an bhfuil pointe beag amhrais maidir leis an nasc idir stróc agus gníomhaíocht na sí á léiriú aici leis na focail 'is dócha' sa ráiteas seo:

> Déantar *paralysing* ar dhaoine, insa tslí ná bíonn lúth a ngéag ná fiú a gcaint ró-mhaith acu. Is dócha gur poc éigin a buailtí orthu. Is dócha ná bíodh aon leigheas air.[15]

Is fiú aird a dhíriú freisin ar fhaisnéis uaithi ar thuiscintí traidisiúnta eile a chuireann sí i láthair le 'deirtear', mar ina gcás seo, b'fhurasta di óna taithí saoil féin mar mháthair clann mhac agus iníne, fios a bheith aici nárbh fhíor iad:

> Deirtear go bhfuil easna breise sa bhfear de bhreis ar an mnaoi mar gur as easna le Adam a deineadh Eve an chéad lá riamh i nGáirdín Pharthais.[16]

Deirtear go mbíonn an croí sa taobh deas den mnaoi agus sa taobh clé den bhfear.[17]

I gcás na dtuiscintí sin, tá an chuma ar an scéal nach bhfuil i gceist aici ach faisnéis a thabhairt go raibh a leithéidí ann, agus nach móide in aon chor gur ghéill sí féin dóibh. Más amhlaidh atá, is féidir a mhaíomh gur léiriú é seo ar a neamhspleáchas aigne maidir le hábhar an traidisiúin.

Más léamh cruinn a bhfuil thuas ar chaint Pheig, is féidir a mhaíomh go gcuireann sí neamhspleáchas aigne agus grinne a breithiúnais in iúl ina bhfuil ráite aici. Sa chomhthéacs seo is fiú a lua go léiríonn Peig aigne ghéar chriticiúil nuair a labhrann sí go cáinteach ar dhaoine a bheadh róshaonta, róshimplí, dar léi:

Bíonn daoine ann a bhíonn bog iontu féin. Creideann siad agus déanann siad gach aon ní a deirtear leo agus ní thuigeann siad nuair a bhíonn daoine ag magadh fúthu.[18]

Is ceart a chur san áireamh chomh maith nár dhia beag ag Peig an traidisiún mar nár ghéill sí go hómósach dó i gcónaí, agus go raibh sí sásta a dhúshlán a thabhairt ar uaire. Ag insint scéil di, mar shampla, ar leigheas míorúilteach a luadh le Tobar na Molt, níor leasc léi ráiteas séantach a máthar a thuairisciú: 'Dar maoth, do chuas féin ann agus níor fhágas mo mháchailí ann!'[19] In eachtra eile dá cuid is geall le hábhar grinn aici an ceistiú agus an bréagnú a dhéantar ar an tseantuiscint go bhfágfadh rud a chaithfí le bean thorrach, comhartha cille ar an leanbh ina broinn.

A dheartháir seo, [deartháir a céile] an-áilteoir ab ea é, agus chloiseadh sé nár cheart aon ní a chaitheamh ar mhnaoi a bheadh ag iompar linbh. Bhí bean istigh san Oileán turas a bhí an-ghairid do rud beag a bheith aici. Tháinig sé isteach don tigh chuici ceann de na laethanta.

'Tá a fhios ag an dTiarna,' ar seisean ina aigne féin, 'nach aon mhaith géilleadh do chainteanna seandaoine gan tástáil a bheith orthu.'

Cad a bhí aige ach seál dilisc.

'Tá dúil agamsa i seamaire dilisc,' arsa an bhean go raibh an leanbh ar iompar aici.

'Ní fada a bheir mar sin,' ar seisean, agus níor shín sé ná níor chuaigh sé in aon ghiorracht di leis an ndileasc, ach an seál a chaitheamh isteach ina hucht chuici. Nuair a tháinig sé abhaile, bhí sé ag eachtraí air.

'Is ea mhuis,' ar seisean, 'beidh a fhios againn an mbeidh aon mharc ar an leanbh.'

Bhí a fhios ag mórán cad a dhein sé agus nuair a saolaíodh an leanbh bhí liútar léatar acu so féachaint an raibh aon chomhartha ar an leanbh. Ach ní raibh ná pioc.[20]

Díreach mar a bhí glacadh go traidisiúnta leis an tuiscint go bhféadfadh cumhacht dhiamhrach easláinte a thabhairt chun cinn, glacadh leis, chomh maith, mar a léiríonn Peig, go raibh bua diamharach leighis ag daoine áirithe, agus gur foinse leighis é an t-alltar. Anseo arís, is spéisiúil go léiríonn sí amhras agus criticiúlacht maidir le cumas bheirt leigheasóirí in ainneoin é bheith de cháil orthu go raibh siad i gcaidreamh leis na sí, mar a thuigfí óna leasainmneacha:

Ansan bhí Seán Bán na bPúcaí ar an Imleach agus ligeadh sé air go mbíodh fios agus leigheas aige. Agus bhí Tomás Ó Cíobháin nó Tomás na bPúcaí a bhí thuaidh sa Bhaile Bhreac, n'fheadar an raibh leigheas aige nó ná raibh, ach bhí fios aige.[21]

Is léiriú é ráiteas eile uaithi ar cé chomh deacair is atá sé cineál nó leibhéal creidimh a mheas bunaithe ar fhianaise a cuid focal ar phár. Sa chás seo, cé gur le daoine eile a luann sí an tuiscint gur ó na sí a fuair bean leighis a bua, féach mar sin féin gur cosúil go gcreideann sí go mbíodh an bhean leighis in éineacht leis na sí:

Bhí beirt bhan leighis anso i nDún Chaoin, Máire Ní Chinnéide a bhí ar an mbaile seo agus Neil Pheig a bhí i mBaile na Rátha ... Níorbh aon bhean chabhartha Máire Ní Chinnéide ach bean luibheanna ba ea í agus bhíodh sí in éineacht leis na púcaí, agus is ó na púcaí, a deiridís a d'fhaigheadh sí an t-eolas ar fad.²²

Ag trácht di uair eile ar Mháire Ní Chinnéide, deir sí go raibh 'teist uirthi go raibh sí in éineacht leis na púcaí', ach ní luann sí go sonrach eolas a bheith á fháil aici uathu.

Níl sa scagadh thuas ar an sórt geilleadh a thug Peig do shnátha éagsúla den bhéaloideas ach scríobadh na circe, agus ba ghá iniúchadh i bhfad níos cuimsithí d'fhonn teacht ar thuairim chruinn faoi leibhéal a criticiúlachta i leith ábhar an traidisiúin. Tá go leor tuiscintí traidisiúnta eile, áfach, bainteach le cúrsaí leighis nach léiríonn sí aon cheist a bheith uirthi maidir leo. Dearbhaíonn sí bua leighis a bheith ag seile céalacain, ag leanbh a shaolófaí tar éis bhás a (h)athar, agus ag an seachtú mac nó iníon:

> Bíonn leigheas i seile céalacain ar fhaithní agus ar chnapáin bheaga. ²³
>
> Duine a shaolófaí tar éis bás a athar bheadh leigheas ar chraosghalar aige – a anáil a shéideadh seacht n-uaire siar i mbéal an duine go raibh sé air agus iad araon a bheith ar céalacan – é a dhéanamh ar feadh trí maidneacha do leigheasfadh sé é. ²⁴
>
> Bhíodh leigheas ag an seachtú mac nó iníon a bheadh i ndiaidh a chéile. Dá mbeadh seachtar mac ansan, mac ar mhac, gan aon iníon a bheith eatarthu, bheadh bua éigin ag an seachtú mac san nó ag an seachtú iníon ar an slí chéanna. Leigheasfaidís craosghalar lena n-anáil.²⁵

Luann sí bua leighis le lucht siúil, idir fhir agus mhná – na mná Ultacha go háirithe – go mór mór nuair a bhíodh teipthe ar iarrachtaí leigheas a fháil go háitiúil. B'fhacthas di go bhféadfadh breis eolais a bheith acu seachas an t-eolas traidisiúnta a bhí i measc an ghnáthphobail. Seo í ag trácht ar dhaoine nach bhfaigheann a gceart codlata: 'Níor chuala riamh, aon chur síos ar aon ní a chuirfeadh codladh ar dhuine, ach is dócha go mbíodh sé ag lucht feasa. Deoch suain a thugaidís air.'[26] Bhí an *running evil,* mar a thugann sí air (*scrofula*), ar dhuine muinteartha di agus deir sí nach raibh aon rud ar an saol ná raibh tástálta leis agus gan aon mhaith déanta dó, nó gur mhol bean siúil cat a mharú, oscailt air, blonag a bhaint as, agus í a chuimilt don easpa. Dhein a mháthair amhlaidh agus leigheasadh an leanbh.[27]

Glacann sí leis go bhféadfadh bua leighis thar an gcoitiantacht bheith ag sagart: 'Ní raibh aon leigheas ar dhuine a bheadh ag siúl ina chodladh', a deir sí, 'mura ndéanfadh sagart aon mhaitheas dó';[28] agus ag trácht di ar thinneas a dtugann sí *nervous* air, deir sí:

> Is gnáthach go mbíonn fear an *nervous* agus mura dtiocfadh ach tinneas ina chúilfhiacail ba dhóigh leis go mbeadh sé sclocaithe láithreach, agus tagann doircheacht air is bíonn sé ag teitheadh ó na daoine. Níor chuala riamh go raibh aon leigheas air mura ndéanfadh dochtúir nó sagart aon mhaith dó.[29]

In eachtra amháin dá cuid, tugann sí le fios gur mhó an mhuinín a cuireadh i gcumas leighis sagairt ná dochtúra. Tráchtann sí ar bhean thinn gur cuireadh fios ar an mbeirt acu chuici. Ba é an dochtúir ba thúisce a tháinig agus chuir sé súmairí uirthi, agus nuair a bhí sé sin imithe tháinig an sagart, agus chuir sé sin ceirín lena scornach. Chuaigh an t-othar i bhfeabhas ach deir Peig nach 'ar na *leech*eanna a bhí a buíochas siúd ach ar an sagart'.[30] B'fhearas leighis aitheanta a bhí luaite leis an sagart é an Leabhar Eoin agus ba mhór é an géilleadh agus an t-ómós a bhí ag Peig dá chumhacht.[31]

Bhain dindiúirí sách casta le cuid de na leigheasanna traidisiúnta, leithéid an ceann seo ar an liath bhuí a mhol bean siúil do mháthair Pheig:

> An chéad bhraon uisce a dhéanfadh duine maidin Luain, é a dhéanamh in áras; teacht ansan agus de dhroim barra ordóige na láimhe deise, trí bhraon de sin a bhualadh ar bharr do theangan in ainm an Athar agus an Mhic agus an Spioraid Naoimh, agus breith ar an áras ansan agus an méid uisce a bheadh ann a chaitheamh i gcoinne na gaoithe agus a rá: 'Mo chuid de thubaist agus de thrioblóid agus d'aicíd na bliana leat.'[32]

Níorbh ionadh, b'fhéidir, go dtarraingeodh cur chuige den sórt seo cáineadh ón gcléir, agus dá bharr sin, go mbeadh an tuairim sa timpeall gur le hasarlaíocht a dheineadh mná nó fir feasa leigheas. Tagraíonn Peig don tuairim sin ach diúltaíonn sí glan dó: 'Deirtí gur millteoireacht a bhíodh ag a leithéidí sin an uair sin, agus níorbh ea.'³³ In ainneoin theagasc na cléire a dhamnaigh gach sórt cleachtais dhraíochtúil, dealraíonn gur dhein Peig, mar dhein a lán eile, cleachtais a bhí dírithe ar leas an duine a idirdhealú ina haigne féin ó chleachtais a bhí dírithe ar dhíobháil a dhéanamh, agus ar an gcúis sin, ní raibh aon chur suas aici do leigheasanna draíochtúla.³⁴ Go deimhin, ón aguisín a chuir sí leis an gcuntas thuas ar leigheas don liath bhuí, dealraíonn gur tuigeadh di gur ag comhoibriú le Dia a bhí na leigheasóirí seo agus iad i mbun a gcuid oibre: 'Is ag Dia atá cead rud acu san a dhéanamh, ach dúirt an seanfhocal gur ordaigh Dia cúnamh.'³⁵

Is minic a léirítear i bhfaisnéis faoi leigheas na muintire teannas idir é agus an leigheas léannta. Tugann Peig aitheantas cuí do chumas an dochtúra oilte mar a dhéanann sí thuas ag trácht di ar ghalar nach raibh aon leigheas air 'mura ndéanfadh dochtúir nó sagart aon mhaith dó'. Go deimhin, bhí sí féin breá sásta a muinín a chur i saineolas na ndochtúirí, fiú go cóir léighis raidiam a fháil i ndeireadh a saoil, ach fós tá macallaí den teannas úd ina cuid seanchais, agus tá an tuiscint á cur chun cinn i gcásanna áirithe aici gur éifeachtaí leigheas na muintire ná an leigheas léannta. Tráchtann sí, mar shampla, ar bhaintreach i nDún Chaoin gur luigh an bhuairt ar a croí agus gur chaill sí a misneach sa tslí gurbh ar éigean a bhí sí ábalta éirí as an gcúinne. Bhí oideasaí tugtha ag dochtúir di ach ní raibh aon mhaith á déanamh acu. Ansin tháinig fear siúil isteach chuici lá agus mhol di éirí astu: 'Dá mbeifeá ag ól na mbuidéal san,' ar seisean, 'nó go n-iompódh an mhuir aduaidh, ní dhéanfaidís tú a leigheas.' Mhol sé di an luibh slánlus a aimsiú agus thug treoir di conas posóid a réiteach leis. Dhein sí rud air agus chuaigh sí i bhfeabhas. 'Mo chroí thú,' a dúirt Peig, 'dhein bean óg di.'³⁶

Tá cur síos leis aici ar fhear a raibh méir thinn aige agus oideas leighis 'aníos ón nDaingean' á chur aige léi, ach gan aon fheabhas ag teacht uirthi; deineadh ceirín sa bhaile ansin dó agus mar a dúirt Peig: 'Sin é an plástar a leigheas ar deireadh é. Déarfadh sé fós leat é, go gcaillfeadh sé an mhéar mura mbeadh é sin.'³⁷ Léiríonn eachtra eile dá cuid naimhdeas oscailte idir bean chabhartha agus an dochtúir a tugadh chun bean luí sheoil. Cuireann Peig in iúl ann nach raibh an bhean chabhartha pioc sásta le freastal an dochtúra ar an mbean luí sheoil agus nuair a bhí sé ag fágaint an tí gur chaith sí an chaint seo mar ghuí leis: 'Nár chasa aon phioc díot arís orainn ach do lamhnán, agus poll ansan féin!'³⁸

Bhí Peig i dtiúin go hiomlán le cleachtais thraidisiúnta agus is minic faisnéis aici ar shonraí draíochtúla i gcóracha leighis mar atá luaite thuas sa chaibidil romhainn. Seo fianaise uaithi, mar shampla, ar an tuiscint go bhfuil pointí áirithe ama seachas a chéile fábharach do chur chun cinn na sláinte:

> Sin rud a chínn, gach aon líon tí, ní théadh éinne a chodladh – óg ná críonna – Oíche Nollag gan a gceann a ní mar chosaint ar thinneas cinn go ceann bliana arís. Is cuimhin liom m'athair anso thall, thugadh sé corcán breá uisce bhoig leis agus níodh sé féin is mo mháthair ceann gach aon duine sa tigh idir ghasúin is ghearrchaile, óna dhá shlinneán aníos le huisce bog agus le gallúnach. Ní raibh ansan ach é thriomú le héadach agus gal den dtine a thabhairt dó.³⁹

> Tá daoine ann a dhéanann fíor na croise orthu féin nuair a chíonn siad an chéad uair an ré nua. Dá mbeadh duine ansan go mbeadh an tinneas fiacaile ag gabháil dó, nuair a chífeadh sé sin an ré nua an chéad uair, fíor na croise a dhéanamh air féin agus ísliú síos agus pé rud a bheadh fé bhonn a bhróige deise, cloch nó féar nó cré nó cipín, é a thógaint agus é a chuimilt do do chorrán trí huaire in ainm an Athar agus an Mhic agus an Spioraid Naoimh. Amen.⁴⁰

Deir sí go raibh leigheas sa mhin choirce a bhí meilte sa Mhárta mar gur mhinic a mheil a haintín i gCill Mhic an Domhnaigh i bparóiste Fionn Trá coirce an mhí sin, d'aon ghnó glan chun é a choimeád istigh: 'Agus thiocfadh duine, b'fhéidir, ó Bhaile an Mhuilinn in aice an Daingin, ag iarraidh gráinne dhi sin chun ceiríocha a dhéanamh.'[41] Tugann sí faisnéis ar an ról a bhí ag dath i gcúrsaí leighis, e.g., loca d'olann ghlas smeartha le híle róin a chur timpeall na scornaí mar leigheas ar scornach thinn.[42] Leigheas a luann sí ar thinneas fiacaile is ea blúire de ghloine ghorm a chur in uisce, é a bheiriú agus an t-uisce a ól de dhroim na gloine sin.[43] Agus bhí tábhacht le dath freisin sa leigheas a luann sí ar at:

> Deirtear dá mbeadh cos nó lámh leat tinn agus go mbeadh at inti, dá gcuirfeá téip dhearg lastuas den at sa ghlúin nó ar an dtaobh thuas den uilinn, ní rachadh an t-at lastuas den dtéip dhearg.[44]

Tugann sí faisnéis faoin tábhacht a bhí le minicíocht, nó le huimhreacha áirithe, go mór mór an uimhir trí. I gcás linbh a mbeadh fail air, mar shampla, míníonn sí gur cheart an méid seo a rá faoi thrí chun nach leanfadh an fhail leis: 'Fail mhór mhisnigh ort, fail nach miste thu.'[45] Nuair a bhí iníon dhá bhliain léi ag fáil bháis mar nach raibh sí ábalta aon ní a choimeád ina bolg, insíonn sí conas mar mhol Máire Ní Chearna di uisce na dtrí dtobar a thástáil leis an gcailín beag:

> 'Cogar,' ar sise, 'ar thastálais uisce na dtrí dtoibreacha léi?'
> 'Mhuise, a Mháire,' arsa mise, 'níl aon eolas agam air …'
> … 'Imigh anois ar sise, 'agus téir go dtí tobar bharr an bhaile, agus téir as san go dtí tobar an ghleanna, agus téir as san go dtí tobar na croise thoir, agus tabhair leat cnagaire de gach aon uisce acu agus buail síos sa tsáspan é, agus buail in imeall na tine é, agus fág ansan é nó go mbeidh sé cruaidh te, agus cuir trí spúnóga de san uirthi, in ainm an Athar is an Mhic is an Spioraid Naoimh.'[46]

Tá fianaise spéisiúil ag Peig ar mhodhanna eile leighis freisin a bhí i gceist sa chaibidil romhainn agus is fiú cúpla mír faisnéise uaithi maidir leo a chur i láthair anseo. Tugann sí léiriú breá, mar shampla, ar dhraíocht na cosúlachta ag feidhmiú i bhfaisnéis uaithi faoi dheoch phurgóide á tabhairt d'othar:

Sin rud eile a chuala nuair a bheadh duine breoite ansan sa leabaidh agus go sínfeá purgóid chuige in áras, nuair a bheadh an phurgóid ólta siar aige agus nuair a shínfeadh sé an t-áras chugat folamh, ba cheart duit an t-áras a thógaint agus a bhéal a bhualadh fé ar an mbord insa tslí go n-oibreodh an phurgóid le fánaidh. Máire Ní Mhainín a bhí pósta ag Ó Duinnshléibhe an file san Oileán a dúirt é sin.⁴⁷

Tá fianaise aici ar aistriú draíochtúil galair i gcuntas ar conas a d'fhéachtaí le scarúint le faithní:

Is minic a chínn iad, daoine go mbíodh faithní orthu nó tine dhia, bhuailidís a méar air agus chuimleoidís do dhuine eile é chun go n-imeodh sé dóibh féin agus go dtiocfadh sé ar dhuine eile.⁴⁸

Tráchtann sí ar thinneas á theorannú trí scríobh thart ar an bpaiste ar a bhfuil tine dhia:

Thagadh san ar a lán daoine. Bhíodh sé ina phaistíocha dearga agus é ag fairsingiú leis. Ba dhóigh leat gur *ringworm* é. N'fheadar cad a chuireadh orthu é. Ní raibh aon leigheas air ach ainm agus sloinne an té go mbeadh sé air a scríobh le peann agus le dubh timpeall ar an dtine dhia agus ní leathnódh sé a thuilleadh ansan.⁴⁹

Modh leighis eile a dtugann sí faisnéis ina thaobh is ea othar á tharraingt trí spás cumhang chun go scarfadh breoiteacht leis/léi:

Tá sé ansan thuaidh i dteampall na Cille, fuinneoigín chaol, go dtugann siad cró na snáthaide air, agus éinne a gheobhadh trí chró na snáthaide trí huaire agus a bheadh ag gearán ar thinneas droma, deir siad go bhfágfaidís an tinneas ina ndiaidh.⁵⁰

Chuala trácht air ach ní fhaca riamh é – leanbh go mbeadh an bhruitíneach air – láir asail a thabhairt isteach don tigh agus duine a sheasamh ar gach taobh den asal agus an leanbh a shíneadh sall fé bholg an asail agus thar n-ais arís os cionn a dhroma; é a dhéanamh trí huaire in ainm an Athar, an Mhic agus an Spioraid Naoimh.⁵¹

Tá faisnéis aici ar roinnt orthaí,⁵² agus tá éachtaint le fáil ar mharbhdhraíocht sa leigheas traidisiúnta ina cuntas ar chomhairle a tugadh di uair go raibh tinneas fiacaile uirthi agus í ar thórramh:

> 'Tá do leigheas an-ghairid duit anois, a Pheig ... téir síos anois go dtí an corp agus méar na láimhe deise, cuimil do do chorrán trí huaire é in ainm an Athar, an Mhic agus an Spioraid Naoimh, agus beidh deireadh agat le tinneas fiacaile.'

> Nuathair dá ndéanfadh dhá lomleath de mo chorrán, ní dhéanfainn é sin.⁵³

Soláthraíonn sí fianaise freisin ar eilimint eile i leigheas na muintire, mar atá, an tuiscint gur ón rud a dhein díobháil a bhí leigheas le fáil:

> Nuair a bhainfeadh madra greim as duine ba cheart é a mharú agus an croí agus an t-ae a bhaint as; iad a chur ag beiriú in uisce nó bainne, agus é a thabhairt le n-ól don duine gortaithe.⁵⁴
>
> Dá mbeadh madra ann go mbeadh, go sábhála Dia sinn, an t-olc air, chaithfí an madra san a mharú dá mbéarfadh sé ar éinne – an croí agus an t-ae a bhaint as, iad a chur ag beiriú ar bhraon bainne nó ar bhraon uisce don té go mbéarfadh sé air, agus é a thabhairt dó le n-ól.⁵⁵

Cuireann sí in iúl ina dírbheathaisnéis a dhiongbháilteacht is a ghéill sí don tuiscint seo nuair a thóg sí uirthi féin bob a bhualadh ar úinéir madra a bhain greim aisti, ionas go maródh sé é, mar go raibh eagla uirthi nach gcneasódh an lot mura marófaí an madra.⁵⁶ Léiríonn sí in áit eile, mar sin féin, nach i leith na draíochta amháin a théití ag déileáil le greim ó mhadra: 'Nuair a bheireadh madra ar dhuine bhídís á scóladh is á ní agus chuiridís stráice air dá mbeadh aon ghreim as agus thabharfaí fógra an madra a mharú agus marófaí é leis.'⁵⁷

Tá faisnéis freisin againn ó Pheig ar chóiríocha leighis nár ghá aon cheangal a bheith acu le tuiscintí draíochtúla. Thuig sí go maith, mar shampla, an fiúntas a bhaineann le suathaireacht:

Dá dtiocfadh freanga nó crampa nó tinneas cinn, b'fhéidir, nó tinneas gaoithe id' phutóga – bheith á chuimilt agus á chuimilt agus á chuimilt nó go mbainfeá an tinneas amach as.[58]

Bhí cur amach aici ar luibheanna agus luann sí an mhuinín a bhí ag daoine ina gcumas leighis. 'Bhí sé ráite,' a deir sí, 'ná raibh aon ghalar fén spéir ná go bhfuil a leigheas ag fás tríd an dtalamh dá mb'fhéidir an ceann ceart a fháil.'[59] Bhí sí eolach ar ghnéithe d'fheidhmiú an choirp agus ar anatamaíocht an duine:

> Síos sna scamhóga a théann an anáil. Tá dhá cheann acu ann, ar gach taobh den gcroí. Tá dhá dhubhán sa duine. Is dócha gur iontu a thagann an *decay*, iontu féin agus san ae … Nuair a bheidh aon trioblóid ar na dubháin beidh trioblóid ar an uisce, nó beidh tinneas i mbun an droma, nó thiocfadh tinneas uisce ar dhuine … Is dócha ná fuil aon bhaint ag na géaga agus ag na cosa leis an gcreatlach. Is dócha gurb é rud an creatlach ná an cnámhdroma agus na heasnaíocha. Tá na heasnaíocha sa duine agus clár an uchta. An easna bheag ghearra atá fé bhun na heasnaíocha is sin í an corr-easna. Tá ceann ar gach taobh … Tá an dá chromán ansan agus cnámh an droma ag gabháilt eatarthu síos. Fíorbhun chnámh do dhroma go dtugtar cnáimhín do rumpa air, agus bun do dhroma thíos, is é sin do rumpa. An chnámh atá idir do dhá chois thíos fút is é cnámh do láirge.[60] Ina shnaidhmeanna atá cnámh do dhroma agus tá snáithín do dhroma ag imeacht tríd. Ansan tá do dhá shlinneán taobh thuas de na heasnaíocha.[61]

Thuig sí go bhfuil galair áirithe a théann le dúchas agus go bhfuil galair eile atá tógálach: 'Galar dúchais,' a deir sí, 'is ea giorra radhairce agus múchadh agus tarrac suas [giorranáile], allaíre, bodhaire agus le dúchas a thagann an *decay* [eitinn] leis. Tá an *decay* tógálach leis.'[62] Luann sí cuid de na galair thógálacha agus tá tuairisc mhaith aici ar an gcáiréis lena bhféachtaí le hiad a sheachaint.

Dá mbuailfeadh fiabhras nó aon ní tógálach duine nó beirt sa tigh ... an mhuintir óg a bheadh sa tigh, chuirfí i malairt áite iad – b'fhéidir gur i dtigh muinteartha éigin a rachaidís ... Thagadh na comharsain isteach ar thuairisc na ndaoine breoite agus dá mbeadh duine olc, breoite, thiocfadh na comharsain ar a thuairisc gach aon lá, agus b'fhéidir cúpla uair sa ló. Agus thiocfadh na daoine muinteartha a bheadh i bhfad ó bhaile, thiocfaidís ar a thuairisc.

Dá mbeadh duine i mbaol agus dá mbeadh comharsa mhaith ann, is é an chéad rud a dhéanfadh sé ar maidin tar éis éirí dó, sara n-íosfadh sé aon ghreim, teacht isteach fhéachaint conas a bhí an duine breoite. Ní thiocfaidís isteach don tigh ar thuairisc duine breoite dá mbeadh aon ní tógálach ann ach bhídís á bhfiafraí lasmuigh.

Níor mhaith leis na comharsain go gcaithfeadh muintir an tí sin aon ní amach sa bhuaile, uisce, ná aon ní amach sa bhuaile gan clúdach.[63]

Is léiriú ar ghéire agus ar fhiosracht aigne Pheig an spéis a chuir sí sa chúisíocht a bhain le tolgadh galair. Is minic léi míniú a thabhairt ar an údar a bhíonn le tinneas tógálach – bíodh an míniú sin cruinn nó ná bíodh. Uaireanta, fiú nuair nach bhfuil aon mhíniú aici air, is léir fós gur spéis léi bunús an ghalair, óir tagraíonn sí go sonrach dá heaspa eolais maidir leis i ráiteas mar 'N'fheadar cad a chuireadh orthu é'.[64] Léiríonn an fhaisnéis a thugann sí ar thuairimíocht maidir le bunús aicídí tógálacha cé chomh gafa is a bhí sí leis an gceist seo:

Ná níor mhaith leo bheith i gcoinne mhuintir an tí sin [a mbeadh an bhreoiteacht ann] sa bhóthar le heagla go nglacfaidís eagla roim a gcuid éadaigh nó aon ní, mar an lá a thiocfaidh eagla roim rud mar sin ort, tánn tú cnagtha láithreach. Má théann do chuid fola trí chéile le heagla nó le trua – tá sé agat láithreach.[65]

Tagann brach ar shúile duine. Bíonn screamh bhuí ar na fabhraí ar maidin insa tslí nach féidir na súile a oscailt ... Bíonn brach ar na súile leis an gcailicín, ach bhídís dearg, agus bíonn an cailicín an-thógálach. Dá ndruidfeá isteach leis an té go mbeadh an cailicín air agus féachaint cruinn ar a shúile, do thógfá féin an cailicín.[66]

Bhí an gríos an-thógálach. Thógadh na leanaí ó chéile ar scoil é ó na pinsilí a bhíodh acu an uair sin agus ó na sléiteanna.[67]

Deirtear go bhfuil sé [an eitinn] tógálach agus go mór mór thógfadh duine muinteartha é mar is í an fhuil chéanna a bhíonn iontu.[68]

Dhealródh gur uaithi féin a tháinig an spreagadh chun míniú ar an mbreoiteacht a sholáthar, seachas mar fhreagra ar cheist ón mbailitheoir. Níl ceisteanna faoi bhunús tinnis tugtha i lámhleabhar an bhailitheora (Ó Súilleabháin 1942), agus níl ceisteanna dá leithéid sa tras-scríbhinn a chuir Ó Dálaigh ar fáil, rud a bhféadfaí bheith ag súil leis dá mba ann dóibh, i bhfianaise na treorach a bhí faighte aige ón Duileargach.[69] Tá an spéis chéanna sin i gcúisíocht le tabhairt faoi deara freisin i gcuntais a thugann sí ar chineálacha eile tinnis:

Is dócha gur at a bhíonn i gcliabhlach duine an *dropsy*. Is dócha gur uisce éigin a bhíonn bailithe ina gcliabhlach.[70]

Thagadh *nervous* ar dhuine as brón nó as uaigneas.[71]

Fuil shalach fé ndeara puchóidí agus neascóidí.[72]

Is minic a thagann crampa i gcois duine sa leabaidh. Is amhlaidh a stadann an fhuil sa chois.[73]

Fliuchán is drochúsáid is fuaraíocht fé ndeara crampaí is tinneasaí cnámh.[74]

Is minic a thiteann sé amach go mbeadh scéithín duine ar lár agus bíonn uirlicí á leanúint sin agus téann duine as an-mhór leis. Cnáimhín beag a bhíonn i mbéal cléibhe duine is ea an scéithín agus déanann gortú nó strus thar na bearta é a chur ar lár nó dá mbeadh duine ag tógaint ualach trom.[75]

Is spéisiúil chomh tomhaiste is a bhíonn sí ina breithiúnas nuair nach bhfuil sí cinnte ar fad faoi fhírinne ráitis atá á chur i láthair aici. Ní bhrúnn sí a tuairim ná ní dhéanann talamh slán de, ach bíonn leaganacha mar 'is dócha gur' nó 'n'fheadar ná gur' aici. Léiriú maith ar a cáiréis is ea an dá agús a chuireann sí ina tuairisc ar leanbh breoite a raibh dath dubh tagtha ar a chliathán: 'Is dócha gur *appenticitis* a bhí air, má thiocfadh a leithéid ar leanbh chomh hóg leis.'[76] Seo í ag cur síos ar an bhfiabhras aerach:

> Thagadh fiabhras aerach ar mhná tar éis linbh a shaolú dóibh ach théidís i bhfeabhas uaidh. Bhídís as a gceann, go sábhála Dia sinn, agus bhíodh daoine ag tabhairt aire dóibh ag baile ar eagla go n-éalóidís leo. Ní cuirtí in aon áit iad ach iad a choimeád ag baile. An bhean go dtagadh sé uirthi, ní bhíodh an ceann céanna go deo arís uirthi. Is dócha gur neamhaire fé ndeara é – bia láidir tugtha di agus í ina luí sheoil, nó dá mbainfí preab mhór as a leithéid, thiocfadh, b'fhéidir, fiabhras aerach uirthi.[77]

Dá réir sin, bhain pointeáltacht mhór agus an-chruinneas léi mar fhaisnéiseoir ag soláthar eolais don bhailitheoir béaloidis. Déanann sí idirdhealú ina cuid faisnéise, mar shampla, maidir le hábhar atá bunaithe ar a taithí féin agus an fhaisnéis uaithi atá bunaithe ar an rud a bhí cloiste aici. Níor leasc léi a heaspa eolais faoi ghné éigin den traidisiún a admháil go macánta. Mar fhreagra ar cheist faoin úsáid a bhaintí as neantóga i gcúrsaí leighis, deir sí: 'ní fhacasa riamh aon úsáid á bhaint as neantóga' ach dúirt go dtugtaí mar bhia do mhuca iad;[78] mar fhreagra ar cheist faoi leigheas a bheith i gclúmhlaí a thiocfadh ar arán, deir sí: 'Níor chuala riamh go raibh aon mhaith in arán go mbeadh snas air';[79] agus níor airigh sí riamh, a dúirt sí, trácht ar leigheas le gibneoireacht.[80] Ba thábhachtach léi faisnéis chruinn a thabhairt uaithi. Is léiriú maith an ráiteas seo ar a cáiréis, fiú maidir le mionsonra áite: 'N'fheadarsa anois, chun ná cuirfead an cor ann, an i mbád nó ar an dtalamh tirim a bhí sé, ach nuair a dhúisigh sé níor bhraith sé ró-mhaith.'[81]

Níor mhiste, b'fhéidir, tagairt do shaibhreas na teanga a chleachtann Peig ag cur síos ar an ábhar seo. Tá saibhreas mór téarmaíochta aici ag cur síos ar ghearánta éagsúla: bonnleac agus milcheard a chuireadh as don té a bheadh cosnochta;[82] tá gor fé ionga aici ar ghortú méire de shaghas áirithe;⁸³ máthair thrúig a bhíonn i gcroí neascóide;⁸⁴ ceas a bhíonn ar an té a mbeadh sáitheaireacht déanta aige;⁸⁵ bíonn cuach ar an té go rachadh rud lena anáil;⁸⁶ ina phota stóir ag an slaghdán a bhíonn an té a tholgann go minic é;⁸⁷ tá úll an chromáin aici ar alt an chromáin;⁸⁸ bheadh bog intinn ort ag rud a chuirfeadh casadh i do ghoile;⁸⁹ agus dá leanfadh sé leat, chuirfeadh sé go dtí na geataí cláir tú.⁹⁰ Sainíonn sí go cruinn laige, fantais agus anbhainne:

Ní mar a chéile laige agus fantais in aon chor. Imíonn duine siar ar fad sa laige. Ní bhíonn anam i gcos ná i lámh leis. Agus an fhantais – ní imíonn duine siar ar fad in aon chor inti agus bíonn sé tagtha chuige féin láithreach. Sin rud eile atá ann, anbhainne, agus nuair a thiocfadh anbhainne ort thiocfadh fuar allas amach trí do mhailí ach ní imeodh an t-anam asat. Ní imeodh do chuimhne ná do mheabhair uait. Thiocfadh anbhainne ar dhuine go mbeadh gaoth ag gabháil dó nuair a bhaileodh sí timpeall a chroí, nó ar dhuine go mbeadh pian air.⁹¹

Mar fhocal scoir, is fiú aird a dhíriú ar an réim teanga a chleachtann Peig ag cur síos ar chúrsaí sláinte. Déanann sí idirdhealú go minic i gcás na téarmaíochta a thagraíonn sí d'ainmhí agus do dhuine: bíonn craiceann ar ainmhí, a deir sí, ach is cneas is ceart a thabhairt ar chraiceann duine, agus bíonn scaoilteacht ar dhuine ach buinneach a bhíonn ar ainmhí.⁹² Seachnaíonn sí an focal garbh agus bíonn téarmaíocht ar chaighdeán mós foirmeálta aici ag tagairt d'fheidhmeanna an choirp: 'Thabharfaí purgóid do dhuine a bheadh cruaidh as a chabhlach ach uaireanta ní gheobhadh sé aon oibriú ...' Ach le cóir cheart leighis, deir sí: 'thiocfadh fonn suite air.'⁹³ Is 'dí-buan' a bheadh ar dhuine go mbeadh a chuid bídh ag rith tríd, agus is é an leigheas a luann sí leis sin ná cloch bheag thanaí ghlas a théamh agus í 'a chur le doras na colainne.'⁹⁴ Dealraíonn gur thug sí léi ó chaint a máthar féin gur cheart réim chuí teanga a chleachtadh ag plé na gcúrsaí seo:

Chuiridís bualtach bó friseáilte ar dhó – é a bhualadh isteach tapaidh leis. Bhaineadh sé an greadadh as agus ní ligeadh sé dó clogadh. Níor chuala riamh mo mháthair ag tabhairt aon ní air ach maitheas na bó. B'fhéidir ná tugadh sí an ainm sin air ach nuair a bhíodh sí á úsáid chun leighis.[95]

Tá iarracht déanta thuas a léiriú nach é amháin go raibh cur amach mór ag Peig ar an leigheas traidisiúnta, ach de bhreis air sin, gur bhean í ag a raibh aigne fhiosrach cheisteach agus í tomhaiste ina breithiúnas.

Peig Sayers agus Leigheas na Muintire

SUMMARY

Peig Sayers, the noted storyteller, possessed a great knowledge of traditional medicine which is here explored, and her critical attitude towards aspects of it outlined. She was a firm believer in the threat posed to health by fairy interference and the evil eye and was happy to avail of traditional remedies to counteract them. Despite her general acceptance of the actuality of these malign forces, in particular instances she appears to adopt a more sceptical attitude, by stating that 'it was said' illness was caused by them, rather than saying she herself believed it so. She acknowledges that certain individuals have curative powers, e.g., local healers, priests and 'Ulster' women, and she was dismissive of the notion that witchcraft was involved in their healing. She refuses to accept that dark forces could be responsible for bringing about a cure, and portrayed healers as working in collaboration with God rather than against him. She tells of interesting instances of tension between traditional healers and doctors with the former emerging as victor. In her accounts of being bitten by a dog, she makes clear her belief that healing could only be achieved by killing the dog. Peig also displays a basic grasp of medical knowledge in relation to human anatomy and in distinguishing between contagious and hereditary illnesses. Her inquisitive mind shines through in her frequent surmising on the cause of illness. She possessed a rich vocabulary in the area of folk medicine and employed an elevated register in talking of bodily functions.

1. Almqvist & Ó Héalaí 2009: 26–8.
2. Ó Súilleabháin 1942. I litir chuig Seosamh Ó Dálaigh, 6 Feabhra 1943 (ar coimeád i gcartlann Chnuasach Bhéaloideas Éireann) scríobh Séamus Ó Duilearga, Stiúrthóir Choimisiún Béaloideasa Éireann: 'Ta súil agam go ndéanfa tu úsáid don Handbook – tá adhbhar ansan duit a choimeádfaidh ag obair tu go ceann i bhfad.'
3. CBÉ 936: 251.
4. Flower 1930: 378. Tá plé ar an bhfinscéal seo i gcaibidil 11.
5. Ó Gaoithín 2019: 4.
6. Cloiste ag an údar ó Tom Mhick Groiméil, Cathair Scoilbín, Baile na nGall, Co. Chiarraí; féach Caomhánach [1936–42]-. *s.v.*, maoidheamh: 'Mhaolochadh an maoidheamh na cnuic'; cf. Henderson 1911: 27: 'Brisidh farmad an chlach.'
7. CBÉ 936: 251.
8. *Ibid.*
9. CBÉ 910: 379.
10. CBÉ 936: 250.
11. CBÉ 910: 187.
12. CBÉ 910: 176–7.
13. CBÉ 936: 523. Ba í an mháistreás a bhí ar Pheig an dara babhta aici in aimsir, an t-othar a bhí i gceist anseo. Tá an méid seo ráite ag Peig in insint eile ar an eachtra in Sayers 1998: 121–2: 'Is minic a deirinn léi nuair a chuireadh sí olc orm ina dhiaidh sin gurbh iad na sióga a chrústaigh léi.'
14. CBÉ 936: 251.
15. CBÉ 965: 161. Is leis na focail chéanna sin 'is dócha' a cheistíonn sí go séimh arís in Sayers 1998: 172, an ann i ndáiríre do neacha neamhshaolta agus í ag trácht ar rinceoir mistéireach ag doras tí san oíche: 'Is dócha gur scáth síoraí éigin a bhí ann, má tá a leithéidí sin ag imeacht.'
16. CBÉ 908: 374.
17. CBÉ 908: 333.
18. CBÉ 965: 153.
19. CBÉ 965: 162.
20. CBÉ 908: 44–5.
21. CBÉ 965: 98.
22. CBÉ 965: 98–9.
23. CBÉ 908: 202; cf. CBÉ 936: 40.
24. CBÉ 965: 103; tá tuilleadh faisnéise uaithi faoi seo in CBÉ 908: 42, 403.
25. CBÉ 965: 102–3.
26. CBÉ 965: 91.
27. CBÉ 936: 517–19.
28. CBÉ 965: 165.
29. CBÉ 965: 159.
30. CBÉ 936: 520–3; 521. Tá insint eile ar an eachtra seo in Sayers 1998: 122.
31. In eachtraí éagsúla dá cuid luann sí gur choinnigh sé an triuch uaithi féin (CBÉ 965: 155); gur chinntigh sé fad saoil do gharsún a raibh bás óg ceaptha dó (CBÉ 968: 115–7); gur dhíbir sé faitíos roimh thaibhse (CBÉ 847: 300–7); gur leigheas sé duine a bhíodh ag siúl ina chodladh (CBÉ 965: 165); agus gur tháinig ceirt a bhí ina thimpeall slán go míorúilteach ó thine ina tigh féin (CBÉ 979: 136–8). Tá plé ar an Leabhar Eoin i gcaibidil 18.
32. CBÉ 1201: 8.
33. CBÉ 965: 133.
34. Maidir le dearcadh an phobail ar chleachtais dhraíochtúla, féach, e.g., Thomas 1978: 316–17; Mac Meanman 1940: 170; Ó Súilleabháin 1995: 9; Hartmann *et al.* 1996: 82. Is léir, áfach, ón diúltú a thug Peig do chuireadh triall ar bhean feasa lena fortún a insint di (Ó Gaoithín 2019: 25–6), nárbh ionann léi an fháistiníocht agus an leigheas traidisiúnta.
35. CBÉ 1201: 8.
36. CBÉ 936: 536. Bhí an-mhuinín aici sa slánlus mar chóir leighis: 'Ná cíonn tú gurbh é an slánlus a cuireadh le cneátha

ár dTiarna. An chéad bhataráil a fuair sé nuair a sciúrseáladh i dtigh Phíoláid é, chuala go minic gurbh shin é a cuireadh leis. Chloisinn i gcónaí nuair a bhíodh aon úsáid á bhaint as an slánlus: 'Nach shin é an cheirí a cuireadh le ár Slánaitheoir nuair a shil sé a chuid fola.'

37 CBÉ 936: 541.
38 CBÉ 1201: 16.
39 CBÉ 908: 97.
40 CBÉ 1201: 449; leagan eile in CBÉ 936: 352.
41 CBE 1142: 145; cf. CBÉ 965: 127.
42 CBÉ 936: 542.
43 CBÉ 936: 352.
44 CBÉ 936: 353.
45 CBÉ 965: 143. Maidir le húsáid na huimhreach trí sa bhéaloideas, féach Dundes 1980b.
46 CBÉ 910: 383–4. Dhein Peig rud uirthi agus dúirt gur tháinig an leanbh slán.
47 CBÉ 965: 119; leagan eile uaithi in CBÉ 965: 108.
48 CBÉ 936: 525–6.
49 CBÉ 965: 134.
50 CBÉ 936: 525; sa séipéal i gCill Mhaoilchéadair atá an fhuinneog seo.
51 Ibid.
52 E.g., ortha na fola, ortha na súl, ortha an tromluí agus ortha an ghreama in CBÉ 965: 116–17; CBÉ 965: 135; CBÉ 965: 159.
53 CBÉ 847: 50. Tá leagan eile den eachtra aici in CBÉ 1201: 449–50; cf. 'Dá mbuailfeá méar duine mhairbh ar d'fhiacla ní thiocfadh aon déadthinneas go brách ort' (CBÉ 1462: 422, Mícheál Ó Gaoithín); Westropp 1911: 58.
54 CBÉ 936: 526.
55 CBÉ 936: 526.
56 Ní Mhainín & Ó Murchú 1998: 181–2.

In Ó Muimhneacháin 1978: 110, déantar ceangal idir an t-éileamh go marófaí madra a bhain snap as duine agus an eagla a bhíodh ar dhaoine roimh mhadra oilc: 'Dá mbéarfadh gadhar [oilc] ort tá sé dainséarach mar tá breis nimhe ann. Dá n-éireodh an greim ort gheofá nimh uaidh, agus b'fhéidir go maródh sé tú. Bhíodh eagla ar dhaoinibh, mar sin, agus dá mbéarfadh aon ghadhar orthu, ní bheidís sásta go mbeadh an gadhar san marbh. Bhíodh eagla orthu dá dtiocfadh olc ar an ngadhar go dtiocfadh sé orthu féin.'

57 CBÉ 965: 134.
58 CBÉ 936: 524.
59 CBÉ 936: 535.
60 Mínítear an focal 'láirg' mar chomhnasc an ghabhail in Caomhánach [1936–42] s.v. láirg.
61 CBÉ 908: 373–4. Is mar fhreagraí ar cheisteanna an bhailitheora a sholáthraigh Peig an fhaisnéis seo.
62 CBÉ 936: 249–50.
63 CBÉ 965: 105.
64 CBÉ 965: 134.
65 Ibid.
66 CBÉ 965: 135.
67 CBÉ 965: 115.
68 CBÉ 965: 125. Maidir le húsáid 'deirtear' anseo, féach romhainn mar a n-áiríonn Peig an eitinn mar ghalar dúchais.
69 I litir chuig Seosamh Ó Dálaigh dár dáta 27/2/1945 (i gcartlann Chnuasach Bhéaloideas Éireann), mhol an Duileargach dó 'to put down in your MS. the actual form of the question you yourself put down to elicit the answer'. Bhí cuid mhaith bailithe ag Seosamh uaithi faoin tráth sin, ach is ina dhiaidh sin a thóg sé na ráitis dá dtagraíonn nótaí 71–5 thíos.
70 CBÉ 965: 132.
71 CBÉ 965: 158.

72 CBÉ 965: 118.
73 CBE 965: 117.
74 CBÉ 965: 127.
75 CBÉ 910: 77.
76 CBÉ 965: 133
77 CBÉ 965: 139.
78 CBÉ 965: 110.
79 CBÉ 1142: 163.
80 CBÉ 936: 524.
81 CBÉ 936: 254.
82 CBÉ 965: 92, 122.
83 CBÉ 965: 172.
84 CBÉ 965: 118.
85 CBÉ 965: 115, 144.
86 CBÉ 908: 407.
87 CBÉ 1201: 76.
88 CBÉ 908: 325.
89 CBÉ 965: 144.
90 CBÉ 965: 157.
91 CBÉ 965: 137.
92 CBÉ 908: 380, 381. Níl sí leanúnach san idirdhealú seo, áfach, mar luann sí craiceann le duine uaireanta, e.g., CBÉ 908: 322–3; CBÉ 936: 517.
93 CBÉ 965: 123.
94 CBÉ 965: 131.
95 CBÉ 936: 537.

9:
The Priest in Irish Fairy Legends

The extraordinary richness and vitality of fairy legends in Irish oral tradition have been commented on by many authors, among them Reidar Christiansen, who stressed their value in offering an insight into the life and mind of the community that maintained and propagated them.[1] While most of the legends discussed here were collected in the final quarter of the nineteenth and the first half of the twentieth century, we can safely assume the bulk of them had been current for many generations prior to that. Our concern here is with a particular tranche of that large corpus, namely those narratives in which a priest features as a protagonist, as more often than not, the priest has no part to play in fairy legends. It would appear that oral tradition, generally, prefers to allow these two powerful agents, priest and fairies, to operate in separate spheres.

PRIEST AS ANTAGONIST

When the priest and the good people are featured together in legends, the most frequently occurring form of their interaction is that which shows the priest exercising control over the fairies. This scenario is of course entirely understandable given the traditional allegiance of the Irish people to the Catholic religion, and the popular understanding that the fairies belonged to a pre-Christian substratum of Irish culture over which Christianity had prevailed. Accordingly, many legends tell of fairies being overcome when confronted by a priest or a prayer, or religious emblem, such as rosary beads, scapular, holy water, church bell, etc. In one frequently occurring narrative pattern a person who is being harassed by the fairies turns for assistance to the priest who then delivers the victim from fairy interference.[2] Other narratives reflecting the power of the priest over fairies tell of his ability to make them visible by getting people to stand on his foot, or look under his arm, or through his fingers.[3]

The role of the priest in vanquishing fairies is entirely in keeping with the standard representation of him in Irish folklore, exercising control over a range of supernatural beings including the devil. Indeed, the power over fairies attributed to him may have been accentuated by the tradition that associated them with the fallen angels. In Ireland, as elsewhere in Europe, the apocryphal story of the fall of the angels was adapted to explain the origin of indigenous supernatural beings.[4] According to Irish legend, at a certain stage during the angels' expulsion from heaven, God is said to have commanded them to remain in place wherever they then were, and consequently, those who had not fallen to hell stayed in the air or in the sea or on land and became the fairies. As the priest is frequently depicted banishing demons in folk tradition,[5] it is not surprising that he should also be shown exercising power over the fairies given their demonic association as outlined in this legend.

However, the demonic view of the good people does not sit well with their customary portrayal in Irish folklore, and it is, in all likelihood, an extraneous element imposed on native fairy tradition in late medieval times.[6] Unsurprisingly, fairy lore does not present a coherent mythological system and much of it, in fact, shows no awareness at all of fairy association with demons. This is most strikingly demonstrated by an extensive body of legends portraying dead relatives or neighbours in the company or care of the fairies. Had fairies originally been perceived as demonic beings, it is inconceivable that this portrayal of the dead would have been propagated in the storytelling tradition. A demonic origin of fairies is also clearly at odds with legends depicting them promoting activities that bolster Christian practice – frightening those who violate the sabbath, teaching people to be generous and punishing those who refuse to obey the priest.[7] Occasionally, fairies are even portrayed participating in religious services – requesting humans to act as sponsors to children born in fairyland, or asking the priest to assist at a marriage or at the deathbed of some of their company.[8] The ambivalent attitude to fairies is reflected in a traditional prayer which asks for God's help in warding them off while also accepting their protection:

Gabhamaoid le n-a gcoimirce agus diúltaighimid d'á n-imirce; a gcúl linn, a n-aghaidh uainn, as ucht báis a's páise ár Slánaitheoir Íosa Críosta[9]
[We accept their protection and we renounce their fall; let their backs be to us, their faces from us, through the death and passion of our Saviour Jesus Christ.]

A similar ambivalence is evident in medieval Irish literature regarding the otherworld people, the *Tuatha Dé Danann*, who are presented in pre-Norman writings in both demonic and angelic guises and much of whose tradition is incorporated in fairy lore.[10]

In a number of fairy legends, however, the nature of the interaction between priest and fairies highlights the latter's association with demons. Among these is the frequently recorded migratory legend classified as ML 5050, The Fairies' Prospect of Salvation. Irish variants of this legend broadly parallel the apocryphal story in which Enoch is requested by the fallen angels to intercede with the Lord on their behalf, but when subsequently he informs them of the negative outcome of his efforts, they become very upset.[11] In Irish tradition the legend frequently tells of a man accosted by fairies who is asked by them to ascertain from a priest/saint what their fate is to be on the Day of Judgement. When he carries out their request, he is informed the fairies will not achieve salvation, and their lack of human blood is frequently mentioned as the reason for their exclusion from heaven.¹²

Even though some Irish variants of the legend state that when the fairies' hope of salvation was dashed, they became utterly destructive,¹³ nonetheless, it would appear that in Irish fairy lore generally, the negative verdict affirmed by ML 5050 was not accepted as final. A feature of that lore is the notion that the fairies retained some vestigial hope of eventually gaining salvation, and it was said that, otherwise, they would be much more hostile to humans:

> *Tá súil acu go ligfear isteach sna flaithis an Lá Déanach arís iad, mura mbeadh, ní fhágfaidís duine ná beithíoch ná ainmhí ceathair-chosach, ná aon ní ag fás tríd an dtalamh. Sin é an chiall ná deineann siad an oiread díobhála.*¹⁴
> [They are hopeful they will be allowed enter heaven on Judgement Day otherwise they would destroy every human and four-footed animal and everything that grows from the earth. That is the reason why they do not cause too much damage.]
>
> *Tá sé ráite go ndéanfaidís i bhfad níos mó díobhála ach go bhfuilid ag déanamh amach go ligfear isteach sna Flaithis iad an Lá Déanach.*¹⁵
> [It is said they would do far more damage were it not that they reckon they will be allowed enter heaven on Judgement Day.]

Again, in some variants of the legend, the reason fairies abduct humans is attributed to their desire to enhance their humanity in order to enter heaven:

> *Deir siad gur ordaigh sé daofa fanacht ansin go Lá an Bhreithiúnais, agus an chuid acu nach mbeadh oiread fola iontu an lá sin agus a scríobhfadh a n-ainm nach bhfeicfeadh siad na flaithis go brách. Sin an fáth go bhfuil sé canta gurb iad a bheir leofa na daoine a bháitear agus a thugtar as, go bhfuil siad ag dréim le hoiread fola a fháil astu agus a scríobhfas a n-ainm, sa dóigh go mbeidh seans acu fáil sna flaithis.*¹⁶

[They say he ordered them to remain there until Judgement Day and those of them who hadn't as much blood in them as would write their names, would never see heaven. It is said, this is the reason they take those that are drowned and abducted – that they are hoping to get sufficient blood from them to enable them write their names so that they would have a chance of getting into heaven.]

Given that their origin legend does not present them as utterly demonic, and that fairies are frequently portrayed in a neutral/peaceful relationship with humans,[17] it is understandable why, in much of oral tradition, fairies and priests are not engaged in constant confrontation.

However, a number of legends involving a priest administering the crucial sacraments of baptism and last rites do cast the fairies in a demonic role. Baptism in Christian teaching ensured infants were cleansed from original sin, freed from the power of the devil and incorporated into the Christian community. Folk tradition regarded baptism as a powerful means of protection for the helpless infant against all hostile supernatural forces, and an unbaptised child was thought to be in special danger of attack from the fairies. Various protective measures outlined in Chapter 1 were employed to safeguard the unbaptised child – especially on its journey to receive the sacrament when the child was being taken from the well-guarded space of the home.

The ceremony of baptism itself is presented as potentially fraught with danger, and an improperly performed baptism was believed to be a threat to the well-being of the infant. There was a belief that any mishap in the performance of the rite, such as a stumble on the part of priest or sponsor, or an error in speaking the words of the ceremony, would cause the baptism to be defective and prove detrimental to the child. Tradition attributes to the recipient of such a defective baptism the ability to see the fairies, thus implying that the child somehow belongs to the fairy community.[18] This notion is conveyed, for instance, in a legend that tells of a man who ate a knowledge-giving herb and was subsequently enabled to see improperly baptised children in fairy form.[19] The idea that defective baptism (*fuíoll baistí*) puts the child within the fairies' ambit points to an underlying belief or suspicion that the glitch in the ceremony was likely due to fairy interference. In such a scenario fairies play a truly demonic role by being aggressively antagonistic to the ministry of the priest in administering the salvific sacrament of baptism.

The association of fairies with the fallen angels makes the protection baptism afforded against them all the more understandable. As an illustration of the protective power of baptism, reference may be made to a legend, which tells of a man to whom a child is passed through a window by the good people as he interrupts them when they are about to steal it. In at least two variants of this legend, the man is said to have been the child's godfather, and it is made clear this was the reason he was able to rescue the child.[20]

The struggle between the forces of good and evil for possession of a dying man's soul is a common theme in narrative tradition. A well-known legend tells of a priest who, on his way to administer the last rites, hears beautiful singing and stops to listen, but later finds that the sick person has died by the time he reaches him. In this popular legend (of which some thirty variants are noted) the singer is usually said to be the devil in the shape of a black dog, but in three widely distributed variants, one from Donegal, one from Galway and one from Kerry, the singing is attributed to the fairies.[21] The Donegal variant has been accurately described as a possible stray into fairy tradition, but the fact that similar variants occur in Galway and Kerry demonstrates that it was relatively easy for this legend to become part of fairy lore.[22] The substitution of fairies for the devil – though possibly facilitated by the renowned proficiency of fairies in music – is likely to have been occasioned by an underlying belief that fairies will attempt to obstruct a priest going to attend a dying person. This belief is explicitly stated, for instance, in relation to women dying in childbirth:

> *Deir siad má tá bean i dtinneas clainne agus call sagairt a bheith uirthi, gur b'in é an uair is crua atá sé ar an tsagart a bheith in am aici leis an ola a chur uirthi. Sin iad is mó a mbíonn tóir acu san orthu, tá a fhios agat.*[23]

[If a woman in childbirth needs a priest, it is said that is when it is most difficult for him to be in time to administer the last rites. This is what the fairies are most eager for, you know.]

In a few variants of another legend-type in which the devil usually features as the priest's antagonist, the fairies are presented as attempting by force and threats to prevent the priest from attending the dying person.[24] The variants in which fairies are presented as assailants may have been inspired by a belief that anyone dying without the assistance of a priest would be 'taken' by the fairies.[25] Legends portray the messenger on the way to summoning the priest as vulnerable, and it was traditionally recommended that one should not venture alone on such a journey, a companion being considered defence against fairy interference.[26] A further instance of tension between fairies and priest is provided by a legend in which his efforts to administer the last rites are mocked by the fairies. This tells how fairies summon a priest to their dwelling to attend at a deathbed and when he enters they cause him to sleep; he awakes in the middle of a bog and thereafter ceases to engage in ministry.[27]

These items of fairy lore relating to baptism and the last rites portray the good people as being on the offensive against the priest, and sometimes even getting the better of him. They pose a challenge to the generally accepted view that whenever fairies come up against the power of Christianity in the person of a priest they suffer defeat.[28] This view is also challenged by those relatively few legends which present the priest as fearful of the fairies,[29] and in this context it is also worth noting that the priest's intervention – even in administering the last rites – does not always provide defence against fairy abduction.[30] Legends in which fairies get the better of a priest are indicative of an openness to an alternative source of supernatural power apart from the Christian Church and a desire to accommodate more than one belief system. This reliance by some people on dual avenues of access to supernatural influence is exemplified by the following account from the 1930s of attempts by a Co. Tipperary household to ensure good fortune:

'Even when the priest has said mass in the house some people don't be satisfied without going on with their *piseoga* [superstitions] as soon as he is gone, fearing that his visit might displease the good people.'[31]

Similarly, belief in an alternative afterlife is indicated in an account which tells of an old man on his deathbed who had just received the ministrations of a priest, then spoke of soon being in the company of Donn – the mythological lord of the otherworld:

> Old Clifford was a profound believer in fairies. I had a chat with him the day before he died, just after the priest had his last interview with him. He looked through the low open window at Knockfierna and he told me he would be up there soon on the whale back black hill east of the cave where Donn was supposed to marshal his men before one of his expeditions.[32]

EXPERTISE IN FAIRY MATTERS

Legends manifest ambivalence in relation to the priest's level of expertise in fairy affairs. Attributing any level of competence to the priest in relation to fairy activities can be viewed as an extension of the competence ascribed to him in the Christian supernatural, or it may simply reflect the historical reality that some clergy did indeed claim expertise in the fairy realm and engage in magical practices.[33] In most instances he is portrayed as being more knowledgeable than the layman, playing the role of an intermediary between humans and fairies either in freeing people from fairy interference or making fairies visible. On the other hand, the priest's knowledge of fairy activity is sometimes shown to be deficient, and in such instances his nescience is often contrasted with the expertise of a wise man or woman. The portrayal of the priest as a neophyte in fairy affairs is exemplified by a legend collected in Co. Mayo,[34] which may be summarised as follows:

> [A] wise woman attempts to obtain the release from fairy captivity of a pedlar who had apparently died from a cliff fall; she contacts the abducted

man and arranges with him how to bring about his release; the priest hears of her intention and orders her not to interfere, but when she invites him to accompany her, he agrees; subsequent events show him to be hopelessly ignorant in dealing with the fairies and also quite fearful of them; finally the abducted pedlar explains he wishes to remain with the fairies until his penance is completed after which he will die and go to heaven.[35]

The priest's lack of knowledge in fairy affairs is again evident in legends which tell of his failure to recognise that a body at whose burial he is officiating is merely a simulacrum, substituted by fairies for the person they abducted.[36] In another legend a priest is reduced to depending on advice from a wise man to ensure his safety from hostile fairies.[37]

BELIEF IN FAIRIES

The priest in fairy legends is generally portrayed as implicitly accepting the reality of fairy existence and activity. In some instances, he explicitly declares his own belief, as when he declares he encountered the fairies, and subsequently urges his flock to believe in them, 'since they are as plentiful as the rushes on the moorland'.[38] In legends such as that of the abducted pedlar, where the priest professes himself a sceptic or an unbeliever, subsequent events demonstrate how misguided his scepticism has been. This point is most persuasively made in some variants of a legend which tells of a wife who was thought to have died, but was in fact abducted by the fairies and whose husband subsequently remarries.[39] Later a message is received by her family from the abducted woman asking to rescue her from fairy captivity; they seek the advice of the priest who is generally portrayed as accepting the reality of her abduction, but in three of the thirteen noted variants of the legend, he explicitly challenges the belief that the woman has been abducted and rebukes the family for their folly.[40] Yet the whole thrust of the narrative in all its variants is to assert the reality of the wife's abduction. Her message from captivity provides compelling proof of her wretched plight and demonstrates how utterly mistaken the priest's disbelief was.

Priests openly professing fairy belief in these legends may reflect the fact that some clergy were indeed genuine believers. However, even those who were not may have been swayed by a number of factors to allow fairy belief to go unchallenged or even foster it. At the time the legends discussed here were current in oral tradition, ecclesiastical authorities did not consider fairy beliefs a threat to established religion, and neither were they considered to be in conflict with it by those who held them. When traditional communities became the focus of research, it was commonly observed that committed religious believers also gave credence to fairy beliefs.[41] These beliefs were a private matter, which involved no public demonstration or risk to public order, and consequently, unlike many other aspects of traditional life, they did not attract significant ecclesiastical condemnation in recent centuries.[42] By the time fairy lore came to be recorded, the fairies had undergone a process of assimilation to a Judaeo-Christian framework as their origin had been linked with the fall of the angels, and the presence of the recently dead among them was portrayed as time spent in purgatory. A legend of an abducted woman returning after seven years to her husband and giving birth to two sons who became priests can be viewed as an attempt to posit harmony between fairy belief and the Christian religion.[43] Similarly, a fusion of the two belief systems is suggested in a limited number of narratives where the priest's powers are said to derive from, or be enhanced by, his connection with the fairies.[44]

However, from about the beginning of the nineteenth century an attitude hostile to many aspects of folk tradition judged to be superstitious was growing among the Catholic clergy in Ireland. This came about as a consequence of Church policies attempting to bring religious belief and practice into closer conformity to centralised Roman norms.[45] Clerical opposition to traditional usages and beliefs – extending even to popular devotions – was commented on by antiquarians such as John O'Donovan and Sir William Wilde, both of whom labelled the new attitude prevailing among the Catholic clergy as 'Protestant'.[46] In tandem with other more influential socio-economic forces, this movement played a role in bringing about a considerably reduced adherence to various aspects of traditional Irish life in the course of the nineteenth century. Clerical opposition may well have had an adverse effect on fairy beliefs, and indeed folklore collectors were occasionally told so by their informants. Writing some years prior to 1852, William Wilde quotes a man who cites clerical hostility to fairies as one of the factors responsible for decline in beliefs relating to them:

> what betune them national boords, and godless colleges, and other sorts of larnin', and the loss of the pratey, and the sickness, and all the people that's goin' to 'Merica, and the craythurs that's forced to go into the workhouse, or is dyin' off on the ditches, and the clargy setting their faces agin them, an' tellin the people not to give in to the likes, sarra wan of the gintry (cross about us!) 'ill be found in the counthry, nor a word about them or their doin's in no time.[47]

Similarly, Robin Flower was told by a Blasket man in the early decades of the twentieth century that the priests had now banished all the fairies.[48] However, attributing the demise of fairy belief solely to clerical hostility in recent times is clearly to overstate the case and ignore other key economic and social factors.

Indeed, the impact of clerical opposition on fairy belief may not have been as great as has sometimes been claimed, a point underscored by the persistence of such beliefs centuries after the Wife of Bath's declaration that 'the saintly charity and prayers of holy friars' had 'purged the air' of fairy folk.[49]

In fact, the prestige of the clergy stood to gain rather than suffer from the general acceptance of fairy belief, since in legends associated with it, the priest generally triumphs over the fairies, thus demonstrating his mastery in the realm of the supernatural. Furthermore, belief in fairies had a role in exercising social control, and clergy might welcome behavioural restraints occasioned by fairy legends. It has also been noted that priests may have felt pressure not to alienate the sympathy of their people by aggressively opposing these beliefs.[50] The notion that belief in fairies provided support to religious belief in general may also have been a factor. A Welsh clergyman, Edmond Jones of Pontypool (1702–93), who was himself a collector of fairy legends, expressed it thus:

> But some may yet enquire what may be the end and design of amassing together accounts of this nature and making them publick? ... It is designed to prevent a kind of infidelity which seems to spread much in the kingdom ... for when men come to deny the being of spirits, the next step is to deny the being of God.[51]

It is not unreasonable to assume that a similar attitude may have existed among members of the clergy in Ireland, and apparently, it was also shared by some Irish tradition-bearers in recent times. For instance, Mícheál Ó Gaoithín, son of the acclaimed storyteller Peig Sayers, is said to have frequently remarked that the Christian faith would decline as soon as people ceased to believe in the fairies,[52] a belief also recorded from other tradition-bearers.[53]

CONCLUSION

Fairy legends featuring a priest as protagonist played an important role in validating fairy beliefs. Each of these legends served the function of being an effective antidote to expressions of clerical hostility to fairy beliefs, and taken together, they constituted a compelling defence of traditional cosmology. This is clearly so when the priest professes or endorses fairy beliefs, but even in legends where he does not do so openly, his reluctance could be rationalised by positing constraints on him to admit his belief. Thus, for instance, talking about the difficulty, due to fairy interference, the priest experiences in getting to the sick bed of a woman in childbirth, an informant says: 'It is difficult to understand all this, but upon my soul, some of the priests themselves believed and still believe in this but they don't like to admit it.'[54] The priest, an acknowledged expert in the supernatural realm, was a powerful agent in providing validation of traditional beliefs. Thus for instance, the belief that the dead enter the company of the fairies is potently upheld when a drowned priest tells of his own sojourn among the fairies,[55] or when three priests are seen accompanying a fairy funeral.[56] Finally, as we have seen, legends which portray the priest's disbelief in fairies tellingly make the point that he is not an authority in these matters and, consequently, his opinions could readily be disregarded.

1. Christiansen 1975: 95; for legends as indicators of belief see Honko 1964; Almqvist 1991b; Dégh 2001; Correll 2005.
2. E.g., Ó hEochaidh, Mac Neill, Ó Catháin 1977: #10, #23, #55, #69.
3. 3 NFC 686: 209–10; NFC 1044: 256; NFC 1194: 161; NFC 1574: 380; NFC 1640: 294. Here the priest inherits the mantle of medieval Irish saints in some of whose lives people are enabled to see supernatural sights when in physical contact with the holy man: see references in Plummer 1910. I: clxxi; cf. Thompson 1955–8: F412.2 Spirits made visible by standing on another's foot.
4. Ó hÓgáin 1990: 187–8; McCone 1990: 148–9; Hillgarth 1986: 57–9; the influence of this tradition on Irish fairy lore is discussed in the next chapter.
5. Ó hÓgáin 1985: 212–14, 273–6.
6. Ó hÓgáin 1990: 187–8.
7. E.g., Ó hEochaidh, Mac Neill, Ó Catháin 1977: # 26, 83; NFC 79: 540–1, NFC 1329: 135–7.
8. For some texts see NFC 28: 579; NFC 45: 350–1; NFC 51: 118–21; NFC 77: 376–8; NFC 179: 458–9; NFC 910: 253–8.
9. Hyde 1906. II: 56–8; cf. a formula employed on mentioning the fairies in Ó Fiannachta 1990: 172: 'Cuirimid sinn fhéin féna dtearmain má castar linn iad ach a n-aghaidh uainn agus a gcúl linn.' [We place ourselves under their protection if we encounter them, but let their faces be turned from us, their backs towards us.]
10. McCone 1990: 70, 148–9.
11. Bamberger 1952: 21–2. The impact of the Enoch apocryphon in Irish fairy lore is discussed in Chapter 10.
12. In contrast, Scandinavian tradition offers 'the hidden people' favourable prospects of salvation, portraying them as the offspring of Eve (and therefore properly human), who through no fault of their own were deprived of the Lord's blessing, see Christiansen 1975: 98–101; Kvideland & Sehmsdorf 1988: # 44: 1–3.
13. E.g., O'Sullivan 1977: # 21.
14. Ó Súilleabháin 1952: # 60.
15. Ó Muimhneacháin 1978: 86.
16. NFC 929: 176–7; see also O'Sullivan: 1977: 47; Ó hÓgáin: 1990: 88.
17. Ó Danachair 1977–8: 176–7.
18. Ó Cróinín 1980: 137; Verling 1999: 78, 141; NFC 437; NFC 910: 221–2; NFC 1462: 210a; NFC 2000: 186–7. It was also believed that an improperly performed baptism could cause the child to have an evil eye, see Ó Súilleabháin 1942: 389; Béaloideas 3 (1932); 358; NFC 227: 130–1; NFC 744: 99–102.
19. NFC 22: 67–71. The notion of defective baptism is discussed in Chapter 1.
20. NFC 85: 175–6; Béaloideas 5 (1935): 242. This legend is discussed in Mac Philib 1980.
21. Ó hEochaidh, Mac Neill & Ó Catháin 1977: # 96; NFC 633: 178–9; NFC 331: 479–80.
22. Ó hEochaidh, Mac Neill & Ó Catháin 1977: 23.
23. NFC 734: 144–5; see also Ó Héalaí & Ó Tuairisg 2007: 242.
24. For some instances see NFC 331: 441–9; NFC 686: 208–10; NFC 1018: 239; NFC 1175: 7–10; NFC 1329: 316–19.
25. NFC 1839: 136.
26. Ó Súilleabháin 1952: 287.
27. NFC 1327: 12–14; Béaloideas 3 (1932): 514.
28. E.g., Ó hEochaidh, Mac Neill & Ó Catháin 1977: 23.
29. E.g., *ibid.*: # 122.

30 Gregory 1976: 142–3; Croker 1824: 87–90; Curtin 1974: 164.
31 NFC 407: 279; see Naughton 2003: 22–3.
32 NFC 1145: 50.
33 Cf. Corish 1981: 111–12; Kieckhefer 1989: 56–9, 153–6; Kittredge 1929: passim esp. 186–98. Wilson 2000: 259–78.
34 NFC 1325: 554–82
35 The notion of purgatory is clearly evoked by a penitential period spent awaiting entry to heaven, and it is commonplace in oral tradition to present revenants as souls in purgatory, e.g., NFC 34: 112: 'Is iad na mairbh seo na daoine maithe agus cuirtear ar ais ar an saol seo iad chun a bpurgadóireacht a chur díobh.' [These dead people are the fairies and they are sent back to this world to undergo their purgatory]; NFC 32: 243–5 tells of a woman returning from a stay in fairyland who reported that the most unusual sight she saw was the strikingly purgatorial image of five priests dancing unceasingly on a hot griddle; in yet another legend individuals are portrayed in the company of the fairies enduring penance appropriate to their sins (Ó Siochfhradha 1928b: 207–8); cf. Ó Súilleabháin 1942: 247. Occasionally, however, time spent with the fairies is distinguished from a term in purgatory, e.g., Gregory 1976: 143: '... and they'd sooner be among them than go to Purgatory.'
36 E.g., Curtin 1974: 8–9, 67.
37 NFC 45: 65.
38 NFC 1327: 14. Similar assertions are elsewhere attributed to priests who variously describe fairies being as thick as grass, sheltering under every clump of heather, as thick as the hairs of the head, or a great number of them in a tiny space (NFC 1575: 133–4; Gregory 1976: 38: NFC 628: 40–1). Generally, however, fairies in Irish folk tradition possess normal human dimensions.
39 This legend is discussed in Chapter 5.
40 Ó Siochfhradha 1932b: 312: 'Dúirt an tAthair Dómhnall leotha freach age baile, gan aon ghéilleadh a thúirt do chainnteanna mar sin.' [Fr Domhnall told them to stay at home and give no credence to such talk]; NFC 26: 206a: '... is amhlaidh a chrom sé ar a bheith ag magadh fúthu, ag déanamh spior spear dá gcuid cainte, agus ag rá gur daoine maola macánta iad nár chuaigh riamh thar Daingean amach.' [He started mocking them and disparaging their conversation, saying they were naive, simple people who never went beyond Dingle.]
41 Curtin 1974: 107, 108; Arensberg 1988: 163–66; Messenger 1969: 98; Ó Súilleabháin 1967b: 82; Connolly 1982: 100; Naughton 2003: 19, 23, 53.
42 Belief in fairies is not specifically condemned in religious texts of the counter reformation such as Ó Mhaoilchonaire's catechism (1593); *Scathán Sacraiminte na hAithridhe* (1618); *Parthas an Anama* (1645); *Lucerna Fidelium* 1676 or Dunleavy's Catechism (1742).
43 Gregory 1976: 105.
44 E.g., NFC 305: 195–6; NFC 1324: 133; cf. Gregory 1976: 105.
45 Larkin 1976: 57–89; McGrath 1990.
46 O'Donovan 1837; Wilde 1852: 17. In the Irish context 'Protestant' accurately indicated the upper-class provenance and colonial ethos of the attitude complained of; see Connolly 1982: 113–14; Ó Tuathaigh 1986: 128–32. Ó Giolláin 1991: 206.
47 Wilde 1852: 11.
48 Flower 1944: 132; cf. Naughton 2003: 43.
49 Coghill 1970: 299–300.
50 Naughton 2003: 25, 42.
51 Parry-Jones 1953: 8. Fairy belief was also used in debating atheism, see MacDonald Ross 1998: 202–3 and Hunter 2001.

52 Oral communications from Pádraig Ua Maoileoin who knew Mícheál well, and also from Bo Almqvist who did much collecting from Ó Gaoithín.

53 E.g., Niall Ó Dubhthaigh, Rann na Feirste, Co. Donegal (in conversation with Pádraig Ó Héalaí, 27/10/1983) quotes a priest saying that religious belief would disappear with pishogues in SCV 144. Hardiman Library Special Collections. National University of Ireland, Galway; cf. NFC 1114: 60: 'These stories [fairy legends] are true, every one of them. They are all gone now but a lot of the religion of the old people is gone too.'

54 NFC 734: 144–5: '*Is doiligh a thuiscint uilig, ach ar mh'anam go bhfuil cuid de na sagairt iad fhéin a thabharfadh, agus atá ag tabhairt isteach, don obair seo ach nach maith leo ligean orthu féin.*' [It is difficult to understand all this, but upon my soul, some of the priests themselves believed and still believe in this but they don't like to admit it.]

55 Evans-Wentz 1977: 51.

56 Ó Cróinín 1985: 248.

10:
Lorg Leabhar Eineoc ar an Sísheanchas

Tá na scórtha leagan den fhinscéal a thráchtann ar imní na ndaoine maithe faoina bhfuil i ndán dóibh sa tsíoraíocht bailithe sa tír seo, leaganacha ó Chorca Dhuibhne ina measc.[1] Is minic cruth mar a leanas ar an eachtra: Caintíonn an slua sí fear agus iarrann air a fháil amach dóibh an bhfuil slánú le fáil acu féin ar an Lá Deireanach. Deirtear leis ceist a chur ar shagart/naomh agus a fhreagra a chur in iúl dóibh lá arna mhárach. Ceistíonn an fear an naomhphearsa agus deir sé siúd leis nach mbeidh slánú le fáil ag na sióga. Tugann an naomhphearsa rabhadh don fhear go mbeidh an slua sí bagarthach nuair a chloisfidh siad a theachtaireacht, agus molann dó poll a thaighde sa talamh, dul síos ann, agus sluasaid agus rámhainn a chur i bhfoirm croise os a chionn in airde nuair a thiocfaidh siad ag lorg an fhreagra. Déanann sé amhlaidh, agus nuair a thugann sé an drochscéala do na sí, éiríonn siad an-chorraithe, ach cosnaíonn na hairm é ar aon drochíde. Insint Éireannach atá anseo ar fhinscéal taistealach a aithnítear faoin teideal ML 5050, The Fairies' Prospect of Salvation, eachtra a eascraíonn as tuiscintí a bhí i réim i ndúichí Eorpacha ar conas a tháinig ann do neacha leithéidí na sí:

> *The belief that the various invisible folk are descendants of the fallen angels can be found not only in folk tradition but also in medieval theology. By finding a place for them within the framework of church-approved dogma, pre-Christian belief was assimilated into the biblical worldview.*²

Tugann leaganacha Éireannacha den fhinscéal le fios go raibh ceangal ag na sí leis na haingil sin a thug dúshlán Dé agus a díbríodh as na flaithis – dearcadh é seo ar neacha miotasacha dúchais a bhí á chur chun cinn ag údair Chríostaí ón luath-mheánaois ar aghaidh.³ I scéal atá an-choitianta sa bhéaloideas abhus, nasctar bunús na sí le Cogadh na bhFlaitheas – an t-aighneas a d'éirigh idir Dia agus roinnt de na haingil, de réir an traidisiúin Ghiúdaigh, a raibh de thoradh air gur díbríodh as na flaithis iad. Sa scéal bunúis seo ar na sí deirtear go raibh siad faoi smál de bharr a gcaidrimh leis na haingil sin a díbríodh – 'aingil an uabhair' nó 'aingil an díomais', mar a tugadh orthu. I leaganacha áirithe deirtear gurbh ionann iad agus na haingil sin, nó gur chabhraigh siad leo, agus i leaganacha eile deirtear gur díbríodh iad toisc nár thóg siad páirt Dé ach go rabhadar neodrach sa chath. Seo síos dhá théacs ionadaíocha ar na hinsintí sin:

(i)
Tá trí dream de na daoine maithe nó aingil an uabhair [ann]. Nuair a thit Lúicifir an tArd-aingeal acu, nuair a thit sé amach le Dia, do chaith Dia amach as na flaithis é fhéin is an méid acu do chabhraigh leis. Do thit cuid acu ar an dtalamh, agus do thuit a thuille acu ar an bhfarraige, is tá a thuille acu san aer. Sin iad na deamhain aeir atá san aer.

Nuair a bhíodar á gcaitheamh amach bhí na flaithis á bhfolmhú, agus dúirt Naomh Mícheál go raibh na flaithis á bhfolmhú, ná fágfaí éinne ann mura ndúnfaí na doirse. Thug an tAthair Síoraí ansan ordú na doirse do dh'iadhamh, is deineadh.

'Fanadh gach aon ní mar thá sé anois!' arsa an tAthair Síoraí, is d'fhan. An dream do thit ar an dtalamh, táid ann; agus an dream do thit sa bhfarraige, táid siad ann; agus an dream a bhí san aer gan titim, d'fhanadar san aer, agus táid ann. Sin iad na deamhain aeir.[4]

(ii)
Is iomaí scéal a chuala mé, mar dúirt mé, fá bhunadh na gcnoc seo agus caithfidh sé go raibh siad ann go leithideach fad ó shin.

Bhí m'athair ag inse dom gurbh é an dóigh a dtáinig siad nuair a bhí an cogadh sna flaithis fad ó shin agus a bhánaigh Dia amach a raibh d'aingil ann; go raibh máistir ar na haingil a chuaigh in aghaidh Dé a dtugadh siad Aingeal an Uabhair air agus chuaigh na drochaingil uilig leisean. Bhí dream maith acu ann, ar ndóigh a chuidigh le Dia.

Ach bhí an tríú dream acu nach gcuideodh le Dia ná leis an diabhal agus ba iad sin an dream nach bhfaigheadh dídean in áit ar bith. Agus tháinig cuid acu chun an tsaoil seo agus cuireadh cuid acu san fharraige, cuid sa talamh agus cuid eile san aer. Deir siad go mbeidh siad ansin ar feadh na síoraíochta.[5]

Is sna scríbhinní apacrafúla Eineoc 1–11, atá na tuairiscí is iomláine ar thitim na n-aingeal ach tá roinnt tagairtí dó sa scrioptúr canónta freisin.[6] Tá dhá chuntas éagsúla in Eineoc ar cad faoi deara díbirt na n-aingeal – i gceann díobh deirtear gurbh é a bpeaca ná gur shantaigh siad mná daonna agus gur chiontaigh siad leo, in ainneoin é sin a bheith toirmeasctha orthu ag Dia:

> *And it came to pass when the children of men had multiplied that in those days were born unto them beautiful and comely daughters. And the angels, the children of the heaven, saw and lusted after them, and said to one another: 'Come, let us choose us wives from among the children of men and beget us children.' ... And all the others together with them took unto themselves wives, and each chose for himself one, and they began to go in unto them and to defile themselves with them, and they taught them charms and enchantments, and the cutting of roots and of woods.*[7]

Tugann an cuntas eile le fios, áfach, gurbh é a bpeaca ná gur fhéach siad le bheith ar comhchéim le Dia:

> *The angels were brought into being the second day and were assigned to various orders in which they were to remain permanently. But one 'from out of the order of angels, having turned away with the order that was under him, conceived an impossible thought, to place his throne higher than the clouds above the earth, that he might become equal in rank to My power. And I threw him out from the height with his angels, and he was flying in the air continuously above the bottomless pit.'*[8]

Bhí eolas forleathan ar Leabhar Eineoc agus é faoi mhórmheas i luaththréimhse na Críostaíochta:

> *The Book of Enoch exercised a very important influence on the Christian and Jewish literature of the first three centuries A.D. … The influence of Enoch on the New Testament has been greater than all other apocryphal and pseudoepigraphal books taken together.*[9]

Níos déanaí, áfach, áiríodh mar apacrafan é, agus dealraíonn go raibh cur amach ar an scríbhinn sin sa mheánaois luath in Éirinn.[10] Is cinnte, ar aon nós, gur baineadh úsáid as scéal díbirt na n-aingeal mar mhíniú ar bhunús neacha neamhshaolta i litríocht mheánaoiseach na tíre seo.[11]

Cé gur chuid de theagasc na heaglaise Caitlicí é gur de bharr a gcionta féin a díbríodh aingil áirithe as na flaithis, níor shonraigh an teagasc sin fáth a ndíbeartha. Bhí an dá thuairim faoi cad ba chúis lena ndíbirt (easumhlaíocht/drúis nó uabhar) á gcur chun cinn ag údair éagsúla i luathré na Críostaíochta, ach i bhfad na haimsire ba é an t-uabhar ba mhinicí a luaití leis.[12] Tá lorg an dá thuairim sin le brath ar dhá insint éagsúla faoi eachtra Chogadh na bhFlaitheas sa bhéaloideas abhus – easumhlaíocht faoi deara é de réir insint amháin díobh (cé nach faoi chiontú le mná daonna é ach faoi dhul isteach i bparlús a bhí coiscthe orthu), agus uabhar faoi deara é de réir na hinsinte eile. Seo síos téacsanna ionadaíocha ar an dá insint:

Lorg Leabhar Eineoc ar an Sísheanchas

(i)

Is éard a tharraing cogadh sna flaithis, bhí parlús ag an Athair Síoraí agus ní raibh cead ag aon aingeal breathnú isteach ann. Ba é Lúicifir an ceann ab airde de na haingil ar fad, agus bhreathnaigh seisean isteach sa seomra nuair a fuair sé an seans. Agus bhí scáthán na glóire istigh ann agus pictiúr den Mhaighdean Ghlórmhar nár tháinig ar an saol go dtí dhá mhíle bliain ina dhiaidh sin.

Sin é a tharraing cogadh i bhflaitheas Dé. Dá mbeadh gan an t-aingeal a leithéid sin a dhéanamh, ní bheadh cogadh sna flaithis. Ach thosaigh na giollaí á bheaiceáil gur chuireadar fearg ar an Athair Síoraí … Chuir sé na haingil amach as flaithis Dé, agus níor tháinig aon mhúr sneachta ón lá sin go dtí an lá atá inniu ann níos tréine ná bhí na haingil ag fágáil flaithis Dé.[13]

(ii)

Ar neamh a chruthaigh Dia na haingle. Thum sé i dtobar na [n]grást agus chuile bhraon dár chraith sé den uisce a bhí i dtobar na ngrást, rinne sé sin aingeal. Sé Liúsafal an chéad bhraon a rinneadh aingeal de. Chruthaigh sé as chuile bhraon a chraith sé as tobar na ngrást, rinne sé aingeal de.

Bhuel, bhreathnaigh Liúsafal ansin ar scáthán na diachta, agus dúirt sé leis na haingle gur cheart dó féin bheith chomh hard le Dia sna flaithis, agus uair a bhreathnaigh Liúsafal ar scáthán na diachta, bhí ifreann déanta ag an Athair Síoraí lena aghaidh, go gcuirfeadh sé ann é. Uair a tháinig an tAthair Síoraí isteach isna flaithis, rug sé ar Liúsafal agus chaith sé go hifreann é. Rug sé ar na haingle agus thosaigh sé á gcaitheamh amach as na flaithis. Bhí sé seacht n-oíche agus seacht lá á gcaitheamh amach. Bhí sé á gcaitheamh amach chomh tiubh agus [a] bheadh sneachta as an aer.

'Ó, a Athair S[h]íoraí,' a deir Mícheál Ardaingeal, 'ná bánaigh na flaithis ar fad.'

'[A] bhfuil istigh,' a deir sé, 'bíodh sé istigh, agus a bhfuil amuigh,' a deir sé, 'bíodh sé amuigh.'[14]

I leaganacha áirithe de scéal Chogadh na bhFlaitheas sa bhéaloideas abhus deirtear gur thaobhaigh eilimintí den dúlra le Dia sa chath agus gur thaobhaigh tuilleadh díobh leis na reibiliúnaithe. Seo sampla:

> Chuaigh an cogadh go crua agus deir siad go raibh caint ag an ngrian agus ag an ngealach agus ag chuile shórt ní. D'fhág sé [Dia] an ghrian ag tabhairt soilse mar a bhí – chuaigh an ghrian trasna sa mbreithiúnas. Chuir sé an ghealach i ndiaidh a cúil nuair a bhí sí ina *prime* anuas go raibh sí ina snáithín síoda. Chuir sé ar ais arís í ag dul ar a haghaidh nó go raibh sí lán. An fharraige a fheiceanns muid ag dul isteach is amach, bhí sí ina seasamh ar a múnla féin an uair sin, ach chuir sé i ndiaidh a cúil í, sé n-uair an chloig ag dul amach agus sé n-uair ag tíocht isteach, á bualadh féin ar na carraigeacha.[15]

Seans gur féidir bunfhoinse an chuntais sin ar an ról a bhí ag reanna neimhe sa Chogadh a rianú siar go hEineoc, mar a bhfuil sé ráite gur chiontaigh cuid de na réalta mar aon leis na haingil in aghaidh Dé agus gur cuireadh pionós orthu dá bharr.[16]

Is as an gcúlra apacrafúil seo faoi Chogadh na bhFlaitheas agus díbirt na n-aingeal a eascraíonn an insint Éireannach ar ML 5050 The Fairies' Prospect of Salvation. Cé nach bhfuil fianaise ar an bhfinscéal áirithe seo sa traidisiún abhus roimh an leagan de atá ag Crofton Croker in 1825,[17] mar sin féin, tá le tuiscint ó líonmhaire na leaganacha atá bailithe, gur scéal é a bhí neadaithe go doimhin i mbéaloideas na tíre seo, agus gach seans go raibh sé sa timpeall i bhfad roimhe sin. Is dearbhú ar an tuairim sin an scéal a bheith ar fáil freisin i dtraidisiún Gaelach na hAlban, rud a fhágann gur féidir é a rianadh siar cúpla céad bliain ar a laghad roimh Croker, go tráth a raibh cumarsáid fhairsing chultúrtha idir an dá chríoch de dhomhan na Gaeilge. Ós rud é go bhfuil cóiriú 'Protastúnach' ar an scéal san insint Albanach inarb é an Bíobla, seachas naomh nó sagart, an fhoinse eolais faoi dhán na sí, níor mhiste a mheas go raibh an scéal ar eolas in Albain roimh theacht chun cinn an reifirméisin, agus gur cuireadh in oiriúint do thuiscintí na gluaiseachta sin é trí ról a thabhairt don Bhíobla sa scéal. Seo an tuairisc a thugann John F. Campbell ar an leagan Albanach den scéal a chuala sé féin:

> *In a Ross-shire narrative, a beautiful green lady is represented as appearing to an old man reading the Bible, and seeking to know, if for such as her, Holy Scripture held out any hope of salvation. The old man spoke kindly to her; but said, that in these pages there was no mention of salvation for any but the sinful sons of Adam. She flung her arms over her head, screamed and plunged into the sea.*[18]

Tharlódh, áfach, go bhféadfaí fréamhacha an fhinscéil a rianadh siar i bhfad níos faide ná sin mar go bhfuil macallaí suntasacha ann d'eachtra eile in Eineoc I, mar a dtuairiscítear gur iarr na haingil dhíbeartha ar Eineoc idirghabháil a dhéanamh ar a son i láthair Dé. Bhí d'achainí acu go scaoilfí ar ais sna flaithis arís iad, ach dhiúltaigh Dia don achainí sin agus ansin bhí ar Eineoc an drochscéala sin a chur in iúl do na haingil chráite:

> *And they besought me to draw up a petition for them that they might find forgiveness, and to read their petition in the presence of the Lord of heaven. For from thenceforward they could not speak (with Him) nor lift up their eyes to heaven for shame of their sins for which they had been condemned. Then I wrote out their petition … that they should have forgiveness … And I went off and sat down at the waters of Dan, in the land of Dan, to the south of the west of Hermon: I read their petition till I fell asleep … And when I awaked, I came unto them, and they were all sitting gathered together, weeping … And I recounted before them all the visions which I had seen in sleep … and in my vision it appeared thus, that your petition will not be granted unto you … And from henceforth you shall not ascend into heaven unto all eternity…*[19]

Má bhí an chuid seo d'apacrafan Eineoc ar eolas i measc an lucht léinn agus fiú, b'fhéidir, na gnáthmhuintire,[20] sa tír seo sa mheánaois luath, tharlódh gur air a bunaíodh an insint Éireannach den fhinscéal ML 5050,

The Fairies' Prospect of Salvation mar tá eilimintí suntasacha sa dá eachtra a fhreagraíonn dá chéile:

> I Iarrann na haingil dhíbeartha ar theachtaire fiosrú/achainí a dhéanamh maidir lena bhfáil isteach sna flaithis.
> II Téann an teachtaire thar a gceann i láthair naomhphearsa a bhfuil an réiteach aige.
> III Faigheann an teachtaire freagra diúltach.
> IV Bíonn buaireamh ar na haingil de bharr an fhreagra.[21]

I bhfreagra ar cheist na sí sa scéal béaloidis abhus is minic a luaitear nach bhfuil seans ar shlánú acu toisc nach bhfuil oiread fola iontu agus a scríobhfadh a n-ainm, sin, nó gur fuil bhán nó dhorcha, seachas fuil dhearg atá iontu. Ar chúl na tagairte seo don easpa fola nó d'aduaine na fola, tá an prionsabal i dteagasc na Críostaíochta gur don chine daonna amháin atá slánú ceaptha, agus glactar leis gurb í an fhuil a chinntíonn daonnacht.[22] Ach toisc nach mar neacha diablaí is gnáthaí na sióga a léiriú sa bhéaloideas, ní hionadh, b'fhéidir, go bhféachfaí le himpleachtaí an fhreagra a fhaigheann siad a mhaolú. Ba chuid den seanchas é gur fhan dóchas fós acu ar dhul sna flaithis, agus mura mbeadh sin, gur iompar docharach ar fad a bheadh fúthu.[23] Bhí sé ráite freisin i leaganacha eile gur chun fuil a bpóir a fheabhsú d'fhonn a slánú féin a chinntiú a fhuadaíonn siad daoine daonna.[24]

Tá scéal eile a mhíníonn bunús neacha neamhshaolta mar na sí, nach raibh sa bhéaloideas abhus ach a bhí forleathan ar fud na hEorpa.[25] Deirtear ann gurbh iad na neacha seo an chuid sin de chlann Éabha a chuir sí i bhfolach ó Dhia nuair a tháinig sé ar cuairt chuici. Sonraítear an scéal seo mar ATU 758, *The Various Children of Eve*, agus an coimriú seo a leanas tugtha air:

> *After the fall, Adam and Eve settled down to domesticity and were the parents of a large number of children, so many that Eve was ashamed of them. One day God,*

walking through the world, called on Eve and asked her to present her children to him. Eve sent half of them to hide and brought out those she thought most presentable; but God was not deceived. 'Let those who were hidden from me,' He said, 'be hidden from all mankind'. This was the beginning of the Huldre, the 'Hidden People'.[26]

D'fhág an scéal seo freisin pointe amhrais i dtaobh shlánú na neach úd ar an gcúis gur ceileadh beannacht Dé orthu. Díríonn an finscéal ML 5050 The Fairies' Prospect of Salvation, ar an bpointe amhrais sin, ach sa chás seo, ós rud é gur ó phór daonna a d'eascair siad, is dea-scéala a fhaigheann siad faoina slánú. Léiríonn an cuntas seo ar an scéal san Iorua an méid sin:

In most cases the pattern is the same but there are variations. In some a farmer or a minister happens to pass on a certain night by a mound where the Hidden People are living ... Singing and music are heard and some words may be distinguished, such as: 'We are hoping, we are hoping,' that is, to be saved at the end. The person passing by tells them they have no right to hope for salvation, and he may add that it is just as unlikely as the stick he carries should sprout flowers and leaves. The singing and music stops and in its place weeping and wailing is heard. On the following day, however, the person who had spoken to them discovers that this miracle had happened and that his dry stick had sprouted leaves and flowers. He returns to the mound and tells the news to those inside and again their joyful singing is heard.[27]

I dtraidisiún na tíre seo, áfach, de bharr gur ceanglaíodh na sí leis na haingil a díbríodh as na flaithis, ní hionadh gur teachtaireacht dhiúltach faoina slánú a fhaigheann na sí. Ach sa mhéid go léirítear iad ag déanamh imní faoina slánú san eachtra seo, d'fhéadfaí a rá gur bhain toise eiseamláireach leis an scéal. Is spéisiúil nach aonaráin i measc neacha osnádúrtha i dtraidisiún na tíre seo iad na sí maidir lena n-imní faoina slánú, mar i mBeatha Bhréanainn, tá trácht ar dhream d'áitritheoirí na farraige 'a bhíonn ag guí agus ag tnúth lena n-aiséirí'.[28] An bhféadfadh gur baineadh leas as scéalta a léirigh an deashampla a thug neacha osnádúrtha faoina slánú mar theagasc lena chur in iúl do ghnáth-Chríostaithe gur chuí dóibh siúd freisin a leithéid chéanna d'aird a bheith acu ar a raibh i ndán dóibh ar an saol eile? Dá mba rud é gur tharla sin is cinnte gur chúnamh é leis an insint Éireannach ar ML 5050, The Fairies' Prospect of Salvation, a bhuanú sa traidisiún abhus.

Lorg Leabhar Eineoc ar an Sísheanchas

SUMMARY

The link between a frequently attested Irish legend telling of efforts by the fairy folk to discover their chances of gaining entry to heaven, and the apocryphal Book of Enoch, is the subject of this chapter. This tale is an Irish version of the migratory legend ML 5050, *The Fairies' Prospect of Salvation*, whose origin can be traced to the idea promoted in medieval times that indigenous, otherworldly beings such as the fairies, are the descendants of the fallen angels. According to Irish tradition, angels banished because of their role in The War in Heaven became the fairies, but unlike other European traditions the fairies here were generally not regarded as demonic. The Book of Enoch is the primary source for The War in Heaven and two different tellings of the event are presented there. In one, opposition of angels to God takes the form of lustful disobedience, and in the other it is said the pride of some angels wishing to equal God occasioned it. Knowledge of Enoch circulated in Ireland in medieval times and interestingly, both tellings of The War in Heaven are reflected in Irish oral tradition. Similarly, in some Irish variants of the legend, the sun, moon and sea are said to have been participants, while in Enoch we are told some of the stars sided with the rebels and were punished. In Irish variants of ML 5050, the fairies request an emissary to take their question concerning their prospect of salvation to a holy man who is in a position to answer it. It is argued that this scenario might well parallel the appointment of Enoch by the fallen angels as their messenger to plead with the Holy One for mercy.

1. Tá 56 leagan den fhinscéal seo pléite in Briody 1977 agus leaganacha eile in CBÉ 332: 51–3; CBÉ 691: 513–14; CBÉ 738: 364–5; CBÉ 1257: 58–9; CBÉ 1870: 71–2; Ó Fiannachta 1990: 172–3; Ó Catháin 1985: # 13; Mac Meanman 1989: 107–9; Almqvist & Ó Cathasaigh 2002: # 12; Ó Searcaigh & Ó Dúill no date: 40–1. Tá an finscéal áirithe in Almqvist 1991c: 271, mar MLSIT 5051.

2. Kvideland & Sehmsdorf 1988: 206.

3. Hillgarth 1986: 57–9; maidir le fianaise ar an dearcadh seo i luathlitríocht na Gaeilge, féach Ó hÓgáin 1990: 187–8; McCone 1990: 148–9.

4. CBÉ 4: 119. Seán Ó Dubhda ó fhaisnéiseoir anaithnid i gCorca Dhuibhne, Co. Chiarraí, 1930.

5. CBÉ 1170: 255. S. Ó hEochaidh ó S. Ó Beirne, Teileann, Co. Dhún na nGall, 1949. Luaitear neacha eile in *Navigatio Sancti Brendani Abbatis* a díbríodh as na flaithis toisc nár sheas siad le Dia sa chogadh, cé nár thaobhaigh siad ach oiread leis na haingil a díbríodh. Féach O'Meara 1991: 20–2.

6. Féach Ís. 14: 12; Mth. 25: 41; Lc. 10: 18; Iúd v. 6; agus Apac. 12: 7.

7. Charles 1893: 62–4. Tá an traidisiún seo luaite freisin in Gein. 2: 6: 'Chonaic mic Dé iníonacha na ndaoine agus thógadar chucu a rogha díobh mar mhná.'

8. Bamberger 1952: 34.

9. Charles 1893: 33, 41.

10. Dumville 1973: 319, 331.

11. McCone 1990: 150; Hull 1910b: 425; Ó Raithbheartaigh 1932: 198.

12. NCE: *s.v.* Angels: # 2.

13. CBÉ 969: 384–5. Colm Mac Gilleathain ó Mhaitiú Mór Ó Tuathail, Indreabhán, Co. na Gaillimhe. 1945.

14. Munch–Pedersen 1994: 174–5.

15. CBÉ 969: 384–5. Colm Mac Gilleathain ó Mhaitiú Mór Ó Tuathail, Indreabhán, Co. na Gaillimhe. 1945.

16. Charles 1893: Enoch 18: 14–16 agus 21: 3–6: '*And the stars which roll over the fire are they which have transgressed the commandment of God … And he was wroth them and bound them … And here I saw seven stars of heaven bound together in it like great mountains and flaming as with fire …*'

17. Croker 1825: 17–21.

18. Campbell 1983: II: 75; tá leagan eile in Miller 1835: 17–18, agus tá dhá leagan eile i gcartlann Scoil Eolais na hAlban luaite in MacDonald 1994–5: 43.

19. Charles 1893: Enoch I: 13: 4–10; 14: 4–5.

20. Cf. McNally 1959: 26: '*But in addition to the literary tradition, there was undoubtedly an oral tradition which kept alive certain of the more fantastic aspects of the apocrypha.*'

21. Tá tróp an teachtaire/idirghabhálaí in easnamh i leaganacha den fhinscéal ina gcuireann na sí féin ceist ar an naomhphearsa.

22. Fógraíonn na sí féin i rann a leagtar orthu i nGaeilge na hAlban nach mbaineann siad leis an gcine daonna ach le hAingil an Uabhair:
Cha'n ann de Shiol Adhaimh sinn,
's cha'n e Abraham ar n–nathair;
Ach tha sinn de mhuinntir an Athar Uaibhrich,
Chaidh fhuadach a mach a Flaitheas.
(MacKenzie 1895: 51)

23. E.g., Ó Súilleabháin 1952: # 60; Ó Muimhneacháin 1978: 86.

24. CBÉ 929: 276–7; O'Sullivan 1977: 47; Ó hÓgáin 1990: 88.

25. Christiansen 1975: 98–9.

26. Briggs 1978: 30–1.

27. Christiansen 1975: 100–1; sa leagan Sualannach in Croker 1828. III: 65, tugtar an dea-scéala faoina shlánú don neach osnádúrtha (*Nix*), ach ní luaitear an mhíorúilt á dhearbhú sin.

28. Stokes 1890b: 109.

1. Peig Sayers.
© Harry Kernoff (1932). Ionad an Bhlascaoid Mhóir

2. Máire Uí Dhuinnshléibhe, 'Méiní': bean ghlúine ar an mBlascaod.
Carl Wilhelm von Sydow © Cnuasach Bhéaloideas Éireann

3. Lís Ní Shúilleabháin: í féin agus a deartháir [Maidhc?] ag socrú mála plúir ar asal le hiompar chun an tí.
© Pádraig Ó Héalaí

4. Seán (Pheats Tom) Ó Cearnaigh, Blascaodach.
© Máiréad (Ní Chearnaigh) Uí Fhlatharta

5. Seosamh Ó Dálaigh: bailitheoir lánaimseartha le Coimisiún Béaloideasa Éireann 1936–51, agus Tomás Mac Gearailt, Márthain, Corca Dhuibhne.
Tomás Ó Muircheartaigh © Cnuasach Bhéaloideas Éireann

6. Mícheál Ó Gaoithín ('An File'): mac Pheig Sayers, údar agus bailitheoir páirtaimseartha le Coimisiún Béaloideasa Éireann.
Bo Almqvist © Cnuasach Bhéaloideas Éireann

7. Seán Sheáin Í Chearnaigh: Blascaodach, údar agus bailitheoir páirtaimseartha le Coimisiún Béaloideasa Éireann.
Caoimhín Ó Danachair © Cnuasach Bhéaloideas Éireann

8. Máire agus Cáit Ruiséal, Dún Chaoin: finnéithe dílse ar an seansaol.
Tomás Ó Muircheartaigh © Cnuasach Bhéaloideas Éireann

9. Seán Ó Criomhthain, mac údar *An tOileánach*, agus a bhean chéile Lís Ní Shúilleabháin.
© Pádraig Ó Héalaí

10. Lís (Ní Chatháin) Uí Laoithe, Blascaodach, lena gariníonacha Nóirín agus Céitílís Ní Bheaglaoi.
© Máirín (Ní Laoithe) Uí Shé

11. Cóta ar gharsún ar an mBlascaod: Maras (Mhaidhc Léan) Ó Guithín, an buachaillín fionn sa lár chun tosaigh.
Carl Wilhelm von Sydow © Cnuasach Bhéaloideas Éireann

12. Caipíní ar gharsúin ar an mBlascaod.
Barbara Flower © Cnuasach Bhéaloideas Éireann

13. Leanaí an Bhlascaoid ag baint taitneamh as ceol.
Christine Hurlstone Jackson © Cnuasach Bhéaloideas Éireann

14. Rinn an Chaisleáin, An Blascaod Mór.
© Pádraig Ó Héalaí

15. Figiúirín bábóige (c. 9cm ar fhad) ón tochailt sa Riasc.
© Oidhreacht Chorca Dhuibhne

16. Pádraig Ó Siochfhradha ('An Seabhac'): Uachtarán, An Cumann le Béaloideas Éireann 1927–1964.
Seán Ó Súilleabháin RHA © Cnuasach Bhéaloideas Éireann

17. Sabhaircíní: molta mar leigheas ar an liath bhuí.
© Zoë Devlin, www.wildflowersofireland.net

18. Crobh dhearg: molta mar leigheas ar mhún fola.
© Zoë Devlin, www.wildflowersofireland.net

19. Magairlín meidhreach: molta mar chóir leighis do bhaill ghiniúna an fhireannaigh.
© Wikimedia Commons

20. Conach: creideadh go dtugadh an bolb seo an mún dearg d'ainmhithe.
© Ard-Mhúsaem na hÉireann

21. Nioclás Breatnach: bailitheoir lánáimseartha le Coimisiún Béaloideasa Éireann (1935–1937).
© Cnuasach Bhéaloideas Éireann

22. Cró na Snáthaide, Cill Maoilchéadair.
© Pádraig Ó Héalaí

23. A blacksmith in his forge.
Séamas Ó Catháin © Cnuasach Bhéaloideas Éireann

24. Travelling family's temporary dwelling.
Caoimhín Ó Danachair © Cnuasach Bhéaloideas Éireann

25. Beach: mhúin a cealg ceacht do Naomh Peadar.
© Dreamstime

26. Deargadaol: feithid mhallaithe de réir an tseanchais.
© Dreamstime

27. Priompallán: feithid bheannaithe de réir an tseanchais.
© Dreamstime

28. Damhán alla: thug cosaint don Slánaitheoir.
© Dreamstime

29. Cuigeann: creideadh go mbíodh bagairtí iomadúla ar an maistreadh.
© Ard-Mhúsaem na hÉireann

30. Scrín Laichtín.
© Ard-Mhuséam na hÉireann

31. Agnus Dei agus Leabhar Eoin.
© Pádraig Ó Héalaí

32. Tomás Ó Criomhthain.
Carl Wilhelm von Sydow
© Cnuasach Bhéaloideas Éireann

33. Fionán Mac Coluim: duine de bhunaitheoirí an Chumainn le Béaloideas Éireann.
Seán Ó Súilleabháin RHA © Cnuasach Bhéaloideas Éireann

34. Peats Dhónaill Ó Cíobháin, scéalaí, Baile na nGall, Corca Dhuibhne.
Séamus Ó Duilearga © Cnuasach Bhéaloideas Éireann

35. Donncha Ó Laoithe, scéalaí, Baile Uí Chorráin, Corca Dhuibhne agus Seán Bruic, a shín-gharnia ar a leathghlúin.
© Jimmy Bruic

II:
Rival Brokers of Supernatural Power
The legend of the priest's stricken horse

I

Both priest and healer are prominent figures in Irish folklore, representatives of two different avenues of access to supernatural powers. In the narratives discussed here, tension between them is crystallised in an episode involving a priest's horse. These narratives share three notable features: (a) emphasis on the priest's prior antagonism to the healer, (b) the exercise of the healer's power to cure the priest's horse, and (c) the subsequent recognition by the priest of the legitimacy of the healer's role. The plot may be summarised as follows: a priest, unable to cure his incapacitated horse, is forced to have recourse to a healer to whom he has previously been antagonistic but who now cures the priest's animal; a rapprochement between them ensues.

The wide distribution in Ireland of narratives based on this plot, and its occurrence also in Baltic tradition, warrant regarding it as a migratory legend, and indeed, the legend type to which it belongs has already been identified and assigned the suggested designation ML 3026*, Contest between magicians.[1] Because of the particular focus of the contest in this instance, the legend is here referred to as The Priest's Stricken Horse.

Based on the agency causing the horse's injury, three redactions of the legend may be distinguished: in the first, the injury to the horse is caused by the evil eye cast by the priest himself (termed here the A-redaction); in the second, the horse is rendered immobile by the priest's antagonist (the B-redaction); and the third comprises narratives in which the horse's indisposition is caused by some other agency (the C-redaction).

Twenty variants of the A-redaction have been noted in the National Folklore Collection – three from Co. Galway, one from Co. Mayo, nine from Co. Kerry and seven from Co. Donegal; eighteen of these are in the Irish language and two are in English.[2] A further two variants in the Irish language have been recorded by the author, one from Co. Galway and another from Co. Kerry,[3] and five variants occur in printed sources – three from Co. Kerry (including one in English but collected from an Irish speaker) and two (in English) from Co. Clare.[4] The legend is most frequently attested in Irish-speaking areas extending from Donegal to Kerry. Even allowing for the fact that it was precisely in these areas that oral tradition was most intensely collected, the overwhelming preponderance of Irish-language variants indicates that the A-redaction of the legend originally belonged to the Irish-language tradition. Given the popular appeal of the narrative theme – priest humbled by a healer – and the fact that the story is not dependent on any ornate linguistic features for its effect, it is somewhat surprising that it is not more widely attested in English-speaking areas of the country.

In contrast, the form the legend takes in the B-redaction is not peculiar to Irish tradition. A variant of this form of the legend is found in Lithuanian folklore,[5] and a wielder of supernatural power who sticks a hostile opponent's horse to the ground features in traditional tales in many countries.[6] In the Irish narratives which comprise the B-redaction of our legend, the owner of the horse is invariably a Catholic clergyman – generally a priest, but in one variant a bishop.[7]

The C-redaction of the legend is also found in Baltic tradition.[8] In Irish variants of this redaction a variety of ailments may affect the priest's horse.

In some instances the nature of the malady is not specified;[9] in one variant the horse is said to suffer from farcy,[10] but more frequently the horse is said to have been overlooked (by someone other than the priest).[11] In this redaction may also be included a small number of narratives in which a priest is forced to avail of the assistance of a healer (towards whom he has previously been antagonistic) to obtain various other cures for himself,[12] or his cow,[13] or a person he has injured.[14]

The tension between priest and healer is most dramatically portrayed in the A-redaction. The narrative incidents in variants of this grouping are more highly stylised, and the plot more complex (in that the priest is the unwitting agent of his own horse's illness) than in either the B- or C-redaction, and in the following discussion the primary focus is on the A-redaction of the legend.

II

The plot of the A-redaction comprises a number of significant features meriting attention. Firstly, the emotional and psychological setting for the events which are to unfold is provided by highlighting the antagonism of the priest to the healer who subsequently cures his horse. This hostility is usually outlined at the beginning of the narrative, or else it is introduced at the point where the priest is forced to rely on the healer's help. It is expressed in various forms, all reflecting real instances of such conflict. The priest is generally portrayed as having preached against the healer, forbidding her/him to heal, or forbidding people to have recourse to the healer, or threatening to drive the healer out of the locality. Unsurprisingly, given the relatively infrequent manifestations of demonic witchcraft in Irish folk tradition, only two variants associate the work of the healer with the power of Satan – in one the priest accuses the healer of being in league with the devil, and in the other the priest proclaims both healer and clients to be damned.[15]

In most of the variants the healer is female.[16] In these narratives the tension between the two antagonists is heightened, as we are presented with the spectacle of an officially virtuous man opposing a woman of dubious moral standing. Clearly, however, the priest's antagonism towards the healer in this legend is not exclusively due to a sexist bias, as his opposition to male healers is equally vehement.

A second noteworthy feature of the narrative concerns the actual occasion on which the priest overlooks his horse. Sometimes the setting is a neutral one, such as the priest riding the animal along the road or seeing it in a field, but generally the occasion is more highly charged and significant, in that the priest overlooks his horse when riding to or from mass, or administering to the sick.[17] In these variants the priest is engaging in his religious duties, the legend thus demonstrating that the operation of the evil eye – subsequently shown to have caused the horse's incapacity – is in no way curtailed in a religious context, something already implied, perhaps, by the fact that a priest is the one to cast it. Elsewhere in Irish tradition, however, the evil eye is counteracted by Christian symbols and formulae commonly employed against it as prophylactic or curative agents.[18] The belief that a priest can have the evil eye occurs in Irish tradition independently of this legend and is, of course, a belief widely associated with the clergy.[19] Similarly, the portrayal of the horse as a target is a feature of the evil-eye tradition in Ireland and elsewhere, reflecting, no doubt, both the economic value of the horse, and the social superiority associated with a mounted horseman.[20]

In about half the variants the scene where the horse is overlooked is set beside a stream or other aquatic location.[21] In some variants it is said the horse and rider cleared the water, and following this feat, the priest praised his horse.[22] For audiences well acquainted with both the evil-eye tradition and with handling a horse, such a setting lends plausibility to the story. A similar effect is achieved by the description in other variants of the scene in which the priest admiringly views his horse, on mounting,[23] or when allowing it to drink,[24] or seeing it at pasture,[25] or stroking it when it performs well in some other way.[26] An account of the manner in which the evil eye is cast is given in most variants and takes the form of the priest praising his animal, either in his thoughts or in his words, while failing to employ any counteractive measure to offset the baneful effect of the evil eye.

A third significant element in the narrative chain is provided by the diagnosis that the horse's indisposition – either falling on the journey or being ill in the stable – was caused by the evil eye. The priest is himself unable to cure the animal or discern the cause of its illness, and sometimes he even obtains veterinary assistance, but to no avail.[27] The priest is then urged by a bystander, or his own servant, to seek the healer's help.[28] In some variants the priest is at first infuriated at this suggestion,[29] but in others, he acts on it immediately.[30] Generally, however, the priest's attachment to his horse presents him with a clear predicament – is he to allow the horse to die, or is he to seek the help of someone he has publicly denounced? Various reasons are given for his reluctance to have recourse to the healer: the loss of face involved; his assumption that the healer would not wish to help him; his disbelief in the healer's power; his abhorrence of superstition and his fear of diabolical contamination and divine retribution.[31] Eventually, however, the priest overcomes his reluctance and generally sends an intermediary (servant or neighbour) to request the healer's assistance.

This request leads to the high point of the narrative, namely, the vindication of the healer's power. She or he is frequently presented as possessing not only curative powers, but also prophetic gifts, as the healer often knows the servant's errand before it is announced or reveals the priest's thoughts or words and actions on the occasion the horse was disabled.[32]

The manner in which the cure is effected is detailed in many of the variants. A surprise element, so often a feature of legends of the supernatural, is in play here, as the healer reveals it was the priest himself who overlooked his own horse. In keeping with a well-recognised principle in the evil-eye tradition, the priest who cast the evil eye is also the agent of the cure in many variants. Acting on the instruction of the healer, he generally cures the horse by blessing it and/or spitting on it, or striking it with the skirt of his coat.[33] In other instances, it is the healer who cures the horse by use of a charm, or by providing a medicinal draught, or by stroking the horse or speaking to it.[34]

Finally, almost all variants focus on the sequel to the cure in which a satisfactory resolution is found to the conflict between the priest and healer. This dénouement may best be considered in a somewhat broader context than this legend in isolation can provide.

III

The figure of the Christian hero contending with a rival to whom supernatural power is attributed is well established in Irish tradition. It features in *Lives of the Saints,* notably in the Life of St Patrick, and as has been noted, such contests may well have been influenced by accounts in Genesis of the rivalry between Moses and the magicians of Egypt.[35] It continues as a trope associated with the priest in later folklore, but unlike the early saints in their struggles with impious opponents, the priest does not always emerge victorious from such encounters. The Priest's Stricken Horse is a clear instance of this, and in a limited number of other legends also we find that the priest is vanquished in a contest of supernatural strength with powerful personages such as the smith or poet.[36] As already touched on in Chapter 9, the wise woman is frequently portrayed in oral tradition as possessing supernatural power superior to that of the priest, something clearly evidenced in a number of folk narratives summarised here:

> A wise woman causes a fog to envelop a priest seeking to interfere with her activities and he is forced to admit her superior power.[37]
> A wise woman inflicts a plague of rats on a priest who harasses her and forces him to reassess his behaviour towards her.[38]
> A wise woman cures a sick person when a priest has failed.[39]
> A priest at sea fails to calm a storm but the use of a bottle prepared by a wise woman stills the waters.[40]

A wise woman recognises a priest who comes to her in disguise, seeking to outwit her.[41]

A wise woman kills a crow in flight and plucks it before it falls to the ground – a feat a priest when challenged is unable to emulate.[42]

A wise woman is shown to have more expertise in dealing with fairies than a priest.[43]

A wise woman causes a priest's death by her evil eye.[44]

Given that the priest is commonly presented in Irish folk tradition as the 'man of power' par excellence,[45] narratives such as these emphatically proclaim the superior power wielded by his lay antagonist and illustrate that the successful healer in the legend of The Priest's Stricken Horse is not an isolated figure in Irish folk tradition. Some legends portray the healer's expertise even in the religious domain exceeding that of the priest, as when a wise woman points out a charm featuring John's gospel has been incorrectly written by a priest,[46] or states a priest would have cured a patient had he read two further pages from his prayer book.[47] Validating belief in the healer's power is clearly a function served by all these legends, and this is also true of others (which may be assigned to the C-redaction of our legend) in which a priest seeks out healers to avail of their services or otherwise acknowledges the value of their cures.[48]

In one variant of The Priest's Stricken Horse, the priest is represented as accepting the validity of a wide range of traditional beliefs and practices:

Níor chuala aon nduine riamh ina dhiaidh sin ag labhairt ón altóir é fá phisreogaí ná fá drochamharc ná rud ar bith den tsórt. Chonaic sé féin go raibh rud inteach de agus nach raibh dochar mór ins an leigheas.[49]

[After that no one ever heard him speak from the altar about superstitions or the evil eye or anything like that. He saw himself that there was something to it and that there was no great harm in cures.]

The superior power of the healer is emphasised in other variants in which the priest's messenger is informed by the healer that the priest himself has the ability to cure the horse if only he realised it:

> 'Tabhair do bhóthar abhaile arís ort,' arsa an bhean, 'agus abair leis an sagart go bhfuil an leigheas aige féin más áil leis an láir a leigheas.'[50]
> ['Be off home with yourself now,' said the woman, 'and tell the priest that if he wishes to cure the mare that he is able to do so himself.']

Similarly, in some variants the healer taunts the priest, challenging him to cure the horse, but his inability to do so forces him to admit openly his dependence on the healer's power:

> 'Nár chóir go leigheasfá féin í,' arsa an tseanbhean, 'ós agat atá an leigheas agus an fios?'[51]
> ['Should you not cure her yourself,' said the old woman, 'since you have the power of healing and knowledge?']

The superior power of the healer is again vindicated in variants in which the priest offers the healer money as a token of gratitude for curing his horse; in others, the moral superiority of healer is demonstrated by coming to the assistance of one who had previously been hostile towards her/him.[52]

IV

The relationship between priest and healer is brought into sharp focus in the episode in which the priest's horse is cured. Unlike most other accounts of conflict between a priest and a powerful personage, the events described in The Priest's Stricken Horse lead to a reappraisal by the priest of his attitude towards the healer, resulting in the priest promising to respect the healer's role in future. The agreement to live and let live into which the priest enters with the healer is central to the message of the legend. Sometimes the priest is moved to accept the agreement by the healer's insistence that in return for curing the horse, the priest is to leave the healer in peace to continue with healing activities:

> *'Anois,' a deir an chailleach leis an sagart, 'ná bac liomsa níos mó,' a deir sí, 'ach tabhair aire do do ghnótha féin agus éist liomsa agus b'fhéidir go mbeifeá níos fearr.'*[53]
> ['Now,' says the hag to the priest, 'do not interfere with me again,' says she, 'but attend to your own business and let me be, and perhaps, you might be the better for it.']

In another instance the priest himself proposes the settlement – he will no longer interfere with the healer once his horse is cured:

> *'Is ea,' a dúirt sé, 'go brách arís ní chuirfead aon chur isteach ort,' a dúirt sé. 'Tabhair aire don rud atá ar siúl agat,' a dúirt sé, 'is ná bac mise go brách arís,' a dúirt an sagart, a dúirt sé. 'Ní chuirfidh mé aon chur isteach ort i dtaobh an rud seo atá ar siúl agat,' a dúirt sé.*[54]
> ['Yes,' said he, 'never again will I interfere with you,' said he. 'Attend to your business and never again pay any heed to me,' said the priest, said he. 'I will not bother you at all about your activities,' said he.]

More frequently, however, there is no reference to such a bargain but it is simply stated that the priest never again bothered the healer after the animal had recovered. E.g.:

> *Ón lá san go dí gur cailleadh é ní dúirt sé, 'Is cam atá d'eireabal ort!' léi, ná le haon duine a raghadh ag triall uirthe.*[55]
> [From that day until his death he never said a bad word about her or about anybody who sought her help.]

On occasion, the priest admits he was wrong to speak against the healer and expresses regret for having done so:

*M'anam gur lig an sagart dó agus gurb éard a dúirt sé: 'faraor nár lig mé dhó ó thús. B'fhéidir,' a deir sé, 'gurb é atá ceart.' Fágadh mar sin é.*⁵⁶

[Upon my soul, the priest let him be and what he said was: 'Alas that I ever interfered with him. Perhaps,' he said, 'he is the one who is right.' That is how things remained.]

In other variants not only is the healer's role accepted, but it is commended by no less a cleric than a bishop, and the healer is urged to continue healing:

'Well, tá mé an-bhuíoch dhíot, a sheanbhean,' a deir an t-easpag ... 'Well,' a deir an t-easpag leis an sagart ba ghiorra dhó: 'Is iontach an tseanbheainín í sin.'

*'Is iontach,' a deir an sagart ... 'Ní bheidh aon cheo le déanamh agamsa lena leithéid arís,' arsa an t-easpag, 'an fhad is a mhairfidh mé.'*⁵⁷

['Well, old woman, I'm very grateful to you,' says the bishop ... and turning to the priest beside him he says: 'Well, she is a wonderful little old woman.'

'She certainly is,' says the priest ... 'For as long as I live, I'll never again have anything to do with the likes of her,' says the bishop.]

*'Ach anois,' arsa é sin, 'lean de do láimh anois,' arsa é sin, 'fad a mhairfir,' arsa é sin, 'agus ní chloisfir mise ag tarrac d'ainm anuas le do shaol arís,' arsa é sin.*⁵⁸

['But now,' says he, 'continue with your work,' says he. 'For as long as you live,' says he, 'you won't hear me mention your name.']

The priest's opposition to the healer is sometimes shown to be based on a misunderstanding of the nature of the healer's activities, and on realising his mistake, the priest regrets his condemnation of the healer, e.g.:

*Bhí an sagart ag éisteacht leis agus na paidreacha a bhí aige á rá, nuair a chualaigh an sagart na paidreacha: 'Á,' arsa é sin, 'dá mbeadh a fhios agam gurb é an saghas leighis a bhí agat,' arsa é sin, 'paidreacha breátha beannaithe,' arsa é sin, 'is mó lá go gcuirfinn aon chur isteach ar an altóir ort.'*⁵⁹

[The priest was listening to him as he was saying the prayers and when he heard them: 'O,' said he, 'if I had known that this was the kind of healing you did with such beautiful holy prayers, I would never have denounced you from the altar.']

In one variant the priest, on recognising the divine origin of the healer's gift, expressly instructs the healer to continue doing cures and to ignore the denunciations of Church officials:

'Is ea anois,' arsa an sagart, a dúirt sé: 'ná tabhair aon toradh ar shagart ná ar bhráthair ná ar easpag, ó thug Dia – moladh is buíochas leis – duit an tabhartas, ach déan maith do gach aon duine bocht a bheidh ina ghanntar.'[60]
['Now,' said the priest, 'pay no attention to priest or monk or bishop, since God, praise and thanks to him, has given you this gift, but do all you can for the poor people who need your help.']

The narrator's view of the moral status of the healer's curing is made clear in his assertion in one variant that the charm used by the healer in treating the priest's horse contained 'the finest prayers you ever heard'.[61] The association of the healer with piety is given its ultimate expression in a verse treatment of the legend where the role of the healer in curing the priest's smitten horse is taken by an otherworldly female who is said to be the Virgin Mary herself![62]

In The Priest's Stricken Horse the cleric's opposition to the healer is shown to be unprincipled, as it emerges that when his own horse is taken ill, he turns to the healer, albeit generally indirectly and reluctantly. Thus, the priest's behaviour in discouraging or preventing others from seeking the healer's help is shown to be hypocritical and, consequently, the legend has the potential to diminish or negate the effect of clerical opposition to healers.

The attitude of the healer to the priest merits some comment. There is no suggestion in any variant of the legend that the healer rejects or questions the validity of the priest's religion, and in this, the stance of the healer broadly conforms to a pattern discerned in other cultures relating to the dynamic between lay activists in the realm of the supernatural and the official clergy: 'Lay agents do not seek to redefine doctrines or articulate core beliefs ... nor do they generally attempt to alter 'regulatory regimes' or moral codes; the agency and creativity of the laity is engaged in circumventing and subverting attempts to monopolise access to the divine in relation to areas of life (and death) that affect people most immediately.'[63] Indeed, in some variants of The Priest's Stricken Horse, the healer appears obsequious, e.g., in complying immediately with the priest's request for help, in addressing him as 'Father', and in one variant, the healer declares that she values the priest's blessing more highly than his offer of money.[64] Another shows the healer actively supportive of the priest in fulfilling his pastoral duties:

> 'Beir ar do dhiallait anois agus cuir ar do chapall é, agus gabh amach go hIorras Mór san áit a bhfuil glaoch ort. Agus ní bheidh tú nóiméad ar bith ró luath.'[65]
> ['Saddle your horse now and go out to Iorras Mór where you have been summoned, and you don't have a minute to spare.']

Nevertheless, the healers do voice criticism of the priest on a number of grounds. They complain of his behaviour towards them, and specifically, his denunciation of them and his overbearing manner in attempting to prevent people from having recourse to them. He is also reprimanded for his devotional shortcoming in having failed to bless his horse on the occasion he overlooked him:

> 'Ba cheart dó fhéin cuimhneamh air sin gan mise bheith á chur i gcuimhne dhó.'[66]
> ['He should have remembered that himself and I ought not have to remind him of it.']
> In another variant the narrator implies that the clergy were notorious for omitting blessings to offset the evil eye: 'the priests don't say bail ó Dhia air [God bless it] at all.'[67]

Rival Brokers of Supernatural Power

The legend then may be viewed as a vehicle conveying the image of the ideal priest – one sympathetic to folk beliefs, mild-mannered and devout. The promotion of this ideal is not confined in Irish oral tradition to The Priest's Stricken Horse; it occurs elsewhere, for instance, in a tale whichh tells how a wise man chastised a tyrannical priest – to the delight of the priest's illtreated servants – by tying him to a chair, sleeping in his bed and eating his fulsome meal.[68] The remarks of the wise man to the priest in this instance indicate how religious considerations motivated the humiliating treatment, e.g.:

> *'Míneodsa thú a bhuachaill', ar seisean, 'mar níl mórán creidimh agat,' ar seisean, 'más ag gabháilt ar dhaoinibh na háite seo ataoi in ionad creidimh a mhúineadh dhóibh. Amárach a bheir i do shagart is ní roimhe sin,' ar seisean.*[69]
> ['I'll teach you a lesson, my boy, as you are not very religious,' said he, 'as you mistreat the people of the locality rather than instruct them in religion. Tomorrow you shall be truly a priest, something you have not been prior to this.']

The exemplary nature of the tale is again stressed in the closing remarks:

> *As san amach ba é an fear ba bhreátha agus ba dheise dár deineadh riamh an sagart, agus ba leanbaí agus ba dhea-chreidimh ... agus b'é an fear ba naofa agus b'fhurasta iarraidh amach chun dul i mbun a dhiúité [é.] Ní raibh ann roimhe sin ach fialtach. Do b'fhearrde aon sagart a chloisfeadh an scéal san.*[70]
> [And ever after, that priest was the finest, nicest, most childlike and most religious man ever created ... he was the holiest of men and it was easy to approach him to request his services. Prior to that he was a real bully. Any priest would be the better for hearing this story.]

V

Having recourse to healers to whom supernatural power was popularly attributed had for centuries attracted condemnation from higher ecclesiastical authorities. A relevant instance of such condemnation is provided by William Camden who tells of an English priest, a member of the recently founded elite corps of clergy, the Jesuits, stationed in Limerick in the 1560s, berating the practice of inviting old women to restore the health of fascinated horses by their prayers.[71] As already noted in Chapter 9, the hostility of ordinary clergy in Ireland to various manifestations of popular culture, especially those branded as superstitious, began to gain momentum from around the turn of the nineteenth century. The principal reasons for the change in attitude on their part are well documented and include better education, more rigid enforcement of ecclesiastical discipline and a marked improvement in the social status of the clergy.[72] This last factor played an especially important role in alienating the clergy from popular sentiment and behaviour. The reluctance of the ordinary Catholic clergy to be perceived as less diligent than their Protestant colleagues in discouraging superstitious practices and beliefs also contributed to the process. The Priest's Stricken Horse, while reflecting clerical hostility to traditional healers, would nonetheless have served as a powerful antidote to any attack by clergy on the activities of these healers.

The legend is predominantly found in the widely dispersed Irish-speaking areas of the country, as already noted, and has rarely been collected in English. This distribution suggests it was current before the rapid encroachment of English throughout the nineteenth century had isolated these areas from each other. It is worth pointing out that some principal features of the legend are found in a poem by the Maigue poet, Aindrias Mac Craith (1709–93), which was written in response to a lament composed by a priest on the death of his horse attributed to the evil eye or elf-shot.[73] In the final verse the poet urges the priest to have recourse to a wise man who would furnish him with herbs and charms to bring about the horse's safe return. The poem thus provides a model for a narrative featuring (a) injury caused by a supernatural agency to a priest's horse, and (b) a suggested remedy for the injury by the priest seeking the assistance of a healer.[74]

In conclusion, it may be said that the resolution of the conflict between priest and healer provides a model for the resolution of tension which may have existed in the minds of those who had a strong attachment to Catholicism yet adhered to traditional practices and beliefs viewed as superstitious by the Church. Variants of The Priest's Stricken Horse demonstrated that clerical opposition to the healer was based on a misunderstanding of the true nature of the healer's work, while others made it clear that clerical opposition to healers was merely perfunctory. Consequently, one need not entertain any moral disquiet when availing of a traditional healer's services. The popularity of the legend is entirely understandable reflecting as it does a mindset desirous of access to supernatural power through more than one agency.

1. Briggs 1971. Central to this legend type is the motif listed in both Thompson 1955–8 and Cross 1952 as D1719.1.1 *Contest in magic*.

2. Co. Galway (Ga 1–3): NFC 90: 86 [Ga 1]; NFC 1322: 154–7 (English) [Ga e]; NFC 1323: 548–50 [Ga 3]; Co. Mayo (Ma 1): NFC 523: 273–7; Co. Kerry (Ke 1–9): NFC 20: 95–103 [Ke 1]; NFC 22: 305 [Ke 2]; NFC 48: 439–41 [Ke 3]; NFC 430: 47–51 [Ke 4]; NFC 506: 197–9 [Ke 15]; NFC 597: 20–2 [Ke 6]; NFC 981: 283–7 [Ke 7]; NFC 1319: 154–6 [Ke 8] NFC 1494: 93 [Ke 9]; Co. Donegal (Do 1–7): NFC 171: 714–15 [Do 1]; NFC 179: 490–1[Do 2]; NFC 179: 525–9 [Do 3]; NFC 185: 266–7 [Do 4]; NFC 185: 373–84 (English) [Do 5]; NFC 1203: 490–3 [Do 6]; NFC 1204: 371–4 [Do 7].

3. One was recorded on 26/1/1991 from Éamonn Bheartla Ó Conghaile, An Aird Thiar, Carna, Co. Galway (Ga 4), and the other on 2/4/1995 from Seán (Pheats Tom) Ó Cearnaigh, Dún Chaoin, Co. Kerry, formerly of the Great Blasket, (Ke 10).

4. Co. Kerry (Ke 11–14): *Béaloideas* 2 (1930): 377–8; Ó Duilearga 1981: 284–5 [Ke 12]; Curtin 1974: 86–7 [Ke 13]; *Béaloideas* 29 (1961): 99–100 [Ke 14]; Co. Clare (Cl 1–2): Gregory 1976: 42 [Cl 1], 49–50 [Cl2].

5. The author is indebted to Dr Leonardas Sauka of the Institute of Lithuanian Literature and Folklore at Vilnius for this information.

6. See Thompson 1955–8 for the widely attested motifs D2072.0.2.1 *Horse enchanted so that he stands still*, and D2072.0.2.1.1 *Horse unable to move wagon paralysed by witch*, central to the B-redaction of the legend, see Thompson 1955–8. Irish variants of the B-redaction include NFC 866: 257–60 and NFC 1632: 22–4 (told, in Irish, of *Cailleach an Chlocháin* [The Hag of Clifden, Co. Galway]; for others told of Biddy Early, the famous wise woman of Co. Clare, see Gregory 1976: 39; Mac Manus 1973: 163–4; Ryan 1978: 55–9 (two variants); Lenihan 1987: 92–9 (six variants). For variants in English tradition see, e.g., references cited in Baughman 1966: # D2072.0.2.1, # D2072.0.2.1.1; Briggs 1971: II: 618; Hole 1977: 179–80.

7. NFC 866: 257–60.

8. Mansikka 1929: 19; Dr Leonardas Sauka has noted a further twenty-eight variants of the C-redaction in the archives of the Institute of Lithuanian Literature and Folklore at Vilnius. In twelve of these the priest's horse is bitten by a snake, and in a further eight the priest's cow is similarly afflicted; in two the cause of injury is not specified, and in a further two the priest's animals become rabid; in two variants the horse is stolen; in one variant the priest loses his money, and in another his leg is afflicted.

9. Fifteen variants of the C-redaction have been noted (all but three in the Irish language): Co. Galway: NFC 866: 251–6; NFC 1010: 135–7; NFC 1631: 125–7; NFC 1632: 224–6: NFC 1836: 125–7, 190–1; Co. Mayo: NFC 714: 446–8; NFC 1347: 43–4 (English); Co. Wicklow: *Béaloideas* 7 (1937): 80–1 (English); Co. Kerry: NFC 715: 235–9; NFC 908: 312–14: NFC 1225: 13–15; NFC 1406: 61–3: Ó Gaoithín 2019: 21–5; Co. Clare: NFC 1013: 106–8 (English). The nature of the horse's illness is not specified in NFC 1010: 135–7: NFC 1632: 224–6; NFC 1836: 125–7; *Béaloideas* 7: 81.

10. NFC 908: 312–4.

11. NFC 866: 251–6; NFC 1631: 275–8; NFC 715: 235–9; NFC 1225: 13–15; NFC 1406: 61–3; Ó Gaoithín 2019: 21–5.

12. NFC 714: 446–8 (Mayo); Linehan 1987: 92; another variant was collected in Attymass, Co. Mayo, by Feargus Ó Gacháin, a student in the Irish Department at University College Galway on 30/12/1995.
13. NFC 1347: 43–4.
14. NFC 1013: 106–8.
15. Ga 3, Ke 7; in Ga 1 the priest calls the healer *deabhal caillí* [a devil of a hag] but probably this mode of address is merely a term of abuse and does not necessarily imply diabolical association.
16. A male healer features in eight of the seventeen variants of the A-redaction (Ke 3, 8, 12, Do 2, 3, 5, 6, 7), in none of the ten variants of the B-redaction, and only in five of the fifteen variants of the C-redaction (NFC 715: 235–9; NFC 908 : 312–14; NFC 1836: 125–7, 190–1; NFC 1347: 43–4).
17. Ke 2–5, 8, 9, 12, Do 4; Ke 6, 10, 11, Do 6–8.
18. Ó Súilleabháin 1942: 389–90.
19. Story 1877: 196–205; Elworthy 1986: 23–6; Dundes 1981a: 137–8, 260; Lurati 1973: 405, n. 19.
20. Ó hÓgáin 1979: 207–10; Dundes 1981a: 18, 24, 25–6, 109.
21. Ke 1, 2, 4–11, 13, Do 1–3, 5–7.
22. Ke 4, 10, 11, Do 1, 6, 7.
23. Ke 3.
24. Ke 1, 6–8, Do 2, 5.
25. Ma 1, Do 4.
26. Ke 4, 11, Do 2.
27. Ke 1, 11.
28. In Ga 1, 3, Cl 1 and Do 4, the priest on his own initiative sends for the healer. In Ke 3, Do 1, 6, 7, an onlooker recognises that the horse's condition was caused by the evil eye and urges the priest to seek the healer's help.
29. Ke 1, 11.
30. E.g., Ke 3, 6, 12, Do 5–7.
31. Ke 2; Ke 4, 5, 7, 8, 10; Ma 1, Ga 2, Ke 11, 13; Do 3; Ga 3, Ke 1.
32. E.g., Ke 1–3.
33. E.g., Ga 1–3, Ma 1.
34. Ke 3, 4, 11 and C-redaction variants NFC 715: 235–9 and *Béaloideas* 7: 80–1.
35. Plummer 1910: I: clxvi–clxvii; see references in both Cross 1952 and Thompson 1955–8: D1719 *Contest in magic between druid and saint*, and V229.6 *Saint in conflict with druid*; Bray 1992: 91, 124.
36. Ó Broin 1944: 243, §17; NFC 1325: 57–9; Ó hÓgáin 1982: 322–3; cf. NFC 50: 216–18 (= NFC 53: 68–70) where a priest withdraws his verbal challenge to a keening woman when she threatens to destroy him physically. Altercations in verse between priest and keening woman – with the priest invariably coming off second best – feature frequently in Irish oral tradition: see Croker 1824: 179–81, *Béaloideas* 3: 88–9: Tyers 1992: 141–2, and other references in Ó Háinle 1979: 19–20. In other accounts of power contests, however, priest, smith and poet are shown to be equal, see Ó Broin 1944: 241 #10; NFC 404: 276–8.
37. NFC 1325: 554–82.
38. NFC 1322: 168–9.
39. NFC 981: 510–14, NFC 1406: 234–8; NFC 701: 222–4.
40. NFC 1406: 302–4.
41. Ryan 1978: 60.
42. Linehan 1987: 89, 104–5. This challenge to kill and pluck a crow in flight, appear to be a borrowing from a contest between a poet to a priest, cf. Ó hÓgáin 1982: 322–4.
43. Ó Milléadha 1936: 223–4; NFC 1325: 554–82.
44. NFC 1701: 332–4: SVC 49. Cóilín Ó

Cualáin, Maínis, Carna, Co. Galway, interviewed by Peadar Mac an Iomaire. Hardiman Library Special Collections. National University of Ireland, Galway.

45 Ó hÓgáin 1985: 204–15; Corish 1981: 6; Ó Héalaí 1977.

46 NFC 1797: 3–4. Traditions associated with the opening verses of this gospel are discussed in Chapter 18.

47 SVC 49.

48 E.g., NFC 1478: 213; Gregory 1976: 152, 153; Lenihan 1987: 91.

49 Do 6.

50 Ke 1.

51 Ke 5.

52 Ga 2, Ma 1, Ke 1.

53 NFC 866: 255; cf. Lenihan 1987: 93–5.

54 Ke 3.

55 Ke 11; see also Ke 1, 2, 5, 6, 10, Cl 2, Do 1, NFC 866: 255.

56 NFC 1836: 127.

57 NFC 866: 259–60.

58 NFC 908: 313.

59 NFC 908: 313.

60 Ke 7.

61 NFC 1225: 13: *Agus na paidreacha ba bhreátha a chualaís riamh, bhíodar san ortha.*

62 Ke 9. This verse treatment of the legend tells how the priest's horse suddenly became ill at a stream when the priest was on his way to say mass and how, in response to the priest's prayer, a supernatural female – *an mhaighdean gheal mhúinte is a gruaig léi go talamh* [the demure fair virgin with long flowing tresses] – came and prayed over it so that the horse recovered. The informant states *an bhean bhán* [the white lady] was the Virgin Mary, and the same informant also tells elsewhere (NFC 1406: 301–4) how a wise woman plucking herbs felt the presence of the Virgin Mary beside her. Even though the verse composition contains no reference to the priest's antagonism towards a healer nor an explicit mention of the evil eye, nevertheless, in view of the occasion of the injury (as the priest was on his way to say mass), the location (by a stream), the sudden manner of the horse's indisposition, and its cure by a person with supernatural power, the composition is here regarded as a variant of the A-redaction of our legend.
For the connection in the popular mind between magical power and holiness, see Thomas 1978: 323–4.

63 Kapaló 2013: 14.

64 NFC 1406: 61–3: *Dúirt sí gur chuma léi mar gheall ar an ndíol, go mb'fhearr léi a bheannacht.*

65 NFC 866: 255.

66 Ke 1.

67 Ke 3.

68 NFC 29: 61–74.

69 NFC 29: 65, 73.

70 NFC 29: 73.

71 Quoted in Dalyell 1935: 11.

72 Connolly 1982: 112–15.

73 The poem is noted in Westropp 1910: 196–7, but incorrectly attributed to Aindrias Mac Cruitín. It is edited in Ó Foghludha 1952: 85–6; and more recently in Mhág Craith 1967: 343–4, this last reference I owe to my late colleague Dr Máirtín Ó Briain.

74 The lament for the priest's horse and the various poetic responses it evoked are discussed in Heussaff 1992: 96–101.

12:
Snátha i Seanchas na Mallacht

In ár gcomhrá laethúil ní bhíonn san fhocal labhartha againn go minic ach lipéad áisiúil ag tagairt d'fheiniméan éigin. Tuigimid, ar ndóigh, gur féidir beatha nó cumhacht a bheith i bhfocail nuair a bhíonn siad lochtaithe le mothúchán, rud a tharlaíonn uaireanta i bpíosa ealaíonta cainte nó i ndréacht liteartha. I gcomhthéacs den chineál sin téann focail i bhfeidhm orainn, is é sin le rá, imríonn siad orainn agus spreagann siad freagairt inmheánach ionainn mar go músclaíonn siad mothúchán nó cuimhne nó mian, nó cruthaíonn siad réaltacht nó samhail éigin in ár n-aigne. Tuiscint eile ar fhocail, áfach, agus ar an gcumhacht a bhaineann leo a bhíonn i gceist le focail sa mhallacht dháiríre, mar ina gcás siúd glactar leis nach é amháin gur féidir leo imirt ar aigne an duine, ach tá an tuiscint bhreise ann, go bhfuil sé de bhua acu tharais sin dul i bhfeidhm go fisiciúil ar an duine agus ar an saol ábhartha. Is cumhacht neamhshaolta nó dhraíochtúil atá á lua le focail sa chás seo, agus is tuiscint an-choitianta é i gcultúir éagsúla gur féidir leis an bhfocal labhartha tionchar dá leithéid seo a imirt i gcomhthéacsanna áirithe. I gcásanna den sórt seo is rud corpartha (*res*) seachas ainm (*nomen*) é an focal. Léiriú amháin ar an gcineál seo úsáid teanga is ábhar don alt seo, mar atá, an mhallacht nó an friotal a chuirtear ar dhrochghuí i leith sprioc éigin, agus go sonrach, mallacht baintrí.

Tá fianaise fhorleathan ar ghéilleadh á thabhairt do chumhacht dhraíochtúil mallachta, fíric a bhfuil an friotal seo a leanas curtha uirthi: 'The belief in the efficacy and power of language is at the heart of the primal magic view of the world.'[1] Inniu féin, is beag duine againn nach mothódh corrabhuais nó míshuaimhneas dá ndíreofaí drochghuí ó chroí amach go dáiríre orainn, agus i bhfianaise mothúchán den chineál sin atá go doimhin sa duine, ní hionadh go bhfuil cuntais i bhfoinsí béaloidis ar an éifeacht a bhíonn le mallacht dháiríre agus an sórt díobhála a creideadh a leanadh í. Is leis an mallacht dháiríre a samhlaíodh an chumhacht dhraíochtúil seachas an mhallacht a sciorrfadh ó dhuine nó a dhéanfaí go leathmhagúil. Tá an t-idirdhealú seo léirithe go grinn sa seanscéal idirnáisiúnta, ATU 1186, *With his whole heart*, a bhfuil anailís chuimsitheach déanta ag Éilís Ní Dhuibhne ar leaganancha Éireannacha de.[2] Tuairiscíonn Robin Flower conas mar a mhínigh Peig Sayers dó (nuair a chuala sé í ag mallachtú ar asal a tháinig isteach don tigh) gur pheaca í an mhallacht dháiríre, ach nach raibh aon urchóid sa cheann a scinnfeadh gan smaoineamh uaithi:

> ... *there is no sin in it. If the curses come from the heart, it would be a sin. But it is from the lips they come, and we use them only to give force to our speech, and they are a great relief of the heart.*[3]

Cé gur le mallacht ó chroí amach a luaitear cumhacht sa ghnáthchúrsa, mar sin féin, bhí an tuiscint ann go bhféadfadh an mhallacht a sciorrfadh ó dhuine, éifeacht a bheith léi chomh maith sa chás gur caitheadh í ar 'uair na hachainí' nó ar 'uair na faille'. Creideadh go raibh a leithéid de thráth ann agus uair seo na hachainí nó na faille ar a bhfaigheadh aon ghuí a dhéanfaí lena linn toradh, bíodh an ghuí sin olc nó maith, ach nárbh fhios d'éinne cén tráth é féin.[4]

Bhí feidhm shrianta ag an tuiscint seo ar úsáid róscaoilte mallacht, fiú mallacht a chaithfí go leathmhagúil féin, rud a thuigfí ón bhfaisnéis seo ó Chois Fharraige:

An faitíos ba mhó a bhí roimh an mallacht nó roimh an drocheascainí, ar fhaitíos gurb é uair na hachainí é agus dá mba é, ní raibh aon dul siar air an uair sin. Ba mhór i gceist fadó gan aon drocheascainí ná drochrud a shamhlú ar eagla gurb é uair na hachainí a bheadh ann.[5]

Ní fada ón scéalaíocht eiseamláireach cuid den seanchas faoi uair na hachainí. Seo, mar shampla, coimriú ar scéal a bhfuil breis is leathchéad leagan de bailithe:

> Bhíodh baintreach ag impí ar Dhia gach aon oíche cois tine iarla a dhéanamh dá mac; tharla oíche le linn di a bheith ag guí gur thit cnapán súigh anuas an siminé a bhain radharc na súl di. In ionad leanúint dá guí ansin, scairt sí amach: 'Loscadh is dó ort, a bhotháinín súigh', agus leis sin chuaigh an tigh trí thine.[6]

Tá aguisín mínithe ag Peig Sayers lena leagan féin den scéal seo ar geall le tráchtaireacht é ar an seanfhocal, 'Bí choidhche ag faire agus gheobhair uair na faille':[7]

> Dá mbeadh an fhoighne aici agus go ndéarfadh sí an uair dhéanach, 'A Thiarna déan iarla dem mhac', bhí uair na hachainí fachta aici. Ach is sin é díreach an t-am a dúirt sí, 'Loscadh is dó ort!' Agus deir na seandaoine ó shin anuas go mbíonn uair na hachainí ann. Ní fios cén uair a bhíonn an ghuí le freagairt nuair a bhítear ag guí chun Dé, ach tá sé ordaithe dhúinn a bheith ag guí i gcónaí i gcónaí mar go mbíonn uair na hachainí ann, ach ná fios cad é an uair é.[8]

Bhí daoine seachas a chéile a raibh cumhacht luaite lena mallacht, ina measc bhí sagart, file, gabha, bean siúil nó bacach, agus ba ghnáth-thuiscint í go raibh mallacht na baintrí ar cheann de na mallachtaí ba mheasa a d'fhéadfadh titim ar dhuine.[9] Tá scéalta ag dearbhú éifeacht na mallachta sin bailithe in go leor ceantar sa tír, agus cuimhne fhada uaireanta ar an eachtra ar a dtráchtann siad. I bparóiste Bhaile an Fheirtéaraigh i gCiarraí, mar shampla, bhí sé ráite gur mhallacht baintrí faoi deara bá bhád na nGort Dubh sa bhliain 1818, nuair a bádh fear is fiche ón bparóiste sin de bharr scliúchais a tharla idir dhá bhád ar an bhfarraige.[10] Luaitear in insint amháin de scéal atá ar eolas go forleathan faoi mhallacht ar fhoireann peile Chontae Mhaigh Eo, gurbh é faoi deara dóibh gan Craobh na hÉireann a bhuachan ó 1951, ná an mhallacht a chaith baintreach le foireann bhuacach na bliana úd, toisc nár léirigh siad ómós cuí do shochraid a fir chéile.[11] Is éagóir éigin a ghoilleann ar an mbaintreach a tharraingíonn a mallacht de ghnáth – í a bheith á cur as seilbh, mar shampla, nó maoin a bheith á baint di, nó duine gar di a bheith curtha chun báis. Léirítear cumhacht na mallachta ag feidhmiú beag beann ar dhiminsean ama ná spáis agus dírítear í ar dhá réimse go háirithe – dochar pearsanta (corportha nó anama) an té atá mar sprioc aici, agus meath ar mhaoin (go háirithe áit chónaithe) agus ar shliocht an té sin.

Cuimsíonn na mallachtaí coitianta, 'leagha chúr na habhann ort', agus 'leagha mhún Mhóire ort',[12] an chéad sprioc díobh seo, agus is léiriú maith ar an dara ceann an ghuí seo a thug baintreach do Ghearailt éigin, tiarna talún is dócha:

> A Ghearailt ghearr an gháire ghonta,
> Fásach go tairseach do gheata,
> Driseog is a dhá ceann i's an dtalmhain,
> Loch uaithne ar uachtar do halla,
> Nead an tseabhaic i bpoll an deataigh
> Agus cac na ngabhar in áit do leapan –
> Mar do bhain tú dhíom an mac is an t-athair,
> Bhain tú dhíom an dá bhó dhéag is an tarbh,
> Agus oidhreacht nár fhaighe d'oidhrí-se, a Ghearailt![13]

Toisc gan aon chóras tacaíochta stáit a bheith ar fáil don bhaintreach sa seansaol, agus ón uair gur mhinic beo bocht í féin agus b'fhéidir muirear uirthi, ba í an mhallacht an t-aon uirlis a bhí aici chun a ceart a sheasamh, agus sásamh éigin a bhaint don té a dhéanfadh éagóir uirthi. De ghnáth, níorbh acmhainn di ó thaobh nirt buille a bhualadh, agus níorbh acmhainn di ó thaobh maoine dul chun dlí. Ach fós thug an tuiscint go leanfadh dochar mallacht baintrí, ábhar éigin cumhachta di sa tsochaí.[14] Ba shás í an tuiscint sin a thug cothromaíocht áirithe isteach ina déileáil le daoine a bhí níos cumhachtaí ná í féin, agus chabhraigh an eagla a bhí roimh a mallacht le srian a chur ar bhligeardaíocht a dhéanamh uirthi. Ba threisiú breise lena mallacht é, dá mba rud é go raibh clann aici, mar sa chás sin tuigeadh go bhféadfadh truamhéile na ndílleachtaí cur le héifeacht na mallachta:

> Tá sé i bhfad níos measa má tá dílleachtaí ag an mbaintrigh. Ansin gheobhaidh sí a mallacht agus mallacht na ndílleachtaí ort, agus deir siad nach tiocfadh le mallacht ar bith titim níos troime.[15]

Tá cur síos i gcuid de na cuntais ar dheasghnátha faoi leith a bhaineann le cur na mallachta. Tharlódh, mar shampla, go leagfadh sí a mallacht faoi sheacht agus i nglór faoi leith, nó go rachadh sí ar a glúine, go nochtadh sí a ceann, go scaoileadh sí a cuid gruaige, nó mar a thuairiscítear sa sliocht seo síos, go nochtadh sí a brollach:

> D'osclódh sí amach a brollach agus tharraingíodh sí amach a dhá chíoch i láthair a raibh ann, agus an uair sin bhí tús á chur leis an mallacht agus é idir a bheith ina chaoineadh agus ina gholghártha. Ní raibh aon stop uirthi an uair sin nó go raibh sí tuirseach, chuile chineál mí-ádh agus anachain tarraingte anuas sa mullach ar an té a raibh sí tuillte aige, agus a shliocht ina dhiaidh. Bhí sé ráite go raibh sé scanrúil a bheith ag éisteacht le ceann acub.[16]

Ba shlí é ag bean a brollach a nochtadh le géarú nó treisiú leis an bhfriotal a bhí á chur aici ar a mothúcháin, agus dá chomhartha sin, san amhrán, 'Donncha Bán', cuireann deirfiúr Dhonncha in iúl go raibh a brollach oscailte agus a gruaig scaoilte léi síos nuair a tháinig sí á chaoineadh:

Tá mé ag teacht ar feadh na hoíche,
mar bheadh uainín i measc seilbhe caorach,
mo bhrollach oscailte is mo cheann liom scaoilte,
is cá bhfaighinn mo dheartháirín romham ach sínte.[17]

Bhí an éifeacht chéanna le scaoileadh na gruaige agus, ar ndóigh, ba ghnách le mná caointe a gcuid gruaige a scaoileadh agus uaireanta fiú a stathadh dá gcloigeann.[18] B'fhógra é an nochtadh agus an scaoileadh gruaige go rabhthas ag dul lasmuigh de na gnáthchoinbhinsiúin shóisialta. Cuireadh in iúl sa tslí seo go raibh an srian a smachtaíonn iompar agus léiriú mothúchán sa ghnáthchúrsa, caite i leataoibh sa chás seo, agus ba mhóide éifeacht na mallachta dá bharr sin.

Bhí deasghnáth bunaithe ar dhraíocht na cosúlachta a dtéití ina leith uaireanta d'fhonn treisiú leis an mallacht. Tá cuntas ó oirthear na Gaillimhe, mar shampla, ar mhallacht a cuireadh ar thiarna, 'Mr Hardy of Duckfield', tar éis dó dhá theaghlach is leathchéad a dhíshealbhú aimsir an Ghorta Mhóir, agus cuirtear síos ar na deasghnátha breise a cuireadh i bhfearas chun mí-ádh a tharraingt air:

> *My great grandmother was an eyewitness to all that happened. Distracted women went down on their two knees on the bare road and cursed Hardy openly and that curse fell and fell with a vengeance. In those days there was a terrible curse known as the curse of the Seven Marys. Seven large dolls were made just like seven fear bréiges except that they had to be seven women and life-sized. The seven dolls were called the Seven Marys. Now these seven dolls were cried just as people would do at a wake and after being cried they were buried at night in the property of Mr Hardy. That was the form the curse took. From that time forth everything began to go against Mr Hardy – crops, stock, everything and finally he got broke. The present Mr Hardy is poorer than the poorest resident of Duckfield.*[19]

Ba chuid den seanchas a bhain le mallachtú é go dtitfeadh an mhallacht ar an té a chuir í da mba rud é nach raibh sí tuillte ag an té ar a ndíríodh í. Tá léiriú maith air sin i gcuntas a tógadh ó Sheán Ó hAo ('Hamit') as Cuan Dor, Contae Chorcaí, ar eachtra a tharla dó féin tar éis do bhean mallacht a chur go héagórach air, nuair a cheap sí gurbh é faoi deara taobh cnoic a chur trí thine agus gur fágadh a hainmhithe gann fé fhéarach de bharr an dóiteáin:

> Chaith sí a caidhp di, siar dá cúl, agus do tháini sí ar a dhá glúin, agus do chuir sí oiread do mhallactaíbh agus d'fhéatadh sí orm. D'iarr sí ar Dhia crampaí agus tinneas a chur orm, ná féatainn siúl ná seasamh ná éiní eile!
>
> 'Ó mhuise, nár ghabha' do ghuí tharat go mbuailfí sé thu féinig!' aduartsa léi; 'agus tá súil le Dia agamsa gur ort féinig a thitfig na heascainí,' aduartsa léi.
>
> Sea. Do chuireas díom. D'fhágas mar sin é. Agus i gcionn seachtain nó caidhcíos bhí dhá mhaide croise aici le toil Dé ... Ach chun deirig thiar thall nuair a fuair sí amach is cé dhin é do thosnaig sí ar me chrosa – ar na mallachtaí a bhuint díom. B'é toil Dé gur chaith sí uaithi na maidí croise: do tháinig a siúl arís di.[20]

Ar ndóigh, chinntigh an baol seo a bheith luaite le mallacht a chur, go mbeifí cáiréiseach faoina cur, rud a chabhraigh, ní foláir, le síocháin shóisialta a chothú. Bhí an tuairim ann chomh maith go bhfanadh cuid den mhallacht ar an láthair inar cuireadh í agus bhí seanrá a d'áirigh go raibh 'trí chomhartha ar áit gur deineadh mallacht ann: – trom, traona agus neantóga.'[21]

Cleachtar gnás an mhallaithe ina lán cultúr, agus tá fáil go hidirnáisiúnta, dá réir sin, ar roinnt tuiscintí atá lárnach sa traidisiún againne. Sa Sean-Tiomna, mar shampla, cuirtear in iúl go dtiteann an feall ar an bhfeallaire: 'Fillfidh an Tiarna a bhearta fola ar mhullach a chinn féin air,'[22] agus tá léiriú fileata i Leabhar na Seanfhocal ar an tuiscint nach dteagmhódh an mhallacht le duine nár thuill í: 'Dála an ghealbhain a éalaíonn agus na fáinleoga a sceinneann, ní luíonn an mhallacht nach dual ar a sprioc.'[23] Cé gur ghnáth-thuiscint í nach mbeadh mallacht go deo gan toradh,[24] féach gur creideadh chomh maith go bhféadfaí a héifeacht a chealú le foirmle mar 'Aingeal Dé in aghaidh do ghuí', nó 'Nimh do bhéil i do bhráid'.²⁵ Tá an tuiscint chéanna le fáil freisin in Leabhar na mBreithiúna, mar a dtuairiscítear gur chuir bean mallacht ar an té a ghoid airgead uaithi ach gur cealaíodh an mhallacht nuair a chuir sí a beannacht thar n-ais ar an té sin.²⁶

Thuigfí ón tslí ina léirítear mallacht ag feidhmiú sa seanchas – í ag titim ar an sprioc ar a bhfuil sí dírithe, nó í ag titim ar an té a chaith í, nó ar an áit a gcaitear í, gur geall le splanc fuinnimh í nach féidir a shrianadh nó a smachtú nuair a scaoiltear í – go gcaithfidh sí dul in áit éigin, amhail is gur rud corpartha í. Ach fós, cé nach féidir í a aisghairm, is féidir í a dhíriú ar mhalairt treo ón sprioc ar a bhfuil sí dírithe, rud a léirítear, mar shampla, sa scéal faoi Naomh Pádraig ag mallú thír na hÉireann, ina n-éiríonn lena chléireach éifeacht mhallacht an naoimh a aistriú go nithe mar bharr na luachra, rútaí an aitinn agus adharca na mbó bán.²⁷ Tá léiriú freisin ar an tuiscint gur féidir éifeacht na mallachta a aistriú ó sprioc amháin go sprioc eile sa scéal ina gcuireann Rebecca, bean Íosáic, in iúl go dtógfadh sí uirthi féin mallacht a bheadh dírithe ar a mac Iacób: 'Bíodh an mhallacht sin ormsa, a mhic.'²⁸

Tá cúiseanna maithe go luafaí cumhacht speisialta le mallacht baintrí. Ní hé amháin gur chinntigh a stádas imeallaithe mar bhochtán dearóil gurbh éasca bua dochrach a lua léi, ach chomh maith leis sin, ba bhean í go raibh stádas faoi leith aici sa traidisiún Giúdach-Críostaí. Tugadh cosaint speisialta di i ndlí na nGiúdach (mar aon leis an dílleachta agus an deoraí), seachas mar a tugadh d'aicmí eile sa phobal. I dtéacsanna éagsúla sa Sean-Tiomna, tugtar foláireamh gan éagóir a dhéanamh ar bhaintreach,²⁹ agus ordaítear cabhrú léi;³⁰ deirtear go gcumhdaíonn an Tiarna í agus go dtugann sé tacaíocht di.³¹ Tugtar rabhadh go mbainfidh Dia díoltas don té a chiapann í, agus fógraítear go n-éisteann Dia le hachainí na mbaintreach: 'Má dhéanann tú iad a bhuaireamh agus go dtagann a nglao chugam, éistfidh mé leo, éistfead sin.'³² D'fhéadfaí a áiteamh gur geall le bunús bíoblúil nó cairt chreidimh é an ráiteas seo a dhlisteiníonn an tuiscint go mbíonn éifeacht le mallacht baintrí:

Tugadh stádas speisialta na baintrí isteach sa Chríostaíocht freisin, agus ghlac luathChríostaithe orthu féin, mar cheann dá bpríomhdhualgais, cúram a dhéanamh de bhaintreacha.³³ In Litir Naomh Séamas luaitear go sonrach cúram a dhéanamh do bhaintreacha agus do dhílleachtaí mar shlat tomhais ar fhíorchleachtadh an chreidimh.³⁴ Léiríonn na soiscéil bá Chríost le baintreacha nuair a d'athbheoigh sé mac na baintrí as Náin, agus arís nuair a mhol sé ofráil na baintrí boichte.³⁵

Is léir ón méid seo gur chothaigh an Chríostaíocht an tuairim go raibh seasamh faoi leith ag baintreacha i láthair Dé, agus go raibh cúram faoi leith á dhéanamh aige dóibh, nithe a chabhródh, gan dabht, leis an tuiscint a theacht chun cinn go bhfaigheadh a nguí éisteacht – fiú má ba ghuí dhochrach féin í.

SUMMARY

It is generally recognised that a curse can have a psychological impact, but folk tradition asserts it can also affect one physically. While an inadvertent curse was not believed to have an impact, nonetheless if uttered at an 'opportune moment' it could be effective. Since the 'opportune moment' was an unknown, this belief may well have had a restraining influence on the practice of cursing. It was believed that some people's curses were more powerful than others – a curse from a priest, poet, smith, travelling woman or beggar were all considered to be particularly powerful, and it was widely held that a widow's curse was one of the most damaging of all. The widow was very often marginalised and impoverished, and the belief in the power of her curse afforded her a measure of protection by discouraging acts of hostility and introduced a measure of equality in her dealings with social superiors. The genuine curse in oral tradition is portrayed almost as a physical entity (*res* rather than *nomen*) – once released it cannot be recalled, it unerringly strikes its target, if unjustified it rebounds on the curser and it can be diverted to a different target or impact the spot on which it was uttered. Beliefs and practices associated with cursing are found in many cultures and attention is given here to parallels between Irish and Judaic tradition, especially in regard to the widow's curse.

Snátha i Seanchas na Mallacht

1. Bloomfield & Dunne 1992: 8.
2. Ní Dhuibhne 1980–81: 89–90. Mhínigh Peig Sayers do Robin Flower nach raibh aon díobháil sa chuid acu a scinnfeadh gan smaoineamh uaithi; féach Flower 1944: 49; Ní Shéaghdha 2015: 222. Maidir leis an idirdhealú i gcás mallacht dháiríre agus mallacht thaismeach, féach Montagu 1968: 52–4.
3. Flower 1944: 49; cf. Ní Shéaghdha 2015: 222.
4. In Ó Siochfhradha 1926: # 796, mínítear uair na hachainí mar a leanas: 'Uair agus má iarrtar athchuinghe le n-a linn, gheibhtear í pé olc maith í.' In Dinneen 1927: *s.v.* 'uair', mínítear 'uair na h-athchuinghe' mar *the psychological moment* agus tá an míniú céanna tugtha in FGB *s.v.* 'achainí'; cf. Ó Cróinín 1980: 409: 'Oíche Nollag Beag nú Oíche na dTrí Rithe – chreidídís go mbíodh "uair na hachuiní" tráth éigin don oíche sin, ach ní fheadair éinne cadé an t-am d'oíche.'
5. Chearra 2010: 89.
6. Almqvist & Ó Héalaí 2009: 134.
7. Ó Siochfhradha 1926: # 1294
8. Almqvist & Ó Héalaí 2009: 61.
9. Ó Súilleabháin 1942: 388, 417–18; Ó Máille 1952: # 3273; féach, mar shampla, Verling 2007: 240: 'Mallacht baintrí, a deir siad, an mallacht is míamharaí a thit riamh. Leanann sé seacht nglúine.' Féach an cuntas ar mhallacht bacaigh i gcaibidil 14.
10. Ó Mainín 1973: 20, n. 38; Ó Mainín 2002: 47.
11. Féach: https://www.joe.ie/sport/the-cheap-seats-5-things-mayo-fans-are-sick-of-hearing-504152 [fíosraithe 16 Aibreán 2021]; mallacht sagairt is minice a luaitear mar chúis le teip na foirne seo sa chomórtas sin.
12. Ó Siochfhradha 1926: # 764; 'ac Gearailt 2001: # 238.
13. Ó hÓgáin 2011: 112; cf. Ó Tuama & Kinsella 1981: 344.
14. Cf. Crawley 1934: 23: '*The curse is particularly the weapon of the wronged and the oppressed against their more powerful enemies.*' Creideadh nár ghá di fiú an mhallacht a chaitheamh mar gur leor do dhuine éagóir a dhéanamh uirthi chun go dtitfeadh an mí-ádh air mar a mhíníonn Peig Sayers (CBÉ 936: 251): 'Níor dhein éinne riamh éagóir ar bhaintrigh ná gur chaith sé díol as. Chaillfeadh sé féin an tsláinte nó chaillfeadh sé a mhnaoi shaolta. Bheadh mí-ádh éigin air.'
15. CBÉ 734: 533–4. Tomás de Búrca ó Bhríd Ní Fhlannghaile, Ceathrú Thaidhg, Co. Mhaigh Eo. 1941.
16. Chearra 2010: 89.
17. Ó Tuama & Kinsella 1981: 336.
18. Partridge 1978: 72.
19. CBÉ 734: 533–4. Seosamh Ó Flannagáin ó Sheán Ó Fallamhain (91 bl.), Baile an Ruadháin, Cill Ríchill, Béal Átha na Sluaighe, Co. na Gaillimhe. 1938. Maidir le híomhá de dhuine a chur i dtalamh d'fhonn díobháil a dhéanamh dó, féach plé ar dhraíocht na cosúlachta i gcaibidil 7.
20. Ó Cróinín 1985: 567–8. Ciallaíonn 'crosa' (= crosadh) anseo comhartha na croise a chur mar chosaint idir duine agus an t-olc atá ag bagairt air; cf. Ó Laoghaire 1995b: 282.
21. Diarmuid Ó Muirithe, 'Focal ar fhocal', *Foinse*, 13 Bealtaine 2001.
22. 1 Ríthe 2: 32; cf. Salm 109 (108): 17; féach freisin Thompson 1955–8: # Q581, *Villain nemesis. Person condemned to punishment he has suggested for others.*
23. Seanfhocail 26: 2.
24. CBÉ 734: 533–4: 'Caithfidh an mhallacht titim ó déantar í'; cf. NCE: IV: 547; HdA. II: 1640 # 2.

25 Féach ráiteas Pheig Sayers thuas: 'Go dtite eascaine do bhéil féin ort' (CBE 936: 25).
26 Breith. 17: 2.
27 Ó Súilleabháin 1942: 552. In insint eile is ar Uí Duach seachas ar Éirinn a chuireann Pádraig a mhallacht; féach Ó hÓgáin 2011: 197–8; Thompson 1955–8: M422, *Curse transferred to another person or thing.*
28 Geineasas 27: 13.
29 Zacairia 7: 10; Irimia 22: 3.
30 Íseáia 1: 17.
31 Leabhar na Salm 146: 9
32 Eaxodus 22: 21–3; féach leis Deotranaimí 27: 19.
33 Gníomhartha na nAspal 6: 1.
34 Litir Naomh Séamas 1: 27.
35 Lúcás 7: 11; Marc 12: 41–4.

13:
A View from the Forge
Traveller prejudice in Irish legends

A body of traditional narratives portraying cultural minorities in a negative light is the focus of this chapter, where the role of oral tradition in disseminating and perpetuating prejudice is examined. The tales discussed employ a narrative mechanism which is very effective in depicting a minority unfavourably, as they impute improper behaviour to the targeted group and contrast their unacceptable actions with the good behaviour of a highly regarded group in the community. Travellers and cowherds are the minority groups featured here, while blacksmiths are the socially advantaged group with whom they are critically contrasted.

In Irish society, the blacksmith has traditionally enjoyed special status in the community (illustration 23). His revered position is reflected in medieval triads which acclaim the din of the smithy as 'one of the three sounds of increase' and the smith's moulding block as one of the three 'renovators of the world'.[1] His high standing in the community was due not only to the importance of his craft in underpinning the daily work and economic life of the people, but also because of magical capabilities, including maledictive and curative powers, attributed to him.[2]

'Travellers' has become the preferred designation for a group previously referred to as 'tinkers' because of the nature of their work with tin.[3] Formerly they were peripatetic family groups, in which the menfolk engaged in tin-smith work and/or horse-dealing, and the women, together with their small children, begged from door to door and sometimes also engaged in fortune-telling. Demand for tin craft has long since expired but some Travellers still trade in items such as floor coverings, scrap metal or antiques. A 2002 report on Traveller employment found they face significant difficulties in accessing the labour market with only 13.8 per cent of Irish Travellers over the age of fifteen in employment compared to a national average of 57.2 per cent.[4] Today unemployed Travellers can avail of social welfare, most have permanent or seasonal dwellings, travelling only in summertime, while the women look after the household needs.

The origins of the Travellers as a class remain uncertain but it is likely that they are the successors of vagrant craftsmen in ancient times, having their numbers greatly augmented by the dispossessed of recent centuries.[5] According to the 2016 census there were some 30,987 Travellers in Ireland – 0.7 per cent of the general population – and there are also small numbers of Irish Travellers in Britain and in the US.[6] A questionnaire relating to various aspects of Travellers' lifestyle and traditions was issued to its regular correspondents throughout the country by the Irish Folklore Commission in 1952 and attracted 132 replies.[7] One fact emerges clearly from these replies, namely that Travellers are ethnically Irish, 'as Irish in blood and name as the settled population ... and are in no way related by blood or derivation to the exotic gypsies of other lands'.[8]

Regrettably, negative attitudes towards Travellers are all too common in contemporary Ireland. Anecdotes touching on stereotypical misconduct such as pilferage, sharp practice, drunkenness, indolence, littering, quarrelling and abuse of social services circulate among the settled community, and unsurprisingly in view of this, a large measure of prejudice exists against Travellers.[9] This is manifested, for instance, in the reluctance of many hospitality centres such as pubs, nightclubs and hotels to admit Travellers, and it also surfaces from time to time in opposition expressed by resident groups to having Travellers as neighbours. A recent report describes the failure of local authorities to provide adequate housing for Travellers on halting sites as 'improperly discriminatory'.[10] The level of antipathy towards Travellers may be measured by the scant incidence of normal social interaction between settled individuals and members of the Traveller community.

Cowherds – who no longer play a role in Irish agriculture – are the other minority group negatively presented in the legends discussed here. Cow-herding was an avocation of low status, and the unacceptable trait of laziness was stereotypically attributed to those engaged in it. This is manifested in statements such as the following from Irish Folklore Commission informants:

'Deireadh na daoine gurbh iad na haodhairí ba na fearaibh ba chortha agus ba dhíomhaoine am'. Ní bhíodh dada le déana aca ach a bheith sínte ar an bhféar ag féachaint ar na ba. As dia na mba bainne a bhídís fadó. Níl a leithéid ar aon chor sa chonntae seo anois mara mbeadh fó-áit. Bhíodh aodhaire bó 'ge gach feirmeoir fadó. Chonaic mé féin iad.'[11]

[People used to say that the cowherds were the most fatigued and laziest men in the world. They had nothing to do but lie on the grass and keep an eye on the cows. They used to look after the milch cows in ancient times. Nobody does that kind of work now in this county except perhaps in a few odd places. Every farmer had a cow herd long ago. I myself saw them.]

Ba mhinic a chuala mé sean-Mhuiris Mac Gearailt ar an gcleas san, an uair a bhíodh sé ag aodhaireacht thíos ar an nGaorthadh. Mharbhuíodh sé an coileach feadha nó an chearc uisce agus róstadh sé mar sin iad. Bhíodh prátaí aige leis, agus chuireadh sé ins an ngríosaigh iad dá róstadh, nó uaireannta is breac ón abhainn a bheadh aige. As go brách leis ansan go dtí an tobar, go n-óladh sé a sháth as, agus ina dhiaidh sin uile dhéanfadh sé ar an áit go raibh bó ina luí ann agus chuirfeadh sé as í agus luíodh sé siar ins an áit te agus chollúiodh sé go sámh.[12]

[I often heard old Muiris Mac Gearailt talk of that trick [method of cooking] when he used to be herding down in Gaorthadh. He used to kill woodcock or waterhen and roast them in that fashion. He used also have potatoes or sometimes a trout from the river and he used to put them in the embers to roast them. Off he'd go then to the well and drink his fill and after all that he'd make for a spot where a cow was lying and drive her away, and then he would lie down in the warmed space and sleep soundly.]

A negative view of herds was widespread throughout Europe and has frequently been noted, e.g.:

> Overlapping with the contrast between lowlanders and highlanders was another important division, between farmers and herdsmen – swineherds, goatherds, cowherds ... and, above all, shepherds. As the Catalan proverb has it (perhaps expressing the envy of peasants, '*Vida de pastor vida regalada / Cantant i sonant guanya la soldada*' (The shepherd's life is a pleasant one, he is paid for playing and singing) ... They had their own pride and they were rejected by the rest of society as men without fixed abode often are. Farmers often accused them of being lazy and dishonest. Many German guilds regarded the sons of shepherds as *unehrlich*, 'without honour', and so ineligible for membership.[13]

It is against this background that we now discuss some traditional narratives that over generations have been instrumental in validating negative attitudes in the settled community towards Travellers, and to a lesser extent, towards cowherds.

The motif listed as A1650 *Origin of different classes – social and professional*[14] enjoys wide international distribution and is at the heart of the folktale designated as ATU 758, *The Various Children of Eve*, and summarised as follows:

> After the expulsion from paradise Eve gives birth to a child every year ... When God pays her a visit Eve bathes her beautiful children and dresses them nicely. She hides the ugly ones ... When God arrives he blesses the

beautiful children and destines them to be kings, earls, citizens and traders. Thereupon Eve wants her ugly children ... to be blessed as well. God destines those to be farmers, fishermen, smiths, tanners, shoemakers and servants. Upon Eve's protest God explains that every class is necessary and legitimate for the functioning of society.[16]

This particular tale type is not found in Irish oral tradition but its central motif (A1650) does occur in a group of other tales, which purport to explain the different levels of social status and prosperity attaching to various avocations and trades. The most widely attested of these tells how a Traveller (and/or a herdsman) refused to make a pin for the Virgin Mary to fasten her cloak, but a blacksmith readily provided her with it; and ever since Travellers are widely despised and have a wretched life, whereas blacksmiths are blessed and held in high esteem.[17]

This tale is listed in TIF under the type number 750* *Hospitality Blessed*, and five variants are noted there. Many more variants in the holdings of NFC have come to light since the compilation of TIF, and at present some sixty in all are indexed.[18] Their distribution suggests that the tale was especially popular in Irish-speaking areas in the south-western province of Munster but was also known in other parts of the country.

On the basis of the characters involved, the favour requested and the nature of the resultant rewards and punishments, four subtypes of the tale can be distinguished. In Subtype I the Virgin's request is refused by a cowherd but granted by a blacksmith, and as a consequence, ever since, the weariness which would otherwise attend the smith's labours is said to be transferred to cowherds. In Subtype II the Virgin's request is refused by a Traveller but granted by a blacksmith, and as a consequence, the latter is said to be blessed with wealth and stability and the former condemned to wandering and misery. Both these subtypes of the legend, referred to here as The Virgin's Pin, feature punishment for a class as a consequence of a refusal by an individual member to comply with the Virgin's request. In contrast, in Subtypes III and IV, it is the noncompliant individual alone who suffers the consequence of refusing the request – an unhappy death in III, and an unsuitable marriage partner in IV – and these subtypes are not further discussed here.

The Virgin's Pin belongs exclusively to Irish oral tradition, and a central motif in it – the Virgin requesting a pin to fasten her cloak – is not listed in either Thompson 1955–8 or Baughman 1996. However, legends are found in many European lands in which prosperity or misery attaching to certain trades or avocations are explained on the basis of behaviour by a practitioner of a particular calling towards a sacred personage, usually Jesus Christ.[19] So, for example, a legend recorded in Estonia, Russia, Romania and Hungary explains that shepherds enjoy a comfortable lifestyle because a shepherd once did Christ a favour by giving him directions or some food, while cowherds are said to have a difficult life since one of their number once refused such assistance to Christ.[20] A tale in Danish tradition accounts for the poverty of weavers by saying that Christ cursed them when a weaver's wife told him she was too busy to listen to him,[21] and in a Greek legend the weaver is cursed for being deceitful and arrogant towards the Lord, while the ploughman is blessed for being truthful and humble.[22] In a West Slavic tale hemp workers are condemned to a life of drudgery because they said they were too busy to listen to the words of Christ.[23] Stonemasons in a Portuguese tale are said to be condemned to a wretched life because they mocked the Holy Family or performed shoddy work for them, while in another Portuguese tale the good fortune of smiths is attributed to their having helped the Holy Family on the Flight into Egypt by turning the shoes of the donkey carrying them back to front.[24] Inversely, in a Finnish tale, the smith's poverty is said to be the result of a smith betraying the Holy Family in their flight.[25]

In another Irish legend featuring a blacksmith and a Traveller, the prosperity of the smith and the wretchedness of the Traveller are attributed to the varying stances they adopted in relation to making nails for the crucifixion – the smith refusing and the tinker consenting to make them. Some thirty variants of this tale (termed here The Crucifixion Nails legend) have been recorded in various parts of Ireland, and in the case of this legend also, comparable material is widely found in European tradition.[26] In Flemish folklore, the misery attaching to the weaver's life is said to be the result of a weaver having provided those nails;[27] conflicting traditions are recorded from Romanian folklore regarding the blacksmith's role in relation to the crucifixion nails – on the one hand he is said to be blessed because he made very small nails, but alternatively, he is said to be cursed because he made long nails;[28] in both German and Greek tradition the smith is said to have made the nails,[29] and a legend known from the island of Lesbos, Bulgaria and Bessarabia has it that the gypsies (who also engaged in smithcraft) were responsible for them.[30] In a related legend from Romania the wretchedness of the carpenter is said to result from his having made Christ's cross,[31] while in English tradition, the hardship of the shoemaker is said to result from his spitting on Christ on his way to Calvary.[32]

In yet a third Irish legend featuring the contrasting behaviour of blacksmith and Traveller, a sacred personage (Christ or St Patrick) finds a bar of metal, and wishing to know its worth, asks a Traveller (and/or sometimes a cowherd) to value it. The Traveller tells him that it is worth very little, but the saint refuses to accept this valuation and takes the bar of metal to a blacksmith, who being honest and truthful, informs him that it is indeed gold; ever since blacksmiths prosper while Travellers lead a wretched life. The inspiration for this tale (termed here The Bar of Metal legend) probably comes from an incident in a ninth-century life of St Patrick, which relates how a hog, rooting in the ground, uncovered a metal bar, which enabled the saint to buy his freedom from the master who held him as a slave.[33] Its development in oral tradition, however, was strongly influenced by the legend of The Virgin's Pin in that the contrasting roles of experts in metal – the blacksmith and the Traveller – are introduced into the narrative, while the cowherd's incongruous inclusion is merely an echo of the role he appropriately played in the The Virgin's Pin legend where he is asked to provide her with a strong thorn. Six variants of this legend have been recorded, all from the province of Munster.[34]

A fourth and final legend in this group of tales relates how the water of everlasting life was lost by the churlish intervention of a Traveller just as it was about to be bestowed on the smith by a druid or the Child Jesus or the Virgin Mary. The Water of Everlasting Life legend also appears to have been based on the model of The Virgin's Pin, as the cowherd here again lacks a distinctive role and appears out of place in a forge setting. Only four variants are noted – all of south-western provenance.[35]

While we cannot know precisely the levels of credence given to these legends or assess accurately the role played by them in validating attitudes towards some featured protagonists – blacksmith, Traveller and cowherd – nonetheless, we may reasonably surmise that they had a significant impact in the communities in which they circulated. As is customary with legends, the events recounted are presented as factual happenings. More tellingly, however, they contain numerous etiological elements purporting to explain how observable phenomena, which were part of everyday life, owe their origin to the events in these narratives. The likelihood of the proffered explanation being given credence is heightened when the events said to account for it involve sacred personages, as these words from a Galway storyteller indicate:

'Más fírinneach nó bréagach a bheadh an scéal ach caint a bheith ar Dhia agus ar Mhuire Mháthair ann, bhí glacadh acu leis. Níor cheap siad go bhféadfadh aon scéal a bheith bréagach a mbeadh caint orthu. Mo léan gan saol an lae inniu amhlaidh.'[36]

[Whether or not it was true, once God or Mary featured in the story, people believed it. They thought that no story mentioning them could be untrue. Alas that things are not so in today's world.]

The explanatory elements featured in these legends provide the strongest indication of their relevance to the community which transmitted them, and their impact on its world view. Foremost among these elements are the contrasting lifestyles and status of smith and

Traveller, of which the former's domicile and the latter's homelessness (illustration 24) are emblematic:

> 'Riamh ó shin ní raibh gabha ar bith nach raibh teach agus ceárta aige, gan bheith ag imeacht ó bhaile go baile ná ó áit go háit.'[37]
> [Ever since there was never a smith who did not have a house and forge, and he doesn't have to go from village to village or from place to place.]
>
> 'Is é sin an fáth a bhfuil an t-ádh riamh ar na gaibhne is go bhfuil na tincéirí le fán agus seachrán an tsaoil, mar ní maith an rud a bheith doicheallach.'[38]
> [That is why the smith is always lucky and the tinker is always wandering and straying because it is not a good thing to be inhospitable.]
>
> 'Do chuir sí mallacht ar an dtincéir ansan agus sin an chúis go bhfuil an fán ar a shliocht riamh ó shin. Do bhíodh tithe dá gcuid fein acu go dtí san.'[39]
> [She [Virgin Mary] cursed the tinker then and that is why his kinfolk wander ever since. They used have houses of their own until then.] The tinker refused and she wished him to be homeless and he is homeless – though some of them have houses.[40]

In some variants the contrast between the smith's reward and the Traveller's punishment is given increased emphasis by the Virgin's use of a proverbial expression to announce them:

> aghaidh na ndaoine ar thigh an ghabha agus aghaidh an tincéara ar gach tigh
> [everybody comes to the blacksmith's door but the Traveller goes to everybody else's door].[41]

Quarrelling and brawling were anecdotally associated with Travellers, and in a number of variants the existence of these negative traits is a phenomenon said to be punishment for having made the nails for the crucifixion, or alternatively, for not acceding to the Virgin's request for a pin:

Agus tá an bualadh agus an marú ag baint leis, agus na bataí, agus ní fhaca tú tincéir riamh gan bata.[42]

[Strife and fighting and sticks are part of his life, and you never saw a Traveller without a stick.]

'Níl aon áit choíche,' ar sise, 'a mbeidh gabha nach mbeidh rath agus rathúnas air, agus níl aon áit choíche a mbeidh na tincléarannaí nach mbeidh gach uile bheirt acu ag troid agus ag marú a chéile.'[43]

['Wherever you find a smith,' said she, 'he is always lucky and prosperous, and wherever there are Travellers they are always fighting among themselves and killing each other.']

Another phenomenon which some variants claim owes its origin to the gift bestowed by Mary on the forge is the therapeutic property traditionally attributed to forge water:[44]

The Blessed Virgin thanked him and taking the pin dipped it in the forge water and made the sign of the cross on the water with it ... She left a cure in the forge water, and it is in it ever since.[45]

Ever since the blacksmith is blessed and there are several cures in the forge, particularly in the iron and in the water in which the iron has been cooled.[46]

She told him that henceforth anyone who should bathe in the water in which he cooled his iron would be restored to health. Accordingly, to this very day, those waters have the power of restoring to health people who suffer from various diseases.[47]

Nuair a bhí sin déanta aige chuir sé isteach i n-umar uisce le fuarú é agus tá leigheas san uisce sin ó shin. Chonaic mé féin é. Thug m'athair [gabha] é do dhuine a raibh tinneas fiacail orthu. Agus bhí cailín nach raibh amharc súl aici agus nuair a chuir sí ar a súile an t-uisce, tháinig an t-amharc ar ais chuici.[48]

[When he had made the pin he placed it in a water trough to cool and ever since there is a cure in that water. I witnessed it myself. My father [a blacksmith] gave it to somebody who had a toothache; and when a girl who had lost her sight bathed her eyes with the water, her sight returned.]

The curative power of forge water is associated by one informant with The Water of Everlasting Life:

> Do tharraing sí amach galún a bhí féna seál aici agus dúirt sí leis deoch a ól as. Do rug sé ar an ngalún agus do chuir sé i leataoibh é go mbeadh pé rud a bhí ar siúl aige déanta aige. Ach pé útamáil a bhí aige do leagadh an galún agus doirteadh an deoch anuas ar an hob agus do mhúch sé na hiarnaí dearga. Dá n-ólfadh an gabha an deoch san ní thiocfadh lá eile aoise ar féin ná ar éinne eile a leanfadh a cheird … An deoch san a doirteadh, sin an t-uisce a bhíonn ag an ngabha chun na hiarnaí a fhuaradh agus tá leigheas ann do gach sórt galair.[49]
>
> [She [Virgin Mary] took out a container from under her shawl and she told him [smith] drink from it. He took the container and put it aside until he had finished what he was doing. But whatever way he fumbled, the container was spilled on the hob and it quenched the glowing irons. If the smith had drunk it, neither he nor anyone else who followed his calling would ever get old … The drink that was spilled is the water in which the smith cools irons and it can cure all diseases.]

It was traditionally believed to be lucky for a pregnant woman to visit a forge in order to ensure a successful delivery. A variant of The Virgin's Pin asserts that the benefit of such a visit is due to the Virgin having blessed the forge on receiving the pin:

> In thanks for that our Lady left a blessing on the forge. She was expecting our Lord at the time. When I was young I heard my grandmother speak of the forge to another woman. They were telling a woman that was expecting that it was lucky to go into a forge, it would bring her safe through her delivery. They told her to go into the forge on some excuse or other, ask for a nail or something like that. It was a lucky thing to do, they said, as our Lady left her blessing on the forge.[50]

Another informant asserts that the blacksmith's compliance with the Virgin's request for a pin is said to have gained him protection ever since from fire:

> *Agus tá an gabha ansan agus é saor ó aon dó. Níor dódh aon ghabha riamh ná aon cheárta, agus ina dhiaidh sin, tá an tine i gcónaí ann.*[51]
> [And the smith is thus protected from burning. No smith was ever burned, nor was a forge ever burned, even though there is always a fire burning in it.]

The smith in other variants is rewarded by his hammering being empowered to banish the devil:[52]

> *… chuile uair a bhuailfidh tú an inneoin ní fhanfaidh an diabhal in aice leat.*[53]
> [… every time you strike the anvil, the devil will flee from your vicinity.]
> *… gach uair a bhuailfeadh sé an inneoin nach mbeadh aon diabhal níos giorra ná seacht míle dó.*[54]
> [… whenever he would strike the anvil no demon would remain within seven miles of him.]

It was customary for smiths to strike the anvil before commencing work on a piece of iron, and this practice also is said to derive from the events recounted in The Crucifixion Nails legend:

> … the Jews came to a blacksmith and asked him to make the nails for the crucifixion. The blacksmith struck the anvil three times with his hammer but did not make the nails … That is why a blacksmith always strikes the anvil before he strikes the iron.[55]

Another variant of the same legend has it that the smith, when forced to make the nails, ensured they could not be used for the crucifixion by curling the ends, and ever since when he makes a metal spike for his own use he always curls the end first and then straightens it out:

A View from the Forge

Is cuimhin le Liam Ó Lúbaigh nuair a bhíodh na gaibhne ina áit féin ag déanamh na spící dóibh féin, do bhíodh sé de nós acu casadh a chur i mbarra na spící agus iad a dhíriú arís. Do dheinidís é sin mar chuimhneachán ar an uair a dhein an gabha an cleas ar na Giúdaigh. Bhí an nós san i ndeisceart Thiobraid Árann go dtí cúig bliana ó shin nuair a d'éirigh na gaibhne as na spící a dhéanamh dóibh féin.[56]
[Liam Ó Lúbaigh [the informant] remembers when smiths in his own locality made spikes for their own use, they used to curl the end of the spikes and then straighten them. They used to do that in remembrance of the time the smith tricked the Jews with curled nails. The custom continued in South Tipperary until twenty-five years ago [i.e. 1914] when smiths ceased to make spikes for their own use.]

Other customs and beliefs connected with the forge said to derive from the events recounted in The Virgin's Pin include that of leaving the doors unlocked at nighttime, and an associated belief that it is unlucky to steal from a forge:

Bealach eile atá le go leor gaibhne i gContae na Gaillimhe agus a bhí – ní chuireann siad aon ghlas ar an gceárta riamh, le faitíos go mbeadh aon duine ag dul thart san oíche a mbeadh aontíos na hoíche ag teastáil uaidh. Agus ní bhíodh aon cheo de bhall airnéis an cheárta á ghoid, agus is iomaí duine a chuaigh thart ar fud an chontae riamh a bhain aontíos na hoíche amach i gceárta.[57]
[Many smiths in County Galway have another custom – they never lock the forge lest somebody passing might need a resting place. None of the equipment in the forge would be stolen and many the person who wandered throughout the country found lodgings in a forge.]
  And ever since the Virgin prayed that a blacksmith's door might never have to be closed – the forge was not locked. The old people would tell you it was not lucky to steal anything out of the forge.[58]

A variant of The Virgin's Pin claims that the first pin ever made was the one the blacksmith made for the Virgin.[59] Others explain why one leg of the tongs used by blacksmiths is shorter than the other: the smith had no metal with which to make the pin but used some metal from the tongs, and ever since the legs of a smith's tongs are unequal.[60] In The Water of Everlasting Life legend it is stated that the reason coal has an enduring lustrous hue, and does not deteriorate or decay with the passage of time, is because it benefitted from the effects of the water of everlasting life when the Traveller spilled it in the forge. One variant expresses this as follows:

> *Is mar sin atá riamh ó shin. Pé aos nó críonacht a bheidh ar an ngual, fanann sé i gcomhnaí i gcló na hóige agus an snas céadna i gcomhnaí air.* [61]
> [That is how things are ever since. No matter how old or ancient coal is, it always remains fresh looking and it has a sheen on it all the time.]

A prominent motif in legends contrasting the behaviour of the smith with that of the cowherd is the transference to the herd of the fatigue which should rightly afflict the smith due to the strenuous nature of his work. A clear offshoot from the story is the traditional saying: *Tuirse na ngaibhne ar na buachaillí bó* [The weariness of blacksmiths is experienced by cowherds].[62] This transfer, which is presented as an actual phenomenon, occurs principally in The Virgin's Pin but is also found in variants of The Bar of Metal and The Water of Everlasting Life legends.[63] Some illustrative texts are given here:

> It is well-known that boys minding cows are always tired at night, while it appears that blacksmiths are never really tired.[64]
>
> *Agus ó shin, dá mbeadh gaibhne ag obair ar séirse ó mhaidin go hoíche, ní bheadh aon tuirse tráthnóna orthu. Agus beidh tuirse agus codladh ar bhuachaillí na mbó ó mhaidin go hoíche.*[65]
> [And ever since if blacksmiths were working strenuously from morning until night, they wouldn't be tired in the evening. And the cowherds will be tired and sleepy from morning until night.]

That's why you would never see the smith tired with all the blowing and bellowsing and hammering he does, and the minding of cow, is a very tiring thing.[66]

A number of variants of The Virgin's Pin connect the smith's freedom from fatigue with the power of forge water:

Nuair a chuir sé an biorán isteach in uisce na ceártan bhraith sé an-fhionnuaire air féin. Ó shin i leith nuair a chuireann sé a lámha in uisce na ceártan braitheann sé an-fhionnuar é féin.[67]
[When the blacksmith dipped the pin in the forge water he felt very refreshed. Ever since when he puts his hands in that water he feels very refreshed.]

When the blacksmith gave her [Virgin Mary] the pin, she went up and washed her hands in the trough and said: 'A blacksmith will never get tired after his work if he washes himself in the trough in his forge.' And a blacksmith is never tired after he does this.[68]

The numerous etiological elements in the legends just discussed reveal the pervasive impact of these narratives in the community which sustained and transmitted them. Their role in moulding and perpetuating prejudice against Travellers must have been significant. The Virgin's Pin legend portrays them as unaccommodating and discourteous to the Virgin Mary; knavery and untrustworthiness are imputed to them in The Bar of Metal; in the Water of Everlasting Life legend a Traveller is held responsible for the loss to mankind of that rejuvenating agency, and the legend of The Crucifixion Nails shows him guilty of the most heinous of all crimes, participating in the torture and execution of Christ. Unfortunately, such negative portrayal of Travellers in Irish oral tradition is not confined to these legends. Other etiological tales provide alternative reasons for the wretchedness of the Traveller's lifestyle: in one they are portrayed as the descendants of a man who refused to give Christ a night's lodgings; another tells how they were cursed by St Patrick for not abstaining from work on the Sabbath, and yet another states they are not well regarded because they betrayed the Irish cause in a popular rising against British rule in 1798.[69]

The shadow cast by such legends on the targeted group was vividly brought home to the author on hearing a Traveller, John Quilligan, aged c. forty-five years, in Rathkeale, Co. Limerick, explain with obvious emotion that the reason Travellers were widely disrespected was because they had made the nails for the crucifixion.[70] Given the perceived impact of a legend such as this on colouring attitudes to a particular group, it is not surprising to find attempts made by targeted groups to refashion legends in order to portray themselves in a better light. So for instance, attempts by gypsies to propagate favourable accounts of their involvement with the crucifixion nails occur in a number of legends. One found in Little Russia and in Lusatia admits a gypsy made the nails but claims that he used one less than requested (four rather than five), and so was blessed for this good deed. It further states that having sworn he was hired to drive only four nails, gypsies ever since have the privilege of swearing falsely on occasions.[71] Another legend from Alsace says a gypsy stole one of the nails and as a reward gipsies were given the privilege of stealing once every seven years, while yet another states a gypsy who felt sorry for Christ at the crucifixion later became a Christian, and from him are sprung the Romanies.[72]

Similarly in Ireland, legends depicting Travellers positively were current in that community. So for instance, the legend of the theft of a crucifixion nail is told by Travellers in Ireland – with a Traveller substituted for a gypsy – and in their telling of the tale a claim to a thieving privilege is also stated.[73] One account of the making of the crucifixion nails states the Traveller, though requested, refused to make them.[74] This occurs as an addendum to a tale telling how St Colmcille set aside a sum of money to give to beggars who came to his house, and it may not be too fanciful to surmise that the addendum was fashioned by a Traveller.

The legends discussed above proclaim that the wretchedness of Travellers' lives is punishment for their own misdeeds and imply they brought their misery on themselves by their bad behaviour towards sacred persons. In all cultures suffering is frequently interpreted as punishment for a bad act, and in these legends, as in their counterparts elsewhere, the group's guilt arises from the action of a remote ancestor.[75] An inevitable consequence of disseminating and perpetuating such a prejudicial message is to render discrimination towards the targeted group more likely, and specifically to facilitate the belief among the settled community that they were absolved from any responsibility to ameliorate the plight of Travellers. This viewpoint is implied in the following excerpt from a variant of The Virgin's Pin legend where Travellers are said to be destined to their lot because of the events that unfolded in the legend:

> *Beirt ghaibhne de na Connors a bhí ann – beirt dearthár. Bhí gasra againn istigh sa cheárta tráthnóna agus do ghaibh an-dream tincéirithe thar bráid. Agus dúramarna gur ghreannmhar an cúrsa a bhí acu san agus go raibh fir bhreátha láidre orthu. 'Ó, tá sé sin mar chúrsa ceaptha dóibh sin,' arsa duine de na gaibhne, agus d'inis sé an scéal dúinn ansan.*[76]
>
> [Two of the Connors were smiths – two brothers. A group of us were in the forge one evening when a large band of Travellers passed by. We said how odd an existence these people led and that there were fine strong men among them. 'Oh, that lifestyle is assigned to them,' said one of the smiths, and then he told us the story of The Virgin's Pin.]

The legend has a clear moral tendency in presenting in stark contrast the rewards bestowed on those who engage in charitable behaviour with the punishment meted out to those who behave uncharitably, and it bears witness to the truth underlying the Irish proverb: *Is fada a théann iarsma an drochbhirt* [The consequences of a bad act persist for a long time].[77] It leaves no doubt that altruism and benevolence bring good fortune in their wake while selfishness and meanness bring misfortune.

By way of conclusion, it should be said that numerous accounts from folk tradition portraying Travellers in a positive light fall outside the scope of the present discussion. It is worth mentioning, in particular, that an entirely different perspective on Travellers is featured in a body of legends where the revered Holy Family is presented in the guise of Travellers. Travellers themselves were acutely aware of this status-enhancing portrayal of them, and used it as validation of their lifestyle – a conceit not universally shared by the settled community as can be gathered from the tone of a Co. Kerry storyteller:

> *Bheirimse Dia, go raibh sé mar nath ag cuid den lucht siúil – go mbuailfidís sa tsúil ort é – 'Shiúlaigh Dia chomh maith linne'.*[78]
> [I swear to God, some of the Travellers had a saying and they would say it right up to your face – 'God was a Traveller too.']

Hopefully, it emerges from this discussion not only how deeply prejudice to Travellers is embedded in aspects of Irish culture, but also how the study of folklore can be of service in revealing the reach of prejudice and assessing its impact.

1. Meyer 1906: #146, # 148.
2. Ó Súilleabháin 1942: 64–6; Randolph 1941; for some specific instances of smith's perquisites and powers see *Béaloideas* 10 (1940): 287; *Béaloideas* 13 (1944): 285; Westropp 1912: 213; Wood Martin 1902. II. 107.
3. For the tools and trade of tin craft see O'Sullivan 1976.
4. Positive Action for Traveller Employment. Report of The Equality Authority. An tÚdarás Comhionannais.
5. Mac Laughlin 1995: 13–22.
6. Burke 2007; Bond 1988.
7. The replies are contained in manuscript volumes NFC 876–87 and NFC 1136.
8. Ó Súilleabháin 1973b: 502, 507. In 2017 the Irish government gave formal recognition to Travellers as a distinct ethnic group within the State, yet a recent genomic study (Gilbert et al. 2017) suggests a common Irish origin between the settled and the Traveller populations and demonstrates evidence for the emergence of Travellers as a population substructure, estimating a time of divergence before the Great Famine. The fact that Travellers possess an arcane verbal code, variously called cant, shelta or gammon, does not imply distinct ethnicity. Far from being the remains of an ancient language, it is unlikely to predate the mid-seventeenth century as its syntax is English with a vocabulary employing elements of Irish words. (Ó Baoill 1994; McCauley & Ó hAodha 2006)
9. Mac Gréil 1996: 323–54. For traditional stereotyping of Travellers see Ó Máille 2010: 328.
10. *No End in Site; An investigation into the living conditions of children living on a local authority site*. Report of Ombudsman for Children's Office 2021.
11. Ó hAodha 1944: 103–4.
12. Ó Danachair 1956: 17.
13. Burke 1978: 33; cf. Casimir 1987; Danckert 1963: 172–80; Patsch 1958: 83–4. It is noteworthy that a shepherd often features as the lazy young man in the international folktale ATU 822, *Christ as Matchmaker* (formerly *The Lazy Boy and the Industrious Girl*); cf. Tubach 1969: # 4324.
14. Thompson 1955–8.
16. For discussion of this tale type see Röhrich 1999.
17. Ó Héalaí 2012: 426–58.
18. *Ibid.*: 255–7.
19. For instances of such legends and traditional stereotypical expressions from an even wider geographic and cultural spread see Casimir 1987; Danckert 1963: 172–80.
20. Aarne 1918: 150 # 70; Dähnhardt 1909: 117 # 18, # 19, # 20; Gaster 1915: 114–15; Dégh 1965: 114–15.
21. Dähnhardt 1909: 132 # 2.
22. Klaar 1963: 24–5.
23. Dähnhardt 1909: 132 #3.
24. Cardoso 1971: 206.
25. Rokala 1973: 113.
26. Ó Héalaí 2012: 348; see Thompson 1955–8: Q556.1 *Curse for participation in Crucifixion*.
27. de Meyer 1921: 84 n. 27c; Goyert & Wolter 1917: 64; cf. Thompson 1955–58: P445.1. *Why weavers are the most unhappy of men. They gave a nail for the Crucifixion*.
28. Gaster 1923: 74; Gaster 1915: 190, 184; cf. Thompson 1955–8: V211.2.3.0.2. *Smith's wife made nails for crucifixion*.
29. Hilmar 1966: 46; Klaar 1963: 90.
30. Georgeakis & Pineau 1894: 275–6; Mahr 1943.

31 Gaster 1915: 190; Gaster 1923: 74.
32 Baughman 1966: P453 *Why shoemakers are indolent*; Anderson 1965: 49–50.
33 Stokes 1887. I: 95.
34 Ó Héalaí 2012: 265–6.
35 The water of youth features as a motif elsewhere in Irish literature (Cross 1952: D 1338.1 & D1338.1.2) but its occurrence in these tales in the context of a forge may be a reflex of mythological tradition concerning the divine smith, Goibniu, who is depicted serving an ale feast which preserves participants from illness and old age, see Stokes & Windisch 1900: ll. 6402–3.
36 de Bhaldraithe 1977: 168. For the enhanced credence afforded legends involving sacred personages, see Christiansen 1959: 188; O'Sullivan 1966: xxxviii; Ó Súilleabháin 1973a: 41; Gaster 1915: 3.
37 NFC 795: 122–6.
38 NFC 117: 182–4.
39 NFC 203: 36–7.
40 NFC 1421: 225–6. It is indicative of the credence given the legend that the informant here seeks to safeguard the validity of the proffered explanation even when manifestly contradicted by reality; see also note 60 below.
41 NFC 267: 507–8; NFC 811: 113.
42 NFC 978: 324–5.
43 NFC 990: 477–9.
44 Ó Súilleabháin 1942: 64, 65, 514; HdA 9. Nachträge: 261–2. Both fire and iron have widely attested prophylactic applications and it may be of relevance here to note that in earlier Irish tradition the gift of healing was one of the attributes of the divine smith, Goibniu (O'Rahilly 1957: 314–17, 525–7; Mac Cana 1970: 35–6).
45 NFC 642: 364–6.
46 NFC 1157: 529.
47 NFC 1210: 498–500.
48 SB 2: 113.
49 NFC 203: 36–7.
50 NFC 1429: 225–6.
51 NFC 978: 324–5.
52 Cf. ATU 330, ATU 330A, ATU 330B, for smith pounding devil on an anvil.
53 SB 7: 55–6.
54 SB 7: 62–3.
55 NFC 815: 50.
56 NFC 630: 247–9.
57 NFC 795: 122.
58 NFC 1039: 551–4.
59 NFC 978: 324–5.
60 SB 9: 290; NFC 602: 229; NFC 815: 48–9.
61 Ó Súilleabháin 1952: # 69.
62 Ó Máille 1948: # 1576; Ó Siochfhradha 1926: # 974, # 975.
63 In the case of this motif again, it is interesting to note how an informant seeks to reconcile the indefatigability bestowed on the smith in the legend with the reality of his fatigue through limiting the gift to the smith's arms: NFC 1039: 551–4: 'A blacksmith's body will get tired after a hard day's work in the forge but his arms never tire. I heard a story one time about why his arms never tire.'
64 NFC 1242: 394.
65 NFC 858: 14–16.
66 NFC 1151: 505–6.
67 NFC 602: 229.
68 NFC 815: 48–9.
69 NFC 412: 7-8; NFC 1126: 351–2; NFCS 907: 5.
70 Ó Héalaí 2012: 447 n.301.
71 Mahr 1943: 20-21; Casimir 1987: 379.

72 Mahr *ibid.*
73 Mac Gréine 1932: 177.
74 NFC 774: 34.
75 Casimir 1987: 375.
76 NFC 1052: 48–51.
77 Ó Siochfhradha 1926: # 1349.
78 Cf. NFC 1186: 343.

14:
An Fhéile i Scéalta Cráifeacha

Nuair atáthar sa tóir ar thuiscintí a raibh glacadh forleathan sa phobal leo maidir le conas is ceart don duine é féin a iompar, is léir gur fiúntaí go mór chuige sin seánraí áirithe den scéalaíocht ná a chéile. Tá tábhacht go háirithe le finscéalta sa chomhthéacs seo mar go mbaineann siad leis an gcuid sin den scéalaíocht a chuirtear i láthair le dáiríreacht, agus go n-éilíonn siad géilleadh a thabhairt dóibh. Murab ionann agus seánraí eile den traidisiún béil (seanscéalta iontais, scéalta rómánsacha nó scéalta grinn, abair), atá dírithe cuid mhór ar chaitheamh aimsire a chur ar fáil, agus a chuirtear i láthair mar fhicsean, is ithir dhóchúil iad finscéalta cráifeacha le léargas a thabhairt ar luachanna traidisiúnta ar sheas an pobal leo. Is téarma scaoilte é scéal cráifeach a mbaineann éiginnteacht áirithe leis, ach tagraítear anseo é do scéal a bhfuil naomhphearsa nó an diabhal mar mhórcharachtar ann, nó do scéal a bhfuil toise teagascúil leis a léiríonn pointe creidimh nó moráltachta. Tá na scéalta ar a mbeifear ag trácht suite sa saol mar is eol dúinn é; is domhan réalaíoch a léirítear iontu, agus cé go bhfuil anáil láidir ag an osnádúr Críostaí ar an domhan sin, fós cuirtear i láthair iad mar eachtraí a tharla i ndáiríre, nó ar a laghad ar bith, a d'fhéadfadh tarlú.

Ní féidir, ar ndóigh, an anáil a bhí ag na scéalta seo ar iompar daoine a mheas in aon tslí bheacht, ach toisc go raibh údarás an traidisiúin ag baint leo agus iad curtha ar aghaidh de bhéal ó ghlúin go glúin, seans maith go bhfuiltear ar thalamh slán má áitítear go bhféadfadh ról nach beag a bheith acu i múnlú mheon na ndaoine a d'inis iad agus a thug éisteacht dóibh. Is scéalta an-bhunúsacha ó thaobh plota agus cur i láthair a bhformhór díobh, agus i gcomparáid le seánraí mar scéalta gaisce nó Fiannaíochta, ní mhíneodh an leibhéal ealaíne a bhain leo an rachairt mhór a bhí orthu sa traidisiún béil. Fágann sin gur sa teachtaireacht is dóichí a bhí an tarraingt, mar chuir na scéalta seo friotal ar idéil a raibh glacadh ginearálta leo, agus a bhí mar bhunchlocha faoi shaoldearcadh an phobail.

Eascraíonn na scéalta cráifeacha as teacht le chéile dhá shraith chultúrtha, mar atá, mórchultúr an lucht léinn agus an chinsil ar thaobh amháin, léirithe i dteagasc na heaglaise; agus ar an taobh eile, mionchultúr na ngnáthdhaoine agus é sin léirithe sa bhfriotal a cuireadh ar an teagasc sin agus sa tuiscint a baineadh as.[1] Fágann sin gurb é is ábhar do na scéalta cráifeacha ná an mheabhair a bhain an pobal as teagasc na Críostaíochta i dtaobh cineálacha iompair nó pointí creidimh. Tá éagsúlacht mhór sna gnéithe d'iompar an duine a chuirtear i láthair i scéalta cráifeacha an bhéaloidis sa tír seo. Tráchtar iontu ar shuáilcí agus ar dhuáilcí bainteach le téamaí difriúla atá lárnach sa chruinneshamhail thraidisiúnta, ach is minice go mór téama na carthanachta, agus cleachtadh na féile go sonrach, á chur chun cinn iontu ná aon idéal eile.[2] Tá an téama céanna seo go mór chun tosaigh freisin i scéalta cráifeacha tíortha eile agus i scéalta eiseamláireacha na meánaoise.[3] Ní hionadh go mbeadh sin amhlaidh i bhfianaise na hairde atá dírithe ag antraipeolaithe sóisialta ar an dúshraith choiteann atá faoi chultúr mhuintir na tuaithe san iliomad dúiche. Is cinnte go bhfuil dea-chomharsanacht le háireamh mar chuid lárnach den *imperturbable sameness* a luaitear leis an dúshraith choiteann seo, agus go bhfuil ómós do chleachtadh na féile ar chuid den *integrated pattern of dominant attitudes* atá faoi ghradam ag tuathánaigh ar fud na cruinne.[4]

Chomh fada is a bhaineann le cleachtadh na carthanachta, is maith cruinn go minic a léiríonn déantúis an bhéaloidis coincheapa bunúsacha ar chuid de theagasc dílis na Críostaíochta iad. Tá léiriú coincréiteach sna scéalta, mar shampla, ar éirim an teagaisc atá bunaithe ar ráitis Chríost féin, gurb í an charthanacht an aithne is mó ar fad agus gurb í an dúshraith faoi na suáilcí eile í.[5] Cleachtadh na féile an ghné den charthanacht a bhíonn i gceist sna scéalta a bheidh á bplé anseo ach is léir toise reiligiúnda a bheith leis an dea-chomharsanacht seo. Tá seo soiléir i gcás na scéalta sin a thugann le fios go mbíonn cúiteamh ar an saol eile mar thoradh ar chleachtadh na déirce, agus tá sé á chur in iúl freisin ag na téarmaí traidisiúnta 'grá dia' agus 'grá diaúil', a thagraítear sa ghnáthchaint do ghníomh dea-chomharsanachta. Glacadh le cleachtadh na féile mar dhualgas creidimh, rud atá le tuiscint ó Thomás Ó Criomhthain sa ráiteas seo:

> Bhí gléas solais ó gharsún, tobac ó sheanbhean. B'éigean dom féin mo lámh a shíneadh sé huaire sa lá so. Thuigeas gur chuige a rángaigh an bhreis agam, chun roinnt. B'fhéidir mura roinnfinn é ná beadh sé agam chun roinnt an chéad lá eile ... Tuig gurb aon mháistir amháin atá ag síneadh chugainn go léir, moladh go deo leis.[6]

Cé go n-áiríonn an seanfhocal an fhéile ar cheann de na trí nithe nach féidir a fhoghlaim, mar atá, guth, féile agus filíocht,[7] cuirtear i láthair i scéalta cráifeacha í mar thabhartas ar féidir leis an té atá ina héagmais í a fháil ó Dhia, rud a léiríonn arís nasc idir toise creidimh agus cleachtadh na carthanachta. I dtrí scéal éagsúla faoin Slánaitheoir, mar shampla, cásaíonn duine atá acmhainneach ach doicheallach (Colm Cille go minic) a chroí suarach leis, ag rá gur tugadh a dhóthain saibhris dó ach nár tugadh croí a chaite dó, agus ansin bronnann an Slánaitheoir croí mór air.[8]

Cuirtear tosaíocht na carthanachta in iúl go drámatúil i scéalta a thugann le fios go gcinntíonn cleachtadh na féile an t-aoibhneas síoraí, agus fógraítear sa tslí sin, gurb é croílár na moráltachta é. Is cinnte gur chúnamh faoi leith do chothú an dearcaidh seo, gurb í an fhéile an t-aon tsuáilce a luaitear sa soiscéal leis na fíréin a bhfuil cuireadh le fáil acu chun Parthais an Lá Deiridh:

> Ansin déarfaidh an rí le lucht na láimhe deise: 'Tagaigí a lucht bheannaithe m'Athar ... Óir bhí ocras orm agus thug sibh rud le hithe dom, bhí tart orm agus thug sibh rud le hól dom, bhí mé i mo strainséir agus thug sibh aíocht dom.'[9]

Aicme amháin de na scéalta a thugann tús áite i measc na suáilcí don charthanacht is ea iad siúd a fhéachann leis an tslí is fearr chun Dé a shainiú. I scéal coitianta den chineál seo bíonn aighneas idir sagart, feirmeoir agus máistir scoile maidir le cé acu is taitneamhaí i láthair Dé; roghnaíonn siad moltóir a thugann orthu oíche a chaitheamh ar thaobh cnoic; cuireann siad síos dó ar maidin ar a dtarla dóibh i gcaitheamh na hoíche, agus tugann an moltóir le fios gurb é an té is mó a chleachtaíonn an fhéile (an feirmeoir) is fearr beatha.[10] Murab ionann agus an bheirt eile, chaith sé siúd an oíche ar leaba chompordach i gcúirt tí, agus is mar seo a míníodh a chás dó:

> 'Isteach go Tigh Dé a chuadhais-se ... Annsan tá do chuid bidh ullamh suas aon lá a dh'fhágfair an saol so, mar is sin é mar dheineas tú féin leis na boicht. Tugann tú gach éinní dhóibh á fheabhas a dh'fhéadas tú, le n-ithe agus le n-ól, agus tugann tú dhóibh do leabaidh féin mara mbeidh aon áit eile agat chuig iad a chuir chuig codlata, agus tá do leabaidh cóirithe. Is í do leabaidh féin an leabaidh is giorra dho leabaidh Mhac Dé ... Anois is fearr do shlí-se ná slí éinne aca.'[11]

Dearbhaíonn dánfhocal gur mó an tairbhe do dhuine sa tsíoraíocht cleachtadh na féile ná deabhóidí de chineálacha eile:

> Cidh maith turas is trosgadh,
> crábhadh gan osnadh bhréige,
> ré ndul duitse don tsaoghal
> is fearr daonnacht is féile.[12]

Léirítear tosaíocht na carthanachta sa chóras morálta i scéalta ina dtráchtar ar ghníomhartha duine a bheith á meá i scála an bhreithiúnais, agus go ndéanann gníomh amháin carthanachta an scála a ísliú, agus na flaithis a oscailt don pheacach. Cuirtear treise leis an gceacht nuair nach mbíonn i gceist le meáchan na déirce ach rud beag, mar ghabhál tuí a chuirtear mar leaba faoin mbochtán.[13] Ní fhágtar aon amhras ná gurb í an charthanacht a chinntíonn na flaithis, agus dearbhaíonn an seanfhocal gur mar sin atá: 'Níl againn le dul go Flaithis Dé ach leaba 's déirc an duine bhoicht.'[14]

Gnóthaíonn an gníomh carthanachta is neafaisí na flaithis de réir scéil a mhaíonn gur fáiltíodh isteach ann roimh fhear toisc gur thug sé bata siúil tráth do bhacach.[15] Léiríonn scéal a instear faoi Iób go ndéanann an charthanacht rud luachmhar den déirc is suaraí, mar deirtear ann gur dhein ór de ghearbacha a thug Iób do bhochtán.[16] Go deimhin, i scéalta áirithe, ní hé amháin go gcinntíonn an fhéile leaba sna flaithis don té a chleachtaíonn í, ach gan spleáchas do theagasc ceartchreidmheach, tugtar le fios dá mbeadh duine fial go leor, go bhféadfadh sé leapacha breise a ghnóthú sna flaithis. I scéal acu seo, mar shampla, cuireann aingeal in iúl do chailín aimsire déirciúil go bhfuil trí leaba cóirithe di sna flaithis, ceann di féin agus dhá cheann eile le bronnadh aici de réir mar ba mhian léi.[17]

Tá an chuma ar chuid de dhéantúis an bhéaloidis gur tuigeadh i slí dhocht uathoibríoch an nasc idir cleachtadh na féile agus an t-aoibhneas síoraí, sa mhéid go dtugann siad le fios gur leor a bheith fial chun na flaithis a ghnóthú – gan aon fhéachaint do chomhthéacs morálta níos leithne. Is féidir bunús áirithe scrioptúrtha a lua leis an tuiscint seo, mar d'fhéadfaí a áiteamh gur friotal é ar chiall róchúng á baint as teagasc Pheadair sa Tiomna Nua go 'gclúdaíonn grá a lán peacaí'.[18] Sampla de fhriotal dá leithéid sin is ea scéal Chian na mBeann Óir, a raibh eolas forleathan air sa taobh ó dheas den tír go háirithe.[19] De réir an scéil seo, draoi nó bithiúnach ba ea Cian a raibh flúirse de mhaoin an tsaoil aige, agus é ráite go mbíodh coirn óil óir ar an mbord aige. Bhí sé thar a bheith fial, áfach, agus roinneadh sé ar gach éinne a thagadh ina threo cibé creach a dheineadh sé; nuair a cailleadh é d'fhógair an sagart gurb é ifreann a stáitse feasta, ach thaibhsigh Cian i láthair an phobail le linn aifrinn agus mhaígh gur shlánaigh a fhéile é:

> Is mise Cian na mBeann n-Óir;
> Ba shia mo lón ná mo shaoghal.
> Níor chuireas neach óm' thigh gan biadh,
> Is níor cuireadh mé as Tigh Dé.[20]

Léiríonn líonmhaire na leaganacha atá ar fáil den scéal seo go raibh éileamh mór ar a theachtaireacht, agus is fianaise bhreise air sin na seanfhocail a chuireann in iúl go mbíonn fáilte chun na bhflaitheas roimh an bhfear fial: 'Ní dheachaigh fial riamh go hifreann', nó 'Go dtéid grian go grinneall ní rachaidh fial go hifreann.'[21] Go deimhin cuirtear údarás an tSlánaitheora féin leis an seanfhocal i roinnt leagnacha de scéal a thuairiscíonn conas mar a chuir sé geamhar ag fás sa tine ar an teallach mar léiriú gur olc an rud é bheith gortach.[22] Ba í an déirc 'folach na bpeacadh agus díbirtheoir an namhaid shalaigh',[23] agus tá le tuiscint ón méid a dúirt seanchaí i gCois Fharraige gur chuid den lón intinne traidisiúnta é gur chealaigh an charthanacht drochghníomhartha an duine: 'Chuala mise riamh é, go maithfidh Dia go leor duit má tá croí maith agat.'[24] Is as an meon céanna sin a eascraíonn deacracht Oisín glacadh le ráiteas Phádraig san Agallamh, go raibh Fionn daortha go hifreann de bharr a dhrochghníomhartha:

> As egcóir nár mhaith lé Dia
> ór 's bíadh do thabhairt do neach
> níor dhiúltaigh Fionn trén no trúagh
> ifreann fúar mas é a theach.[25]

Tá an dearcadh go ngnóthaíonn an fhéile na flaithis curtha in iúl in áiteanna eile freisin sa traidisiún liteartha abhus,[26] agus ní miste sa chomhthéacs sin tagairt do chúpla rann i ndán a leagtar ar Cholm Cille arbh fhurasta a thuiscint uathu go gcealaíonn cleachtadh na féile cionta an pheacaigh:

An Fhéile i Scéalta Cráifeacha

Nochan fhuil fionghal ná feall
ná drochluighe ná doicheall
ná gníomh égcóir do-ní nech
ná folchann uile in t-einech.

Slad, brad, gargad ar duine,
gáir cheall is chlog na cruinne,
saint, feall, fionghal co féighe –
báidhidh féle sin uile.²⁷

Tá sé áitithe, áfach, gurb í an fhéile dá dtagraítear sna rainn sin ná an chóir a chuireann a phátrún ar an bhfile, agus gurb é atá i gceist le cealú drochiompair ná an buanú a dhéanann an file ar dhea-cháil an phátrúin:

Mar nuair a mhaíonn an file go bhfuil ar chumas na féile gach béim dá dhonacht a chealú, tá sé á áiteamh go maireann clú na féile a theaspáineann pátrún dá fhile go brách san fhilíocht a mholann í, agus go gcealaíonn an moladh cuimhne ar a chionta.²⁸

Tá scéalta sa bhéaloideas leis, áfach, a fhógraíonn go raibh teorainn le héifeacht na féile i ngnóthú an aoibhnis shíoraí. Orthu sin tá scéalta a thugann le fios nach aon bhuntáiste don saol eile an fhéile má bhí an té a chleacht í peacúil, e.g.:

Mharaigh fear a chomharsa agus cheil an corp; thug an-chuid déirce uaidh ina dhiaidh sin ionas go raibh an tír á chaoineadh nuair a bhásaigh sé; ach tháinig teachtaire ón saol eile a thaispeáin an corp a bhí curtha i bhfolach agus dúirt gur minic le duine bheith glan i láthair daoine, ach neamhghlan i láthair Dé.²⁹ Thugadh fear a lán déirce uaidh ach ba le huabhar é; tar éis a bháis bhí sé míshuaimhneach ar an saol eile agus b'éigean dó teacht ar ais le maithiúnas a fháil.³⁰

Is maith a réitíonn roinnt tuiscintí eile freisin i dtaobh na féile i ndéantúis an bhéaloidis le teagasc an Bhíobla. Ag freagairt don treoir a thugtar i Leabhar Tóibit, déirc a thabhairt gan doicheall,[31] fógraíonn na scéalta nach foláir rud a thabhairt le croí mór maith, agus gan súil a bheith ina dhiaidh.[32] Níor chóir go mbeadh 'beir i bhfad mé' ag roinnt leis an déirc, mar a fheictear ó scéal faoin gcúiteamh a dhein an Slánaitheoir le beirt bhan, duine acu a thug rud go fial dó, agus an duine eile a thug dó é le súil go méadófaí a maoin féin dá bharr. Thug sé an ghuí chéanna don bheirt acu – an rud a dtosóidís leis ar maidin go leanfaidís leis go tráthnóna; bhí toradh an-éagsúil ar an nguí i gcás na beirte, áfach, óir is ag tomhas amach flainín a bhí an bhean dhéirciúil i dtús an lae ach is ag mún a bhí an bhean ghortach![33] Múineann scéal eile nach ceart a bheith mórtasach as an déirc a dhéantar; instear ann faoi bhean ar mhian léi an déirc a dheineadh sí a chuntas, agus chuige sin chuireadh sí oiread prátaí i leataobh agus a thugadh sí mar dhéirc; ach nuair a chuaigh sí chun na prátaí a bhíodh ag tomhas na déirce aici a bheiriú, ní bhfuair sí roimpi ach carn feithidí.[34]

Fógraíonn scéalta nach ceart aon bhuaileam sciath a dhéanamh faoin déirc a thugtar, díreach mar a d'ordaigh Críost féin.[35] 'Is í an déirc is discréidí is grástúla', an ráiteas a chuireann Peig Sayers le scéal dá cuid faoi chailín beag a d'iarr ar fhear a dheineadh déirc go glórach, í a ardú suas le go gcuirfeadh sí síntiús i mbosca na mbocht; ach ansin a d'iarr sí air iompó uaithi chun nach bhfeicfeadh sé cad a bhí á chur sa bhosca aici.[36] 'An mhaith a dhéanas do dheasóg, ná bíodh a fhios ag do chiotóig í', a deir an seanfhocal, ina mhacalla dílis ar bhriathra Chríost.[37]

Ba chuid den traidisiún Críostaí é ó na luathaoiseanna go rachadh déirc a thabharfaí ar son na marbh chun sochar dóibh ar an saol eile.[38] Cuirtear cruth nithiúil ar an sochar sin sa bhéaloideas abhus, i scéalta faoi mhairbh ag filleadh ar a muintir chun impí orthu éadaí a chur lena n-anam .i. éadaí a bhronnadh ar dhuine a chaithfeadh iad ar a son.[39] Ba chuid den traidisiún leis go mbíodh cead isteach sa tigh ag an marbh a bheadh ag déanamh a phurgadóireachta amuigh faoin síon le linn cóir a bheith á cur ann ar bhochtán.[40] Deineadh nasc arís idir bronnadh déirce agus leas na marbh, sa mhéid gur chuid den nósmhaireacht a bhain leis an mbronnadh é, go nguífeadh an té ar a mbronntaí an déirc, ní hamháin ar an mbronntóir, ach ar anamacha a mharbh chomh maith. Tá léiriú air an méid sin sa sliocht seo ó Bhaile Bhuirne:

> Sa tseanshaol fadó do thagadh mná bochta chugainn ag iarraidh déirce agus ba mhaith leat bheith ag tabhairt déirce dóibh an uair sin mar deiridís paidreacha breátha duit tar éis na déirce a thabhairt dóibh ...
>
> 'Beannacht dílis Dé le hanamain do mharbh agus na seacht sinsear a d'fhág tú; agus d'aon anam a chuaigh uait atá á iarraidh ... agus ar bhur n-anam féin an lá déanach.'[41]

Tugtar le fios i leagan den scéal a luadh thuas faoin tslí is fearr chun Dé, go raibh dualgas trom ar an té a fhaigheann déirc, paidreacha a chur le mairbh an bhronntóra. Sa leagan áirithe seo den scéal is bacach é duine den triúr a bhí in aighneas faoin mbealach is ionúine le Dia, agus tar éis dó oíche a chaitheamh ar thaobh cnoic, ar mholadh an réiteora, ghearán sé ar maidin nár chodail sé néal ag dreancaidí; mhínigh an réiteoir a chás dó mar a leanas:

> 'Sin déircíochtaí a bhí tú a fháil,' a dúirt sé, 'agus nár ghuigh tú riamh orthu,' a dúirt sé. 'Agus ní dreancaidí a bhí do ithe,' a dúirt sé. 'Ach an déirc a bhí do phiocadh,' a dúirt sé, 'an *set* a thug déirc dhuit,' a dúirt sé, 'le guí ar na hanamacha bochta a bhí imithe den tsaol. Níor ghuigh tú aon cheo riamh ar a son.'[42]

I roinnt de na scéalta luaitear slí phraiticiúil a dtéann déirc an bhronntóra chun tairbhe dó tar éis a bháis, mar atá, go dtugann sé cosaint dó ar thine sa saol eile:

> Deiridís nár thugais aon déirc riamh le cur leis na hanamacha ab fhearr ná ball éadaigh nó bainne, mar nuair a gheofá féin bás ansan, go mbeadh an ball

éadaigh a thabharfá uait caite i dtine na bpian romhat, agus go múchfadh an bainne roimis an tine.⁴³

I scéal seicteach faoi shagart a mhol do Phrotastúnach leanúint leis ag tabhairt déirce in ainneoin é bheith damanta, deir sé leis: 'Nár mhaith scraith ghlas faoi do chosa in ifreann nuair a bheifí i do bhruith.'⁴⁴ Bhí an tuiscint seo curtha chun cinn anallód i dtraidisiún léannta na heaglaise abhus – in *Fís Adamnáin* luaitear go raibh cosaint le fáil ar fharraige tine ag peacaigh sa saol eile, ó fhalla airgid déanta as éadach agus déirc eile a bhronn siad ar an saol seo;⁴⁵ in *Navigatio Sancti Brendani* deirtear go raibh faoiseamh le fáil ag Iúdás óna phianta sa saol eile ar leac chloiche, lenar chóirigh sé bóthar mar áis do dhaoine eile.⁴⁶

Ag teacht le teagasc an Bhíobla arís, ní ar an saol eile amháin a chúitítear an fhéile i scéalta an bhéaloidis. Baineann focail Naomh Pól: 'Is geal le Dia an té a thugann go fáilteach,'⁴⁷ macalla láidir amach sa scéalaíocht. Léirítear an Slánaitheoir féin a bheith báúil le fear an chroí mhóir i scéal faoi bheirt a d'iarr déirc air, cníopaire aosta duine acu, agus fear óg mórchroíoch an duine eile; thug an Slánaitheoir déirc níos mó don fhear óg caiteach ná don seansprionlóir, agus mhínigh gur thug sé breis airgid don fhear óg mar go raibh croí a chaite aige.⁴⁸ Is geall le scéal eiseamláireach é seo ar theagasc an dánfhocail:

> Caith agus do gheobhair ó Dhia,
> caith go fial agus gheobhair níos mó;
> an té ler leor beagán ó Dhia,
> is leor le Dia beagán dó.⁴⁹

'Bíonn an rath i mbun na ranna', a deir an seanfhocal, agus tugann seanfhocal eile leid maidir le bunús an áidh sin: 'An té a bhíonn cóir, roinneann Dia leis.'⁵⁰ Is macalla dílis iad seo ar fhocail an tsailm gur 'méanar don té ar cúram leis an dealbh is an daibhir', óir 'tabharfaidh [an Tiarna] séan dó ar talamh'.⁵¹ Ba chuid den traidisiún Giúdach é go leanann rath ar an saol seo

An Fhéile i Scéalta Cráifeacha

cleachtadh na déirce, agus geallann Críost féin go dtabharfar do dhuine de réir mar a thugann sé uaidh.⁵² Is cor an-choitianta i scéalta cráifeacha é go gcúitíonn naomhphearsa an chóir a chuireann daoine (bochta) air trína gcuid maoine a mhéadú nó bia a sholáthar go míorúilteach dóibh.⁵³ Is léir, áfach, ón scéal grinn idirnáisiúnta, ATU 1735, *Who Gives His Own Goods shall Receive it Back Tenfold*, gur tuigeadh freisin gur cheap oiriúnach magaidh ag daoine an teagasc bunaithe ar gheallúint Chríost, go gcúiteofar go fial a dhéirc le duine ar an saol seo.⁵⁴

Cuirtear friotal drámatúil ar chúiteamh na féile le móitíf a thagann i gceist go minic sna scéalta, mar atá 'an líonadh in áit an fholmhaithe' – an bia a thugtar mar dhéirc a bheith ar fáil go míorúilteach arís don té a bhronn é.⁵⁵ Is minic lánú, duine acu fial agus duine acu gortach, luaite sna scéalta seo, agus thuigfí ó nath cainte i gCorca Dhuibhne, cé chomh coitianta is a bhí an scéal áirithe sin á insint. I leagan den scéal seo instear conas mar thug bean arbh ainm di Máirín Brún a raibh fágtha de ghrán aici do bhóchtán ach gur líon a cófra arís go míorúilteach:

> Ón lá san go dtí an lá atá iniubh ann, nuair a thagan aon líona i n-inead an fholamhuithe go dtís na daoine bochta, nuair a bheirean cabhair Dé éicint orthu: 'Mhuise,' a deir siad, 'tá córtha Mháirín Brún againn, mola le Dia!'⁵⁶

Léirítear sa scéalaíocht freisin nach dtéann an rud a dhiúltaítear mar dhéirc chun tairbhe don té a dhiúltaíonn é; mar shampla, ní bheireodh prátaí a diúltaíodh do bhochtáin agus ní lú ná mar a d'íosfadh na ba iad.⁵⁷

Geallann an téacs Giúdach, an Talmud, oidhre fireann don fhear déirciúil,⁵⁸ ach sa Sean-Tiomna luaitear fad saoil go háirithe mar bhua a leanann cleachtadh na féile: 'Na daoine a dhéanann an déirc gheobhaidh siad aois mhaith,' a deir Tóibit, agus deirtear i leabhar Dhainéil go bhfaighidh siad saol fada faoi shíocháin.⁵⁹ Ní léir, áfach, go dtagann ceachtar den dá chúiteamh sin i gceist sa scéalaíocht abhus.

Tugtar aghaidh i scéal amháin ar cheist a thagann chun cinn toisc nach léir i gcónaí go leanann fabhar le Dia an duine fial. I leaganacha Éireannacha den scéal idirnáisiúnta, ATU 461, *Three Hairs from the Devil's Beard*, instear faoi mhac a chuaigh ar thuras go dtí an saol eile, d'fhonn a fháil amach conas go raibh sé ag stealladh báistí an lá a cuireadh tuismitheoir leis a bhí riamh déirciúil, ach go raibh lá breá gréine ann nuair a cuireadh an tuismitheoir eile a bhí gortach. Faigheann sé amach go raibh an tuismitheoir déirciúil anois faoi ghlóir sna flaithis, agus an tuismitheoir eile i bpianta ifrinn.[60] Tugtar cuntas tíriúil i leagan den scéal seo ar an aoibhneas a chinntigh an déirc do dhuine ar an saol eile:

> Níor stad sé [an mac] go bhfuair sé amach a' t-athair, agus do bhí sé 'na shuí ar chathaoir, agus cos ar muin coise aige agus tine bhreá ar a aghaig amach, agus ceol agus amhráin tímpeal air; agus pota muar ar a' dtine a' beiriú bhíg dóibh! D'fhiafraig a' mac de conas a bhí a shaol.
>
> 'Ná ficeann tú an saol atá agam? Geach a thugas uaim faid a bhíos um beathaig tá sé anso agam!'[61]

Cé gur léir anáil láidir na Críostaíochta ar láimhseáil na féile sna scéalta cráifeacha, ní mór a chur san áireamh, áfach, gur seanda ná an Chríostaíocht préamhacha cuid de na tuiscintí atá i gceist iontu. Tá fáil, mar shampla, i dtraidisiúin eile neamhspleách ar an gCríostaíocht, ar mhóitíf a thagann i gceist go minic i scéalta cráifeacha abhus, mar atá, naomhphearsa a bheith ag siúl go hanaithnid i measc na ndaoine ag tástáil a gcarthanachta, ag cúiteamh a ndea-ghníomhartha leo agus ag agairt a gcionta orthu: '*In pious legends everywhere, a popular theme is the incognito wanderings of saints or other holy men, or even of gods themselves in the world of mortals.*'[62] Instear scéalta den chineál seo faoi Bhúda,[63] agus bhí siad sa timpeall sa domhan clasaiceach chomh maith. Tugann Hóiméar éachtaint ar an móitíf san Odaisé:

> Óir tagann déithe i gcosúlacht na bhfear ó thíorthaibh i gcéin uainn;
> Níl aon dealramh ná tógaid, is cuardaíd cathracha an domhain seo
> D'fhearaibh a mhaireas gan srian, is do dhaoine atá dílis dá ndlithe.[64]

An Fhéile i Scéalta Cráifeacha

Tá scéal den chineál seo ag Oivid a bhfuil Iúpatar agus Mearcair mar naomhphearsana ann,⁶⁵ agus is léir go raibh pobal na hÁise Bige in aimsir Phóil cleachtaithe leis an tuiscint go siúlódh na déithe ina measc;⁶⁶ agus go deimhin, thuigfí óna Litir chuig na hEabhraigh gur creideadh go ndéanadh neacha neamhaí tástáil ar charthanacht.⁶⁷ Áirítear gur léiriú é ar an sórt seo scéil sa traidisiún Giúdach an cuntas i leabhar Geineasas ar an triúr stróinséir a tháinig go bothán Abraham i Mamrae mar ar chuir sé cóir fhial orthu, agus ansin gur chúitigh siad a fhéile leis trí leanbh a gheallúint dá bhean, Sara.⁶⁸

Tá fáil go minic sna scéalta cráifeacha abhus ar an tuiscint ghaolmhar gur teachtaire nó ionadaí Dé é an bochtán ag iarraidh déirce, agus tá an tuiscint seo curtha in iúl freisin i mBeathaí na naomh Éireannach mar a mheabhraíonn Plummer: 'The principle that Christ himself was received in the person of the stranger was strongly insisted on.'⁶⁹ Tá friotal lom curtha air i ndán Sean-Ghaeilge,⁷⁰ agus is tróp coitianta i scéalta eiseamláireacha na meánaoise é.⁷¹ Bhí an dearcadh seo ar an mbochtán coitianta go leor sa tír seo le go neadódh nath grinn ina thaobh sa Ghaeilge: 'más sin é teachtaire Dé, is gioballach a scaoil sé amach é' – ag tagairt do dhuine drochfheistithe ag lorg déirce.⁷²

Níl aon amhras ná gur tréan a thacaigh foirmle an bhreithiúnais ar an Lá Deireanach, de réir an tsoiscéil, leis an tuiscint a chothú gur teachtaire nó ionadaí Dé é an bochtán.⁷³ Ach, ar ndóigh, tá an smaoineamh le fáil neamhspleách ar an traidisiún Críostaí chomh maith. Cuirtear in iúl go minic san *Odaisé*, mar shampla, go mbíonn cosaint ó Shéas ag taistealaithe agus go ndéanann sé cúram faoi leith dóibh. Cuireann an muicí, Eomaeas, friotal beacht ar an smaoineamh gur teachtaire ó dhia é an stróinséir, nuair a deir sé lena mháistir a tháinig ina threo i gcló bacaigh:

> Duine ba shuaraí fós ná tú féin dá dtiocfadh, a dheoraí,
> Níor cheart liomsa neamhspéis ann; is ó Shéas chugainne do cuirtear
> Deoraithe is bacaigh ...⁷⁴

Bhí an dia Sraosha mar chosantóir ag bochtáin sa Pheirs anallód, agus tugann seantéacs Indiach le fios go dtaistealaíonn na déithe i riocht an aoi.⁷⁵

I mír sa téacs Hindúch, *Panchatantra*, léirítear gur ábhar sóláis do na déithe an chóir a chuirtear ar an aoi:

> *No stranger may be turned aside*
> *who seeks your door at eventide;*
> *nay, honour him and you shall be*
> *transmuted into deity ...*
>
> *The sacred fires by kindly word*
> *And Indra by the chair is stirred,*
> *Krishna by water for the feet,*
> *And Lord of All by things to eat.*[76]

Tá fáil i dtraidisiúin seachas an Chríostaíocht ar thuiscintí eile freisin a léirítear sna scéalta cráifeacha i dtaobh chleachtadh na féile. Glactar leis, mar shampla, sa Hiondúchas, sa Bhúdachas agus i dteagasc Confucius, ní hamháin go gcúitítear a fhéile le duine ar an saol seo, ach go dtéann sé chun tairbhe dó freisin ar an saol eile.[77] De réir theagasc Ioslam, tá maithiúnas peacaí le fáil de bharr bronnadh déirce, agus tugann Allah ar ais do dhuine dúbailt na déirce a dhéanann sé.[78] De réir theagasc na mBrahman san India, is ceart bronnadh a dhéanamh le croí mór maith, agus sa traidisiún Peirseach, mhúin Zoroaster gur as an déirc a thugann duine a dhéantar an t-éadach a bheidh uime ar an saol eile.[79]

Tá léargais spéisiúla ar chleachtadh na féile i seansibhialtachtaí agus i bpobail chianúla curtha i láthair ag antraipeolaithe a áitíonn gur bonn draíochtúil nó piseogach a bhí le cleachtadh na féile, go háirithe le gnásanna aíochta i bhfad siar i stair na sibhialtachta. Ba ghá, dar leo, míniú a sholáthar ar an ómós a léirítear don aoi stróinséartha, agus do chleachtadh na haíochta i bpobail ar ghnách leo – lasmuigh de chomhthéacs aíochta – daoine nár bhain lena ngrúpa sóisialta féin a sheachaint, nó caitheamh leo mar naimhde. Tá a lán fianaise ó chultúir éagsúla gur samhlaíodh cumhacht neamhshaolta leis an stróinséir a d'fhéadfadh feidhmiú chun sonais nó chun donais. Bhí anáil láidir ag eagla roimh asarlaíocht ar an dearcadh ar an stróinséir, a chinntigh gur ionsaí nó teitheadh an fhreagairt ba ghnáthaí dó.[80] Dírítear aird sa chomhthéacs seo ar an ngaol atá idir an focal ar namhaid agus an focal ar stróinséir i scata teangacha, agus féach go bhfuil nasc den chineál sin i gceist freisin leis an bhfocal 'coimhthíoch' sa Ghaeilge mar a thugtar le fios san iontráil seo in DIL (*s.v.* comaitheach): *freq. in religious verse in sense of hostile*.

Maítear go raibh an nósmhaireacht a bhain le haíocht dírithe ar a chinntiú nach dochar ach maitheas a thiocfadh as aon teagmháil le stróinséir: '*the extreme regard shown to a guest and the preference given him in every matter, must, in a large measure, be due to fear of his anger as well as to hope of his blessing.*'[81] Bhí gá faoi leith an toradh dearfach sin a chinntiú i gcás na haíochta mar go raibh an stróinséir ar thalamh an tíosaigh, é buailte ar a thigh agus a theaghlach, agus tuigeadh gur mhéadaigh an dlúth-theagmháil sin ar chumas an stróinséara dochar a dhéanamh. I gcultúir áirithe féachadh leis an dainséar a bhain leis an stróinséir a chealú, trí dhul i muinín deasghnátha glantacháin agus díthruaillithe chun an teir a bhaint de.[82] Chuir na searmanais seo an stróinséir in oiriúint don chomhluadar – nuair a thugtar duine laistigh den ghrúpa laghdaítear ar an mbaol go mbeidh sé naimhdeach don ghrúpa sin – agus ba é an comhartha ba shoiléire ar ghlacadh a bheith ag an gcomhluadar leis an stróinséir ná aíocht a thairiscint dó. Is tuiscint an-fhorleathan í go mbunaítear cumann eatarthu siúd a bhíonn i gcuibhreann a chéile, agus is comhartha é an béile a thugtar don stróinséir ar bhallraíocht sa ghrúpa a bheith bronnta air – nóisean a mhíníonn an treoir a thugtar sa sísheanchas nár cheart blaiseadh de bhia na bruíne.

Tá cur chuige eile chun cumhacht mhallaithe an stróinséara a chealú aitheanta freisin, mar atá, féachaint lena dhea-mhéin a spreagadh le barr tláithínteachta agus cineáltachta:

It seems odd that among the Romans, as well as among other ancient peoples and among savages of our own day, strangers, who are ordinarily taboo, should often be treated with great consideration, but the explanation is quite simple. As a stranger possesses mana which is potentially dangerous, he must be prevented from doing harm and this end is attained by feeding and housing him.[83]

Tá cúis eile luaite le cleachtadh na féile bunaithe ar thuiscint a bhfuil fianaise uirthi ó phobail éagsúla, mar atá, gur bhain sé le nádúr na maoine – idir mhaitheasaí an dúlra agus táirgí an duine – go roinnfí í, mar gur éiligh an mhaoin féin go ndéanfaí amhlaidh.[84] Tuigeadh go gcinnteodh a roinnt go mbeadh flúirse arís ann, agus mura ndéanfaí í a roinnt, go mbeadh peaca á dhéanamh in aghaidh na maoine agus go leanfadh pionós na gannchúise é sin. Léirítear an méid sin sa chuntas seo a leanas ar thuiscint na mBrahman ar chleachtadh na féile:

> *The thing given brings return in this life and in the other ... food given away means that food will return to the donor in this world; it also means food for him in the other world and in his series of reincarnations. Water, wells and springs given away are insurance against thirst; the clothes, the sunshades, the gold, the sandals for protection against the burning earth return to you in this life and in the other ... Land, food or whatever one gives away ... state their desire to be given away. The land once spoke to the sun hero Rama ... 'Give me and you shall receive me again' ... It is in the nature of food to be shared; to fail to give others a part is to 'kill its essence', to destroy it for oneself and for others.*[85]

Féach nach fada ón meon sin éirim an tseanfhocail 'Bíonn an rath i mbun na ranna' ná fós ráiteas an Chriomhthanaigh thuas i dtaobh an bhlúire tobac: 'Thuigeas gur chuige a rángaigh an bhreis agam, chun roinnt. B'fhéidir mura roinnfinn é ná beadh sé agam chun roinnt an chéad lá eile.'[86]

Cuid eile den aigne chianach i dtaobh chleachtadh na féile a bhfuil aird dírithe uirthi is ea gur éiligh bronntanas go ndéanfadh an té a fuair é cúiteamh cuí leis an mbronntóir,[87] agus is furasta na paidreacha (don bhronntóir agus dá mhairbh) a bhí dlite ar an té a fuair déirc de réir na scéalta cráifeacha abhus, a shuíomh sa chomhthéacs seo.

An Fhéile i Scéalta Cráifeacha

Mhair cuid de na seantuiscintí ar chleachtadh na féile isteach sa mheánaois in iarthar na hEorpa, ina measc, an tuiscint gur chothaigh bronnadh de chineál áirithe flúirse agus rath ar an dúlra.[88] Luaitear sa chomhthéacs seo an dualgas a bhí ar uaisle, agus ar an rí go háirithe, a bheith fial faoi bhronnadh. Ní hé amháin gur chuir bronnadh le stádas na n-uasal, ach tuigeadh chomh maith, gur chinntigh a bhflaithiúlacht go mbeadh an rath ar an dúlra, rud a d'fhág freagracht faoi leith orthu an fhéile a chleachtadh:

> *According to tradition, when a country was ruled by a successful king who was generous in the matter of feasts and entertainments, then, naturally, peace reigned, cattle were bred, the land brought forth fine harvests, and fish were caught in the sea … Generosity here is regarded not only as a moral duty but also as a quality possessing certain magical and sacramental properties.*[89]

De réir na tuisceana ar fhlaitheas a bhí sa tír seo anallód, bhí ceangal idir rath na dúiche agus féile an rí. Bhí an fhéile ar cheann de na tréithe nárbh fholáir a bheith ag an rí ceart ionas go mbeadh rath ar an ríocht – bhain sé le 'fír flatha' go mbeadh an rí fial flaithiúil, agus chinntigh na filí go rachadh a fhéile chun a leasa féin go háirithe.[90] Go deimhin, is léiriú spéisiúil iad na focail 'fial' agus 'flaithiúil' ar an nasc a mhothaigh Gaeil anallód idir flaitheas agus bronnadh.[91]

Seantuiscint eile bainteach le cleachtadh na féile a bhí marthanach i dtraidisiúin éagsúla is ea go raibh bua beannachta agus mallachta ag an té a bhí ag iarraidh déirce, agus maítear gur mhór an spreagadh le síneadh láimhe a thabhairt do bhochtáin an tuiscint seo:

> *Considering how widely spread is the belief in the efficacy of curses and blessings, there can be little doubt that charity and generosity are connected with this belief in many cases … The curses and blessings of the poor partly account for the fact that charity has come to be regarded as a religious duty.*[92]

Is gné bhuan den tsíceolaíocht dhaonna í an eagla roimh mhallacht, agus tuigeadh go traidisiúnta go raibh tionchar mór ag stádas an té a chaitheann í ar an éifeacht a luadh léi.[93] Is mar gheall air sin a ceapadh sa tír seo brí faoi leith a bheith le mallacht baintrí nó sagairt, ach bhíodh eagla mhór freisin roimh mhallacht an bhacaigh mar a thuairiscíonn an Duinníneach:

> Adeiridís paidreacha do lucht tabhartha na déirce, agus adeiridís iad as a seasamh, agus a hataidhe n-a ndóirnibh aca. Is annamh ar fad d'eitighthtidhe iad, agus mo thruagh-sa an té d'eiteochadh cuid aca, mar gurbh ortha a bhíodh an droich-bhéal go minic. Níor bh'fhada ó n-a lán díobh a ndroch-chainnt agus níor bh'aon nídh leo eascainidhe troma a leagadh anuas ar mhullach cinn ar mhuinntir an tighe agus ar a sliocht agus ar a mbólacht. Anois is arís ghabhadh amhas an treo go mbíodh eagla ar na daoinibh roimhe agus is annamh a theipeadh air cibé nidhe badh mhaith leis d'fháil.[94]

Feictear óna bhfuil ráite thuas faoi scéalta cráifeacha an bhéaloidis go bhfuil an léiriú a thugtar iontu ar an bhfiúntas a bhaineann le cleachtadh na féile ag teacht go maith le teagasc na Críostaíochta. Is ionann an fhreagairt don bhochtaineacht atá á cur chun cinn sna scéalta seo agus an fhreagairt a cuireadh chun cinn go traidisiúnta sa Chríostaíocht .i. gur ceart a bheith carthanach i leith na mbochtán – an bhéim á cur ar an déirc seachas díriú ar na cúinsí óna n-eascraíonn an bhochtaineacht a chur ina gceart. Ba í an fhreagairt idéalach don bhochtaineacht i mBeathaí na naomh leis na cianta ná cúnamh a thabhairt don ainniseoir.[95] Mar fhocal scoir, ní hionadh scéalta a mholann an fhéile agus an charthanacht a bheith chomh líonmhar sa traidisiún béil agus atá, mar is luachanna iad sin a chaomhnaíonn agus a chothaíonn an córas sóisialta, agus is idéil dá leithéidí sin go háirithe a bhíonn faoi ghradam i measc an phobail.[96]

An Fhéile i Scéalta Cráifeacha

SUMMARY

It is argued in this chapter that religious tales passed on through the generations offer valuable insights into the moral norms upheld by a community. While it is not possible to measure exactly the level of acceptance afforded them, nonetheless, in view of the fact that they persisted in oral tradition, it is reasonable to suggest they did play a role in moulding the minds of those who listened to them and those who told them. By far the most frequently occurring theme in these tales is generosity, and their content can be viewed as a confluence of two forces, one being the popular understanding of moral behaviour, and the other being the teachings of the Catholic Church. Among the best-known tales on the theme of generosity is one telling of an ordeal to determine who is closest to God, another describing deeds being weighed in a scales, and one still showing a notorious robber gaining entrance to heaven because of his acts of generosity. A proverb declaring that a generous person was guaranteed eternal happiness indicates how deeply embedded in the popular mind was the notion of generosity as an overriding factor in assessing moral worth. Tales of the dead benefitting from acts of generosity demonstrate that its practice attracts reward both in this world and in the next. A widely attested tale demonstrating reward in this life tells how something given in charity is miraculously replenished. The ancient notion that the nature of wealth demands that it be shared, is echoed in some items of folk tradition and may even underlie the proverb that states 'luck attends sharing'.

1   Féach Foster 1955; Redfield 1956 maidir le nóisean an mhórchultúir agus an mhionchultúir.

2   Ó Héalaí 1974–6: 177–89.

3   Féach e.g. tagairtí in Thompson 1955–8: Q45 *Hospitality rewarded*; Q280 *Unkindness punished*; Q286 *Uncharitableness punished*; Q292 *Inhospitality punished*; V400–49 *Charity*; Tubach 1969: 424 *s.v.* Charity.

4   Redfield 1960: 61–2.

5   Mth. 22: 34–40; Mc. 12: 28–34a; Eoin 13: 34–5; 15: 17.

6   Ó Criomhthain 1999: 74–5; féach Taylor 1995: 62: '*People gave 'for God's sake' in order to gain his favour and so ensure they avoided want themselves.*'

7   O'Rahilly 1922: # 259.

8   Ó Héalaí 2012: 251–3; 268–70; cf. Sayers 1939: 94; Chearra 2010: 24–5.

9   Mth. 25: 34–5.

10 Ó Súilleabháin 1942: 632: # 27; cf. *ibid.*, 638: # 88.

11 Ó Súilleabháin 1952: # 57; cf. Tubach 1969: # 2695.

12 O'Rahilly 1921: # 10.

13 Ó Súilleabháin 1942: 629: # 7; féach *Béaloideas* 3 (1932): 8–9; TIF faoi 750E*, *Hospitality and Sin*; ATU 809*, *Rich Man Allowed to Stay in Heaven because of Single Deed of Charity*; Thompson 1955–8: Q172.2 *Man admitted to heaven for single act of charity*; Tubach 1969: # 713, # 946, # 1501, # 1511, # 4180, # 4198.

14 Ó Máille 1948: # 2240.

15 CBÉS 94: 171.

16 Ó Súilleabháin 1952: # 42; cf. Iób 31: 16–23.

17 Ó Súilleabháin 1942: 637. # 79; Ó Súilleabháin 1952: # 93; cf. ATU 802A*, *The Rooms in Heaven*. Leanaí a fhaigheann bás go hóg is coitianta a réitíonn leaba do dhuine sna flaithis sa scéalaíocht abhus.

18 I Pead. 4: 8; féach freisin, Tóibit 12: 9: '*Saorann an déirc an duine ón mbás agus glanann sé amach an uile pheaca*'; Síorach 3: 30: '*Múchann uisce tine loiscneach agus déanann an déirc leorghníomh i bpeacaí*'; Dainéil 4: 24: '*Ruaig uait do pheacaí leis an bhfíréantacht a chleachtadh agus d'urchóidí le déirc do bhochta.*' Chuir a lán diagairí an tuiscint seo chun cinn freisin, féach Westermarck 1924: 555–6.

19 Ó Súilleabháin 1942: 638. # 82; tá leagan den scéal in Ó Súilleabháin 1952: 224 # 101; tá cuntas ar Chian na mBeann Óir in *Béaloideas* 5 (1935): 81–6; cf. ATU 751D*, *St. Peter Blesses Hospitable Thieves*.

20 *Béaloideas* 5 (1935): 83.

21 Ó Máille 1948: # 2223; O'Rahilly 1922: # 127; cf. Ó Muirgheasa 1976: # 1614.

22 Ó Héalaí 2012: 268–70.

23 Hyde 1906: I: 290.

24 CBÉ 1833: 131.

25 Murphy 1933: LVII. #31 (leasaithe in Murphy 1953: 134). Léiríonn an laoi seo teannas idir tuiscint an diagaire agus tuiscint na muintire maidir le ról na féile i slánú an duine – leide, b'fhéidir, go raibh oiliúint eaglasta ar an údar.

26 Féach e.g, Meyer 1915: 51: '*téid an fial a tech Dé bí /téid an t-ainfhial ar nemhní…*'; Williams 1980: 208 # 16: '*do radadh riamh daoibhse a dhearbh /saoirse gun fial ar ifreann…*'

27 Breatnach 1997: 100; cf. O'Rahilly 1921: # 10, # 11.

28 Breatnach 1997: 101. Dealraíonn, mar sin féin, gur thuig an Raithileach na rainn sa chiall go ndéanann féile peacaí a chealú, mar deir sé gur dócha gurb é Síor. 3: 30: '*Múchann uisce tine loiscneach agus déanann an déirc leorgnímh i bpeacaí*', is bunfhoinse dóibh (O'Rahilly 1921: 65).

29 Sayers 1939: 65–9.

30 CBÉ 41: 272–4. Tá an tuiscint cheartchreidmheach faoi éifeacht ghníomhartha carthanachta curtha i bhfriotal sa rann seo:
In urnaithe, in aifreann, i dtroscadh ná i dtréanas,
I ndéirc, i gcarthanacht, ná in an-chuid daonnacht,
Níl iontu aon tairbhe,
an peaca muna dtréigfir,
Is bheith i ngrá le Críost am an ghnímh a dhéanamh. (Ó Fiannachta 1988: 59)

31 Tóib. 4: 7: 'Tabhair déirc gan doicheall as a bhfuil agat.'

32 Féach O'Rahilly 1922: #411: 'Tabhartas Uí Bhriain ('s a dhá shúil 'na dhiaidh)'; Ó Máille 1948: # 1935: 'Oineach/tiodhlaice/déirc Uí Bhriain's a dhá shúil ina dhiaidh'; Ó Muirgheasa 1976: # 1763: 'Tabhartas Uí Néill/pronntanas Bhriain is a dhá shúil ina dhiaidh.'

33 Ó Héalaí 2012: 248–50. Tá plé ar an scéal seo i gcaibidil 21.

34 Ó Súilleabháin 1952: # 130.

35 Mth. 6: 2: 'Nuair a bhíonn tú ag déanamh déirce, mar sin, ná cuir an trúmpa á shéideadh romhat.'

36 CBÉ 859: 214–16.

37 Ó Máille 1948: # 1935; Mth. 6: 3: 'Ná bíodh a fhios ag do lámh chlé cad a dhéanann do lámh dheas, ach do dhéirc a bheith faoi choim.'

38 Le Goff 1984: 134–5.

39 Ó Súilleabháin 1942: 247; féach e.g., Curtain 1975: 146: 'go to my mother and tell her that I died in America … Tell her to buy a pair of shoes and stockings and give them to some poor person in my name, for God's sake.' Thugtaí 'ochón' nó the dead man's pluck ar bhall éadaigh den sórt seo in áiteanna sa Mhumhain, féach de Hindeberg 1943: 241, agus *An Sagart*, Earrach 1976: 15–16.

40 CBÉ 149: 585–6.

41 CBÉ 467: 180–1.

42 CBÉ 333: 154–5. Cuireadh béim sa Chríostaíocht ón tús ar dhualgas an té a fuair déirc guí do mhairbh an bhronntóra, féach Connolly 1929: III. 10. 6.

43 CBÉ 1005: 91.

44 CBÉ 410: 151; cf. an moladh a fuair seanduine maidir le prátaí a thabhairt mar dhéirc agus a chuir sé in iúl don Bhíoblóir James Jordan in Ó Mainín 1997: 72: '*that I should never reach out my hand in charity with small potatoes but the largest I could get, for, said he, they will be so many stepping stones for you on the Last Day in going through the fire of Purgatory.*'

45 Best & Bergin 1929: 74, ll. 2193–7.

46 O'Meara 1976: 58. Bhí an tuiscint chéanna seo sa timpeall ar an Mór-roinn sa mheánaois dhéanach chomh maith, cf. Williams 1971–3: 402–3.

47 2 Cor. 9: 7; féach freisin Rómh. 12: 8: 'Bíodh an t-almsóir go fial … agus an té a thugann lámhchúnta go gealgháireach.'

48 Ó Héalaí 2012: 227–30.

49 O'Rahilly 1921: # 3; cf. Tóibit 4: 7: 'Ná hiompaigh d'aghaidh ó aon duine bocht agus ní iompóidh Dia a aghaidh uait.'

50 O'Rahilly 1922: # 157, agus féach leis O'Rahilly 1921: # 5, # 196; Ó Máille 1948: # 2206.

51 Salm 41 (40), 1: 2. Féach freisin Seanfhocail 28: 27: 'An té a thugann déirc don bhocht ní bheidh easpa air choíche.'

52 Lúc. 6: 38: 'Tugaigí agus tabharfar daoibh; tomhas maith fuinte craite cruachta a chuirfear chugaibh in bhur n-ucht; óir is leis an tomhas lena dtomhaiseann sibh a thomhaisfear chugaibh ar ais.' I bhfianaise fhocail Chríost gur dó féin a thugtar an déirc (Mth. 25: 34–5), ní hionadh go luafaí fabhar Dé le lucht an bhronnta.

53 E.g., Ó Héalaí 2012: 236-52.

54 Cf. Mth. 19: 29; Mc. 10: 30; Lúc. 18: 29–30. Tá 42 leagan de scéal grinn bunaithe ar an teagasc seo áirithe in TIF 1735 (e.g. tugann fear bó do shagart a chraobhscaoil an teagasc seo; filleann an bhó air agus bullán an tsagairt á leanúint; glacann sé leis gur fíoradh na geallúna é seo agus maraíonn an bullán le hithe). Is gné den bhéaloideas i dtraidisiúin eile freisin greann a bhunú ar chúrsaí creidimh, féach ATU agus TIF 1725–1849 *Jokes about Parsons and Religious Orders*; Lixfeld 1971: 155–62; Gaster, 1915: 57; cf. Utley 1960: 268.

55 Ó Súilleabháin 1942: 637 # 77; Thompson 1955-8: D2105; Cross 1952: D2105, V224*; Bray 1992: *s.vv.* Miraculous provision; Food multiplied; Tubach 1969: # 181, # 488, # 1975, # 2533, # 2566, # 5090, # 5307; Lysaght 1996.

56 *Béaloideas* 25 (1959): 78–9.

57 CBÉ 480: 84–93; cf. Tubach 1969: # 2977, # 3085.

58 Westermarck 1924: 553.

59 Tóibit 4: 24; Dainéil 4: 9.

60 TIF # 461; cf. Christiansen 1959: 188–213.

61 Ó Cróinín 1985: 378.

62 Thompson 1946: 150; féach Thompson 1955-8: K1811 *Gods in disguise visit mortals*, agus Q1.1 *God (saints) in disguise reward hospitality and punish inhospitality*; Lincke 1930; Lixfeld 1984.

63 Bolte & Polivka 1915: 210–29.

64 de Brún 1990: XVII: 323.

65 Innes 1955: VIII: 195–8.

66 Gníomh. 14: 11–2: 'Nuair a chonaic na sluaite cad a bhí déanta ag Pól, d'ardaigh siad a nglór á rá i dteanga na Lucaóine: 'Tá na déithe tagtha anuas inár measc i gcló daoine'. Thug siad Séas ar Bharnabbas, agus toisc gurbh é Pól an príomhchainteoir, thug siad Heirméas airsean.'

67 Eabh. 13: 2: 'Ná déanaigí dearmad ar an bhféile a chleachtadh. Óir, mar gheall ar an bhféile bhí daoine áirithe ann a raibh aingil ar cuairt acu gan fhios dóibh.'

68 Gein. caib. 18; cf. Eliade 1987: *s.v.*, Hospitality: 471: '*It is not surprising that in rabbinic Judaism, early Christianity and Islam, Abraham becomes a kind of patron saint of hosts.*'

69 Plummer 1910: cxiii; féach na móitífeanna, *Christ appears as leper*, agus, *Holy man appears as leper*, in Bray 1992: 99, 137.

70 Meyer 1905: 172 r. 2: induil is Crīst cech ōigi/aslondath nī dis [since every guest is Christ – no trifling saying].

71 Tubach 1969: # 985, # 987, # 988, # 990, # 1048, # 2694, # 3192. Maidir le téarmaíocht ag tagairt do lucht déirce, cf. Almqvist & Ó Cathasaigh 2010: 62: 'Níor ghlaoigh sí [máthair Khruger] riamh bacaigh orthu ná lucht siúil ach bochtáin Dé.'

72 Ó Séaghdha & Mac Coluim 1921: 13–14; *An Claidheamh Solais*, III: 17: 6 Iúil 1901: 259; tá an nath sa chaint i gCorca Dhuibhne freisin.

73 Mth. 25: 34–5: Ansin déarfaidh an rí le lucht na láimhe deise: 'Tagaigí a lucht bheannaithe m'Athar … Óir bhí ocras orm agus thug sibh rud le hithe dom, bhí tart orm agus thug sibh rud le hól dom, bhí mé i mo strainséir agus thug sibh aíocht dom.'

74 de Brún 1990: XIV: 250.

75 Westermarck 1924: 551, 583.

76 Ryder 1972: 62–3.

77 Eliade 1987: *s.v.* Hospitality: 470–3; Westermarck 1924: 549, 551; Mauss 1970: 54, 55; Holm & Bowker 1994: 31–3.

78 Mauss 1970: 76.

79 Westermarck 1924: 594, 551.

80 Frazer 1987: 194: 'Now of all sources of danger none are more dreaded by the savage than magic and witchcraft, and he suspects all strangers of practicing these black arts.' Féach freisin Hastings 1981: 11, s.v., Strangers: 884: 'As a general rule the savage fears and hates the stranger, and looks upon him, certainly as an enemy, and it may be, as a being brutish, monstrous and devilish.'

81 Westermarck 1924: 592–3.

82 Frazer 1987: 194–8.

83 Burriss 1974: 99–100.

84 Mauss 1970: 53–9.

85 *Ibid.*: 54–6.

86 Ó Criomhthain 1999: 74–5.

87 Mauss 1970: 8–12.

88 Gurevich 1968.

89 *Ibid.*: 134.

90 McCone 1990: 127, 139, 141.

91 Féach DIL: *s.vv.*, fial, flaith, flaithemail.

92 Westermarck 1924: 563.

93 Tá plé ar mhallachtú i gcaibidil 12.

94 Ó Duinnín 1905: 26. Níorbh ionadh dá réir sin go gcothódh an bua draíochtúil a bhí luaite le briathra an fhile sa traidisiún Gaelach, dánaíocht ann maidir le héilimh a dhéanamh ar an taoiseach, agus chomh maith céanna, go spreagfadh sé an taoiseach chun freagairt do na héilimh sin. Maidir le tuiscintí traidisiúnta faoi mhallachtú, féach caibidil 12.

95 Gurevich 1988: 56–7.

96 Cf. Douglas 1970: 49: '*In a society with a very stable social structure the admired virtues are those which unquestionably uphold the social structure and the hated sins are transgressions against it.*'

15:
An Timpeallacht trí Shúile an Chreidimh
An Slánaitheoir agus feithidí i scéalta mínithe

Móitíf lárnach i scéalta mínithe is ea gníomhaíocht laoich chultúrtha a bheith á lua mar bhunús le pé feiniméan a bhfuil aird á díriú air sa scéal. Gnéithe den dúlra, nósanna, tréithe ainmhithe nó tréithe daonna a bhíonn i gceist sna scéalta seo, agus i mbéaloideas na hÉireann luaitear pearsana éagsúla mar údar leo, ina measc Fionn mac Cumhaill, An Chailleach Bhéarra, an Mhaighdean Mhuire, Pádraig, Bríd, agus Colm Cille. Is é an Slánaitheoir, áfach, an laoch cultúrtha is minice ar fad a luaitear iontu, rud ar ndóigh, a léiríonn seasamh na naomhphearsan sin in aigne an phobail. I bhformhór mór na scéalta seo ní gníomh cruthaitheach bunaidh a bhíonn i gceist ach athchóiriú ar ghnéithe den timpeallacht, agus is cosúil gur pátrún forleathan i dtraidisiúin éagsúla scéalaíochta é athchóiriú den chineál seo a bheith á lua le laochra cultúrtha eile seachas leis an gcruthaitheoir féin:

> *One remarkable thing about origin legends of this kind in countries dominated for millennia by the great historic religions is how few of them ascribe animal changes to the direct act of God.*[1]

Tá claonadh aitheanta i scéalaíocht an laochais eachtraí a nascadh le mórócáidí i mbeatha an laoich agus go sonrach, lena shaolú, lena theacht in inmhe agus lena bhás. I gcás eachtraí faoin Slánaitheoir bhí cúis faoi leith go ndéanfaí amhlaidh, mar atá, an tábhacht bhunúsach a bhí leis na hócáidí sin sa chreideamh Críostaí. Ba chuid den chreideamh sin é gur chruthúnas ar chúram Dé i leith an chine dhaonna é teacht Chríost isteach sa saol, gur le linn a bheatha poiblí a léirigh sé a theagasc, agus gur chuir a bhás slánú ar fáil don duine.[2] Léirítear agus buanaítear tábhacht na n-imeachtaí sin i scéalta mínithe ina ndírítear aird ar fheiniméin a leanann fós díobh iarsmaí dá dteagmháil leis an Slánaitheoir.

Tá le tuiscint ó fhianaise na scéalta seo gur mó a chuaigh naíonacht agus páis Chríost i bhfeidhm ar an traidisiún béil ná an bheatha phoiblí mar gur minice go mór na feiniméin a luaitear sna scéalta á nascadh leis an naíonacht agus leis an bpáis ná leis an mbeatha phoiblí. Is é an teitheadh chun na hÉigipte, seachas an stábla i mBeithil, an suíomh is coitianta a bhíonn i gceist i scéalta bainteach leis an naíonacht. Ar ndóigh, bhain drámatúlacht mhór leis an teitheadh – bás bagartha ar an naíonán beannaithe, rabhadh i mbrionglóid ó aingeal, éalú oíche agus taisteal i ndúiche choimhthíoch – nithe a d'fhág gur ithir tharraingteach eachtraíochta é. Is é an teitheadh is suíomh do roinnt mhaith eachtraí sna scríbhinní apacrafúla leis, agus is cinnte go raibh anáil láidir acu seo ar bhéaloideas na bpobal Críostaí.[3]

Leagtar béim faoi leith ar bhaint Chríost leis an bhfarraige i scéalta mínithe a shuítear sa bheatha phoiblí – luaitear marcanna ar éisc éagsúla (an chadóg go háirithe) le lorg a mhéara orthu; deirtear gur as a fhéasóg a cruthaíodh an scadán agus ar an gcúis sin gurb é an t-iasc is glaine san fharraige é, agus nach dtógtar le baoite é; luaitear míorúilt na mbuilíní agus na n-iasc mar bhunús le bradán na beatha sa duine, agus mínítear go bhfuil faitíos sa duine toisc gur ghlac Peadar scanradh agus é ag siúl ar an uisce.[4]

I scéalta a bhaineann le comhthéacs na páise, is minic Críost á léiriú mar theifeach aonaránach agus a naimhde sa tóir air. Tá anáil na páise chomh láidir ar scéalta mínithe ina luaitear an Slánaitheoir i mbéaloideas na tíre seo go suítear sa chomhthéacs sin roinnt eachtraí a bhaineann ó cheart leis an teitheadh chun na hÉigipte. Léiriú air seo is ea scéal an Fhómhair Mhíorúiltigh dá dtagrófar thíos: cé gurb é an teitheadh is suíomh dó go leanúnach sa litríocht agus san ealaín ó dheireadh na meánaoise, is gnách gur mar theifeach fásta a chuirtear Críost i láthair ann sa scéalaíocht abhus. Tá an claonadh céanna seo le brath freisin ar bhéaloideas Ghaeilge na hAlban – scéalta ó naíonacht Chríost a shuíomh i gcomhthéacs na páise.[5]

Dírítear anseo síos ar réimse teoranta de na scéalta mínithe i mbéaloideas na tíre seo arb é Críost an naomhphearsa is coitianta iontu, mar atá, iad seo a thráchtann ar a theagmháil le feithidí.[6]

AN BHEACH

Tá an traidisiún in áiteanna san Eoraip gurb í an bheach an t-aon chréatúir a tháinig díreach ó Ghairdín Pharthais isteach sa saol seo, ach sa bhéaloideas ina lán dúichí, is minic freisin bunús na mbeach á nascadh leis an Slánaitheoir agus go háirithe leis an gcéasadh (léaráid 25).[7] I ndúichí éagsúla deirtear gur dhein beacha de phísín adhmaid a chaith an Slánaitheoir uaidh, nó gur eascair siad ó chruimh a chuir sé i gcuasán crainn, nó gur óna cholainn, nó óna chuid fola agus é ar an gcrois, a tháinig ann dóibh.[8] Sa traidisiún béil abhus, deir tuairisc ó Chontae Chiarraí gur in uaigh an tSlánaitheora a bhí siad nuair a d'oscail Muire í,[9] agus deir tuairisc eile ó Chontae Mhaigh Eo gur ó dheora Chríost a tháinig siad:

> Deir siad, nuair a bhí na Giúdaigh ag céasadh ár Slánaitheoir, na deora a bhí ag titim óna shúile go raibh siad ag iompó isteach ina meacha agus ag imeacht leo san aer agus gurb shin é an chaoi a dtáinig na meacha ar an tsaol i dtosach.[10]

Luaitear deora Chríost ag an gcéasadh mar bhunús le beacha i mbéaloideas dúichí eile leis, ina measc an Bhriotáin agus an Chatalóin; sa mhiotaseolaíocht Éigipteach deirtear gur as deora an dé, Ra, a tháinig ann dóibh.[11] Tá sé sa bhéaloideas abhus freisin gur as gearbacha Iób a tháinig na beacha,[12] agus de réir an naomhsheanchais, ba é Modomnoc a thug beacha go hÉirinn.[13]

Tá tuairisc ar bhunús chealg na beiche i leagan aonair de scéal a bhfuil fianaise air go háirithe i mbéaloideas Chonnacht agus na Mumhan. Instear sa scéal seo conas a thug an Slánaitheoir solaoid do Pheadar go riarann Dia go cóir nuair a bháitear lán loinge mar gheall ar aon pheacach amháin. D'iarr sé ar Pheadar saithe beach a iompar ina lámha, agus nuair a chuir beach díobh cealg ann, bhrúigh sé ar a chéile an t-iomlán acu, agus mharaigh iad.[14] Tá dáileadh idirnáisiúnta ar an scéal seo a áirítear mar ATU 774K, *Peter Stung by Bees*. Cé gurb é an Slánaitheoir naomhphearsa an scéil de ghnáth, tá Pádraig nó Colm Cille luaite leis an ról sin i roinnt leaganacha Éireannacha de, ina measc, an léiriú is sine ar an scéal sa Ghaeilge, in *Betha Colaim Chille* Mhaghnuis Uí Dhomhnaill.[15]

Tá sé áitithe gur scéal é seo a léirigh Peadar ag déanamh ghnó Dé ar feadh lae, agus gur taispeánadh nach raibh sé de chumas sa duine feidhmiú go cóir sa ról sin.[16] Is cinnte go mbeadh an teagasc sin i bhfad níos inghlactha ná an teagasc atá á chur chun cinn sa scéal mar atá sé .i. go n-agraítear mí-iompar an pheacaigh ar dhaoine neamhchiontacha, ach ní foláir a rá nach bhfuil friotal ar an tuiscint sin in aon leagan den scéal sa bhéaloideas abhus. Maítear i leagan den scéal ó Chontae na Gaillimhe gur de bharr na solaoide seo a thug Críost do Pheadar atá ga sa bheach riamh ó shin:

> Bhí Naomh Peadar agus Dia lá ag siúl in aice na farraige lena chéile agus bhí Dia ag inseacht do Naomh Peadar cén chaoi a imeodh sé ag teagasc na ndaoine agus cén chaoi is fearr leis an creideamh a mhúineadh dóibh agus rudaí mar sin. Chonaic said long amach uathu sa bhfarraige mhór agus dúirt ár dTiarna le Naomh Peadar go raibh duine amháin sa long sin a bhí ag cur an-phian air agus go raibh sé ag ceapadh an long a bhá mar gheall air sin agus í a chur go tóin na farraige móire.
>
> 'Is aisteach an rud duit an long a bhá ar fad mar gheall ar dhuine amháin,' a deir Naomh Peadar leis.
>
> 'Bhuel,' a deir Dia, 'b'fhéidir gur agatsa is fearr atá fios, ach feicfimid,' a deir sé.

Bhí go leor míoltógaí ina luí thart orthu chuile áit, sna feochadáin agus ar na sceacha.

'Féach,' a deir ár dTiarna, 'an bhfeiceann tú na míoltógaí sin ansin thall, beir ar lán glaice acu agus tabhair anall anseo chugam iad, agus seachain an ngortóidh tú aon cheann acu.'

Chuaigh Naomh Peadar agus rug sé orthu go deas agus bhí sé á gcur isteach ina ghlaic ó lámh amháin agus greim deas bog aige orthu le faitíos go ngortódh sé aon cheann acu. Bhí sé ag tíocht anall ansin agus chuir ceann acu ga ann agus d'fháisc sé orthu nó gur mharaigh sé chuile cheann amháin acu.

Dúirt ár dTiarna leis ansin iad a thaispeáint dó agus nuair d'oscail sé a ghlaic, bhí said ar fad marbh aige.

'Cén fáth,' a deir ár dTiarna, 'ar mharaigh tú ar fad iad? Nár dhúirt mé leat iad a thabhairt ar fad slán chugam?'

'Chuir ceann acu ga ionam,' a deir Naomh Peadar leis, 'agus d'fháisc mé mo lámh orthu agus mharaigh mé ar fad mar sin iad.'

'Well,' a deir ár dTiarna leis, 'is é an chaoi chéanna atá sé leis an long agus an drochdhuine atá ann agus caithfidh mise an long ar fad a bhá mar gheall ar an duine sin.'

'Déan mar is toil leat, a Thiarna,' a deir Naomh Peadar.

Tá ga sna meachain riamh ó shin agus sin é an chaoi a dtáinig an ga iontu.[17]

DEARGADAOL, CIARÓG, PRIOMPALLÁN

Is é an scéal a mhíníonn go bhfuil an deargadaol mallaithe toisc gur sceith sé ar an Slánaitheoir, agus go bhfuil an priompallán beannaithe toisc gur chosain sé é, an scéal is coitianta i mbéaloideas na tíre seo a thráchtann ar theagmháil an tSlánaitheora le feithidí.[18] Uaireanta sa scéal seo, ar a dtabhaí far Brath na Feithide anseo, bíonn an chiaróg i ról na feithide feallta (ina haonar nó ag tacú leis an deargadaol), ach uaireanta eile léirítear í i ról na feithide cúntaí. Is pátrún coitianta i scéalta mínithe i dtraidisiúin éagsúla é an struchtúr codarsnach a léirítear sa scéal seo, a bhfuil móitífeanna mar

A 2221.5 *Animal blessed for helping holy fugitive*, agus A2231.7.1 *Animal cursed for betraying holy fugitive*, lárnach ann. Dealraíonn, áfach, gur eachtra a bhaineann go dílis le traidisiún na Gaeilge é, an scéal faoin deargadaol agus an priompallán (léaráidí 26, 27), mar nach léir fianaise air ach amháin i mbéaloideas na tíre seo agus i dtraidisiún Gaelach na hAlban. Ach sa mhéid gur gnách caint á lua ann leis an deargadaol agus na feithidí eile, tá scéalta gaolmhara dó le fáil go hidirnáisiúnta agus ainmhithe a bhfuil caint acu mar charachtair iontu.[19] 'Inné, inné', de ghnáth a chuirtear i mbéal an deargadaoil sa scéal seo; 'géar, gear', caint na ciaróige go minic agus í i ról naimhdeach, agus luaitear leaganacha éagsúla mar 'amú, amú', nó 'bó, bó, loscadh agus dó', nó 'éitheach, éitheach', leis an bpriompallán (nó leis an gciaróg i ról cúntach). I mbéaloideas dúichí eile freisin, luaitear nathanna cainte le hainmhithe, le héin agus le plandaí i scéalta ina léirítear iad i ról cúntach nó naimhdeach i leith an tSlánaitheora nó Mhuire.[20] In ainneoin go bhfuil Brath na Feithide luaite leis an teitheadh chun na hÉigipte i mbéaloideas an Bhéarla, is mar theifeach fásta is gnáthaí a léirítear an Slánaitheoir sa scéal abhus, agus is i gcómhthéacs na páise is gnáthaí an eachtra a shuíomh.[21]

Tá insint ar Bhrath na Feithide nach dtagann leis an ngnáthmhúnla i roinnt leaganacha. Tá anáil scéalta eile le sonrú orthu seo sa mhéid nach lena cuid cainte a sceitheann an fheithid ar an Slánaitheoir ach trí fhaisnéis de chineál éigin ina thaobh a nochtadh – gníomh is gnách á lua le hainmhithe eile i scéalta den chineál seo.[22] I gcúpla leagan is í an Mhaighdean Mhuire (agus uaireanta Bríd ina cuideachta) nó Pádraig, an teifeach ar a sceitheann an fheithid, agus i leagan amháin is puch atá i ról na drochfheithide.[23]

Níos minice ná a mhalairt, nasctar Brath na Feithide le finscéal eile a thuairiscíonn conas mar d'aibigh gort arbhair go míorúilteach chun dallamullóg a chur orthu siúd a bhí sa tóir ar Chríost.[24] Tá fáil go forleathan ar an bhfinscéal seo i mbéaloideas na hEorpa, agus tarlaíonn uaireanta freisin i scéalaíocht dúichí eile go nasctar scéal mínithe leis ina léirítear ainmhithe, éin nó plandaí i ról cosantach nó naimhdeach i leith an tSlánaitheora.²⁵ Is léir ó fhianaise na litríochta agus na healaíne, go raibh eolas ar fhinscéal an Fhómhair Mhíorúiltigh i ndúichí Eorpacha ag deireadh na meánaoise.²⁶ Tá an tuairim curtha chun cinn go bhféadfadh gur scéal é seo a tháinig ó scríbhinn chaillte apacrafúil, agus go raibh tábhacht faoi leith leis an traidisiún Ceilteach maidir lena chaomhnú ó tharla insintí luatha air i ndán Breatnaise i Leabhar Dubh Chaerfyrddin agus sa dán Gaeilge dár tús 'Fuigheall beannacht brú Mhuire'.²⁷ Tá sé áitithe freisin, áfach, gur dóichí ná a mhalairt gur scéal Francach ó thús é, agus gur ar an traidisiún Francach a bunaíodh an scéal sna dánta sin.²⁸

Seo síos leagan ó Chontae na Gaillimhe de Bhrath na Feithide nasctha le scéal an Fhómhair Mhíorúiltigh:

> Nuair a bhí Mac Dé ar a theitheadh, tharla go ndeachaigh sé trí lorg agus iad a dhul ag cur choirce ann. Nuair a bhí sé a dhul tríd an lorg, dúirt sé leis an bhfeilméara a rá le duine ar bith a d'fhiafródh de an ndeachaigh sé an bealach, a rá leo go ndeachaigh sé an bealach nuair a bhí an síol á chur.
>
> Lá arna mhárach chuaigh an feilméara amach le haghaidh maide preacháin a chur sa ngarraí, i gcruth nach dtiocfadh na h-éanacha ná na preacháin ag piocadh an choirce as an talamh, agus níorbh iontaí leis an sneachta dearg ná an coirce a fheiceáil fásta suas agus é in am a bhainte.
>
> Chruinnigh an feilméara meitheal agus chuadar in éadan an choirce. Ní raibh thar stuca an duine bainte acu nuair a chonacadar na spiadóirí ag tíocht agus bhí sé curtha suas ag an bhfeilméara leis na fir, céard a déarfaidís dá gcuirtí an cheist orthu. Tháinig na spiadóirí san áit a rabhadar agus d'fhiafraigh siad dóibh an bhfaca siad Íosa a dhul thart agus dúirt siad san go ndeachaigh sé thart nuair a bhíodar ag cur an choirce.
>
> Ní raibh ann ach go raibh an focal as a mbéal nuair a chuir deargadaol a cheann aníos as poll agus gur dhúirt sé: 'Inné, inné', agus an chiaróg í féin deir sí: 'Géar, géar, géar', ar sise, á rá leo dá ngéarfaidís ar a gcois go dtiocfaidís suas leis. 'Ó, bruith is dó is loscadh oraibh', arsa an priompallán ionas nach dtuigfeadh na spiadóirí an chiaróg ná an deargadaol.

Ón lá sin go dtí an lá inniu ann, níl aon mheas ar an deargadaol ná ar an gciaróg ach níltear mar sin leis an bpriompallán, tá meas air.[29]

Is éasca le scéalta gaolmhara anáil a imirt ar a chéile sa traidisiún béil, agus dá chomhartha sin, nasctar Brath na Feithide uaireanta le scéalta eile faoi chréatúir a bhíonn naimhdeach nó cúntach i leith an tSlánaitheora. Is léiriú ar an tarraingt a bhí sa scéal a mhinice is a tharlaíonn sin i gcás Bhrath na Feithide. Táthaítear é le scéal a mhíníonn tréithe de chuid na cránach agus na circe — an éascaíocht lena mbeireann cráin bainbh (toisc gur chlúdaigh sí an áit a raibh an Slánaitheoir i bhfolach) agus an dua a bhíonn ar an gcearc i mbreith na n-ubh (toisc go raibh sí ag scríobadh na háite sin).[30] Nasctar Brath na Feithide freisin le scéal a mhíníonn go bhfuil caipín nó lann ar an bhfaocha ón uair a bhí naomhphearsa i bhfolach ann,[31] agus le scéal a mhíníonn go bhfuil an ghlasóg mallaithe toisc gur sceith sí ar an Slánaitheoir, ach go bhfuil an spideog beannaithe agus a brollach dearg ó theagmhaigh sí lena fhuil agus í á chosaint.[32] Nasctar arís é le scéal a thuairiscíonn gur cuireadh mallacht na fánaíochta ar lucht ceirde áirithe de bharr a ndrochiompair i leith an tSlánaitheora,[33] agus le scéal eile a mhíníonn an chúis ar ceart crann Bealtaine a chur suas go féiltiúil (toisc gur chosain sé an Teaghlach Naofa ar a naimhde).[34]

Luaitear an eachtra freisin mar bhunús le tréithe fisiciúla na feithide (cf. A2231 *Animal characteristics as punishment for impiety*). Deirtear gur de bharr na heachtra seo a tháinig dath ciardhubh ar an deargadaol, agus gur baineadh de an dath craorag a bhí air roimhe sin, agus fós, gur bhuail duine de na buanaithe lena chorrán é agus go bhfuil gearradh ina dhroim riamh ó shin.[35] Deirtear i gcúpla leagan gur de bharr bhrath na feithide a chaill an deargadaol nó an chiaróg an chaint a bhí acu go dtí sin, agus go mbíonn a gceann cromtha i dtreo na talún acu;[36] i leagan Albanach deirtear gur de bharr an bhraith a chaill an deargadaol a shúile.[37]

Nasctar an boladh úll a luaitear uaireanta leis an deargadaol le Brath na Feithide i leagan a mhíníonn go bhfuil an boladh áirithe sin uaidh 'mar nuair adubhairt sí "indé, indé!" bhí ubhall 'na láimh ag an bhfeirmeoir, agus chaith sé leis an deargadaol é'.³⁸ Bhí sé ráite go leanfadh boladh úll do mhéar lena ndéanfaí fíor na croise ar dhroim an deargadaoil,³⁹ agus míníonn leaganacha eile go raibh an boladh sin ón deargadaol toisc go raibh sé i bhfolach i gcarn úll nuair a dhein sé an brath.⁴⁰ Tugtar mínithe eile freisin ar an mboladh seo a bheith ón bhfeithid, mar atá, gurbh í an chéad chnuimh í a chuaigh in úll na haithne i nGairdín Pharthais, nó i gcorp Chríost san uaigh.⁴¹ Dírítear aird ar dhúil an deargadaoil in úlla san ainm *snatch apple* a thugtar air i roinnt leaganacha ó Chontae Loch Garman, agus fós arís i scéal a deir gur ghreamaigh an ghráinneog úlla lena dealga agus gur thug go dtí Muire iad, ach go ndeachaigh an deargadaol i gcuid acu agus gur chuir ó mhaith iad.⁴²

Is maith a thagann ról an deargadaoil in Brath na Feithide leis an léiriú diúltach a thugtar air i réimsí eile den scéalaíocht mar a samhlaítear leis an diabhal é. Chothódh a chosúlacht le reiptíl, agus a chló ciardhubh, an nasc idir é agus an t-áibhirseoir san íomháineas Críostaí. Is cinnte go raibh tábhacht mhór leis an scéal ag cothú na híomhá diablaí den deargadaol a gcuirtear friotal dá leithéid seo go minic air sa bhéaloideas: 'an deargadaol, is é an diabhal é, a deir siad, uaireanta.'⁴³ Tá scéal ann, mar shampla, gur i gcruth deargadaoil a chuaigh an diabhal go Gairdín Pharthais chun cathú a chur ar Ádhamh agus Éabha.⁴⁴ Deirtear i leaganacha de scéal faoi óganach a dhein aithrí tar éis dó buille a bhualadh ar a athair, go ndeachaigh a anam chun Dé ach gur ith deargadaol a chorp.⁴⁵ Insíonn scéalta eile gur dhein deargadaol d'airgead a bhí ag cur cathaithe ar dhuine;⁴⁶ gur tháinig deargadaol amach as béal mná mícharthanaí;⁴⁷ agus i scéal faoin gcinniúint, léirítear mar shamhail ar an olc é.⁴⁸ In eachtra ghabhlánach, cuirtear an deargadaol i láthair mar phearsanú ar an diabhal, agus tugtar clann an deargadaoil ar a lucht leanúna.⁴⁹ Nascadh an deargadaol le hasarlaíocht i gcás spealadóirí a mbíodh cumas mínádúrtha buainte luaite leo de bharr deargadaol a bheith i bhfolach acu i gcrann na speile,⁵⁰ agus tá léiriú diablaí ar an bhfeithid i gceist i roinnt ainmneacha a thugtar air, leithéidí *'the devil's coach-horse'* agus 'an deabhal dubh'.⁵¹ Luaitear feithidí mar an deargadaol leis an diabhal agus le hasarlaíocht i mbéaloideas dúichí eile freisin.⁵²

Cé go mínítear i mórán leaganacha de Bhrath na Feithide gur ghnách le daoine an deargadaol a mharú de bharr sceitheadh ar an Slánaitheoir, dhealródh go maraítí leis é gan spleáchas ar an scéal sin.⁵³ Tugann cuntais ón Mor-roinn agus ó Shasana le fios go maraítí nó go ndíbrítí go searmanastúil feithidí gaolmhara don deargadaol toisc gur creideadh gur bhagairt ar bharraí iad.⁵⁴ Ach pé bonn a bhí ag daoine le marú na feithide, bhain deasghnátha áirithe leis an ngnó go minic, agus bhí modhanna faoi leith molta chun é a chur i gcrích. Is nós leis an deargadaol a leath deiridh a ardú nuair a mhothaíonn sé dainséar, agus tuigeadh gur ghníomh bagarthach aige é sin: 'thugadh sé barr a eirbaill amach go dtí lár a dhroma le gráin ar an bpeacach, le gráin ar an nduine', agus creideadh go seachmallach go raibh ga nó nimh ina earball.⁵⁵ Dúradh go n-aithníonn sé Críostaí thar phágánach agus fiú Caitliceach thar Phrotastúnach, agus gur leis an gCríostaí nó leis an gCaitliceach amháin a ardaíonn sé a earball.⁵⁶ Bhí sé ordaithe é a mharú sula mbeadh deis aige sin a dhéanamh, agus creideadh go leanadh drochiarsmaí aon fhaillí sa chúram seo – mí-ádh nó daille nó an bás féin:

> An deargadaol *must be instantly crushed to death (in Carlow) or he will put seven curses on you – a curse for each time he lifts his tail. Ergo agitur de celeritate. He was the first (or only) thing that entered our Lord's tomb.*⁵⁷

Tá fianaise sa tír seo agus in Albain ar shlí a bhí molta chun an fheithid fhealltach a mharú, mar atá, í a phasáil sa talamh, agus seile a chaitheamh uirthi:

> *The way of dealing with clocks and daols when they appeared was to approach them, spit out trice at them saying:* 'Seile a's marbh-fhásg ort', *and then stamp on them saying:* 'Cuimhnigh, cuimhnigh goidé rinn tú aréir.'⁵⁸

Bhí sé ordaithe é a bhascadh le cloch nó é a bhrú ar chroí na dearnan, agus sonraíonn tuairiscí eile gur le hordóg na deasóige nó na ciotóige atá sé le marú.⁵⁹ Bhí an tuiscint ann gur leis na hingne nó na fiacla a bhí sé le marú,

An Timpeallacht trí Shúile an Chreidimh

agus i dtuairiscí éagsúla sonraítear go raibh seacht nó naoi bpíosa le déanamh de,[60] nó go raibh dhá leath le déanamh de, nó an ceann le baint de:

> Tá sé ráite ná déanfadh sé an gnó in aon chor an ceann a bhaint de leis na hingne, cé go ndéanann gach éinne leis an iongain anois é. Is minic a chonac mo sheanathair á dhéanamh agus deireadh sé linne an ceann a bhaint de leis an bhfiacail. Ár dtriail a bhíodh sé, mar tá deargadaol mallaithe agus bhainfeadh sé greim as do theangain b'fhéidir.[61]

Le dó a bhí an deargadaol, de réir tuairisc eile, nuair a bheadh an deis ann chuige:

> Tá' sé 'na chleachta fós imeasg muinntire Iar gConnacht an uair a thigeann deargadaol isteach i dteach ar bith ann, rith ar a' tlú, splanc dhearg a ghóil leis, é a shéide, agus é a leagain ar a' deargadaol le na dhógha ...[62]

Deir cuntas ó Chontae Chill Mhantáin gur sa tine is sábháilte é a mharú mar go leanfadh mí-ádh teagmháil le haon fhearas (e.g., cloch, bróg, maide) a d'úsáidfí chun é a mharú.[63] Ba chuid den searmanas a lean marú na feithide seo foirmle chuí a aithris le linn a maraithe. Bhíodh a caint féin i gceist uaireanta: 'deirtear na briathra céanna a duairt sí féin, "ané, ané," le linn an ceann a bhaint di.'[64] I leaganacha eile den fhoirmle tagraítear do pheacaí a leagadh ar an bhfeithid:

> Nuair a thaganns ciaróg isteach seastar air agus deirtear: 'Peacaí mo lae agus mo sheachtain ort, peacaí a bhfuil beo agus marbh ort.' Scuabtar isteach sa tine an deargadaol agus deirtear: 'Bruith agus dó agus loscadh ort', ach éiríonn a gcroí ach an priompallán a chloisteáil a dhul thart.[65]

Tharlódh gur d'fhonn an t-aistriú peacaí a bhrostú a bhí teagmháil fhisiciúil leis an bhfeithid molta i roinnt tuairiscí: 'Má chastar ciaróg ort cuimil do chos trí huaire di agus abair: "Peacaí mo lae agus mo sheachtaine ort; peacaí na mbeo agus na marbh ort". Maraigh ansin í.'⁶⁶ Dearbhaíonn a lán cuntas go maitear peacaí (sonraítear seacht nó naoi go minic) don té a mharaíonn an deargadaol, ach uaireanta bíonn sé mar choinníoll nach foláir é a mharú sula n-ardaíonn sé a earball, nó an marú a dhéanamh ar an Satharn.⁶⁷ Maítear go gcoimeádfar saor ó na seacht bpeacaí mharfacha an té a mharaíonn an deargadaol, agus fógraítear seacht mbliana purgadóireachta a bheith maite nó seacht n-anam a bheith tugtha as purgadóir dá bharr.⁶⁸ Luaitear luaíocht troscaidh freisin le marú na feithide: 'Is fearr daol a loscadh ná Aoine a throscadh.'⁶⁹ Ní i mbéaloideas na tíre seo amháin atá luach saothair spioradálta luaite le marú créatúir a bhí naimhdeach do naomhphearsa; i dtraidisiún na Rúmáine, mar shampla, deirtear go bhfuil seacht bpeacaí le maitheamh don té a mharaíonn damhán alla le cúl a ghlaice toisc gur sceith sé ar an Slánaitheoir.⁷⁰

Murab ionann agus an deargadaol, caitear go cneasta leis an bpriompallán de bharr a pháirte in eachtra Bhrath na Feithide: 'Ach ní déantar aon droch-ní leis a' bpriompallán i ngeall ar a' truai a bhí aige d'ár Slánuitheóir nuair a bhí sé a' teiche ó na Iúdaí.'⁷¹ Bhí stádas beannaithe aige de bharr a dhea-iompair: 'péistín glan is ea an trompallán bocht' agus bhí sé ráite gur cheart cabhrú leis a chosa a chur faoi dá bhfeicfí ar a dhroim é.⁷² Bhaintí feidhm as an bpriompallán i dtuar na haimsire agus nascadh an ról sin dá chuid le Brath na Feithide freisin:

> Bhí sé riamh againn, á chaitheamh in airde agus dá dtiocfadh sé anuas ar a dhrom ar an dtalamh bheadh sé fliuch amárach agus dá dtiocfadh sé ar a chosa bheadh sé tirim. Déarfá nuair a chaithfeá in airde é: 'A thrompalláin, a thrompalláin, an mbeidh an lá amárach breá?' B'fhéidir gurb amhlaidh a fuair sé an fios ón Slánaitheoir.⁷³

DAMHÁN ALLA (LÉARÁID 28)

Tráchtar ar theagmháil an damháin alla leis an Slánaitheoir i leaganacha den scéal idirnáisiúnta AT 967, *The Man Saved by a Spider Web*, ina luaitear é mar an té a gcosnaíonn nead an damháin alla é ar a naimhde.⁷⁴ Tá fianaise

An Timpeallacht trí Shúile an Chreidimh

fhorleathan Eorpach ar an insint áirithe seo den scéal sin, ach lasmuigh den traidisiún Críostaí luaitear pearsana eile mar laoch an scéil, ina measc, Dáiví Rí sa traidisiún Giúdach, Mathamad sa traidisiún Moslamach agus Yorimoto sa traidisiún Seapánach.[75] I leaganacha áirithe luaitear imeachtaí an scéil seo mar bhunús leis an teir a bhain le dochar a dhéanamh do dhamhán alla, agus freisin leis an mbua leighis a luadh lena nead.[76] Seo síos leagan den scéal ó Chontae Chorcaí:

> Uair amháin agus ár Slánaitheoir ag teitheadh óna namhaid, do chuaigh sé isteach i bpluais carraige agus d'fhan sé i bhfolach ann. Níorbh fhada go dtáinig an namhaid ar a thóir. Thángadar chomh fada leis an bpluais. Do chonaic sé an poll ag dul isteach faoin gcarraig:
>
> 'B'fhéidir gur istigh ansan atá sé,' ar seisean lena chomhrádaí.
>
> 'Ní hea in aon chor,' arsa an fear eile, 'ná ní fhéadfadh a bheith,' ar seisean, 'ná feiceann tú nead an ruán alla trasna an phoill.'
>
> B'fhíor dó, mar do bhí an nead ann. Díreach nuair a bhí ár Slánaitheoir imithe isteach do tháinig an ruán alla agus do dhein sé a nead trasna an phoill amuigh. Do cheap an Giúdach go mbeadh an nead san briste dá mba isteach ansan a chuaigh ár Slánaitheoir. Do buaileadh bob ar an lucht fiaigh agus do shábháil an ruán alla ár Slánaitheoir.[77]

Níl aon fháil i mbéaloideas na tíre seo ar scéal atá i ndúichí eile ina léirítear an damhán alla mar fheithid mhallaithe toisc gur fhéach sí le sníomh níos fíneálta a dhéanamh ná Muire.[78]

Is toise deabhóideach leis an ngnáthshaol iad scéalta a mhíníonn gurb é an Slánaitheoir faoi deara gnéithe den timpeallacht. Baineann na scéalta le feiniméin a mbíonn teagmháil laethúil ag an bpobal leo – ainmhithe agus éin, éisc, feithidí agus fáis – agus is féidir a áiteamh go léiríonn siad mian an phobail a dtimpeallacht féin a dhlúthú leis an naomhphearsa sin. Is solaoidí iad ar an bprionsabal diagachta a mhaíonn go bhfógraíonn gach creatúir an cruthaitheoir – *omnis creatura significans*, nó *omnis natura Deum loquitur*,[79] agus léiríonn siad go paiteanta an *cosmic Christianity* ar a dtráchtann Eliade:

> *Folk culture is fed on what I have called 'cosmic Christianity', that is, a Christianity in which the historical element is ignored, and in which the dogmatic element is scarcely manifest. On the other hand all nature in its entirety is transfigured by the presence of Jesus who participates in all the mysteries and sacraments. The world, life, living matter acquire religious dimensions.*[80]

Léirítear córas bunúsach moráltachta sna scéalta mínithe seo sa mhéid go bhfógraíonn siad gur iompar míchuí faoi deara gnéithe den dúlra a measadh a bhí míthaitneamhach ná míthairbheach – tuairim a tháinig go maith le teagasc na Críostaíochta faoi pheaca an tsinsir. Spreag siad an tuiscint go raibh ainmhithe, fásraí nó aicmí daoine a bhí go maith agus a thuilleadh acu a bhí go holc, agus cúitítear de réir a ngníomhartha leo. Tá tionchar na tuisceana seo sa saol laethúil le feiscint go soiléir i gcás an díoltais a agraíodh go leanúnach ar an deargadaol, agus an dea-thoil a léiríodh don phriompallán. Thug an seanchaí Tomás Laighléis tuairisc spéisiúil ar thábhacht na scéalta seo i saol an phobail:

> Shílfeá go mba bheag le rá na scéilíní sin, nach raibh brí ná éifeacht iontu thar páistí a shású. Is trua mar deir tú é. Bhí siad i bhfad ní ba tábhachtaí ná sin. Bhí sean agus óg ag baint leas astu. Ón ngarbhán tuaithe, ar dúradh go minic lena leithéid nach raibh a fhios aige a raibh Dia nó Muire ann, go dtí an seanduine a raibh a chois ar bhruach na huaighe, bhí glanmheabhair acu orthu. Bhí ceangal éigin ag baint leo a bhí ag athbheochaint an chreidimh níb fhearr ina gcroí ... Más fírinneach nó bréagach a bheadh an scéal ach caint a bheith ar Dhia nó ar Mhuire Mháthair ann, bhí glacadh acu leis.[81]

Mar fhocal scoir, ní miste a lua gur athchóiriú ar scéalta a bhain le cultas réamh-Chríostaí atá i gceist go minic i scéalta mínithe an bhéaloidis a mbíonn an Slánaitheoir nó naomhphearsana eile Críostaí luaite iontu. Sa mhéid sin, is féidir a rá go léiríonn na scéalta beaga seo feidhmiú polasaí eaglasta ar chuir an pápa Greagóir Mór friotal air, maidir le heiliminti den deabhóid phágánach a dhlúthú leis an deabhóid Chríostaí nuair a measadh go mbeadh sin cúntach seachas dochrach do chraobhscaoileadh an tsoiscéil.⁸² Tagraíodh thuas don fhianaise is túisce ar scéal bhunús na beiche ó dheora na naomhphearsan a bheith luaite leis an dia Éigipteach, Ra, agus go raibh fáil ar an scéal faoi chosaint ó nead an damháin alla neamhspleách ar an traidisiún Críostaí. Mar an gcéanna, is athchóiriú Críostaí atá i scéal Mhuire ag mallú an damháin alla ar eachtra atá ag Oivid in *Metamorphoses* (Leabhar VI), ina mallaíonn Pallas Athéin Arachne as a dúshlán a thabhairt i bhfíodóireacht. Ó tharla stádas sacrálta anallód ag an gciaróg i ndúichí éagsúla,⁸³ d'fhéadfadh go mbeadh fréamhacha réamh-Chríostaí freisin ag Brath na Feithide. Is cinnte go bhfuil cosúlachtaí idir an drochbhail a chuirtí ar an deargadaol agus marú deasghnáthúil créatúirí eile i gcultúir éagsúla, nós ar cosúil a mbaineann seandacht mhór leis agus nárbh ionadh scéal bunúis a bheith luaite leis.⁸⁴

SUMMARY

Origin legends attributing natural phenomena to the deeds of a culture hero are discussed in this chapter. While native heroes such as Fionn mac Cumhaill sometimes feature as the main protagonists in these, the most frequently featured hero is Christ, with the events recounted set in his infancy or in the lead up to his death. His interaction with insects is the focus here and origin tales in other traditions that attribute insect existence or characteristics to culture heroes are referenced. Thus, legends claiming bees emerged from Christ's grave or tears are paralleled in European and Egyptian tradition. The reason bees have a sting is attributed in multiple Irish variants of the international folktale (ATU 774K) to Christ demonstrating to Peter the justice of God's dispensation. A tale peculiar to Gaelic tradition tells how a beetle, known as the devil's coach-horse, is a cursed creature because it betrayed Christ, and in consequence, lost both its original colour and the power of speech. The gravity with which the insect's betrayal was popularly viewed can be judged from the widely observed custom of ritualistically killing it, and from the belief that doing so obtained forgiveness for sins. Christ features as the one protected by the spider's web in Irish variants of the international tale ATU 976, and in consequence of the helpful actions of the spider, it is said to be unlucky to kill it. Tales illustrating how animal characteristics were due to their interaction with God served a devotional function by positing an association between Christ and phenomena with which people were in daily contact.

An Timpeallacht trí Shúile an Chreidimh

1. Thompson 1946: 242.
2. Féach plé ar bheatha Chríost i bhfianaise an phátrúin aitheanta a bhaineann le beatha an laoich in Dundes 1980a: 223–87.
3. Hennecke 1963: 368; Gaster 1923: 50–51.
4. Ó Héalaí 2012: 159–64; 218–9; 227.
5. Bruford & MacDonald 1994: 464.
6. Tá réimse níos cuimsithí de na scéalta seo curtha i láthair in Ó Súilleabháin 1952: ## 1–23; Ó Súilleabháin 1970: 257–74; Ó Héalaí 2012: 108–236.
7. Ransome 1937: 245–9; HdA. I: 1226–52; Ranke et al. 1979: 296–307.
8. Ibid.
9. CBÉ 797: 15.
10. CBÉ 1231: 469. M. Ó Sírín ó S. Ó Carmaic, Barr Trá, Iorras, Co. Mhaigh Eo. 1952.
11. Sébillot 1905: 301; Amades 1988: 274–5; Leach 1949: I: 130.
12. CBÉ 978: 71–2; maidir le claochlú míorúilteach ar ghearbacha Iób, féach Breeze 1990a.
13. Féach tagairtí Cross 1952: A 2012.2, *First bees in Ireland*; cf. Kelly 1997: 108–10.
14. Ó Héalaí 2012: 276–8; scéal é seo atá bunaithe ar fhabhalscéal de chuid Aesop agus tá plé air freisin i gcaibidil 6 mar a dtugtar téacs de leagan Duibhneach den scéal.
15. O'Kelleher & Schoepperle 1918: #105.
16. Szövérffy 1957: 119–20.
17. CBÉ 562: 328. L. Ó Coincheanainn ó M. Ó Coincheanainn, Rinn na hAirne, Cor an Dola, Co. na Gaillimhe. 1938.
18. Tá 138 leagan áirithe in Ó Héalaí 2012: 167–70 agus is as Corca Dhuibhne 15 díobh. Maidir leis an deargadaol (*ocypus olens*) agus an priompallán nó an cearnamhán (*geotrupes stercorarius*); Burton 1968: 172–3, 180–81; DIL s.vv. darb-dóel, proimpellán, cerndubán; de Bhaldraithe 1996: 52–4; Forbes 1905: s.vv. Ceardubhan, Daol, Daol-caoch, Dardaoil, Priombeallan; mo bhuíochas don Dr Máirtín Ó Briain, as an dá thagairt dheireanacha seo.
19. Cf. ATU 106, *Animals' Conversation*, agus ATU 2075, *Tales in which Animals Talk*.
20. Féach e.g., Dähnhardt 1909: 51, 61–6; Child 1885: 8, 509–10; Lopes Cardosa 1971: 204–5. Tharlódh gur cosúlachtaí le scéalta sna foinsí sin faoi deara an ráiteas in Ó Súilleabháin 1952: 285 #15 go raibh scéal Bhrath na Feithide coitianta i ndúichí eile.
21. Baughman 1966: A2231.7.1, *Beetle cursed for betraying Holy Family on way to Egypt*. In ainneoin theideal an tsaothair seo (*Type and Motif Index of the Folktales of England and North America*), tugtar tagairtí d'ábhar i mbéaloideas na hÉireann agus na hAlban ann freisin; is do leaganacha Albanacha na tagairtí don scéal seo ann.
22. CBÉ 1020: 39; Joyce 1910: 246; O'Duffy Allen 1888: 140–1; le Fanu 1928: 120.
23. CBÉ 114: 354; CBÉ 538: 432; CBÉ 784: 130–1; CBÉ 969: 376–8; Colgan 1911–15: 24.
24. Féach Ó Héalaí 2012: 169; nasctar an dá scéal go rialta freisin i mbéaloideas Ghaeilge na hAlban, féach Bruford & MacDonald 1994: 464.
25. Dähnhardt 1909: 51, 61–6; Child 1885: 8, 509–10.
26. Tá áireamh cuimsitheach ar an bhfianaise seo in Breeze 1990b.
27. Jackson 1939–41; Jackson 1940; Jackson 1961: 119–22; McKenna 1939: # 49.
28. Breeze 1990b.
29. CBÉ 645: 200–2. B. Ní Mhaithnín ó B. Ní Mhaithnín, Cill Bhriocáin, Ros Muc, Co. na Gaillimhe. 1939.
30. CBÉ 772: 579–80; CBÉ 911: 380; CBÉ 1000: 598–9; CBÉ 1007: 696–7.
31. Colgan 1911–15: 24.
32. CBÉ 970: 363–4. Maidir leis an spideog sa

bhéaloideas, féach Ó Dochartaigh 1977–9; Ó Dochartaigh 1982.

33 *The Folklore Journal.* 1 (1883): 256–7; féach plé ar mhallacht naomhphearsan ar lucht ceirde i gcaibidil 12.

34 CBÉ 190: 115–16; CBÉ 1185: 217–18; Ó Tuathail 1933–4: 205–6.

35 *Transactions of the Philological Society.* 6 (1859): 94, aistrithe in Rolland 1881: 326; CBÉ 506: 319–22; CBÉ 520: 547.

36 CBÉ 204: 148–9 [= CBÉ 211: 511]; CBÉ 219: 97–8; CBÉ 538: 432; *The Folklore Journal* 1 (1883): 256–7.

37 Bruford & MacDonald 1994: 274–5.

38 Ó hAodha 1944: 104–105; tá an deargadaol luaite le húlla freisin in CBÉ 183: 409–10; CBÉ 577: 81–2; CBÉ 1192: 430–2; CBÉ 1234: 439.

39 CBÉ 54: 385; CBÉ 406: 23–4.

40 CBÉ 517: 55–6; *Journal of the Cork Historical and Archaeological Society.* 2 (1896): 159.

41 CBÉ 85: 346; *Béaloideas.* 3 (1932): 289 = *Béaloideas.* 10 (1940): 303; CBÉ 717: 123.

42 CBÉ 406: 23–4; CBÉ 577: 81–2; 'Omurethi' 1899–902: 181.

43 CBÉ 809: 472; féach nóta: 'chreidtí gur diabhal a bhí ann ...' in Ó Muirgheasa 1976: # 1050; Otway 1839: 110: 'A *dowlduff is a black insect about an inch long which all the lower classes consider the representation of Satan, and as such, kill it whenever they can.*' Tá an col a bhí leis an bhfeithide seo léirithe ag an bPiarsach ina ghearrscéal 'An Deargadaol'; féach Ó Háinle 1999: 100–5.

44 Otway 1839: 424.

45 CBÉ 76: 97–102; CBÉ 167: 506–9; CBÉ 313: 556–556; *Béaloideas* 5 (1935): 248; Ó Súilleabháin 1952: 290 # 46.

46 CBÉ 153: 192; CBÉ 432: 120–1; CBÉ 795: 82–3; cf. CBÉ 146: 539–40, mar a dtugtar le fios gurb é an deargadaol airgead an diabhail.

47 CBÉ 305: 92–3.

48 CBÉ 160: 269–70; CBÉ 179: 162–5; CBÉ 271: 164–5.

49 CBÉ 1324: 135–54.

50 Féach, e.g., CBÉ 3: 420–1; CBÉ 18: 244; CBÉ 935: 304–5; CBÉ 1010: 115–18; CBÉ 1717: 167–8; cf. *Béaloideas* 12 (1942): 172–3, mar a dtuairiscítear deargadaol a bheith folaithe i mbata scriosaire fir.

51 Ainm coitianta ar an bhfeithid sa Bhéarla é *the devils coach-horse*, cé gur le feithid ghaolmhar (*ocypus olens*) go háirithe a luaitear an t-ainm sin in *Oxford English Dictionary*; maidir leis an deabhal dubh mar ainm ar an bhfeithid, féach Otway 1839: 110, 224, agus Otway 1841: 173.

52 HdA. iv: 906–9; HdA. v: 1533; HdA. vi: 394.

53 Colgan 1911–15: 25: '*I was unable to find current in the district [Oileán Cliara] any legend accounting for its bad reputation*'; CBÉ 820: 402; CBÉ 665: 531. In áiteanna in Albain mharaíodh daoine é chun uaigh a chosaint air; féach Carmichael 2006: II: 188, 267.

54 *The Gentleman's Magazine.* October 1876: 511; HdA. iv: 907.

55 CBÉ 243: 231–2; Colgan 1911–15: 21; Wood-Martin 1902. II: 279; *Transactions of the Ossianic Society.* 5 (1857): 26–7; Ó Máille 1948: # 1395.

56 *Journal of the Cork Historical and Archaeological Society.* 2 (1896): 159; CBÉ 96: 374; CBÉ 204: 148–9.

57 CBÉ 407: 139. Peadar Mac Domhnaill. Ceapach na bhFaoiteach, Co. Thiobraid Árann.

58 Ó Tuathail 1933: 152; cf. *Béaloideas* 5 (1935): 248–9; CBÉ 1215: 255; *Journal of the Cork Historical and Archaeological Society.* 2 (1896): 159; Goodrich-Freer 1902: 223; Carmichael 2006: IV: 3. Míníonn tuairisc

An Timpeallacht trí Shúile an Chreidimh

in *Béaloideas*. 3 (1932): 289 [= *Béaloideas* 10 (1940): 303] go bpasáltar an deargadaol toisc go ndeachaigh sé in uaigh Chríost; cf. CBÉ 407: 139; CBÉ 717: 123.

59 CBE 930: 404–6, CBE 966: 150; CBÉ 204: 14–15; CBÉ 243: 231–2, CBÉS 557: 576. Dhéantaí é a bhascadh le cloch in Inse Ghall freisin, féach Goodrich-Freer 1902: 224.

60 CBÉS 512: 220; CBÉ 820: 402; le Fanu 1928: 120.

61 CBÉ 219: 97–8. D. Ó Caochlaidhe ó D. Ó Caochlaidhe, Cill Machomóg, Beanntraí, Co. Chorcaí. 1936.

62 Ó Fotharta 1947: 135 [aistr. in Hyde 1915: 278]; cf. Ó Súilleabháin 1952: 21–2.

63 *Folklore* 27 (1916): 419–20.

64 Ó Fotharta 1947: 135; féach freisin Ó Tuathail 1933: 152; CBÉ 1215: 255–6; Forbes 1905: 399; Dempster 1888: 149–89; 161–2; Campbell 1900: 227.

65 CBÉ 645: 200–202. B. Ní Mhaithnín ó B. Ní Mhaithnín, Cill Bhriocáin, Ros Muc, Co. na Gaillimhe, 1939; féach freisin Ó Fotharta 1947: 135; CBÉ 660: 347–8.

66 CBÉ 607: 426; féach freisin CBÉ 406: 83; CBÉ 641: 13–14.

67 CBÉ 24: 355; 245: 56–7; CBÉ 432: 120; CBÉ 607: 425; CBÉ 641: 13–14; CBÉ 820: 402; CBÉS 781: 123; CBÉS 788: 62.

68 CBÉ 54: 385; CBÉ 1234: 384–6; CBÉ 512: 220; CBÉ 517: 55; CBÉS 673: 54; Ó Milléadha 1936: 169–256: 240–1.

69 Ó Muirgheasa 1976: # 1050; cf. CBÉ 665: 531: 'Má loisceann tú an deargadaol sa tine deir siad go bhfuil Aoine an Chéasta troscta agat', agus a mhalairt in Forbes 1905: 400: 'is fear dhuit Aoine a thrasgadh na 'n dar-daol a loscgadh', Forbes 1905: 400.

70 Gaster 1923: 66; cf. Gaster 1915: 188.

71 Ó Fotharta 1947: 135. Is mór idir an dearcadh báúil seo ar an bpriompallán agus an léiriú diúltach air mar fheithid bhrocach in Céitinn 1902: 4.

72 CBÉ 1187: 47; Carmichael 2006: II. 188; MacGregor 1937: 134.

73 CBÉ 778: 14. S. O Dálaigh ó N. Uí Chonchúir, Baile Dháith, Baile na nGall, Trá Lí, Co. Chiarraí. 1941. Ba chuid de shiamsaíocht páistí i gCorca Dhuibhne sna 1950í (de réir chuimhne an údair) tuar na haimsire a bhaint as titim an phriompalláin. Bhaintí feidhm fáistiníochta as ciaróga i ndúichí eile leis, féach Opie & Tatem 1989: 21; HdA. iv: 908; HdA. v: 1534. Ó thaobh bhaint an phriompalláin le cúrsaí aimsire is spéisiúil go bhfuil sé áitithe gur nascadh an fheithid seo tráth le cultus dé toirní (HdA. vi: 394).

74 Tá cúig leagan den scéal áirithe in TIF, agus tá na leaganacha seo a leanas aimsithe freisin: CBÉ 535: 62–3; CBÉ 629: 183–4; CBÉ 823: 357; CBÉ 1404: 634.

75 Bristowe 1945: 55.

76 CBÉ 629: 183–4 agus CBÉ 823: 357 faoi seach. Maidir le tuiscintí traidisiúnta eile faoin damhán alla, féach Bristowe 1945.

77 CBÉ 535: 62–3. S. Ó Cróinín ó D. Ó Cróinín, Lios Buí, Cill na Martra, Co. Chorcaí. 1938.

78 Dähnhardt 1909: 253–4; Gaster 1923: 66–7.

79 Alanus de Insulis luaite in McGlathery 1988: 2.

80 Eliade 1978: 261.

81 de Bhaldraithe 1977: 167–8.

82 Sherley-Price 1968: 86–7.

83 E.g., an Ghearmáin (HdA. iv: 906–9), an Éigipt (had. vi: 396) agus an India (Thompson & Balys 1958: A2021 *Beetle's special sacredness*).

84 Thomas 1900.

16:
Bó, Beannaitheacht;
Im is Asarlaíocht

BEANNAITHEACHT

Ainmhí beannaithe í an bhó de réir an bhéaloidis.[1] Bhí sé ráite leis gur bhain diamhaireacht léi agus go raibh sé ar a cumas bheith i dteagmháil leis an osnádúr i slí nach bhféadfadh an duine: '*The cattle of the world have good wisdom surely, and they do be looking at more nor the eye of man gets leave to behold.*'[2] Tuigeadh go raibh íogaireacht ag baint le hainmhithe maidir leis an osnádúr, ionas gurbh fhusa dóibh é a mhothú ná an duine. Léiriú air sin is ea an tuiscint choitianta go bhfeiceann an mhuc an ghaoth,[3] agus ba chuid den seanchas i gCorca Dhuibhne é go raibh sé de bhua ag bó (chomh maith leis an gcapall) neacha osnádúrtha a fheiscint. Bhí scéal sa cheantar seo faoi fhear a bhí ar a shlí abhaile le bó a chuir stailc suas mar go bhfaca sí púca éigin ar an mbóthar cé nár léir dá giolla é.[4] Thuigfí óna leithéid sin de scéal gur samhlaíodh dáimh faoi leith bheith ag an mbó leis an osnádúr, agus go deimhin, ba chuid den seanchas freisin é gur leis an saol eile a bhain an bhó ó thús, rud a thuigfí, b'fhéidir, ó scéalaí Uíbh Ráthach, Seán Ó Conaill, nuair a dúirt sé gur 'ceann de chranna cumhartha Parathais is eadh an bhó'.[5] Ba bhó a bhí ina hidirghabhálaí maidir le bua na filíochta ón alltar a bhronnadh ar Chearbhall Ó Dálaigh, agus tá sinsearacht fhada sa chultúr Ind-Eorpach ag an mbó dhiaga.⁶ Tá ceangal na bó leis an alltar curtha in iúl go minic i bhfinscéalta a léiríonn gur cuid de dhomhan na ndaoine maithe í. Ceann díobh seo, mar shampla, is ea scéal a bhailigh Jeremiah Curtin faoin mbó a d'fhuadaigh na sí d'fhonn bainne a sholáthar do leanaí an leasa, agus a bhfuil leagan de curtha ar fáil freisin ag Mícheál Ó Gaoithín.⁷

Is é an bunús is treise a luaitear sa bhéaloideas le beannaitheacht na bó ná í bheith sa stábla an chéad Oíche Nollag, áit a ndeirtear a choinnigh a hanáil teas leis an leanbh Íosa sa mhainséar.⁸ Mar gheall air sin, deirtí go dtéann an bhó mar aon leis an asal (a bhí sa stábla freisin) ar a nglúine ar uair an mheán oíche gach aon Oíche Nollag ó shin.⁹ Ba chuid den traidisiún leis é go mbíodh caint ag na hainmhithe sin Oíche Nollag, cé gur bhaol d'aon duine a rachadh ag éisteacht leo, mar de réir an tseanscéil is amhlaidh a chloisfeadh sé iad ag trácht ar a bhás féin, tubaist a bhí chuige go luath.¹⁰ Thugtaí aitheantas praiticiúil don chaidreamh speisialta seo a bhí ag an mbó leis an Slánaitheoir mar ba nós in áiteanna é cothú faoi leith a thabhairt do na ba Oíche Nollag, agus dhéantaí tigh na mbó a mhaisiú don ócáid agus fiú seamaire cuilinn a chur ar adharca na mbó an oíche sin.¹¹ Deineadh ceangal idir na hainmhithe bheith sa stábla i mBeithil agus an nós a bhí coitianta tráth, ainmhithe a choimeád sa tigh:

> Is breá le Dia na Glóire na hainmhithe bheith istigh sa tigh ag daoine. Agus féach go ndeir siad gur rud sláintiúil é anál na n-ainmhithe bheith istigh sa tigh istoíche. Mainséar asail a bhí ina chliabhán ag ár Slánaitheoir. Féach anois nach mar sin atá siad ach *chiffoniers* agus *pianos* agus *round tables* acu. B'fhearr liom dhá ghamhain bheith ag cogaint a gcíre in aice liom istoíche ná an pianó is breátha a seinneadh riamh.¹²

Tugadh faoi ndeara go dtéann an bhó ar a glúine ag luí agus ag éirí di, agus ba chomhartha eile ar a naofacht é seo:

Bó, Beannaitheacht; Im is Asarlaíocht

Why is the cow the most religious of all animals? Night and morning she goes on her knees to adore God.[13]

Nuair a éireoidh an bhó rachaidh sí ar a dhá glúin ag umhlú d'ár Slánaitheoir.[14]

Nascadh an ghné seo d'iompar na bó le í bheith sa stábla i mBeithil:

Rachaidh an t-asal agus an bhó ar a ndá ghlúin nuair a bheidh siad ag luí, agus an chaora, ach ní dhéanfaidh an capall ach é féin a chaitheamh. Ná raibh an bhó agus an t-asal agus an chaora sa stábla an oíche a rugadh ár Slánaitheoir?[15]

Is mar gheall air sin leis a dúradh gurbh fhearrde feasta an t-asal agus an bhó i gcomhluadar a chéile: '*A donkey should always be kept with cattle in memory of Bethlehem.*'[16] Mheabhraigh ortha a chuirtí do bhó bhreoite an bhaint a bhí aici leis an mainséar i mBeithil:

Seo ortha a bhíodh ag seanThomás Ó Ceárna ar an Oileán. Nuair a bhíodh bó breoite ag éinne do glaotaí air agus deireadh sé an ortha seo:
Ortha a chuirimid duit, in ainm an Athar, is an Mhic agus an Spioraid Naoimh. Aimean.
Ortha dhuitse a bhó ó mhainséar na hÓighe, mar ar rugadh Críost.
Féach a Mháthair an bhó ag fáil bháis.
Féach féin a Mhic ós ar do láimh atá.
Croith tu fhéin a bhó agus caith dhuit an taom sin le hachainí mo Mháthar.
Agus gabhthar a bhuíochas léi féin, in ainm an Athar agus an Mhic agus an Spioraid Naofa. Aimean.[17]

Dealraíonn, áfach, nach i gcónaí a tháinig an bhó go réidh óna teagmháil leis an Slánaitheoir, mar tá scéal ó Chontae Loch Garman a mhaíonn gur de bharr a drochiompair ina leith a cuireadh cogaint a círe mar phionós uirthi:

> *When the Blessed Virgin and St Joseph and our Lord were preparing to fly into Egypt, they went first of all and got a cow to carry them, but she wouldn't do so. Then our Lord said he would put some penance on the cow. So he said to the cow: 'You will always have to chew your food a second time.' So that is the reason why the cow must chew her cud ...*[18]

Déantar ceangal i scéal eile idir an drochmhianach a bhíonn sa tarbh leis an mbaint a bhí aige le céasadh an tSlánaitheora:

> *When our Lord was dying on the cross there did blood come out of his side and there did a bull come along and drink his blood. That is the reason why the bull gets mad when he tastes human blood.*[19]

I scéal Connachtach deirtear gur mhian leis an diabhal seilbh a bheith aige féin ar an mbó ach go raibh an Slánaitheoir róghlic dó:

> Fadó ó shin nuair bhí an Slánaitheoir ar an talamh seo is minic a bhíodh an diabhal ag spochadh leis ag iarraidh bheith ag fáil an ceann is fearr air. Bhíodh an-olc ag an diabhal faoi go mbíodh baint ag Íosa Críost leis na beithigh ar fad agus gan baint ar bith aige féin leo. Aon lá amháin tháinig an diabhal go dtí an Slánaitheoir agus cuma an-fháilí air, más fíor dó féin.
>
> 'Tá an beithíoch ar fad agatsa duit féin,' a deir an diabhal, 'agus gan tada de agamsa. B'fhearr duit,' a deir sé, 'an beithíoch a roinnt liomsa agus cuid de a thabhairt dom.'
>
> 'An chéad lao eile a béarfar,' a deir an Slánaitheoir, 'roinnfidh mé leat é.'
>
> 'Bíodh ina mhargadh mar sin,' a deir an diabhal.
>
> Ba ghearr ina dhiaidh sin gur rugadh lao óg. Tháinig Íosa Críost agus tháinig an diabhal freisin agus é leagtha amach aige an margadh a dhéanamh leis an Slánaitheoir. Rugadh an lao. Chomh luath in Éirinn is a caitheadh ar an sop é d'fhiafraigh an diabhal den Slánaitheoir cén chuid den lao a bheadh aige.
>
> 'Bíodh an chuid is airde agus is ísle den lao agat,' a deir an Slánaitheoir, 'agus bíodh sin agat ó seo amach.'

Níor thuig an diabhal amach is amach céard a bhí i gceist aige. Agus lig an lao géim.

'Sin é an chuid is airde den lao,' a deir an Slánaitheoir, 'agus bíodh sin agat ó seo amach.'

Bíonn píosaí beaga de chraiceann ar bhonnachaí gach uile lao nuair a beirtear iad agus ní bhíonn sé i bhfad ar an saol go dtiteann siad de. Nuair a thit siad den lao seo dúirt an Slánaitheoir leis an diabhal: 'Sin agat an chuid is ísle den lao agus bíodh sé agat ó seo amach.' Níor fhéad an diabhal focal a rá mar bhí sé sásta leis an margadh roimhe sin.

Sin é an fáth go ligeann an lao géim nuair a thagann sé ar an saol agus go dtiteann an liobar craicinn dá bhonnachaí.[20]

Míníonn scéal ó Uíbh Ráthach cad ina thaobh nach mbíonn an oiread ime le fáil ó bhainne agus ba mhaith le daoine – toisc gur cheil bean an fhírinne faoina raibh d'im sa chuigeann aici ar an Slánaitheoir, agus shocraigh sé nach mbeadh feasta ar chuigeann ach a laghad ime agus a d'admhaigh sí siúd:

Bhí bean ag baint im den chuigeann lá. Ghabh ár dTiarna isteach chuici agus é ag siúl roimhe. 'Tá im go huileanna ort,' ar sé agus bhí leis. 'Níl ná go hionga,' a d'fhreagair sise. 'Mura bhfuil mar sin, bíodh mar sin.' D'fhan an scéal riamh mar sin ó shin.[21]

Léiriú eile ar bheannaitheacht na bó i dtraidisiún na tíre seo is ea a caidreamh le naoimh a raibh ómós mór dóibh. Is minic i mBeathaí na naomh Éireannach a luaitear a mbaint le ba, ach is ar fhianaise an bhéaloidis a léiríonn caidreamh bó le naomh, a dhírítear anseo. Bhí an Ghlas Ghaibhneach ar an mbó ba cháiliúla acu seo, agus i leaganacha den scéal is coitianta ina taobh, léirítear í mar bhó iontach a bhí ag Bríd a raibh flúirse mhór bainne aici nó gur crúdh go maslach i gcriathar í agus gur cailleadh ansin í. Seo leagan den scéal ó Chois Fharraige:

Bhí chuile dhuine a' díbirt a' Naomh Brighid as an áit le n-a bó ... An bhó bhí aice, bhí an oiread bainne aice as go líonat sí chuile soitheach dhá dtiocfadh fúithe. Dubhairt bean mhalluighthe a bhí ann go gcuireat sí héin soitheach fúithe nach líonat sí, agus sé sórt soitheach a chuir sí fúithe – criathar, agus ní raibh aon deoir dho'n bhainne a' fanacht ar a' gcriathar nach raibh sé a' sgaoile thríd. Bhreathnuigh an bhó thairti, agus nuair a chonnaic sí an bainne ag imeacht 'na shrutháin ar a' talamh, thuit sí agus cailleadh í.[22]

Bhí nasc láidir sa bhéaloideas idir Bríd agus cúrsaí torthúlachta, agus seans gur dá bharr sin a luadh an Ghlas léi sa scéal seo, fiú más le Goibniú a bhain an bhó ó cheart mar a thuigfí óna hainm, an Ghlas Ghoibhneann (uaireanta, Ghaibhneach). Bhí 'is fearr thú ná Naomh Bríd' mar nath a déarfaí in Árainn le bean a mbeadh go leor ime ina cuigeann,[23] agus bhíodh brat Bhríde mar chosaint ar bhó i mbéal beirthe agus mar leigheas ar ainmhithe breoite i gCorca Dhuibhne:

> Sa Ghaeltacht cuirtear leithead bán, nó aon bhrat, amach oíche Lae 'le Bríde. Tugtar isteach ar maidin é roimh éirí na gréine. Deirtear go mbíonn leigheas ann d'aon ainmhí breoite. Leatar an brat anuas ar an ainmhí a bhíonn breoite agus leigheasann sé é. Tugtar Brat Bhríde ar an mbrat a chuirfeá amach.[24]

D'athbheoigh Naomh Manchán bó dá chuid a maraíodh, agus maireann fós traidisiún in áiteanna ina bhfuil deabhóid dó nach ceart airgead a thógaint ar bhainne (seachas an bainne a chuirfí go dtí an t-uachtarlann):

> *St Munchan's cow had been taken away by another clan's men. The saint went in search of her – but when he could find her she was no more, i.e. she had been cut into pieces for eating purpose. Well, he brought her back to life in spite of that circumstance and came home with his treasure. And it happened that the cow from that time gave so much milk, that it could suffice for all the surrounding population, and very gladly the holy man supplied the district with his milk. Hence*

> *there is a custom still observed in the district, that one would not sell milk to a neighbour, but only give it.*[25]

Bhí an traidisiún ann faoi Chiarán Chluana leis gur athbheoigh sé a bhó, agus is dócha gur faoi anáil an scéil gur athbheoigh Pádraig tarbh a fuair sé ó thaoiseach págánach a leagadh na scéalta seo ar naoimh eile.[26] Ar ndóigh, bhí traidisiún eile leis ann faoi bhó odhar Chiaráin – gur deineadh ceann dár seanleabhair mhóra, Leabhar na hUidhre, as a seiche.[27]

Deirtear i scéal ó Chontae Mhaigh Eo gurbh é Naomh Pádraig a mhéadaigh ar bhainne na bó, mar nach mbíodh aici ach an beagán go dtí gur tháinig sé siúd an treo:

> An t-am a raibh Naomh Pádraig ag dul thart ag déanamh míorúiltí, tháinig sé isteach lá breá earraigh chuig seanbhean agus bhí croí maith ag an tseanbhean. D'iarr sé deoch uirthi agus dúirt sí nach raibh mórán aici – nach raibh faic de bhainne ag an mbó, ach mar a bhí, go dtabharfadh sí dó é agus fáilte. Dúirt sí leis an ngearrchaile a dhul amach agus an braon a bhí ag an mbó a bhaint di. Agus bhí sí ag tabhairt miosúr beag amach.
>
> 'Tabhair miosúr maith mór amach,' ar sé. Agus bhí sé an-íontúil aici é rá, ach thug sí canna amach agus níor fhág an gearrchaile an stábla gur líon sí an canna le bainne de bharr na bó. Agus bhí triúr nó ceathair meithil aici, ag cur fhataí aici, agus ghlaoigh sí isteach orthu go n-ólfadh siad a sá bainne, an rud nár ól siad roimhe sin ó aon bhó amháin. Agus bhí siad an-tsásta faoi gach a raibh de bhainne acu le n-ól. Roimh an am sin ní bhíodh ag na ba ach lán a n-adharc de bhainne.[28]

D'fhógair an seanfhocal an bhó bhán a bheith neamhfhiúntach: 'Trí nithe nach buan – bó bhán, bean bhreá, tigh ar ard.'[29] Dhein scéal eile faoi Phádraig a chion féin chun cur le drochmheas ar an mbó bhán, mar i leagan Gaillimheach den eachtra ina mallaíonn Pádraig Éire, is ar na beithígh bhána a dhírítear ceann dá mhallachtaí:

Chuaigh Naomh Pádhraig a chodladh ansin agus nuair a bhí tamall maith codlata aige, thosaigh sé ar sranntaíl. Diabhal i bhfad a bhí sé ag sranntaíl nuair a thosaigh sé ag rámhaillti ... Labhair sé ansin trína chodladh: 'Drochrath ar Éire', dúirt sé. Bhí an buachaill ag éisteacht leis: 'Má bhíonn', a dúirt an buachaill, 'go mba ar an gcuid is airde de na beithígh gheala a bheidh sé.' Is é an chuid is airde de na beithígh gheala an bhúir nó an bhúiríl a bhíonn acu.[30]

De réir leaganacha eile den scéal seo, is ar bharr adharca na mbó trí chéile a chuir an buachaill an mhallacht, agus deirtear gurbh é sin faoi deara dóibh bheith dubh ó shin.[31]

Ba rud coitianta sa seansaol é ainmhí breoite a gheallúint do Naomh Mártan, agus sa chás go mairfeadh sé, é mhárú ina onóir an oíche roimh a fhéile, 11 Samhain.[32] Bheadh gradam faoi leith ag an ainmhí nuair a dhéanfaí é a thiomnú do Mhártan: 'bhainidís fuil as a chluais nó áit éigin agus deiridís "comharthaím tú in onóir do Dhia is do Naomh Mártan."'[33] Bhí a lán scéalta a d'fhógair nár cheart a leithéid de gheallúint a fhágaint gan comhlíonadh, ach déanfar leor anseo le héirim ceann amháin ó Chorca Dhuibhne:

Chomharthaigh fear bó do Mhártan ach dhíol sé í. Tamall ina dhiaidh sin nuair a saolaíodh leanbh dá bhean bhí bó le clos ag géimneach timpeall an tí agus theip ar bhainne cíche na mná.[34]

De réir scéil a bhailigh Jeremiah Curtin agus a choimrítear anseo, chúitigh Mártan a íobairt go fial le feirmeoir bocht, agus dá bharr sin, dúradh gur lean bua bainne pór áirithe bó i gCorca Dhuibhne:

Mhairbh feirmeoir an t-aon bhó a bhi aige oíche Lae Mártan. Fuair sé seacht gcinn de bha ar a thalamh go luath ina dhiaidh sin agus bhíodh seacht gcinn de ghamhna baineanna acu go ceann seacht mbliana. Ansin bhí gamhain fireann ag bó acu, agus mhairbh an feirmeoir é. Thréig na ba ar fad é agus amach leo sa bhfarraige. Ar ámharaí an tsaoil, áfach, bhí cuid de na gamhna tugtha aige dá chomharsain agus tá a sliocht san áit ó shin a dúirt an scéalaí: *there are cows of that breed around Slieve Mish and Dingle to this day, and every one is as good as two cows.*[35]

Bhí sé ráite gur mhinic breis bainne ag bó bhacach thar mar a bhíonn ag ba eile, agus de réir an tseanchais i nDún na nGall, ba é Colm Cille a shocraigh é sin. Deirtear gur bhuail aithreachas é tar éis dó bó a mharú mar go mbíodh braon dá bainne á chur ina bhia i ngan fhios dó agus nár mhian leis bia saibhir a bhlaiseadh:

Chuir siad an bhó agus nuair a bhí sí tamall curtha ghlac sé aithreachas agus thóg siad an bhó agus ní raibh le fáil acu ach na cnámha. Agus chuir siad le chéile na cnámha uilig a fuair siad ach cnámh na hioscaide. Ni bhfuair siad é sin agus bhí an bhó bacach. D'fhág sé de bhua ón lá sin go dtí an lá inniu ar an bhó bhacach níos mó bainne a bheith aici ná aon bhó eile. Agus tá sin amhlaidh.[36]

Feicimid ón bhfianaise atá curtha i láthair thuas, gur luadh beannaitheacht agus diamhaireacht leis an mbó sa bhéaloideas mar gheall ar a teagmháil le pearsana beannaithe nó a baint leis an alltar. Bhíodh éileamh ar scéalta mínithe ina ndéantaí an bunús a bhí le saintréithe ainmhithe (nó gnéithe eile den dúlra) a cheangal le pearsana a raibh mórthábhacht leo in aigne an phobail, go háirithe pearsana bainteach le cúrsaí creidimh. Is léir go raibh an-tionchar ag an ról a luadh leis an mbó an chéad Oíche Nollag ar dhearcadh na ndaoine uirthi, mar gurbh é seo go háirithe a chothaigh an tuiscint go raibh beannaitheacht ag baint léi. Bhain samhlaíocht agus drámatúlacht leis na scéalta seo faoin mbó, agus níorbh ionadh dá mbeadh tionchar acu ar dhearcadh daoine uirthi agus go gcuirfeadh an seanchas seo ina taobh toise deabhóideach le caidreamh an duine leis an mbó.[37]

IM AGUS ASARLAÍOCHT

Is mithid díriú ar shnátha eile de bhéaloideas na bó, mar atá, slite inar féachadh le tionchar draíochtúil a imirt uirthi féin nó ar a cuid bainne, agus ar minic an focal piseog á úsáid ag tagairt dóibh. Baineann suibiachtúlacht áirithe le húsáid an fhocail sin, áfach, agus mar atá ráite cheana, ní téarma an-sásúil é seo ag tagairt do sheantuiscintí agus nósanna ar cuid de shaol pobail iad.[38] Is léir ón seanchas agus ó ghnásanna a cleachtadh i leith na bó, go raibh ócáidí thar a chéile ar mhothaigh daoine corrabhuais ina dtaobh. Bhí breith, breoiteacht agus bás bó ar na hócáidí criticiúla seo gan amhras, agus chomh maith leo sin, ar bhonn laethúil, tuigeadh nár mhór an-chúram a dhéanmh de bhainne na bó. De réir na haigne traidisiúnta, bhí dhá mhórbhagairt ó fhórsaí osnádúrtha ar an mbó agus a bainne, mar atá, an slua sí agus an drochshúil. Is í an bhó an t-ainmhí is coitianta a bhíonn á lua leis na daoine maithe sa sísheanchas, agus de réir an tseanchais bhídís ag faire ar bha chun iad a sciobadh, nó a gcuid bainne a ghoid – tuiscintí a eascraíonn, ar ndóigh, as imní faoi leochaileacht an ainmhí mhórluachmhair sin.

Creideadh go raibh daoine ann a raibh an tsúil choirithe acu, fiú má ba i ngan fhios dóibh féin sin, agus go bhféadfaidís díobháil a dhéanamh don bhó agus dá bainne: 'Bhíodh na mná an-aireach orthu féin an lá bhídís ag déanamh an ime. Bhíodh súil acu ar gach éinne a thagadh isteach, dá b'iad muintir an tí féin iad.'[39] Tuigeadh leis go raibh bagairt ar shochar an bhainne, neamhspleách ar choiriú, ó dhaoine mailíseacha a raibh sé de chumhacht acu an sochar sin a ghoid.[40] Bíonn an bhó i gceist go minic i scéalta faoi choiriú agus tá roinnt fianaise ann gur coitianta go mór géilleadh á thabhairt do choiriú i bpobail a bhíonn ag plé le déiríocht ná i bpobail nach mbíonn.[41]

Ba ghnó leochaileach é im a bhaint as an gcuigeann (léaráid 29), agus mura dtiocfadh an t-im nó dá mbeadh sé righin ag teacht, nó mura mbeadh oiread ann agus a mbeifí ag súil leis, ba réidh le daoine a cheapadh nach raibh a gceart á fháil acu toisc go raibh scamhard an bhainne goidte. Creideadh go forleathan go raibh sé ar chumas daoine áirithe cur le sochar a mbainne féin trí mhaith bhainne na gcomharsan a ghoid. Bhí tuiscintí éagsúla ann maidir le foinse na cumhachta seo, an drochshúil nó gníomhaíocht na sí a luaitear go minic i mbéaloideas na tíre seo agus ina lán dúichí Eorpacha bhí sé tugtha suas do neacha osnádúrtha mar na sióga, go mbídís ag goid an bhainne ón mbó agus go mbainidís an scamhard den bhainne sa chuigeann.[42] Bhí an tuiscint gur ón diabhal a d'eascair an chumhacht sin coitianta freisin i dtíortha eile agus tá fianaise ar an tuiscint sin abhus chomh maith. Insíonn Mícheál Ó Gaoithín, mar shampla, go raibh cumhacht osnádúrtha maidir le bainne le fáil ag an té a rachadh trí huaire faoi sceach a mbeadh a dhá ceann i dtalamh agus margadh a dhéanamh leis an diabhal,[43] agus tuairiscíonn sé go ndeireadh na seandaoine go raibh baint ag an 'mac mallachtain' leis an dream a bhíodh ag goid shochar an bhainne.[44] Seo léiriú ó Bhéal Átha an Ghaorthaidh ar an tuiscint sin go mbíodh cumhacht an diabhail ag feidhmiú i ngoid an ime:

Do bhíos ag dul go haonach Bheanntraí agus ní raibh cipíní soluis chomh raighsiúil san am sin agus tá siad anois. Do chonnac soluisín le haithint an lae – ní raibh an lá geal ar fad ann – trí fhuinneoig istigh i seana-thigh cinn dín, agus do bhuaileas mo lámh ar an ndoras agus isteach liom. Tigh feirmeora bheag ab eadh é. Seo isteach mé, agus bhaineas ana-phreab a diabhal seana-mhná bhí istigh, agus bainne aici dá thabhairt le cumhacht an diabhail, fé mar thuigim, anuas as an seimné le dhá shúgán tuighe ceangailte thuas ar an maide crosta a bhí thuas anáirde a' coimeád na croiche, agus an bainne aici á tharrac anuas annsúd, agus is dócha gur cúpla diabhal a bhí 'na teannta. *Well*, nár mhór an diabhal seana-mhná í sin! Nár mhór an diablaíocht agus an rógaireacht a bhí innte! Á! do b'olc í. Bhí sé cinn de bha beaga aice, ar cliathán cnuic, aice féin 's ag a fear, droch-phaiste beag tailimh; agus d'airigheas mórán Éireann des na comharsannaibh á rádh agus is beag ná gurb é radharc mo shúl féin é, trí fircíní ime ós gach aon bhó acu san, agus is dócha gurb amhlaidh a bhí an Fear Mór ag cabhrú léi![45]

Théití i leith cleasa iomadúla chun sochar an bhainne a ghoid, agus arís chun an ghoid sin a chosc. Bhí cuid mhór díobh seo bunaithe ar fheidhmiú dhraíocht na cosúlachta nó dhraíocht na teagmhála. Mar atá ráite i gcaibidil 7, feidhmíonn draíocht na cosúlachta ar an tuiscint go mbíonn tionchar ag a chosúlacht ar an rud féin, nó go ndéanann a chosúlacht an rud féin a chur i gcrích. Sin atá i gceist, mar shampla, nuair a fhéachtar le sochar bainne comharsan a ghoid trí aithris a dhéanamh ar an ngeáitsíocht a bhaineann le maistreadh le linn do bha comharsan gabháil thar bráid. Feidhmíonn draíocht na teagmhála ar an tuiscint go mbíonn tionchar ag rud ar cibé ní a raibh sé tráth dlúite leis, e.g., creideadh go bhféadfaí rath bainne duine eile a ghoid trí sheilbh a fháil ar ruaimneach nó buarach a bhó, nó fiú an pluda ar leag sí crúb air.

RATH AN TÍ

Ach oiread le hamanna criticiúla eile, bhíodh daoine aireach gan aon ní a scaoileadh as an tigh nuair a bhíodh an chuigeann ar bun acu. Creideadh go bhféadfadh sochar an bhainne imeacht le haon rud a bhain leis an tigh (go háirithe an tine – sméaróid, deatach, luaith), nó le haon ní a bhain leis an mbó, nó aon chuid den trealamh a bhain le déantús an ime, nó le haon rud a bhain leis an bhfeirm (uisce tobair nó srutháin, cré nó fiú an drúcht féin). Bhain siombalachas soiléir leis seo – gurbh ionann scarúint le rud a bhain leat féin agus scarúint le do chuid den ádh. De bhreis air sin, bhí deis á soláthar do dhaoine mailíseacha feidhm a bhaint as an rud sin a tógadh uait chun díobháil a dhéanamh duit. Is léiriú maith ar fheidhmiú na dtuiscintí seo i gCorca Dhuibhne, an cháiréis lena gcaitheadh daoine áirithe leis an tine am cuiginne:

> ... is cuimhin liom go gcloisinn na daoine 'á rádh nár cheart aon teine do bhreith amach as an dtigh an fhaid a bheadh an chuigeann ar siubhal. Deirtí agus do creidtí leis, dá mbeirtí an smól tine ba lugha thar doras amach an fhaid do bheadh an chuigeann 'á dhéanamh go mbainfí an t-im di, agus nárbh fhéidir í dhéanamh i gceart dá fhaid a bheifí ag gabháil di. Is minic a chonnac duine ag teacht isteach i dtigh chun a phíopa do dheargadh leis an ngríosaigh, agus

dá mba rud é go mbeadh cuigeann á dhéanamh, ní ligfí dho dul amach arís go dtí go gcaithfeadh sé a dhóthain den phíopa, ar eagla an ime do bhreith leis.⁴⁶

Dá mba rud é gur tugadh an tine amach as an tigh, bhíodh cosaintí fós ag muintir an tí ar a rath, mar a thuairiscíonn Mícheál Ó Gaoithín:

> Tháinig fear isteach i dtigh don mbaile lá ag deargadh a phíopa. Nuair a bhuail sé amach agus a phíp dearg aige d'éirigh fear an tí agus do chaith sé sméaróid den dtine dhearg isteach go damhach an mhaothacháin. D'fhill an fear a chuaigh amach agus do chuir sé smeachaide eile den dtine ar a phíopa. Más ea, nuair a bhuail sé amach do féin, d'éirigh fear an tí agus do chaith sé smeachaide eile den dtine dhearg sa damhach mar a raibh an maothachán. Chas an fear do chuaigh amach agus do chuir sé smeachaide eile ar a phíp. Ansan bhuail sé amach.
>
> 'Cogar,' arsa fear an tí leis an bhfear a bhí ag dul amach, 'bíodh deireadh leis an obair seo. Coinnibh dearg anois í nó cuir id phóca í.'
>
> Nuair a fuair sé imithe é chuir sé smeachaide eile go damhach an mhaothacháin.
>
> Chonac leis bean ar an Oileán ag déanamh rud cosúil leis sin ach is dhá fhód móna a chuir sí sin sa tine in ionad an méid a tógadh amach aisti.⁴⁷

Ar aon dul leis seo bhí cleas eile le hobair lucht goidte an ime a chur ar gcúl — sméaróid a chur in umar uisce in aghaidh pé sméaróid a thógfaí as an tigh, agus bheadh an t-im a bhí ceaptha bheith á ghoid le fáil san umar uisce sin ag muintir an tí.⁴⁸ Bhain baol fiú le gráinne salainn a ligean as an tigh mar a léiríonn an cuntas seo ó Abhainn an Scáil:

> *I heard my mother to say that long ago there was an old woman living in a village near her own place and that she was noted for taking the milk and butter from her neighbours' cows. The way she used manage this thing was that she would come into a person's house for a grain of salt without pretending any harm. When she had the salt she was able to take the people's butter. After a while the milk would*

be very little by the cows, and after a while it would turn into blood, and a person was very lucky if the udder of the cow wouldn't get bad altogether.[49]

Luaitear i roinnt de na cuntais seo go mbíonn fuil i mbainne na bó a bhfuil a sochar á ghoid. D'fhéadfadh go deimhin fuiliú teacht chun cinn de bharr galair, ach d'fhéadfadh freisin, go n-eascraíonn an mhóitíf áirithe seo as an tuiscint go mbeadh an bhó á crú ródhian ag an ngadaí.[50]

Is léir ó na cosaintí iomadúla a bhíodh ar bhainne, cé chomh géar agus chomh forleathan is a bhí imní ina thaobh. Dá laghad teagmhála a bheadh ag daoine nár den teaghlach iad leis an mbainne, b'amhlaidh ab fhearr é: 'Tá daoine sa Ghaeltacht agus níor mhaith leo go raghfá isteach i seomra an bhainne le heagla go dtabharfá an t-im nó rath an ime leat.'[51] Bhí ceangal crua ar an té a thiocfadh isteach le linn don mheadar bheith á dhéanamh, lámh a bheith aige sa ghnó chun a chinntiú go mbeadh toradh fónta air:

> Bheadh air greas a bhualadh ar an gcuiginn, leis, sara n-imtheochadh sé, mar dá mba ná buailfeadh sé greas ar an gcuiginn roimh imtheacht amach do, bhéarfadh sé an t-im leis chomh maith díreach is dá mbeireadh sé an teine amach as an dtigh leis 'na phíopa. Ba chuma cé thiocfadh isteach is an chuigeann ar siubhal, chaithfeadh an duine sin greas a bhualadh uirthi, ar eagla an ime bhreith leis. Ní bheadh muintir an tighe sásta i n-ao' chor mara ndéanfaí san, agus cé ná beadh an chuigeann 'á dhéanamh i n-ao' chor, ach í bheith iompuithe i n-aice na teine, ba cheart don té thiocfadh isteach, a lámh a chur ar an loinithe agus é chorruighe cúpla uair anonn 's anall. Ní bhéarfadh sé an t-im leis annsan; agus bheadh muintir an tighe sásta.[52]

Níos dóichí ná a mhalairt, eagla roimh an drochshúil ba bhunús leis an nós sin, mar gurbh é a bhí á éileamh ar an gcuairteoir ná go léireodh sé a dhea-thoil i leith an ime a theacht, agus dhéanfadh sé amhlaidh trí pháirt a ghlacadh sa mhaistreadh. Ba dhearbhú uaidh an rannpháirtíocht seo nár mhaígh sé a gcuid ar mhuintir an tí, agus go raibh sé dea-intinneach ina leith.

Agus nuair a bhuailfeá isteach i dtigh a mbeadh cuigeann á dhéanamh ann chaithfeá do lámh a leagaint ar an loinithe agus cúpla plab a bhaint as chun a chur in iúl do mhuintir an tí nach saint chun a gcuid ime a thug isteach tú le linn maistrithe.[53]

Tharlódh leis gur d'fhonn coiriú a sheachaint a dhéantaí féirín beag éigin a chur in áras ina raibh bainne a bronnadh ar dhuine. Dá gcuirfí an t-áras abhaile folamh agus gach deoir glanta as, d'fhéadfaí a thuiscint as sin go mbeadh dúil ina thuilleadh fós ag an té dár tugadh an bainne, rud a d'fhágfadh an baol ann go gcoireodh sé soláthar bainne an bhronntóra – fiú agus gan é sin ar intinn aige. Fógraíonn an bronntanas a chuirtear san áras folamh nach bhfuil aon easpa ar an té a fuair an bainne, agus cuireann sé in iúl a dhea-thoil siúd i leith an té a thug dó é. Ba chomhartha buíochais é an bronntanas, ar ndóigh, ach dealraíonn go raibh rud eile seachas cúirtéis i gceist leis:

Na mná is mó a chínn-se ag teacht ag féachaint daoine breoite agus mé im gharsún agus ba bhéas leo rud éigin a bhreith leo nuair a thiocfaidís ag cur a thuairisce. Leamhnacht ab eadh an rud ba ghnáthaighe leo a bhreith ag féachaint an duine bhreoite … Nuair a bheadh an bhean ag dul abhaile, ba nós rud éigin a chur san árthach 'nar thug sí an bainne léi ag féachaint an duine bhreoite. Do cuirtí ubh nó dhó sa ghalún chuichi, nó gráinne té, nó gráinne siúicre, nó gráinne salainn mara mbeadh aon ní eile le cur ann. Ní bheadh sé ceart ná cóir an t-árthach a scaoileadh abhaile folamh, ar eagla aon díobhála do thuitim amach ar an mnaoi féin, nó ar aenne bhain léi, ná ar an buaibh do thál an bainne dhi.[54]

Mothaíodh go raibh ceangal faoi leith idir an líon ar dhíon an tí agus sochar an bhainne. Ba shiombail é an díon ar mhaoin agus ar shealbhas an tí, agus ina theannta sin, ba mhinic sa seansaol gurbh é an tigh cónaithe tigh na mbó agus tigh an bhainne leis.[55] D'fhéadfaí an sochar a chur ó mhaith trí léas a bhaint as an líon:

Chuaigh sé seo isteach sa tigh seo agus bhí bean an tí ag déanamh cuiginne agus d'iarr sé deoch uirthi. Ní thabharfadh sí aon deoch dó … Níor dhúirt an fear dada ach siúd amach leis. Nuair bhí sé taobh amuigh den doras bhain sé trí ribí de thuí as an díon agus d'imthigh sé leis … D'imigh sé tamall maith den bhóthar agus chas sé ar ais aríst. Chuaidh sé isteach sa tigh aríst agus bhí an chailleach ina suí sa chlúid agus an chuigeann gan déanamh i lár an urláir.[56]

Thabharfaí an sochar ar ais ach léasa ón díon a dhó:

If a person suspects a neighbour of taking butter he should pull three straws out of the thatch of the byre where the rogue's cows are. Bring the straws home and put them in one's own byre and the rogue's power will be broken.[57]

Bhí laethanta thar a chéile a bhí éiritheach chun na meidre. Ach oiread le gnóthaí eile, níor cheart tabhairt faoin gcuigeann ar an Luan, agus i gCorca Dhuibhne ach go háirithe, ba iad an Mháirt agus an Chéadaoin a bhí molta:

Dé Máirt agus Dé Céadaoin a dheinidís an t-im. B'iad san thar laethanta an domhain a bhí rathúil dar leo. Ní cuirfí chun é dhéanamh aon lá eile den seachtain ar eagla ná leanfadh an rath an obair. Éinne a dheineadh do theangadh sé do. Chuala gur dhein bean ar an Oileán Tiar fadó é agus gur phléasc an mheadar as a chéile agus gur imigh a raibh istigh inti ar fuaid na mias, is é sin le rá, gur imigh sé fé thalamh. B'fhada leis an mnaoi seo fanacht leis an Máirt nuair a bhí aon fhuisceallach beag den uachtar bailithe aice. Thosnaigh sí Dé Luain ach níor éirigh léi.[58]

Bhí nithe éagsúla ar creideadh go raibh bua faoi leith acu agus a úsáideadh go rialta mar chosaint ar shochar an bhainne. Bhí tine, iarann (tairní), salann, fásraí áirithe (gad coill nó caorthainn go háirithe), uisce coisricthe, bonn airgid, ribín dearg agus clocha bána orthu seo, agus ba mhinic cuid acu á gcur i gcóngar árais an bhainne nó na meidre, go háirithe Lá Bealtaine. Féachadh ar an lá sin mar thús le séasúr an bhainne, agus bhíodh fonn dá réir ar dhaoine an t-ádh a chinntiú dóibh féin i gcóir na biaiste a bhí rompu. Dhéantaí cosaint speisialta ar úth na bó an lá sin – chuimlítí maith na bó féin dó, nó bainne bó bleachtáin, nó luaith as léasa ón líon i ndíon an tí a dhófaí d'aon ghnó chuige sin.[59] Ba nós leis é, cac bó a smearadh le maide i bhfigiúr croise ar cheathrú na bó nuair a bheifí á crú – malairt ar an gcros a dhéantaí le méar tumtha sa bhainne.[60] Tugann cuntas ó Chontae Mhaigh Eo le fios go raibh 'Bualtrach na Bealtaine' aitheanta mar shás cumhachtach cosanta ar an mbó agus ar rath an tí, agus cuireadh údarás na Maighdine Muire féin mar bharántas leis:

> *Every May Day, people used to make what was called* Bualtrach na Bealtaine *and rub it off the cow's horns and then put it up in the couples of the house. The grass the weeds the nóinins and everything that grows in the grass – all these does be mixed up together. When they are mixed together they are mixed with a lump of cow dung and rubbed off the cow's udder. Then they used to put it up behind the couples as it was thought nothing could happen to the house where it was.*
>
> *It's in memory of the Blessed Virgin that this is done at all. Herself and St Peter were walking out one day when a little girl met them. The Blessed Virgin asked her would she be kind enough to pull some of those daisies that grew, and besides grass and other flowers. The little girl wasn't long until she had a good handful pulled and she gave them to her. St Peter wanted to know what she wanted them for and she told him they were for rubbing off the cattle when she'd go home. That day happened to be a May Day, so ever since the people do make this* Bualtrach na Bealtaine.[61]

De bharr a mbíodh d'imní ar dhaoine Lá Bealtaine faoina gcuid bainne, ba leasc leo tine a lasadh nó go mbíodh cuid mhaith den lá caite, ionas go mbeadh tráth diamhair na féile (ón oíche roimh ré go headartha lá arna mhárach) thart, agus an baol laghdaithe dá réir. Is cosúil gur mhinic cúis mhaith acu le bheith braiteach:

> Cuirtí an teine i-n éag istoidhche, oidhche Lae Bealtaine, ar fuaid na dúithche, agus ní deintí í lasadh arís go dtí tar éis eadartha amáireach. Ach

Lá Bealtaine, dá mbeadh sé de mhí-ádh í adú roimh aimsir eadartha, nó go dtí go mbeadh na ba crúidhte, pé scéal é, bheadh droch-chomharsa mná éigin, b'fhéidir, ag faireadh ar a thigh, féachaint an bhfeiceadh sí an deatach ag éirghe as roimh eadartha chun a cuid piseoga do chur i bhfeidhm. Nuair a chífeadh an droichbhean so an deatach, bheadh ceirtlín de rud éigin aici i bhfuirm rolla ime, agus bheadh sí á chaitheamh fé dhéin an deataigh agus focail éigin mar seo ar siúl aici, chun an ime bhreith léi ón gcomharsain: 'Im an deataigh seo ar mo chuid bainne-se. Im an deataigh seo ar mo chuid bainne-se', agus mar sin de, go dtí go mbeadh an t-im beirthe léi aici, dar léi.[62]

Bhí fear i mBaile na Rátha i bparóiste Dhún Chaoin fadó agus dúirt sé an chéad tigh go bhfeicfeadh sé gal as an simné ar maidin Lae Bealtaine go dtabharfadh sé sochar an bhainne as an tigh sin dá mba mhaith leis é dhéanamh.[63]

B'ithir thorthúil scéalaíochta í imní faoi ghoid mhaith an bhainne. Instear i bhfinscéal aitheanta conas mar chonacthas giorria ar a chosa deiridh ag deol ar shíní na bó, ach nuair leonadh é le hurchar agus gur leanadh é, fuarthas amach gur seanbhean faoi dhraíocht a bhí ann.[64]

De réir an tseanchais, bhí fir agus mná feasa, go háirithe, eolgaiseach ar conas sochar an bhainne a fháil ar ais. Bhíodh cleasanna ann a raibh sé d'aidhm acu an té a dhein an dochar a thabhairt i láthair, agus an ghadaíocht a admháil. Chuige sin, dhéantaí iarann (soc nó cuing an chéachta) a chur sa tine agus gad (coill, caorthainn, táthfhéithlinn) a fháscadh ar an gcuigeann.[65] In eachtra a luaitear le paróiste Múrach, is é an phian a thugann ar an ngadaí a cionta a admháil ná í bheith á dó ag an tine a choinníonn an fear feasa le lao na bó ónar ghoid sí sochar a bainne:

Do bhí bean ina cónaí i bparóiste Múrach suim blianta ó shin i mbaile áirithe gurbh ainm do Baile na bhFionnúrach, go raibh ceathair nó cúig do bha aici ... Is ea, nuair do dheineadh an bhean so an chuigeann i gcónaí ba ghnách léi braon den mbláthaigh do chur ó thigh go tigh ar an mbaile. Is ea, pé ar domhan é, is gearr gur iontaigh an bainne ina gcoinne agus níorbh aon mhaitheas di bheith ag déanamh cuiginne mar ní fhéadfadh sí é …

… Do bhí faire amuigh ag an mbean ar an mbó … agus nuair do bhraith sí i mbreoiteacht gamhna í do chuir sí fios ar an bhfear siúil. Do tháinig seisean agus nuair do saolaíodh an gamhain do thug an fear siúil isteach go tigh na muintire é agus d'fhadaigh sé síos tine mhór ghroí. Nuair do bhí an tine dearg ina ceart, do cheangail sé suas ceithre cosa an ghamhna is do dhruid sé isteach le hais na tine é. Nuair do bhí an teas ag breith ar an ngamhain do bhí gach aon bhéic aige ach ní thairrigeodh an fear siúil siar é ach é ag socrú na tine leis i gcónaí. Ba ghearr go dtáinig bean de na comharsain sa doras iata agus í ag scréachaigh orthu í ligint isteach. Dúirt an fear siúil léi ná ligfí.

'Ó ligígh isteach mé ar son an tsaoil,' arsa í sin, 'agus tá an tine ag gabháilt tríom agus geallaim ná déanfad aon díobháil go brách arís díbh … A Mháire Dháith,' ar sise, mar sin é an ainm a glaoití ar bhean an tí, 'bhíse ag cur na bláthaí gach aon uair a dhéantá an chuigeann chugamsa le carthanacht ach is olc do dhíolas-sa i do phá thú. D'fhágtása cáithníní beag ime ar do bhláthaigh. Do bhailínnse suas iad san agus bhíos á n-oibriú suas le nósanna piseoga i dtreo is go rabhas ag baint rath do chuid bainne díotsa agus á chur orm féinig, agus do bheinn á dhéanamh an fhaid do mhairfinn mara mbeadh go mbuaigh sé seo inniu orm.'[66]

LÁMH AN DUINE MHAIRBH

Is dócha nach raibh aon ghné den seanchas faoi ghoid shochar an bhainne b'uafaire ná an leas a bhaintí as corp marbháin san obair sin. Bhí dhá shlí aitheanta ina ndéantaí é seo, mar atá, úsáid a bhaint as lámh duine mhairbh, sin nó úsáid a bhaint as 'buarach bháis' – stiall leanúnach craicinn, ó bhaic an mhuiníl síos fad a choirp a bhaintí de mharbhán.[67] An té a chuirfeadh roimhe úsáid a bhaint as lámh duine mhairbh, níorbh fholáir dó ar dtús í a sholáthar, agus ar ndóigh b'in rud a chaithfí a dhéanamh le ganfhiosaíocht. Níor mhór dul faoi dhorchacht na hoíche don reilig – ar uair an mheán oíche féin a mholtar i gcuntas ó Abhainn an Scáil – an lámh a bhaint de chorpán nach mbeadh rófhada curtha, í a leasú agus ansin bheadh sí réidh chun úsáidte.⁶⁸ Ba dheacair do dhuine de cheannródaithe bhailiú an bhéaloidis sa tír seo a chreidiúint go dtarlaíodh a leithéid d'obair uafar, agus chuir sé a chol féin leis an nós in iúl go soiléir dá léitheoirí:

> *The superstitions of the Irish are generally of a harmless kind that the mind rather lingers on with pleasure than turns from with disgust; but there is one superstition I have not yet named, of so horrible and diabolic a nature, it was long before I could believe in its existence; of which fact, however, minute inquiry and subsequent evidence have fully convinced me. I allude to the belief that the left hand of a corpse, if dipped into the milk-pail, has the effect of making the milk produce considerably more cream and of a richer and better kind than it would have done without this spell. In the year 1816, I saw a woman who had been apprehended and taken into custody on a charge of raising cream by a dead man's hand, and two hands in a shocking state of putrefaction were exhibited as evidence of the fact; it was afterwards, however, proved that these hands had been conveyed into the dairy by some persons who wished to injure the poor woman; but the circumstance was sufficient to prove the existence of the superstition, which then became a general subject of conversation in the neighbourhood where it occurred.*⁶⁹

Is cosúil, mar sin féin, go raibh cur amach ar úsáid na láimhe chun im a ghoid chomh coitianta sa seansaol go mbíodh sé mar nath ag tagairt do dhuine a mbeadh an-chuid ime ar a bhainne, 'go raibh lámh an duine mhairbh aige'.⁷⁰ Ní hionadh go mbeadh cuntais sa bhéaloideas i dtaobh gníomh chomh drámatúil agus chomh scanrúil le géag á baint de chorpán. Baineann ceann acu le sagart ar ghlao ola a chonaic solas sa reilig, agus nuair a dhruid sé ina threo gur tháinig sé aniar aduaidh ar bhean a bhí i mbun na hoibre seo:

> Nuair a chuaigh an sagart isteach dhein fé dhéin an solas. Is amhlaidh a bhí máthair agus a hiníon istigh. Is cosúil gur máthair agus iníon a bhí ann, coinneal ag an gcailín beag, an clúdach bainte den chomhrainn ag an máthair

agus sábh siúnéara aici ag baint an láimh den chorp. Bhí fuip ina láimh ag an sagart agus bhuail slais de anuas ar mhullach a cinn ar an mbean. Rith an bheirt an geata amach agus an sagart ag úsáid an fuip orthu … Do leath a shúile air nuair a chonaic sé an corp agus gan pioc den láimh dheas air.⁷¹

Bhí sé ráite gur lámh linbh gan bhaiste nó lámh duine a crochadh ba mhó a mbeadh cumhacht inti, agus de ghnáth, ní shonraítear an ciotóg nó deasóg a bhíonn i gceist.⁷² Samhlaíodh breis fuinnimh bheith i gcorp an té ar cuireadh deireadh anabaí lena shaol toisc gur sciob an bás é sula raibh a cheart dá shaol faighte aige.⁷³ Feicimid ó thagairt atá ag Sir William Wilde i lár an naoú haois déag, go mbíodh daoine áirithe an uair sin sa tóir ar lámha linbh chun úsáid dhraíochtúil a bhaint astu, ach ní deir sé go sonrach cad í an úsáid í féin:

> *While we write a country newspaper informs us of the body of a child having been disinterred at Oran in the County Roscommon, and its arms cut off, to be employed in the performance of certain mystic rites.*⁷⁴

Tuigeadh, áfach, go raibh bagairt ón saol éile ar an té a sholáthródh agus a d'úsáidfeadh lámh duine mhairbh:

> Bhí bean i Ráithíní Thuaidh fadó. Bhí paiste talmhan aice is bhí im is bainne aice.
>
> Chuai sí 'on teampall is thug sí lámh dhuine mhairbh léi. Ga' haon uair sara ndineadh sí an chuigeann do dhineadh sí breith ar an láimh is í dh'iompó i soitheach an uachtair, trí nó ceathair d'uairibh.
>
> Ní mór in ao' chor a bhí déanta aice léithi sara thanghathas ag triall uirthi istoíche is do chaith sí éiriú agus togha is rogha 'n deabhaigh uirthe agus an lámh do chur thar n-ais aríst san áit a bhfuair sí í. Bhí an Taobh Eile le n-a cois ach chaith sí féin an lámh d'iompar. Cuireadh mar phionós uirthe go gcaithfeadh sí dul ga' aon oíche ar feadh mí, agus paidir a rá sa teampall.⁷⁵

Tá an sceimhle a lean teagmháil le lámh an mhairbh léirithe go maith in eachtra faoi cheathrar saor a bhí fostaithe ag feirmeoir chun binn tí a thógaint dó, agus gur ar lochta an sciobóil a bhí siad ina gcodladh. B'ait leo fiche cíléar bainne bheith sa lochta, agus siar san oíche bhuail tart duine acu agus d'éirigh sé chun braon bainne a ól:

> Ní raibh aon fháil aige aon solas d'fháil. Chrom sé ar bheith ag piardáil ar fuaid na gcíléirí. Is é an chéad rud a bhuail uime ná tobán an uachtair. Do chuir sé a láimh isteach sa tobán féachaint an mbeadh scimín nó aon rud ann go bhféadfadh sé deoch a bheith aige. Do rug sé ar rud éigin ach níor fhéad sé a dhéanamh amach cad é féin – ní raibh aon solas aige. D'fhág sé ansan an tobán. Chuaigh sé go dtí cíléar agus do mhúch sé a thart go maith.
>
> Nuair a tháinig solas an lae air níor dhearmad sé féachaint sa tobán, féachaint cad a bhí ann. Cad a chífeadh sé ach lámh duine marbh ón uilinn anuas. Chuir sé air a chuid éadaigh agus siúd chun siúil abhaile é. D'fhág sé an triúr eile ina dhiaidh.[76]

Tá éagsúlacht logánta, mar aon le béim ar uimhreacha áirithe, ar saintréithe de mhíreanna béaloidis iad, le tabhairt faoi deara i gcás úsáid na láimhe. *Dipped into the milk-pail* a bhíodh an lámh (chlé) de réir chuntas Croker, agus sin é leis a dhéantar leis an lámh i gcuntas ó Abhainn an Scáil:

> *A certain woman in this district was supposed to have a dead man's hand. One morning a certain man was going to the bog. He was barefoot and he went into this woman's house to redden his pipe. She did not feel him coming towards the house and he caught her in the act of taking the dead hand from her cream tub. He saw her wiping the cream off its fingers. When the woman turned around and saw him, she put the hand under her apron and didn't pretend she was doing anything unusual.*[77]

Thíos faoin gcuigeann a leagtaí í de réir cuntais ó Uíbh Ráthach:

Bó, Beannaitheacht; Im is Asarlaíocht

Bhí fear i gClochán na nUa fadó. Diarmuid Leathan Ó Laeri a ghlaotí air. Do bhí bean bhainn' aige. Ní raibh a' baile buíoch di mar do bhí sé ráite go mbíodh lámh dhuine mhairbh aici fé áras an bhainne chun breis ime bheith ar a' mbainne aici.[78]

I scéal ó Chontae na Gaillimhe baintear beiriú aisti ar dtús, agus ansin croitear os cionn na cuiginne í a fhad is atá briocht á rá:

Bhí beirt bhan ag dul chuig pátrún aon lá amháin suas ar thaoibh sléibhe. D'éirigh sé dorcha orthu ar an mbealach abhaile. Chuaigh siad isteach go bhfaigheadh siad fascadh agus nuair a chuaigh siad isteach rinne siad a n-intinn suas go bhfanfadh siad go maidin. A fhad is a bhí siad ag fáil réidh le dhul a chodladh, chonaic siad bean an tí ag cur síos pota mór uisce ar an tine. Thug siad fé deara freisin go raibh an chuinneog réidh aici le maistreadh a dhéanamh ach níor thoisigh sí ag déanamh aon mhaistreadh. Bhí an seomra leapthan ar chúl na tine in áit a raibh an bheirt bhan le dhul a chodladh. Bhí an chuinneog ar aghaidh an dorais ar bhinn an tí agus d'fhan ceann de na mnáibh ina suí go bhfeicfeadh sí céard do bheadh bean an tí ag déanamh. Bhí scoilteadh beag ar an doras agus d'fhéad sí féachaint thríd agus chonaic sí an seanchailleach ag dul chuig an gcupord agus ag baint amach rud eicínt a bhí fillte suas i bpíosa éadaigh. Nuair a bhain sí an t-éadach dhe céard a bhí ann ach lámh mharbh agus chaith sí isteach san uisce fiuchta í. Nuair a bhí an lámh bruite thóg sí amach í agus chuir só os cionn na cuinneoige í agus chroith sí í. Chomh fada is bhí an lámh os cionn na cuinneoige chuir sí an rann seo aisti:
    A Mháire bhán, a Mháire bhán
    cruinnigh an t-im i bhfad is go gearr.
Agus nuair a dhúisigh siad ar maidin bhí dhá chróca ime leagtha ar an mbord.[79]

Go traidisiúnta, samhlaíodh ról speisialta bheith ag mná in ionramháil na draíochta, ach neamhspleách air sin, toisc gur le réimse oibre na mban a bhain an maistreadh, ba le mná go háirithe a luaitear úsáid na láimhe. I gcuntas ó Chontae an Longfoirt, deirtear nár mhór di cuid éigin de bhainne na gcomharsan a chur ina cuigeann féin ar dtús, agus ansin lámh an duine mhairbh a chroitheadh os a cionn, le linn di ainm a chur ar an té a raibh a bhainne á ghoid aici:

> *Butter is taken by means of a 'dead hand'. In every case it is a woman who uses the hand, which she has cut off a corpse in a graveyard. Before sunrise she milks the neighbours' cows into a bottle – even one strig will do – she takes the milk home and puts it through her own supply. Before commencing to churn she waves the dead hand around outside the churn and commands her neighbours' butter to come. She mentions each name separately and repeats the process for each person. They get no butter then and she has all theirs. In several cases cows of people whose butter was taken went mad and calves died.*[80]

I gcur síos ar an nós ó Chontae Liatroma, luaitear an lámh a bheith á tumadh sa chuigeann a fhad atá an briocht, *Gather far and near, gather far and near*, á rá.[81] Deir cuntas ó Chontae Mhaigh Eo gurb amhlaidh atá an chuigeann le suaitheadh leis an lámh le linn an briocht a rá:

> Bhí seanbhean san áit seo fadó agus bhí sé ráití go rabh sí in ann im na mbeithíoch a thabhairt léithe. Bhíodh lámh duine mhairbh aici agus mheascadh sí an bainne leis an láimh agus í ag déanamh maistreadh. 'Aghaidh bheithígh an bhaile ar fad ar mo chuinneogsa', nó ní eicínt mar sin, a deireadh sí.[82]

Seacht an uimhir dhraíochtúil i gcuntas eile ó Iarthar na hÉireann – measctar faoi sheacht an bainne sa chuigeann leis an lámh, deirtear briocht ag dul thart ar an gcuigeann ar na glúine seacht n-uaire, agus ar deireadh, tógtar an t-im as an gcuigeann leis an lámh:

> *At last in came the woman, and having carefully closed the door began her work with the milk, churning in the usual way without any strange doings that might*

> *seem to have magic in them. But presently she stopped, and going over to a box, unlocked it, and from this receptacle ... she drew forth the hand of a dead man, with which she stirred the milk round and round several times, going down on her knees and muttering an incantation all the while.*
>
> *Seven times she stirred the milk with the dead hand, and seven times she went round the churn on her knees muttering some strange charm. After this she rose up and she began to gather the butter from the churn with the dead hand, filling a pail with as much butter as the milk of ten cows. When the pail was quite full she dipped the dead hand three times in the milk, then dried it up and put it back again in the box.*[83]

Tugtar le fios freisin i gcuntas ó Chontae an Chláir gurbh í an úsáid a bhaintí as an lámh ná go dtógtaí an t-im as an gcuigeann léi:

> *It is well-known up to the present around Kilmihil and other parts of West Clare that a dead man's hand was used to increase the butter supply of those who had the power to use it. An old woman ... who lived in a place called Lacken ... used to use this when making butter. She used to make the butter in the usual way but then she would gather it out of the barrel with the hand and it is said that she used to have a whole lot of butter though she had only four cows to supply milk.*[84]

Naoi n-uaire a shuaitear an bainne leis an lámh de réir cuntas eile ina dtagraítear arís don bhriocht:

> *The milk is stirred round nine times with the dead hand, the operator crying aloud all the time, 'Gather! Gather! Gather!', while a secret form of words is used which none but the initiated know.*[85]

Deir cuntas ó Chontae Chorcaí gur leor géag duine mhairbh a bheith sa tigh chun sochar an tí trí chéile a mhéadú: '*If a dead limb of a person from a graveyard were kept in a farmhouse, the produce of the farmhouse would increase.*'[86]

Ní chun díobhála amháin a úsáideadh an lámh, áfach. Bhí cumhacht chun maitheasa leis inti mar bhaintí feidhm aisti chun gadaíocht ime a aithint:

> It was said that Biddy Early had a most powerful charm to prevent butter stealing – the dried hand of a murderer who had been hanged in public. With this gruesome relic she would stir the cream in the churn from which the butter was being 'taken', and you knew at once from the enormous return from that churning how much butter had been spirited away from the dairy.[87]

Ba dhóigh le duine, b'fhéidir, gurbh ait go léir mar thuiscint í, go bhféadfadh lámh an mhairbh cur le him na cuiginne. Murab ionann is cleasanna eile a bhíodh in úsáid chun na sprice seo ar féidir a mbunús a mhíniú ar bhonn dhraíocht an chomhbhá, is as tuiscintí faoi mharbhdhraíocht a eascraíonn an traidisiún seo. Tuigeadh go raibh cumhacht dhiamhrach ag baint le corp marbháin – cumhacht chun maitheasa nó díobhála – agus féachadh le leas a bhaint as chun sochar an bhainne a ghoid, nó an ghadaíocht a chosc, nó an gadaí a aimsiú trí leas a bhaint as cré na reilige.[88]

Bhí bua eile freisin bainteach le gadaíocht luaite le lámh duine mhairbh agus í teasctha den cholainn. Bhí an tuiscint ann dá lasfaí coinneal inti, nó fiú í féin a smearadh le geir agus a lasadh mar choinneal, go gcuirfeadh sí suan draíochta ar mhuintir aon tí a bheadh á robáil ag gadaí agus í ar iompar aige.[89] Sa chomhthéacs seo leis, bhí sé ráite gur lámh linbh nuashaolaithe ba mhó cumhacht, agus tá cuntais ón seachtú haois déag ar mhná torracha bheith á marú ag gadaithe a bhí sa tóir ar ghéag nó méir naíonáin.[90] Bhí an traidisiún seo faoi lámh an duine mhairbh mar áis ghadaíochta ar eolas i gCorca Dhuibhne, agus tagann sé i gceist i leaganacha ón gceantar den scéal idirnáisiúnta AT 956B, *The Clever Maiden Alone at Home Kills the Robbers*.[91]

Seans gur chabhraigh an nós a bhíodh ann, lámh theasctha naoimh a choimeád faoi ómós, le cothú agus daingniú na tuisceana go raibh cumhacht osnádúrtha ag lámh an mhairbh. Ó luathaoiseanna na Críostaíochta ba nós coirp na mairtíreach a roinnt d'fhonn freastal ar an éileamh a bhíodh ar a dtaisí, agus sa mheánaois, ba rud coitianta é géag a bhaint de chorp naoimh le coimeád mar thaise a mbeadh bua míorúilteach luaite leis.⁹² Deir Beatha Chomgaill gur bhain Fiachra an lámh do chorp Chomgaill nuair a tógadh as an uaigh é, d'fhonn an taise sin a thabhairt leis go Laighean,⁹³ agus deirtear go bhfuil lámh Naomh Pádraig caomhnaithe i scrín san Ulster Museum i mBéal Feirste, agus lámh Laichtín sa Mhúsaem Náisiúnta i mBaile Átha Cliath (léaráid 30).⁹⁴

Toisc cumhacht bhisiúil bheith luaite le lámh an mhairbh, mar aon le bua a bhí áisiúil chun gadaíochta, bhí bunús ann leis an lámh a cheangal le goid shochar an bhainne, agus ansin arís le cealú na gadaíochta sin. Is dealraitheach gur le hÉirinn go háirithe a bhaineann an traidisiún a luann bua le lámh an duine mhairbh i gcúrsaí ime. Bhí tuiscint ghaolmhar do i ndúichí eile mar a raibh sé ráite go mbeadh uachtar ar bhainne chomh domhain is a thumfaí méar duine mhairbh ann, ach níor aimsíodh fianaise go mbíodh an ghéag féin in úsáid sa chomhthéacs seo in aon áit seachas in Éirinn.⁹⁵ Níl aon mhíniú soiléir cad ina thaobh gur le hÉirinn go leithleasach an traidisiún sin, ach b'fhéidir go bhfuil leid le fáil ón tslí ina ndéantaí cuigeann in áiteanna sa tír seo tráth .i. an bainne a shuaitheadh leis an lámh, in áit loine. Tá fianaise ar an modh oibre sin i litir de chuid John Dunton, ina bhfuil an cur síos seo aige ar an mbean tí lena raibh sé ar lóistín in Iar-Chonnacht in 1698 agus í i mbun maistreadh:

> … *my landlady, after she had acquitted herselfe of the cake, fell to washing her hands and arms, and immediately brings to the hearth a small wodden churn, narrow at the mouth and bottle-bellied. She seates her in the same posture as when at the querns, with the churn between her leggs, and claps in her right arm almost up to the arm pitt, which she made use of it instead of a churn staff, and as the milk flasht out of the vessell upon her thighs she stroakt it of with her left into it againe; the butter was not long comeing; nor do I wonder that Irish butter should smel rank and strong if all be made after this manner, for surely the heate which this labour put the good wife in, must unavoidabley have made some of the essence of arms pitts trickle down her arm into the churn* …⁹⁶

Fág nach gá gurbh í seo an ghnáthshlí a ndéantaí an chuigeann a shuaitheadh ar fud na tíre, mar sin féin, dá mbeadh sé in aon tslí coitianta an lámh a úsáid in áit loine (le cuigeann bheag, abair, agus ba bheag béal cúng a bhíodh an chuigeann i bhfad siar is cosúil),[97] b'fhurasta a shamhlú, ó tharla bua osnádúrtha luaite le lámh duine mhairbh, go n-úsáidfí chun an chúraim sin í nuair b'áil toradh draíochtúil bheith ar an maistreadh.

Is cuid den stair anois formhór na dtuiscintí agus na nósanna a bhain le goid shochar an bhainne. Ba é teacht na n-uachtarlann an fhorbairt nua-aoiseach ba mhó a chabhraigh le deireadh a chur leo. Níorbh aon chailliúint cuid acu mar chothaigh siad drochamhras ar chomharsana, agus imní sa duine aonair. Is ceart, mar sin féin, aitheantas a thabhairt do na cúiseanna ar tháinig ann dóibh, agus ar leanadh leo chomh fada. Is cuid de nádúir an duine é féachaint leis an rud atá luachmhar dó a chosaint, agus má thuigtear go bhfuil bagairt ar an rud luachmhar sin, is céim réidh leis dul i muinín cumhachtaí osnádúrtha chun an bhagairt sin a chur ar gcúl. Ó tharla an bhó agus a bainne bheith fíorthábhachtach d'eacnamaíocht an teaghlaigh, agus ó tharla gur creideadh go traidisiúnta go raibh neacha agus daoine mailíseacha ann a raibh cumhachtaí díobhálacha acu, ní hionadh raidhse mhór cosaintí draíochtúla bheith ar an mbó agus ar a cuid bainne.

Tá sé le rá i dtaobh na dtuiscintí seo gur sholáthraigh siad míniú ar an easnamh a thug daoine faoi deara uaireanta ar shochar a mbainne, agus thug siad le fios go bhféadfaí dul i ngleic leis an mí-ádh seo, feidhmiú ina choinne agus é a chealú. Ba bhuntáiste a leithéid sin d'fhaoiseamh bheith ar fáil, agus ansin arís ar an taobh eile, tugadh caoi do dhaoine éalú ón achasán a d'fhéadfaí casadh leo – nár éirigh leis an maistreadh toisc gan aon scamhard bheith ar a gcuid bainne, nó toisc gan caighdeán sásúil glanachair agus cúraim bheith i bhfeidhm acu. Tá friotal siombalach sna tuiscintí agus na nósanna a bhí faoi chaibidil thuas ar imní faoi mhaoin a measadh bheith faoi bhagairt, agus ar chlaonadh an duine ceap milleáin a aimsiú ar a bhféadfaí mí-ádh pearsanta a agairt.

Bó, Beannaitheacht; Im is Asarlaíocht

SUMMARY

In Irish folklore, the cow is said to be a blessed animal, and has power to discern the supernatural. The basis for its special status is the belief it was present in the stable at Christ's birth, a belief reinforced by the observation that cows kneel before lying down, and the practice of providing them with extra fodder on Christmas Night. The association of cows with saints in religious tales may also have bolstered the notion that cows were holy animals. St Brigid is said to have possessed a fabulous cow with an endless supply of milk, a number of saints are said to have miraculously resuscitated a cow, sick calves were often promised to St Martin, and St Colmcille is said to have ordained that a lame cow would have an extra supply of milk. The blessed status of the cow is entirely ignored by beliefs and practices relating to malign activity either by humans or the fairies in relation to the cow's well-being and her milk. Success in churning butter is not always easy to achieve, and when the results were disappointing, some people resorted to the belief that the loss was due to the intervention of either of these hostile agents. Legends tell of fairies abducting cows or stealing their milk and there are many accounts of subterfuges engaged in by malevolent humans seeking to acquire 'the good' of a neighbour's milk and also accounts of actions taken to prevent this. These beliefs gave a concrete form to anxiety relating to the production of butter, but tradition also provided a reassuring response to that anxiety as well-known counteractive measures could be employed by the victim.

1. Ó Súilleabháin 1942: 31.
2. Hunt 1912: 42.
3. Ó Súilleabháin 1942: 39.
4. CBÉ 1462: 285–89.
5. Ó Duilearga 1948: 371.
6. Ó hÓgáin 1982: 142–260.
7. Curtin 1974: 121–6; CBÉ 1463: 1–4; *An Caomhnóir*. 31 (Nollaig 2001): 7.
8. Ó Héalaí 2012: 112–13.
9. Morris 1937: 176.
10. Danaher 1972: 239; CBÉS 394: 210; ATU 106, *Animals' Conversation*. Rabhadh teagascúil é seo, gan amhras, faoin mbaol a leanfadh an traidisiún a cheistiú.
11. Danaher 1972: 239
12. CBÉ 1114: 149. Mícheál Ó Súilleabháin ó Mháire Uí Choileáin (75 bl.), Márthain, Corca Dhuibhne. 1945.
13. CBÉ 462: 319.
14. CBÉ 995: 473.
15. CBÉ 771: 153. Seosamh Ó Dálaigh ó Bhríd Uí Dhálaigh (70 bl.), Com Dhíneol, Dún Chaoin. 1941.
16. CBÉ 1159: 140.
17. CBÉ 1478: 293. Mícheál Ó Gaoithín.
18. CBÉ 190: 113–14. Seán de Buitléir ó Thomás de Buitléir (63 bl.), An Gleann, Inis Corthaidh, Co. Loch Garman. 1936.
19. CBÉ 814: 271. P. J. O'Sullivan ó Mary Kennedy (76 bl.), Doire Ghormáin, Abhainn an Scáil. 1942.
20. CBÉ 117: 435–7; cf. Ó Héalaí 2012: 41–5.
21. CBÉ 1278: 62. Tá plé ar an scéal seo i gcaibidil 21.
22. Ó Cadhain 1930: 384.
23. Ó Máille 1965: 153.
24. CBÉ 22: 316–17. Críostóir Hosae ó Shiobhán Bn an Bhreathnaigh, An Riasc, Corca Dhuibhne. 1932.
25. CBÉ 1127: 313–14. Tógadh an fhaisnéis seo ó mhúinteoir nach n-ainmnítear i scoil an Dúna, láimh le Cluain Mhic Nóis, c.1935, agus mhaígh sé: '*Since I am here I get my milk free from the farmers*'; cf. Harbison 1991: 144–6. Táim faoi chomaoin ag an Ollamh Cathal Ó Háinle as m'aird a dhíriú ar an téacs sin; féach Ó Háinle 2010: 271–2. Tá fianaise ar an traidisiún seo ón seú haois déag in *Betha Colaim Cille* (O'Kelleher, & Schoepperle 1918: 174–5).
26. MacNeill 1962: 393–94, 434–50.
27. Hull 1910: 244.
28. CBÉ 238: 186–7.
29. O'Rahilly 1922: # 265. Tharraingeodh na trí cinn díobh seo aird, rud a d'fhágfadh i mbaol coirithe iad; cf. Ó Siochfhradha 1926: # 1812: 'Bean bhreá, capall bán, nó tigh ar árd – trí neithe nach mbíonn ádhmharach' agus tá mar nóta leis: 'deirtear "bó" i n-áit "capall" uaireannta'; Ó Máille 1952: # 3557, # 4105. Táim faoi chomaoin ag an Dr Fionnuala Carson Williams as roinnt tagairtí faoin mbó bhán i seanfhocail a chur i mo threo.
30. CBÉ 354: 294–6. Seán Ó Flannagáin ó Shéamas Ó Riagáin (83 bl.), Tóin Raithní, An Bheitheach, Cill Tartan, Co. na Gaillimhe. 1937.
31. Féach, mar shampla, leagan ó Cho. Chorcaí in CBÉ 158: 141–3.
32. Ó Súilleabháin, Seán 1957.
33. CBÉ 910: 173. Seosamh Ó Dálaigh ó Pheig Sayers.
34. *Ibid*.: 167–73.
35. Curtin 1974: 118–21.
36. CBÉ 142: 493–4. Seán Ó hEochaidh ó Mháire Ní Bheirn (68 bl.), Dúnalt, Gleann Cholm Cille. Co. Dhún na nGall. 1935.
37. Ó Héalaí 2012: 70–81.
38. Féach plé ar an bhfocal piseog i gcaibidil 7.

39 CBÉ 1463: 78. Mícheál Ó Gaoithín.
40 Ó Súilleabháin 1942: 384, 385.
41 Roberts 1976.
42 Kittredge 1929: 166; Thompson 1955–8: F271.1 *Fairies milk cows*.
43 CBÉ 1463: 79.
44 CBÉ 1478: 192.
45 Ó Suibhne 1938: 145.
46 Ó Siochfhradha 1932c: 341–2.
47 CBÉ 1459: 101–102; cf. Ó Duilearga 1948: # 117.
48 Ó Siochfhradha 1932c: 343–4.
49 CBÉ 744: 103–104. P. J. O'Sullivan ó Mháire Ní Chinnéide. 1941.
50 Ó Súilleabháin 1942: 33.
51 CBÉ 22: 315 Críostóir Hosae, An Riasc, Baile an Fheirtéaraigh, óna athair.
52 Ó Siochfhradha 1932c: 342.
53 Ó Caoimh 1989: 118.
54 Ó Siochfhradha 1932c: 354–5; cf. CBÉ 782: 260: 'If milk is given to a neighbour, when returning the can, a grain of salt and an egg is put into the can. This was supposed to bring good luck to the cows.'
55 Evans 1957: 40–2.
56 CBÉ 433: 72–3.
57 Ní Bhrádaigh 1936: 262; cf. Danaher 1972: 110: 'They are of opinion that their butter if it bee stollen will soone after bee restored again, in case they take some of the thatch that hangeth over the doore of the house and cast it into the fire.'
58 CBÉ 1463: 77. Mícheál Ó Gaoithín.
59 Ó Súilleabháin 1942: 400; féach e.g., CBÉ 463: 84; CBÉ 42: 59.
60 Danaher 1972: 114.
61 CBÉ 227: 141–2. S. P. Ó Piotáin ó Attie May (75 bl.), Cill Lasrach, Tuar Loistreáin, Co. Shligigh. 1936.
62 Ó Siochfhradha 1932c: 326–7.
63 CBÉ 1459: 95. Mícheál Ó Gaoithín.
64 Almqvist 1991c: 269 # 3056 (SIT) *The Old Woman as Hare*; Ní Dhuibhne 1993; Nilden–Wall & Wall 1993.
65 Ó Súilleabháin 1942: 282, 392.
66 CBÉ 361: 4–11. Tomás Breathnach ó Sheán Breathnach, An Baile Loiscthe, Daingean Uí Chúis, Co. Chiarraí. 1951. Deirtear i gcorp an scéil seo gur shagart a bhí curtha ó chóta é an fear siúil.
67 Ó Súilleabháin 1942; 407–8; féach Dinneen 1927: *s.v.*, buarach; FGB: *s.v.* buarach. Murab ionann agus lámh an duine mhairbh, ní heol don údar aon fhaisnéis ó Chorca Dhuibhne faoin mbuarach bháis.
68 CBÉ 782: 245; cf. Hartmann 1942: 18; maidir le leasú na láimhe, féach Baring–Gould 1892: 405–6; Hazlett 1995: 301.
69 Croker 1824: 234.
70 CBÉ 433: 361.
71 CBÉ 45: 161–3.
72 Hartmann 1942: 92; Lady Wilde 1988: 82; Hand 1970: 323–9; cf. plé i gcaibidil 7 ar an tuiscint go raibh bua breise chun leighis ag corp an té a fuair bás anabaí.
73 Kittredge 1929: 141–5.
74 Wilde 1852: 28.
75 Ó Dubhda 1928: 266.
76 CBÉ 45: 164–5.
77 CBÉ 782: 245–6.
78 *Béaloideas* 1 (1928): 48.
79 CBÉ 109: 156–7.
80 Ní Bhrádaigh 1936: 262.
81 *Folklore* 5 (1894): 185.
82 CBÉ 305: 131.
83 [Lady] Wilde 1988: 82.
84 CBÉ 37: 85.
85 *Ibid.*: 81.
86 CBÉ 42: 254.
87 Danaher 1964: 105.

88 Ó Súilleabháin 1942: 407. Tá plé ar úsáid chun leighis á baint as lámh marbháin i gcaibidil 7.

89 Cf. ATU 958E*, *Deep Sleep Brought on by a Robber;* Thompson 1955–1958 agus Cross 1952: D1162.2.1, *Hand of Glory;* Radford 1961: 179–80; Ó Súilleabháin 1942: 408; CBÉ 45: 166; Ó Ceannabháin 1983: 252–3; Wilde 1888: 81–2.

90 Hastings 1981. VI: 496; Frazer 1987: 30, 32; Biesenhertz 1915.

91 Laoide 1915: 45–50 (ó Thadhg Ó Cíobháin, Ceann Trá); Wagner & Mac Congáil 1983: # 71 (ó Pheig Sayers).

92 Hastings 1981. X: 653–8; Burckhardt 1960: 340.

93 Plummer 1910. II: 21.

94 Lucas 1986: 8.

95 Dalyell 1835: 264–5; cf. HdA vi: 1041 mar a ndeirtear leis go gcuirfeadh méar duine mhairbh rath ar ghrúdaireacht.

96 Carpenter 2003: 53.

97 Danaher 1962: 101; Evans 1957: 95–9. Tá plé ar na nathanna 'im go h–uillinn' ('im go huilleanna', 'im go hascaillibh') i gcaibidil 21, agus cé gur do thógaint an ime as an gcuigeann a thagraítear é, d'oirfeadh an nath a thagairt freisin don lámh ag suaitheadh na cuiginne.

17:
Paidreacha na Muintire

Seánra den ealaín bhéil iad na paidreacha dúchais ar chuid laethúil de shaol sciar mór de phobal na tíre seo iad tráth. Paidreacha iad ar dhein an pobal féin cúram dá seachadadh, murab ionann agus paidreacha 'oifigiúla' ar chuid de liotúirge na heaglaise iad, nó a bhí á gcur chun cinn i gcaiticeasmaí agus i dteagasc an chreidimh. I Laidin a bhíodh paidreacha den chineál sin (Ár nAthair, Áibhé, Cré) á n-aithris ag tuataigh, fiú agus iad aineolach ar an teanga sin, ar a laghad chomh déanach leis an 18ú haois.[1] Is rólíonmhar iad na paidreacha 'neamhoifigiúla' nó dúchais a bhfuil fianaise againn orthu ón mbéaloideas agus éagsúlacht mhór ag baint leis na hócáidí agus na spriocanna ar a bhfuil siad dírithe. Tá an cíoradh a dhéantar orthu anseo bunaithe ar bhailiúchán de bhreis is 500 ceann acu a chuir an tAth. Diarmaid Ó Laoghaire in eagar in 1975.[2]

Ní heol go cruinn cé chomh seanda is atá na paidreacha seo agus is cinnte nach bhfuil an aois chéanna ag gach ceann sa bhailiúchán. Tá cuid acu ar fáil i lámhscríbhinní ón ochtú agus ón naoú haois déag, agus cuid díobh a bhaineann go coiteann le traidisiún Gaelach na hAlban agus na hÉireann, rud a d'fhágfadh, mar a deir an fear eagair, go mbeidís chomh seanda ar a laghad leis an 17ú haois.³ Mheas de Hindeberg gur 'níos déanaí ná 1600 agus i Ré na Peannaideachta', a cumadh formhór na bpaidreacha dúchais.⁴ Tá paidreacha ar féidir *terminus a quo* a lua le forleathnú na deabhóide dá dtagraíonn siad, e.g., an Croí Ró-Naofa (c.17ú haois), an scabal (c.16ú haois), bás naofa mar a shonraigh an *ars moriendi* (c.15ú–16ú haois), ardú na cailíse agus na habhlainne san aifreann (c.13ú-15ú haois), ach ní féidir treoir chruinn aoise a chur lena bhformhór.⁵ Tá roinnt de na paidreacha dúchais a bhféadfadh a bpréamhacha dul i bhfad siar, e.g., iad sin a thugann Ardrí ar Dhia nó ar Chríost, agus maidir leis an téarma Rí – an teideal is coitianta a luaitear le Dia sna paidreacha – cé go bhfuil sé préamhaithe mar theideal sa traidisiún coiteann Críostaí (*Christus Rex*), is dóchúil freisin gur léiriú é ar chaidreamh teann na muintire abhus le rí a dtuaithe anallód.⁶ Is teideal sainiúil Gaelach ar Dhia é Rí an Domhnaigh, agus tharlódh gur ón tréimhse reámh-Chríostaí a eascraíonn teidil mar Rí na nDúl agus Rí na Gréine.⁷ Mar shuimiú ar cheist aois na bpaidreacha, ba dheacair diúltú do thuairim eagarthóir an bhailiúcháin: 'Is beag paidir anseo, a déarfainn, is lú ná cúpla céad bliain d'aois.'⁸

Is go heisceachtúil atá fianaise stairiúil ar aithris aon cheann de na paidreacha seo, ach tá a leithéid ar fáil i gcás na paidre Ar Fheiceáil na Gealaí Nua, a bhfuil an téacs seo luaite leis sa bhailiúchán:

> *Paidir agus Cré a rá agus é a ofráil leis:*
> An naomh a ghin an ré nua,
> faoi mar slán atáim ar do theacht,
> gura slán a bheam ar d'imtheacht
> agus ar do theacht arís.
> *É sin a rá agus fanacht i do sheasamh mar a bhfeicfeá í.* (# 247)

Soláthraíonn an tÍosánach Sasanach, James Good, a cuireadh go Luimneach c.1560, cuntas ar an bpaidir sin, agus toisc gur róghann í fianaise chomh seanda ar mhír bhéaloidis dá leithéid, is fiú a raibh le rá aige fúithi a chur i láthair anseo:

Paidreacha na Muintire

> *I cannot tell, whether the wilder sort of the Irishry yield divine honour unto the moon, for, when they see her first after the change, commonly they bow the knee and say over the Lord's Prayer and, so soon as they have made an end, they speak unto the moon with a loud voice in this manner: 'Leave us as whole and sound as thou hast found us.'*[9]

Fág go bhfuil cuid de na paidreacha le fáil i lámhscríbhinní nó i gcló, is ceart fós iad a áireamh mar chuid den traidisiún béil toisc gur dhein an pobal trí chéile a gcuid féin díobh, agus gur ó bhéal go béal a seachadadh iad go príomha. D'fhéadfaí bheith ag súil leis, go deimhin, go dtiocfadh paidir isteach sa traidisiún béil óna foirm scríofa nó chlóite. Bhí éileamh an-mhór, mar shampla, ar leaganacha lámhscríofa agus clóite de *Pious Miscellany* Thaidhg Ghaelaigh Uí Shúilleabháin, agus i measc an ábhair ann bhí paidreacha maidine agus oíche mar aon le liodáin.[10] Bhí a leithéidí freisin in eagráin éagsúla de chaiticeasmaí Gaeilge a cuireadh amach ón seachtú haois déag ar aghaidh, ach is ar phaidreacha na muintire a dhírítear anseo, iad siúd ar de bhéal a scaipeadh iad agus gur ó bhéal a cuireadh iad ó ghlúin go glúin.

Mar is gnách le déantúis an bhéaloidis, táimid dall ar cé a chum formhór mór na bpaidreacha seo. Tá roinnt dánta diaga a chum filí an dáin dhírigh agus a bhí fós ar bhéal na ndaoine mar phaidreacha sa 19ú haois.[11] Is féidir filí ón ochtú agus ón naoú haois déag a lua le fíorbheagán de phaidreacha an bhailiúcháin seo (e.g., # 141, # 142, # 423), agus is dócha go bhféadfaí bheith ag súil go mbeadh na filí i measc na cléire freagrach as tuilleadh díobh. Is fiú a lua, mar a dhéanann eagarthóir an bhailiúcháin, go bhfuil na paidreacha ceartchreidmheach ó thaobh theagasc na heaglaise Caitlicí agus tuiscint sách cruinn ar nóisin dhiagachta léirithe iontu. Ba chuid de dheabhóid phobal na Gaeilge in Éirinn agus in Albain iad, agus mar aon le scéalta cráifeacha an bhéaloidis, sholáthair siad sciar mór de lón intinne spioradálta an phobail sin. Léiríonn líonmhaire na bpaidreacha agus líonmhaire na leaganacha díobh atá ar coimeád, cé chomh tugtha is a bhí daoine dóibh, agus tá dearbhú ón bhfoclóirí, Pádraig Ua Duinnín, ar a dhúthrachtaí is a bhíodh daoine ina leith:

Cad é mar a n-abradh na daoine sin a bpaidreacha 'sa bhaile, go mór-mhór na seandaoine. Is beag nach ar a nglúinibh a bhíodh na seanmhná i gcomhnaidhe. Cúpla uair an chloig ar maidin agus an oiread eile istoidhche, agus mo ghraidhin iad, is neamh-thuirseach a bhídís ag éirghe dá nglúinibh dóibh. Ní mór ná go raibh na fir chomh maith leo. Nuair a thagaidís chum scoth-aoise, ní iarrtaidhe ortha puinn gnótha a dhéanamh, agus is amhlaidh a luigheadh a -urmhór ar a bpaidreacha do rádh agus iad féin d'ullmhughadh chum báis. Ní ag léigheamh na n-urnaghthe as leabhraibh a bhídís leis ... ach ag rádh a gcuid paidreach gan sos gan staonadh ... Agus ní amháin paidreacha de'n tsaghas sain a bhíodh 'na mbéal aca – paidreacha a múintear don aos óg i bhfochair an Teagasc Críostaí agus atá rianta amach dúinn ag an Eaglais – ... bhíodh paidreacha eile, leis, acu do chumadís féin nó a thagadh chucha ó bhéal a sinsir.[12]

Ach oiread le seánraí eile den bhéaloideas ag a bhfuil foirm réasúnta seasmhach, is le domhan na Gaeilge a bhaineann na paidreacha seo agus is fíor-chorrcheann atá le fáil i gcló an Bhéarla.[13] Ní léiriú é seo ar easpa cráifeachta an phobail a chuaigh le Béarla, ach is léiriú é ar fheiniméan aitheanta, mar atá, a dheacracht is a bhíonn sé ar mhír bhéaloidis dá shórt teacht slán trí mhalartú teanga, rud a shoiléirítear sa sliocht seo:

> *Thus in verbal forms of folklore, textural features are linguistic features. The textural features of proverbs, for example, include rhyme and alliteration. Other common textural features include stress pitch, juncture and onomatopoeia. The more important the textural features are in a given genre of folklore, the more difficult it is to translate an example of that genre into another language. Hence the texture of fixed phrase genres (genres in which the wording as well as the content is fairly constant) may virtually preclude the possibility of translation.*[14]

Nuair a mhothaítear go bhfuil brí na míre chomh dlúite le foclaíocht na chéad teanga, agus go bhfuil an tarraingt nó an aeistéitic a bhaineann léi neadaithe san fhoclaíocht sin, is go fánach a fhéachtar le haistriúchán a chur ar fáil, ná go mbíonn aon iarracht a tugadh faoina leithéid marthanach sa traidisiún.[15] Léiriú maith air sin is ea paidir choigilt na tine.[16] Ba ghnáthchleachtas laethúil é ag am codlata go ndéarfadh bean an tí an phaidir seo, agus tá an iliomad leagan di ar fáil i nGaeilge, ach toisc nach bhfuil fianaise ar aon leagan di i mBéarla, is dealraitheach nár tháinig an phaidir slán tríd an athrú teanga sa tír seo.[17]

AICMÍ URNAÍ

Baineann a lán de na paidreacha le gnáthócáidí paidreoireachta na Críostaíochta, leithéidí, ag dul a luí, ag éirí, altú roimh agus tar éis bia, le linn aifrinn, machnamh ar pháis Chríost, an Tríonóid, Muire. Ba chuid de chultúr coiteann Críostaí na hEorpa iad, agus ba í tuairim de Hindeberg gur ón iasacht a tháinig timpeall is leath de phaidreacha na ndaoine go hÉirinn.[18]

Paidreacha achainí formhór mór na bpaidreacha sa bhailiúchán, rud a léiríonn, ar ndóigh, gurb í seo an cineál paidre ba mhinice le daoine dul ina leith. Iarratas ar chúnamh spioradálta an téama is gnáthaí a bhíonn i gceist iontu – iarrtar cabhair Dé chun an peaca a sheachaint, agus iarrtar a ghrásta chun aithrí a dhéanamh tar éis titim i bpeaca:

> A Íosa ar maidin, screadaim is glaoim ort,
> a AonMhic bheannaithe a cheannaigh go daor sinn,
> coimrí m'anama faoi thearmann do chroise naofa,
> mé a choimeád ó pheaca i gcaitheamh an lae seo. (#17)

> Íslígh mo dhíoltas, m'fhearg is m'fhuath
> is díbir na smaointe mallaithe uaim.
> Lig braon ó d' Naomhspiorad beannaithe anuas
> a scaoilfidh an croí seo 'tá 'na charraig le cruas. (#151)

> Cabhair 's cairde 's grásta ó Dhia chugainn,
> cabhair gach lá chugainn 's táim á iarraidh,
> sacraimint na haithrí, 's go neartaí Dia linn. (#150)

Iarratas an-choitianta is ea maithiúnas a lorg sa pheaca:

> A Rí na rí, a Rí na cruinne,
> a Rí do bhí, do bheas is atá,
> go maithir dúinne agus dá bhfuil uile;
> gabh mo ghuí, a Rí na ngrás. (# 147)

In ainneoin a mhalairt a bheith tugtha le fios faoin spioradáltacht 'Cheilteach' ag údair áirithe, bhí béim láidir ón tús ar pheacúlacht an duine i spioradáltacht na tíre seo. Tá sé go mór chun tosaigh i ndánta cráifeacha na bhfilí clasaiceacha agus fhilí an amhráin, agus is léir ó phaidreacha seo na muintire gur eilimint leanúnach i spioradáltacht na hÉireann í aird ar staid pheacúil an duine.[19] Is minic a thugtar le fios sna paidreacha tuiscint na diagachta Críostaí gur de bharr pháis Chríost atá seans ag an bpeacach maithiúnas a fháil:

> A Dhé na n-aingeal do dhealbhaigh tuile's taoide,
> ós léir duit m'aigne 's gur agat 'tá fios mo smaointe,
> dá réir sin maith dom gach peaca de m' chionta daoirse.
> In éiric glacsa gach peannaid dár fhulaing Íosa. (# 140)

Iarrtar cúnamh buan ar aistear an tsaoil:

> Ó fhás go haois
> is ó aois go bás
> do dhá láimh a Chríost,
> anall tharainn. (# 380)

Iarrtar cabhair in am an bháis, agus tá an t-éileamh seo ar cheann de na hachainíocha is coitianta i bpaidreacha na muintire. I luath-thréimhse na heaglaise, bunaithe ar fhianaise na soiscéal, tuigeadh gur le dara teacht Chríost ar lá dheireadh an tsaoil a tharlódh an breithiúnas a bhí le déanamh ar an gcine daonna.²⁰ Ón mheánaois dhéanach, áfach, bhí an bhéim ar dhara teacht Chríost mar thráth breithiúnais ag dul i léig, agus bhí an bhéim á leagadh ar an mbreithiúnas a dhéanfaí ar an duine aonair ar ócáid a bháis.²¹ Tuigeadh gurb í staid spioradálta an duine ag an bpointe ama sin a chinnteodh a dhán sa tsíoraíocht, rud a chiallaigh gurb é nóiméad an bháis an nóiméad ba thábhachtaí anois i saol an duine.²²

Samhlaíodh drámatúlacht mhór leis an gcoimhlint idir fórsaí an oilc agus fórsaí na maitheasa thart ar leaba an bháis agus an dá dhream acu ag iarraidh an t-anam bocht a thógaint chucu féin.²³ De bharr a chinniúnaí ó thaobh na síoraíochta a creideadh a bhí uair an bháis, ba chuid den seanchas é, mar shampla, nár cheart labhairt ar feadh deich nóiméad i láthair duine a fuair bás mar gur le linn na tréimhse sin a bhí breith á tabhairt air.²⁴ Ag teacht le hachaíní an Áibhé ('guigh orainn na peacaigh anois agus ar uair ár mbáis'), iarrtar cúnamh Mhuire freisin san am criticiúil seo:

A Bhanríon Bheannaithe agus a Bhanaltra an Tabhartais bhreá,
'tá 'na shuí insna flaitheasaibh ag amharc ar Rí na ngrás,
go rabhair i m' aice agus ár bhfaire ar uair mo bháis,
agus go dtógair ár n-anam isna Flaitheasaibh chun suaimhneas d'fháil. (# 323)

A Thríonóid Ró-Naofa is a Réaltain na Maidine,
A phlanda do shíolraigh ón Rí ceart, Dáiví amhra,
cuir d'achainí le díograis chun Íosa do Leanbh
do bheith ag déanamh dídin dom sa tslí ag dul abhaile. (# 341)

Ach mhair an tseantuiscint faoin mbreithúnas i gcónaí sa traidisiún Críostaí, agus tagraítear di sin freisin sna paidreacha:

A Rí naofa dhaonnachtaigh 'fuair peannaid is Páis,
guím féin go síoch séimh thú, is freagair mo chás.
Ó scrios baolach Laoi an tSléibhe²⁵ beir m'anam leat slán.
Le linn méaga bí taobh liom do m' chabhair ó m' námhaid. (# 406)

Toisc a chinniúnaí is a tuigeadh a bhí ócáid an bháis, díríodh sna paidreacha ar fhórsaí uile na bhflaitheas d'fhonn bealach sábháilte chun na síoraíochta a chinntiú don anam:

> Sochraid aingeal, sochraid aspal, sochraid naomh
> ag teacht i d' choinnibh sa bhóthar caol,
> ag breith an anam' ar dheasláimh Dé. (# 339)

Bhí Micheál Ardaingeal aitheanta sa traidisiún Críostaí mar threoraí agus mar chosantóir ar an anam ag tabhairt faoin mbóthar priaclach chun na síoraíochta.[26] Bhí 'Coróin Mhichíl' coitianta mar phaidir a deirtí do dhuine ar leaba an bháis (# 338) agus bhí paidreacha eile leis dírithe ar Mhicheál Ardaingeal ag an tráth sin:

> Bí i m' dhíon, bí i m' theagasc, bí agam gach uair is tráth,
> Is a Mhichíl, bí agam ar uair mo bháis. (# 318)

> A Mhichíl naofa, glaoimse tú ar láimh,
> agus beir m'anam saor leat ar uair mo bháis. (# 321)

> A Mhichíl na n-aingeal
> is na bhfiréan i bhFlaitheas,
> cuir díonadh ar m'anam
> le scáth do scéithe. (# 523)

Léirítear imní nach mbeadh an duine ullmhaithe i gceart le dul sa tsíoraíocht ag am an bháis, agus is de bharr na himní sin go háirithe a bhí col ag daoine leis an mbás obann, agus iarrtar go tráthrialta sna paidreacha é a choimeád ó dhoras:

> 'Íosa mhilis, a dhianghrá,
> coimirce m'anam' ar do dheasláimh

anois agus ar uair mo bháis,
ar eagla, an uair dheireanach,
nach dtiocfadh liom é 'rá. (# 118)

Paidir is Ave Maria le mé féin agus an méid is ceist orm a shábháil ar anbhás, ar bhás tobann, ar bhás neamhullmhaithe, ar bhás in aon pheaca de na seacht bpeaca marfacha, ach bás umhal agus aithríoch, agus breithiúnas fabharach i ndiaidh ár mbáis. (# 319)

Thuigfí ó cheann de na paidreacha gur mar aistear trí thaobh tíre fisiciúil a samhlaíodh imeacht an anama sa tsíoraíocht agus nár mhian le daoine tabhairt faoi le dorchacht na hoíche – meon a léirítear sa ghuí: 'Bás naofa chugainn i lár an lae chugainn' (# 335). Ag teacht leis sin, ba chuid den aigne thraidisiúnta go mb'fhearr le daoine gan bás a fháil le linn toirní ná i ndrochuain: 'Is mairg don anam bocht a imíonn le linn tornaí nó stoirme nó aon anfa mar sin. Sin é fé ndeara do dhaoine bheith ag guí chun Dé bás i ndea-uair a thabhairt dóibh.'[27] Bhí cruth coincréiteach freisin sa seanchas ar na bagairtí a bhí ag faire ar an taistealaí chun na síoraíochta – madraí allta nó maistíní an oilc agus cumaracha is duibheagáin dhubha dhorcha – sula sroichfeadh sé 'na geataí cláir' ag déanamh ar cheann scríbe.[28] Ní nach ionadh, is achainí choitianta sna paidreacha aoibhneas na bhflaitheas a bheith á iarraidh:

Déan dúinn an t-eolas
go rachaimid go Flaithis
ag caitheamh na glóire. (# 332)

Go n-osclaí Peadar na Flaithis go réidh duit
is nár ghlao Micheál ar a láimh chlé thú.
Dia agus Muire go dtige i d' éileamh
's go mbeirid siad d'anam go Cathair na Naomh leo. (# 340)

Bhí rudaí eile, áfach, seachas an t-aoibhneas síoraí a bhí ag déanamh tinnis do dhaoine agus ar cuireadh imní in iúl maidir leo sna paidreacha. Is iontach an éagsúlacht a bhaineann leis na hócáidí agus na cúraim a raibh paidreacha speisialta cumtha fána gcomhair. Chomh maith le paidreacha a bhaineann le héirí agus dul a chodladh, tá sa bhailiúchán seo leis, paidir le rá ar ghlao an choiligh, ar fheiceáil na gréine, ag cóiriú na leapa, ag lasadh na tine, roimh obair, ag déanamh oibre, ag críochnú oibre, ar theacht abhaile, ar bhualadh an chloig, ar lasadh an tsolais, le linn leanbh a chur a chodladh, ag múchadh an tsolais agus go leor eile. Is léiriú maith ar éagsúlacht na n-ócaidí ar a ndeirtí paidir é an ráiteas seo ó de hÍde:

> Is beag nach fíor le rádh é, nach raibh gníomh sonnradhach ná speisialta ar bith d'a dtigeadh le beith déunta ag an Éireannach ar feadh an laé nach raibh focal nó dó de phaidir aige roimhe, anuas go dtí seal gearr ó shoin.[29]

D'fhéadfaí breathnú ar na paidreacha ócáideacha seo mar leaganacha tuata de bheannachtaí ócáidiúla a raibh dlús curtha leo i ndeasghnátha eaglasta na meánaoise:

> *By the early middle ages the ecclesiastical authorities had devised a comprehensive range of formulae designed to draw down God's blessing upon secular activities ... liturgical books of the times contained rituals to bless houses, cattle, crops, ships, tools, armour, wells and kilns. There were formulae for blessing men who were preparing to set off on a journey, to fight a duel, to engage in battle or move in to a new house.*[30]

Níl aon phátrún dearfa le tabhairt faoi deara inár dtraidisiún cráifeachta maidir le paidreacha seo na hachainí a bheith á ndíriú ar Chríost nó ar an Athair. Dírítear orthu araon an sórt paidre céanna, ach cé gur gnáthach paidreacha an liotúirge a bheith dírithe ar an Athair trí Chríost, is spéisiúil gur minice a dhéantar Críost a agairt ná an tAthair sna paidreacha dúchais, rud a léiríonn is dócha, gurbh fhusa le daoine díriú ar Dhia inchollaithe i bpearsa Chríost ná ar Dhia an tAthair.

Níl paidir an bhuíochais in aon ghar do bheith chomh flúirseach le paidir na hachainí sa bhailiúchán, ach tá samplaí de roinnt bheag éigin acu ann mar sin féin. Cuirtear buíochas in iúl as páis agus aiséirí Chríost, ach is minice buíochas á ghábháil as nithe a bhaineann leis an mbeatha shaolta, mar atá, teacht slán thar oíche, nó bia a bheith ar fáil. I bpaidreacha na páise agus na haiséirí bíonn moladh agus glóire i gceist chomh maith:

> Moladh, glóir agus onóir
> 'bheirim go deo dhuit, a FhíorMhic Dé.
> Daor do cheannaigh tú an ghlóir
> le d'fhuil uasal onóraigh féin. (# 395)

> Míle buíochas leat, a AonMhic mhín,
> do céasadh, a Rí is naofa dlí
> agus d'éalaigh saor ón éag arís.
> Glóire do Dhia sna hardaibh. (# 401)

STRUCHTÚR AGUS FRIOTAL

Toisc gur caomhnaíodh na paidreacha seo sa traidisiún béil, ní hionadh gur i riocht véarsaíochta atá a dtromlach mór, mar gurb amhlaidh is fusa iad a choimeád san aigne. Tá cuid de na paidreacha spéisiúil ó thaobh déantúis mar gurb é atá iontu ná na gnáthphaidreacha próis i riocht véarsaíochta. Tá a leithéidí de leaganacha againn ar an Confiteor (an Fhaoistin) (# 83), an Ghlóir (# 84) agus an Chré (# 91). Is dócha gurb é an ceann díobh seo is fairsinge eolas ina thaobh ná an Phaidir mar atá sí le fáil in Aithrí Sheáin de hÓra:

> Ár nAthair atá sna Flaithis go hard,
> go naofar tráth t'ainmse,

> go dtige do ríocht, do thoil ar an saol
> mar a déantar i gcrích Pharthais.
> Ár n-arán laethúil tabhairse dúinn
> is maith dúinn ár gcionta ainbhis
> mar mhaithimid do chách, is ná leig sinn i dtlás,
> ach saor sinn ó bhás anabaí. (# 102)

Rud is fiú a thabhairt faoi deara i dtaobh struchtúr na bpaidreacha seo is ea gur minic iad curtha le chéile ar bhonn paraidíme – luaitear imeacht a tharla san am atá thart, agus bunaithe ar an eiseamláir sin, guítear go dtiocfaidh rud éigin i gcrích san am atá le teacht:

> Mar shaor tú Pól, do bhí i d' dhíbirt,
> ó ghlasaibh an diabhail mar shoitheach naofa;
> mar shaor tú an gadaí san gcroich chéasta,
> saor mé an peacach, a Rí na féile. (# 25)

> A Uain dhílis Dé na Páise, thógais ceo agus peacaí an domhain. Go dtóga tú ceo na bpeacaí dár n-anam. (# 111)

Is minic a bhíonn struchtúr paraidímeach ar urnaithe an aifrinn, agus tharlódh gur anáil an liotúirge atá le brath anseo ar struchtúr na bpaidreacha dúchais. B'easca don té a raibh tuiscint aige ar phaidreacha an aifrinn, dul i muinín an mhúnla chéanna atá iontu sin agus paidir á cumadh aige féin le súil go ndéanfadh an pobal a gcuid féin di.

Gné de stíl na bpaidreacha seo is ea a simplíocht, gan cruafhocail ná comhréir chasta mar bhac ar iad a thuiscint. Tá na smaointe iontu ansoiléir de ghnáth, gan aon teibíocht ná aon chastacht ag baint leo. Mar mhaisiú ar an tsothuigtheacht a bhaineann leo, is minic a fhaighimid samhail choincréiteach iontu ar nóisean teibí. Léiriú air sin is ea an tslí a gcuirtear cúram Dé i leith an duine in iúl, trína rá gur ina lámha a bhíonn an té a théann ina leith:[31]

> Lámh Dé i mo thimpeall
> ag suí is ag luí
> 's ag éirí dom. (# 8)

> Ó fhás go haois
> is ó aois go bás
> do dhá láimh, a Chríost, anall tharainn. (# 380)

Cuirtear friotal ar an gcosaint a fhaightear ó Dhia agus ó na naoimh le meafair a thagraíonn d'airnéisí fisiciúla:

> Cuirim coimrí m'anam' ort fé bhrat do scéithe. (# 10)

> A Linbh uasail, a Íosa, clúdaigh mé le d' fhallaing. (# 128)

> Muire, Críost agus na naoimh eadrainn agus an t-olc,
> Muire agus a Mac,
> Pádraig leis an bhachall,
> Máirtín leis an bhrat,
> Bríd leis an sciath
> agus Dia os a gcomhair uile go léir
> lena láimh dheas láidir. (# 220)

Is minic smaointe á gcur in iúl le híomhá choincréiteach: tá Muire ar neamh ar 'urlár a tí féin' (# 77), guíonn an té atá ag urnaí ar Chríost 'lóistín' a thabhairt dó ina chroí (# 128) agus is 'ag dul abhaile' (# 341) 'go cuan sábháilte' a bhíonn an té a bhaineann aoibhneas síoraí amach (# 333). An áibhéil atá anseo agus ansiúd san fhoclaíocht is tréith nádúrtha sa teanga í a thagann lena dúchas, ionas nach mothaítear iomarcaíocht i gceist le leaganacha mar:

> Bheirimse na mílte agus na mílte milliún den bhuíochas
> le d' chumhachta mhórchumhachta trócaireach'. (# 50)

> An Té 'thug an bheatha seo dúinn
> go dtuga sé an bheatha dár n-anamacha.
> Más fearr atáimid inniu,
> go mba seacht bhfearr a bheas muid bliain ó inniu. (# 46)

Gné eile de stíl na bpaidreacha dúchais is ea go bhfuil rian na liodán an-láidir ar chuid mhaith acu. Bíonn mionáireamh nó liostú á dhéanamh iontu, agus teidil bhláfara á ngairm. Cuirtear smaointe taobh lena chéile agus gan ach gaol scaoilte eatarthu. Bíonn an ghluaiseacht loighiciúil mhachnaimh atá chomh bunúsach i bpaidreacha an liotúirge in easnamh orthu. Tá an mianach liodánach seo le fáil ar phaidreacha i bhfad siar i dtraidisiúin urnaí na hÉireann:

> *The following, for instance is a prayer poem from the tenth or the eleventh century, and like so many others the invocations are cast in litany form, a kind of prayer which the early Irish found especially attractive ... It is typical of these prayers that they are enumerative.*[32]

Tá an ghluaiseacht luaimneach ó smaoineamh go smaoineamh, gan aon domhainmhachnamh ná scagadh á dhéanamh, ach ag sciorradh ó ábhar go hábhar, le brath ar chuid de na paidreacha seo. B'fhurasta freagra mar 'coimeád slán sinn' nó 'deonaigh dúinn' a shamhlú le gach líne ina leithéidí seo:

> I staid iomchuí grás
> mar is áil leat féin mé 'dhéanamh,
> a Thiarna Dia na ndúl.
> I ngaol Dé
> i ngrá Dé
> i dtoil Dé
> i rún Dé
> i gcúram Dé. (# 370)

Bás ola,
bás sona,
bás sóláis,
bás aithreachais,
bás gan chrá,
bás gan scáth,
bás gan bhás,
bás gan scanradh,
bás gan dólás. (# 324)

Tá an aigne ghiodamach chéanna léirithe sna sailm, agus í le fáil freisin in urnaí na tíre seo san anallód, mar a bhfuil sí aitheanta mar bhuntréith san urnaí sin.³³ Is eol go raibh an-tóir ar fad ar na sailm in Éirinn ach ba dheacair a rá an faoi thionchar na salm – bunleabhar i lámh gach dalta scoile sa mheánaois – nó an ón aigne dhúchasach a tháinig comharthaí sóirt an liodáin chomh mór chun tosaigh i dtraidisiún paidreoireachta na tíre. Áit eile ina bhfuil anáil an liodáin le tabhairt faoi deara ar na paidreacha dúchais is ea sna teidil bhreátha ar Dhia an tAthair agus ar Chríost atá ar snámh tríothu: Rí na bhfeart; Rí an eolais; gnúis is gile ná an ghrian; Rí nach gann; Rí an Domhnaigh, sagart glórmhar na síochána, fuasclóir oirirc ainglí, Mac na Banaltran, Mac na hÓighe, Leanbh do Mháthar, etc.

Tugann Tadhg Gaelach bailiúchán álainn de theidil na Maighdine dúinn:

Banríon na n-aingeal, Banríon na n-aspal,
Banríon na bhFlatheas órga,
Banraíon an tsonais, Banríon an tsolais,
Banríon na gcros, na gcoróineach.
Banríon na ngrás in am sceimhle an bháis.
Mo chrann dín 's mo ghrá-sa an Ógh ghlan. (# 384)

Tá sórt eile paidre ann ina bhfaighimid an t-áireamh céanna á dhéanamh agus an sciorradh tapa ó ábhar go chéile agus a fhaighimid sa liodán. An lúireach an phaidir atá i gceist – foirmle chosanta as a mbaintear feidhm nuair a mhothaíonn duine i mbaol ó namhaid. Féachtar le cumhachtaí nádúrtha agus osnádúrtha a ghairm chun an duine a ghardáil, agus cosaint a sholáthar do gach ball dá chorp agus ar gach suíomh ina mbeidh sé. Is déantús Gaelach go háirithe é an lúireach, nach ann dá mhacasmhail ach ar éigean lasmuigh de thraidisiún na Gaeilge.³⁴ Tá an sórt seo paidre áirithe mar léiriú ar mheon sainiúil cráifeach na nGael:

> *If we would seek the distinctive traits of the religious temperament and piety of the early Celtic Christians ... read their lorica, their petitions in the form of litany, and a host of other prayers of the same kind and you will be struck by their original style, the outcome of a somewhat roving imagination, by the reiterated entreaties, the copiousness of language, the outpourings of trust and self-abandonment, and finally by the rhetoric which give the tone to these entreaties.*³⁵

Tá sé áitithe gur faoi anáil Chaintic an Triúr Ógánach (Dainéil 3: 52-90) áit a n-impítear ar ghnéithe den dúlra cosaint a sholáthar do na hógánaigh san fhoirnéis, a ghairmtear gnéithe den dúlra sa lúireach.³⁶ Tharlódh freisin, áfach, gur iarsma d'adhradh gnéithe den dúlra é an ghné seo den lúireach, agus níl amhras ná gur eilimint an-seanda í an duine-dhíoghlaim sna paidreacha seo.³⁷ Freagairt choincréiteach don chomhairle a thug Naomh Pól do na hEifísigh agus na Teasalónaigh atá sa lúireach.³⁸ Tá éachtaint le fáil ar an meas a bhí ar an lúireach mar phaidir sa mheánaois in Éirinn ón maíomh a deineadh i dtaobh Lúireach Bhréanainn, gurbh fhiú céad aifreann an phaidir sin.³⁹ Tá comharthaí sóirt na lúirí le brath ar dhornán beag de na paidreacha sa bhailiúchán seo sa mhéid go ndéantar liostáil iontu ar na cumhachtaí osnádúrtha ar a bhfuil cúnamh á iarraidh, agus ar na hócáidí baoil a bhfuil cosaint á hiarraidh maidir leo:

Paidreacha na Muintire

Go mbeannaí Muire
agus go mbeannaí Dia thú.
Go mbeannaí na haspail
agus na naoimh thú.
Go mbeannaí an ghealach gheal
's an ghrian thú.
Go mbeannaí an fear thoir
's go mbeannaí an fear thiar thú
agus go mbeannaím féin
i ndeireadh thiar thú. (# 382)

Seacht bpaidreacha faoi sheacht
'chuir Muire dá Mac,
'chuir Bríd faoina brat,
'chuir Micheál faoina sciath,
'chuir Dia faoina neart,
idir mé agus tine mo mhúchta,
idir mé agus uisce mo bháite,
idir mé agus bás obann,
le mo chumhdach, le mo shábháil,
le mo chosaint agus le mo ghardáil. (# 185)

… Na seacht réalt do m' stiúradh,
an dáréag do m' sheoladh,
na cúig chneá do m' dhíonadh,
na trí shanas i m' chluasa,
síoth na seacht nEaglais do m' thimpealladh,
an tAon Dia do m' rialú,
sciath chreidimh os mo chionn,
an claíomh solais ar m'aghaidh,
Focal Dé ar mo chúltaobh,
m'aingeal coimhdeachta láimh liom,

An Spiorad Naomh mar aon liom
anois agus go síoraí. Amen. (# 528)

Baineann formhór mór na bpaidreacha sa bhailiúchán le deabhóid phríobháideach, agus is minic dá réir sin, gur sa chéad phearsa uatha a labhartar iontu agus a iarrtar achainí:

A Mhaighdean Bheannaithe 's a Bhanríon na glóire,
is leatsa 'ním mo chasaoid maidin is tráthnóna,
scaoil mé as na sceacha agus fág mé ar an eolas,
tabhair domsa an aithrí go sile mé na deora. (# 156)

Go mbeannaí Dia dhuit, a Ghobnait Naofa,
Go mbeannaí Muire dhuit, is beannaím féin duit.
Is chughatsa a thánag ag gearán mo scéil leat
is ag iarraidh mo leigheas ar son Mhic Dé ort. (# 536)

Is fiú a shoiléiriú, áfach, nach paidreacha an aonaránaigh i gcónaí iad. Ba phrionsabal aitheanta i gcleachtadh na hurnaí in Éirinn é, gur chóir an ghuí a scaoileadh 'leathan' agus tuigeadh nár mhaith í an ghuí 'ghann.'[40] Féach mar a cheartaíonn an cainteoir é féin sa ráiteas seo nuair a ghuíonn sé ar son a mhuintire: 'Go dtuga Dia suaimhneas agus solas na bhflaitheas dóibh – agus dos na mairbh go léir chun ná hiarrfaimis an ghuí ghann.'[41] 'Ní maith í an ghuí ghann', a deir faisnéiseoir eile ag léiriú na cainte sin le sampla:

Dá mbeadh fear an tí ar an bhfarraige agus go séidfeadh sé ina stoirm, déarfadh muintir an tí paidir ar nós 'Go dtuga Dia slán abhaile chugainn é', agus chuirfí eirball leis i gcónaí, 'agus a dhuine féin go dtí gach éinne', mar is fearr an éisteacht a fhaigheann an ghuí leathan.[42]

Dá réir sin, tuigeadh nach ar a shon féin amháin ba cheart don duine guí ach ar son daoine eile chomh maith. Tréith shuntasach sna paidreacha dúchais is ea a fhairsinge a bhíonn an ghuí go minic iontu – iarracht déanta gach duine a thabhairt faoina scáth:

> Nára tiugha féar ag fás
> ná gaineamh ar thrá
> ná drúcht ar bhán
> ná na beannachtaí ó Rí na ngrást
> le gach anam a bhí, a bheidh nó 'tá. (# 233)

> Tá mise ag iarraidh trócaire agus grásta
> dom féin agus do shíol Éabha agus Ádhaimh. (# 96)

> A Mhaighdean bhráidgheal bhán
> gur daoradh do Mhac sa Pháis,
> cuir d'achainí chun Rí na ngrást
> maithiúnas a thabhairt dúinn is do chách
> is do gach n-aon eile atá ina ghá. (# 342)

Tugtar aird ar an treoir thraidisiúnta faoi fhairsinge a bheith sa ghuí, ní hamháin sa tslí ina ndéantar iarracht gach duine a chur faoina rath, ach freisin sa tslí ina bhféachtar le hí a scaoileadh ar gach ócáid agus suíomh. Tá an flosc céanna chun áirimh léirithe anseo agus a bhíonn i gceist sna liodáin:

> Bí i m' dhídean, bí i m' choimhdeacht, bí i m' aice go buan,
> más luí dom, más suí dom, más seasamh, más suan. (# 16)
> An Té a thug saor ón oíche sinn go dtuga sé saor sábháilte ón lá sinn, le toil Íosa Críost agus na Maighdine Muire, sinn féin agus a bhfuil againn istigh agus amuigh, thall agus abhus, i ngach aon áit ina bhfuil siad. (# 6)
> Paidir agus Ave Maria ag altú na coda seo agus gach cuid gan altú agus gach tíolacadh síoraí gan altú a fuair muid ó tháinig muid ar an saol go fóill. (# 48)

Fág gur sa chéad phearsa uatha a labhraítear ina lán de na paidreacha ('iarraim', 'impím', 'molaim' etc.) is spéisiúil a mhinice is a shleamhnaíonn an phaidir ón gcéad phearsa uathu go dtí an chéad phearsa iolra:

> Ar éirí dom ar maidin screadaim agus glaoim ort,
> 'AonMhic bheannaithe do cheannaigh go daor sinn. (# 10)

> A Mháthair na gcumann 's a Bhuime na hóighe,
> is leat a dhéanaimse mo ghearán maidin 's tráthnóna.
> Is tú 'fuair an achainí ó do Mhac glóire.
> Déan dúinn an t-eolas
> go rachaimid go Flaithis
> ag caitheamh na glóire. (# 332)

> A Athair-Mhic, do cheapais grian agus muir,
> tá an peaca seo orm ceangailte fós riamh agus inniu.
> Scaoil eadrainn do bheannacht, agus go bhfana sí againn,
> le taitneamh duit go nglacaimid ár dTiarna inniu. (# 113)

D'fhéadfadh nach bhfuil i gceist leis an athrú pearsa seo ach gnáthchleachtas teanga ina dtagraíonn duine aonair dó féin san iolra. I gcomhthéacs na hurnaí, áfach, is dlistineach a áiteamh gur mar 'dhuine idir daoine' (xxv) a shamhlaíonn an guíodóir é féin agus oireann an tuiscint sin go maith i gcás an iliomad paidir a chuirtear i láthair san uimhir iolra:

> A Athair shíoraí na daonnachta
> a thug solas an lae dúinn,
> ár radharc agus ár mbaill bheatha le chéile,
> go dtuga tú cion Críostaí agus dea-Chríostaí
> de ghrásta agus de thrócaire
> dá n-anam agus don chine daonna. (# 7)

Paidreacha na Muintire

Go dtuga Dia ár gceart d'Aifreann Domhnaigh an lae inniu dúinn. (# 80)

A Mhaighdean Mhuire anocht
a gineadh gan pheaca gan smál,
bí linn ar feadh ár saoil
agus linn ar uair ár mbáis. (# 311)

Is ar phobal beag a dhírítear i gcuid de na paidreacha:

Ar ár dteaghlaigh 's ár dtithe cuir séan agus sonas
agus réitigh dúinn féin as gach buaireamh agus pionós,
is isteach i do ríocht, a Dhé mhóir na cruinne,
tabhair sean agus óg in Inis Bó Finne. (# 422)

Léirítear tuiscint ar chlanna Gael mar phobal ar leith i roinnt paidreacha agus luaitear Éire agus Alba le chéile mar phobal i bpaidir do Cholm Cille:

A AonMhic a shaor sinn
ó pheacaí 's ó bhás,
réitigh na Gaeil bhocht'
is riar dóibh i gcás. (# 85)

A Rí ghil, do rugais Maois leat 's a thrúpaibh
trí chorp na tuile tréine gan bá,
dá bhrí sin, a Chumainn, na Gaeil bhochta coimirc,
is go díograiseach cluthair saor sinn i d' bhás. (# 385)

A Cholm Cille, guigh ar son na hÉireann agus na hAlban. (# 528)

Tá an tuiscint go mbaineann Críostaithe le pobal ar leith, is é sin pobal Dé, léirithe sna paidreacha – pobal atá aitheanta freisin sna leaganacha cainte, 'teach an phobail', 'guí an phobail' agus 'aifreann an phobail':

Beannacht Dé le hanamann' na marbh, is go bhfága Dia mór ár saol is ár sláinte againn, agus go gcuire Dia rath ar ár saothar agus ar shaothar na gCríostaithe. (# 170)

Aithnítear sna paidreacha pobal níos fairsinge ná sin, mar áirítear mar phobal ar leith iad na fíréin ar an saol seo agus na fíréin atá ar shlí na fírinne, toisc go bhfuil siad go léir aontaithe 'i gcomaoin na naomh', agus gur baill iad uile de 'chorp mistiúil Chríost':[43]

> Go mbeannaí Dia daoibh agus Muire;
> do bhíobhairse mar atá sinne
> agus beimidne mar sibhse.
> Guímid libhse agus guígíse linne. (# 202)

Mar sin féin, ní mar bhaill dá chorp mistiúil a shamhlaíonn daoine a gcaidreamh le Críost sna paidreacha, ach mar bhaill den phobal ar a bhfuil Dia ina rí. Soláthraíonn an rí sin cosaint agus cúnamh dá mhuintir féin, a lucht leanúna, a bhíonn ag brath air agus iad ag fónamh dó. Tá an tuiscint go láidir sna paidreacha gur cuí do Dhia cúram a dhéanamh dá chlann féin:

> Féach le do shúile beannaithe anuas
> is dídean sinn ar mhórghuais.
> Cuimhnigh, a Athair, gur sinn do chlann.
> A Mhaith gan chuimse, is tú 'agraim. (# 26)

> Sármholadh duit, a Dhia mhóir,
> ar son an Aifrinn Naofa chóir
> a d'fhág tú ag do dhaoine bocht'
> lena gcoinneáil saor ó pheaca is locht.
> Ná tréig do chlann, ná diúltaigh sinn,
> ach inár gcontúirt cuidigh linn. (# 132)

Tréith eile a bhaineann leis na paidreacha agus a théann siar go tús thraidisiún na cráifeachta Críostaí sa tír seo is ea an ghrámhaireacht agus an chineáltacht atá léirithe iontu go háirithe i leith Chríost agus Mhuire:

> Is binn le m' chuimhne d'ainm án,
> is ait le m' chroí do dhíograis ghrá,
> ach mil liom foilsiú d'éadain bhreá,
> a Thiarna ghrámhair Íosa.

> Is tú ár mian, is tú ár só,
> ár gcuid den saol thar acmhainn óir.
> Is tú ár n-aoibhneas thall go deo,
> a Phéarla ghléigil, 'Íosa. (# 420)

> Ó 'Mhuire Mháthair, mo mhíle grá thú,
> mo choimirce chúnta in am gach gá thú. (# 440)

> A Mhuire, a Mhuire, a bhuime 's a mháithrín Dé. (# 478)

Ní fhágann tromlach mór na bpaidreacha seo aon amhras orainn ná gurb é Dia an ghrá, na trócaire agus na daonnachta an Dia a bhfuiltear ag guí chuige:

> 'S é Íosa mo Rí-se, mo chara is mo ghrá,
> 's é Íosa mo dhídean ar pheacaí is ar bhás,
> 's é Íosa m'aoibhneas, mo scáthán do ghnáth,
> 's a Íosa, 'Dhé dhílis, ná scar liom go bráth. (# 162)

> A Athair shíoraí na daonnachta ... (# 7)

> Freagair mé, a Chríost, a Chara mo chroí. (# 141)

Is é 'Rí na foighne' é don pheacach. Cibé áit eile i dtraidisiún cráifeach na hÉireann ina bhfuil béim ar Dhia an díoltais, ní sna paidreacha seo é. Níl ach an fíor-chorrthagairt iontu ina bhféadfaí aon mhacalla den tuiscint sin a aimsiú agus is cóngaraí i bhfad do spioraid na bpaidreacha i gcoitinne an cúpla tagairt atá iontu do Dhia soilbhir croíúil: 'A Rí atá go suairc gan ghruaim i gCathair na nGrást' (# 368); 'A Rí an tsuilt, a shóláis an lae inniu' (# 426), agus is fiú aird a dhíriú sa chomhthéacs seo ar an teideal 'Muire Mheidhreach' ar an Maighdean Mhuire (# 466).

Is cuid sheanda den traidisiún Ind-Eorpach í an tuiscint go leanfadh luachsaothair reic nó éisteacht briathra scéil nó dáin numanaigh.[44] Cuireadh fallaing Chríostaí ar an tseantuiscint sa tír seo nuair a gealladh an bheatha shíoraí as aithris téacsanna cráifeacha áirithe, e.g., iomann Sheachnaill do Phádraig, agus ba mhinic cabhair spioradálta á geallúint as lúireach a rá freisin.[45] Tá geallúint den chineál seo i gceist i gceann de phaidreacha an bhailiúcháin seo, 'Caoineadh Mhuire':

> Sin é caoineadh na Maighdine, ach é 'bheith róchráite.
> Och ochón agus ochón ó!
> Níl éinne agaibhse go mbeidh aige an dán seo,
> Och ochón agus ochón ó!
> Agus éinne a déarfaidh é, is a rá gach lá, leis.
> Och ochón agus ochón ó!
> Ní fheicfidh mo Mhacsa breith dhamanta go brách air.
> Och ochón agus ochón ó! (# 502)

Léiriú eile ar sheasmhacht i dtraidisiún na hurnaí is ea an ceiliúradh a dhéantar sna paidreacha ar ár naoimh dhúchais, e.g.:

> Aingil Dé ár gcoimhdeacht
> 's dár sábháil arís go fuin,
> ar coimrí Dé is Mhuire,
> Mhic Duach is Mhic Daire

agus Cholm Cille,
arís go fuin. (# 32)

A Bhríd, a Mhuire na nGael,
A Bhríd, scaoil tharam do bhrat
agus coinnigh faoi do chumhdach mé
go mbeidh mé leat i bhFlaitheas Dé. (# 530)

A Bhríd atá i bhFachairt,
a Bhlinne atá i gCill Shléibhe,
a Bhrónaigh atá i mBaile na Cille,
go dtuga sibh mise go hÉirinn. (# 226)

Tá an bhá chéanna lenár naoimh dhúchais agus an mhuinín chéanna astu sna paidreacha seo agus atá léirithe ina leith i leabhar aifrinn 'Stowe', an téacs liotúirgeach Éireannach is luaithe atá againn, mar a bhfuil impí déanta ar bhreis is leathchéad naomh Éireannach.[46]

Léiriú eile ar leanúnachas i dtraidisiún na hurnaí is ea an tsamhail shuaithinseach atá san fhilíocht chlasaiceach de Chríost mar mharcach ar an gcrois,[47] a bheith ar fáil i gceann de phaidreacha an bhailiúcháin seo freisin:

Go mbeannaíthear duitse, a lic an Aifrinn,
go mbeannaíthear duitse, a Dhomhnaigh bheannaithe,
go mbeannaíthear duitse, a Mharcaigh bhoicht chráite.
Fá d'bhun déanfar sinn a shaoradh. (# 65)

Mar chlabhsúr ar an dreácht seo cuirtear i láthair anseo síos faisnéis ar phaidreacha na muintire óna dtuigtear an ról tábhachtach a bhí acu i saol na ndaoine a chuir ar aghaidh iad, agus an meas a bhí ag na daoine sin orthu:

Bhíodh paidreacha ag na daoine do gach ócáid a bhearfadh orra agus ba bhreágh leo a bheith dá n-aithris dá chéile aon uair a gheibhidís an caoi. Focail bhreághtha bheannuighthe bhíodh aca ionnta agus dhéinidís iad d'aithris leis an bhfíor-umhaluidheacht cheart; d'arduighdís iad féin agus na daoine bhíodh ag éisteacht leo idir chorp agus anam suas go dóirse na bhflaitheas.[48]

Sa tseanshaol fadó do thagadh mná bochta chugainn ag iarraidh déirce agus ba mhaith leat bheith ag tabhairt déirce dóibh an uair sin mar deiridís paidreacha breátha duit tar éis na déirce a thabhairt dóibh ... Agus do chodlóidís againn agus déarfaidís na paidreacha ar maidin agus istoíche agus ba mhaith leat iad a ghabháil chugat do bhí a leithéidí sin de phaidreacha breátha acu.[49]

Dathad bliain ó shoin tháinig sean-bhean aosta isteach ocht míle de shiúl a cos ó cheantar na Bántíreach go dtí Sráid an Mhuilinn. Tháinig sí go dtí an doras ag Clochar na Toirbhirte. Sé a bhí uaithi an mb'fhéidir go mbeadh aoinne de na siúracha ábalta roinnt phaidreacha a scríobh síos uaithi. Tháinig an tSiúr Colm. Scríobhadar roinnt an lá san.

 Faoi cheann dhá mhí bhí seacht dturais siúil, más cuimhin liom, tabhartha ag an sean-bhean so go dtí an Clochar. An lá déanach acu nuair a bhí deireadh scríofa ghaibh sí buíochas mór leis an Siúr Colm, 'Agus bheadh sé ar mo choinsias,' a deir sí, 'dá dtabharfainn san uaigh liom iad, mar ba mhaith an chabhair dhom féin iad trí chruatan an tsaoil'.[50]

Paidreacha na Muintire

SUMMARY

Traditional prayers, as distinct from the official prayers of the Church, are a genre of oral literature resorted to daily by a great number of Irish people in previous generations. They were generally transmitted within the family and though difficult to date, some at least, can be shown to have been current for a number of centuries. They were employed in carrying out a myriad of routine mundane activities, but some also focus on the spiritual needs of the individual. They did not survive the linguistic change from Irish to English, thus demonstrating the difficulty faced by fixed-form folklore items in transitioning to a new language. Prayers of petition seeking spiritual help are most frequently attested, forgiveness of sin and preparedness when departing this life being recurrent themes. The journey to eternity is sometimes portrayed as a physical ordeal, preferably undertaken in daylight and in clement weather, the better to avoid the hazards along the way. Some prayers demonstrate a close affinity to the form of a litany in merely mentioning topics without reflecting on them; others are couched in the structure of a paradigm – just as God helped individuals in the past, similar help is requested now by the petitioner. Though these were prayers of private devotion, a well-regarded traditional precept demanded a prayer should always be directed at the good of the community and never be confined to the well-being of the individual. The great number of vernacular prayers recorded from tradition bearers speaks to the significant role they once played in the lives of many people.

1   Ó Háinle 1990.
2   Ó Laoghaire 1975. Tagraítear idir lúibíní i gcorp na haiste seo do leathanaigh agus do mhíreanna an leabhair sin. Tá gearrchuntas ar stair fhoilsiú bailiúchán paidreacha dúchais in Ó Foghludha 1929, agus tá mórbhailiúcháin de na paidreacha in Hyde 1906; Dease 1924; Ní Annagáin & de Chlanndiolúin 1924; Ó Siochfhradha 1932c; Ó Fiannachta & Forristal 1988; uí Bhraonáin 2008; Carmichael 2006.
3   Ó Laoghaire 1975: xxiv; Ó Laoghaire 1995a: 33–4.
4   De Hindeberg 1956: 35.
5   Poulet 1935: 258–9; Lysaght 1994; Ariès, 1981: 101–6; King 1957: 326–30.
6   Ó Laoghaire 1995a: 34–5.
7   Ó Laoghaire 1995b: 270–1.
8   Ó Laoghaire 1975: xxiv.
9   Quinn 1966: 86–7.
10 Nic Éinrí 2001: 105–23. Dealraíonn freisin go raibh an saothar sin in úsáid i scoileanna scairte áirithe (Dowling [post 1932]: 71, 155).
11 Hyde 1906. I: 27–53.
12 Ó Duinnín 1905: 17.
13 Féach Hyde 1906. I: x: 'Níor mhair na dánta so riamh in aon áit ar cuireadh an Béarla in áit na Gaedhilge. Is fada ó chéile spiorad an dá theangain. Ní bhíonn fáilte ar bith ag lucht an Bhéarla roimh na sean-dántaibh diadha, agus níor chuireadar riamh Béarla orra mar do chuirídís go minic ar na hamhránaibh grádh.'
14 Dundes 1980: 22.
15 Is ar an gcúis chéanna sin a dúirt Delargy (1969: 82) faoi scéalta gaisce na Gaeilge: 'The Irish hero tale lives and dies a monoglot – it belongs entirely to the old Irish world and can never speak any language but Irish.' I gcás seanscéalta ar eol leagan Béarla díobh a bheith sa timpeall, ní hamháin nár buanaíodh sa traidisiún béil iad ach ba bhoichte go mór mar dhéantúis ealaíne iad ná faoina gcló Gaeilge (Ó Súilleabháin 1973a: 12).
16 Ó Laoghaire 1975: # 244, # 245, # 246.
17 Ó Catháin 1999: 35.
18 De Hindeberg 1956: 35.
19 Murphy 1940: 85; Godel 1963: 206–8; Meek 2000: 100, 242; Coyle 2012.
20 Smith 1948: 1134–40.
21 Ariès 1981: 106–110. Chabhraigh an teagasc faoi na críocha deireanacha a d'fhógair an Pápa Benedict XII in 1336 le cothú na béime nua seo ar ócáid an bháis (Ó Háinle 2000: 53).
22 Ariès 1981: 106 ar lean.
23 Cf. ATU 808, *The Devil and the Angel Fight for the Soul*; Tubach 1969: # 1492; Ariès 1974: 34.
24 Breathnach 1988: 99.
25 Sliabh Síóin atá i gceist anseo mar láthair an bhreithiúnais (Mc Kenna 1931: xx); maidir leis seo agus ainmneacha eile ar an lá sin, féach Ó Cearúil 2003: 13–18.
26 Johnson 2005: 30; McKenna 1922: xviii; Ó Laoghaire 1995a: 41–2; Ó Laoghaire 1995b: 277–81.
27 CBÉ 34: 89; cf. CBÉ 550: 303.
28 Ó Duilearga 1948: # 94; Verling 1999: 89; Sayers 2020: 131; CBÉ 39: 329–30; CBÉ 1462: 424.
29 Hyde 1906. II: 44.
30 Thomas 1978: 31–2; maidir le téacsanna na mbeannachtaí eaglasta, féach Franz 1909.
31 Is samhail choitianta sa Sean-Tiomna í lámh dheas Dé ag tagairt dá uilechumhacht, féach, e.g., Dentan 1962. *s.v.* Hand.
32 Ó Laoghaire 1965: 44–5.
33 Godel 1963: 308.

34 Mac Eoin 1963; Herren 1987: 23–31.
35 Gougaud 1932: 335.
36 Mac Eoin 1962.
37 Féach Plummer 1910. I: cxxxv, nóta 6; Ó Duinn 1990: 81–4.
38 Eif. 6: 11: 'Cuirigí umaibh cathéide Dé chun bheith in ann seasamh in aghaidh chealga an diabhail'; 1 Teas. 5: 8: 'Cuirimis umainn an creideamh agus an grá mar lúireach agus dóchas ár slánaithe mar chafarr.'
39 Godel 1963: 265.
40 Ó Súilleabháin 1942: 430; Ó Laoghaire 1995b: 289–91.
41 Ó Caoimh 1989: 208.
42 Seán Pheats Tom Ó Cearnaigh, Dún Chaoin, Co. Chiarraí i gcomhrá leis an údar SVC 495.
43 Féach plé ar nóisean chorp mistiúil Chríost i dtraidisún na heaglaise sa mheánaois in Éirinn in Ó Laoghaire 1965: 48–50; Godel 1963: 407.
44 Rees 1967: 17–19.
45 Gougaud 1932: 297.
46 Gougaud 1932: 324.
47 McKenna 1931: xviii.
48 Ó Cadhla 1947: 47.
49 CBÉ 467: 180. Seán Ó Cróinín a thóg ó Dhomhnall Ó Loingsigh, Baile Bhuirne, Co. Chorcaí. 1938.
50 De Hindeberg 1956: 40–1.

18:
An Leabhar Eoin –
idir Dheabhóid agus Phiseogacht

Is é atá i gceist leis an Leabhar Eoin ná an chéad cheithre véarsa dhéag de shoiscéal Eoin (An Brollach), scríofa i Laidin ar phíosa páipéir, é fillte ar a chéile, go minic i bhfoirm triantáin, agus curtha i gclúdach de chineál éigin, ar nós píosa éadaigh nó i leathar mín. Cheanglaítí sreangán as agus chaití thart ar an muineál é nó dhéantaí é a fhuáil isteach i mball éadaigh mar chosaint ar anachana éagsúla, sin nó choimeádtaí i dtaisce in áit éigin sa tigh é. B'fhearas deabhóide ag daoine é agus é ar cheann de na 'seanphaidreacha agus na seanliagáistí' a luann faisnéiseoir ó Chois Fharraige a deir faoi; 'ba mhór i gceist an Leabhar Eoin ag na seandaoine ... deirtí go raibh cosaint ann ar their agus ar ainsprideanna'.[1] Feicfear thíos an réimse leathan ócáidí a mbaintí feidhm as in aghaidh bagairtí nádúrtha agus osnádúrtha.

CÚLRA LIOTÚIRGEACH

Bhí ionad speisialta ón tús ag Brollach shoiscéal Eoin i ndioscúrsa na diagachta agus na deabhóide Críostaí de bharr an fhriotail fhileata a bhí ann ar bhuntuiscint lárnach na Críostaíochta, gur ghlac Mac Dé colainn dhaonna – gur dhein feoil den Bhriathar, *verbum caro factum est* – ráiteas ar tagraíodh dó mar '*a sentence that means more for mankind than any sentence ever written by a human pen*'.² Tugann Agaistín léargas ar an ómós a bhí don Bhrollach nuair a thráchtann sé ar fhear a mheas gur chóir é a scríobh i litreacha órga ar bhallaí gach eaglaise.³ Ní hionadh mar sin go mbeadh feidhm á baint go luath as sa liotúirge agus é bheith á léamh mar shoiscéal ag aifreann Lá Nollag agus freisin ag aifreann na nuabhaistithe faoi Cháisc.⁴ Ba chuid de dheasghnátha na hola déanaí agus an bhaiste é i roinnt liotúirgí meánaoiseacha, agus théití ina leith i ndíbirt dheasghnáthúil deamhan, mar ortha in aghaidh fiabhrais, i mbeannú árthaigh nua, lánú nuaphósta agus máthar tar éis di leanbh a shaolú.⁵

Bhí sé mar nós sa mheánaois dhéanach go mbeannaíodh an sagart gnáth-arán, le linn nó tar éis an aifrinn, le dáileadh ar an bpobal, agus bhíodh léamh véarsaí 1-14 de shoiscéal Eoin lárnach sa bheannú sin; creideadh go raibh cosaint san arán seo ar gach ainsprid is anachain.⁶ Bhí an sliocht ar cheann de na soiscéil a léití ar na mórshiúlta achainí a raibh sé d'aidhm leo an anachain a dhíbirt agus grásta, rath agus torthúlacht a bhronnadh ar an bpobal agus ar an talamh.⁷ Bhí sé le léamh freisin mar chuid den athchóiriú a rinneadh i réimeas Anraí VII ar shearmanas leagadh lámh an rí ar othair a raibh easpa brád ag dul dóibh.⁸

Bhíodh beannú á thabhairt don phobal ag an sagart ag deireadh an aifrinn ón naoú haois ar aghaidh, ach ní raibh aon fhoclaíocht faoi leith leagtha síos don mbeannú seo.⁹ De réir a chéile tosaíodh ar véarsaí tosaigh shoiscéal Eoin a úsáid mar théacs don bheannú sin, agus i gcaitheamh an ceathrú agus an cúigiú haois déag bhí léamh Bhrollach Eoin ag deireadh an aifrinn ag éirí coitianta.¹⁰ Leag Comhairle Trent (1545–1564) síos gur chuid riachtanach de dheasghnátha an aifrinn a bheadh ann feasta, agus sa Leabhar Aifrinn Rómhánach a eisíodh in 1570, cinntíodh a ionad mar 'shoiscéal deireanach' i ngach aifreann feasta. Lean sé ina chuid dhílis den eocairist Chaitliceach go dtí gur fágadh ar lár é in ord nua an aifrinn a tháinig i bhfeidhm in 1964 mar thoradh ar an leasú liotúirgeach a thionscain an Dara Comhairle Vatacáineach. I ndeasghnátha na heocairiste inniu léitear

An Leabhar Eoin – idir Dheabhóid agus Phiseogacht

Brollach Eoin mar shoiscéal sa tríú haifreann Lá Nollag, agus arís ar an Dara Domhnach tar éis na Nollag.[11]

Tharla forbairt i gcleachtais chreidimh i dtreo dheireadh na meánaoise a chabhraigh go mór le dlús a chur le húsáid an Bhrollaigh, mar atá, forleathnú ar an ngnás ofráil a thabhairt do shagart le haifreann a léamh ar son intinne ar leith. Níor cheadmhach do shagart níos mó ná aifreann amháin sa lá a rá, ach d'fhonn glacadh le síntiúis bhreise, chuir sagairt áirithe leagan gearr den tseirbhís ar fáil, gan ann ach paidreacha thús agus dheireadh an aifrinn mar aon le léachtaí. Bhí sé de thuiscint ag daoine go raibh sleachta áirithe den soiscéal níos oiriúnaí agus níos éifeachtaí ná a chéile, agus bhíodh Brollach Eoin á iarraidh go coitianta ag síntiúsóirí don sórt seo seirbhíse ar a dtugtaí *missa sicca* nó *missa nautica*.[12]

Le teacht chun cinn na n-ord déirce leathnaíodh tuilleadh ar theagmháil an phobail le Brollach Eoin, mar théadh na bráithre bochta thart ó thigh go tigh ag lorg a gcoda, agus ba ghnách an téacs sin á aithris acu mar bheannú agus mar chúiteamh in aon déirc a thabharfaí dóibh: 'The fourteen opening verses of Gospel of St. John were the friars' habitual salutation, used as a sort of magic incantation.'[13] Tagraíonn Chaucer don nós seo sa Réamhrá leis na *Canterbury Tales* agus é ag trácht ar an mbráthair binnbhriathrach a mhealladh feoirling ón mbaintreach bhocht *so plesaunt was his 'In principio'*.[14]

Tugadh céim suas arís do Bhrollach Eoin i gcúrsaí deabhóide nuair a d'fhógair an pápa Clement V (1305–1314) logha bliana agus daichead lá d'éinne a d'éisteodh leis an sliocht. Scaipeadh eolas go forleathan faoin logha seo a raibh sé de choinníoll leis go bpógfaí rud beannaithe éigin agus na focail *et verbum caro factum est* á rá, agus soiléiríodh go ndéanfadh ionga na hordóige cúis mura raibh fáil ar fhearas beannaithe.[15] Is spéisiúil é an sonra deireanach sin i bhfianaise na tuisceana a bhí ag cuid den seandream sa tír seo gurb iad na hingne an chuid is ainglí den duine.[16] Ón gceathrú haois déag arís bhí feacadh glúine mar shlí eile le hómós a léiriú le linn aithris na bhfocal *verbum caro factum est*,[17] nós a mhair fad a bhí Eoin: 1-14 mar 'shoiscéal deireanach' i ngach aifreann.

CLEACHTAIS NA MUINTIRE

Mar atá ráite thuas, ní le haithris an Bhrollaigh amháin a bhí buanna speisialta luaite ach leis an téacs scríofa de freisin. Bhaintí feidhm as i bhfoirm scríofa nó labhartha in iliomad comhthéacs, e.g., mar chosaint in aghaidh toirní nó stoirme, mar chosaint ar bhá agus ar thinneas, go háirithe ar ghalair néarógacha, tritheamh, tinneas cinn agus fiacaile; chrochtaí faoi mhuineál nó ar adharca ainmhithe tinne é; d'úsáidtí mar chosaint ar bharraí é, d'úsáidtí é chun ádh cearrbhachais a tharraingt, chun taisce i bhfolach nó gadaí a aimsiú; creideadh gur bhronn sé doghontacht ar dhuine, agus gur choinnigh sé amach gach sórt ainspride agus tromluí; d'úsáidtí mar leigheas ar phoc sí é, mar chosaint ar mhaith an bhainne a ghoid, chun éifeacht na drochshúile a chealú, agus chun sábháilteacht a chinntiú ar thuras farraige.[18] Thuigfí ó Pheig Sayers go raibh de bhua aige an chinniúint a shárú,[19] agus bhí an tuiscint ann go n-aimseodh punann a mbeadh an Leabhar Eoin curtha isteach ann agus é ligthe le sruth, corp báite.[20]

Tearc go maith atá an fhianaise ar úsáid an Leabhair Eoin in Éirinn roimh an nua-aois. Seans gur in *Aislinge Meic Conglinne*, téacs ó dheireadh an aonú haois déag, atá an fhianaise is seanda ina thaobh sa tír seo. Tagraítear ann go magúil do shleachta as na soiscéil a bheith á gcrochadh faoi mhuineál daoine mar chosaint ar thubaistí agus drochspriodeanna.[21] Ní shonraítear cé na sleachta iad féin a úsáideadh sa tslí seo, ach de bharr an aitheantais a tugadh don Leabhar Eoin mar fhoirmle chumhachtach sa mheánaois, ní miste glacadh leis go raibh an ceart ag Kuno Meyer nuair a thug sé le fios sa chéad eagrán den téacs go mbeadh Brollach Eoin chun tosaigh i measc na soiscéal ata luaite ann.[22]

Luann Camden tagairt an Íosánaigh, William Good, d'úsáid a bhaintí as an Leabhar Eoin in Éirinn i dtreo dheireadh an séú haois déag:

> If the infant is sick they sprinkle it with the stalest urine they can get, and for a preservative against mischances, they hang not only the beginning of St. John's Gospel about the child's neck, but also a crooked nail out of a horse's foot or a piece of wolf's skin.[23]

An Leabhar Eoin – idir Dheabhóid agus Phiseogacht

Tugadh fianaise i gcúis asarlaíochta in aghaidh seachtar ban i gCarraig Fhearghusa in 1711, gur baineadh leas as an Leabhar Eoin mar chosaint ar chiapadh diablaí a bhí á imirt acu ar bhean eile,[24] agus tagraíonn cuntas eile a scríobhadh céad bliain ina dhiaidh sin ar úsáid an Leabhair Eoin mar leigheas ar thiteamas:

> *The epileptic is brought with great solemnity before the priest, who prays over him, and then throws round his neck an amulet, or little silken bag, containing a slip of paper on which is written the following verse from the first chapter of the gospel of St. John. 'In the beginning was the word and the word was with God, and the word was God.' This remedy is in almost equal repute with the low Protestant and Catholic.*[25]

Luann Mícheál Óg Ó Longáin 'Leabhar Eoin na meilltheoireachta' i dtéacs leighis a chóipeáil sé in 1794,[26] agus tá trácht sa seanchas ar an Athair Maoilre Preandargás/ Mac Giobúin a bheith ag scríobh Leabhar Eoin i gceantar Charna agus é ar a theitheadh tar éis éirí amach 1798.[27] Tagraíonn Thomas Crofton Croker in 1828, d'fhearas cosanta in aghaidh ionsaithe na sí agus míníonn mar a leanas é:

> *… [the] Gospel to which Diarmid Bawn owed his preservation in the fairy fight is a text of Scripture written in a particular manner, and which has been blessed by a priest. It is sewed in red cloth and hung around the neck as a cure or preventative against various diseases. Few Irish peasants will be found without a 'gospel' …* [28]

Instear i mbeathaisnéis John Blake Dillon conas mar thángthas aniar aduaidh air, agus é i bhfeisteas sagairt, ar a theitheadh in Inis Meáin in 1848, nuair a d'iarr oileánach Leabhar Eoin air dá iníon bhreoite.[29] Tá an Leabhar Eoin luaite i scríbhinní William Carleton mar chosaint ar bhagairtí neamhshaolta agus ar an mbolgach,[30] agus tá le tuiscint ó chuntas a thugann sé ar sheanchaí cáiliúil (Tom Gréasaí) ina áit dhúchais, go raibh téacs an Leabhair Eoin i nGréigis sa timpeall sa cheantar sin freisin. Deir sé nach raibh léamh ná scríobh ag an bhfear seo ach go raibh sleachta fada as *Seanmóirí Uí Ghallchóir, Teagasc Críostaí Uí Dhuinnshléibhe, Tairngreacht Cholm Cille,* an *De Profundis,* an *Dies Irae* agus freagraí an aifrinn (i Laidin ar ndóigh), de ghlanmheabhair aige. Bhí sé tugtha d'argóintíocht ar chúrsaí creidimh, agus mar dhlaoi mhullaigh ar a chuid salmaireachta ar fad, bhí na véarsaí tosaigh de Shoiscéal Eoin i nGréigis aige, agus chinntíodh a n-aithris seo an svae dó ar a chéilí argóna de ghnáth:

> Where an English quotation failed, he threw in one in Irish; and where that was understood, he posed them with a Latin one, closing his quotation by desiring them to give a translation of it; if this too were accomplished, he rattled out the five or six first verses of John in Greek, which some one had taught him, and as this was generally beyond their reading, it usually closed the discussion in his favour.[31]

MEATH AN TRAIDISIÚIN

Mar chuid den ghluaiseacht a bhí á cur chun cinn san eaglais Chaitliceach in Éirinn sa naoú haois déag le cleachtais chreidimh a thabhairt i dtreo nósmhaireachtaí agus tuiscintí na heaglaise ar an Mór-roinn,[32] bhí fiúntas fearaistí cráifeacha, leithéidí boinn bheannaithe agus scabaill, á fhógairt don phobal, agus spreagadh á thabhairt do dhaoine a muinín a chur iontu le fabhar osnádúrtha a ghnóthú. Ag na misiúin pharóiste, mar shampla, ar mhéadaigh go mór ar a líon sa dara leath den aois sin, ní hé amháin gur moladh do dhaoine bonn beannaithe nó scaball a chaitheamh, ach cuireadh fáil go héasca orthu mar bhí siad ar díol go saor sna stainníní a shocraítí le hais an tséipéil ar na hócáidí seo, agus bhí siad le ceannach i siopaí earraí cráifeacha chomh maith.[33]

Ní raibh aon tacaíocht den sórt sin ag buanú úsáid an Leabhair Eoin. Nuair a chuirtear san áireamh gur dócha gur lú go mór an costas a leanfadh bonn nó scaball nó Agnus Dei a cheannach, ná an síntiús a mbeadh súil ag an sagart leis as Leabhar Eoin a scríobh, níorbh ionadh go mbeadh an t-éileamh air sin ag dul i léig de réir mar a mhéadódh an t-éileamh ar na

An Leabhar Eoin – idir Dheabhóid agus Phiseogacht

fearaistí eile a raibh an fheidhm chéanna leo. Tugann scéalaí ó Chorca Dhuibhne cuntas ar an éascaíocht a bhain le soláthar scabaill, seachas soláthar Leabhar Eoin – ba lú an costas a bhain leis, agus ina theannta sin, níor ghá teagmháil phearsanta leis an sagart lena fháil:

> Bhí an cailín seo ó cheantar an Daingin breoite tráth [i Meireiceá] agus scríobh sí abhaile go dtí a hathair á iarraidh air an Leabhar Eoin a chur chuici. Ní théadh seisean i ngoire sagairt ná séipéil agus is é an rud a rinne sé ná scaifléir a chur chuici in ionad an Leabhar Eoin. Ní róbhuíoch a bhí sí de agus scríobh sí chuige arís:'Is mairg nár ólais an dá phingin a thugais orthu', a dúirt sí.[34]

Tá leideanna le fáil ó fhoclóireacht na Gaeilge san fhichiú haois ar chlaochló nó ar mheath an traidisiúin a bhain leis an Leabhar Eoin. Ní téacs Bhrollach Eoin, scríofa ag sagart ar iarratas, an míniú a thugann an Duinníneach ar an Leabhar Eoin, ach *a 'gospel', that is a medal containing the opening words of the Gospel of St John worn as a protection from evil.*[35] Níl de thuairisc ar an Leabhar Eoin in *Caint an Chláir* ach 'leabhar beag beannaithe', tuairisc atá scaoilte go maith agus a léiríonn, b'fhéidir, nach raibh an t-údar cleachtach ar an nósmhaireacht a bhain leis an Leabhar Eoin.[36] Is róléir úsáid an Leabhair Eoin a bheith ag dul i léig ó ráiteas faisnéiseora in *Liosta Focal as Rosmuc*:

> píosa páipéir nó cúpla píosa, a gheobhfá ón sagart le fuáil in do chuid éadaí le haghaidh leighis: (uair sa deich mbliain a chloisfeá caint ar an Leabhar Eoin, is tá go leor daoine in aois mhaith nach bhfaca ceann ariamh).[37]

Tá méar ar eolas ar mheath an traidisiúin faoin Leabhar Eoin le fáil freisin i dtéarmaíocht fhaisnéiseoirí Choimisiún Béaloideasa Éireann. I leagan Gaeilge den scéal idirnáisiúnta ATU 934, *Tales of Predestined Death*, tugann scéalaí ó iarthar an Chláir, Leabhar Eoin ar phíosa páipéir ar a raibh fáistine scríofa,[38] agus luaitear an téarma *gospel* leis an bpáipéar céanna i leagan

Béarla den scéal ó Chontae an Longfoirt.[39] 'Leabhrán' a thug scéalaithe áirithe in Uíbh Ráthach ar an Leabhar Eoin de réir an bhailitheora,[40] agus tá an dearbhú seo ó dhuine acu: 'Ní chloisimid aon leabhrán á thabhairt ag na sagairt anois uathu.'[41] Thug scéalaí i gCarna 'leabhar an bhaiste' air, agus 'leabhar uain' a chuir bailitheoir síos ó sheanchaí i gceantar an Spidéil – téarmaíocht a léiríonn an ceangal le soiscéal Eoin a bheith imithe ó chuimhne faisnéiseoirí agus bailitheoirí.[42] *A local name for an Agnus Dei* an ghluais a chuir an bailitheoir Seán Ó Flannagáin leis an bhfocal *gospel* ar thagair faisnéiseoir ó Chontae an Chláir dó mar chosaint ar thromluí.[43] Is éard a chiallaigh *Agnus Dei* ó cheart ná bonn déanta de chéir choinneal na Cásca, beannaithe ag an bPápa, ar a mbíodh íomhá d'uan mar íobartach, agus a bhíodh in úsáid mar chosaint in aghaidh tubaistí éagsúla. Ach ní hé seo go díreach an rud ar a dtugtar *Agnus Dei* go coitianta sa tír seo, ach ar phíosa beag den chéir a bhaintear d'*Agnus Dei* agus a chuirtear – go minic mar aon le téacs Eoin 1: 1-14 i gcló bídeach ar phíosa beag páipéir – i bpúitse beag éadaigh nó leathair mhín (léaráid 31).[44] Ní hionadh dul thar a chéile i gcás na dtéarmaí *gospel* agus *Agnus Dei* toisc an dá cheann a bheith faoi aon chlúdach agus an leas céanna á bhaint astu. Seans gurbh é an *Agnus Dei* seo an *gospel* dá dtagraíonn P. W. Joyce ina ráiteas: *many Roman Catholics now wear a gospel or scapular round the neck, not only when on a journey but constantly*.[45] Tharlódh freisin gur téacs mionchlóite den Bhrollach a thug sagart do mháthair Junior Crehan nuair a bhí buairt uirthi ina thaobh mar a insíonn sé sa ráiteas seo:

> *So, begob, I was growing up and my mother always watched where I'd be going and what time I'd be come in and out ... Peg told her go to the priest and get something that would save me from the fairies. So, begor, the priest gave her a gospel and told her to sew it in my clothes and I was never without it.*[46]

Is le cósta thiar na tíre, gan Dún na nGall san áireamh, a bhaineann mórchuid na fianaise ar an Leabhar Eoin i gCnuasach Bhéaloideas Éireann. Chomhlíon 'oifig' feidhm an Leabhair Eoin sa taobh ó thuaidh den tír .i. paidreacha (sliocht den phortús) a deir sagart ar iarratas, agus mar chuid den deasghnátha, beannaíonn sé salann a thugtar don iarrthóir. Tugtar 'oifig' freisin ar an salann seo, agus creidtear go bhfuil bua cosanta agus leighis ann. Is féidir bunús na hoifige seo a rianadh siar go dtí an gnás meánaoiseach ina n-iarrtaí ar shagart sliocht as oifig (portús) féilte áirithe a rá le hintinn an iarrthóra (ar aon dul le hiarratas ar Bhrollach Eoin le *missa sicca* a luadh thuas.)

Ó fhiosruithe an údair le baill den chléir, dealraíonn go leantar i gcónaí den nós oifig a iarraidh ar shagart, ach is cosúil go raibh éileamh ar an Leabhar Eoin, i gCorca Dhuibhne agus Conamara ar aon nós, ag dul i léig ó lár an fichiú haois. Murab ionann agus *Agnus Dei* a bhfuil eolas fairsing ina thaobh, agus a chuireann Siúracha San Clár fós ar fáil, is beag sagart a mbeadh cur amach aige ar an Leabhar Eoin ná faisnéis faighte aige ina thaobh ina chuid oiliúna.[47] Tá léiriú ar aineolas faoin Leabhar Eoin i measc na cléire i lár an naoú haois déag, i litir a scríobh sagart i ndeoise Airear Gael in Albain in 1840, ag lorg treorach ar an Easpag, áit a raibh dosaen éigin Protastúnach tar éis iarraidh air 'soiscéal' a sholáthar dóibh:

> *The fact is, however, that I am ignorant of how a gospel is given, to whom it should be given, and under what conditions it should be given as I can find no mention of this practice in any of my books.*[48]

DÍOSPÓIREACHT DIAGACHTA

Tá fianaise fhorleathan i gcultúir éagsúla ar théacsanna agus ar fhoirmlí focal á n-úsáid in ionramháil an áidh, go háirithe d'fhonn an anachain a sheachaint.[49] Sa tréimhse chlasaiceach, mar shampla, bhíodh véarsaí as Hóiméar agus Virgil á n-úsáid sa tslí seo ag Gréagaigh agus Rómhánaigh, agus is cuid de thraidisiún na nGiúdach, na Moslamach agus go leor pobal eile é, an sórt céanna úsáide a bhaint as téacsanna sacrálta.[50] Ar bhonn bréagchráifeachta agus cur i gcéill i gcaitheamh fiolaictéar (púitseanna a mbíodh sleachta ón Torah, Deotranaimí 6: 6-9 go háirithe, coinnithe iontu), a cháin Críost na Fairisínigh (Mth. 23: 5-6), ach is ar an toise piseogach a bhain le húsáid Bhrollach Eoin a dhírigh ceannairí eaglasta in aoiseanna níos déanaí. Luath go maith i saol na heaglaise is léir gurbh ábhar míshuaimhnis do dhiagairí áirithe an úsáid mhíchuí a bhaineadh daoine as sleachta den scrioptúr. Bhí Naomh Eoin Béalórga (347–407AD) ar dhuine acu agus d'áitigh sé siúd nár bhain fiúntas ar bith le soiscéal a bheith á chaitheamh thart faoina mhuineál ag duine muna raibh an soiscéal ina chroí freisin.[51]

Cháin Giraldus Cambrensis daoine aineolacha a bhí den tuairim gur mhaith an chóir leighis agus sás díbeartha taibhsí agus sprideanna, sleachta as na soiscéil, agus thagair sé go háirithe do véarsaí tosaigh Eoin.[52] Sa bhliain 1022, chuir comhairle eaglasta sa Ghearmáin cosc ar thuataigh, agus go háirithe ar mháithreacha clainne, bheith ag éisteacht go laethúil le Brollach Eoin agus aidhm phiseogach acu leis.[53] Tá léiriú ar chineál amháin piseogachta a bhíodh i gceist leis an Leabhar Eoin i dtráchtas asarlaíochta a scríobhadh thart ar an mbliain 1300. Liostáiltear ann roinnt bealaigh dhraíochtúla le seisce nó míchumas síolraithe sa duine a leigheas, rudaí mar dhomlas éisc a mheascadh le fual san áras faoin leaba, nó fuil madra dhuibh a smearadh ar fhallaí an tseomra codlata. Dá dteipfeadh ar gach slí eile, áfach, moltar Brollach shoiscéal Eoin a scríobh ar pháipéar agus é a chur ar bogadh in uisce agus é a thabhairt le hól don lánúin.[54]

Díreach mar a dhein diagairí sa mheánaois, d'ionsaigh diagairí Protastúnacha an Reifirméisin an mhí-úsáid, dar leo, a bhaineadh daoine as fearaistí beannaithe den chineál seo, agus mhaígh gur diamhasla agus piseogeacht a bhí i gceist leo.[55] Luaigh cuid díobh go sonrach an mhí-úsáid a bhaintí as an Leabhar Eoin. Duine díobh seo ba ea James Calfell a d'áirigh ar an gcuid ba tháire de lucht asarlaíochta *'the priests that … give St John's Gospel to hang about men's necks'*.[56] Cháin Joseph Hall saontacht na ndaoine a d'fhéach le mí-ádh a sheachaint trí airgead a thabhairt ar an Leabhar Eoin: *'printed in a small roundel and sold to the credulous ignorants with this fond warrant, that whosoever carries it about with him shall be free from the danger of the day's mishaps.'*[57] D'ionsaigh William Tyndale an tuiscint nach

An Leabhar Eoin – idir Dheabhóid agus Phiseogacht

dteagmhódh aon drochní leis an té a dhéanfadh comhartha na croise air féin le linn don Leabhar Eoin a bheith á léamh os a chionn:

> *thousands, whyle the prest patereth Saynt John's Gospel in Latine over theyr heedes, crosse them selves wythe I trow a legyon of crosses behynde and before and wythe reverence on the very arses and ... ploucke up theyr legges and crosse so moch as their heeles and the very soles of their fete, and beleve that if it be done in the tyme that he readeth the gospell (and else not) that there shall no mischaunce happen them that daye because only of those crosses.*[58]

De réir theagasc na heaglaise Caitlicí ba dhlistineach feidhm a bhaint as fearaistí beannaithe le leas saolta a thabhairt chun cinn, ach é a dhéanamh go hómósach, ag cur muiníne sa bheannacht a bhí tugtha do pé fearas bhí i gceist. Bhí tacaíocht Thomáis Acuín leis an dearcadh ceartchreidmheach seo.[59] Ag tagairt go háirithe don úsáid a bhaintí as sleachta as an scrioptúr, d'áitigh sé nár lú éifeacht bhriathar Dé nuair a scríobhtar é ná nuair a dhéantar é a aithris, agus ós rud é gur dlisteanach briathar Dé a aithris le hothar a leigheas, is dlistineach freisin briathar Dé a chaitheamh thart ar an muineál mar chosaint ar thinneas nó drochrudaí eile. Fós arís, d'áitigh sé nach lú fiúntas bhriathar Dé ná thaisí na naomh, agus ós dlisteanach taisí a chaitheamh mar chosaint, is dlistineach freisin sliocht as an soiscéal a chaitheamh.

Tá tagairt shonrach don Leabhar Eoin i gcaiticeasmaí an Fhrithreifirméisin in Éirinn agus, ar ndóigh, an múineadh ceartchreidmheach ina leith curtha i láthair iontu. Seo mar atá sé in *Parrthas an Anama* (1645), mar shampla:

> C. An piséoga an t-agnus Dei, an leabhar Eoin, an t-uisce, an choindeal nó an phailm choisreagtha?
> F. Ní headh; óir atá brígh acu ón mbeannughadh do-níthear le hordughadh na hEagluise orra.[60]

Cé gur féidir glacadh leis go raibh teagasc oifigiúil na heaglaise Caitlicí maidir le ceartúsáid fearais bheannaithe, craobhscaoilte go fairsing in Éirinn ó lár an naoú haois déag ar a dhéanaí, is léir, mar sin féin, go raibh tuiscintí de chineál eile seachas iad sin, a mhúnlaigh dearcadh agus iompar daoine maidir leis an Leabhar Eoin. Bhain na tuiscintí seo le cumhacht dhraíochtúil a bheith luaite le foirmlí nó téacsanna áirithe, go mór mór nuair a bhí teanga nár thuig an pobal i gceist iontu.[61] Níor chosain an stádas ar leith a bhí ag na scrioptúir san eaglais Chríostaí ó mhí-úsáid iad. Go deimhin, is amhlaidh a chothaigh an ról lárnach a bhí acu seo i searmanais eaglasta an dóchúlacht go dtiocfadh cleachtais phiseogacha chun cinn maidir leo. Tá áireamh cuimsitheach déanta ar an bhfianaise i mBeathaí na naomh ar a leithéid sin de mhí-úsáid á baint sa tír seo sa mheánaois, as fearaistí éagsúla de chuid na Críostaíochta ar a raibh bachaill, cloig agus na soiscéil le háireamh.[62] Samplaí eile d'úsáid dhraíochtúil á baint as téacsanna an Bhíobla sa tír seo, is ea téacs na salm i gCathach Cholm Cille á iompar deiseal thart ar arm na gConallach chun bua catha a chinntiú, agus Leabhar Dharú gona chóip de na ceithre shoiscéal á thumadh in uisce a thabharfaí mar chóir leighis d'ainmhithe tinne.[63]

Maidir leis an Leabhar Eoin, is léir gur mhair tuiscintí faoina bhua draíochtúil isteach san fhichiú haois. Creideadh, mar shampla, gur bhain dindiúirí áirithe leis an tslí inar chóir é a chur ar fáil, agus is léir uathu gur ar shonraí draíochtúla, seachas ar a stádas mar chuid den scrioptúr, nó mar fhearas a fuair beannacht eaglasta, a bhraith a éifeacht in aigne an phobail. Is mór idir teagasc an diagaire mheánaoisigh a mhaígh go ndíbreodh cumhacht an tsoiscéil féin an diabhal (*sua virtute*), agus tuiscint an tseanchaí a dúirt: 'Tá obair sa Leabhar Eoin má fhaigheann tú an ceann ceart acu.'[64] Bhí sé ráite nach raibh sé cuí don sagart Leabhar Eoin a thairiscint, mar gur mhó an éifeacht a bheadh leis nuair a d'iarrfaí é, agus nárbh fholáir díol as sula mbeadh aon mhaith ann – tuiscint a gcuireann Peig Sayers barántas an tsagairt féin léi sa chaint a chuireann sí ina bhéal in eachtra dá cuid:

An Leabhar Eoin – idir Dheabhóid agus Phiseogacht

'Tabharfaidh mé Leabhar Eoin anois duit, ach b'fhearr liom go loirgeofá féin orm é, ach níor loirgís, ach caithfirse díol a thabhairt dom as … níorbh aon tairbhe duit an Leabhar Eoin gan é a cheannach.'[65]

Tuigeadh dá mba rud é gur dhein an sagart botún éigin i scríobh an Leabhair Eoin gur dhíobháil seachas maitheas a dhéanfadh sé don té a raibh sé á scríobh dó.[66] Tugann cuntais eile le fios go raibh a éifeacht ag brath ar stádas an té a scríobh é – go raibh níos mó cumhachta sa cheann a scríobhadh sagart amháin seachas sagart eile. Tá an tuiscint sin mar bhunús le scéal ina gcaitheann beirt sagart an téacs den Bhrollach a scríobh siad sa tine, féachaint cén ceann acu a thiocfadh slán.[67] I leagan den scéal seo, bíonn olc ar shagart paróiste gur ar an séiplíneach, agus nach air féin, a iarradh Leabhar Eoin a scríobh, agus chun an séiplíneach a chosc á scríobh, cuireann sé an bord ag a bhfuil sé suite ag preabadh; ciúnaíonn an séiplíneach an bord, áfach, nuair a leagann sé tuí thíos faoi a bhíodh i leaba na mbocht a fuair lóistín sa tigh.[68] Is léiriú ar chomh beoga is a bhí an tuiscint nach ndófadh tine an Leabhar Eoin, scéal a d'inis Peig Sayers fúithi féin – gur chaith sí píosa éadaigh a bhí timpeall air don tine, ach nár theagmhaigh an tine leis.[69] Tugann scéal eile faoin Leabhar Eoin le fios gurbh fhéidir a chumhacht a mhéadú de réir dhéine na bagartha ar a raibh sé ag freastal:

Scríobhann sagart Leabhar Eoin d'fhear a iarrann é dá iníon thinn, ach tógann sé ar ais arís é agus scríobhann ceann eile nuair a chuireann an t-athair in iúl dó go mbeidh drochspid á ionsaí ar a shlí abhaile.[70]

Is léir gur fearr go mór a luíonn an dearcadh i leith an Leabhair Eoin sa seanchas le hiompar piseogach ná le deabhóid i leith fearais bheannaithe, de réir threoir an chaiticeasma:

When we receive a blessing or use blessed things we should put our confidence in God's goodness and in the prayer of the church. If we imagine that we shall *receive help not from God but from the outward sign alone, we commit the sin of superstition.*⁷¹

Cothaíonn cuid de na scéalta an tuiscint gur ar chostas shláinte an tsagairt nó duine eile a dhéanadh an Leabhar Eoin leigheas – léiriú ar nóisean na maitheasa teoranta a bhíonn i gceist go minic i gcomhthéacs an leighis dhraíochtúil.⁷²

> Tá sé ráite an duine a leigheasfadh sagart leis an Leabhar Eoin go n-imeodh rud éigin air féin go luath ina dhiaidh, go rachadh sé as a mheabhair nó go gcaillfí é nó go mbainfeadh tubaiste de short éigin dó.⁷³

Féach, mar shampla, nuair a deirtear in *Cré na Cille* gur leigheas sagart mac Neil Pháidín le Leabhar Eoin, go gcuirtear mar aguisín leis: 'caithfidh duine éigin eile bás a fháil ina ómós ó leigheasadh le Leabhar Eoin é. Beidh a chuid féin ag an mbás. Chuala muid ariamh é.'⁷⁴

FEIDHM

Snátha ar leith de réimse den traidisiún béil a dhéanann móradh ar chumhacht an tsagairt agus ar chomharthaí sóirt an chreidimh Chaitlicigh iad na tuiscintí agus na finscéalta faoi bhuanna draíochtúla an Leabhair Eoin. Bhí feidhm choitinn amháin leo ar fad, mar atá, dearbhú a thabhairt go raibh de bhua ag an sagart agus ag fearaistí beannaithe, cumhacht osnádúrtha a ionramháil. Ba dhlistiniú ar chreideamh an phobail an dearbhú seo, agus ba chúnamh é sin leis an traidisiún faoin Leabhar Eoin a chothú. Ar ndóigh, ba bhuntáiste eacnamúil don chléir an géilleadh a tugadh dó, agus seans gur chúnamh é an síntiús a thugtaí ina leith le buanú an tseanfhocail: 'Deireadh gach soiscéil an t-airgead.'⁷⁵

I gcás na bhfinscéalta a léiríonn coimhlint idir beirt sagart faoi fhiúntas an Leabhair Eoin a scríobhann siad, is spéisiúil gur leis an íochtarán (an sagart óg) a léirítear bá i gcónaí. Sa leagan den fhinscéal ar sagart agus

An Leabhar Eoin – idir Dheabhóid agus Phiseogacht

tuatach a bhíonn in aghaidh a chéile, is leis an tuatach a bhíonn an lá, mar a bhíonn i gceist go minic freisin i scéalta faoi choimhlint idir fear nó bean feasa agus sagart. Léirítear i bhfinscéal faoin Leabhar Eoin, mar shampla, bean feasa bheith chomh heolach céanna air leis an sagart, agus bíonn a fhios aici nuair nach mbíonn sé scríofa i gceart aige.[76] Tá bá an phobail leis an íochtarán le brath ar na scéalta seo, agus ina theannta sin, is geall le ráiteas iad go bhfuil ionramháil cumhacht osnádúrtha ar chumas daoine eile chomh maith leis an gcléir.[77]

Gné eile den traidisiún a bhain leis an Leabhar Eoin is ea gur bunaíodh greann air, rud nach annamh sa bhéaloideas i gcás nithe a bhfuil stádas sacrálta nó beannaithe luaite leo.[78] Sampla de sa chás seo is ea scigmhagadh Thomáis Uí Mhíocháin agus Sheáin Lloyd ag tabhairt le fios gur cosaint ar na sí an dréacht a chum siad féin faoin teideal 'Leabhar Eoin'.[79] I ndréachtaí magúla eile gríosann file na síofraí chun ionsaí a dhéanamh ar an té ar a bhfuil a 'Leabhar Eoin' dírithe, agus scríobhann file 'Leabhar Eoin' chun francaigh a dhíbirt as stácaí coirce.[80]

Mar fhocal scoir, áfach, is cuí a lua gur mhór an t-ábhar sóláis agus dóchais, tráth, do mhórán de phobal na tíre seo, a gcreideamh i gcumhacht mhíorúilteach an Leabhair Eoin.

SUMMARY

The role played by 'The Book of John' in traditional society is discussed here. The term refers to the first fourteen verses of John's Gospel, written in Latin (usually by a priest) on a scrap of paper, and generally then folded and enclosed in a piece of cloth or smooth leather, which might be stitched into clothing or worn around the neck with a string attached. These verses contain the momentous message for Christians that God became incarnate, and not surprisingly, featured in liturgical ceremonies from very early times. Due to devotional developments throughout the late medieval period its use became quite widespread, and much emphasis was given to its efficacy in affording protection against all manner of misfortune. An eleventh-century text probably provides the first instance of its use in Ireland, and it has continued to feature in literature until recent times. It was relied on in a wide variety of situations to bring about a good outcome and allay anxiety, e.g., success of crops, childbirth, illness in both humans and animals, protection from malign spirits and the evil eye and danger at sea. The nature of some practices associated with it attracted lively theological debate. With the increased hostility of the Irish Church in the course of the nineteenth century towards 'superstitious practices', and the easier availability of industrially produced alternative religious emblems, serving many of the same functions as the Book of John, reliance on the latter has gradually declined.

An Leabhar Eoin – idir Dheabhóid agus Phiseogacht

1   Ó Conghaile 1993: 108, 95.
2   Leonard 1953: 981.
3   King 1957: 390.
4   Atchley 1898: 161, 169; Law 1922: 211.
5   Atchley 1898: 170–1; Tatlock 1914: 141.
6   Atchley 1898: 171.
7   Duffy 1992: 215.
8   Atchley 1898: 169–70; Duffy 1992: 215–16.
9   King 1957: 388.
10 Jungmann 1957: 147; Warren 1881: 268, n.188.
11 Ó Háinle 1970: Clár na Léachtaí: 297.
12 Atchley 1898.
13 Fisher 1989: 14.
14 Robinson 1957: 19.
15 Duffy 1992: 215.
16 E.g.: 'Ní chaithfí go deo don tine ingne a bhearrfaí do leanbh, ná d'ingne féin inniu, ní ceart iad a chaitheamh don tine. Deir siad gur b'in é an chuid is mó dhuit atá i d'aingeal, an chuid is mó dhuit go bhfuil baint leis na haingil acu, mar pé fearg a bheidh ort nó pé buile a bheidh ort nó fonn díoltais a bheidh ort nó aon rud mar sin, má shuíonn tú síos agus féachaint ar d'ingne ar feadh tamaill, déanfair dearmad air.' (SPT in SVC 425)
17 Atchley 1898: 163–4.
18 Duffy 1992: 216; Jungmann 1957: 147 + HdA IV: 731–2; Atchley 1898: 168–9; Law 1922: 209; Thomas 1978: 725, n.101; Wright 1846: 279–81; Campbell 1975: 66, 68; Skemer 2006: 87–9. Tá éachtaint spéisiúil ar an úsáid a bhain taistealaithe Francacha sa Domhan Nua as mar fhearas leighis ina ndéileáil le bundúchasaigh in Parkman & Levin 1983: 147–8; 161–2
19 CBÉ 968: 115–117; CBÉ 847: 300–7; maidir le sárú na cinniúna, féach caibidil 6.
20 Faisnéis a thug Tomás Ó Mainín, Tíorabháin, Baile an Fheirtéaraigh, don údar, 1 Samhain 2003. Bhaintí leas freisin sa chás seo as téacs an Áibhé Máire nó coinneal bheannathe socraithe i bpunann choirce: CBÉ 24: 199–222, 357; CBÉ 37: 91; Laoide 1915: 51; O'Toole 2003: 244.
21 Jackson 1990: 4, 32.
22 Meyer 1892: 195.
23 Camden 1722: 1418.
24 Seymour 1989: 216.
25 Gamble 1813: 325–6. Táim faoi chomaoin ag an Ollamh Séamas Ó Catháin as an tagairt seo a lua liom.
26 Ó Siochfhradha 1939: 165.
27 Mac Giollarnáth 1941: 73, 75.
28 Croker 1828. II: 163.
29 O'Cathaoir 1990: 94.
30 Harmon 1973: 63.
31 Carleton 1841: 379.
32 Larkin 1976: 57–89; McGrath 1990.
33 Lysaght 1994.
34 Tyers 1992: 66.
35 Dinneen 1927, *s.v.* 'leabhar'. In ainneoin fiosraithe, níor aimsíodh bonn díobh seo i bhfáltais Ard-Mhúsaem na hÉireann.
36 Mac Clúin 1940. I: *s.v.* 'Eoin'.
37 Ó Máille 1974: *s.v.* 'Eoin'.
38 Ó Duilearga agus Ó hÓgáin 1981: 143–58.
39 CBÉ 82: 162.
40 CBÉ 27: 557–64 = *Béaloideas* 8 [1938]: 174–6.
41 CBÉ 367: 202–3.
42 CBÉ 111: 129; CBÉ 1797: 3–4.
43 CBÉ 433: 47–4.
44 Lysaght 1994: 196–8.
45 Joyce 1903: I, 386. Luann Joyce anseo freisin gur chuimhin le Thomas Moore a mháthair ag crochadh *gospel* faoina mhuineál, ach i gcuimhní cinn Moore

(Russell 1860: 32) is scaball a luann sé féin a d'fhuaigh a mháthair ina éadach agus é ag tabhairt aghaidh ar Londain – '*a scapular, a small bit of cloth blessed by a priest*'.

46 Munnelly 1998: 107. D'inis a mhac, Pat, don údar (1 Meán Fómhair 2007) gur chuimhin leis giota beag páipéir faoi mhionchló agus é fillte i bhfoirm triantáin a bheith i seilbh a athar.

47 Is cuimhin leis an údar a náire mar shagart óg sna 1960í nuair a bhí air a mhíniú do dhuine a d'iarr Leabhar Eoin air nárbh eol dó cad a bhí i gceist leis.

48 Campbell 1975: 68.

49 Thompson 1955–1958 agus Cross 1952: D1266, D1381.24.

50 HdA II: 1086–88; Wallis Budge 1930: *passim*.

51 HdA II: 1087; Skemer 2006: 36, n. 46.

52 Atchley 1898: 161–3, 175.

53 Atchley 1898: 161.

54 Kieckhefer 1989: 85.

55 Skemer 2006: 21–73.

56 Thomas 1978: 60.

57 *Ibid*.: 34

58 Duffy 1992: 215–16.

59 *Summa Theologiae*. II. ii. 96 # 4; Skemer 2006: 63.

60 Ó Fachtna 1953: 70; tá an fhoclaíocht chéanna i dTeagasc Críostaí Uí Mhaoilmhuaidh, *Lucerna Fidelium* (Ó Súilleabháin 1962: ll 1377–80).

61 Tambiah 1968: 180–1.

62 Plummer 1910. I: clxxiv–xi.

63 Kelleher & Schoepperle 1918: # 175; DIL: *s.v*. '2 cathach'; Thomas Davis Lectures 1967: 5.

64 Atchley 1898: 170; CBÉ 979: 2

65 CBÉ 968: 117; cf. CBÉ 979: 137, 204–5.

66 CBÉ 979: 204–5; cf. an plé i gcaibidil 9 ar an dainséar a tuigeadh a bhain le lúb ar lár i ndeasghnátha an bhaiste.

67 Insint é seo ar fhinscéal a shonraítear mar ML 3026*, *Contest between magicians* in Briggs 1971. Féach téacsanna in Ó Siochfhradha 1932b: 324 # 22; Mac Giollarnáth 1944: 198–9; CBÉ 367: 201–6.

68 CBÉ 18: 361–2.

69 CBÉ 979: 136–8.

70 CBÉ 27: 557–64.

71 Herder 1958: 124.

72 Foster 1967; Kaplan, David & Saler, Benson *et al*. 1966; Harari 2014: 341–6.

73 Tyers 1992: 63.

74 Ó Cadhain 1949: 117–18.

75 Ó Siochfhradha 1926: # 949.

76 CBÉ 1797: 2–3; féach plé ar choimhlint idir sagart agus bean feasa i gcaibidil 11.

77 Tá léargas freisin ar an gcoimhlint i gcumas ionramháil cumhacht osnádúrtha i gcaibidlí 9 agus 11.

78 Féach mar shampla, scéalta faoi phearsana agus cúrsaí eaglasta in ATU agus TIF # 1725–1849, *Jokes about Parsons and Religious Orders*; Ó Milléadha 1936: 191 # 30; 205 # 65: Verling 2007: 383–4; Lixfeld 1971: 155–62; Gaster, 1915: 57; Utley 1960: 268.

79 Ó Muirithe 1988: 67–70.

80 Ó Lubhaing 1935: 281; Ó hÓgáin 1982: 370; CBÉ 1000: 203; Ó Crualaoich 2019: 182.

19:
Trí Scéal Fiannaíochta ó Thomás Ó Criomhthain

Tá fianaise shoiléir ar spéis Thomáis Uí Chriomhthain (léaráid 32) sa seanchas agus ar a chur amach ar fhinscéalta sna foilseacháin *Seanchas ón Oileán Tiar*, *An tOileánach*, *Dinnseanchas na mBlascaodaí* agus *The Western Island*.[1] Níl aon amhras, áfach, ná gurbh fhairsinge ná sin spéis an Chriomhthanaigh sa scéalaíocht bhéil, agus gur chleacht sé féin seánraí eile di chomh maith.[2] Tá a fhios óna mhac, Seán, gur spéis le Tomás scéalta gaisce a léamh: 'Bhí suim ana-mhór aige sa bhfilíocht agus sna scéalta gaisce agus ba bhreá leis a bheith ábalta iad a léamh do féin, ní nár theip air.'[3] Chuir Robin Flower in eagar leagan breá den scéal rómánsach, *Iarla Lioxná*, a thóg sé síos ó insint Thomáis,[4] agus tá éachtaint bhreise san ábhar a fhoilsítear anseo síos ar chumas Thomáis mar scéalaí, agus ar fhairsinge a spéise san ealaín sin. Cuireann sé féin in iúl ann go n-éistíodh sé le scéalta Fiannaíochta, agus fiú gur nós leis tráth dá shaol, scéal acu a insint é féin.

Sa chomhthéacs sin, ní miste tagairt don ráiteas seo ó Phádraig Ua Maoileoin: 'Cé go mbeadh sé [Tomás Ó Criomhthain] ag eachtraí go maidean duit ar chúrsaí an tseanshaoil, níorbh aon seanchaí é: ealaí ab ea é sin nár thaithigh sé riamh …'[5] Músclaíonn an ráiteas seo an cheist – cad é go díreach a chiallaigh Ua Maoileoin le seanchaí? I léann an bhéaloidis deineadh idirdhealú i gcás dhá shórt faisnéiseora, scéalaí agus seanchaí, agus é sin bunaithe ar chineál na scéalta a chuireadh gach duine díobh i láthair. Luaitear scéalta gaisce/Fiannaíochta agus scéalta iontais nó seanscéalta idirnáisiúnta leis an scéalaí, agus luaitear finscéalta de chineálacha éagsúla agus seanchas ginearálta leis an seanchaí.[6] Cibé bunús a bhí leis an idirdhealú seo tráth, is geall le téarmaí inmhalartaithe ag cainteoirí Gaeilge le tamall anois iad scéalaí agus seanchaí. Bhí Ua Maoileoin eolach go maith ar an raidhse mhór d'fhinscéalta logánta a bhí ag an gCriomhthanach, agus a shástacht a bhíodh sé a bheith 'ag eachtraí go maidean duit ar chúrsaí an tseanshaoil', ach fós, dar leis nár sheanchaí é. Thuigfí as sin nárbh í an tuiscint acadúil ar sheanchaí a bhí ag Ua Maoileoin. Go deimhin, dhealródh gurbh é a thuig sé le seanchaí ná duine a d'insíodh an cineál scéil a luaigh lucht léinn le scéalaí. Dá réir sin, nuair a deir sé: 'níorbh aon seanchaí é: ealaí ab ea é sin nár thaithigh sé riamh', bhí Ua Maoileoin ag tabhairt le fios nár nós le Tomás scéalta Fiannaíochta ná seanscéalta iontais (scéalta ficsin) a insint.

Léiríonn an t-ábhar thíos ón gCriomhthanach, áfach, nach fíor ar fad é sin. I litir a chuir sé go dtí Fionán Mac Coluim (léaráid 33) in 1928, deir sé go raibh tamall maith ó d'inis sé an scéal Fionn mac Cumhaill (Téacs I), agus tharlódh go raibh tamall maith freisin ó d'inis sé aon scéal eile maidir leis. Má bhí Tomás éirithe as scéalta mar Fionn mac Cumhaill a insint blianta fada roimh 1928, ba bheag an deis a bheadh ag Ua Maoileoin, a saolaíodh in 1913, agus a tógadh ar an míntír, é a chlos i mbun scéalta den chineál sin.

Léiríonn na téacsanna anseo gur spéis leis an gCriomhthanach scéalta Fiannaíochta, agus go raibh scil áirithe aige iontu. Go deimhin, is geall le maíomh uaidh féin as a chumas mar scéalaí é, a ráiteas faoi Théacs I nuair a thugann sé ceann de 'scéalta breátha Fhinn' air, agus deir sé: 'ba mhinic do chuireas féin leis díom é, agus gur dheineas an oíche do chiorrú leis'. Ó fhianaise na cainte sin, agus an leagain bhreá den scéal rómánsach, Iarla Lioxná, a thóg Robin Flower uaidh,[7] níor mhiste a mheas go raibh cleachtadh ar scéalaíocht aige agus bua áirithe aige maidir léi, fiú más 'deacair a áiteamh go raibh ceird na scéalaíochta béil go healaíonta aige',[8] agus é ráite 'that Ó Criomhthain ... did not consider himself as a storyteller in the traditional sense, nor was he considered as such by the Blasket community'.[9]

Tá na téacsanna thíos i lámh an Chriomhthanaigh ar coimeád i gcartlann Chnuasach Bhéaloideas Éireann,[10] agus is ó Thomás féin an teideal atá le gach scéal acu. Scéalta iontais (seanscéalta idirnáisiúnta) go bunúsach iad Téacsanna I agus II, a bhfuil pearsana ón bhFiannaíocht mar charachtair iontu. Tabharfar faoi deara, áfach, go bhfuil ciútaí in insint Thomáis nach gnách i scéalta den seánra sin. Ní leasc leis, mar shampla, tuairisc fhada liriciúil ar thaobh tíre a chur i láthair, rud nach iondúil i scéalta iontais: 'Do bhí an cuan go haoibhinn le feiscint an uair seo, é ar nós an locha, gan puth ghaoithe as an spéir, é ina bhainne bhán, gan aon dealramh gur bhain sé leis an mórmhuir riamh.'[11] Ní thagann cuntas dá leithéid seo leis an tuairisciú spárálach lom ar thaobh tíre is dual do scéalta iontais ina mbaineann 'éadoimhneacht fhisiciúil', i dtéarmaíocht Lüthi, leis an timpeallacht a luaitear iontu.[12] Ní dual don scéal iontais, ach oiread, bacadh mórán in aon chor le mothúcháin na gcarachtar fiú mar spreagadh dá ngníomhartha: 'There is reason to think that motivations formulated in words are alien to the tale as a whole.'[13] Ní leasc leis an gCriomhthanach, áfach, grá dia a lua mar spreagadh do ghníomh gaisce an laoich nuair a chuireann sé ráitis mar seo i mbéal Fhinn: '... is le daonnacht atáim ag tabhairt an turais seo' agus 'Is trua liom an rí toisc gan a bheith aige ach an óigbhean san ...'[14]

Is casadh neamhghnách freisin i scéal iontais nó gaisce é go mbainfí ó stádas an laoich trí spleáchas a lua leis – é a bheith ag brath ar chead duine eile – go mór mór, b'fhéidir, ar chead a mhná céile – chun tabhairt faoi éacht éigin. Ach is mar sin go díreach a léirítear Fionn i dTéacs I: '... "agus níl aon rud chun mé chosc [ar ógbhean a shaoradh ó ollphiast] ach bean an tí, agus is baolach ná toileoidh sí leis," ar seisean, "cé gur lánmhinic nár choisc sí mé as áiteanna dainséaracha go maith, mar tá carthannacht inti."'[15]

Is gá a chur san áireamh, ar ndóigh, gur ag scríobh amach na scéalta seo a bhí Tomás, agus ní hionadh go gcuirfeadh sé cóiriú faoi leith orthu seachas mar a dhéanfadh dá mbeadh sé á n-insint – go háirithe ón uair gur dócha go raibh súil aige go gcuirfí i gcló iad.[16] B'fhéidir gur leide maidir leis sin, agus freisin léiriú ar anáil na léitheoireachta ar Thomás, iad na teidil reatha a bhreac sé ar bharr na leathanach sa lámhscríbhinn i gcás Théacs I agus II.[17]

Mar is gnách le scéalaithe, áfach, tugann Tomás léiriú ar a phearsantacht féin sna scéalta seo. Sampla maith de seo is ea an tslí ina sníomhann sé isteach san insint táth dá shaoldearcadh féin, mar atá, an tuiscint thraidisiúnta ar mhinic leis friotal a chur uirthi – gurb í an uair is lú a mbíonn súil ag duine le cor ina shaol, an uair is giorra dó é: 'Do bhí Fionn ar a chúilín tseamhrac an uair seo, má bhí riamh, ach is gnách an uair do bhíonn duine mar sin gurb ea is giorra don urchóid é, agus do b'in nó aige Fionn leis é'[18] agus ' … mar nuair is mó an greann is ea is giorra an cumha'[19]; 'Lá dá raibh Fionn mhac Cumhaill agus seacht gcatha na Féinne fé lántheaspach i mBinn Éadain agus nárbh fhios dóibh cad ba cheart dóibh a dhéanamh, agus is é sin an t-am gur gnách le gach nduine obair a dhóthain a bheith in achomaire dó.'[20]

TÉACS I
CBÉ 34: 285–293

Sa litir dar dáta 28 Bealtaine 1928,[21] a chuir Tomás go dtí Fionán Mac Coluim i dteannta théacs an scéil, cuireann sé in iúl a mheas air seo mar scéal, mar aon leis an scéal eile sin dá chuid, Iarla Lioxná – breithiúnas uaidh ar an bhfiúntas aesteitiúil a mhothaigh sé sna scéalta seo agus léiriú ar a dháimh leo.[22] Seo an sliocht a bhaineann le hábhar anseo:

> Seo scéal ar Fionn mac Cumhaill agat, ceann nach gearra. Níor bhreacas riamh in aon pháipéar é go dtí so – ná n'fheaca i gcló ag éinne é ach oiread. Dar liom gur tusa an chéad duine in Éirinn do léifidh é. Is é sin atá uaim. Is maith liom i gcónaí rompu amach thu agus rud éigin nua do chur id threo nárbh fhéidir leo baint leat. Ba mhinic do chuala á rá fadó é agus ba mhinic do chuireas féin leis díom é agus gur dheineas an oíche do chiorrú leis.
>
> Do chuaigh giota thall is abhus ar lár uaim agus do thugas tamall maith de lá ag machnamh orthu nó gur chuireas lena chéile iad. Scéal fada is ea é go bhfuil mórán focal ann. Tá an Ghaolainn cheart nádúrtha na sinsear ann agus níl sí

cruaidh. Dá mbeadh tamall sois agat agus cúigear nó seisear Gaeilgeoirí mar thu féin id theannta agus é léamh dóibh, is iontach liom mara dtabharfaidís cluas duit ... Féachfad i ndiaidh Chruach Chonaill fós,[23] ach ó rángaigh so agam, do scaoileas leis agus dar liom go bhfuil sé ar scéalta breátha Fhinn.

Tá scéal breá eile leis agam agus n'fheadar ar scríobhas riamh é nó nár dheineas. An teideal atá leis, 'Iarla Lioxná'. Marar bhuail sé leat thall nó thoir, abair liom é agus déanfad é bhreacadh dhuit. Cé eile go ndéanfainn dó níosa thúisce é – an Gael gan ghaol is ansa liom in Éirinn. Is í seo an abairt do chaithim le gach nduine do sheasaibh an [sic] t-oileán so le fiche blian, agus bíonn ionadh orthu.[24]

Leagan é Téacs I den scéal iontais á áirítear mar thíopa uimhir 300, *The Dragon Slayer*, in ATU. Tá dáileadh fairsing idirnáisiúnta ar an tíopa seo, agus tá breis agus sé chéad leagan de ón tír seo áirithe in TIF ach níl an leagan thíos ina measc. Is méar ar eolas í tagairt Thomáis sa litir thuas 'tamall maith de lá' a bheith caite aige ag iarraidh an scéal a thabhairt chun cuimhne, nach raibh an scéal inste ná cloiste aige le tamall fada roimhe sin. Seans gurb é seo faoi deara lúb ar lár in insint an scéil, mar atá, nach gcuirtear i láthair go soiléir ina thús gur chun iníon an rí a shaoradh ón ollphiast a tháinig an gaiscíoch iasachta ag iarraidh cúnaimh ar Fhionn, ach gur go cliathánach amháin a thugtar é seo le fios. Gluaiseacht aonlíneach ama ó thús go deireadh is dual don scéal iontais, agus go deimhin don scéalaíocht bhéil trí chéile, ach bhí ar Thomás sa chás seo an ghluaiseacht aonlíneach sin a bhriseadh agus dul siar ar chúrsa na heachtraíochta d'fhonn míniú a thabhairt ar bhunús iarratas an ghaiscígh.[25]

Tá uimhreacha leathanach na lámhscríbhinne tugtha idir lúibíní cearnógacha sa téacs anseo.

FIONN MAC CUMHAILL

[285] Bhí cúirt aige Fionn in áit go dtugaid siad an Mhóin Mhóir mar ainm uirthi agus inniu, más fíor. Do chaith Fionn mórán dá shaol sa chúirt seo

agus gur thóg sé cuid mhaith dá chlainn ann. Do bhí caoga bó bhainne ag leanúint an lantáin seo agus capall nár mheata in aghaidh gach bó. Ba lánmhinic go mbíodh ar Fionn ancairí do tharrac as an gcúirt seo mar ní ina timpeall ba gnách cath nó cruachomhrac do bheith toisc í bheith iargúlta.

Fionn ag amharc ar a chuid stoic, maidean bhog álainn agus a chlaíomh ina dhóid: tar éis a thurais do bheith tabhartha ag Fionn mórdtimpeall agus a chuid stoic de gach sórt feiscithe aige – iad uile ar a thoil – do bhí sé chomh haerach le aon gharsún. Do bhí amharc caite aige Fionn an uair seo ar a raibh de thalamh le feiscint aige agus gach uile rud dár amharc sé go sámh socair gan mhairg. Do bhí a chúl le muir fós gan aon amharc do thabhairt uirthi, agus do shuigh síos ar thurtóig álainn bhláfar do bhuail leis agus do leath a roscaibh trasna chuain bhreá leathan Fionn Trá mar dhein sé go minic roimis sin.

Do bhí an cuan go haoibhinn le feiscint an uair seo, é ar nós an locha, gan puth ghaoithe as an spéir, é ina bhainne bhán, gan aon dealramh gur bhain sé leis an mórmhuir riamh. Do bhí Fionn ar a chúilín[26] tseamhrac an uair seo, má bhí riamh, ach is gnách an uair do bhíonn duine mar sin gurb ea is giorra don urchóid é, agus do b'in nó[27] aige Fionn leis é.

[286] AMHARC AN CHUAIN AIGE FIONN

Ar chasadh súl dár thug Fionn thar n-ais ar an gcuan, do chonaic sé malairt radhairc – an curachán do b'órnáidí, ba mhó siúl, dá bhfeacaidh sé riamh, dar leis féin, cé gur dócha ná raibh an ceann do bhí aige féin le cáineadh, gurbh ainm di an Bhreac Chuach. Trí cheartlár an chuain suas do ghaibh sé, agus le barr an tsiúil do bhí aige á dhéanamh, do bhí farraige bhriste ag dul go talamh ar dhá thaobh an chuain ina dhiaidh. Do choimeád Fionn an dá shúil go géar ina diaidh agus cheap sé gur fén dtráigh isteach do thabharfadh sé léi, ach ní hamhlaidh do bhí, mar an uair do tháinig an laoch i dtreo leis an leaba ancaire, do scaoil síos é.

Dar le Fionn ná raibh sé i gcumas aon laoch teacht i dtír as an loing ón áit go raibh sí feistithe aige, agus do cheap sé gur laoch é ná raibh i mbun aon tíre do shiúl, ach ag imeacht leis ó chuan go cuan, mar do bhíodh a leithéidí sin leis ag imeacht san am úd. Ní rófhada an cairde do bhí aige Fionn ag machnamh ar an sórt so san am go bhfeacaidh sé an laoch do bhí ar bord ag tabhairt fáscadh reatha ó dheireadh na loinge tríthi amach. Do bhuail cos leis ar shnimine na loinge agus do chuaigh den léim sin i dtír.

Do phreab Fionn ina sheasamh gan mhoill den dturtóig go raibh sé suite go meidhreach roimis sin uirthi agus athrú mór air ná raibh air an uair do shuigh sé, mar an uair is mó an greann is ea is giorra an cumha.

[287] FIONN AGUS AN LAOCH I GCOMHRÁ

Do chuir Fionn sa tsiúl é ón áit go raibh sé agus do tháinig fé bhráid an stróinséara, agus ar theacht suas lena chéile dóibh, do bheannaíodar féin dá chéile go sibhialta. Do bhí gach uile ghléas catha aige an laoch óg so ba dhual dá leithéid do bheith aige, agus má bhí féin, níor chuir Fionn suim iontu mar do léigh sé ina chuntanós nárbh aon fhuadar catha ná díoltais do bhí fé, pé rud eile do thug sa treo é.

'Maran miste dhom é fhiafraí díot,' arsa Fionn, 'do sheol rud éigin sa treo thu, mar,' ar seisean, 'is lánannamh do thagann do leithéid timpeall ná go mbíonn fáth éigin lena dturas,' arsa Fionn.

'Ní miste dhuit an cheist sin do chur agus déanfadsa dhuit í réiteach,' arsa an laoch, 'mar tá ceisteanna uaimse féin agus ba mhaith liom a réiteach d'fháil uaitse, má táid agat,' ar seisean.

'Ní cheilfead focal den bhfírinne ort thar[28] a bhfeaca riamh d'fhearaibh, agus aon cheist atá im chumas do réiteach duit, déanfad duit é agus fáilte,' arsa Fionn.

'Go raibh maith agat,' arsan laoch.

'Is ea,' arsa Colm mac Gabhann, 'is é Fionn mac Cumhaill do thug mise anso, an aistear fhada so, ní chun aon bhárthainn ná caduaic do chur air atá sé uaim, ach an tslí chéanna do thomhas abhaile arís mara dtiocfaidh sé in éineacht liom le sibhialtacht,' arsa Colm. 'Agus dá gcuirfeá ar aon bhóthar mé go mbeadh a thuairisc agat le tabhairt dom, is mé bheadh go buíoch díot,' ar seisean.

'Ná dúrt leat,' arsa Fionn, 'sa chéad chaint do bhí eadrainn ná ceilfinn an fhírinne ort – tá an té atá uait ag caint leat,' ar seisean. Ní croitheadh lámh go dtí mar bhain an laoch as.

[288] AN BHEIRT AR DINNÉAR

'Is ea,' arsa Colm, 'ón uair go bhfuil Fionn bainte amach agam, táim sásta. Pé acu is rogha leat teacht in éineacht liom nó fanúint, níl agamsa ach casadh sa bhóthar chéanna,' ar seisean.

'Níl aon leisce ormsa dul in éineacht leat,' arsa Fionn. 'Is trua liom an rí toisc gan a bheith aige ach an óigbhean san agus níl aon rud chun mé chosc ach bean an tí, agus is baolach ná toileoidh sí leis,' ar seisean, 'cé gur lánmhinic nár choisc sí mé as áiteanna dainséaracha go maith, mar tá carthanacht inti,' arsa Fionn.

'Is é is cóir domhsa fanúint anso nó go dtiocfair thar n-ais,' arsan laoch, 'agus cuntas na mná agat chugam.'

'Á, ní bheidh san i gceist,' arsa Fionn. 'Ní bheidh imeacht gan do dhinnéar as thír na hÉireann ort agus beam in aon bhóthar le chéile nó go gcuirfidh rud éigin óna chéile sinn,' ar seisean. 'Rud eile,' arsa Fionn, 'beir féin ar an bhfód le linn mise do lorg cead ar an mnaoi.'

B'sheo leis an mbeirt fé dhéin na cúirte agus le linn dul isteach dóibh do bheannaigh an stróinséar do bhean an tí agus do chuir sise fáilte ó chroí roimis.

'Cad as an fear maith so in éineacht leat?' ar sise le Fionn.

'Tá sé tamall ó bhaile,' ar seisean.

'Ní bhaineann sé leis an dtír seo, mar sin,' ar sise.

'Ní bhaineann ná leis an dtír is giorra dhi, mhuise,' ar seisean.

'Tá an dinnéar réidh,' ar sise.

'Is maith, a bhean,' arsa Fionn.

[292][29] AN CHEIST CURTHA AR BHEAN FHINN

Do thoiligh an bhean le Fionn do dhul in éineacht leis má ba mhaith leis féin é. Do ghlac sí trua don óigmhnaoi do bhí le slogadh agus don seanrí gur leis í: 'Ach is baolach go dtitfir féin sa scríb,' ar sise le Fionn.

'Á, a bhean bheag, ná bí ag machnamh ar nithe den tsórt san. Bíodh misneach maith agat! Nach mó scríob curtha agam díom agus níor thiteas leo, agus ní thitfead anois leis, mar is le daonnacht atáim ag tabhairt an turais seo,' ar seisean léi.

Do phreab ina sheasamh tar éis an méid sin cainte agus fáisceann suas é féin ina chulaith airm agus éadaigh agus fágann an dís laoch slán agus beannacht aici. Ach arsa an bhean le Colm:

'An fada ó bhaile a bheidh bhur dtriall?'

'Sroichfeam go tír na Gréige,' ar seisean léi.

Ní stadann an dís nó go sroichid an cuan. Bíonn Bran le sálaibh Fhinn, gan aon chuileachta eile as thír na hÉireann. Ar stad ar bhruach an chuain dóibh, dúirt Colm le Fionn: 'Tá de gheasa ormsa thusa do thabhairt go dtí bruach an chuain seo arís, pé beo nó marbh duit,' ar seisean.

'Féadfair san do dhéanamh má bhím marbh, ach ní gá dhuit é más beo dhom,' arsa Fionn.

D'inis an laoch do Fionn ag teacht ó bhruach an chuain go dtí an gcúirt, fáth an ghnótha do bhí dhe – a leithéid sin d'ollphéist do bhí i loch an-mhór, agus mara mbeadh iníon rí i gceann an seachtú blian le fáil di maidean Lae Bhealtaine, do bháfadh sí an ríocht: 'Agus tá sé sa tairingreacht ár measc go bhfuil a leithéid titithe le Fionn mac Cumhaill in Éirinn,' arsa Colm.

[290] 'Nach mór an t-iontas liom ná fuil aon fhear misniúil san áit do thabharfadh babhta troide leis an bpéist,' arsa Fionn.

'Ó,' arsa Colm, 'tá sé de gheasaibh aici an ríocht do bhá dá dtiocfadh éinne as an ríocht gurb as an bhean á saoradh,' arsa Colm.

'Is ea, tá sé san am againn tabhairt fén muir amach in ainm Dé,' arsa Fionn.

Do bhí an Bhreac Chuach níosa ghiorra don talamh ná long an fhir eile agus is inti do chuaigh an bheirt acu den chéad iarracht, agus do chuaigh Colm ina cheann féin de bhaothléim eile aisti. Do b'sheo an bheirt laoch le chéile ag tarrac na n-ancairí agus do bhí a cheann féin ar bord aige Fionn sara raibh ceann Choilm saor as an uisce.

Do b'sheo an dá churachán le chéile an cuan amach, gan ionga ná orlach acu féin ar a chéile, agus iad so do bhí ag amharc orthu ó dhá thaobh an chuain, tá sé ráite fós i mbéal na ndaoine, ná feacadar aon radharc an fhaid do bhíodar beo roimis sin nó gur chuadar don chré ina dhiaidh sin, ba bhreátha le feiscint ná an dá churachán lena chéile thríd an gcuan amach – gach uair do bhuaileadh saighead ón ngréin ornáidí na long, ná raibh aon radharc le feiscint ar an saol so ba thaitneamhaí ná an radharc san. Níor stad an dís deigh-laoch sin den scríb nó gur shroicheadar cuan agus calafoirt thoir thuaidh sa Ghréig. Do chuireadar feiste lae agus lánbhliana ar na báid ghreanta, siúd is ná beadh moill seachtaine orthu.

'Fágse an ríocht dall ar m'ainmse,' arsa Fionn le Colm, 'nó go mbeidh an gníomh ar thaobh éigin.'

[289] AN DÍS I GCÚIRT CHOILM

Is i[30] seirbhís an rí do chaith athair Choilm a shaol, agus do bhí an chúirt go greanta acu, dar ndóigh. Seachtain an spás do bhí aige Fionn i mbun a shuaimhnis inti mar do bhí lá na troide gairid dó.

'An bhfuil aon ghabha i ngiorracht dúinn?' arsa Fionn.

'Tá gabha geal agus gabha dubh in aice linn,' arsa Colm.

'Caithfead slabhraí d'fháil déanta chun Bran do cheangal[31],' arsa Fionn. Do ba é an gabha geal do bhaineadar amach. Do dhein seisean iad, trí cinn acu, agus do chuir sé na trí cinn ag ceangal an ghadhair. Ní rófhada do bhí an tseachtain á mheilt agus gur tháinig lá an éirligh, agus do b'éigeant do Fionn agus do Cholm a n-aghaidh do thabhairt chun an locha. Ní raibh aon radharc le feiscint ach dúchtaint na gcnoc agus na sléibhte de dhaoine as gach aird gurbh fhéidir leo teacht.

Le linn do Fionn dul i radharc na cúltrá do bhí ann, do bhí an óigbhean socair suas ar chathaoir ornáideach tamall suas ón uisce agus gach nduine, mar thagadh, ag fanúint tamall maith uaithi, dar ndóigh. Ach níor dhein Fionn aon mhoill ach cur sa cosa gan staonadh nó gur shroich sé an áit go raibh an spéirbhean, a chlaíomh ná raibh ar dtuathal ina dheas láimh.

Do bheannaigh an bheirt dá chéile: 'Nach fada anuas leis an uisce atá do chathaoir,' arsa Fionn léi.

'Ó, anso do chaithfead a bheith,' ar sise.

Láimhsíonn Fionn an chathaoir, tógann ó thalamh í, agus ní stadann nó go gcuireann thar bharrataoide na trá í: 'Bíodh an méid sin duaidh uirthi, pé scéal é,' arsa Fionn.

[291] FIONN AGUS AN PHIAST LE CHÉILE

Ní rófhada do bhí an óigbhean thuas san am go raibh an phiast ag múscailt an locha. Do bhí Fionn ag turasóireacht anonn agus anall ar an dtráigh agus do ba é sin an t-iontas is mó do chonaic gach a raibh ag féachaint air riamh roimis sin – cé fuair ina mhisneach seasamh in áit comh dainséarach leis?

Ní rófhada gur chuir sí a ceann aníos, gur shéid uaithe suas Fionn, gur chuir é comh fada agus do bhí an chathaoir. Do thairrig chuici anuas arís é chun gnó glan do dhéanamh de, siar ina craos, áit go raibh slí aici dhó. Ach níor bhain sí Fionn dá bhonnaibh agus do chuir a chlaíomh trasna ina dhá láimh agus do chuaigh trasna ina dhá cúilbhéal. Do chuir fuil ina slaoda léi. Do bhain sí dhá bhabhta eile as Fionn, ar an gcuma chéanna, ach do fuair sé an fear maith uirthi sa lá san. Do bhuail suas go dtí an óigmhnaoi:

'Is ea,' ar seisean léi, 'téire abhaile go dtí amáireach. Nach mór an ní lá do bhaint den bhás,' ar seisean.

'Ó, go raibh bua is beannacht leat, pé áit gurb as duit,' ar sise.

Ar theacht abhaile do Fionn do chuaigh sé ar thuairisc Bhran mar a raibh sí ceangailte. Ach bhí ceann des na slabhraí briste aici ag iarraidh[32] dul go dtí é nuair a bhraith sí an greim cruaidh air.

Do tháinig amáireach agus ba mhó ná san an radharc daoine do bhí ann. Do chuir Fionn an chathaoir agus an óigbhean suas mar ar chuir sé inné í agus ní rófhada an aga do bhí ag taisteal na trá aige [294] san am gur séideadh suas fén mbarrataoide é agus anuas arís go lagtrá. Ach do chuir sé a ghléas cosanta roimis. Do bhí na trí bhabhta do bhí inné acu le chéile ach do chuaigh di an laoch do bhaint dá bhoinn, agus do bhí lá eile le beith ar an bPaorach acu. Do shroich Fionn suas mar a raibh an óigbhean:

'Is ea, tá an tarna lá ón mbás againn,' ar seisean, 'téire abhaile go dtí amáireach,' ar seisean. Do chuaigh sé féin ar thuairisc Bhran agus do bhí an tarna slabhra briste aici.

Maidean an tríú lae do ba ar éigean do bhain Fionn an tráigh amach, do bhí an oiread san daoine roimis os gach aird go raibh sé ina gcumas teacht, mar do ba é seo an lá deireanach. Ní raibh ach an chathaoir thuas aige ar fónamh, san am gur séideadh é féin – mar do bhí an gomh ar fad ar an bpéist toisc gurbh é an lá deireanach é. Dá fheabhas do dhein sí a dícheall, do choimeád Fionn a bhoinn. Ach an babhta deireanach do thug sí fé, do bhí an tríú slabhra briste aige Bran. Agus claíomh Fhinn trasna ina craos agus sara raibh an claíomh réidh aige aisti, do bhí Bran air, í dulta siar don chraos agus a croí amuigh ar an dtráigh aici: 'Cabhair Dé chugainn,' ar seisean.

Do bhain sé amach an óigbhean: 'Is ea, téire abhaile anois agus fan aige baile. Tá a cúram súd den dúthaigh agus ní aon díobháil é,' ar seisean.

'Conas a rachad abhaile go deo is gan fhios agam cé shaor mé?' ar seisean.

'Ó, ineosam san leis duit,' arsa Fionn.

[293] FIONN AGUS COLM I GCÚIRT AN RÍ

Lá arna mhárach is ea chuaigh Fionn agus Colm go cúirt an rí agus mara raibh fáiltí rompu, ní raibh roime bheirt riamh, agus dar ndóigh, aige an óigmhnaoi roime Fionn, an té do shaor ón mbás gránna í.

Do bhronn an rí an iníon agus an ríocht suas ar Fhionn chun pé rud ba mhaith leis do dhéanamh leo. Ó ba rud é go raibh bean agus clann cheana aige, dúirt Fionn leis gur do Cholm ba cheart iad do thabhairt, do chuaigh ag triall air féin go tír na hÉireann. Do bhí an rí go lántsásta leis sin agus do pósadh an bheirt sarar fhág[33] Fionn cúirt an rí. Do chaith Fionn seacht seachtaine sa chúirt sarar fhág sé í.

'Is ea, a Choilm,' ar seisean, 'tá sé san am agamsa a bheith ag tarrac ar mo thír féin.'

'Ach beadsa in aon bhóthar leat,' arsa Colm.

'Agus beadsa in aon bhóthar le beirt agaibh,' arsa iníon an rí. 'Ní stadfad go deo go bhfeicfead an deigh-bhean do thoiligh leis an nduine uasal so do theacht sa chruachás so am shaoradh,' ar sise.

'Is féidir leat,' arsa Colm.

Ní ghlacfadh Fionn faic ón rí, ach le an-thathant do thóg sé dabhaid óir uaidh. Do bhailibh an iníon cuid mhór léi ag teacht go dtí bean Fhinn.

B'sheo le chéile an dá churachán ag fágaint thír na Gréige agus ní rófhada go sroichid cuan bhreá leathan Fionntrá. Bainid amach cúirt Fhinn sa Mhóin Mhóir agus d'fhan Colm agus a bhean seacht seachtaine inti. Do lean a raibh sa pharóiste iad an lá d'fhágadar, go bruach an chuain.

Tomás Ó Criomhthain,
Blascaod.

TÉACS II
CBÉ 1719: 88–100

Scéal cumaisc atá sa scéal seo ina nasctar le chéile dhá mhír eachtraíochta a bhaineann leis an scéal iontais a shonraítear in ATU mar thíopa uimhir 513, *The Extraordinary Companions*. Tá dáileadh fairsing idirnáisiúnta ar an tíopa seo, agus tá 392 leagan Éireannach de áirithe in TIF faoin uimhir 513A, ach níl an téacs atá in eagar anseo ina measc. Cuimsíonn an tíopa seo grúpa scéalta ina gcabhraíonn compánaigh scilúla leis an laoch an ceann is fearr a fháil ar na deacrachtaí atá curtha roimhe.[34] Sa chéad chuid den scéal mar atá sé ag Tomás Ó Criomhthain, is é an dúshlán atá le sárú ag an laoch (Fionn), ná leanaí a shaoradh ón bhfathach a sciobann iad nuair a shíneann sé a lámh anuas an siminé – móitíf ársa i litríocht na tíre seo í an lámh bhradach sin.[35]

Sa dara cuid den scéal, insíear faoi thasc a leagtar ar Fhionn nuair a chailleann sé cluiche in aghaidh caillí, agus conas mar a chuireann sé an tasc sin i gcrích le cabhair cúntóra a dhéanann sléacht ar a naimhde. Is minic cailliúint chluiche le Cailleach, agus sléacht i dteach na n-amhas, mar mhóitífeanna i scéalta gaisce na hÉireann.[36]

Sa litir a tugadh thuas a chuir Tomás chuig Fionán Mac Coluim, tá an méid seo scríofa aige: 'Féachfad i ndiaidh Cruach Chonaill fós.' D'fhoilsigh Conradh na Gaeilge an leabhar *Cruach Chonaill*, in eagar ag Seosamh Laoide in 1913, agus ar lgh 14–38, tá scéal Fiannaíochta (leagan de ATU 513) ó Shéamus Ó Braonáin, Ard an Rátha, Co. Dhún na nGall, faoin teideal Fionn mhac Cumhaill agus Seacht gCatha na Féinne.[37] D'fhaigheadh Tomás Ó Criomhthain leabhair ón gConradh, ó Sheosamh Laoide agus ó dhaoine eile,[38] ach níl aon tuairisc ar *Cruach Chonaill* bheith ar cheann acu. Níor mhiste a cheapadh, mar sin féin, go bhféadfadh an leabhar *Cruach Chonaill* bheith ina sheilbh nuair a scríobh sé na focail 'Féachfad i ndiaidh Cruach Chonaill fós'.

Is léir ó thitimeacha áirithe cainte, ainmníocht, ord agus ábhar míreanna eachtraíochta in insint Thomáis, go raibh anáil ag an téacs in *Cruach Chonaill* ar a insint siúd – go fiú gurbh é an teideal ceannann céanna atá ar an dá insint, agus go bhfuil séimhiú ag Tomás ar an *m* sa bhfocal *mac* in ainm Fhinn. Ina choinne sin, tá eilimintí eile sa scéal ag Tomás nach bhfuil le fáil in *Cruach Chonaill*, agus is ceist le cíoradh go mion in áit eile í, cé chomh fairsing is atá tionchar théacs *Cruach Chonaill* ar a insint, nó cén chuid di a eascraíonn óna chruthaitheacht féin, nó ó leaganacha eile den scéal ab eol dó. Tharlódh gurbh é a bhí gceist ag an gCriomhthanach nuair a scríobh sé, 'Féachfad i ndiaidh Chruach Chonaill fós', ná go raibh rún aige leas a bhaint as an leabhar sin lá níos faide anonn, agus d'fhéadfaí a áiteamh gur chuir sé an rún sin i gcrích nuair a sholáthraigh sé an leagan thíos den scéal Fionn mhac Cumhaill agus Seacht gCatha na Féinne.

FIONN MHAC CUMHAILL AGUS
SEACHT GCATHA NA FÉINNE

[88] Lá dá raibh Fionn mhac Cumhaill agus seacht gcatha na Féinne fé lántheaspach i mBinn Éadain agus nárbh fhios dóibh cad ba cheart dóibh a dhéanamh, agus is é sin an t-am gur gnách le gach nduine obair a dhóthain a bheith in achomaire dó. B'in nó aiges na Fianna an lá so leis é. Seilg nó comhrac an dá ní is mó a mhíníodh iad.

Trí Scéal Fiannaíochta ó Thomás Ó Criomhthain

Lá des na laethanta agus iad fastaoimeach mar seo, do chuireadar seilg ar bun, agus an t-am go mbeadh grian i bhfarraige go mbeadh breacthnáthadh agus tuirse orthu agus an mheirg bainte dá gcnámha. Sin mar bhí, nuair a fuaireadar cead ón maor, is é sin, Fionn, chun na seilge, go b'sheo gach fear agus gach aon phocléim aige trís na sléibhte amach, gan fios cé acu fear ab fhearr ná fear ba mhó siúl ná fear ba mhó seilg tráthnóna.

Níorbh fhada a bhíodar sa tsiúl nuair a thit ceo draíochta orthu, ná raibh aon bheirt acu i radharc a chéile. Bhí Fionn féin gan neach ina theannta agus é trína chéile, mar do bhí a fhios aige nach le aon tseans cóir a thit an dúscamall orthu. Níorbh fhada go bhfeaca sé chuige ar bhreacadh don cheo, mórsheisear buachaillí, gan mórthoirt, gan mórchló, gan mórdhealramh. Do bheannaíodar dá chéile sa tslí go ndeineadh daoine na haimsire sin é, agus nuair a cheistigh Fionn fáth a ngnótha, d'insídear dó gur ag lorg máistir a bhíodar.

'Is an-mhaith an teacht suas againn lena chéile é,' arsa Fionn, 'mar is buachaillí atá uaimse.' ar seisean. 'Ach ní fheadar cad air gur maith sibhse, agus ní gnách liomsa a bheith agam ach an buachaill dá fheabhas i gcónaí. Leis sin cuiríg síos bhur dtréithe dhom gan mhoill.'

'Pé seachrán a bheadh ar stoc, daoine, ná aon rud a bheadh ag teastáil uait,' arsa fear acu, [89] [*Cuid a Dó*] do thabharfainnse ar aon lantán amháin chugat iad faid a bheadh cnaipí do chuid éadagh á dhúnadh agat.'

'Is maith liom do chumas,' arsa Fionn. 'Cad a thigeann leatsa a dhéanamh?' arsa Fionn leis an tarna garsún.

'Tigeann so liom,' ar seisean, 'aon rud a bheadh ar teitheadh tar éis dochar nó díobhála a dhéanamh, bhuailfinn mo mhéar air, pé áit den domhan go mbeadh sé gan mórán moille.'

'Go maith,' arsa Fionn. 'Cad ar gur maith thusa?' ar seisean leis an tríú garsún.

'Tá sé im chumas-sa tuairisc a thabhairt don bhFéinn cad a bheadh le titim amach orthu go ceann lae agus bliana.'

'Deirim leat nach olc é thu,' arsa Fionn, 'agus ní choimeádfaidh do tháille uaim thu,' ar seisean. 'Cad a thig leatsa a dhéanamh?' ar seisean leis an ceathrú garsún.

'Thigfeadh liomsa aon rud go mbuailfinn mo dhrom leis a stop, pé acu roth muilinn nó caisleáin a bheadh sa tsiúl.'

'Ag dul i bhfearr siar sibh,' ar seisean. 'Cad is eol duitse a dhéanamh?' ar seisean leis an cúigiú garsún.

'Ní bheadh easpa loinge ná báid orm aon uair a bheadh siad ag teastáil chun triall thar muir, agus iad oiriúnach don gcuid bheag agus oiriúnach dá mhéid [sic].'

'Deirimse leat, a gharsúin, ná fuileann tú le cáineadh,' arsa Fionn, 'agus gur maith an chuid a choimeádfaidh uaim thu. Cad tá id chumas-sa a dhéanamh?' ar seisean leis an séú garsún.

'Shiúlóinn ar an dtéid is caoile agus thabharfainn m'ualach liom in aghaidh gach caisleáin dá airde agus dá ghéire,' ar seisean.

'Comh maith leo,' arsa Fionn. 'Cad air gur máistir thusa?' ar seisean leis an seachtú garsún.

'Táimse mar mháistir ar aon rud a bheadh ag teastáil uaim a ghoid liom, pé faireachán a bheadh air,' ar seisean.

'Ní maith liom fear na ceirde sin,' arsa Fionn. 'An méid dem shaol atá caite, ní raibh aon bhaint agam le aon duine go raibh an sórt san ceirde ag baint les, agus ní lú a bhí ná bheidh leatsa,' ar seisean.

'Ach mara mbeidh so leat, ní bheamna leat,' arsa an seisear.

'Más maith leis gluaiseacht,' arsa Fionn, 'níl a bhac air, ach is gan tuarastal uaimse é.'

[90] [*Cuid a Trí*] 'Ach dá mbuailfeadh aon rud fónta linn,' arsa duine acu, 'an mbeifeá sásta le roinnt leis?'

'Ó, bíodh ina mhargadh,' arsa Fionn.

Ní raibh mórán moille tar éis an méid seo gur scar[39] an ceo agus go bhfeacaidh Fionn chuige an díolúnach beag fionnrua. Do bheannaigh sé do Fionn agus do bheannaigh Fionn dó.

'Cuirim tu,' ar seisean, 'faois na deasa droma draíochta, díthsaoil, sláinte agus beatha a bheith ort, mar a mbeidh tú féin agus seacht gcatha na Féinne thall sa bhFrainc fén meán lae amáireach agus i gcaisleán an rí.' Agus d'fhág ansan iad.

Ní raibh ar an lantán ansan ach Fionn agus an mórsheisear garsún. Bhí an chuid eile ar seachrán fós.

'Feicfeam anois an bhfuil cumhacht sa bhfead atá agatsa,' arsa Fionn. 'Tá na fearaibh ar iarraidh uaim.'

Do chuir an garsún méar ina bhéal, do dhein an fhead agus ba róghearr go rabhadar ag teacht gan mhoill go dtí an fear donn déanach.

'Is ea anois,' arsa Fionn, 'caithfeam ár n-aghaidh a thabhairt fén bhFrainc. Is maith a bhí a fhios agam go dtiocfadh a thuilleadh as an gceo dhúinn agus caithfeam a bheith cruinn baileach ann i meán lae amáireach.'

'Más ea,' arsa Conán Maol, 'ná fearr linn áit go mbeadh tamall dár saol againn.'

'Is bocht an scéal,' arsa Fionn, 'ná fuil tuairisc aige mo mhnaoi agus aigem chlainn sinn a bheith le dul ann.'

'Tá Tón Iarainn ansan agat, fear nite na bprátaí,' arsa Conán Maol. 'Ní foláir nach don Fhrainc a thánn tú chun é a thabhairt chun náire a thabhairt dúinn. Cuir abhaile é agus beidh scéala acu.'

'Ar bhiorán buí,' arsa hOscar, 'ná go dtabharfainnse barra do chuid cabaireacht duitse,' ar seisean, 'mar nach ródheas an pictiúir thu féin thall ach oiread leis.'

Ach is é Tón Iarainn a chuireadar abhaile. B'sheo chun siúil iad agus ba mhór an radharc le feiscint iad – seacht gcatha na Féinne, dar ndóigh, agus seacht gcéad ins gach cath, an tEolaí chun tosaigh orthu, trí choillte, trí ghleannta, trí shléibhte agus trí chnoic, nó gur [91] [*Cuid a Ceathair*] shroicheadar an cuan ba shia síos in Éirinn. Arsa fear an eolais: 'Ní féidir liomsa dul níosa shia.'

'Cá bhuil fear na long a dhéanamh am an chruatain,' arsa Fionn.

'Táim anso,' ar seisean. Do léim as a chorp, do fuair slapar seanchrainn, do chuir lámh ina phóca, do fuair scian agus níor mhór an mhoill go raibh sí amuigh ar an linn ar snámh.

'Tá sí taibhseach go maith,' arsa Fionn, 'má tá aon ghníomh cóir eile inti.'

'Beidh a fhios san againn,' arsa hOscar, 'shara ragham ina leith.' Do rug Oscar ar shnimine uirthi; do bhí á crothadh anonn agus anall gur bhuail sé a deireadh agus a tosach ar a chéile.

'Tá mianach maith inti,' ar seisean. 'Bíodh gach fear ar bord,' arsa Fionn. Chuadar go léir ar bord agus an t-eolaí ar an stiúir.

Thóg siad a seolta bacóideacha go barr na gcrann; níor fhág siad rópa gan síneadh, téad gan tarrac, maide rámha gan lúbadh; do chuiridís grean na farraige in uachtar agus cúr na farraige in íochtar; míolta móra agus éiscíní na farraige ag teacht ar bois agus ar bais agus ar thrasna na maidí rámha chucu; agus gan rómhoill, do shroicheadar cuan agus calafort[40] sa bhFrainc. Do chuireadar feiste lae agus lánbhliana ar an loing – gnáthbhéas aige Fionn, mara mbeadh sé uaithi ach uair an chloig.

Bhí rí na Fraince ar bruach an chuain ag fáiltiú rompu dá thír féin.

'Tá san go maith,' arsa Fionn, 'ach cad fé ndeara dhuitse a leithéid so de ghearra-scéal a chur chugainne?'

'Tá bun le mo scéal,' arsa an rí. 'Dhá bhliain agus an lá inniu rugadh mac óg do mo mhnaoi. Goideadh an páiste an oíche chéanna. Bliain agus an lá inniu rugadh mac eile dhi agus do ba é an galar céanna é, gan aon fios ar a dtuairisc ó shin. Tá bábán eile mic againn uair an chloig ó shin; do chualaidh mé go dtiocfadh leatsa agus le seacht gcatha na Féinne pé rud ba mhaith libh a dhéanamh agus sin é fáth mo scéala chugaibh.'

[92] [*Cuid a Cúig*] 'Tá san go maith,' arsa Fionn, 'agus mara mbeamna in ann an páiste a choimeád duit, ní bheidh éinne eile ár ndiaidh. Do chaitheadar an lá san go súgach go dtáinig an oíche. Do cuireadh an páiste agus an cliabhán i lár na cistean. Do chuaigh an Fhian uile chun sáimh- agus síorchodlata ach Fionn agus na garsúin. Do tháinig na garsúin mórdtimpeall an chliabháin agus do chromadar ag tathant ar Fionn dul chun suain comh maith leis an gcuid eile – go raibh sé ina gcumas féin an cliabhán a fhaire, pé lámh namhad a bhí le teacht. Le an-thathant a chuaigh Fionn chun suain.

I meánoíche siar: 'Éist, éist, éist,' arsa Cluas le hÉisteacht, 'tá Fathach Ó Dúbhda sa Domhan Toir ag fágaint na leapa.'[41]

'Sin é an fear atá chun an linbh seo a thabhairt leis,' arsa Fear Feasa, 'agus beidh thiar oraibh é choimeád uaidh.'

Do bhuail Cluas a bhas ar a chluais thar n-ais: 'Tá sé sa tsiúl anois agus beidh sé orainn gan mhoill,' ar seisean.

Do phrapáil an fear nirt é féin ina chomhar agus ní raibh an focal as a bhéal an t-am go raibh an lámh fhada bhuí sa chliabhán, thríd an siminé, agus an leanbh gafa aige. Beireann Neart ar an ngéig agus coimeádann í. Tugann an fathach an leanbh agus Neart leis go dtí barra an tsiminé nach mór, ach do chuir Neart a chosa i bprapa agus do thairrig an lámh as an ngualainn aige an bhfathach. Faid do bhíodar ag réiteach an linbh as an láimh bhuí agus ag tabhairt na láimhe gránna fé ndeara, do chuir an fathach an lámh eile anuas agus do scuab leis an páiste.

Ar theacht do Fionn chun na cistean ar maidin, bhí an cliabhán ann agus an páiste as, do dhein duirc de agus do tháinig náire mhór air. D'fhéach sé timpeall agus do chonaic sé an lámh mhífhortúnach mhísciamhach leabhair fhada bhuí. Bhí iontas mhór air.

[93] [*Cuid a Sé*] Nuair inis na fir bheaga do Fionn gach ní, ní raibh milleán aige orthu ach dúirt sé ná casfadh ar an dtigh go deo nó go dtiocfadh leis an bpáiste, nó an páiste aige.

'Cá bhfuil Fear Feasa?' ar seisean.

'Táim anso,' ar seisean.

'Inis dom anois,' arsa Fionn, 'gad é an treo go bhfuil an páiste agus cé rug leis é.'

'Tá sé thoir sa Domhan Toir ag Fathach Ó Dúbhda agus soith gadhair ag tál air, agus is ann atá beirt chlainne eile an rí, agus is í an gadhar céanna a thóg iad,' ar seisean.

'Is fada dhom clos thar an bhfathach céanna,' arsa Fionn, 'agus b'fhuirist aithint go gcasfaí air mé lá éigin.'

D'inis Fionn an scéal don rí, ar cad a tharlaidh, agus go rabhadar chun cur díobh gan mhoill ar thóir an pháiste go dtí an Domhan Toir. Do chuir sé na fearaibh le chéile; do chaitheadar bia, agus tar éis sin, níor stadadar gur shroicheadar an cuan go raibh an tseanlong. Do rug Oscar ar shnimine uirthi, do chroith í, gur bhuail a tosach agus a deireadh ar a chéile, agus go ndúirt go raibh sí oiriúnach chun seoladh. Do chuaigh gach mac máthar ar bord, agus is é Oscar an fear déanach, agus do thug sé aon chic amháin di amach thríd an gcuan. Do bhí an oiread san scóip chun an Domhain Thoir air, mar ba é an chéad turas riamh aige ag dul ann é, gur chuaigh an curachán naoi míle shlí den iarracht san thríd an bhfarraige mhóir.

Is é seo an uair do thógadar a seolta bacóideacha bánchneasach cruinndhéanta ó bhun go barr na gcrann; gach téad, puilín, siota agus taca i ndlúth-tharrac i ngála gaoithe, go raibh le clos, agus gur chualaidh an té a bhí daichead míle ón loing gach cnag agus fáscadh a dheineadh an long le barr siúil agus comhraic.

Nuair a shroichid an Domhan Toir den scríb seo, do chuireadar feiste ar an loing. Do shroicheadar an caisleán.

'Cá bhfuil an Dreapadóir?' arsa Fionn.

'Táim aseo,' ar seisean. 'Íosfaidh an gadhar mé nuair a bhead á thabhairt liom, is dócha,' ar seisean.

'Cá bhfuil an Gadaí?' arsa Fionn.

'Táim anso,' arsa an Gadaí.

'Gaibh suas,' arsa Fionn, 'agus goid an páiste.'

'Níor gheall tú faic dom,' ar seisean, 'agus ní dhéanfad dadamh duit. Is tu fhéin a dúirt nár dhein gadaíocht maith riamh duit.'

[94] [*Cuid a Seacht*] 'Á,' arsa Fionn, 'ní haon ganntar aon fáltais, agus pé méid do lorgaireacht, beidh sé le fáil agat, ach goid an páiste.'

Do chuaigh an Gadaí ar dhrom an Dreapadóra nó gur shroicheadar doras uachtarach an chaisleáin. Is iad an bheirt ba shine leis an rí a chonaiceadar ar dtúis, agus do chuireadar in iúl dóibh nach i ndún ná i ndeigh-bhaile a n-athar a bhíodar, agus teacht leo féin. Do bhí an páiste i bhfochair an ghadhair agus do bhraith an gadhar a namhaid, ach do bhí ailp feola acu agus do chaitheadar chuici é. Do chuaigh i gcúláisean á ithe agus faid a bhí sí á chreimeadh agus á ithe do bhí an bheirt anuas ar an dtalamh agus triúr mac an rí acu. Do shroicheadar an cuan agus do bhuaileadar fén bhfarraige mhóir amach.

'Cá bhfios dom anois,' arsa Fionn le Fear Feasa, 'an bhfuil aon bhaol eile orainn?'

'Tá,' ar seisean. 'Comh luath is a bheidh sé múscailte as a chodladh, beidh sé ort gan mhoill agus báfaidh sé an long mara bhfuil aon chosc le cur leis.'

'Táimse ullamh dósan,' arsa Fear Nirt, 'agus níl sí báite fós.'

Nuair a bhí an fathach ag teacht gairid don loing, bhí an fharraige aige á chur lastuas di. Ach nuair a bhraith an fear nirt an long i gcontúirt a báite, thug aon léim amháin ó bhord agus do chuaigh i gceangal comhraic ann, idir aer agus uisce nó gur leag sé an fathach ina phleist mharbh anuas don mhórmhuir agus do thug aon léim amháin ar bord.

Nuair a shroicheadar an rí agus a thriúr mac acu chuige, bhí an-lúcháir air. Do chuir amach a bholscaire chun cuireadh a thabhairt do bhocht ags nocht agus ní raibh deireadh leis an bhféasta a chuir sé ar bun go lá agus bliain. Fionn féin a bhraith an lá agus an bhliain istigh agus dúirt go raibh sé in am acu a dtír féin a bhaint amach feasta. Ansan do thairrig an rí lán árthaigh d'ór agus d'airgead dó.

'Ní bheidh pingin agamsa,' arsa Fionn, 'ach an méid atá orm a thabhairt dos na buachaillí seo in éineacht liom.'

'Is tusa féin amháin a chaithfidh sinne a dhíol,' ar siadsan.

[96][42] [*Cuid a hOcht*] D'fhágadar slán agus beannacht aige an rí agus do thugadar aghaidh ar a seanloing. Do bhraith Oscar go maith í sharar chuadar ar bord. Is é seo an uair a thógadar a seolta bacóideacha bánchneasach cruinndhéanta ó bhun go barr na gcrann; gach téad, puilín, síota agus taca i ndlúththarrac i ngála gaoithe, go raibh le clos, agus gur chualaidh an té a bhí daichead míle ón loing gach cnag agus fáscadh a dheineadh an long le barr siúil agus comhraic.

Nuair a shroicheadar cuan in Éirinn, do chuireadar an tEolaí ar tosach chun gach congar a ghearradh dóibh agus do bhí an lá maol nuair a shroicheadar an lantán gur bhuail na fir bheaga leis.

'Sid é an áit gur bhuaileamair le chéile, a Fhinn,' arsa duine acu, 'agus is ann is ceart duit sinn a dhíol.'

'Is fíor san,' arsa Fionn, 'ach ó tá ganntar airgid orm is éigean daoibh mo chur go dtí an dtigh.'

'Ach cé hiad siúd aniar?' arsa duine acu. D'amharc Fionn agus a chuid fear tharstu. Shíleadar gur cogadh eile a bhí ag teacht orthu. Ní raibh faic le feiscint thiar agus ní lú a bhí ná na fir bheaga abhus. Bhí léan mór ar Fionn i ndiaidh na ngarsún agus dúirt go rabhadar comh maith de threibh agus do casadh riamh air, agus go raibh fuar acu mara mbeadh iad an uair seo. Ní raibh ach an focal san as béal Finn nuair a thit an scailp céanna ceoidh orthu. I gceann neomaite ní raibh mac máthar le feiscint aige.

Casadh súl dár thug sé, do bhí ina radharc cailleach mórchoirp slimbhuí, mísciamhach ainchumtha, an dá fhiacail tosaigh a bhí ina béal, go minic ag baint préamhacha as thalamh, an speatheánach gruaige a bhí uirthi go rábach ag glanadh na talún ina diaidh aniar, aon tsúil amháin i gclár a héadan comh mór le cléibh, aon lámh amháin agus í amach as chlár a hucht.

Bheannaigh sí do Fionn agus bheannaigh Fionn di.

'An imreofá cluiche, a Fhinn mhac Cumhaill?' ar seise.

'Níor chuireas riamh suas dó,' arsa Fionn.

Do bhuaigh an chailleach an cluiche air.

'Tabhair do bhreith a chailligh,' ar seisean.

'Cuirimse tú fé dhaoirtheacht díthsaoil beatha agus sláinte a bheith ort mara dté tú soir [97] [*Cuid a Naoi*] don Domhan Toir agus ceann an Ghruagaigh Leathchaoch Rua a thabhairt chugamsa as – gan aon duine a bheith id fhochair ach Tóin Iarainn Gan Tapa atá ag ní na bprátaí aige baile agat.'

'Ba chóir,' arsa Fionn, 'ós im fhear dom, go ligfeá fear maith liom,' ar seisean.

'Ní beag[43] liom a fheabhas duit. Is ar a olcas a thoghas é,' ar sise.

Ghlan an ceo agus do chruinnigh na Fianna aríst ar aon talamh amháin. Shiúileadar leo siar isteach go cuan Bhinn Éadain. Nuair a ghlaoigh Fionn ar Thóin Iarainn ar maidin mar chompánach chun dul don Domhan Toir, bhí an-iontas orthu. Agus do chuireadar a súil den mbeirt go deo arís. Do ghreadadar leo agus ba thrua Mhuire Fionn ag braith le Tóin Iarainn mar ná raibh rith, siúl ná léim aige.

Níorbh fhada mar sin dóibh gur tháinig brosaire beag deargrua suas leo. Bhí saighead agus bogha aige. Do dhírigh ar Thóin Iarainn iad agus do bhuail agus do dhein stocán cloiche dhe.

'Á, dífhearta agus marbhfháscadh ort, cad fé ndeara dhuit mo chuileachta mhaith a mharú?'

'A Fhinn, má dheineas⁴⁴ san, rachad féin leat.'

'Dá olcas é,' arsa Fionn, 'is measa de chosúlacht thusa.' Shíl sé ná raibh an fear beag comh maith leis.

'Cad é an ainm a thabharfaidh mé ort?' arsa Fionn.

'Níl ainm ar bith orm,' ar seisean, 'ach pé ainm a thabharfairse orm tiocfad leis.'

'Béarfaidh mé Ceochán ort mar sin,' arsa Fionn, 'ó tá an ceo led linn.'

'Géaraigh sa tsiúl, a Fhinn,' arsa Ceochán, 'nó beidh do thuras mall.'

'Níl a thuilleadh im chumas,' arsa Fionn.

'Bí anso thiar ar mo dhrom,' arsa Ceochán.

Do dhein, agus níor stad den scríb sin gur scaoil sé amach dá mhuineál Fionn ar thurtóig sa Domhan Toir.

'Buíochas le Dia,' arsa Fionn, 'an talamh a bheith agam. Tá mo chosa briste.'

'Ba bhriste ná san iad,' arsa an fear beag, 'dá mbeadh ort é a shiúl.'

'An-cheart,' arsa Fionn

[98] [*Cuid a Deich*] 'Níleann tú ag teacht ach dhá uair an chloig agus is sin é thall tigh an ghruagaigh. Gaibh anonn anois agus bain an ceann de.'

'Táim róthuirseach,' arsa Fionn, 'agus fanfad go maidean sara rachad chun troide leis,' ar seisean.

'Ach ní bheam beo ar maidin,' arsa Ceochán, 'gan sort éigin bráca tí.'

'Ní maith a bheith á éagmais,' arsa Fionn, 'dá mbeadh leigheas air.'

'Rachaidh mise anonn go dtí an gruagach. B'fhéidir go mbeadh teach aige dhúinn go maidean.'

Nuair a chuaigh Ceochán go dtí an doras, ní ligfeadh an dóirseoir isteach é. Thug Ceochán a shál don doras, do chuir an chomhla go dtí an doras eile, do bhuail an dá dhoras ar a chéile an taobh thiar den dtigh amach agus an dóirseoir ina scriúta mharbh eatarthu istigh. Do ba é sin an t-aon chic amháin is mó a dhein fuaim agus fothrom riamh sa Domhan Toir.

'Cé an rascail nó an rógaire é seo atá ag briseadh mo thí-se?' arsa an gruagach, ag cur a chinn amach.

'Mise Ceochán, buachaill Fhinn mhac Cumhaill as Éirinn ag iarraidh tí dhom féin is dom mháistir.'

'Tá teach amhas thiar ansan agus más féidir leat iad a chur as, bíodh an tigh agat,' arsan gruagach.

Do chuaigh Ceochán go doras na n-amhas. Bíonn a gháire[45] féin aige gach nduine agus dhá gháire aige an amhas mór.

'Cad fáth,' arsa Ceochán, 'a gháire féin aige gach nduine agaibh agus dhá gháire agatsa a fhir mhóir?'

'Mar beidh a dhá oiread le n-ithe agamsa dhíotsa leo so.'

'Más ea,' arsa Ceochán, 'nuair a bheid seo eile go léir ite agat, ba chóir nárbh fhéidir leat puinn lámh a dhéanamh ormsa, dá mhéid dúil i bhfeoil agat,' ag breith ar dhá lorgain air, agus do smiot ar an gcuid eile é, gur mhairbh a raibh ann díobh, agus ná raibh beo den amhas mór ach an dá chnámh coise a bhí na lámha.

Do thug isteach Fionn agus dúirt go raibh tigh anso ach gur thigh gan bia é.

'Go maith,' arsa Fionn, 'ach ba mhaith é an bia leis.'

'Rachad go dtí an gruagach – ní bheidh bia aige agus sinne á éagmais,' arsa Ceochán.

[99] [*Cuid a hAondéag*] Preabann Ceochán go dtí an gruagach, buaileann buille ar an gcuaille comhraic gur comhchlos sa Domhan Toir é.

'Cad tá anois uait?' arsa an gruagach.

'Feoil dom fhéin agus dom mháistir,' ar seisean.

'Ta búistéir ansan thall agus faigh uaidh í,' arsa an gruagach.

Téann Ceochán ann gan mhoill: 'Cuir chugam feoil,' ar seisean leis an mbúistéir.

'Ach níor thug éinne riamh feoil as so,' arsa an búistéir, 'gan an cleas atá anso a dh'imirt.'

'Cad é an sórt clis é?' arsa Ceochán.

'Mise a chaitheamh na tua so leatsa ar dtúis, agus tusa á caitheamh liomsa thar n-ais, más beo dhuit ina diaidh.'

'Sásta leis,' arsa Ceochán.

Leis sin, caitheann an búistéir an tua agus gabhann Ceochán ina láimh í; caitheann thar n-ais í leis an mbúistéir, cuireann thrína chroí siar í agus tríd an ndoras iata amach. Agus tugann leis ualach feola abhaile go dtí Fionn.

'Tá feoil ár ndóthain anois againn ach níor mhaith liom riamh í gan arán,' arsa Ceochán. 'Rachad anonn arís,' ar seisean. Do chuaigh agus do loirg.

'Tá an bácéaraí ansan thuas agus faigh uaidh é,' arsa an gruagach. Do chuaigh gan mhoill agus do loirg.

'Tá cleas anso a chaithfeam a dh'imirt le chéile ar dtúis,' arsa an bácéaraí. 'Beidh ormsa úll práis a chaitheamh leatsa agus mara ndéanfad bascadh dhuit, tusa á chaitheamh liomsa.'

'Sásta leis,' arsa Ceochán.

Do chaith sé an t-úll ach do ghaibh Ceochán ina láimh é. Do chaith thar n-ais é leis an bhfear istigh. Do chuir thrína chorp siar é agus an doras iata amach. Agus do thug a dhóthain aráin chun Fionn agus do bhí an oíche ar a dtoil ansan acu. Amáireach: 'Tá sé comh maith agat bualadh anonn agus an ceann a stealladh dhe siúd,' arsa Ceochán le Fionn.

'Tá eagla orm ná fuil san fuiriste dhom a dhéanamh,' arsa Fionn.

'Dá mbeadh babhta agamsa leis romhat, b'fhéidir gur mhór an míniú air é,' arsa Ceochán.

[100] [*Cuid a Dó Dhéag*] Buaileann Ceochán anonn. D'fhógair cath ar an ngruagach. Do chuadar araon le chéile agus do thugadar dhá uair déag an chloig, gan scíth gan sos, gur bhain Ceochán an ceann sa deireadh dhe,

agus é féin tnáite a dhóthain. Do thug sé a cheann leis go dtí Fionn. Níor dhein Fionn aon gháire ó fhág sé an baile go dtí san. Do rug ar dhá láimh ar Cheochán agus do bhain póg dhe: 'Is tu an compánach is fearr a casadh riamh liom,' arsa Fionn. 'Tá sé comh maith againn a bheith ag tarrac ar an mbaile anois,' ar seisean.

'Tair ar mo dhrom anois,' arsa Ceochán, 'nó beam go mall.'

'Sásta leis, ar aon rud is maith leat,' arsa Fionn.

Sin mar bhí. Do bhuail Ceochán chuige ar a dhrom é agus níor stad leis nó gur scaoil sé amach dá dhroim ar mhullóig ard é.

'Táim tuirseach, a Fhinn,' ar seisean.

'Ní hiontas san,' arsa Fionn, 'ach cad é an deilbh é siúd thall?' ar seisean.

'Tóin Iarainn Gan Tapa,' arsa Ceochán. Do druid leis, do bhuail cic air agus do bhí ina chló comh maith agus do bhí riamh.

'Nach shin [no: 'in nó in i bhfianaise Seimhfhear Suairc 388 nárbh in] mar bhíobhair nuair a bhuaileas libh?' arsa Ceochán.

'Is ea go díreach,' arsa Fionn.

'Is maith liom fios a thabhairt duit cé tá agat,' arsa Ceochán. 'Mise Neart 'ach Nirt a bhraith sa chruachás thu.'

'Bua agus beannacht leat,' arsa Fionn.

'Fiafraigh den gcailligh nuair a raghair abhaile an bhfuil do gheasa dhíot. Déarfaidh leat go bhfuil. Ligfidh sí scarta gáire go mbeidh a croí agus a hae le feiscint agat. Caith ceann an ghruagaigh agus aimsigh an croí aici, agus beidh marbh gan mhoill.'

Do dhein Fionn gach ní mar dúirt Ceochán leis agus do mhairbh an chailleach gan mhoill. Do tháinig Fionn agus Tóin Iarainn Gan Tapa slán abhaile go cuan Bhinn Éadain. Ní raibh oiread meas ag an bhFéinn orthu féin agus do bhíodh, ná oiread mímheas ar Thóin Iarainn, mar do lig Fionn air leo gur thríd a dhein sé an gníomh, agus thug sé ardú sa bhFéinn dó agus níor nigh aon phráta dóibh as san amach.

(Críoch)

T. Ó C.

Trí Scéal Fiannaíochta ó Thomás Ó Criomhthain

TÉACS III
CBÉ 34: 294A–294E

Insint é seo ar eachtra aitheanta san Fhiannaíocht – bean álainn (Niamh Nuachrothach) ag iarraidh fuascailte ón arracht (Tailc/Dailc mac Treoin/ mac Tréin) a thagann ar a tóir, ach tar éis do na Fianna an t-arracht a mharú, cailltear an bhean (de chumha), agus cuireann allúraigh tuilleadh comhraic ar na Fianna in éiric bhás na beirte.[46] Tá an fhoclaíocht i roinnt línte sa téacs an-ghar do línte sa laoi Cath Chnoc an Áir.[47] Scríobhadh cuid de théacs leanúnach na lámhscríbhnne i bhfoirm véarsaíochta san eagrán thíos. Tá mír bhreise ag cur síos ar athbheochan na ngaiscíoch marbh sa téacs nach gnáthchuid de scéal Thailc mhic Threoin é, ach ar ndóigh, tá athbheochan draíochtúil na marbh i gceist i scéalta Fiannaíochta eile leis.[48]

FIONN MAC CUMHAILL AGUS DAILC MAC TREOIN
[294a] Fionn mac Cumhaill agus Dailc mac Treoin
Tomás Ó Criomhthain do scríobh

Bhí Fianna Éireann ar a sealad sámh lá áirithe, gan cíos, cás ná cathú orthu, a mbolg go teann tar éis dóibh do bheith go sásta de gach uile ollmhaitheas dá raibh sa tír. Dar leo san am so den mhaidin nár rug aon ghreim cruaidh riamh roimis sin orthu, cé gur mhinic do rug.

Teaspach agus damhas agus cluichí gaisce do bí ar bun acu san am so, agus is lánmhinic gur le linn na huaire sin do bhíonn a dhóthain le déanamh in aice le duine, agus do b'amhlaidh dóibh seo leis é, mar ní rófhada ó láimh uathu do bhí a namhaid do thug malairt na gcleas le déanamh dóibh. Seo mar tháinig orthu:

Laoch dá raibh i ndiaidh na Bléan (*sic*)
Agus Fianna Éireann ar a sealad sámh,
'Sea do dhearcadar chucu an ghnúis ba ghile ná an ghrian
Agus í ag teacht fé fheirg.

'Mo thearmann ort, a Fhinn,' ar sise.
'Do gheobhair sin,' arsa Fionn,
'dá mhéid neart lámh atá id dheoidh.'

'Is eaglach liomsa, a Fhinn,
gur comhrá baoth do ghlór,
mar an té go dteithimse uaidh i bhfad
titeann leis na seacht cath in aghaidh an ló,' ar sise.

'Cad fáth, a bhean,' arsa Fionn,
'an té go dteitheann tú uaidh i bhfad
go dtiteann leis na seacht cath in aghaidh an ló?'

'Dhá cheann, cluasa agus eirball cait
atá ar an bhfear agus is gránna é a chló,' ar sise.

[294b] 'Ní hiontas mar sin,' arsa Conán Maol, 'go bhfuil call aige pollaibh do shrón le siolla de ghaoth fhuar na mara, agus a leithéid sin d'amhailt do bheith ag taisteal an bhóthair id dhiaidh,' ar seisean. 'Agus is breá an bhean ar an bhFéinn do dhéanfair, an uair a bheidh an amhailt sin curtha de threoir againn,' arsa Conán.

'Is é is eaglach liomsa, a Chonáin,' ar sise, 'go mbeidh malairt an mhagaidh mar chúram ort sara fada d'aimsir,' ar sise.

'Nach clos duit riamh, a shárbhean,' ar seisean léi, 'ná raibh sé ar an saol fós riamh aon duine dá mhéid an chumhacht do bheadh ag baint leis ná go mbeadh fear ar an bhFéinn do gheobhadh ar lár é?'

'Ach ní chreidim sin nó go bhfeicfead,' ar sise, agus ní rófhada go dtí san.

Ní rófhada gur tháinig sé suas leo
Agus cé go raibh misneach thar fóir aiges na fearaibh cró
Do bhí a lán acu gur athraigh a ndeilbh agus a gcló.

Níor bheannaigh sé agus níor umhlaigh dóibh
Ach do loirg sé cath ar shon a mhná.

Seacht céad fear do chuireadar amach in áilleacht cló
Ach níor tháinig éinne riamh acu thar nais
gan titim sa chath[49] le Dailc mac Treoin.

Seacht céad eile fear do chuireadar amach in áilleacht cló;
níor tháinig éinne riamh acu thar nais
gan titim sa chath[50] le Dailc mac Treoin.

Do chuireadar cath eile amach, ach níor rómhoill do dheineadar seasamh ach oiread[51] leis an gcuid eile. Do chuir san Fionn agus an chuid eile den bhFéinn ag machnamh.

[294c] 'Dar liomsa,' arsa Conán Maol le Fionn, 'gur lánmhinic do dheinis an ordóg do chogaint ar chúis is lú ná mar tá inniu agat,' ar seisean.

'Tagaim leat ar sin,' arsa Fionn. Do dhein sin gan rómhoill agus má dhein, ní róshásta do bhí sé ar an bhfios do fuair sé.

'Abair rud éigin,' arsa Conán. 'Ní maith liom an mhoill atá ort,' ar seisean.

'Ní maith é leis,' arsa Fionn. 'Tá sé contúrthach: Oscar do chur a chodladh ag bun srutha ar feadh trí huaire an chloig; agus Diarmaid do chur ag comhrac leis ar feadh an méid sin, má dheineann Diarmaid seasamh na trí huaire leis ag troid; ansan Oscar do dhul leis friseáilte – mara ndéanfaidh san an fear maith air, beidh an Fhiann ar lár,' arsa Fionn.

Ní rófhada gur cuireadh na seifteanna ar bun. Do phreab Diarmaid ina sheasamh go misniúil cé ná raibh mórchoinne aige leis an ngníomh do dhéanamh. Do chuaigh Oscar go bun an tsrutha nó go raibh an t-am suas – do bhí sé friseáilte agus do fuair sé an fear maith ar an amhailt.

Níor thúisce marbh dó ná dhein an fear ba bhreátha do chonaic éinne riamh de. Ansan níorbh fhios cé leis go luafaí an bhean bhreá, ach nuair do chonaic sí go raibh an fear breá marbh lena cionta féin, do chaith sí ar cheann de sna claimhte í féin i ngan fhios don bhFéinn – an léan ba mhó do tharlaidh riamh dóibh.

[294e] Do bhí trí chath den bhFéinn marbh an uair seo, gairid do leath na bhfear agus do b'éigean do Fionn an ordóg do chogaint dhá uair sa lá so, agus cás cruaidh air do ba ea é. Má ba ea féin, do dhein sé é go mear.

Arsa Fionn leo: 'An t-oideas do fuaireas níl sé sodhéanta, go mór mór,' ar seisean, 'an bheirt do b'fhearr chun a dhéanta, tá troid thar fóir déanta cheana acu agus nílid friseáilte a ndóthain fós,' ar seisean. 'Collach draíochta do bhíonn in iarthar Chiarraí, tá leaba chun suain aige gach oíche i gcéibhe Bhaile an Chaladh – trí bhraon[52] dá chuid fola san do thabhairt do gach fear, do bheadh sé comh maith is bhí sé riamh,' arsa Fionn.

'Más mar sin é,' arsa Diarmaid, 'ós rud é gur liom ba ghnách a leithéid do shroistint, ní theipfead anois leis, an fhaid atá im chumas dul,' ar seisean.

'Bua agus beannacht leat, a Dhiarmaid,' arsa Fionn. 'Ní hé sin an chéad uair agat ag seasamh lá an ghátair.'

Do thug Fionn áras dó agus do chuir Mac Uí Dhuibhinn sa tsiúl agus níor stad den rábóig sin gur chuaigh fé phort na trá aige céibhe Bhaile an Chaladh. An uair do tháinig an collach chun suaimhnis do bhí a eirball casta ar a láimh aige Diarmaid. Do choimeád é nó go bhfuair sé traochta é. Do bhuail chuige áras lán dá chuid fola, agus do ghluais roimis gur bhain sé amach áit na coscartha. Uair go leith an chloig do bhí sé amuigh. Sara raibh leath na hoíche caite, do bhí na trí chath ar a mbonnaibh arís.

'Dar bhur n-anam don d——l,' arsa Conán, 'an bhfuil aon bhraon spártha do thógfadh an bhean bhreá, do thabharfadh creidiúint d'Éire go deo?' ar seisean. Do bhí braon spártha aige Fionn ach do dhein sé amach go dtitfeadh an Fhiann léi ar a bheith beo dhi. A chríoch.

Trí Scéal Fiannaíochta ó Thomás Ó Criomhthain

SUMMARY

Three Fenian tales written down by the pen of Tomás Ó Criomhthain are published here, and it is clear from them that his interest and skill in traditional storytelling extended beyond legends and local history, which are adequately recorded in his printed works. A number of previous judgements on his relationship to storyteller are outlined and it is suggested that in view of the material presented here, a reassessment may be timely. The first two stories are basically international folktales with characters from the Fianna as protagonists. It is clear from these texts, however, that Ó Criomhthain feels free to diverge from some characteristic traits that help define the folktale genre, a freedom availed of perhaps because he was not telling the tales but rather writing them down. Accordingly, the action described does not always follow a unilinear timeline, and a fulsome rather than a sparse description is given of landscape, while the status of the hero is sometimes diminished by his declared dependence on his wife. The first of these stories is a variant of ATU 300, *The Dragon Slayer*, while the second has close affinities with ATU 513, *The Extraordinary Companions* and bears some evidence of being influenced by a literary source. Both folktales have been recorded hundreds of times from Irish storytellers. The third tale recounts a typical scenario in Fenian lore describing the tragedy that ensues when a distressed maiden is helped by the Fianna, and the text carries distinct echoes of lines from a well-known Fenian lay.

1   Ó Criomhthain 1956; Ó Criomhthain 2002; Ó Criomhthain 1935; Flower 1944.

2   Tá liosta de 14 scéal a thóg Cormac Ó Cadhlaigh ó Thomás Ó Criomhthain in Nic Craith 1988: 118–19; tá ceann díobh, An tÉad Dearg Is Galar Nách Fóghanta É, foilsithe in *An Lóchrann*, Deireadh Fómhair 1931: 7, ach níl fáil anois ar théacsanna na scéalta eile.

3   Ó Conaire 1992: 206.

4   Flower 1957: 98–107. Is léiriú an scéal seo ar an tíopa ATU 888A*, *The Basket Maker*; féach Ó Súilleabháin 1942: 625 # 15. Tá 96 leagan de áirithe in TIF, ach níl ceann seo an Chriomhthanaigh ina measc. B'eol do Phádraig Ua Maoileoin an scéal a bheith ag Tomás mar cuireann Ó Duilearga buíochas in iúl dó as a chúnamh maidir le heagarthóireacht ar théacs an scéil.

5   Ua Maoileoin 1969: 168.[spás]

6   Delargy 1969: 6: *'The Gaelic story-teller, properly so called, is known usually as sgéalaí or occasionally sgéaltóir. Seanchaí (also seanchasaí) is applied as a rule to a person, man or woman, who makes a speciality of local tales, family sagas or genealogies, social-historical tradition, and the like, and can recount many tales of a short realistic type about fairies, ghosts and other supernatural beings.'*

7   Flower 1957: 98–107. Baineann an scéal seo leis an tíopa ATU 888A*, *The Basket Maker*; féach Ó Súilleabháin 1942; 625 #15. Tá 96 leagan de áirithe in TIF, ach níl ceann seo an Chriomhthanaigh ina measc. B'eol do Phádraig Ua Maoileoin an scéal a bheith ag Tomás mar cuireann Ó Duilearga buíochas in iúl dó in *Béaloideas* 25 (1957): 107, as a chúnamh in eagarthóireacht théacs an scéil.

8   Ó Coileáin 2013: 391.

9   Almqvist 2012: 271, nóta 15.

10 CBÉ 34: 285–93, 294a–94e; CBÉ 1719: 88–100.

11 CBÉ 34: 285.

12 Lüthi 1982: 24: *'The European folktale is not addicted to description … Looking neither left nor right the hero pursues his goal … Only what is essential to the plot is mentioned; nothing is stated for its own sake and nothing is amplified.'*

13 Propp 1968: 76. Léiríonn an neamhaird ar mhothúcháin an éadoimhneacht shiceolaíoch atá luaite mar shaintréith eile den scéal iontais in Lüthi 1982: 13, 15: *'Not internal emotions but external impulses that propel the characters of the folktale onwards … The whole realm of sentiment is absent from folktale characters.'*

14 CBÉ 34: 292, 288.

15 CBÉ 34: 288.

16 Is d'Fhionán Mac Coluim, a raibh baint mhór aige leis *An Lóchrann*, a sholáthraigh Tomás Téacs I agus III. Sheol sé chuige iad mar aon le roinnt ábhair eile agus litir leo atá ar fáil in CBÉ 34: 279–82. Tá an nóta seo ag Seán Ó Súilleabháin in CBÉ 1719: 87 roimh thús Théacs II: *Tomás Ó Criomhthain ('An tOileánach'), An Blascaod, Ciarraí do scríobh é seo do An Lóchrann.*

17 Tá cló iodálach ar na teidil sin sa téacs thíos.

18 CBÉ 34: 285.

19 CBÉ 34: 286.

20 CBÉ 1719: 88; cf. Ó Criomhthain 2002: 86: *'Do bhí beagán feamnaí tirim ar fuaid an bharra taoide go léir, agus do chaitheas le chéile lem píce breá nua í. Bhí sórt mórtais ansan orm, an méid sin do ghnó fónta do bheith déanta agam agus daoine eile ina gcodladh. Ach creidim ná ritheann an sórt san mórtais i bhfad le daoine, agus dob in nó agamsa leis é.'*

21 *Bl* „ 28.28 atá sa ls, dáta a scríobh Seán Ó Coileáin go cruinn mar Bealtaine 28, [19]28 (Ó Conaire 1992: 258). Tá plé

ar fháltais a fuair Coimisiún Béaloideasa Éireann ó Fhionán Mac Coluim in uí Ógáin 2012.

22 Is léiriú eile ar a dháimh leis an scéalaíocht an leas a bhaineann sé as foclaíocht ruthag agus na tagairtí don scéalaíocht, go mór mór an Fhiannaíocht, in ábhar eile leis; féach e.g., Ó Criomhthain 2002: "Sea, do shíneamair amach na cheithre mhaide righne mhíne bhuana bhána bhaisleathan, gotha do bhíodh ar charachán na Féinne go minic sa tseanaimsir, agus níor stadamair don ruathar reatha san nó gur shroicheamair béal an phoill go raibh beartaithe againn air…' (119); 'Do thugamair deireadh na mbád do thír agus a dtosach do mhuir, fén mar do dheineadh na laochaibh groí fadó …' (214); 'Do thug an carachán a deireadh do thír agus a tosach do mhuir agus dob eo leo insa tsiúl …' (267); 'Do bheannaigh an Rí dhúinn agus do bheannaíomair do, ar nós na seanlaoch do bhí fadó ann…' (270); "Sea do buaileadh suas na naomhóga ar sábhailt, agus do cuireadh feiste lae agus lánbhliana orthu mar do chuireadh Fionn ar a charachán, agus do thugamair ár n-aghaidh chuin Daingin Uí Chúise …' (273); "Sea, ní dho so do leanann mo scéal, mar 'deireadh an scéalaí fadó' (274). Fianaise eile ar ghreim na Fiannaíochta ar a aigne is ea an comórtas a dhéanann sé idir é féin nó a uncail Diarmaid agus laochra na Féinne, agus an ainm Oscar a bheith baiste aige ar a choileán, *ibid.*, 7, 101, 129, 116.

23 Féach an réamhrá le Téacs II.

24 Tá téacs iomlán na litreach seo in CBÉ 34: 279–82, agus tá sleachta di foilsithe in Ó Coileáin 1992: 258, agus Nic Craith 1988: 117–18.

25 Féach, mar shampla, go luaitear 'the preservation of precise chronological order' mar shaintréith de chuid na hinsinte béil, in Bruford 1966: 236.

26 thuaillín sa ls.

27 *bin nua* sa ls; maidir leis an nath seo, féach Ó Criomhthain 2002: xxxiv.

28 *sar* sa ls.

29 Níl uimhriú leanúnach ar lgh na lámhscríbhinne.

30 *sa* atá sa ls.

31 *ceangal* sa ls.

32 i díaraidh sa ls.

33 *fág* sa ls.

34 Tá plé ar sheanscéalta idirnaisiúnta a bhfuil carachtair ón bFhiannaíocht iontu in Murphy 1953: xiii–xiv agus tá tagairtí do phlé ar ról na gcompánach cúntach sa scéalaíocht abhus in Bruford 1966: 284.

35 Tagairtí in Cross 1952: G369.5 Ogre (demon) with long arm (demon hand) which is thrust down chimney (through door); G512.6.1 Giant's (ogre's) arm pulled (cut) off by defender of castle (house). Féach plé ar an móitíf in Carney 1955: 100–1, 374–84 agus tuilleadh faisnéise in Murphy 1953: xiv–xv, 418 s.v. 'Motifs'; cf. Ó Súilleabháin 1942: 595 # 26.

36 Féach Cross 1952: H219.1 *Quest assigned as payment for gambling loss*, agus na tagairtí do theach na n-amhas in Bruford 1966: 284; cf. Ó Súilleabháin 1942: 595 # 23.

37 Tá an leagan seo áirithe in TIF faoin uimhir 513A.

38 Nic Craith 1988: 56–87.

39 *start* sa ls.

40 caladh-puirt sa ls.

41 *leapadh* sa ls.

42 Tá lch 95 bán seachas an méid seo i bpeannaireacht anaithnid:

Fathach Ó Dubhda Neart mac Nirt Caol an Iarainn Fionn mac Cumhaill Fathach Ó Dubhda An Fathach Ó Dubhda

Scéal Fian. do scríobh T. Ó Cr arna chur amach do mhuintr An Lóchrainn

D'Fh mac C

43 *boil* sa ls.
44 *dheinis* sa ls.
45 *gáire* sa ls.
46 Féach Murphy 1953: 148, n.1; Ó Cadhlaigh 1936: 168–70; Ó Siochfhradha 1941: 27, 29–31, 32–3, 64, 72, 96, 194, 230, 237.
47 Cf. Ó Siochfhradha 1941: 30.
48 Féach Murphy 1953: liii–liv (athbheochan le lacht – mar is gnách i scéalta ina bhfaightear eachtra an Chomhraic Shíoraí); i leaganacha den scéal 'Céatach' athbheotar an laoch sin le fuil bhainbh nó eala (Bruford 1966: 126, 131 n.25, 230); tá tagairtí don mhóitíf seo i dtraidisiún dúichí eile in Thompson 1955–8: E113 *Resuscitation by blood*. Is coitianta gur chun fuascailt a thabhairt do laochra a bhíonn greamaithe a bhaintear leas as fuil cránach nó bainbh i scéalta eile mar An Bhruíon Chaorthainn agus Bruíon Chéise Corainn (Murphy 1953: xvi n.3 § 1A; Bruford 1966: 116, 117) agus luaitear an sás fuascailte céanna seo leis i scéalta eile ó Chorca Dhuibhne, e.g. Fionn agus na Fir Ghorma (féach caibidil 20) agus Scéal ar Fhionn agus na Fianna in *Béaloideas* 6 (1936): 4–20.
49 *cath* sa ls.
50 *cath* sa ls.
51 *oireadar* sa ls.
52 *broinn* sa ls.

20:
Fionn agus na Fir Ghorma

SCÉAL FIANNAÍOCHTA
I MBÉALOIDEAS CHORCA DHUIBHNE

Tugtar thíos dhá théacs de scéal Fiannaíochta ar chuid dhílis de bhéaloideas Chorca Dhuibhne é, agus a dtagraítear dó de ghnáth faoin teideal Fionn agus na Fir Ghorma. Tá na téacsanna ionadaíoch ar dhá insint ar leith de scéal ar chuir Séamus Ó Duilearga leagan de in eagar in *Béaloideas* a tógadh ó Pheats Dhónaill Ó Cíobháin, Baile na nGall, in 1933 (léaráid 34).[1] Sna nótaí a chuir Ó Duilearga leis an téacs díríonn sé aird ar scéal ar a dtráchtann scríobhaí *Duanaire Finn* ina luaitear 'rioghacht na ffear mborb', agus nascann sé an scéal úd leis an scéal béaloidis, Fionn agus na Fir Ghorma, mar scríobhann sé: '*I take it that this is the* ríocht na bhfear ngorm *of our tale*.'[2]

Baineann an scéal le haicme aitheanta den Fhiannaíocht de réir na hanailíse atá déanta in Murphy (1953), mar atá, scéalta faoi na Fianna a bhaineann ó cheart leis an traidisiún béil. Tá cineálacha éagsúla scéil áirithe san aicme sin – scéalta faoi chúntóirí iontacha (cf. ATU 513, *The Extraordinary Companions*), scéalta faoi bhob á bhualadh ar fhathach (cf.

ATU 1060, *Squeezing the (Supposed) Stone*; ATU 1149, *Children Desire Ogre's Flesh*), agus mar aon leo sin, tá an cineál scéil ar a bhfuiltear ag díriú anseo atá tuairiscthe mar a leanas: 'A … group of Giant–tales belonging to the oral Fionn cycle … characterised by an element of adventure. The story of Fionn and the Three Giants is the principal tale of the group.'[3] Tá saincháilíocht an scéil iontais ina chló Gaelach léirithe go maith in Fionn agus na Fir Ghorma dar le Christiansen:

> The most characteristic type of Irish folktale is the elaborate frame-story with a series of incidents more or less loosely strung together, often in surprising combinations, as when we find the Andromeda-episode connected with the hero Fionn mac Cumhaill in a story from Kerry, called 'Fionn And the Blue Men'.[4]

Mar a thuigfí ón méid sin, scéal cumaisc é seo ina snaidhmtear le chéile míreanna éagsúla – cuid acu a bhaineann le traidisiún na scéalaíochta idirnáisiúnta, agus a thuilleadh acu a bhaineann le traidisiún dúchasach na Fiannaíochta. Feicfear ó Théacs I agus ó Théacs II thíos go raibh scaoilteacht sa traidisiún scéalaíochta maidir le líon agus éagsúlacht na míreanna a dhéantaí a chumascadh sa scéal seo: mar shampla, tá an mhír Fionn sa Chliabhán (a bhfuil leaganacha de áirithe faoi *Tales of the Stupid Ogre* in TIF # 1149) i dTéacs I, ach níl sé i dTéacs II; tá an mhír Bradaíl ar Thalamh na bhFathach i dTéacs II ach níl i dTéacs I; tá an mhír Greamú Draíochtúil den Suíochán (Cross 1952: D 1413.5, D1413.6) i dTéacs I ach níl sé i dTéacs II. Tá seasmhacht in eachtraíocht an scéil, áfach, sa mhéid go bhfuil fite le chéile ann dhá scéal iontais idirnáisiúnta, agus is iad sin a threoraíonn an plota agus a thugann aontas don scéal, in ainneoin eachtraí eile bheith isteach is amach ann. Is iad an dá scéal iad ná scéal mharú na péiste (ATU 300, *The Dragon-Slayer*), agus scéal an anama sheachtraigh – é i gcaipíní draíochta sa chás seo (ATU 302, *The Ogre's (Devil's) Heart in the Egg*).

Is minic an dá scéal seo fite ina chéile i mbéaloideas na hÉireann,[5] agus is é is spéis linn anseo ná an cumascadh áirithe atá i gceist sa scéal Fionn agus na Fir Ghorma. Is é éirim scéal na gcaipíní ná go gcastar ar Fhionn mac Cumhaill triúr gaiscíoch (fir ghorma/fathaigh) a mbaineann draíocht leo, agus atá do-mharaithe ach amháin le caipíní nó brait atá i bhfolach acu ina ndúiche féin (Ríocht na bhFear Gorm, Ríocht na bhFear Calma, An Domhan Toir, etc.); tástálann Fionn buanna draíochtúla na ngaiscíoch, agus éiríonn leis na gaiscígh a chur i ngreim faoi loch; téann sé chun a dtíre, aimsíonn na caipíní, tugann ar ais leis iad, agus faigheann na gaiscígh bás nuair a thaispeántar na caipíní dóibh, nó nuair a chuirtear ar a gceann iad, nó nuair a léitear a n-ainmneacha atá scríofa orthu.

Is é éirim scéal mharú na péiste ná go mbíonn banphrionsa geallta do phiast, agus gan aon duine in ann í a shaoradh ach Fionn; tagann sé ar an láthair go tráthúil agus maraíonn sé an phiast. Tá an dá scéal idirnáisiúnta (ATU 300 agus ATU 302) fite ina chéile in Fionn agus na Fir Ghorma, óir is í deirfiúr na ngaiscíoch do-mharaithe, an banphrionsa atá ceaptha don phéist, agus ina lán leaganacha iarrann na gaiscígh cúnamh Fhinn chun an phiast a mharú.

Ó Dhónall Ó Súilleabháin (60 bl.), ón mBlascaod Mór, a thóg Seosamh Ó Dálaigh Téacs I thíos sa bhliain 1936 (seo é leagan 14 san Aguisín), agus is ó Eoghan Ó Súilleabháin ar an mBlascaod, a fuair Dónall an scéal trí fichid bliain roimhe sin. Ó Dhonncha Ó Laoithe (léaráid 35), Baile Uí Chorráin, Paróiste Chill Chuáin, 24 bliain d'aois, a thóg an Br P.T. Ó Riain Téacs II sa bhliain 1932 (Aguisín # 5), agus is ón bhfear céanna a thóg Peadar Ó Niallagáin in 1936 an leagan is faide den scéal a aimsíodh (Aguisín # 6). Tá iomlánú sa leagan seo ar eachtraí an scéil mar a ríomhtar iad i dTéacs II, agus gluaiseacht níos réidhe faoin insint. Thairis sin, tá dhá mhír bhreise ann nach bhfuil i gceist i dTéacs II – eachtra a léiríonn díth céille an mheisceora is ea ceann acu, agus pósadh Dhiarmada ar an mbanphrionsa an ceann eile. Is ó Mháire Ní Bheaglaoi, Bean Uí Scannláin, Baile Uí Chorráin, a fuair Donncha an scéal in 1921, de réir chuntas an bhailitheora in 1936, agus ba í an bhean chéanna a luaigh Donncha mar fhoinse an scéil le Pádraig Ó Héalaí i dtaifead físe in 1985 (Aguisín # 7). Is léiriú spéisiúil an méid sin ar bhanscéalaí agus scéal fada Fiannaíochta aici, agus is léiriú leis é ar bhisiúlacht na scéalaíochta i bparóiste Chill Chuáin sna 1930í, scéal fada mar é seo a bheith ag fear óg.⁶ Tá leagan eile arís den scéal leagtha ar Dhonncha (Aguisín # 4), ach ar chúiseanna nach gá a phlé anseo, ní foláir bheith in amhras ar leis é.

Bunaithe ar na heachtraí atá i gceist iontu, tá dhá insint de Fionn agus na Fir Ghorma le haithint i leaganacha an scéil sin. In insint amháin a bhfuil Téacs I ionadaíoch air, ní mharaítear láithreach an triúr gaiscíoch nuair a fhilleann an laoch leis na caipíní, ach saortar duine acu, agus ansin tarlaíonn eachtraí eile bunaithe ar An Bhruíon Chaorthainn, Óige Oscair agus Cath Fionntrá. San insint eile a bhfuil Téacs II ionadaíoch air, nuair a fhilleann an laoch leis na caipíní, críochnaíonn an scéal láithreach le marú na bhfear gorm. Ní léir aon cheangal faoi leith ag an eachtra Fionn sa Chliabhán le hinsint amháin seachas le hinsint eile – tá sé le fáil i leaganacha a bhaineann leis an dá cheann. Tá plé déanta ag Christiansen ar na scéalta Marú na Péiste (ATU 300) agus An tAnam Seachtrach (ATU 302), agus ar a gcumascadh i scéalaíocht na hÉireann,⁷ ach níor mhiste tagairt anseo do chúpla mír sna téacsanna atá i gcló thíos.

Ag priocadh bairneach a bhíonn Fionn i dtús an scéil i dTéacs II, agus is é an cúram sin a bhíonn ar bun go minic aige i dtús leaganacha eile den scéal seo freisin. Is léiriú eile é seo ar an gceangal atá ag Fionn le bairnigh i dtraidisiún Chorca Dhuibhne,⁸ agus cuirtear in iúl go fórsúil é i leagan amháin den scéal mar a dtugann an phiast 'Fionnín gránna na mbairneach ó Éirinn' air.⁹

Léiriú ar mhóitíf na doghontachta draíochtúla atá i gceist leis na buanna a luaitear leis an triúr allúrach,¹⁰ agus tá tagairtí eile do na buanna sin i scéalaíocht na hÉireann tugtha in Cross 1952.¹¹ I dTéacs I tuairiscítear tástáil na mbuanna ina gceann agus ina gceann, agus is mar sin atá i bhformhór na leaganacha den scéal, seachas san insint ghearr atá ar an tástáil i dTéacs II.

Cé go bhfuil an mhóitíf a shonraítear mar E710 *External soul*, coitianta sa scéalaíocht abhus, dealraíonn gur dáileadh an-teoranta atá ag caipín sonais (nó brat) mar chró folaigh na beatha. Níor aimsíodh a leithéid(í) in Thompson 1955-1958, agus cé go bhfuil an caipín sonais áirithe in Cross 1952 faoi D2061.2.7* *Murder by showing man caul with which he was born*, níl de thagairtí luaite ann ach an leagan den scéal seo a áirítear san Aguisín mar # 1. Seans gurbh é faoi deara an caipín a bheith luaite leis an móitíf seo ná an tuiscint go raibh rath an duine nasctha lena chaipín sonais, ionas gur cheart dó é a choimeád go sábhálta i gcónaí, agus gur bhaol dó dá bhfaigheadh duine eile greim air.¹² Tá Téacs I eisceachtúil sa mhéid go ndeirtear gur i gclaíomh atá marú an triúir, mar is i gcaipín (sonais) atá sé sna leaganacha eile ar fad seachas péire ina luaitear brat ruaimní (Aguisín # 8) nó draíochta (Aguisín # 17).

Is é Diarmaid laoch an scéil, marfóir na péiste agus fuadaitheoir na gcaipíní i dTéacs II, agus is amhlaidh atá leis i leaganacha # 5 agus # 6 san Aguisín ón scéalaí céanna. Fionn atá sa ról seo sna leaganacha eile ar fad.¹³ Tá mír faoi dhéanamh chlaíomh an laoich ag Ó Laoithe i leagan amháin uaidh (Aguisín # 7) nach bhfuil in aon leagan eile den scéal, agus tharlódh gur iasacht ó *Eachtra Chloinne Rí na hIoruaidhe* (Scéal Choid) é seo.¹⁴ Is mír shaíniúil eile sa scéal aige eachtra na bradaíola in Aguisín # 5, # 6 agus # 7, cé gur gnáthmhír i leaganacha Éireannacha de ATU 300 agus ATU 302 í seo: seolann an laoch ba isteach ar thalamh triúr fathach, troideann agus maraíonn sé an triúr acu agus a máthair, agus tógann sé seilbh ar a gcaisleán agus a bhfuil ann.¹⁵ Is furasta a thuiscint go bhfaigheadh an scéalaí seo blas faoi leith ar eachtra ina léirítear an laoch mar bhuachaill aimsire a raibh cúram na mbó air, mar chaith sé féin blianta dá shaol in aimsir ar fheirm, agus bhí taithí mhaith aige ar bha a chrú, a scaoileadh amach agus a sheoladh díreach mar a thuairiscítear a bhí ar bun ag laoch an scéil. Níl amhras ná gur dhlúthaigh an scéalaí seo é féin leis an laoch, agus ní móide in aon chor gur sciorradh focal, ach gur léiriú ar an dlúthú sin, a thug air é féin a shamhlú in áit Dhiarmada ag tabhairt freagra ar Fhionn nuair a deir sé: '"Tá, a Fhinn," arsa mise.'¹⁶

Léirítear Fionn go coitianta mar gharsún beag ina theagmháil leis na gaiscígh agus arís lena mhuintir nuair a thagann sé ina measc. I dTéacs I thíos (agus i roinnt leaganacha eile), téitear níos faide leis an smaoineamh seo agus tugtar le fios gur tháinig cló an linbh ar Fhionn sa dúiche iasachta – léiriú ar an móitíf D1800 *Magic rejuvenation*, a bhfuil tagairtí eile di i scéalaíocht na Gaeilge tugtha in Cross.[17]

Is ag Ó Laoithe amháin atá móitíf thástáil na bróige, agus í sna trí leagan ar cinnte gur leis iad.[18] Tá an mhóitíf le fáil go minic, áfach, i leaganacha Éireannacha de Mharú na Péiste (ATU 300),[19] agus feidhmíonn an bhróg iontu seo mar chomhartha aitheantais don bhanphrionsa ar an bhfíormharfóir. Is é sin atá i geist leis an móitif i dTéacs II, ach aimsiú céile a thuigfí mar fheidhm léi i leagan eile uaidh (Aguisín # 7) – iasacht ó scéal Chailín na Luaithe (ATU 510, *Cinderella and Peau d'Âne*).

I dTéacs I, faigheann Fionn cúnamh óna ghadhar, Bran, chun an phiast a mharú. Tarlaíonn seo i leaganacha eile den scéal freisin, agus go deimhin, is rud coitianta go hidirnáisiúnta é i leagancha de ATU 300, go bhfaigheadh an laoch cúnamh in aghaidh an dragain óna mhadra.[20] Ní hionadh, dá réir sin, go mbeadh Bran sa ról seo i scéal Fiannaíochta.

I dTéacs I amháin, a ligeann Fionn breoiteacht air féin ionas go mbeadh deis aige teacht ar na caipíní, agus is ann amháin, leis, a scaoileann Fionn a n-anam leis an triúr gaiscíoch tar éis filleadh abhaile dó leis na caipíní. Léirítear anseo an tsaoirse ceapadóireachta a cheadaigh scéalaithe dóibh féin dá dteipfeadh ar a gcuimhne, nó mar fhreagairt dá lucht éisteachta, nó dá measfaidís go bhféadfaí feabhas a chur ar scéal.[21]

Ní léir go raibh aon tionchar mór ag na leaganacha ba luaithe i gcló ar an traidisiún béil. I leagan Curtin (Aguisín # 16),[22] mar shampla, tá eachtraí breise ann nach bhfuil in aon leagan eile – (a) cur síos fada ar chúntóirí 'Cluas le hÉisteacht' etc., a thagann go dtí Fionn agus a thugann cúnamh dó na caipíní a aimsiú sa Domhan Toir, agus (b) eachtra eile faoi sciobadh linbh ('Lámh anuas an Simné').[23] Ina choinne sin, tá rudaí in easnamh ann atá coitianta sna leaganacha eile den scéal – (a) ní fhágtar an triúr gaiscíoch faoi loch le linn d'Fhionn bheith sa tóir ar na caipíní, agus (b) níl aon chuntas ann ar mharú péiste. Tharlódh, mar sin féin, gur macalla de leagan Curtin atá sa bhfocal Béarla i gceist an fhathaigh ar bhean Fhinn in Aguisín # 8: 'Dh'fhiafraíodar de Ghráinne cad é an t-*exercise* a bhí ag na

Fianna tar éis dinnéir'; is é atá ag Curtin ná '"What exercise do the Fenians have after meals?" asked the giants.'²⁴

Tagann an leagan a foilsíodh in *An Lóchrann*²⁵ le leagan Curtin ar shlí, mar cé go luaitear ann go bhfuil piast le banphrionsa a shlogadh, ní throideann Fionn í, agus ní hé a throideann í ach an oiread i leagan Curtin. Maidir leis an leagan in *An Lóchrann*, is léir ó chomhrac na péiste bheith in easnamh ann, ach é bheith i gceist i leaganacha uile Chnuasach Bhéaloideas Éireann, nach raibh anáil róthrom ag leagan *An Lóchrann* ar an traidisiún béil. Arís, is insint thar a bheith giorraisc (c.20 líne san iomlán) a thugtar ar Óige Oscair, Greamú Draíochtúil agus Cath Fionntrá sa leagan in *An Lóchrann* – eachtraí a bhfuil cuntas i bhfad níos iomláine orthu ag scéalaithe eile. Is cosúil, áfach, go bhfuil Aguisín # 15 bunaithe ar an leagan in *An Lóchrann* – tá an eachtraíocht, agus fiú an fhoclaíocht in áiteanna, ag freagairt go dlúth dá chéile. In Aguisín # 9, tá mionsonraí i dtaobh na péiste ag slogadh an bhanphrionsa a thagann leo siúd in *An Lóchrann*: (a) gur ar Lá Bealtaine a tharla an íobairt, agus (b) go raibh trí dhream ar leith sa chomhthionól a bhí ag dul i dtreo na péiste – dream ag gáirí, dream ag caoineadh agus dream ag gol. Ach tá (a) le fáil leis in Aguisín # 4 agus # 17, agus (b) in Aguisín # 12 agus # 13, ionas go bhféadfadh gur chuid dhílis den traidisiún béil na sonraí seo. Mar sin féin, tá sé suntasach i gcás (a) go bhfuil sé luaite in dhá leagan as trí cinn de na leaganacha ba thúisce i gcló.

Tá dhá rud shainiúla ag baint leis an leagan in *Irisleabhar na Gaedhilge* (Aguisín # 17): (1) bean ag níochan léine fola, agus (2) tugann Bran ar athair na ngaiscíoch na caipíní a chur ar fáil d'Fhionn. Sa leagan seo, díreach mar atá ag Curtin, ní fhágtar an triúr gaiscíoch faoi loch le linn d'Fhionn bheith sa tóir ar na caipíní. Tá gá le tuilleadh mionchíoradh a dhéanamh ar leaganacha an scéil le gur fearr a shoiléireofaí a ngaol le chéile, ach sa mhéid gur fiú aon ní fiosrú ar bhonn chomh teoranta leis sin atá déanta thuas, seo iad na tátail atá le baint go braiteach as: gur mó an tionchar a bhíonn ag leagan clóite ar leaganacha eile a chlóitear ná ar leaganacha an bhéaloidis; agus, gur sa cheantar inar treise scéal sa traidisiún béil is lú tionchar leaganacha clóite.

Ar fhianaise na leaganacha den scéal Fionn agus na Fir Ghorma atá ar fáil, níor mhiste scéal Duibhneach a thabhairt air ós rud é gur as Corca Dhuibhne 20 den 22 leagan de atá aimsithe. Maidir leis an dá leagan eile, is ar leagan Duibhneach (Aguisín # 18) atá ceann acu (# 15) bunaithe, rud a fhágann nach bhfuil ach leagan amháin (Aguisín # 17 ó Uíbh Ráthach) nach as Corca Dhuibhne dó. Má bhí an ceart ag Ó Duilearga go raibh leagan den scéal Fionn agus na Fir Ghorma ar eolas i dtús an seachtú haois déag ag an Ultach, Aodh Ó Dochartaigh, scríobhaí *Duanaire Finn*, nach cinniúnach gur ar chósta Chiarraí amháin atá fáil air i ndeireadh an fichiú haois!

TÉACS 1: FIONN AGUS NA FIR GHORMA
CBÉ 243: 315–43

Bhí Fionn lá ar thráigh Fionntrá agus é ag aoireacht a scata ba. D'fhéach sé amach ar an gcuan agus chonaic sé triúr fear, fir ghorma ag siúl chuige tríd an uisce. Do chrith sé le heagla go raibh na Fianna fé chois. Agus ní dhein an triúr aon stad go dtí go dtángadar i bhfianaise Fhinn in imeall a chos.

'Cá bhfuil cúirt na bhFiann,' arsa iadsan, 'anso?'

'Tá sí ansan thuas,' arsa Fionn, 'ach cén gnó atá agaibh díobh?'

'Teastaíonn Fionn uainn,' arsa iadsan.

'Cad ina thaobh?' arsa Fionn.

'Mar tá deirfiúr linn le n-ithe ag an bpéist i gcionn lae agus bliana agus níl éinne chun an phiast a mharú ach Fionn.'

Arsa Fionn leo: 'Conas a dh'fhéadfaidh sibhse Fionn a thabhairt óna chuid fear?'

'Is féidir,' arsa iadsan. 'Ní oibreoidh arm orainn agus ní dhófaidh tine sinn agus ní mhúchfaidh uisce sinn agus is féidir linn é thabhairt linn.'

Tháinig eagla ar Fhionn agus ní raibh a fhios acusan gurb é Fionn a bhí ag caint leo.

Do thaispeáin Fionn an bóthar fada dóibh agus do thóg sé féin an bóthar gearr agus do tháinig sé isteach i gcúirt na bhFiann – Fionn. Dúirt sé lena mhnaoi go rachadh sé féin don chliabhán agus bheith á luascadh, agus go raibh triúr tábhachtach ag teacht agus nuair a thiocfaidís an grideall a chur ar an dtine agus gráinne mine a chroitheadh ar gach taobh de agus gurb é sin an bia a thabharfadh sí le n-ithe dóibh. Má dh'fhiafródh siad di cén *pastime* a bhíodh tar éis bídh ag na Fianna, 'abair leo,' ar seisean, 'gurb í an chloch mhór san amuigh a chaitheamh siar thar tigh agus í ghabháil i leith a ndroma thiar.'

'Tá go maith,' arsa an bhean.

Chuaigh Fionn don chliabhán nuair a tháinig an triúr isteach.

'An bé seo,' arsa iadsan, 'an chúirt atá ag an bhFiann?'

'Is é,' ar sí.

Dh'ullmhaigh sí dinnéar dóibh agus chroith sí gráinne mine ar an ngrideall ar gach taobh agus chaith sí chucu ar an mbord é. Chognaíodar an grideall agus dh'itheadar é.

'Is cruaidh an bia a bhíonn ag na gaiscígh,' arsa iadsan léi.

'Is cruaidh,' ar sise. 'Sin é bia an ghaiscígh.'

'An fada go mbeidh siad anso?' arsa iadsan.

'Beidh siad anso tráthnóna,' a dúirt sí.

'Cén *pastime* a bhíonn tar éis bidh anso acu?' arsa iadsan.

'Bíonn,' a dúirt sí, 'an chloch mhór san amuigh a chaitheamh siar thar tigh aguis í ghabháil i leith a ndroma thiar.'

Ní corraíodh riamh an chloch san. D'imigh duine acu amach agus chaith sé siar thar tigh í, agus bhí sé thiar roimpi agus do bhuail sí thiar sa drom é, agus do *skine*áil sí ó dhrom go talamh é, agus ní fhéad sé í ghabháilt ina dhrom. Tháinig sé isteach. Dúirt sé gur tréan na gaiscígh iad. D'imigh sé sall go dtí an gcliabhán chun an leanbh a thachtadh. Chuir sé a mhéar ina bhéal agus do chogain Fionn an mhéar ón stumpa. Tháinig sé i leith.

'Má saolaítear an leanbh,' ar seisean, 'déanfaidh sé gaiscíoch.'

'Ní fheadar,' arsa an bhean, a dúirt sí, 'ní dócha go ndéanfaidh.'

'Déanfaidh,' a dúirt sé.

Ní lig sé air go mbaineadh an mhéir riamh de.

'Téanaíg síos,' ar seisean, 'go dtí an aoire ba a chonacamar ó chianaibh.'

D'imíodar amach agus ní dhein Fionn ach preabadh as an gcliabhán agus an bóthar gearr a thógaint agus bhí sé thíos rompu.

'Is ea,' arsa Fionn leo, 'an bhfacabhair na Fianna?'

'Ní fhacamar,' arsa iadsan. 'Beidh sé tráthnóna sara dtiocfaidh siad abhaile.'

'Conas a bheidh a fhios agamsa,' arsa Fionn, ar seisean, 'ná hoibreoidh arm oraibh?'

'Beidh a fhios agatsa go maith é,' arsa ceann acu.

Tharraing sé amach claíomh. Shín sé go dtí Fionn é.

'Bí ag gabháil orm leis sin,' ar seisean,' go dtí go mbeir cortha,' arsa an fear gorm.

'Ná bac é,' arsa Fionn, ar seisean. 'Tá seanchlaímhín beag meirgeach agam féin a dh'fhág Diarmaid agam, chun a bheith ag baint bháirneach.'

Tharraing sé amach a chlaíomh féin agus do shín an fear gorm amach a chos chuige agus do chloisfeá sa Domhan Toir an scréach a lig sé.

'Má saolaítear thú a gharsúin,' ar seisean, 'déanfaidh tú gaiscíoch, agus ba mhór an trua go deo tú,' ar seisean, 'a bheith ag aoireacht bha.'

'Ní dhéanfad,' arsa Fionn, ar seisean, 'níl aon taithí agam ar aon ghaisce.'

'Conas a bheidh a fhios agam,' arsa Fionn, 'ná dófaidh tine sibh?'

'Beidh a fhios agat go maith é,' ar seisean.

D'imigh Fionn don choill agus gach aon bheart a thugadh sé leis, coille, ba mhó é ná aon tigh, sa tslí go raibh an choill ar fad tarraingte aige. Chuir sé an triúr thíos fén gcoill agus thug sé tine don gcoill go dtí go raibh gach aon scolb di dóite. Do sháigh an triúr a gceann aníos: 'An bhfuileann tú sásta anois?' arsa iadsan.

'Nílim,' arsa Fionn, 'i ndeireadh an smalcáin a bhíonn an teas.'

D'fhanadar ann go dtí gur dódh an smalcán agus uile, sa tslí is go rabhadar comh maith is bhíodar riamh.

'Conas a bheidh a fhios agam,' arsa Fionn, ar seisean, 'ná múchfaidh uisce sibh?'

Bhí Fionn ag breith chuige féin.

Fionn agus na Fir Ghorma

'Beidh a fhios,' ar seisean. 'Rachaimid síos fén bhfarraige,' ar seisean, 'comh fada is maith leat.'

'Tá go maith,' arsa Fionn.

D'imigh Fionn go dtí an ngabha. Dúirt se leis an ngabha trí shlabhra a dhéanamh dó. Do dhein. Thug sé leis go dtí barr Bhinn Dhiarmada iad i bParóiste an Fheirtéaraigh, thuaidh ar bhruach Ard na Caithne, agus do scaoil sé duine acu ar gach aon tslabhra síos fén bhfarraige.

'Cuirimse mar chleas agus mar bhreithe droma draíochta oraibh,' arsa Fionn, 'fanacht ansan go ceann lae agus bliana.'

Do cheangail sé in airde an slabhra agus do scaoil sé síos fén bhfarraige iad.

Tháinig sé go tráigh Fionntrá agus dh'imigh sé síos ar an dtráigh agus bhí seanbhád thíos a bhí lán de phollaíocha. Phaisteáil Fionn suas í agus bhí a fhios aige go maith go mbeadh sé marbh ag na fir ghorma nuair a dh'éireoidís. Phaisteáil sé suas an seanbhád agus tharraing sé in airde a seolta i mbarr na gcrann, gan barr chleite isteach ná barr chleite amach, ach aon chleite amháin droimeann dearg a bhí ag déanamh ceol, spórt agus imreas don laoch a bheadh ar bord. Gach cic dá dtugadh an gaiscíoch chuireadh sé seacht céad léig i bhfarraige í. Bhíodh uachtar na farraige in íochtar agus íochtar na farraige in uachtar. Tharraing sé amach a dhá [mhaide] bhíodh ar bhais agus ar bhois a mhaidí rámha ag an ngaiscíoch, go raibh éiscrí agus míola móra ag déanamh ceol, spórt agus imreas don laoch a bheadh ar bord. Chaith sé ancaire amuigh agus ancaire thiar. Bhuail sé fáscadh lae agus bliana uirthi cuir i gcás ná beadh sé uaithe ach uair an chloig. Thug sé aon léim amháin as a chorp agus chuaigh sé suas ar an dtráigh a bhí ansan. Bhí saghas diablaíocht ag Fionn.

Do bhí rí na háite sin agus banríon na háite sin ag siúl na trá agus chonacadar an garsún deas ag déanamh orthu, Fionn mac Cumhaill. Chonaic an bhanríon chuici é. Dúirt sí leis an rí, 'dhera,' a dúirt sí leis an rí, 'nár bhfearr dom an garsún san a chur suas fém chóta, agus dul abhaile agus a ligeant orm a bheith breoite, agus baistfí mac dom. Garsún an-dheas is ea é.'

'Ba mhaith an plean é,' arsa an rí. Thugadar leo Fionn abhaile agus do thóg bean an rí breoite agus do baisteadh mac di. An méid ná borradh an lá ar an mac do bhorradh an oíche air é sa tslí is go raibh Fionn ag dul ar scoil. Bhí seanbhean sa tigh. Ceann de na hoícheanta bhíodh Fionn le hais na tine agus chuala sé an tseanbhean á rá, 'mhuise,' a dúirt sí, 'nach fada go bhfuil siad ag teacht.'

'Cé hiad féin?' arsa Fionn.

'Do thriúr deartháir,' a dúirt sí, 'a dh'imigh go hÉirinn ag triall ar Fhionn mac Cumhaill.'

'Cén ghnó a bhí acu do Fionn mac Cumhaill?' ar seisean léi.

'Bhí,' a dúirt sí, 'mar tá deirfiúr libh le n-ithe ag an bpéist i gceann mí eile agus ní raibh éinne chun an phiast a mharú ach Fionn.'

'Nuathair,[26] a mháthair-chríonna,' ar seisean, 'ní fhéadfaidh siad Fionn a thabhairt leo óna chuid fear. Nuathair níl a máistir siúd le fáil, cloisim, sa leabhartha.'

'Ó tabharfaidh siad súd leo Fionn,' a dúirt sí, 'mar ní dhófaidh tine iad agus ní oibreoidh arm orthu agus ní mhúchfaidh uisce iad.'

'Mhuise, a mháthair-chríonna,' ar seisean, 'cad a mharóidh iad?'

'Maróidh,' a dúirt sí, 'an claíomh atá in airde sa chupard atá in airde ar an lochta.'

Ní labhair Fionn a thuilleadh. Bhí san go maith.

Tháinig an lá go raibh iníon an rí le n-ithe ag an bpéist agus bhí Fionn ag dul ar scoil.

'Rachaidh mé ar an dtráigh inniu, a athair le do chois,' arsa Fionn.

'Ná téir,' arsa an t-athair, ar seisean, 'téir ar scoil, mar ní beag duit a mbeidh ag gol ina diaidh.'

'Tá go maith,' arsa Fionn.

Phacáil Fionn suas a leabhartha agus dh'imigh sé ar scoil agus ní fada ón dtigh a chuaigh sé. Nuair a chonaic sé gach éinne imithe ón dtigh dh'fhill sé ar an dtigh. Chuir sé air a chulaith airm is éadaigh agus do dh'imigh sé go dtí an ngabha agus dúirt sé leis an ngabha cheithre shlabhra a dhéanamh dó. Chuaigh sé san iallait agus bhí duibheacht na gcnoic is na sléibhte de

Fionn agus na Fir Ghorma

dhaoine ar an dtráigh. Chonacadar chucu an marcach agus ní fheadair siad cérbh é fhéin. Ní dhein Fionn aon stad go dtí go dtáinig sé ar barra taoide na trá agus bhí crann ansan. Do phreab sé anuas as an iallait. Do cheangail sé an capall le slabhra agus do cheangail sé Bran le trí shlabhra agus do dh'imigh sé síos ar an dtráigh. Agus do bhí an ógbhean, iníon an rí, suite thíos ar chathaoir in imeall an uisce ar lagtrá ag feitheamh leis an bpéist teacht chun í d'ithe. Ní dhein Fionn ach breith ar an gcathaoir ina ghabháil agus í féin agus an chathaoir a thógaint suas ar barra taoide.

'Is ea,' ar seisean, 'b'fhéidir go dtabharfainnse do phas inniu duit.'

D'éirigh an phiast amuigh.

'Nára Dé do bheathasa anso a Fhinn mhic Cumhaill ó Éirinn,' arsa an phiast.

'Nár mhairirse slán beo romham, a ollphéist ghránna,' arsa Fionn.

'Is beag é do chuid feola,' arsa an phiast, 'agus is mór é do chuid anraith agamsa.'

'Déan do dhícheall,' arsa Fionn.

Thug sí sú fé Fionn agus chuir sí go barra taoide é agus an dara sú go dtí a béal agus do scoilt Fionn siar go dtí a cluasa í le buille den gclaíomh. Thug sí sú eile chuige agus chuir sí go barra taoide é agus an dara sú go dtí a béal agus do thug sé buille den gclaíomh di agus scoilt sé go dtí úll a píobáin í. Thug sí sú eile chuige agus an dara sú go dtí barra taoide agus an tríú sú go dtí a béal agus do scoilt sé siar go dtí bun a himleacáin í. Do bhris Bran trí shlabhra. Phreab Bran sa tsiúl agus d'imigh sí go dtí an ollphéist agus chuir sí an ollphéist ina corc ar bharr an uisce.

Phreab sé san iallait agus dúirt an rí leo breith ar an marcach. Ní fhéadfadh aon duine teacht suas leis an marcach, le Fionn mac Cumhaill. Do bhí an capall ar stábla, agus é i gcló gharsún scoile nuair a tháinig an rí isteach agus é suite le hais na tine ag caint leis an máthair-chríonna.

'Is ea, a athair,' arsa Fionn, 'conas a dh'imigh an tráigh inniu?'

'Tháinig an gaiscíoch is breátha,' ar seisean, 'dá bhfaca súil duine riamh ar an dtráigh inniu,' arsa an rí, 'agus dúrt féin leis na daoine breith air agus ní fhéadfadh éinne teacht suas leis.'

'An bhfeadair éinne cé hé?' arsa Fionn.

'Ní fheadair,' arsa an rí.

'Nílimse ró-mhaith cheana mhuise,' arsa Fionn, a dúirt sé, 'tá tinneas im bolg.'

'Ná bac san,' ar seisean, 'ní bheidh faic ort,' arsa an rí.

Tháinig aimsir chodlata agus ní fhéadfadh Fionn dul don leaba le tinneas ina bholg. Dúirt sé gurb amhlaidh a chaithfeadh sé bheith ag éiriú. D'fhan Fionn sa chúinne agus ar dheireadh na hoíche nuair a fuair sé gach éinne ina chodladh, do bhí a fhios ag Fionn go raibh na Fianna á mharú ag na fir ghorma.

Ní dhein sé ach dul in airde go mullach an chupaird ar an lochta agus dul go dtí an gcupard agus an claíomh do bhí ann do thabhairt leis agus imeacht go dtí a sheanbhád an t-am san d'oíche. Tharraing sé ancairithe. Tharraing sé in airde a sheolta i mbarr na gcrann gan barr chleite isteach ná barr chleite amach ach aon chleite amháin droimeann dearg a bhí ag déanamh ceol, spórt agus imreas don laoch a bheadh ar bord. Gach cic dá dtugadh an gaiscíoch chuireadh sé seacht céad léig i bhfarraige í. Bhíodh uachtar na farraige in íochtar agus íochtar na farraige in uachtar. Tharraing sé amach a dhá mhaide mhíne bhána a bhíodh ar bhais agus ar bhois a mhaidí rámha ag an ngaiscíoch; go raibh éiscrí agus míolta móra ag déanamh ceol, spórt agus imreas don laoch a bheadh ar bord sa tslí is gur bhuail sé ancaire amuigh agus ancaire thiar gur thug sé aon léim amháin as a chorp agus chuaigh sé suas go dtí bun duimhche thráigh Fionntrá agus is amhlaidh a bhí na Fianna, a leath marbh agus an chuid eile á mharú. Tharraing sé amach an claíomh. Do dh'aithnigh na fir ghorma an claíomh. Tháinig na fir ghorma chuige.

'Ná mairbh go deo sinn,' arsa iadsan le Fionn, 'agus tá a fhios againn gur tú tá ann agus beimid ar tosach gach aon chath go deo daoibh ach gan sinn a mharú.'

'Má tá a marú agat,' arsa Conán Maol, 'mairbh iad mar táimid marbh acu,' ar seisean, arsa Conán Maol.

'Éist a bhligeaird,' arsa Fionn mac Cumhaill.

Fionn agus na Fir Ghorma

'Ní haon bhligeard mise,' arsa Conán Maol, ar seisean. 'Ní mharóir in am iad.'

Níor dhein Fionn iad a mharú. Chuadar suas go dtí cúirt na bhFiann lena gcois. Ní rachaidís isteach i gcúirt na bhFiann. Ba chomónta leo cúirt na bhFiann. D'ordaigh na fir ghorma cúirt ansan agus do tháinig cúirt chucu, an chúirt ba bhreátha dá bhfaca éinne riamh go raibh dhá dhoras déag uirthi le racht diablaíochta.

Bhíodar ag éiriú ansan i gcionn coicís, maidin. Dúirt Fionn le Conán Maol na doirse a chomhaireamh.

'Comhairigh féin iad,' arsa Conán Maol, 'nuair go bhfuil an t-eolas go léir ort. Tá sé déanach anois agat,' arsa Conán Maol, 'a bheith á gcomhaireamh. Nuair ba chirte duit rud a dhéanamh ormsa,' ar seisean, 'ní dheinis orm é. Bíodh a rian air anois,' ar seisean, 'táimid thíos leis.'

Do cheanglaíodar de na cathaoireacha agus ní dh'fhan aon doras ar an gcúirt ná gur dh'iaigh suas. D'imigh na fir ghorma don Domhan Toir ag triall ar chabhair.

'Tá go breá,' arsa Fionn le Conán Maol.

'Is maith an scéal tú,' arsa Conán Maol, 'tú féin fé ndeara é.'

Do shéid Fionn an barra bua agus ní shéid sé riamh comh cráite é. Is é chéad duine a chuala an barra bua mac tabhartha a bhí déanta sa Domhan Toir aige. Bhí sé féin is a mháthair amuigh sa ghairdín ag socrú úlla nó rudaí nó pé rud a bhíodar ag déanamh. Nuair a chuala – ar seisean – an garsún, lena mháthair, 'tá m'athair – a cheann – i gcruachás inniu. Ní shéid sé riamh an barra bua comh cráite.'

'Dheara,' arsa an mháthair, 'ag séideadh ar na gadhair atá sé sin. Is amhlaidh atá siad ag fiach agus fan mar tánn tú.'

'Ní dhéanfaidh mé,' arsa an mac, ar seisean: 'Tá ceann m'athar,' ar seisean, 'i gcruachás.'

Do chuir mac Fionn de ag déanamh ar an mbarra bua agus chuala Fionn táf[27] an ghaiscígh lasmuigh tráthnóna.

'Cloisim táf an ghaiscígh lasmuigh.' arsa Fionn. 'Cé atá amuigh?'

'Mise, Oscar mac Oisín,' arsa an gaiscíoch.

'An bhfuil éinne id theannta?' arsa Fionn.

'Níl éinne im theannta fós,' ar seisean, 'ach mé féin.'

'An bhfuil éinne ar an dtráigh?'

'Tá duibheacht na gcnoic is na sléibhte ag teacht ar an dtráigh.'

'Is baol dár gcinn,' arsa Fionn.

'B'fhéidir,' arsa Oscar, ar seisean, 'go gcoimeádfainnse cath an lae inniu.'

Do dhein Oscar fén dtráigh agus do chuir sé cath an lae inniu de. Tráthnóna do chuala Fionn táf an ghaiscígh lasmuigh.

'Cloisim táf an ghaiscígh lasmuigh,' arsa Fionn. 'Cé tá amuigh?'

'Mise, Oscar mac Oisín.'

'An bhfuil éinne id theannta?' arsa Fionn.

'Tá, Diarmaid,' ar seisean, 'agus Goll mac Móran.'

'Is maith iad,' arsa Fionn, 'an bhfuil puinn ar an dtráigh?'

'Tá duibheacht na gcnoic is na sléibhte ar an dtráigh.'

Dheineadar fén dtráigh an triúr sa tslí is go raibh ard an tráthnóna, [nuair] dheineadar deireadh leis an dtráigh.

Tráthnóna do chuala Fionn táf an ghaiscígh lasmuigh.

'Cé tá amuigh?' arsa Fionn.

'Táimse,' arsa Oscar, 'mac Oisín síogach seargach.'

'Bua is beannacht leat,' arsa Fionn, 'agus cosain an táf go lá. An bhfuil éinne i do theannta?'

'Tá, Goll mac Móran agus Diarmaid agus do mhacsa.'

'An bhfuil do dhóthain agat?' arsa Fionn.

'Tá,' ar seisean.

'Cuirfimid deireadh léi,' arsa Oscar, 'i gcath an lae inniu.'

Dheineadar fén dtráigh. Do dhíscíodar an tráigh agus d'imigh a thuilleadh acu ag triall ar chabhair don Domhan Toir.

'Cloisim táf an ghaiscígh lasmuigh,' arsa Fionn. 'Cé tá amuigh?'

'Oscar mac Oisín síogach seargach.'

'Bua agus beannacht leat,' arsa Fionn, 'agus cosain an táf go lá.'

'Tá deireadh marbh agam,' arsa Oscar. 'Conas a rachaidh mé isteach?'

Fionn agus na Fir Ghorma

'Ní fheadar conas a rachair isteach,' arsa Fionn, 'mura bhféadfá aon phiocóidí agus *crowbars* a dh'fháil in aon áit.'

D'imigh sé agus fuair sé *crowbaranna* is piocóidí in áit éigint agus do dheineadar poll sa chúirt. Thángadar isteach.

'Á,' arsa Conán Maol, ar seisean, 'ní bheimísne mar seo mura mbeadh Fionn. Agus dá ndéanfadh Fionn rud ormsa,' ar seisean, 'do mharódh sé iad mar do bhí a marú aige.'

'Éist, a bhligeaird,' arsa Fionn, ar seisean. 'Ní beag liom a bhfuil orm.'

'Ní dh'éisteod,' arsa Conán, ar seisean, 'mar tá an ceart agam chugat.'

Ní raibh a leigheas le fáil. Dúirt Fionn ná feadair sé féin conas a chognódh sé an ordóg agus gur mhór an tinneas dó í chogaint.

'Ó,' arsa Oscar, ar seisean, 'cogain an ordóg,' ar seisean, 'fhéach a bhfuil a leigheas le fáil.'

Do chogain Fionn an ordóg agus is é an leigheas a fuair sé san ordóg collach draíochta a bhí ag teacht chun codlata chun Cuan an Choill, lá agus oíche fé na scamaill, lá agus oíche fén bhfarraige, agus go dtiocfadh sí chun codlata aríst i gCuan an Choill agus a cuid fola a tharraingt agus a cuid fola a chuimilt dóibh féin go mbogfaidís. 'Agus níl an fear ar an bhFéinn,' arsa Fionn, ar seisean, 'dh'fhéadfaidh é sin a dhéanamh.'

'Tá go breá,' arsa Oscar.

'Céd an luas atá ionat?' arsa Fionn le Oscar.

'Is luaithe mise,' arsa Oscar, ' – paca clúimh,' ar seisean, 'a scaoileadh chugam,' ar seisean, 'ar an bpáirc an lá gaoithe is mó a tháinig riamh, do bheadh gach aon ribe de istigh sa mhála agam,' ar seisean, 'fé mar a thiocfadh sé orm.'

'Is maith é do luas,' arsa Fionn, 'agus ní dhéanfá an bheart. Cé do luas?' ar seisean le Goll mac Móran.

'Is luaithe mise,' ar seisean, ' – dá mbeadh dhá dhoras déag,' arsa Goll mac Mórna, 'ar an gcúirt sin ansan agus dhá ghiorria déag a scaoileadh chugam amach inti, do choimeádfainn gach aon cheann acu istigh.'

'Is maith é do luas,' arsa Fionn, 'agus ní dhéanfá an bheart. Cé do luas?' ar seisean le Diarmaid.

'Is luaithe mise ná beirt fhear idir intinn mhná.'

'Is maith é do luas,' arsa Fionn, 'agus déanfair an bheart.'

Dh'imigh Diarmaid agus chuaigh sé go Cuan an Choill. Do bheir sé ar eirball ar an gcollach draíochta. Do chuaigh an chollach draíochta lá agus oíche fé na scamaill, lá agus oíche fén bhfarraige, lá agus oíche i gCuan an Choill, agus tharraing sé a cuid fola. Tháinig sé agus í i mbuidéal aige. Chuimlíodar braon fé gach aon duine ach ní raibh aon bhraon acu le cuimilt do Chonán Maol.

'Fágaíg ansan sa diabhal é,' arsa Oscar. 'Ní mór an *loss* é.'

Bhí gach aon scréach ag Conán ina ndiaidh is é fágtha ceangailte ar an gcathaoir ina ndiaidh acu.

'Dheara mhuise, is mór an trua [é],' arsa Diarmaid, ar seisean, 'tagaíg i leith agus cabhraíg liom. Stracaimid den gcathaoir é, pé an scéal ag an gcraiceann é.'

Stracadar den gcathaoir é agus dá gcífeá gach aon scréach ag Conán Maol nuair bhí an craiceann ag fanacht ar an gcathaoir. Agus é ag siúl lena gcois ansan, bhíodh lámh á chur siar aige agus pionós an domhain ag a thóin á chur air. Chonaic Diarmaid seanchaora ghlas go raibh lomra dubh uirthi ar an ngort, agus do mhairbh sé an chaora agus do chuir sé mar phaiste ar thóin Chonáin Maol an craiceann. Agus do dhéanadh sé péire stocaí don bhFéinn, a bhfásadh d'olann ar Chonán Maol riamh ó shin.

Sin é mo scéalsa, má tá bréag ann bíodh!

TÉACS II: FIONN AGUS NA FIR GHORMA
CBÉ 8: 17–26

Bhí Fionn mac Cumhaill lá ag válcaeireacht do féin ar Bhinn Dhiarmada agus bhí an-dhúil i mbairnigh aige.

'Is ea,' ar seisean leis féin. 'rachad ar an gcloich ag baint na mbairneach.' Ní fada dó ann nuair a chonaic sé chuige an triúr fear tríd an bhfarraige isteach chuige.

'Is ea anois,' ar seisean leis féinig, ag cur ordóige ina bhéal agus ag cogaint go smior, 'is é mo bhás atá uathu,' ar seisean leis féin arís.

Do bheannaíodar dó agus is é an beannú a dheineadar, arbh fheadair sé cá raibh Fionn mac Cumhaill ina chónaí.

'Is mise an fear a ineosfaidh daoibh cá bhfuil sé, ach ar miste dhom fiafraí daoibh cad é an sort daoine sibh?'

'Ineosfaimid is fáilte,' arsa iadsan. 'Triúr mac ón nDomhan Toir is ea sinne agus níl aon mharú orainn ach caipíní óir atá ag baile ag ár máthair istigh i mbosca ná hosclaíodh le seasca bliain. Ní bháfadh uisce sinn agus ní dhófadh tine sinn, [faic ach] an marú a dúramar leat ó chianaibh. Más maith leat sinn a thástáil, tabharfaimid ceangal lae is bliana dhuit sinne a scaoileadh síos ar thóin poill agus ansan beidh a fhios agat an bhfuil aon mharú orainn.'

'Tá san go maith,' arsa Fionn, ag imeacht ag triall ar théadán agus ag ceangailt ceann na téide agus ag scaoileadh síos an triúr.

Nuair a bhí an méid sin déanta ag Fionn tháinig sé agus bhailibh sé an Fhéinn ar fad agus d'fhiafraigh sé an raibh aon fhear ann a rachadh go dtí an Domhan Toir.

'Faigh long ullamh dom ar maidin amárach,' arsa Diarmaid Ó Duibhne. Bhí long ullamh do Dhiarmaid ar maidin. D'ardaigh sé na seolta agus níor stad sé ná níor fhuar sé gur chuaigh sé go dtí an Domhan Toir. Chuaigh sé isteach ar an dtráigh. Agus do bhí sé ag máirseáil dó féinig agus níorbh fhada dó ag siúl nuair a bhuail duine uasal leis.

'Is ea,' arsa an duine uasal leis, 'cad atá ar bun agat inniu?'

'Ag lorg máistir,' ar seisean.

'Seo mar tharla,' arsa an duine uasal, 'buachaill ag lorg máistir agus máistir ag lorg buachalla.'

Dheineadar an margadh, pé margadh a bhí le déanamh acu.

'Níor theastaís riamh comh maith uaim is a theastaigh tú anois.'

'Cad ina thaobh?' arsa Diarmaid.

'Tá mo thriúr mac imithe go hÉirinn,' ar seisean, 'ag iarraidh ceann Fionn mac Cumhaill.'

'Tánn tú agam,' arsa Diarmaid leis féin, 'agus is tú bhí uaim a bhuachaill.' 'Is é an cúrsa a cuirfear ort amárach ná na ba a aoireacht ar thalamh na bhfathach.'

Bhí san go maith agus ní raibh go holc. Chuaigh Diarmaid a chodladh dó féinig an oíche sin agus é go tuirseach tnáite. D'éirigh sé go moch ar maidin agus do scaoil sé amach na ba ach ní isteach ina chuid talún féin a chuir sé iad ach i dtalamh na bhfathach. Níorbh fhada ag aoireacht na mba é nuair a chuala sé chuige an fothrom – fathach na dtrí gceann, na dtrí mbeann, na dtrí muineál. Is ea! Do labhair an fathach leis agus an talamh ag crith fé chosa Dhiarmaid.

'Is ea, a Dhiarmaid Ó Duibhne ó Éirinn, cad a [thug] anso tusa chun do chuid stoic a scaoileadh isteach i mo chuid talún?'

'Is cuma liom cé leis an talamh ach íosfaidh na ba a ndóthain ann,' arsa Diarmaid.

'Cé acu is fearr leat iomrascáil chruaidh chealgánta ar chealgán do dhá ghlúin ná bheith ag gabháil ort de chlaimhte maola dearga?'

'B'fhearr liom iomrascáil chruaidh chealgánta ar chealgán mo dhá ghlúin mar is é a thaithíos riamh,' arsa Diarmaid.

B'shiúd le chéile an bheirt acu – lámh in íochtar agus lámh in uachtar, talamh bog á dhéanamh den dtalamh cruaidh agus talamh cruaidh á dhéanamh den dtalamh bog agus toibreacha fíoruisce [á] chur aníos trí chroí na gclocha glasa le neart comhraic. Agus ar luí na gréine tráthnóna bhí Diarmaid á thabhairt amach nuair a tháinig spideoigín beag ós a chionn in airde.

'Mo ghraidhin tú, a Dhiarmaid Uí Dhuibhne ó Éirinn, ná buailfeá fút thíos an fathach san.'

Ní túisce ráite ná cor go glúin, cor go cromán agus cor go muineál agus na ceannaíocha scioptha de ag Diarmaid.

Thiomáin sé na ba abhaile agus má thiomáin, chuaigh sé féin agus iníon an fheirmeora á gcrú.

'Tá mórán Éireann bainne acu anocht,' ar sise le Diarmaid.

'Bhíos á gcur ó thor go tor ó mhaidin – á ithe – nuair ná raibh aon chúram eile orm.'

Bhí san go maith. Nuair bhí na ba crúite chuaigh Diarmaid a chodladh dó féin agus dh'éirigh arís go moch lá arna mhárach agus cuma an ghaiscígh air. Scaoil [sé] amach na ba arís agus má scaoil, is é an áit a scaoil iad ná isteach i dtalamh na bhfathach arís leo. Níorbh fhada dó nuair a chuala sé an fothrom ag teacht arís, agus má bhraith, chonaic sé fathach na sé cheann, na sé mbeann, na sé muneál. Labhair sé sin leis mar a dhein an chéad fhathach. Thugadar féna chéile agus ar bhuíú gréine is amhlaidh a bhí na ceannaíocha bainte de ag Diarmaid.

Do thiomáin sé na ba abhaile, agus má dhein, chuaigh sé féin agus iníon an fheirmeora agus a hathair ag crú an tarna oíche – bhí an oiread san bainne acu.

'Is mó buachaill aimsire curtha riamh agam díom,' arsa an feirmeoir, 'agus is tusa máistir na gceardaithe ortha le d'fheabhas.'

Bhí san go maith. Ní raibh slí a dhóthain don mbainne. Chaith an feirmeoir dul don bhaile chun a thuilleadh áraistí … chun an bainne a choimeád.

'Is ea, a Dhiarmaid,' ar seisean le Diarmaid, 'tá sé in am agat luí … tar éis an lae.'

'Tá go maith a mháistir,' arsa Diarmaid leis, ag dul a chodladh dó féin.

Agus d'éirigh sé go moch maidin lá arna mhárach agus scaoil amach na ba arís i dtalamh na bhfathach. Níorbh fhada dó ann nuair a chuala sé an fothrom agus do chonaic sé chuige fathach na naoi gceann, na naoi mbeann agus na naoi muineál.

'Ó Dia linn,' ar seisean leis féin, 'tá mo mharú aige sin inniu, ach bíonn cabhair Dé ar an mbóthar i gcónaí.'

Do thugadar féna chéile mar a dhéanfadh dhá tharbh bhuile nó dhá leon cuthaigh agus bhíodar ag gabháil de chlaimhte ar bhun agus ar bharr easnaíocha a chéile agus bhí an fathach ag fáilt an lae air. Tháinig spideoigín os a chionn in airde agus do labhair sé leis.

'An bhfuil tú chun é seo … an lámh uachtair a fháil air? Mhuise mo ghraidhin go deo tú, a Dhiarmaid Uí Dhuibhne!'

Thug san oiread [eile] misneach dó. Do thug sé aon léim amháin as a chorp agus bhain na ceannaíocha den bhfathach.

Bhí san go maith. Do scaoil sé na ba abhaile tráthnóna agus chaitheadar dul ag triall ar na comharsain chun cabhrú leo iad a chrú, bhí an oiread san bainne acu.

Chuaigh Diarmaid a chodladh dó féin agus é tuirseach tnáite go maith. Má chuaigh, d'éirigh sé go moch ar maidin agus do scaoil amach na ba arís isteach i dtalamh na bhfathach, maidin an ceathrú lae. Agus ní fada dó ag aoireacht na mba nuair a chonaic sé chuige scamall dubh agus níorbh fhada go raibh sé os a chionn in airde. Cad a bhí ann ná seanchailleach – máthair a bhí ag an dtriúr fathach a bhí sé bliana déag roimhe sin ag cur ingní fúithi féin sa cheártain.

'Bainfead sásamh cruaidh duitse inniu i dtaobh mo thriúr mac atá marbh agat le trí lá, agus ní iomrascáil chruaidh chealgánta a bheidh uaim leis ach tusa a scríobadh ó do cheann go dtí do chosa.'

'Táimse sásta,' arsa Diarmaid léi.

B'shiúd le chéile an bheirt acu agus pé tóch a bhí á dhéanamh an lá roimhe sin acu ba sheacht uaire ba mhó an tóch a bhí á dhéanamh ag an mbeirt anois. Thugadh sí fogha fé Dhiarmaid agus do thugadh sí a lán féinig léi i gcónaí.

'Ó Dia linn,' arsa Diarmaid leis féin, 'táim marbh anois nó riamh.'

Ní túisce san ná gur chrith gach aon bhraon fola ina chorp agus taibhsíodh dó gur chrith an talamh mórthimpeall air le barr nirt ansan nó gur chaith sé a chlaíomh agus bhuail go cruinn in aghaidh a croí agus do tháinig sí ar an dtalamh fé mar a thiocfadh gráinní sneachtaidh idir dhá Nollaig.

'Tá an ríocht ar fad agam anois,' arsa Diarmaid leis féin, 'an párlús agus gach atá istigh ann.'

Thiomáin sé abhaile na ba ach ní sásta a bhí sé ach ag cuimhneamh ar na caipíní i gcónaí. Thug sé isteach iad agus chuaigh sé á gcrú [é] féinig agus níorbh fhada dó á gcrú nuair a chuala sé an t-ologón. Taibhsíodh dó gurb é an gol ba bhreátha [é] dár chuala bean, leanbh ná páiste riamh.

Fionn agus na Fir Ghorma

D'imigh sé isteach go dtí an feirmeoir agus ní hé crú na mba a bhí ag cur tinnis [ar] an bhfeirmeoir an uair sin ach a iníon a bhí le slogadh ag piast a bhí ag teacht steach ar an dtráigh ar dhá uair déag lá arna mhárach.

'Cad tá uirthi seo atá bun os cionn?' arsa Diarmaid leis. Sin é an uair a [d']inis an feirmeoir an scéal agus d'iarr air teacht ag féachaint lá arna mhárach, agus, 'ná bac na ba, beidh na sluaite díomhaoin.'

'Ní rachad ann ná puinn mór dá thinneas orm,' arsa Diarmaid leis.

'Téir,' arsa an feirmeoir leis arís.

'Ní rachad …' arsa Diarmaid.

Chuaigh sé a chodladh dó féin agus d'éirigh sé maidin lá arna mhárach agus do scaoil amach na ba isteach i dtalamh na bhfathach arís.

'Ithíg bhur ndóthain inniu,' ar seisean, 'agus ní baol go dtiocfaidh éinne chugaibh inniu.'

D'imigh sé ansan agus chuaigh sé isteach i gcúirt na bhfathach agus do ghléas sé suas é féin i gculaith gaiscígh; chuir a bhróg gloine air agus d'imigh sé air agus chuaigh sé don stábla. Fuair sé each maol donn a bhí ann agus tharraing sé amach í, bhuail sé srian óir uirthi agus iallait airgid. Phreab sé in airde uirthi ansan agus bhí sí sin comh luath go mbéarfadh sí ar an ngaoth a bheadh roimpi agus ná beadh aon dul ag an ngaoth a bheadh ina diaidh teacht suas léi. Chuaigh sé ar an dtráigh agus má chuaigh, tháinig leathadh ar a radharc nuair a chonaic sé na sluaite daoine ar fad ag féachaint air.

'Ní fada go dtiocfaidh an phiast seo ar an bhfód,' ar seisean, leis na daoine – a gclaíomh ullamh ag gach éinne chun an teitheadh a chur uirthi agus iníon an fheirmeora go dúbhach brónach. Lig Diarmaid dóibh ar feadh tamaill féachaint cad é an sort gaiscígh a bhí ann. Nuair a chonaic sé an phiast bhí buille thall agus buille abhus. Bhí gach éinne acu agus ní mharóidís seangán.

'Ní bheinn ag féachaint orthu,' arsa Diarmaid, ag tarrac a chlaíomh agus ag tarrac ar an bpéist le buille agus á cur sé mhíle i ndiaidh a cúil agus ag cur barr dearg ar an dtráigh le fuil.

Ansan a bhí an t-iontas féachaint cé acu a fhéadfadh greim a fháil ar an ngaiscíoch. Ach bhí sé ró-luath dóibh. Chuaigh sé abhaile. Chaith sé de a chulaith gaiscígh, bhuail sé air a sheanbhalcais, do thiomáin sé leis abhaile na ba agus bhíodar crúite nuair a tháinig an feirmeoir abhaile. Ní hiad na ba a bhí ag cur tinnis ar an bhfeirmeoir ansan ach an gaiscíoch a chuir i ndiaidh a cúil an phiast. B'shiúd ag insint do Dhiarmaid [é] ar an méid a thit amach ar an dtráigh. Is fearr a bhí an scéal ag Diarmaid ná aige féin.

'Tá sí ag teacht arís amarách,' arsa é sin. 'An rachair ag féachaint ar an ngaiscíoch amárach?' arsa an feirmeoir leis.

'Gabhaim pardún agat,' ar seisean, 'ní ag tabhairt neamhfhreagra ort é, ní rachad ná puinn dá thinneas orm.'

'Bíodh agat.'

Lá arna mhárach d'éirigh sé arís. Sheol sé na ba agus chuaigh go dtí cúirt na bhfathach, agus do ghléas é féin suas i malairt éadaigh. Tharraing sé suas chuige capall eile ba lútha ná capall an lá roimis sin. D'imigh agus chuaigh ar an dtráigh agus bhí sé i ngaireacht do bheith déanach nuair a chonaic sé chuige an phiast. Agus do tharraing sé chuige a chlaíomh agus do bhuail sé aniar ar chnámh a droma í agus do dhein [dhá] loma leath [di] den iarracht san.

'Tá sí marbh anois,' arsa é sin, 'agus níl a thuilleadh mná óga le slogadh ag an bpéist seo.'

Ansan bhí gach éinne ag iarraidh breith ar an ngaiscíoch arís agus le linn é bheith ag gabháil thar na ndaoine goideadh ceann de na brógaibh dá chosaibh agus sin a raibh le fáil de thuairisc ar an ngaiscíoch. Chuaigh Diarmaid abhaile dó féin ansan agus bhuail air a dhorn seanbhalcaisí, agus thiomáin abhaile na ba agus chrúigh iad. Agus níorbh fhada dó nuair a chuala sé chuige an feirmeoir agus anbhá air le háthas.

'A Dhiarmaid,' arsa é sin, 'tá an phiast marbh inniu! Ach níorbh fhéidir teacht suas leis an ngaiscíoch a mhairbh é ach goideadh ceann de bhrógaibh a bhí air. Tá gairm scoile curtha amach agam anois, éinne a oiriúnódh an bhróg, geobhaidh an tástáil air sin,' ar seisean le Diarmaid. 'Ná rachair ar an dtráigh amárach,' a Dhiarmaid, 'mar beidh gach éinne á rá go mbeidh an bhróg oiriúnach domsa.'

'Is cuma liom an oiriúnóidh an bhróig domsa.'

'Tá a fhios ag an saol na hoiriúnóidh sé duitse,' arsa an feirmeoir, 'mar ag aoireacht ba a bhís nuair a maraíodh an phiast.'

Chuimhnigh Diarmaid ar na caipíní i gcóir an lae amáirigh. Fad is a bheadh an feirmeoir ar an dtráigh go mbeadh sé féin imithe chun siúil chun Fionn mac Cumhaill.

D'éirigh an feirmeoir go luath ar maidin, é féin agus a iníon. D'imíodar ar an dtráigh agus d'éirigh Diarmaid ansan agus ní ag seoladh na mbó a chuaigh sé. D'imigh sé síos don tseomra agus d'oscail bosca a bhí ann. Chonaic sé trí cinn de chaipíní agus bhuail chuige ina ascaill iad. Níor stad sé ná níor fhuar sé go dtáinig sé go dtí an long. Bhí sé ina lag trá, agus leis an áthas a bhí air, thóg sé leis an long agus bhuail sé seolta [uirthi] agus bhí cóir ghaoithe aige nó go dtáinig sé go talamh tirim na hÉireann. Chonaic sé an Fhéinn go léir agus iad féna bhráid agus is é an beannú a dhein Fionn dó -

'An bhfuil aon láimhní agat a Dhiarmaid,' ar seisean.

'Tá, a Fhinn,' arsa mise.

Bhí croí óg ard ag Fionn. D'imigh Fionn as san leis na trí caipíní go dtí an áit go raibh an triúr gaiscíoch scaoilte síos aige. Tharraing sé chuige aníos iad agus níor thug sé aga dóibh ar labhairt [ach] do bhuail sé na caipíní anuas orthu agus d'imíodar síos fé mar a d'imeodh carraig chloiche síos ar thóin poill.

Sin é mo scéal is má tá bréag ann bíodh!

SUMMARY

Two texts are published here of the Fenian tale Fionn and the Blue Men, which was extremely popular with West Kerry storytellers as may be gleaned from the fact that twenty of the twenty-two recorded variants are of West Kerry provenance. This speaks to the vigour of the Irish-language storytelling tradition in that area in the first half of the twentieth century. It is interesting to note that by far the longest variant on record was told by a young man, aged twenty-six, and unexpectedly – as women are not generally associated with telling Fenian tales – he named a woman as his source for it. The tale is a composite one, based on an interweaving of two international folktales (ATU 300, The Dragon Slayer and ATU 302, The Ogre's Heart in an Egg) with members of the Fianna as main protagonists. The fluidity of the content of this tale is exemplified by the divergence of the episodes contained in the texts, e.g., the incidents referred to as Fionn in the Cradle and Trespassing on the Giant's Land are absent from one, while The Magical Sticking to Seats is absent from the other, and Diarmaid Ó Duibhne rather than Fionn is the hero in one, but not in the other. The earliest printed texts of the tale had no real impact on the oral tradition but appear to have had a greater influence on other published texts. The manner in which a storyteller's personal experience can enrich his telling is evidenced in the second text, where the narrator, drawing on his own experience as a servant boy, sympathetically describes the attention the boy pays to the cows in his charge.

Fionn agus na Fir Ghorma

AGUISÍN

Seo síos na leaganacha a aimsíodh den scéal Fionn agus na Fir Ghorma mar aon le sonraí faoi na scéalaithe. Táim buíoch do Chaoimhín Ó Sé as m'aird a dhíriú ar # 9 agus # 10 thíos agus do Roibeard Ó Cathasaigh as m'aird a dhíriú ar # 19.

1 CBÉ 5: 109–30. Peats Dhónaill Ó Cíobháin (72). Baile na nGall.

2 CBÉ 11: 12–26. Peats Dhónaill Ó Cíobháin (72). Baile na nGall. 1933.

3 CBÉ 17: 54–73. Peats Dhónaill Ó Cíobháin. Baile na nGall. c.1933.

4 CBÉ 8: 17–26. Donncha Ó Laoithe (24). Baile Uí Chorráin. Paróiste Chill Chuáin. 1932.

5 CBÉ 8: 109–17. Donncha Ó Laoithe (24). Baile Uí Chorráin. Paróiste Chill Chuáin. 1932.

6 CBÉ 288: 329–89. Donncha Ó Laoithe (28). Baile Uí Chorráin. Paróiste Chill Chuáin. 1936.

7 SVC 206. Donncha Ó Laoithe (77). Baile Uí Chorráin. Paróiste Chill Chuáin. 1985.

8 CBÉ 9: 57–64 (= CBÉ 9: 210–220). Tomás Mac Gearailt (66). Márthain. 1930.

9 CBÉ 14: 26–37. Donncha Ó Clúmháin. Clais. Paróiste Chill Chuáin. c.1933.

10 CBÉ 15: 28–37. Séamas Mac Gearailt (74). Baile an Mhúraigh. Paróiste Chill Chuáin. c.1933.

11 CBÉ 16: 251–57 (= CBÉ 17: 105–10). Tomás Ó Móráin. Baile na nGall. c.1933.

12 CBÉ 19: 204–30. Seán Mac Gearailt. Cathair Scoilbín. Paróiste Chill Maoilchéadair. c.1933.

13 CBÉ 121: 29–75. Seán Groiméal (86). Cathair Scoilbín. Paróiste Chill Maoilchéadair. 1932.

14 CBÉ 243: 315–43. Dónall Ó Súilleabháin (60). An Blascaod Mór. 1933.

15 CBÉ 37: 23–6. Seán Mac Giobúin (73). Eidhneach. Co. an Chláir. 1930. Tá nóta ó Shéamus Ó Duilearga leis seo ag rá go raibh leagan eile ón gClár ina sheilbh.

16 Curtin 1894: 438–62. Mícheál Ó Súilleabháin, 'Micí na gCloch'. An Daingean.

17 *Irisleabhar na Gaedhilge* 16 (1906): 203–6. 'Oisín mac Fhinn'.

18 *An Lóchrann*. Iúil 1916: 6–7. Séamas Ó Caomháin. Baile na Rátha. Dún Chaoin.

19 CBÉ S 421: 390–404. Mícheál Ó Mistéal (60). Cill Uru. Paróiste Fionntrá. 1936.

20 CBÉ 983: 72–9. Peig Sayers (c.57). An Blascaod Mór. c. 1930. Tá aistriúchán Béarla de seo in O'Sullivan 1974: # 4.

21 CBÉ 859: 483–501. Mícheál Ó Gaoithín (39). An Blascaod Mór. 1943.

22 Leagan eile ó Mhícheál Ó Gaoithín ar théip fuaime i gcartlann CBÉ marcáilte 'Almqvist 1969: 3.'*

1. Ó Dubhda 1936: 4–13. Seo é uimhir 1 san Aguisín mar a bhfuil dhá leagan eile liostaithe freisin ón scéalaí céanna agus iad ag freagairt go dlúth don cheann clóite.
2. *Béaloideas* 6 (1936): 29. n. 2.
3. Murphy 1953: xvi.
4. Christiansen 1959: 67.
5. Christiansen 1938: 100; féach TIF faoi na huimhreacha 300 agus 302, mar a n–áirítear breis agus trí dhosaen leagan cumaisc den dá scéal.
6. Níor mhinic scéalta fada Fiannaíochta ag mná; féach Delargy 1969: 7, agus plé ar ról na mban maidir le scéalaíocht in Ní Dhuibhne 2002, Harvey 1989 agus freagraí ar cheistneoir faoi mhná agus an scéalaíocht in CBÉ 1142. Is cosúil gurbh ionann an cás in Albain, cé go raibh mná go mór chun tosaigh i gcanadh na laoithe Fiannaíochta ansiúd (Bruford 1966: 67, n. 25; MacInness 1987: 125–6). Maidir le scéalta fada bheith ag fear óg, tuairiscítear in Delargy 1969: 23, nárbh aon rud neamhghnách é sin sa tréimhse atá i gceist.
7. Christiansen 1959: 33–80.
8. Féach Sayers 1998: 74–5; Ó Súilleabháin 1942: 589; Ó Dubhda 1936: 29; Ó hÓgáin 1988: 301 agus 344, n. 84, mar a gcuirtear in iúl go bhféadfadh an ceangal atá ag Fionn leis na bairnigh teacht chun cinn de bharr ainmneacha mar Bairneach, Báine, Muirne agus Bran Bhoirne bheith luaite i litríocht na Fiannaíochta.
9. Aguisín # 4.
10. Thompson 1955–8: D1840 *Magic invulnerability*.
11. Cross 1952: D1841.3 *Burning magically evaded*; D1841.5.1* *Person proof against weapons* agus D1841.6* *Immunity from drowning*.
12. Féach plé ar an gcaipín sonais i gcaibidil 1. Tá scéal an anama sheachtraigh (ATU 302) ar cheann de na seanscéalta idirnáisiúnta is luaithe a bhfuil fianaise air sa Ghaeilge mar a léirigh Christiansen 1959: 76, 77: 'The *Aided Con Roí*, is, however, much closer to the international folktale, so close indeed that there is every reason for believing that a more or less divergent version of the tale has entered into the composition ... the conclusion seems to be justified that the international folktale was known in Ireland at that early date (8th cent.) and in a form not too far removed from the modern variants.'
13. Cf. plé ar Fhionn mar mharfóir péiste in Ó hÓgáin 1983: 87–90.
14. Féach Bruford 1966: 83, n.34.
15. *Béaloideas* 7 (1937): 8–9; *Béaloideas* 8 (1938): 103. In Christiansen 1959: 77, áitítear go bhféadfadh móitíf na bradaíola bheith i gceist in *Aided Conroí*. Ar ndóigh móitíf an-choitianta i scéalaíocht na hÉireann í marú na caillí uafásaí, máthair an namhad, cf. Murphy 1953: liii–liv agus 177–188; Christiansen 1959: 67.
16. Aguisín # 7. Ba mhinic le scéalaithe sa tír seo iad féin a shamhlú mar charachtair ina scéalta, cf. *Béaloideas* 2 (1930): 55, n. 1.
17. Is le slaitín draíochta a chuireann Fionn cló na hóige air féin in Aguisín # 18, agus arís in # 15 atá bunaithe air; tharlódh gur sampla d'fheiniméan aitheanta sa scéalaíocht é seo .i. iarracht ar mhíniú 'réasúnta' (slaitín draíochta) a sholáthar ar imeacht mhídhóchúil (titim in óige).
18. Thompson 1955–8: H36.1 *Slipper test. Identification by fitting of slipper*.
19. Bruford 1966: 74.
20. Is minic i gceist sa scéal seo na móitífeanna B11.11.2 *Hero's dogs prevent dragon's head from rejoining body* agus B524.1.1 *Dogs kill attacking (canibal) dragon*. Tugann Bran cúnamh d'Fhionn le marú na péiste i leagan Albanach de ATU 300 in *The Celtic Review*. 2 (1906): 143–53, agus míníonn an scéal Albanach seo – rud nach ndéantar

go sásúil i leaganacha Éireannacha – an chúis gur cheangail Fionn Bran sular thug sé aghaidh ar an bpiast: bhí fios faighte ag Fionn dá dteagmhódh Bran leis an bpiast roimhe féin go maródh an phiast iad araon.

21 Maidir le cruthaitheacht scéalaithe áirithe, féach Bruford 1963: 43, 46; maidir le caomhachas an traidisúin scéalaíochta, féach Bruford 1978: 27; Lüthi 1976; Holbek 1987: 257.

22 Ó hÓgáin 1989: 90–1, mar a bhfuil plé ar leagan an Churtánaigh den scéal. Tá cuntas ar fhaisnéiseoir Curtin, 'Micí na gCloch', in Ó Duilearga 1944: 169–70.

23 Féach caibidil 19, n. 35.

24 B'fhéidir, leis, go raibh anáil ag an eachtraíocht i leagan Curtin ar scéal a thóg Pádraig Ó Fiannachta in 1937 óna athair críonna, Eoghan Ó Fiannachta, (CBÉS 424: 212–3), ina luaitear 'seacht lutharaga beaga' a chas ar Fhionn sular thug sé faoi 'Thír na bhFear Gorm' mar féach go gcastar *eight very small men* le buanna draíochtúla ar Fhionn i dtús leagan Curtin.

25 Uimhir 18 san Aguisín.

26 Foirm de 'ar ndóigh', féach Almqvist & Ó Héalaí 2020: 127–8.

27 Níor aimsíodh an focal táf sna foclóirí a ceadaíodh.

21:
'Lean Ar Do Láimh'
Seanscéal idirnáisiúnta in Éirinn

I

Bhí éileamh i gcultúir éagsúla ar scéalta faoi dhia nó naomhphearsa ag siúl go hanaithnid i measc daoine, á dtástáil agus ag cúiteamh a n-iompair leo.[1] Tá dáileadh fairsing, i mbéaloideas na hEorpa go háirithe, ar scéal acu a eachtraíonn conas mar a fuair duine bocht a bhí fial le naomhphearsa guí a chuaigh chun a leasa, agus conas mar a fuair duine saibhir a bhí gortach leis an bpearsa sin, guí a chuaigh chun a aimhleasa.[2] Bhí an scéal seo, An Bochtán agus an Duine Saibhir, mar a thug na Grimms air, coitianta go maith sa traidisiún béil abhus mar a thuigfí ón 144 leagan de atá áirithe in TIF # 750A. Ar bhonn chineál na nguí a luaitear sa scéal, tá trí insint de sonraithe in Thompson 1946: 135, agus is ar an scéal mar atá sa tríú hinsint díobh sin atá an plé thíos bunaithe.

San insint seo tugann naomhphearsa an ghuí chéanna do dhuine fial agus do dhuine gortach, mar atá, leanúint ar feadh an lae le cibé cúram a dtosóidís leis ar maidin; bíonn an ghuí tairbheach don duine fial ach tubaisteach don duine gortach.[3] Mar áis tagartha, tabharfar an teideal Lean ar Do Láimh ar an scéal anseo – nath atá i gceist i roinnt leaganacha de sa bhéaloideas abhus. Is le Cúige Mumhan go háirithe a bhaineann sé sa traidisiún béil in Éirinn – as an 18 leagan de a aimsíodh is as an Mumhain iad uile seachas péire as Contae na Gaillimhe agus ceann as Contae Mhaigh Eo.[4] Seo síos leagan den scéal:

Well, bhí Naomh Páraic fadó, sul má dtáinig sé go hÉirinn ag beannú na hÉireann. Tháinig sé isteach i dteach ach ní raibh mórán fonn orthu aon lóistín a thabhairt dó mar nach raibh aon nduine ag fáil aon lóistín, strainséara, i dteach ar bith an t-am sin. Ach an t-am a d'aithin siad gurb é Naomh Páraic é, bhí fáilte mhór roimhe agus fuair sé lóistín. Ach bhí sé ag dul a chodladh san oíche [agus] b'fhacthas do bhean an tí nach raibh air ach drochléine – agus ní raibh. D'fhiafraigh bean an tí dhe:

'*Well*, a Naomh Páraic', a deir sí, 'níl ort', a deir sí, 'ach drochléine. Céard a thabharfá dhom dá ndéanfainn léine dhuit?' a deir sí.

'*Well*, tabharfad', a deir sé, 'an *job*', a deir sé, 'a dtosóidh tusa ar maidin air, nach mbeidh aon stop ort go dtaga an oíche, ach ag plé leis.'

Is é an chéad mhaith a rinne sí an t-am a d'éirigh sí ar maidin, d'oscail sí an drisiúr ar [chornán] trí slata le haghaidh léine a bhí istigh aici agus tharraing sí léi é. Bhí sí ag tarraingt is ag tarraingt. Ní raibh tús ná deireadh air nó gur líon sí an t-urlár trí chéile le héadach breá galánta.

Ach tháinig bean eile isteach, comharsa den bhaile isteach –

'Abhó go deo', a deir sí, 'cá bhfuair tú an oiread sin éadaigh?'

'Thug Naomh Páraic dhom é', a deir an bhean seo a raibh an t-éadach aici. D'inis sí dhi an bealach ar éirigh sé, go raibh sí ag dul ag déanamh léine dhó, nach raibh air ach drochléine. Ach fuair sí an méid sin éadaigh …

'Meas tú,' a deir sise, 'cá fhad ó d'fhág sé an teach?'

'Níl sé mórán achair,' a deir an bhean ar fhág Naomh Páraic uaithi.

'Leanfaidh mé é,' a deir sí. Lean agus tháinig sí suas leis.

'*Well*, a Naomh Páraic', a deir sí, 'céard a thabharfá dhomsa dá ndéanfainn léine dhuit?'

'*Well*, tabharfad', a deir sé, 'an *job*', a deir sé, 'a dtosóidh tusa ar maidin air chomh luath is a éireos tú, nár thaga aon stop ort ach ag plé leis go dtaga an oíche.'

'Lean Ar Do Láimh'

Is é an chéad mhaith a rinne sí nuair a d'fhág sí an leaba ná dul amach sa doras. Bhí an teach ar uachtar an bhaile ar ard. Bhí an baile uileag thíos fúithi. Ach thosaigh sí ag fualadh, ag fualadh, ag fualadh. Deabhal stop a rinne sí go raibh sé ina oíche ach ag fualadh. Bháigh sí gach a raibh fúithi uileag le loch agus ní haon loch ceart é ach loch bréan.[5]

Tá leaganacha den insint seo ar ATU 750A, ar fáil i scéalaíocht dúichí Eorpacha eile freisin – an Iodáil, an Fhrainc, an Bhriotáin, an Vallún, Flóndras, Lucsamburg, an Ghearmáin, an Ostair, an tSiléis, an tSeic, an tSlóibhéin, an Danmhairg, an tSualainn, an Fhionlainn, an Pholainn, an Liotuáin, an Laitve agus an Eastóin.[6] I seanmóir ar an bpaidreoireacht a thug Luther in 1534, is túisce fianaise ar an scéal. Is léir, áfach, gur ghlac seisean leis go raibh sé ar eolas go maith ag a lucht éisteachta, mar ní dhéanann sé ach tagairt chliathánach do chás na mná a raibh guí faighte aici leanúint le céadobair an lae, ach in áit tosú ag comhaireamh a cuid airgid mar a bhí beartaithe aici, chuaigh sí ag déanamh a cuid uisce.[7] Tá le tuiscint ón dáileadh fairsing atá ar an scéal seo i mbéaloideas dúichí éagsúla gur chuid den traidisiún béil san Eoraip le fada é, agus níor mhiste glacadh leis gur ón mbéal beo a fuair Hans Sachs a leagan féin de – an chéad leagan de a cuireadh i gcló in 1548.[8]

Tá an tuairim curtha chun cinn gur scéal Búdach ó thús é seo agus mheas Benfey gur dócha gur Bhúdaigh Mhongóileacha a thug chun na hEorpa ón Oirthear é – mar a tharla le go leor scéalta béaloidis, dar leis.[9] Is cinnte, áfach, i gcás an scéil áirithe seo, Lean Ar Do Láimh, nach taca dá theoiric, líonmhaire na leaganacha de agus fairsinge a ndáileadh san Eoraip, i gcomparáid le teirce na fianaise ar an scéal san Oirthear, ós rud é nach bhfuil de thuairisc air, de réir dealraimh, ach aon leagan amháin ón tSín.[10] Tharlódh, ar ndóigh, go raibh an scéal forleathan san Oirthear ach gan fianaise ina thaobh a bheith aimsithe. Féachtar thíos le scagadh a dhéanamh ar leaganacha éagsúla de Lean Ar Do Láimh d'fhonn soiléiriú a fháil ar a ngaol le chéile agus teacht ar thuairim faoi bhunchruth an scéil agus a ról sa traidisiún scéalaíochta.

11

Is é an Slánaitheoir i gcaitheamh a shaoil phoiblí, an naomhphearsa is coitianta a bhíonn i gceist i leaganacha na Mór-roinne, agus is minic Naomh Peadar ina theannta. Sna leaganacha Éireannacha, áfach, ní hé an Slánaitheoir mar dhuine fásta is minice a bhíonn i gceist ach Muire agus an Leanbh Íosa in éineacht léi, sin, nó Naomh Pádraig ina aonar.[11] I roinnt leaganacha ón Mór-roinn is i gcló seanduine nó bacaigh a bhíonn an tástálaí,[12] agus i leaganacha aonair fiú, is ceardaí taistil nó abhac neamhshaolta é[13] – léiriú ar an tástálaí a thacaíonn le tuairim Benfey gur mó a bhaineann an scéal seo ó thús le neacha osnádúrtha págánacha ná le Críost ag taisteal in Iúdáia.[14] Is sa tslí chéanna – trí iarratas aíochta – a dhéantar tástáil ar thréithe daoine i bhformhór na leaganacha Éireannacha, sa leagan Síneach, agus arís i bhformhór na leaganacha ón Mór-roinn de Lean ar Do Láimh.[15] Is mná iad na carachtair dhaonna sa leagan Síneach, agus, cé is moite de chúpla eisceacht, is mar sin freisin atá i leaganacha uile na tíre seo agus na Mór-roinne.[16] De ghnáth, déanann an tástálaí teagmháil le beirt, duine fónta agus duine neamhfhiúntach, ach i roinnt bheag leaganacha bíonn an struchtúr dé-eachtrúil sin in easnamh agus ní luaitear ach teagmháil amháin – le bean fhónta nó le drochbhean.[17] Go hiondúil, is go tigh na mná fónta a thagann an tástálaí ar dtús agus ina dhiaidh sin go tigh na drochmhná. Tá eachtra réamhráiteach, áfach, i roinnt leaganacha ón Mór-roinn, ina dtagann an tástálaí ar dtús go tigh na drochmhná mar a n-eitítear é, agus imíonn sé ansin go tigh na mná fónta, agus ina dhiaidh sin filleann sé ar ais arís ar theach na drochmhná tar éis di cuireadh a thabhairt dó.[18]

Tá guí an naomhphearsa an-seasmhach i leaganacha an scéil – go leanfaí le gníomhaíocht áirithe ar feadh tréimhse shonraithe. Ar ndóigh, is mír lárnach i bplota an scéil í an ghuí seo agus ba chúnamh é sin lena cruth sainiúil a choimeád. Leanúint go hoíche le céadobair an lae an ghuí is coitianta sa scéal ar an Mór-roinn, ach tá mionsonraí difriúla maidir leis an tréimhse ama agus le gnéithe eile den ghuí i roinnt leaganacha.[19] Tá leanúint le céadobair an lae go hoíche, nó go teorainn ama eile, mar mhóitíf i leaganacha Éireannacha freisin, ach minic go maith leis, tá mar ghuí iontu leanúint leis an obair atá idir lámha (gan tréimhse ama a shonrú) – 'lean ar do láimh' nó 'lean ar do ghnó' – rud a dhealaíonn an scéal sa tír seo ó leaganacha na Mór-roinne agus ón leagan Síneach.[20]

Le flúirse éadaigh a chúitítear an bhean fhial i mbeagnach gach leagan den scéal. Is mar sin a bhíonn i ngach leagan Éireannach, sa leagan Síneach, agus i bhformhór mór leaganacha na Mór-roinne.[21] Is spéisiúil gur d'éadach seachas d'aon rud eile a thagraíonn guí an tástálaí chomh rialta sa scéal seo – línéadach a bhíonn i gceist i leaganacha na Mór-Roinne agus sa leagan Síneach, ach is flainín is coitianta a luaitear i leaganacha na tíre seo.[22] Oireann cineál an chúitimh go maith don eachtraíocht sna leaganacha sin den scéal ina mbíonn tairiscint éadaigh mar chuid den chóir a chuirtear ar an tástálaí – rud atá amhlaidh sa leagan Síneach agus i bhformhór na leaganacha Éireannacha.[23] Léine a thairgítear don naomhphearsa sa leagan Síneach agus léine is minice a luaitear sa scéal in Éirinn leis.[24] Tá an lúb áirithe seo i slabhra na heachtraíochta ar lár, áfach, i bhformhór na leaganacha i ndúichí Eorpacha eile.[25]

Tá seasmhacht mhór i gcineál an phionóis a chuirtear ar an mbean neamhfhiúntach. Doirteadh uisce an pionós go coitianta, agus i bhformhór mór na leaganacha, is é mún na mná an doirteadh a bhíonn i gceist.[26] Sa leagan Síneach, áfach, is ag doirteadh uisce as áras a bhíonn an bhean ghortach nuair a thosaíonn éifeacht na guí; níl an ghníomhaíocht seo luaite léi ach in dhá leagan Éireannacha,[27] ach tá sé i gceist i gcúpla ceann ón Mór-roinn.[28] Tá malairt pionóis seachas mún i gceist i roinnt leaganacha Éireannacha, mar atá, go bhfágtar gan aon bhreis éadaigh í,[29] ach tá pionóis mhalairteacha i bhfad níos drámatúla ná sin luaite i leaganacha ón Mórroinn, mar shampla, an lá a thabhairt ag cac, nó ag séideadh sróine, nó ag méanfach, nó ag tochas, nó faoi léigear ag dreancaidí nó damháin alla, nó ag síorghluaiseacht amach is isteach sa leaba nó sa tigh.[30]

Luaitear toradh suntasach ar mhún na mná i roinnt mhaith leaganacha sa mhéid go ndeirtear gurb é faoi deara abhainn nó loch. Ar na huiscí is aithnidiúla a luaitear an bunús seo leo i leaganacha na hÉireann, tá Loch nEathach, Loch Dearg, an Mháigh, an tSionainn agus abhainn an Scáil; tá an Seine agus an Scheldt ar na huiscí is aithnidiúla a luaitear an bunús seo leo i leaganacha na Mór-roinne.³¹ Sa tír seo, neamhspleách ar an scéal seo, luadh mún Mhedb agus mún Mhóire, mar bhunús le claiseanna sa talamh (leapacha abhann), ach ní móide go raibh tionchar ag an traidisiún faoi na pearsana sin ar fhorbairt an scéil Lean Ar Do Láimh.³²

III

Cé nach féidir tátail chríochnúla maidir le bunchruth an scéil Lean Ar Do Láimh nó gaol leaganacha éagsúla de le chéile a bhaint as an bplé thuas, is fiú, mar sin féin, na pointí seo a leanas a chur i láthair:

1   Tagann formhór na leaganacha Éireannacha, formhór na leaganacha ón Mór-roinn agus an leagan Síneach le chéile sa mhéid gur struchtúr dé-eachtrúil atá iontu – dhá theagmháil a bhíonn ag an tástálaí le carachtair dhaonna, le bean dhéirciúil agus le bean neamhfhiúntach faoi seach. Tagann an struchtúr dé-eachtrúil seo le toise teagascúil an scéil agus is féidir glacadh leis gur chuid den scéal ón tús é, agus gur trí shímpliú nó trí thruailliú ar an scéal bunaidh a tháinig ann do na leaganacha sin nach dtráchtann ach ar theagmháil naomhphearsa le carachtar daonna amháin. Maidir leis na leaganacha sin ón Mór-roinn a bhfuil eachtra réamhráiteach iontu ina n-eitíonn an bhean neamhfhónta an tástálaí roimh dó teagmháil a dhéanamh leis an mbean fhial, dhealródh gur forbairt thánaisteach atá san eachtra réamhráiteach seo a tháinig chun cinn b'fhéidir d'fhonn breis béime a chur ar neamhfhiúntas na mná.

2   Seasann na leaganacha Éireannacha agus an leagan Síneach le chéile in aghaidh leaganacha na Mór-roinne – cé is moite de dhá cheann – maidir le tairiscint éadaigh don tástálaí. Toisc flúirse mhíorúilteach éadaigh a bheith chomh seasmhach mar chúiteamh leis an mbean fhónta sa scéal seo i ngach áit ar insíodh é, tá sé réasúnta a mheas go n-éilíonn loighic an chúitimh le héadach gur chuid den scéal ó thús é gur thairg an bhean fhónta éadach don tástálaí.

3   I bhformhór mór leaganacha na Mór-roinne agus sa leagan Síneach, is do chéadobair an lae a thagraíonn an ghuí, ach i roinnt leaganacha Éireannacha, is toradh rafar ar obair atá idir lámha cheana féin an ghuí a thugann an naomhphearsa. Seans gur faoi anáil scéil eile, mar a fheicfear thíos, a tharlaíonn an casadh áirithe sin sna leaganacha seo.

4   Bheith ag mún an pionós a leagtar ar an drochbhean i bhformhór na leaganacha Éireannacha agus i bhformhór na leaganacha ón Mór-roinn, ach is doirteadh as áras atá i gceist sa leagan Síneach agus i roinnt bheag leaganacha ón Mór-roinn. Toisc gur minice go mór mún mar phionós ar an drochbhean ná uisce á dhoirteadh aici as áras, agus toisc gur chuí, b'fhéidir, go mbeadh náiriú na mná doicheallaí i gceist ina pionós, ní móide gur forbairt dhrámatúil nua sa scéal é mún na mná neamhfhiúntaí. Tharlódh freisin gur d'fhonn gáirsiúlacht a sheachaint a luafaí doirteadh uisce as áras sa scéal. In TA 1, mar shampla, tá an chuma ar fhoclaíocht an scéalaí gur ag seachaint tagairte do mhún na mná atá sé: 'and whatever way she was when he came in, she spilled water or something', agus in CI 10 freisin seachnaíonn an scéalaí tagairt shonrach do mhún na mná: 'He turned from the door when he saw what she was at and she remained there calling and shouting after him, the poor woman.'

Toisc gur cineál éigin doirteadh uisce an pionós is coitianta sna leaganacha éagsúla, is féidir glacadh leis gur forbairtí nua sa scéal iad na pionóis eile atá luaite i roinnt leaganacha ón Mór-roinn.

5   I bhformhór mór na leaganacha ó dhúichí na Mór-roinne treisítear leis an léiriú diúltach a thugtar ar an dara bean mar go ndeirtear ina taobh go raibh beartaithe go santach aici airgead a chomhaireamh i gcaitheamh an lae. Tagann na leaganacha Éireannacha agus an leagan Síneach le chéile sa mhéid nach bhfuil rún seo na drochmhná i gceist iontu, agus níl sé i gceist ach oiread i gceann den dá leagan Ghearmánacha a bhfuil tairiscint éadaigh iontu.[33] Is cinnte go gcuireann rún seo na drochmhná

le drámatúlacht an scéil, ach tharlódh gur forbairt thánaisteach é a tháinig chun cinn d'fhonn cur leis an toise teagascúil ann.

6   Má ghlactar leis gur chuid den scéal ó thús é tairiscint éadaigh don tástálaí, chiallódh sin gur i roinnt leaganacha Éireannacha, sa leagan Síneach agus in dhá leagan ón Mór-roinn (ón nGearmáin) is dílse a caomhnaíodh an scéal. Tá pátrún spéisiúil le tabhairt faoi deara sna pointí eile atá luaite thuas, mar atá, gur i leaganacha ón Mór-roinn atá fáil ar eilimintí a bhféadfaí a áiteamh ina dtaobh gur forbairtí nua sa scéal iad – eachtra réamhráiteach, pionóis mhalairteacha agus, b'fhéidir, comhaireamh airgid.

Tá le tuiscint ón scagadh thuas gur cóngaraí i slite suntasacha an leagan Síneach do na leaganacha Éireannacha ná do leaganacha na Mór-roinne. D'fhéadfaí a mhaíomh, b'fhéidir, gur léiriú é seo ar bhuaine traidisiúin ar imill a liomatáiste, ach pé scéal aige sin é, ar fhianaise na leaganacha atá fiosraithe, ní féidir tuairim Benfey faoi bhunús oirthearach an scéil a bhréagnú ná a chinntiú.

IV
Tá scéal eile sa bhéaloideas abhus a bhfuil gaol gairid aige leis an scéal a bhí á phlé go dtí seo agus, go deimhin, ar féidir é a áireamh mar insint ar leith de Lean Ar Do Láimh – mar éicitíopa Éireannach de. Is cosúil gur scéal Muimhneach amach is amach an ceann seo mar gur as an gcúige sin an beagán leagan de atá aimsithe.[34] Seo síos leagan samplach:

> Thángadar [an Slánaitheoir agus an Mhaighdean Mhuire] uair eile go dtí bean a bhí ag déanamh cuiginne.
> 'Im go huilleanna,' arsa ár dTiarna.
> 'Ní hea, ná a leath, a chabaire,' arsa an bhean, 'nach deisbhéalach ataíonn tú.'
> 'Lean ar do láimh,' arsa ár Slánaitheoir léi.

> Trí lá agus trí oíche a thug sí ag déanamh na cuiginne, ach ní bhfuair sí ruaine ime as.
>
> Thángadar go dtí bean eile a bhí ag déanamh cuiginne.
>
> 'Im go huilleanna,' ar seisean.
>
> 'Is ea agus go guaille,' arsa an bhean. 'Suigh síos agus gheobhair do dhóthain de.'
>
> 'Lean ar do láimh,' ar seisean. Thug sí an lá ar fad ag tarraing ime as an gcuiginn.[35]

Tá an bunphlota céanna le haithint anseo agus atá sa scéal atá pléite thuas: naomhphearsa (Críost, uaireanta le Muire, sin nó Naomh Pádraig leis féin) ag tástáil beirt bhan; tugann sé an ghuí chéanna dóibh ach bíonn toradh difriúil uirthi i gcás na beirte (méadaítear go míorúilteach an t-ábhar atá idir lámha ag an mbean fhónta, ach saothar in aisce a bhíonn in obair na drochmhná).[36] Déanann cineál an chúitimh leis an mbean fhónta an dá insint a idirdhealú: flúirse éadaigh an cúiteamh sa chéad insint a pléadh (insint an éadaigh), ach is flúirse ime atá i gceist sa dara hinsint (insint an ime). Déanann cineál na tástála iad a idirdhealú freisin: féile amháin atá á tástáil in insint an éadaigh, ach de bhreis air sin, in insint an ime, cúitítear muinín i ndeonú Dé (dóchas na dea-mhná go mbeidh 'im go guaille' aici), agus agraítear cocaireacht na mná neamhfhiúntaí a thugann 'cabaire' ar an naomhphearsa.

Is iad na nathanna traidisiúnta 'im go huilleana' nó 'lean ar do láimh', guí an naomhphearsa i ngach leagan d'insint an ime[37] .i. toradh céadach a bheith ar obair atá idir lámha cheana féin, agus dealraíonn an méid sin freisin an insint seo ó insint an éadaigh mar a bhfuil an ghuí dírithe go minic ar obair atá fós le tosú. De bharr na gcosúlachtaí atá idir insint an éadaigh agus insint an ime den scéal 'Lean ar Do Láimh', níorbh ionadh go mbeadh anáil acu ar a chéile. Mhíneodh a leithéid seo de thionchar conas go bhfuil mún doshrianta móide cruthú locha mar phionós ar an mbean neamhfhiúntach i leagan d'insint an ime,[38] agus freisin conas go bhfuil an ghuí 'lean ar do láimh' i roinnt leaganacha Éireannacha d'insint an éadaigh.

V

Mar chlabhsúr ar an bplé seo, níor mhiste tagairt a dhéanamh d'fheidhmeanna an scéil. Is scéal eiseamláireach é sa mhéid go léirítear cúiteamh na maitheasa agus agairt an oilc go drámatúil ann. Cúitítear an mhaith le maoin shaolta ach fágtar maoin na drochmhná gan mhéadú, agus in insint an éadaigh go háirithe, náirítear í. Suáilce na féile mar aon le duáilcí na sainte agus an fhormaid a léirítear in insint an éadaigh den scéal, agus tá an toise teagascúil tréan go maith i roinnt de na leaganacha Éireannacha, e.g.:

> Shiúlaigh sé [an Slánaitheoir] mórdtimpeall an domhan chun a chur in iúl duitse agus domsa sula ndéanfaimís aon ní as an slí … Ba shin a bhí de bharr a formaid aici.[39]

> Bíonn an rath i mbun na roinne. Agus bhí truamhéil agus carthanacht ina croí, agus bhí a fhios sin ag Íosa, moladh go deo leis … tá sé ráite nár chuaigh an mhaith amú ar aon duine riamh a dhéanfadh í.[40]

Cáintear fimíneacht go háirithe in insint an éadaigh den scéal sa mhéid gur ar mhaithe léi féin a chleachtann an drochbhean an fhéile, agus gur 'beir i bhfad mé' a bhíonn mar bhonn lena bronnadh. Léiríonn an insint seo freisin nach chun leasa duine i gcónaí é go bhfaigheadh sé a mhian, ceacht arb é an léiriú is aithnidiúla air sa bhéaloideas, b'fhéidir, an scéal i dtaobh mhian Mhídeas faoin ór.[41] Cuirtear béim ar impleachtaí sóisialta dhrochiompar na mná neamhfhiúntaí sna leaganacha sin a luann bá an cheantair mháguaird mar thoradh ar a doicheall.

Ba bhuanú ar an scéal, agus dá bhrí sin ar a theagasc, na locha agus na haibhneacha a raibh pionós na drochmhná luaite mar bhunús leo. Tá impleachtaí sóisialta i gceist arís i leaganacha d'insint an ime ina dtugtar le fios gurb é iompar na mná siúd faoi deara gan socrú níos sásúla a bheith ar fheiniméin áirithe: míníonn leagan díobh gurb é a freagra neamhfhiúntach is cúis lena laghad sin ime a bheith ar chuigeann ó shin, agus dearbhaíonn leagan eile gurbh é freagra drochmhúinte na mná a fhágann blas míthaitneamhach ar bhláthach a fhairsingítear le huisce.⁴² Ómós don naomhphearsa go háirithe a mholtar in insint an ime.

Ach, ar ndóigh, bhí toise an ghrinn agus fiú na gáirsiúlachta i bpionós na drochmhná in insint an éadaigh den scéal. Is léir an blas a fuair scéalaithe áirithe ar an ngné seo den eachtra ón mbéim a leagtar ar na sonraí a bhaineann leis sa téacs den scéal atá tugtha i dtús na caibidle. Léiríonn an scéal dearcadh tíriúil i leith na naomhphearsan – is daoine mar chách iad agus gnáthriachtanais acu, ar cheann díobh ó am go chéile, gá le léine nó drár. Ní le drochmheas ná le haincreideamh a léirítear sa tslí seo iad ach déantar amhlaidh mar gheall ar an gcaidreamh éasca a mhothaigh daoine leo, agus, freisin ar ndóigh, mar gheall ar an tóir a bhí ag an bpobal ar ghreann.⁴³ Is léir mar sin gur scéal idir shúgradh agus dáiríre é Lean Ar Do Láimh a sholáthair teagasc agus greann do dhaoine i mórán dúichí ar feadh na gcéadta bliain.

SUMMARY

A story popular in many cultures tells of a god walking incognito among men, rewarding the good and punishing the wicked for their deeds. A number of different manifestations of the story (ATU 750A) have been recorded in Irish tradition and the focus in this chapter is on one particular group in which the divine protagonist bestows the same wish on a miserly woman as he does on a generous one. This form of the story was especially popular in Munster, but it has also been recorded in a wide array of European countries and is first attested in a sermon from Martin Luther in 1534. It has been surmised that the story was originally of Oriental origin but due to insufficient evidence, its provenance must remain problematic. The wish bestowed on both the miserly and the generous woman is that they continue for a determined period of time with an activity already begun (frequently from daybreak to sunset). The generous woman begins working with cloth, which is then abundantly supplied, but the miserly woman usually begins by urinating, and in a good number of both Irish and Continental variants well-known lakes and rivers such as the Shannon, Lough Neagh, the Seine and the Scheldt, are said to have resulted from her activity. Clearly the story served a didactic function in portraying the benefits of generous behaviour. It also provided an opportunity for bawdy humour whose misogynistic tone is unmistakeable, all the more so in variants that elaborate on other bodily needs attended to by the miserly woman.

'Lean Ar Do Láimh'

1. Féach caibidil 14.
2. ATU 750A, *The Three Wishes*.
3. Féach Ó Héalaí 2012: 248–51. Tá an insint seo difriúil go maith ón dá insint eile agus tá molta in Ranke 1966: 222 # 56, gur cheart é a áireamh mar thíopa ar leith.
4. Leaganacha de réir contae: Ciarraí: CBÉ 201: 283–4 (Ci 1); CBÉ 201: 331 (Ci 2); CBÉ 532: 494–7 (Ci 3); CBÉ 570: 86–8 (Ci 4); CBÉ 587: 269–70 (Ci 5); CBÉ 659: 510–12 (Ci 6); CBÉ 701: 362 (Ci 7); CBÉ 1114: 166 (Ci 8); CBÉ 1152: 314–16 (Ci 9); CBÉ 1186: 343–6 (Ci 10); *An Claidheamh Solais*, VII, uimh. 19, 22 Iúil 1905: 3 (Ci 11); Corcaigh: CBÉ 96: 52–3 [= Ó Súilleabháin 1952: # 18] (Co 1); Port Láirge: CBÉ 259: 482 (PL 1); Tiobraid Árann: CBÉ 717: 346–7 (TA 1); CBÉ 738: 105–6 (TA 2). Gaillimh: CBÉ 868: 159–60 (Ga 1); CBÉ 1323: 228–30 (Ga 2); Maigh Eo: CBÉ 714: 325–6 (ME 1). I nGaeilge atá na leaganacha seo go léir seachas Ci 6, 8, PL 1, TA 1, 2, atá i mBéarla. Dealraíonn gur sa tír seo amháin atá fáil ar an scéal i mbéaloideas an Bhéarla.
5. Ga 2: Proinsias de Búrca a thóg ó Chiarán Ó Súilleabháin (68), Loch Con Aortha, Cill Chiaráin, Carna, Co. na Gaillimhe, in 1953. Tabharfar faoi deara sa téacs seo, (i) nach bhfáiltítear láithreach roimh an naomhphearsa i dteach na mná fónta, agus (ii) go n-iarrann an bhean fhónta luach saothair ar an naomhphearsa – eilimintí iad seo nach bhfuil i leaganacha eile.
6. Dähnhardt 1909: 140–53; Bolte & Polívka 1915: 216–18; Heckscher 1930: 608–10; Henssen 1935: 232–4; Ranke 1962: 94–5. Tá an anailís a dhéantar anseo ar an scéal i ndúichí na Mór-roinne bunaithe ar thuairisciú na leaganacha sna foinsí sin go príomha.
7. Bolte & Polívka 1915: 229.
8. *Ibid.*: 216.
9. Benfey 1859: 497. Mar thaca lena thuairim gur scéal Oirthearach ó thús é seo luann sé móitíf an línéadaigh gan teorainn a bheith i gceist i scéal Tibéadach freisin.
10. Féach Bolte & Polívka 1915: 214–15, mar a dtugtar le fios gur i bhfoilseachán de chuid na bliana 1801 is túisce tuairisc ar an leagan Síneach seo. Níl foinse luaite leis san fhoilseachán sin, agus ceal fianaise ar a mhalairt, glactar leis anseo gur leagan Síneach i ndáiríre é – ach, ar ndóigh, toisc gur aonarán é, ní fios cé chomh dílis a léiríonn sé an scéal i dtraidisiún an Oirthir, rud a chothaíonn deacracht mhor d'anailís chomparáideach.
11. An Mhaighdean Mhuire agus an Leanbh Íosa i Ci 1, 2, 5, 7, Co 1, Ga 1, PL 1, TA 2; Naomh Pádraig i Ci 3, 6, (8), 9, 11, Ga 2, ME 1; Críost mar dhuine fásta i Ci 4, 10, TA 1.
12. I leaganacha ón bhFrainc (2), ó Fhlóndras (1), ón Ostair (1), ón nGearmáin (3), agus ón Danmhairg (3) in Dähnhardt 1909: 142, 143, 145, 147, 148, 149.
13. Dhá leagan ón nGearmáin in Bolte & Polívka 1915: 215–16; Dähnhardt 1909: 148 # c.
14. Benfey 1859: 497.
15. Tá suíomh amuigh faoin aer ag an teagmháil tástála in Ci 3 (ar mhargadh), in Ci 9 (ar bhruach abhann) agus in Ci 11 (ag gabháil an bhóthair). Go heisceachtúil, i leagan Sualannach in Dähnhardt 1909: 150 # d, déantar an tástáil trí eolas na slí a lorg, ach is cineál tástála é seo ar mhianach duine agus tagann sé i gceist go háirithe i leaganacha de scéal eile, AT 822, *The Lazy Boy and the Industrious Girl*; féach Ó Héalaí 2012: 248–50.
16. Líon tí fial agus líon tí gortach atá i gceist in TA 2. I leagan Vallúnach (Dähnhardt 1909: 143) is fear é an carachtar gortach; fear fial agus fear gortach atá i leagan Polainneach, agus lánú fhial agus lánú

ghortach i leagan Rúiseach agus i leagan Gearmáineach, féach Heckscher 1930: 609 agus Henssen 1935: 232–234.

17 Ci 1, 2, ME 1, PL 1; Dähnhardt 1909: 145 # 5, 148c; Heckscher 1930: 609.

18 Dähnhardt 1909: 142 # 2, 143a, b, 146c, d, 147a, 148b, 7b, 149a, b, 150c, e, 150 # 9; Morin 1903): 509–10.

19 Thompson 1955–8: D2172.2. *Magic gift: power to continue all day what one starts.* Leanúint le céadobair an lae ar feadh trí lá, nó ar feadh tamall fada, nó ar feadh dhá uair an chloig, nó go dtí go gcuirtear isteach air, atá i leaganacha fánancha ón tSualainn, ón bhFionlainn, ón Ostair agus ón nGearmáin in Heckscher 1930: 608, 609; Dähnhardt1909: 150c, d. Rath ar chéadobair an lae, nó rath ar obair i gcoitinne, an ghuí i leaganacha ón nGearmáin, ón tSualainn agus ón Danmhairg in Dähnhardt 1909: 145 # 6b; 146c; 148 # 7a; 149–50. A rogha guí, nó a céad guí, a fhaigheann an bhean fhial i leaganacha ón nGearmáin agus ón Danmhairg in Dähnhardt 1909: 148c, 149c, e.

20 Leanúint go hoíche le céadobair an lae in Ga 2, Ci 1, Co 1; leanúint ar feadh seachtaine le céadobair an lae in Ci 7, 9; leanúint le céadobair an lae ar feadh tamaill fhada in PL 1. Leanúint le hobair idir lámha an ghuí in ME 1, Ci 3, 6, 8, 11, TA 1. Ní shonraítear an ghuí in Ga 1, Ci 2, 4, 5, 10, TA 2.

21 Tá airgead, fíon, soláthar maith uisce, mar chúiteamh i leaganacha Vallúnacha agus Gearmáineacha in Dähnhardt 1909: 142–3, 145 # 6a, 148c, agus Henssen 1935: 232–4.

22 Flainín in Ci 1, 4, 5, 8, 9, 10; anairt in Ci 2, Co 1; bréidín in Ci 3, Ga 1; *bandle cloth* in TA 1; snáth in Ci 7, agus éadach gan sonrú in Ga 2, ME 1, TA 2.

23 Tairgítear éadach don naomhphearsa, sin, nó iarrann sé é, i ngach leagan Éireannach seachas, Ci 7, 8, Pl 1, TA 2.

24 Luaitear léine in Ci 1, 6, 9, Ga 2, TA 1; culaith in Ci 3; drár in Ci 4, 10; stoca a dhearnáil in Ci 11; cóitín don Leanbh Íosa in Ci 5, Ga 1.

25 Níl trácht ar éadach á thairiscint don naomhphearsa ach in dhá leagan – Dähnhardt 1909: 145 # 5, agus Ranke 1962: 95.

26 As na 15 leagan den scéal in Éirinn a bhfuil an bhean ghortach mar charachtar iontu, mún an pionós a chuirtear uirthi in 11 díobh (Ci 3, 4, 6–11, Ga 2, PL 1, TA 2).

27 Ci 11 agus TA 1.

28 Bolte agus Polívka 1915: 216, Dähnhardt 1909: 148b.

29 Ci 5, Co 1, Ga 1, TA 2.

30 Heckscher 1930: 608–9.

31 PL 1; Ci 3, 4, 10, 11. Heckscher 1930: 610, n.137; Morin 1903: 509–10; Dähnhardt 1909: 144b; Sebillot 1905: 327–8; de Cock 1921: 12–3. Deirtear gur as smugaí na mná a tháinig an Scheldt in de Mont & de Cock 1927: 110–13. Tá an mhóitíf a luann mún pearsan miotasúla mar bhunús le haibhneacha ar fáil i dtraidisiúin éagsúla, féach Thompson 1955–8: A933, *River from urine of woman.*

32 Maidir le Medb, féach O'Rahilly 1970: ll. 4824–32, agus Mackinnon 1908: 208; maidir le Mór, féach Ó Siochfhradha 1939a: 75–6 agus Ó hÓgáin 1990: 305–6 s.v. 'Mór Mumhan'.

33 Dähnhardt 1909: 145 # 5.

34 Co. Chiarraí: CBÉ 960: 419, CBÉ 1114: 147 (cf. *Ar Aghaidh* 9 # viii, 5, Meitheamh 1940), CBÉ 1278: 62, CBÉ 1326: 483; Co. Chorcaí: CBÉ 203: 284–5.

35 CBÉ 1114: 147. Mícheál Ó Súilleabháin ó Mháire Uí Choileáin (75). Leataoibh Beag, Baile an Fheirtéaraigh, Co. Chiarraí. 1945.

36 Léirítear sa phionós móitífeanna atá áirithe mar a leanas in Thompson 1955–8: D2084.2: *Butter magically kept from coming* agus M471.1.1: *Curse: milk will not turn to butter*. I leagan amháin atá an struchtúr dé-eachtrúil le fáil (CBÉ 1114: 147); i leagan amháin eile tá an eachtra réamhráiteach leis an mbean neamhfhónta i gceist (CBÉ 203: 284–5); agus teagmháil an tástálaí leis an drochbhean an t-aon eachtra a luaitear sna leaganacha eile den scéal.

37 Féach go raibh 'uachtar go tóin agus im go huillin' mar ghuí ar mhaistreadh i gCois Fharraige (Ó Tuairisg 2015: 45).

38 CBÉ 203: 284–5.

39 Ci 10; cf. Ci 4: 'Sin é a bhí aici sin mar bhean de bharr a cuid sainte.'

40 Ci 2; cf. ME 1: 'Deir siad nach cóir dhuit an déirc a eiteach.'

41 ATU 775, *Midas' Short-sighted Wish*.

42 CBÉ 1278: 62 agus CBÉ 960: 419 faoi seach.

43 Tá an caidreamh éasca céanna le naomhphearsana i scéalaíocht dúichí éile freisin – féach mar shampla, Correnti 1993: 92–4; Gaster 1915: 39–44.

Noda / *Abbreviations*

AT   Aarne, Antti & Thompson, Stith 1961: *The Types of the Folktale. A classification and bibliography*. Folklore Fellows Communications. 184. Helsinki

ATU   Hans-Jörg Uther 2004. I–III: *The Types of International Folktales. A classification and bibliography based on the system of Antti Aarne and Stith Thompson*. Folklore Fellows Communications. 284–286. Helsinki

CBÉ   Cnuasach Bhéaloideas Éireann, An Coláiste Ollscoile, Baile Átha Cliath. Lámhscríbhinní an Phríomhbhailiúcháin

CBÉS Cnuasach Bhéaloideas Éireann, An Coláiste Ollscoile, Baile Átha Cliath. Lámhscríbhinní Bhailiúchán na Scol

DIL   1913–75: *Dictionary of the Irish Language based mainly on Old and Middle Irish materials*. Dublin

FGB   Ó Dónaill, Niall 1977: *Foclóir Gaeilge-Béarla*. Baile Átha Cliath

HdA   Hoffmann-Krayer, Eduard & Bächtold-Stäubli, Hanns 1927–1942: Eag. *Handwörterbuch des deutschen Aberglaubens*. I–X. Berlin

LUL   Lís (Ní Chatháin) Uí Laoithe (1912–2000), Blascaodach, faoi agallamh ag Pádraig Ó Héalaí. Taifeadtaí fuaime SVC 494 (16/8/1990); SVC 495 (19/1/1991)

ML   = Christiansen 1958

NCE   *New Catholic Encyclopedia*. New York. 1967

NFC   National Folklore Collection. Main manuscripts in the Delargy Centre for Irish Folklore, University College Dublin

NFCS National Folklore Collection. Schools manuscripts in NFC

SB Scríbhinní béaloidis. Sainbhailiúcháin. Leabharlann Uí Argadáin. Ollscoil na hÉireann, Gaillimh / Folklore Manuscripts. Special Collections. Hardiman Library. National University of Ireland, Galway

SPT Seán Pheats Tom Ó Cearnaigh (1913–96), Blascaodach, faoi agallamh ag Pádraig Ó Héalaí. Taifeadtaí físe SVC 424, SVC 425, SVC 426 (22/2/1990); taifeadtaí fuaime SVC 496 (7/1/1990), SVC 498 (9/3/1990)

SVC Taifeadtaí fuaime agus físe. Sainbhailiúcháin. Leabharlann Uí Argadáin. Ollscoil na hÉireann, Gaillimh / Audio and visual recordings. Special Collections. Hardiman Library. National University of Ireland, Galway

TIF Ó Súilleabháin, Seán & Christiansen, Reidar Th. 1963: *The Types of the Irish Folktale*. Folklore Fellows Communications. 188. Helsinki

Foinsí / Sources

Abrahams, Roger D. 1971: 'Personal Power and Social Restraint in the Definition of Folklore'. *Journal of American Folklore*. 84: 16–30.

'ac Gearailt, Breandán 2001: *500 Mallacht Ort*. Baile Átha Cliath.

af Klintberg, Bengt 2010: *The Types of the Swedish Folk Legend*. Helsinki.

Aldridge, R. B. 1969: 'Notes On Children's Burial Grounds in Mayo'. *Journal of the Royal Society of Antiquaries of Ireland*. 99: 83–7.

Almqvist, Bo 1990: 'The Mysterious Mícheál Ó Gaoithín, Boccaccio and the Blasket Tradition'. *Béaloideas*. 58: 75–140.

— 1991a: *Viking Ale. Studies on folklore contacts between the Northern and Western worlds*. Aberystwyth.

— 1991b: 'Irish Migratory Legends of the Supernatural'. *Béaloideas*. 59: 1–44.

— 1991c: 'Crossing the Border. A sampler of Irish migratory legends about the supernatural'. *Béaloideas*. 59: 209–78.

— 2012: 'Lísa Ní Shé Abducted by the Fairies: A Folk Legend Told by Peig Sayers'. Eag. Ríonach uí Ógáin, Willie Nolan, Éamonn Ó hÓgáin. *Sean, Nua agus Síoraíocht. Féilscríbhinn in Ómós do Dháithí Ó hÓgáin*. Baile Átha Cliath: 263–79.

Almqvist, Bo, Mac Aodha, Breandán, Mac Eoin, Gearóid 1975: Ed. *Hereditas. Essays and studies presented to Professor Séamus Ó Duilearga*. Dublin.

Almqvist, Bo & Ó Cathasaigh, Roibeard 2002: *Ó Bhéal an Bhab. Cnuas-scéalta Bhab Feiritéar*. Indreabhán.

— 2010: *Coiglimis an Tine. Cnuasach Seanchais agus Scéalta Bhab Feiritéar*. Baile an Fheirtéaraigh, Co. Chiarraí.

Almqvist, Bo & Ó Héalaí, Pádraig 2009: *Peig Sayers: Labharfad le Cách. I Will Speak to You All*. Baile Átha Cliath.

—— 2020: *Peig Sayers. Níl Deireadh Ráite. Not the Final Word.* Baile Átha Cliath.

Alver, Bente G. & Selberg, Torunn 1987: 'Folk Medicine as Part of a Larger Concept Complex'. *Arv. Nordic Yearbook of Folklore.* 43: 21–44.

Amades, Joan 1988: *L'origine des bêtes. Petite cosmogonie catalane.* Carcassone.

Anderson, George K. 1965: *The Legend of the Wandering Jew.* Providence.

An Seabhac: *féach* Ó Siochfhradha, Pádraig.

Arensberg, Conrad W. 1988: *The Irish Countryman.* Longrove, Ills.

Arensberg, Conrad M. & Kimball Solon T. 1968: *Family and Community in Ireland.* Cambridge Mass.

Ariès, Philippe 1960: *Centuries of Childhood.* Harmondsworth.

—— 1974: *Western Attitudes to Death.* Baltimore.

—— 1981: *The Hour of Our Death.* Harmondsworth.

Atchley, Edward G. 1898: 'Some Notes on the Beginning and Growth of the Usage of a Second Gospel at Mass'. *Transactions of the St. Paul's Ecclesiological Society.* 4: 161–175.

Bachrach, Arthur J. 1962: 'An Experimental Approach to Superstitious Behaviour'. *Journal of American Folklore.* 75: 1–9.

Bamberger, Bernard J. 1952: *Fallen Angels.* Philadelphia.

Baring-Gould, Sabine 1892: *Curious Myths of the Middle Ages.* London.

Barnes, Colin 1991: *Disabled People in Britain: A Case for Antidiscrimination Legislation.* London.

Barrington, Thomas J. 1976: *Discovering Kerry. Its history, heritage and Topography.* Dublin.

Baughman, Ernest W. 1966: *Type and Motif Index of the Folktales of England and North America.* The Hague.

Ballard, Linda 1998: *Forgetting Frolic: Marriage Traditions in Ireland.* London.

Becker, Heinrich 1997: *I mBéal na Farraige.* Indreabhán.

Beckett, Colm 1967: *Fealsúnacht Aodha Mhic Dhomhnaill.* Baile Átha Cliath.

Benfey, Theodor 1859: *Pantschantra: Fünf Bücher indische Fabeln, Märchen und Erzählungen.* I. Leipzig.

Bergin, Osborn 1913: 'Bardic Poetry'. *Journal of the Ivernian Society.* 5: 153–209.

Best, Richard I. & Bergin, Osborn 1929: *Lebor na hUidre. Book of the Dun Cow.* Dublin.

Bhreathnach, Máire 1982: 'The Sovereignty Goddess as Goddess of Death'. *Zeitschrift für celtische Philologie.* 39: 243–60.

Foinsí / Sources

Biesenhertz, H. 1915: 'Zauberkerzen'. *Zeitschrift des Vereins für Rheinische und Westfälische Volkskunde.* 12: 261–62.

Bloomfield, Morton W. & Dunn, Charles W. 1992: *The role of the poet in early societies.* Cambridge.

Bolstad Skjelbred, Anna H. 1991: 'Rites of Passage as Meeting Place: Christianity and Fairylore in Connection with the Unclean Woman and the Unchristened Child'. Ed. Peter Narvaez 1991: 215–23.

Bolte, Johannes 1900: *Kleinere Schriften zur Erzählenden Dichtung des Mittelalters von Reinhold Kohler.* Berlin.

Bolte, Johannes & Polivka, Jirí 1915: *Anmerkungen zu den Kinder und Hausmärchen der Brüder Grimm.* II. Leipzig.

Bond, Pat 1988: 'The Irish Travellers in the United States'. *Sinsear. The Folklore Journal.* 5: 45–58.

Bostock, John 1855: *The Natural History. Pliny the Elder.* London.

Bourke, Angela 1999. *The Burning of Bridget Cleary: A True Story.* London.

Brand, John 1849: *Observations on the Popular Antiquities of Great Britain.* London.

Bray, Dorothy A. 1992: *A List of Motifs in the Lives of the Early Irish Saints.* FF Communications 252. Helsinki.

Breatnach, Liam 1987: *Uraicept na riar: the poetic grades of early Irish law.* Dublin.

Breatnach, Nioclás 1988: *Ar Bóthar Dom.* Rinn Ó gCuanach.

Breatnach, Pádraig A. 1997: *Téamaí Taighde Nua-Ghaeilge.* Maigh Nuad.

Breatnach, Risteard 1961: *Seana-Chaint na nDéise.* II. Baile Átha Cliath.

Breeze, Andrew 1990a: 'Job's Gold in Medieval England, Wales and Navarre'. *Notes and Queries.* 235: 275–8.

—— 1990b: 'The Instantaneous Harvest'. *Ériu.* 41: 81–93.

Briggs, Katharine 1971: *Dictionary of British Folk-Tales in the English Language.* I–IV. London.

—— 1978: *The Vanishing People. A study of traditional fairy beliefs.* London.

Briody, Micheál 1977: 'Súil na Sióg le Slánú: Migratory Legend 5050'. Third Year Essay. Department of Irish Folklore, University College, Dublin.

Bristowe, W. S. 1945: 'Spider Superstitions and Folklore'. *Transactions of the Connecticut Academy of Sciences.* 36: 53–90.

British Medical Association 1956: *Divine Healing and Cooperation between Doctors and Clergy.* London.

Bruford, Alan 1963: 'Eachtra Chonaill Gulban'. *Béaloideas*. 31: 1–50.

—— 1966: *Gaelic Folktales and Medieval Romances* (= *Béaloideas*. 34).

—— 1978: 'Recitation or Re-creation? Examples from South Uist Storytelling'. *Scottish Gaelic Studies*. 22: 27–44.

Bruford, Alan & MacDonald, Donald Archie 1994: *Scottish Traditional Tales*. Edinburgh.

Brunton, D. 1999: 'The Problems of Implementation: The Failure and Success of Public Vaccination against Smallpox in Ireland 1840–1873'. Eds. Jones & Malcolm 1999: 138–57.

Burckhardt, Jacob 1960: *The Civilization of the Renaisssance in Italy*. New York.

Burke, Mary 2007: 'US Literature and Popular Culture and the Irish American Traveller: a call for research'. Eds. Michael Hayes & Thomas Acton. *Travellers, Gypsies, Roma: the Demonisation of Difference*. Newcastle-upon-Tyne: 30–36

Burke, Mary M. 2021: 'The Lisheen/Killeen (an Unconsecrated Burial Site for Stillborn Babies'. Ed. Salvador Ryan. *Birth and the Irish: a Miscellany*. Dublin: 179–83.

Burke, Peter 1978: *Popular Culture in Early Modern Europe*. Aldershot.

Burriss, Eli E. 1974: *Taboo, Magic and Spirits. A study of primitive elements in Roman religion*. Westport, Connecticut.

Burton, John 1968: *The Oxford Book of Insects*. Oxford.

Camden, William 1722: *Britannia or a Chorographical Description of Great Britain and Ireland*. Ed. Edmund Gibson. London.

Campbell, John F. 1983: *Popular Tales of the West Highlands*. II. Hounslow.

Campbell, John G. 1900: *Superstitions of the Highlands and Islands of Scotland. Tales and traditions collected from oral sources*. Glasgow.

Campbell, John L. 1975: *A Collection of Highland Rites and Customs*. Cambridge.

Caomhánach, Seán [An Cóta] [1936–42]: *Croidhe Cainnte Chiarraighe ag an gCóta*. Ar fáil (leagan leictreonach cóirithe ag Ní Mhaonaigh, T.):

https://www.forasnagaeilge.ie/wp-content/uploads/2016/06/8fddae92ae307b022d964ebe73d45df6.pdf.

Carleton, William 1841: 'The Irish Shanahus'. *Irish Penny Journal*. 29. May: 378–80.

Carmel 1913: Folklore. *Irisleabhar Muighe Nuadhad*: 9–13.

Carmichael, Alexander 2006: *Ortha nan Gàidheal: Carmina Gadelica*. I–VI. Edinburgh.

Carney, James 1955: *Studies in Irish Literature and History*. Dublin.

Carney, Maura 1957: 'Fót báis / banaþúfa'. *Arv. Journal of Scandinavian Folklore*. 13: 173–79.

Foinsí / Sources

Carpenter, Andrew 2003: *Teague Land or A Merry Ramble to the Wild Irish (1698)*. Dublin.

Casimer, Michael J. 1987: 'In Search of Guilt: Legends in Search of the Peripatetic Niche'. Ed. Aparna Rao. *The Other Nomads. Peripatetic minorities in cross-cultural perspective*. Wien: 373–90.

Céitinn, Seathrún 1902: Eag. David Comyn. *Foras Feasa ar Éirinn*. I. Irish Texts Society. IV. London.

Charles, R. H. 1893: *The Book of Enoch*. Oxford.

Chearra, Jimmy 2010: *Seanchas Jimmy Chearra*. Baile Átha Cliath.

Child, Francis J. 1885: *The English and Scottish Popular Ballads*. II. Boston.

Christiansen, Reidar Th. 1938: 'Towards a Printed List of Irish Fairytales'. *Béaloideas*. 8: 97–105.

—— 1958: *The Migratory Legend*. Folklore Fellows Communications 175. Helsinki.

—— 1959: *Studies in Irish and Scandinavian Folktales*. Copenhagen.

—— 1975: 'Some Notes on the Fairies and the Fairy Faith'. In: Almqvist, Mac Aodha, Mac Eoin: 95–111.

Classen, Albrecht 2005: 'Philippe Ariès and the Consequences. History of childhood, family relations and personal emotions; where do we stand today?' Ed. Albrecht Classen. *Childhood in the Middle Ages and the Renaissance. The results of a paradigm shift in the history of mentality*. Berlin: 1–66

Coe, Rodney M. 1997: 'The Magic of Science and the Science of Magic'. *Journal of Health and Social Behaviour*. 38: 1–8.

Coghill, Nevill 1970: Ed. *The Canterbury Tales*. Harmondsworth.

Colgan, Nathaniel 1911–1915: 'Gaelic Plant and Animal Names'. *Proceedings of the Royal Irish Academy*. 31. IV: 1–30.

Conboy, Noeleen 1982–1983: 'Burying the Sheaf: a Form of Murder by Magic'. *Sinsear. The Folklore Journal*. 4: 102–6.

Connolly, Hugh 1929: *Didascalia Apostolorum*. Oxford.

Connolly, Seán J. 1982: *Priests and People in Pre-Famine Ireland 1780-1845*. Dublin.

Cooney, Gabriel 1997: 'A Tale of Two Mounds: monumental landscapes design at Fourknocks, Co. Meath'. *Archaeology Ireland*. 11: 17–19.

Corish, Patrick J. 1981: *The Catholic Community in the Seventeenth and Eighteenth Centuries*. Dublin.

Correll, Tomothy C. 2005: 'Believers, Skeptics, and Charlatans: Evidential Rhetoric, the Fairies, and Fairy Healers in Irish Oral Narrative and Belief'. *Folklore*. 116: 1–18.

Correnti, Santi 1993: *Leggende di Sicilia e loro genesi storica.* Palermo.

Corrigan, Desmond 1984: 'The Scientific Basis for Folk Medicine: the Irish Dimension'. Ed. Vickery 1984: 10–42.

Coster, William 1990. 'Purity, Profanity, and Puritanism: the Churching of Women, 1500–1700'. *Studies in Church History.* 27: 377–87.

Coyle, Adrian 2012: 'The Relationship between Adomnán of Iona's Life of St Columba and Celtic Christianity/Spirituality'. *Journal for the Study of Spirituality.* 2: 77–90.

Crawley, Alfred 1934: *Oath, curse, and blessing: and other studies in origins.* London.

Cressy, David 1993: 'Purification, Thanksgiving and the Churching of Women in Post-Reformation England'. *Past and Present.* 141: 106–46.

Croker, Thomas C. 1824: *Researches in the South of Ireland 1812–1822.* London.

— 1825: *Fairy Legends and Traditions in the South of Ireland.* London.

— 1828: *Fairy Legends and Traditions in the South of Ireland.* I–III. London.

Crombie, Deirdre 1990: *Children's Burial Mounds in Co. Galway.* MA thesis. National University of Ireland, Galway.

Cross, Tom Peete 1952: *Motif-Index of Early Irish Literature.* Bloomington.

Cuppage, Judith & Bennett, Isabel 1986: *Suirbhé Seandálaíochta Chorca Dhuibhne. Archchaeological Survey of the Dingle Peninsula.* Baile an Fheirtéaraigh, Co. Chiarraí.

Curtin, Jeremiah 1894: *Hero Tales of Ireland.* London.

— 1974: *Tales of the Fairies and of the Ghost World.* Dublin.

Dähnhardt, Oskar 1909: *Natursagen. Eine Sammlung naturdeutender Sagen, Märchen, Fabeln und Legenden.* II. Leipzig.

Dalyell, John G. 1835: *The Darker Superstitions of Scotland.* Glasgow.

Danaher, Kevin 1962: *In Ireland Long Ago.* Dublin.

— 1964: *Gentle Places and Simple Things.* Cork.

— 1972: *The Year in Ireland.* Cork.

Danckert, Werner 1963: *Unehrliche Leute. Die verfemten Berufe.* Bern.

Davidson, Hilda Ellis 1964: *The Lost Beliefs of Northern Europe.* Harmondsworth.

Dease, Charlotte 1924: *Paidreacha na nDaoine.* Baile Átha Cliath.

de Bhladraithe, Tomás 1977: *Seanchas Thomáis Laighléis.* Baile Átha Cliath.

— 1996: 'Nótaí ar Fhocail'. *Éigse.* 29: 51–5.

de Brún, Pádraig 1990: *An Odaisé.* Eag. Ciarán Ó Coigligh. Baile Átha Cliath.

de Cock, Alfons 1921: *Vlaamsche Sagen.* Amsterdam.

de Hindeberg, Piaras 1941: *Paidreacha na nDaoine.* Tráchtas Ph.D. Ollscoil na hÉireann.

—— 1943: 'Seanchas as Dúithche Paorach'. *Béaloideas*. 13: 238–53.

—— 1956: 'Paidreacha na nDaoine'. *Irisleabhar Muighe Nuadhat*: 35–41.

Dégh, Linda 2001: *Legend and Belief. Dialectics of a folklore genre*. Bloomington.

Dégh, Linda & Vázsonyi, A. 1971: 'Legend and Belief'. *Genre*. 4: 281–304.

Delay, Cara 2021: 'Fertility Control, Abortifacients and Emmenagogues'. Ed. Salvador Ryan. *Birth and the Irish: A miscellany*. Dublin: 108–11.

Delaney, James 1985-1986: 'Cutting the Worm's Knot'. *Folk Life*. 24: 113–17.

Delargy, James H. 1969: 'The Gaelic Story-Teller with Some Notes on Gaelic Folktales'. Reprints in Irish Studies 6. Chicago [= *The Proceedings of the British Academy*. 31 (1945:): 177–221].

de Mause, Lloyd 1974: Ed. *The History of Childhood*. New York.

de Mont, Pol & de Cock, Alfons 1927: *Vlaamsche Volksvertetsels*. Zutphen.

Dempster, Miss 1888: 'The Folklore of Sutherland'. *Folklore Journal*. 6: 149–89.

Dennehy, Emer 1997: *The Ceallúnaigh of County Kerry: An Archeological Perspective*. MA thesis. University College Cork.

Dentan, R. C. 1962: *The Interpreter's Dictionary of the Bible*. II. New York.

Din, Pádraig 1945: Eag. Diarmuid Ó hÉaluighthe, *Stiúratheoir an Pheacuig*. Corcaigh.

Dinneen, Patrick 1905: *Muinntear Chiarraidhe roimh an droch-shaoghal*. Baile Átha Cliath.

—— 1927: *Foclóir Gaeidhilge agus Béarla*. Dublin.

Donnelly, Colm J. & Murphy, Eileen M. 2008: 'The Origins of *Cillíní* in Ireland'. Ed. Eileen M. Murphy. *Deviant Burial in the Archaeological Record*. Oxford: 191–223.

Donnelly, Colm J. & Murphy, Eileen M. 2018: 'Children's Burial Grounds (cillíní) in Ireland: New Insights into an Early Modern Religious Tradition'. Ed. Sally Crawford, Dawn M. Hadley, Gillian Crawford. *The Archaeology of Childhood*. Oxford: 608–28.

Donnelly, Séamus, Donnelly, Colm, Murphy, Eileen. 1999: 'The Forgotten Dead: The *Cillíní* and Disused Burial Grounds of Ballintoy, County Antrim'. *Ulster Journal of Archaeology*. 58: 109–13.

Douglas, Mary 1970: *Natural Symbols*. London.

—— 1975: *Implicit Meanings. Essays in anthropology*. London.

Dowling, Patrick J. [post 1932]: *The Hedge Schools of Ireland*. Dublin.

Downey, Declan M. 2002: 'The Irish Contribution to Counter-Reformation Theology in Continental Europe'. Ed. Brendan Bradshaw & Dáire Keogh. *Christianity in Ireland. Revisiting the Story*. Dublin: 96–108.

Duffy, Éamon 1992: *The Stripping of the Altars. Traditional religion in England 1400–1580.* New Haven.

Dumville, David N. 1973: 'Biblical Apocrypha and the Early Irish: A Preliminary Investigation'. *Proceedings of the Royal Irish Academy.* 73C: 299–338.

Duncan, Lillian 1931: 'Altram Tige Dá Medar'. *Ériu.* 11: 184–225.

Dundes, Alan 1965: *The Study of Folklore*, Englewood Cliffs, New Jersey.

—— 1980a: *Interpreting Folklore.* Bloomington.

—— 1980b: 'The Number Three in American Culture'. In Dundes 1980a: 134–59.

—— 1981a: *The Evil Eye. A Folklore Casebook.* New York.

—— 1981b: 'Wet and Dry, the Evil Eye: an Essay in Indo-European Worldview'. In Dundes 1981a: 257–312.

Dundes, Alan & Georges, Robert 1963: 'Towards a structural definition of a riddle'. *Journal of American Folklore.* 76: 111–18.

Eliade, Mircea 1971: *The Myth of the Eternal Return.* Princeton.

—— 1978: *No Souvenirs. Journal 1957–69.* London.

—— 1987: Ed. *The Encyclopedia of Religion.* New York.

Elworthy, F. T. 1986: *The Evil Eye.* New York.

Escher, Walter; Gantner, Theo; Trümpy, Hans 1973: Eag. *Festschrift für Robert Wildhaber.* Basel.

Evans, Estyn 1957: *Irish Folk Ways.* London.

Evans, Dylan 2003: *Placebo. The belief effect.* London.

Evans-Wentz, Walter Y. 1981 [1911]: *The Fairy Faith in Celtic Countries.* Gerrards Cross.

Fanning, Thomas 1981: 'Excavation of an Early Christian cemetery and settlement at Reask, County Kerry'. *Proceedings of the Royal Irish Academy.* 81. C: 67–172.

Fejos, Paul 1968: 'Magic, Witchcraft and Medical Theory in Primitive Cultures'. Ed. Alan Dundes. *Everyman His Way.* Englewood Cliffs, New Jersey: 275–88.

Fiachra Éilgeach: *féach* Ó Foghludha, Risteard.

Finlay, Nyree 2000: 'Outside of Life: Traditions of Infant Burial in Ireland from Cillín to Cist'. *World Archaeology.* 31: 407–22.

Fisher, John H. 1989: *The Complete Works of Geoffrey Chaucer.* New York.

Fitzpatrick, David 1985: 'Marriage in Post-Famine Ireland'. Ed. Art Cosgrove. *Marriage in Ireland.* Dublin.

Flower, Robin 1930: 'Sgéalta ón mBlascaod'. *Béaloideas.* 2: 373–80.

—— 1944: *The Western Island.* Oxford.

Foinsí / Sources

—— 1957: 'Measgra ón Oileán Tiar'. *Béaloideas* 25: 46–106.

Forbes Alexander R. 1905: *Gaelic Names of Beasts (Mamalia), Birds, Fishes, Insects, Reptiles etc.* Edinburgh.

Foster, George M. 1953: 'What is folk culture?' *American Anthropologist.* 55: 159–73.

—— 1967: 'Peasant Society and the Image of Limited Good'. Eds. Jack M. Potter *et al. Peasant Society. A Reader.* Boston: 300–23.

Franz, Adolph 1909: *Die kirchlichen Benediktionen im Mittelalter.* I–II. Freiburg.

Frazer, James G. 1968: 'The Roots of Magic'. Ed. Alan Dundes. *Everyman His Way.* Englewood Cliffs, New Jersey: 79–119.

—— 1987: *The Golden Bough.* Abridged edition. London.

Frazer, William 1896: 'On Holed or Perforated Stones in Ireland'. *Journal of the Royal Society of Antiquaries of Ireland.* 6: 158–69.

Fry, Susan L. 1999: *Burial in Medieval Ireland 900–1500. A review of the written Sources.* Dublin.

Fusick, Adam & Pauli, Jamey 2021: 'Couvade syndrome: more than a toothache'. *Journal of Psychosomatic Obstetrics and Gynecology.* 42: 168–72.

Gamble, John 1813: *A View of Society and Manners in the North of Ireland in the Summer and Autumn of 1812.* London.

Gantz, Jeffrey 1980: *Early Irish Myths and Sagas.* Harmondsworth.

Garnsey, Peter 1991: 'Child Rearing in Ancient Italy'. Eds. Kertzer & Saller 1991: 48–65.

Gasparri, Pietro 1917: Eag. *Codex Iuris Canonici.* Romae.

Gaster, Maurice 1915: *Rumanian Bird and Beast Stories.* London.

—— 1923: 'Rumanian Popular Legends of the Virgin Mary'. *Folklore.* 34: 45–85.

Gélis, Jacques 1991: *History of Childbirth.* Cambridge.

Gilbert, Edmund; Carmi Shai; Ennis, Seán; Wilson, James; Cavelleri, Gianpiero 2017. 'Genomic insights into the population structure and history of the Irish Traveller'. *Scientific Reports.* 7. # 42187 (2017): 1–12.

Gittings, Clare 1984: *Death, Burial and the Individual in Early Modern England.* London.

Godel, Willibrord 1963: 'Irisches Beten im Frühen Mittelalter'. *Zeitschrift für Katholische Theologie.* 85: 261–321; 389–439.

Goodrich-Freer, Ada 1902: *Outer Isles.* Westminster.

Golden, Mark 1988: 'Did the Ancients Care When Their Children Died?' *Greece and Rome.* 35: 152–63.

―― 1990: *Children and Childhood in Classical Athens*. Baltimore.

Gougaud, Louis 1932: *Christianity in Celtic Lands*. London.

Gregory, Lady 1976: *Visions and Beliefs in the West of Ireland*. Gerrards Cross.

Gurevich, Aron Y. 1968: 'Wealth and Gift-Bestowal among the Ancient Scandinavians'. *Scandinavica*. 7: 126–38.

―― 1988: *Medieval Popular Culture: Problems of Belief and Perception*. Cambridge.

Gwynn, Edward J. 1910: 'On the Idea of Fate in Irish Literature'. *Journal of the Ivernian Society*. 2: 152–65.

Hamburger, Matthias 2002: 'Isatis tinctoria—from the rediscovery of an ancient medicinal plant toward a novel anti-inflammatory phytopharmaceutical'. *Phytochemistry Review* 1: 333–44.

Hand, Wayland D. 1965: 'The Magical Transfer of Disease'. *North Carolina Folklore*. 13: 83–109.

―― 1966: 'Plugging, Nailing, Wedging and Kindred Folk Medical Practices'. Ed. Bruce Jackson, *Folklore and Society. Essays in honor of Benjamin A. Botkin 1901–1975*. Hathoro: 63–75.

―― 1968: "'Passing Through' Folk Medical Magic and Symbolism'. *Proceedings of the American Philosophical Society*. 102: 379–402.

―― 1970: 'Hangmen, the Gallows and the Dead Man's Hand in American Folk Medicine'. Eds. Jerome Mandell & Bruce A. Rosenberg. *Medieval Literature and Folklore Studies: Essays in Honor of Francis Lee Utley*. New Brunswick, New Jersey: 323–9.

―― 1971–73: 'Folk Curing: The Magical Component'. *Béaloideas*. 39–41: 140–56.

―― 1973: 'Measuring with String Thread and Fibre: A Practice in Folk Medical Magic'. Eag. Escher, Gantner, Trümpy: 240–51.

Harbison, Peter 1991: *Pilgrimage in Ireland. The monuments and the people*. London.

Harari, Yuval N. 2014: *Sapiens: A Brief History of Mankind*. London.

Harland, John & Wilkinson, Thomas T. 1873: *Lancashire legends, traditions, pageants, sports etc*. London.

Harmon, Maurice 1973: Ed. William Carleton. *Traits and Stories of the Irish Peasantry*. I. Cork.

Harvey, Clodagh Brennan 1989: 'Some Irish Women Storytellers and Reflections on the Role of Women in the Storytelling Tradition'. *Western Folklore* 48: 109–128.

Hartland, Edwin S. 1891: *The Science of Fairy Tales. An inquiry into fairy mythology*. London.

Hartmann, Hans 1942: *Über Krankheit Tod und Jenseitsvorstellungen in Irland*. Halle.

Foinsí / Sources

Hartmann, Hans *et al.* 1996: Eag. *Airneán. Eine Sammlung von Texten aus Carna, Co. na Gaillimhe.* Tübingen.

Hastings, James 1908–1927: *Encyclopaedia of Religion and Ethics.* I–XII. Edinburgh.

Hazlitt William C. 1995: *Dictionary of Faith and Folklore.* London.

Heckscher, K. 1930: 'Erster, erstes, zuerst'. Eag. Mackensen & Bolte 1930: 601–20.

Henderson, George 1911: *Survivals of Beliefs among the Celts.* Glasgow.

Henderson, William 1866: *Notes on the Folk Lore of the Northern Counties of England and the Borders,* London.

Hennecke, Edgar 1963: *New Testament Apocrypha.* I. Ed. Wilhelm Schneemelcher. London.

Henssen, Gottfried 1935: *Volk Erzählt Münsterländ. Sagen, Märchen und Schwänke.* Münster.

Herder 1958: *A Catholic Catechism.* Freiburg.

Herity, Michael 2009: *Ordnance Survey Letters Mayo ... information collected during the progress of the Ordnance Survey in 1938.* Dublin.

Herren, Michael W. 1987: *The Hisperica Famina. II. Related Poems.* Toronto.

Hertz, Robert 1960: *Death and the Right Hand.* Oxford.

Heussaff, Anna 1992: *Filí agus Cléir san Ochtú hAois Déag.* Baile Átha Cliath

Heywood, Colin 2001: *A History of Childhood: Children and Childhood in the West from Medieval to Modern Times.* Cambridge

Hillgarth, J. N. 1986: Ed. *Christianity and Paganism: The Conversion of Western Europe, 350–750.* Philadelphia.

Holbek, Bengt 1987: *Interpretation of Fairy Tales. Danish folklore in a European perspective.* Helsinki.

Hole, Christine 1977: *Witchcraft in England.* London.

Holm, Jean & Bowker, John 1994: *Rites of Passage.* London.

Holmes Mc Dowell, John 1979: *Children's Riddling.* Bloomington.

Honko, Lauri 1962–63: 'On the Effectivity of Folk Medicine'. *Arv* 18–19: 132–42.

—— 1964: 'Memorates and the Study of Folk Beliefs'. *Journal of the Folklore Institute.* 1: 5–19.

Hood, Bruce M. 2009: *Supersense: Why We Believe in the Unbelievable.* London.

Hull, Eleanor 1910a: *A Text Book of Irish Literature.* I. Dublin.

—— 1910b: 'The Ancient Hymn Charms of Ireland'. *Folklore* 21: 417–46.

Hull, Vernam & Taylor Archer 1955: *A Collection of Irish Riddles.* Folklore Studies 6. Berkeley.

Humphreys, Marguerita T. 2008: 'Rituals of Power in Ceremonial Customs and Beliefs Relating to Pregnant and Post-Parturient Women'. *Béascna*. 4: 98–111.

Hunt, Bampton 1912: *Folktales of Breffny*. London.

Hunter, Michael 2001: 'The Discovery of Second Sight in Late 17th-Century Scotland'. *History Today*. 51 (6): 48–53.

Hyde, Douglas 1906: *Abhráin Diadha Chúige Connacht. The Religious Songs of Connacht*. I–II. London.

—— 1915: *Legends of Saints and Sinners*. Dublin.

Í Chearnaigh, Seán S. 1974: *An tOileán A Tréigeadh*. Baile Átha Cliath.

Illick, Joseph E. 1974: 'Child-Rearing in Seventeenth-Century England and America'. Ed. de Mause 1974: 303–50.

Innes, Mary M. 1955: *The Metamorphoses of Ovid*. Harmondsworth.

Jackson, Kenneth H. 1938: *Scéalta ón mBlascaod* [= *Béaloideas* 8: 3–96].

—— 1939–1941: 'A Note on the Miracle of the Instantaneous Harvest'. *Bulletin of the Board of Celtic Studies*. 10: 203–7.

—— 1940: 'Some Fresh Light on the Miracle of the Instantaneous Harvest'. *Folklore*. 51: 203–10.

—— 1961: *The International Popular Tale and Early Welsh Tradition*. Cardiff.

—— 1990: Ed. *Aislinge Meic Con Glinne*. Dublin.

Jones, Ernest 1965: 'Psychoanalysis and Folklore'. Ed. Dundes 1965: 88–102.

Jones Greta & Elizabeth Malcolm 1999: *Medicine Disease and the State in Ireland 1650–1940*. Cork.

Johnson, Richard F. 2005: *Saint Michael the Archangel in Medieval English Legend*. Woodbridge, Suffolk.

Joyce, Patrick W. 1903: *A Social History of Ancient Ireland*. I–II. London.

—— 1910: *English as We Speak It in Ireland*. London.

Jungmann, Joseph A. 1957: *Public Worship. A survey*. Collegeville, Minnesota.

Kapaló, James A. 2013: 'Folk Religion in Discourse and Practice'. *Journal of Folklore and Ethnology*. 7: 1–18.

Kaplan, David & Saler, Benson et al. 1966: 'Foster's 'Image of Limited Good'. An example of anthropological explanation'. *American Anthropologist*. 68: 202–14.

Kelly, James 1992: 'Infanticide in Eighteenth-Century Ireland'. *Irish Economic and Social History*. 19: 5–26.

Foinsí / Sources

Kelly, James 1999: 'The Emergence of Scientific and Institutional Medical Practice in Ireland 1650–1800'. Ed. Jones & Malcolm 1999: 21–39.

Kelly, Fergus 1997: *Early Irish Farming*. Dublin.

—— 1988: *A Guide to Early Irish Law*, Early Irish Law Series. III. Dublin.

K'eogh, John 1735: *Botanalogia Universalis Hibernica*. Cork.

—— 1739: *Zoologia Medicinalis Hibernica*. Dublin.

Kertzer David I. & Saller Richard P. 1991: *The Family in Italy from Antiquity to the Present*. New Haven.

Kieckhefer, Richard 1989: *Magic in the Middle Ages*. Cambridge.

King, Archdale A. 1957: *Liturgy of the Roman Church*. London.

Kirk, Robert 1893: *The Secret Commonwealth of Elves, Fauns and Fairies*. Reprinted with Introduction by Andrew Lang. London.

Kittredge, George. L. 1929: *Witchcraft in Old and New England*. Boston.

Knödel, Natalie 1997: 'Reconsidering an Obsolete Rite: The Churching of Women and Feminist Liturgical Theology'. *Feminist Theology*. 5: 106–25.

Kvideland, Reimund & Sehmsdorf, Hennig K. 1988: *Scandinavian Folk Belief and Legend*. Minneapolis.

Laoide, Seosamh 1905: *Sgéalaidhe Oirghialla*. Baile Átha Cliath.

—— 1909: *Mac Mic Iasgaire Bhuidhe Luimnighe*. Baile Átha Cliath.

—— 1915: *Tonn Tóime*. Baile Átha Cliath.

Larkin, Emmet J. 1976: *The Historical Dimension of Irish Catholicism*. Dublin.

Law, Robert A. 1922: 'In Principio'. *Proceedings of the Modern Languages Association*. 37: 208–15.

Leach, Maria 1949–1950: *The Standard Dictionary of Mythology, Folklore and Ethnology*. I–II. New York.

le Fanu, William R. 1928: *Seventy Years of Irish Life*. London.

Le Goff, Jacques 1984: *The Birth of Purgatory*. London.

Lenihan, Edmund 1987: *In Search of Biddy Early*. Cork.

—— 2003: *Meeting the Other Crowd: The Fairy Stories of Hidden Ireland*. Dublin.

Leonard, Johnston 1953: 'The Gospel of Jesus Christ according to St John'. Eds. Bernard Orchard *et al*. *A Catholic Commentary on Holy Scripture*. London: 971–1017 (#776a– #813g).

Lewis, Michael 2017: *The Undoing Project*. New York.

Lincke, W. 1930: 'Götterwanderung'. Eag. Mackensen & Bolte 1930: 652–55.

Lincoln, Bruce 1977: 'Death and Resurrection in Indo-European Thought'. *Journal of Indo-European Studies*. 5: 247–64.

Lixfeld, Hannjost 1984: 'Erdenwanderung der Götter'. Eag. Kurt Ranke *et al*. *Enzyklopädie des Märchens*. IV. Berlin: 155–63.

Logan, Patrick 1972: *Making the Cure. A look at Irish folk medicine*. Dublin.

— 1980: *The Holy Wells of Ireland*. Gerrards Cross.

Lopes Cardosa, Carlos 1971: 'Die 'Flucht nach Ägypten' in der mündlichen portugiesischen Überlieferung'. *Fabula*. 12: 199–211.

Lövkrona, Inger 1989: 'The Pregnant Frog and the Farmer's Wife. Childbirth in the Middle Ages as shown through a legend'. *Arv. Scandinavian Yearbook of Folklore*. 45: 73–124.

Lucas, A.T. 1967: 'Some traditional Irish Methods of Cloth Finishing'. *Advancement of Science*. December 1967: 184–92.

— 1986: 'The Social Role of Relics and Reliquaries in Ancient Ireland'. *Journal of the Royal Society of Antiquaries of Ireland*. 116: 5–37.

Luce, John V. 1969: 'Homeric Qualities in the Life and Literature of the Great Blasket Island'. *Greece and Rome*. 16: 151–68.

Lurati, Ottavio 1973: 'Supertizione e mito attorno alla figura del prete'. Eag. Escher, Gantner, Trümpy: 399–406.

Lüthi, Max 1976: 'Goal Orientation in Storytelling'. Ed. Linda Dégh. *Folklore Today*. Bloomington: 357–68.

— 1982: *The European Folktale: Form and Nature*. Philadelphia.

Lysaght, Patricia 1986: *The Banshee: The Irish Supernatural Death-Messenger*. Dublin.

— 1994: 'The Uses of Sacramentals in Nineteenth- and Twentieth- Century Ireland with Special Reference to the Brown Scapular'. Ed. Nils-Avid Bringéus. *Religion in Everyday Life*. Stockholm: 187–224.

— 1996: 'Charity Rewarded. A Biblical Theme in Irish Tradition with Glimpses of Medieval Europe'. Eag. Ingo Schneider. *Europäische Ethnologie und Folklore im internationalen Kontext. Festschrift für Leander Petzholdt zum 65. Geburtstag*. Farnkfurt am Main: 605–47.

Foinsí / Sources

Mac an Iomaire, Seosamh 2004: Interview with Seosamh (Joe Joe) Mac an Iomaire, Leitir Móir, Co. Galway, recorded by Pádraig Ó Héalaí, August 2004.

Mac Cana, Proinsias 1970: *Celtic Mythology*. London.

Mac Cárthaigh, Críostóir & O'Reilly, Barry 1990: *Na Blascaodaí: Tuarascáil Oidhreachta*. Atlantic European Research. Cartlann Ionad an Bhlascaoid Mhóir.

Mac Clúin, Seoirse 1940: *Caint an Chláir*. I–II. Baile Átha Cliath.

MacCurtain, Margaret & O'Dowd, Mary 1991: Ed. *Women in Early Modern Ireland*. Edinburgh.

MacDonald, Donald A. 1994–95: 'Migratory Legends of the Supernatural in Scotland: A General Survey'. *Béaloideas*. 62–63: 29–78.

MacDonald Ross, George 1998: 'Okkulte Strömungen'. *Friedrich Ueberwegs Grundriss der Geschichte der Philosophie*. 5. 1: 196–224.

Mac Gabhann, Fiachra 1995: 'The Evil Eye Tradition in North-East Ireland'. *Sinsear. The Folklore Journal*. 8: 89–100.

Mac Giollarnáth, Seán 1941: *Annála Beaga ó Iorras Aithneach*. Baile Átha Cliath.

Mac Giollarnáth, Seán 1944: 'Seanchas agus Sgéalta ó Mhicheál Breathnach'. *Béaloideas*. 14: 192–218.

MacGregor, Alasdair A. 1937: *The Peat Fire Flame. Folk-tales and traditions of the Highlands and Islands*. Edinburgh.

Mac Gréil, Micheál 1996: *Prejudice in Ireland Revisited: based on a national survey of intergroup attitudes in the Republic of Ireland*. Maynooth.

Mac Gréine, Pádraig 1932: 'A Longford Miscellany'. *Béaloideas*. 3: 413–41.

MacInnes, John 1987: 'Twentieth-Century Recordings of Scottish Gaelic Heroic Ballads'. Eds. Bo Almqvist, Séamas Ó Catháin, Pádraig Ó Héalaí. *The Heroic Process. Form, function and phantasy in folk epic*. Dún Laoghaire: 101–30.

Mackensen, Lutz & Bolte, Johannes 1930: *Handwörterbuch des deutschen Märchens*. II. Berlin.

MacKenzie, William 1895: *Gaelic Incantations, Charms and Blessings of the Hebrides*. Inverness.

Mackinnon, Donald 1908: 'The Glenmasan Manuscript'. *Celtic Review*. 4: 104–21, 202–219.

MacLysaght, Edward 1969: *Irish Life in the Seventeenth Century*. Shannon.

MacMahon, Bryan 1972: *The Honey Spike*. Dublin.

Mac Manus, Diarmaid 1973: *The Middle Kingdom*, Gerrards Cross.

Mac Meanman, Seán 1989: *Cnuasach Céad Conlach*. Eag. Séamus Ó Cnáimhsí. Baile Átha Cliath.

MacNeill, Máire 1962: *The Festival of Lughnasa. A study of the survival of the Celtic festival at the beginning of harvest*. Dublin.

Mac Philib, Séamus 1980: 'Iarlaisí. Símhalartú i mbéaloideas na hÉireann. Changelings. Fairy substitution in Irish folklore'. M.A. thesis. Department of Irish Folklore, University College Dublin.

—— 1982-83: 'Gléasadh Buachaillí i Sciortaí'. *Sinsear. The Folklore Journal.* 4: 133–46.

—— 1991: 'The Changeling (ML5058). Irish versions of a migratory legend in their international context'. *Béaloideas.* 59: 121–31.

Mac Síthigh, Domhnall 2013: *Iomramh Bhréanainn MMXI. Ón nDaingean go hÍoslainn*. An Daingean.

Manning, Michael 1976: 'Dr Nicholas Madgett's *Constitutio Ecclesiastica* 1758'. *Journal of the Kerry Archaeological and Historical Society* 9: 68–91.

Mansikka, V. J. 1929: *Litauische Zaubersprüche*. FF Communications No. 87. Helsinki.

Marvick, E. 1974: 'Nature versus Nurture: Patterns and Trends in Seventeenth-Century French Child-Rearing'. Ed. de Mause 1974: 259–301.

Mason, Falkner C. 1928: 'Traditions Concerning Domestic Animals'. *Béaloideas.* 1: 223–25.

Matson, Leslie 1996: *Méiní the Blasket Nurse*. Cork.

Mauss, Marcel 1970: *The Gift. Forms and functions of exchange in archaic societies*. London.

Megan McAuley & Jennifer Redmond 2021: 'The Darkest Part of a Dark History? Infanticide in Ireland: A Case Study of Donegal 1850–1950'. Ed. Salvador Ryan. *Birth and the Irish: A miscellany*. Dublin 2021: 235–42.

McAuley, William & Ó hAodha, Micheál 2006: *Canting with Cauley: a Glossary of Travellers Cant/Gammon*. Dublin.

McCone, Kim 1990: *Pagan Past and Christian Present in Early Irish Literature*. Maynooth.

McGlathery, James M.: 1988: Ed. *The Brothers Grimm and the Folktale*. Urbana, Illinois.

McGrath, Thomas G. 1990: 'The Tridentine Evolution of Modern Irish Catholicism, 1563–1962: a Re-examination of the 'Devotional Revolution' Thesis'. Ed. Réamonn Ó Muirí. *Irish Church History Today*. Cumann Seanchais Ard Mhacha: 84–99.

McKenna, Lambert 1922: Eag. *Dán Dé. The poems of Donnchadh Mór Ó Dálaigh and the religious poems of the Yellow Book of Lecan*. Dublin.

—— 1931: Eag. *Philip Bocht Ó Huiginn*. Dublin.

—— 1939: Eag. *Aithdioghlaim Dána*. I. Cumann na Sgríbheann nGaedhilge. 37. Dublin.

Foinsí / Sources

McNally, Robert E. 1959: *The Bible in the Early Middle Ages*. Westminster, Maryland.

McNeill, William H. 1977: *Plagues and Peoples*. New York.

Meek, Donald E. 2000: *The Quest for Celtic Christianity*. Edinburgh.

Messenger, John C. 1969: *Inis Beag: Isle of Ireland*. New York.

Meyer, Kuno 1892: Ed. *Aislinge Meic Conglinne. The Vision of Mac Conglinne, a Middle-Irish wonder tale*. London.

—— 1905: 'The Duties of a Husbandman'. *Ériu* 2: 172.

—— 1906: Ed. *The Triads of Ireland*. Todd Lecture Series. 13. Dublin.

—— 1915: 'Mitteilungen aus irishchen Handschriften'. *Zeitschrift für celtische Philologie*. 10: 37–54.

Mhac Meanman, Seaghán 1940: *Ó Chamhaoir go Clapsholas*. Baile Átha Cliath.

Mhág Craith, Cuthbert 1967: *Dán na mBráthar Mionúr*. Baile Átha Cliath.

Miller, Henry 1835: *Scenes and Legends of the North of Scotland*. Edinburgh.

Montagu, Ashley 1968: *The anatomy of swearing*. London.

Morin, Louis 1903: Petites Legendes Locales. *Revue des Traditions Populaires*. 16: 505–511.

Morris, Henry 1937: 'Features Common to Irish, Welsh and Manx Tradition'. *Béaloideas*. 7: 168–79.

Mueller, Sylvie 1996–97: 'The Irish Wren Tales and Ritual. To pay or not to pay the debt of nature'. *Béaloideas*. 64–65: 131–69.

Munch-Pedersen, Ole 1994: Eag. *Scéalta Mháirtín Neile. Bailiúchán scéalta ó Árainn*. Baile Átha Cliath.

Munnelly, Tom 1998: 'Junior Crehan of Bonavilla. Part 1'. *Béaloideas*. 66: 163–97.

—— 1999: 'Junior Crehan of Bonavilla, Part 2'. *Béaloideas*. 67: 71–124.

Munro, Joyce U. 1991: 'The Invisible Made Visible: The Fairy Changeling as Folk Articulation of Failure to Thrive in Infants and Children'. Ed. Narvaez 1991: 251–83.

Murphy, Eileen, M. 2011: 'Children's Burial Grounds in Ireland (Cillíní) and Parental Emotions Toward Infant Death'. *International Journal of Historical Archaeology*. 15: 409–28.

Murphy, Frank 1987: *The Bog Irish: Who They Were and How They Lived*. Harmondsworth.

Murphy, Gerard 1933: *Duanaire Finn*. II. Irish Texts Society 28. London.

—— 1953: *Duanaire Finn*. III. Irish Texts Society 43. Dublin.

Murphy, John E. 1940: 'The Religious Mind of the Irish Bards'. Ed. John Ryan. *Feil-Sgribhinn Eoin Mhic Néill*. Dublin: 82–6.

Murphy, Michael J. 1975: *At Slieve Gullion's Foot*. Dundalk.

Narvaez, Peter 1991: Ed. *The Good People. New Fairylore Essays*. New York.

Neilson, William 1808: *An Introduction to the Irish Language*. Dublin.

Nelson, Janet L. 1994: 'Parents, Children and the Church in the Early Middle Ages'. *Studies in Church History*. 31: 81–114.

Néraudau, Jean-Pierre 1984: *Être Enfant a Rome*. Paris.

Ní Annagáin, Máighréad & de Chlanndiolúin, Séamus 1927: *Londubh an Chairn: being songs of the Irish Gaels in staff and sol-fa with English metrical translations*. Oxford.

Ní Bhrádaigh, Cáit 1936: 'Folklore from Co. Longford'. *Béaloideas*. 6: 257–69.

Ní Chéilleachair, Máire 1989: 'Mná i Litríocht an Bhlascaoid'. Eag. Ó Muircheartaigh 1989: 321–33.

Nic Craith, Máiréad 1988: *An tOileánach Léannta*. Baile Átha Cliath.

Nic Éinrí, Úna 2001: *An Cantaire Siúlach: Tadhg Gaelach*. An Daingean.

Nic Suibhne, Fionnuala 1992: '"On the Straw" and Other Aspects of Pregnancy and Childbirth from the Oral Tradition of Women in Ulster'. *Ulster Folklife*. 38: 12–24.

Nilden-Wall, Bodil & Jan Wall 1993: 'The Witch as Hare or the Witch's Hare: Popular Legends and Beliefs in Nordic Tradition'. *Folklore*. 104: 67–76.

Ní Dhuibhne, Éilís 1980–1981: "Ex corde': AT 1186 in Irish tradition'. *Béaloideas*. 48–49: 86–134.

— 1993: 'The Old woman as Hare'. *Folklore*. 104: 77–85.

— 2002: 'International Folktales'. Ed. Angela Bourke et al. *Field Day Anthology of Irish Writing. Irish Women's Writings and Traditions*. IV. Cork: 1214–18.

Ní Dhuinnshléibhe, Máirín 1989: 'Saol na mBan'. Eag. Ó Muircheartaigh 1989: 334–45.

Ní Ghaoithín, Máire 1978: *An tOileán a Bhí*. Baile Átha Cliath.

— 1986: *Bean An Oileáin*. Baile Átha Cliath.

Ní Mhaoileoin, Bn Uí Shé, Caitlín 2011: *Coitianta ar Mo Pheann*. Baile Átha Cliath.

Ní Mhóráin, Bríd 1997: *Thiar sa Mhainistir atá an Ghaolainn bhreá. Meath na Gaeilge in Uíbh Ráthach*. An Daingean.

Ní Ógáin, Úna & Ó Duibhir, Roibeard 1928: *Dánta Dé*. Baile Átha Cliath.

Ní Shéaghdha, Nóra 2015: *An Blascaod trí Fhuinneog na Scoile*. Eag. Pádraig Ó Héalaí. An Daingean.

Ní Shúilleabháin, Eibhlís 1987: *Letters from the Great Blasket*. Dublin.

Ó Baoill, Dónall P. 1994: 'Travellers' Cant — Language or Register'. Eds. McCann, Mary; Ó Síocháin, Séamas; Ruane, John. *Irish Travellers: Culture and Ethnicity*. Belfast: 155–69.

Foinsí / *Sources*

O'Brien, Elizabeth 2020: *Mapping Death. Burial in Late Iron Age and Early Medieval Ireland*. Dublin.

Ó Broin, Tomás 1944: 'Dornán Seanchais agus Sgéalta'. *Béaloideas*. 14: 237–47.

Ó Cadhain, Máirtín 1930: 'Scéalta faoi na Naoimh'. *Béaloideas*. 2: 384–93.

—— 1935: 'Cnuasach ó Chois-Fhairrge'. *Béaloideas*. 5: 219–72.

—— 1949: *Cré na Cille*. Baile Átha Cliath.

—— 1953: *Cois Caoláire*. Baile Átha Cliath.

Ó Cadhla, Pádraig 1947: 'Sean-Phaidreacha na nDaoine i bParóiste na Rinne agus i Sean-Phobal Dhéagláin'. *Irisleabhar Muighe Nuadhat*: 47–9.

Ó Cadhlaigh, Cormac 1936: *An Fhiannaíocht*. Baile Átha Cliath.

Ó Caoimh, Séamus 1989: *An Sléibhteánach*. Eag. Éamon Ó Conchúir, Maigh Nuad.

Ó Catháin, Gearóid 1989: 'An Garsún Aonarach'. Eag. Ó Muircheartaigh 1989: 357–67.

Ó Catháin, Séamas 1980: *The Bedside Book of Irish Folklore*. Dublin.

—— 1985: *Uair an Chloig Cois Teallaigh. An Hour by the Hearth. Stories told by Pádraig Eoghain Mac an Luain, Crooveenanta, Co. Donegal*. Dublin.

—— 1995: *The festival of Brigid: Celtic goddess and holy woman*. Blackrock, Co. Dublin.

—— 1999: 'The Irish Prayer for Saving the Fire'. Ed. Ülo Valk. *Studies in Folklore and Popular Religion*. II. Tartu: 35–50.

Ó Catháin, Séamas & O'Flannagan, Patrick 1975: *The Living Landscape. Kilgalligan, Erris, Co. Mayo*. Dublin.

O'Cathaoir, Brendan 1990: *John Blake Dillon: Young Irelander*. Blackrock, Co. Dublin.

Ó Cathasaigh, Tomás 1989: 'The Eponym of Cnogba'. *Éigse. A Journal of Irish Studies*. 23: 27–38.

Ó Ceannabháin, Peadar 1983: Eag. *Éamon A Búrc: Scéalta*. Baile Átha Cliath.

Ó Cearnaigh, Seán 1989: 'Mo Shaolsa ar an Oileán'. Eag. Ó Muircheartaigh 1989: 346–56.

—— 1992: *Fiolar an Eirbaill Bháin*. Baile Átha Cliath.

Ó Coileáin, Seán 1982: *Seán Ó Ríordáin: Beatha agus Saothar*. Baile Átha Cliath.

Ó Conaire, Breandán 1992: Eag. *Tomás an Bhlascaoid*. Indreabhán.

Ó Conchúir, Donncha 1973: 'Éirí Amach Ghearaltaigh Dheasmhumhan i gCorca Dhuibhne'. Eag. Mícheál Ó Cíosáin. *Céad Bliain 1871–1971*. Baile an Fheirtéaraigh 1973: 67–89.

Ó Conghaile, Seán 1993. *Saol Scolóige*. Indreabhán.

O'Connor, Anne 1991a: *Child Murderess and Dead Child Traditions*. Folklore Fellows Communications. 249. Helsinki.

— 1991b: 'Women in Irish Folklore. The testimony regarding illegitimacy, abortion and infanticide'. Ed. MacCurtain & O'Dowd 1991: 304–18.

— 2005: *The Blessed and the Damned. Sinful women and unbaptised children in Irish folklore.* Oxford.

Ó Corráin, Donncha 1981: Ed. *Irish Antiquity. Essays and studies presented to Professor M. J. O'Kelly.* Cork.

— 2002: 'Early Medieval Law 700–1200'. Ed. Angela Bourke et al. *Field Day Anthology of Irish Writing. Irish Women's Writings and Traditions.* IV. Cork: 6–44.

Ó Criomhthain, Tomás 1929: *An tOileánach.* Eag. Pádraig Ó Siochfhradha. Baile Átha Cliath.

— 1956: *Seanchas ón Oileán Tiar.* Eag. Robin Flower & Séamus Ó Duilearga. Baile Átha Cliath.

— 1977: *Allagar na hInise.* Eag. Pádraig Ua Maoileoin. Baile Átha Cliath.

— 1999: *Allagar.* II. Eag. Pádraig Ua Maoileoin. Baile Átha Cliath.

— 2002: *An tOileánach.* Eag. Seán Ó Coileáin, Baile Átha Cliath.

Ó Cróinín, Donncha 1980: Eag. *Seanachas Amhlaoibh Í Luínse.* Baile Átha Cliath.

— 1985: Eag. *Seanachas Ó Chairbre.* I. Baile Átha Cliath.

Ó Crualaoich, Gearóid 1993: 'The Production and Consumption of Sacred Substances in Irish Funerary Tradition'. *Eiainenen.* 2. *Entering the Arena: Presenting Celtic Studies in Finland.* Turku 1993: 39–51.

— 2019: 'An Leabhar Eoin: The 'In Principio' Charm in Oral and Literary Tradition'. Ed. John Carey, Ciarán Ó Gealbháin, Ilona Tuomi, Barbara Hillers. *Charms, Charmers and Charming in Ireland: From the Medieval to the Modern.* Cardiff: 177–88.

Ó Curraoin, Micheál 1988: 'Túr na Gearrchaile'. *Sinsear. The Folklore Journal.* 5: 59–66.

Ó Danachair, Caoimhín 1956: 'Cócaireacht gan Chistin'. *Galvia.* 3: 16–18.

— 1977–1978: 'The neutral in Irish Folk Tradition'. *Ethnologia Europaea.* 10: 173–77.

— 1980: 'Snaidhm na Péiste'. *Sinsear. The Folklore Journal.* 2: 102–8.

Ó Dochartaigh, Liam 1977–1979: 'An Spideog i Seanchas na hÉireann'. *Béaloideas.* 45–7: 164–98.

— 1982: 'An Spideog i Scéalaíocht na hÉireann'. *Béaloideas.* 50: 90–125.

Ó Donnchadha, Tadhg 1932: 'Uiliog Ó Céirín'. *Lia Fáil* 4: 176–87.

Ó Dubhda, Seán 1928: 'Sgéilíní Andeas'. *Béaloideas.* 1: 264–69.

— 1936: 'Sean-Sgéalta ó Dhuibhneachaibh'. *Béaloideas.* 4: 4–32.

Foinsí / Sources

O'Duffy Allen, Richard J. 1888: Eag. *Oidhe Chloinne Tuireann. The fate of the Children of Tuireann*. Dublin.

Ó Duilearga, Séamus 1928: Eag. 'Measgra Sgéal ó Uíbh Ráthach'. *Béaloideas* 1: 109–204.

—— 1944: *Irish Folk-Tales Collected by Jeremiah Curtin*. Dublin.

—— 1948: Eag. *Leabhar Sheáin Í Chonaill*. Baile Átha Cliath.

—— 1981: *Seán Ó Conaill's Book*. Dublin.

Ó Duilearga, Séamus & Ó hÓgáin, Dáithí 1981: Eag. *Leabhar Stiofáin Uí Ealaoire*, Baile Átha Cliath.

Ó Fachtna, Anselm 1953: Eag. *Antoin Gearnon. Parrthas an Anma, An Lobháin 1645*. Baile Átha Cliath.

Ó Fiannachta, Pádraig 1990: Eag. 'An Sléibhteánach'. *Irisleabhar Mhá Nuad*: 155–203.

Ó Fiannachta, Pádraig & Forristal Desmond 1988: *Saltair. Urnaithe Dúchais. Prayers from Irish Tradition*. Dublin.

Ó Finneadha, Labhrás 1993; *Ó Bhaile go Baile*. Indreabhán.

Ó Foghludha, Risteard 1929: 'Urnaidhthe Gaedhal san Ochtmhadh Céad Déag'. Eag. M. Ronan. *Cuimhneachán Céad Bliadhan de Shaoirse Creidimh in Éirinn. Catholic Emancipation Centenary Record*. Dublin: 59–60.

—— 1952: *Éigse na Máighe*. Baile Átha Cliath.

Ó Fotharta, Domhnall 1947: *Siamsa a' Gheimhri cois Teallai in Iar-Chonnachta. Cnuasach seanaimsireachta*. Baile Átha Cliath.

Ó Gaoithín, Mícheál 1953: *Is Truagh ná Fanann an Óige*. Baile Átha Cliath.

—— 2019: Eag. Liam P. Ó Murchú. *Beatha Pheig Sayers*, Baile Átha Cliath.

Ó Giolláin, Diarmuid 1991: 'Fairy Belief and Official Religion in Ireland'. Ed. Narvaez 1991: 199–214.

Ó Gráda, Cormac 1993: *Ireland before and after the Famine*. Manchester.

Ó Háinle, Cathal 1970: Eag. *Leicseanáir*. Maigh Nuad.

—— 1979: An Gol Gaelach. *Comhar*. Eanáir: 19–20.

—— 1990: 'The *Pater Noster* in Irish'. *Celtica* 21: 470–88.

—— 1999: *Gearrscéalta an Phiarsaigh*. Baile Átha Cliath.

—— 2000: 'Congaibh Ort a Mhacaoimh Mná'. *Éigse. A Journal of Irish Studies* 32: 47–58.

—— 2010: 'My Father and Ballinahown Folklore'. *Ríocht na Midhe*. 21: 260–99.

Ó hAodha, Mícheál 1944: 'Seanchas ós na Déise'. *Béaloideas*. 14: 53–112.

Ó Héalaí, Pádraig 1974–76: 'Moral Values in Irish Religious Tales'. *Béaloideas* 42–4: 176–212.

—— 1977: 'Cumhacht an tSagairt sa Bhéaloideas'. *Léachtaí Cholm Cille* 8: 109–31.

—— 1997: 'Pregnancy and Childbirth in Blasket Island Tradition'. *Women's Studies Review.* 5: 1–15.

—— 2012: *An Slánaitheoir ag Siúl ar an Talamh.* An Daingean.

—— 2021–2022: 'An Teampall Dúchais'. *An Caomhnóir.* 41: 18–20.

Ó Héalaí, Pádraig & Ó Tuairisg, Lochlainn 2007: Eag. *Tobar an Dúchais. Béaloideas as Conamara agus Corca Dhuibhne.* An Daingean.

Ó hÉaluighthe, D. 1952: 'St. Gobnet of Ballyvourney'. *Journal of the Cork Historical and Archaeological Society.* 57: 43–61.

Ó hEochaidh, Seán 1965: 'Seanchas Iascaireachta agus Farraige'. *Béaloideas.* 33: 1–96.

—— 1969–1970: 'Seanchas Éanlaithe Iar-Uladh'. *Béaloideas.* 37–8: 210–337.

Ó hEochaidh, Seán, Mac Neill, Máire & Ó Catháin, Séamas 1977: *Síscéalta ó Thír Chonaill. Fairy Legnds from Donegal.* Baile Átha Cliath.

Ó hÓgáin, Dáithí 1979: 'An Capall i mBéaloideas na hÉireann'. *Béaloideas.* 45–7: 199–243.

—— 1982: *An File. Staidéar ar osnádúrthacht na filíochta sa traidisiún Gaelach.* Baile Átha Cliath.

—— 1983: 'Moch amach ar Maidin Dé Luain. Staidéar ar an seanchas faoi ollphiasta i lochanna na hÉireann'. *Béaloideas.* 51: 87–125.

—— 1985: *The Hero in Irish Folk History.* Dublin.

—— 1988: *Fionn mac Cumhaill. Images of a Gaelic hero.* Dublin.

—— 1989: 'Scéalta Fiannaíochta a Bhailigh Jeremiah Curtin'. *'Thaitin Sé Le Peig': Iris na hOidhreachta.* 1: 77–95.

—— 1990: *Myth, Legend and Romance. An encyclopædia of Irish folk tradition.* London.

—— 2011: *Labhrann Laighnigh: cnuasach de théacsanna agus de chainteanna ó shean-Chúige Laighean.* Baile Átha Cliath.

O'Kearney, Nicholas 1854: Eag. *Feis Tighe Chonáin Chinn-Shléibhe. The Festivities of the House of Conan of Ceann-Sléibhe.* Transactions of the Ossianic Society. 2.

O'Kelleher, Andrew & Schoepperle, Gertrude 1918: *Betha Colaim Cille. Life of Columcille. Compiled by Manus O'Donnell in 1532.* Urbana, Illinois.

Ó Laoghaire, Diarmaid 1955: 'Deabhóidí an Dúchais'. *Irisleabhar Muighe Nuadhat.* 3–14.

—— 1965: 'Old Ireland and Her Spirituality'. Eag. Robert McNally. *Old Ireland.* Dublin: 29–59.

—— 1975: *Ár bPaidreacha Dúchais.* Baile Átha Cliath.

—— 1995a: 'Ár bPaidreacha Féin'. *An Sagart.* Geimhreadh: 33–45.

Foinsí / *Sources*

—— 1995b: 'Prayers and Hymns in the Vernacular'. Ed. James P. Mackey. *An Introduction to Celtic Christianity*. Edinburgh: 268–304.

Ó Loideáin, Micheál 2007: 'Sísheanchas ón gCeathrú Rua'. Tráchtas M.A. Ollscoil na hÉireann, Gaillimh.

Ó Madagáin 1992: 'An Ceol a Ligeann a Racht'. *Léachtaí Cholm Cille*. 22: 164–84.

Ó Máille, Tomás S. 1948: *Sean-fhocla Chonnacht*. I. Baile Átha Cliath.

—— 1965: 'Céad Seanrá'. *Béaloideas*. '33: 152–62.

—— 1974: *Liosta Focal as Ros Muc*. Baile Átha Cliath.

—— 2010: *Seanfhocla Chonnacht*. Eag. Donnla uí Bhraonáin. Baile Átha Cliath.

Ó Mainín, Micheál 1973: 'Na Sagairt agus a mBeatha'. Eag. Mícheál Ó Ciosáin. *Céad Bliain 1871–1971*. Baile an Fheirtéaraigh: 1–35.

—— 1997: 'Bíoblóireacht agus Gorta'. *An Gorta Mór. Iris na hOidhreachta*. 9. 59–76.

—— 2002: 'Bád na nGort Dubh'. *An Clabhsúr. Iris na hOidhreachta*. 11: 31–52.

O'Meara, John J. 1991: *The Voyage of Saint Brendan. Journey to the Promised Land*. Gerrards Cross.

Ó Milléadha, Pádraig 1936: 'Seanchas Sliabh gCua'. *Béaloideas*. 6: 169–256.

Ó Muimhneacháin, Aindrias 1978: Eag. *Seanchas an Táilliúra*. Baile Átha Cliath.

Ó Muircheartaigh, Aogán 1989: Eag. *Oidhreacht an Bhlascaoid*. Baile Átha Cliath.

Ó Muirgheasa, Énrí 1976: *Seanfhocail Uladh*. Eag. Nollaig Ó hUrmholtaigh. Baile Átha Cliath.

Ó Muirithe, Diarmaid 1988: *Tomás Ó Míocháin. Filíocht*. Baile Átha Cliath.

Ó Murchadha, Tadhg 1948: 'Scéalaithe dob Aithnid Dom'. *Béaloideas*. 18: 3–44.

'Omurethi' 1899-1902: 'County Kildare Folklore about Animals, Reptiles and Birds'. *Journal of the County Kildare Archaeological Society*. 3: 179–85.

O'Neill, Áine 1991: 'The Fairy Hill is on Fire! (MLSIT 6071). A Panorama of Multiple Functions'. *Béaloideas*. 59: 189–96.

O'Neill, Timothy 1977: *Life and Tradition in Rural Ireland*. London.

Onians, Richard B. 1988: *The Origins of European Thought about the mind, the body, the soul, the world, time and fate*. Cambridge.

Opie, Iona & Peter 1959: *The Lore and Language of Schoolchildren*. Oxford.

Opie, Iona & Tatem, Moira 1989: *Dictionary of Superstitions*. Oxford.

O'Rahilly, Cecile 1970: Ed. *Táin Bó Cúalnge from the Book of Leinster*. Dublin.

O'Rahilly, Thomas F. 1921: *Dánfhocail. Irish epigrams in verse*. Dublin.

—— 1922: *A Miscellany of Irish Proverbs*. Dublin.

— 1957: *Early Irish History and Mythology*. Dublin.

Ó Raithbheartaigh, Toirdhealbhach 1932: Ed. *Genealogical Tracts*. I. Dublin.

Ó Rathile, Tomás F. 1925: *Burdúin Bheaga*. Dublin.

Ó Ríordáin, Seán 1952: *Eireaball Spideoige*. Baile Átha Cliath.

Ó Séaghdha, Pádraig [Gruagach an Tobair] & Mac Coluim, Fionán 1921: *An Sgoraidheacht*. Baile Átha Cliath.

Ó Searcaigh, Cathal & Ó Dúill, Gregóir, gan dáta: *Tullach Beaglaoich Inné agus Inniu. Tullaghobegley Past and Present*. Gan loc.

Ó Siochfhradha, Pádraig (An Seabhac) 1926: *Seanfhocail na Muimhneach*. Baile Átha Cliath.

— 1928a: 'Cnuasach ó Chorca Dhuibhne'. *Béaloideas*. 1: 134–40.

— 1928b: 'Blogha Béaloideasa ó Chiarraighe'. *Béaloideas*. 1: 207–18.

— 1932a: 'Scéalta Creidimh agus Crábhaidh'. *Béaloideas*. 3: 3–29.

— 1932b: 'Sidhe agus Púcaí'. *Béaloideas*. 3: 309–30.

— 1932c: *An Seanchaidhe Muimhneach*. Baile Átha Cliath.

— 1939a: *Triocha-Céad Chorca Dhuibhne*. Baile Átha Cliath.

— 1939b: 'Sean-Oideasaí Leighis'. *Béaloideas*. 9: 141–84.

— 1941: *Laoithe na Féinne*. Baile Átha Cliath.

Ó Suibhne, Pádraig 1938: 'Seanchas Andeas'. *Béaloideas*. 8: 142–45.

Ó Súilleabháin, Muiris 1933: *Fiche Blian ag Fás*. Baile Átha Cliath.

Ó Súilleabháin, Pádraig 1962: Eag. *Francisco Molloy. Lucerna Fidelium. Romae 1676*. Baile Átha Cliath.

Ó Súilleabháin, Páid 1995: *Ag Coimeád na Síochána*. Baile Átha Cliath.

Ó Súilleabháin, Seán 1939: 'Adhlacadh Leanbhaí'. *Journal of the Royal Society of Antiquaries of Ireland*. 69: 143–51.

— 1942: *A Handbook of Irish Folklore*. Dublin.

— 1952: *Scéalta Cráibhtheacha*. Baile Átha Cliath (= *Béaloideas*. 21).

— 1957: 'The Feast of St. Martin in Ireland'. Ed. W. Edson Richmond. *Studies in Folklore. Essays in Honor of Stith Thompson*. Bloomington: 252–61.

— 1961: *Caitheamh Aimsire ar Thórraimh*. Baile Átha Cliath.

— 1967a: *Irish Wake Amusements*. Dublin.

— 1967b: *Irish Folk Customs and Beliefs*. Dublin.

— 1970: 'Etiological Stories in Ireland'. Ed. Jerome Mandel & Bruce A. Rosenberg. *Medieval Literature and Folklore Studies. Essays in honor of Francis Lee Utley*. New Brunswick, New Jersey.

Foinsí / *Sources*

— 1973a: *Storytelling in Irish Tradition*. Cork.

— 1973b: 'Nomadic Irish Groups'. Ed. Escher, Gantner, Trümpy 1973: 502–12.

— 1973-1974: 'Nemesis Follows Wrong Acts'. *Arv. Nordic Yearbook of Folklore*. 29–30: 36–49.

Ó Súilleabháin Seán C. 1982: 'An Crios Bríde'. Ed. Alan Gailey & Dáithí Ó hÓgáin. *Gold Under the Furze. Studies in folk tradition presented to Caoimhín Ó Danachair*. Dublin: 242–53.

O'Sullivan, John 1976: 'The Tools and Trade of the Tinker'. Ed. Caoimhín Ó Danachair. *Folk and Farm. Essays in Honour of A. T. Lucas*. Dublin.

O'Sullivan, Seán 1966: *Folktales of Ireland*. London.

— 1974: *The Folklore of Ireland*. London.

— 1977: *Legends from Ireland*. London.

O'Toole, Joe 2003: *Looking Under Stones. Roots, family and a Dingle Childhood*. Dublin.

Ó Tuairisg, Ruairí 2015: 'Pisreoga'. *Biseach*: 45–6.

Ó Tuama, Seán & Kinsella, Thomas 1981: Eag. *An Duanaire, 1600–1900. Poems of the dispossessed*. Portlaoise.

Ó Tuathaigh, M.A.G. 1986: 'An Chléir Chaitliceach, an Léann Dúchais agus an Cultúr in Éirinn c.1750–c.1850'. *Léachtaí Cholm Cille*. 16: 110–39.

Ó Tuathail 1933: *Scéalta Mhuintir Luinigh*. Baile Átha Cliath.

— 1933–1934: 'A Northern Medley'. *Béaloideas*. 4: 204–13

Otway, Ceasar 1839: *Tour in Connaught: Comprising sketches of Clonmacnoise, Joyce Country and Achill*. Dublin.

— 1841: *Sketches in Erris and Tyrawley*. Dublin.

Parkman, Francis & Levin, David 1983: *France and England in North America*. New York.

Parry Jones, Daniel 1953: *Welsh Legends and Fairy Lore*. London.

Partridge, Angela 1978: Eag. Breandán Ó Madagáin. *Gnéithe den Chaointeoireacht*. Baile Átha Cliath: 67–81.

Patch, Howard R. 1967: *The Goddess Fortuna in Medieval Literature*. London.

Patsch, Joseph 1958: *Our Lady of the Gospels*. London.

Pentikäinen, Juha 1969: "The Dead without Status'. *Temenos* 4: 92–102.

Plummer, Charles 1910: *Vitae Sanctorum Hiberniae*. I–II. Oxford.

Podhradsky, Gerhard 1967: *New Dictionary of the Liturgy*. London.

Pollock, Linda A. 1983: *Forgotten Children. Parent-child relations from 1500 to 1900*. New York.

Poulet, Charles 1935: *A History of the Catholic Church.* II. New York.

Power, Rosemary 1985: 'An Óige an Saol agus an Bás, *Feis Tighe Chonáin* and Thorrs Visit to Útgardha-Loki'. *Béaloideas.* 53: 217–294.

Propp, Vladimir 1968: *Morphology of the Folktale.* Austin.

Quinn, David B. 1966: *The Elizabethans and the Irish.* Ithaca, New York.

Radford E & M A. 1961: Ed. Christine Hole. *Encyclopaedia of Superstitions.* London.

Raftery, Barry 1981: 'Iron Age Burials in Ireland'. Ed. Ó Corráin 1981: 173–204.

Ranke, Kurt 1962: *Schleswig-Holsteinische Volksmärchen,* Kiel.

— 1966: Ed. *Folktales of Germany.* London.

Ranke, Kurt *et al.* 1979: Eag. *Enzyklopädie des Märchens.* II. Berlin.

Ransome, Hilda M. 1937: *The Sacred Bee in Ancient Times and Folklore.* London.

Redfield, Robert 1955: *The Little Community. Viewpoints for the study of human whole.* Chicago.

Randolph, Mary C. 1941: 'Celtic Smiths and Satirists: Partners in Sorcery'. *Journal of English Literary History.* 8: 184–97.

Redfield, Robert 1956: *Peasant Society and Culture: An Anthropological Approach to Civilization.* Chicago.

Rees, Alwyn & Brinley 1967: *Celtic Heritage.* London.

Riddle, John M. 1992: *Contraception and Abortion from the Ancient World to the Renaissance.* Cambridge, Mass.

Ringgren, Helmer 1967: *Fatalistic Beliefs in Religion, Folklore and Literature.* Stockholm.

Roberts, J. M. 1976: 'Belief in the Evil Eye in World Perspective'. Ed. Clarence Maloney. *The Evil Eye.* New York: 223–78.

Robinson, Fred N. 1957 Eag. *The Works of Geoffrey Chaucer.* London.

Rolland, Eugène 1881: *Faune Populaire de la France.* III. Paris.

Russell, John 1860: *Memoirs, Journals and Letters of Thomas Moore.* London.

Ryan, Meda 1978: *Biddy Early.* Cork.

Ryder, Arthur W. 1972: *The Panchantra.* Chicago.

Sartori, Paul 1916: 'Diebstahl als Zauber'. *Schweizerisches Archiv für Volkskunde.* 20: 380–8.

Sayce, Roderick U. 1942: 'Folk-Lore and Folk-Culture'. *Béaloideas.* 12: 68–80.

Sayers, Peig 1939: *Machtnamh Seana-Mhná.* Baile Átha Cliath.

— 1998: *Peig: A Scéal Féin.* Eag. Máire Ní Mhainnín & Liam P. Ó Murchú. An Daingean.

Foinsí / *Sources*

—— 2020: *Níl Deireadh Ráite. Not the Final Word*. Eag. Bo Almqvist & Pádraig Ó Héalaí. Dublin.

Scheper-Hughes, Nancy 1985: 'Culture Scarcity and Maternal Thinking. Maternal detachment and infant survival'. *Ethos*. 13: 291–317.

Schoon Eberly, Susan 1988: 'Fairies and the Folklore of Disability: Changeling Hybrids and the Solitary Fairy'. *Folklore*. 99: 58–77.

Sébillot, Paul 1905: *Le Folk-Lore de France*. II. Paris.

Seymour, St. John D. 1989: *Irish Witchcraft and Demonology*. London.

Shahar, Shulamith 1990: *Childhood in the Middle Ages*. London.

Shaw, Brent D. 1991: 'The Cultural Meaning of Death: Age and Gender in the Roman Family'. Eag. Kertzer & Saller 1991: 66–90.

Shepherd, Gillian 2018: 'Where Are the Children? Locating children in the funerary space in the ancient Greek world'. Ed. Sally Crawford, Dawn M. Hadley, Gillian Shepherd. *The Archaeology of Childhood*. Oxford: 521–38.

Sherley-Price, Leo 1968: *Bede. A History of the English Church and People*. Harmondsworth.

Shermer, Michael 1997: *Why People Believe Weird Things*. New York.

Simpson, Jacqueline 2001: 'Confrontational Ghost-Laying in England and Denmark'. Eag. Ó Catháin et al. 2001: 305–15.

Smith, George D. 1948: *The Teaching of the Catholic Church*. London.

Spinage, Clive A. 2003: *Cattle Plague. A history*. New York.

Steiner, Franz 1956: *Taboo*. London.

Stephenson, J. 1987: Introduction in Warren, Frederick E. 1881: *The Liturgy and Ritual of the Celtic Church*. Woodbridge, Suffolk.

Stokes, Whitley 1887: *The Tripartite Life of Saint Patrick with Other Documents Relating to that Saint*. I–II. London.

—— 1890a: *Lives of Saints from the Book of Lismore*. Oxford.

—— 1890b: *Anecdota Oxoniensia. Lives of Saints from the Book of Lismore*. Oxford.

Stokes, Whitley & Windisch, Ernst 1900: *Irische Texte* 4. i. Leipzig.

Story, William W. 1877: *Castle St Angelo and the Evil Eye*. London.

Szövérffy, Joseph 1957: *Irisches Erzählgut im Abendland. Studien zur vergleichenden Volkskunde und Mittelalterforschung*. Berlin.

Tait, Clodagh 2002: *Death, Burial and Commemoration in Ireland 1550–1650*. Houndmills, Basingstokes.

Taleb, Nassim N. 2007: *The Black Swan. The impact of the highly improbable*. New York.

Tambiah, Stanley J. 1968: 'The Magical Power of Words'. *Man* 3: 175–208.

Tatlock, John S. 1914: 'Notes on Chaucer: *The Canterbury Tales*'. *Modern Language Notes*. 29: 140–4.

Taylor, Laurence J. 1995: *Occasions of Faith: an anthropology of Irish Catholics*. Dublin.

Thomas Davis Lectures 1967: *Great Books of Ireland*. Dublin.

Thomas, Keith 1978: *Religion and the Decline of Magic. Studies in popular beliefs in sixteenth- and seventeenth-century England*. Harmondsworth.

Thomas N. W.: 1900: 'Animal Superstitions and Totemism'. *Folklore*. 11: 227–67.

Thompson, Stith 1946: *The Folktale*. New York.

— 1955–1958: *Motif-Index of Folk Literature*. I-VI. Copenhagen.

Thompson, Stith & Jonas Balys 1958: *The Oral Tales of India*. Bloomington.

Tillhagen, Carl-Herman 1973: 'Die Zaubermacht des Ungewöhnlichen'. Ed. Escher, Gantner, Trümpy 1973: 666–75.

Tubach, Frederic 1969. *Index Exemplorum. A handbook of medieval religious tales*. FF Communications 204. Helsinki.

Tyers, Pádraig 1982: Eag. *Leoithne Aniar*. Baile an Fheirtéaraigh.

— 1992: Eag. *Malairt Beatha*. Dún Chaoin.

— 1999: *Abair Leat*. An Daingean.

Tyler, Varro E. 1993: *The Honest Herbal*. Binghamton, New York.

Ua Maoileoin, Pádraig 1960: *Na hAird ó Thuaidh*. Baile Átha Cliath.

Ucko, Peter J. 1969: 'Ethnography and Archaeological Interpretation of Funerary Remains'. *World Archaeology*. 1: 262–80.

Uí Chonchubhair, Máirín & Ó Conchúir Aodán 1995: *Flóra Chorca Dhuibhne. Aspects of the Flora of Corca Dhuibhne*. Baile an Fheirtéaraigh.

uí Bhraonáin, Donla 2008: *Paidreacha na Gaeilge. Prayers in Irish*. Baile Átha Cliath.

uí Ógáin, Ríonach 1988: 'Ceol ón mBlascaod'. *Béaloideas*. 56: 179–219.

— 1989: 'Ceol, Rince agus Amhráin'. Eag. Ó Muircheartaigh 1989: 109–27.

— 1990: 'Tuairisc faoi cheol, amhránaíocht agus rince ón mBlascaod'. In Mac Cárthaigh & O'Reilly 1990: 161–3.

— 1992: *Beauty an Oileáin. Music and Song of the Blasket Islands*. Ceirníní Cladaigh 4CC56.

— 2009: 'Baineadh Ramsach Astu' — Amhráin agus Dánta Pheig Sayers. *Béaloideas*. 77: 103–21.

— 2012: 'Per Fionán Mac Coluim'. Eag. Ríonach uí Ógáin, William Nolan, Éamonn

Foinsí / Sources

Ó hÓgáin. *Sean nua agus síoraíocht. Féilscríbhinn in ómós do Dháithí Ó hÓgáin.* Baile Átha Cliath: 207–18.

Valk, Ülo 1997: 'The Significance of Baptism in Estonian Folk Belief'. *Folklore. Electronic Journal of Folklore.* 5: 9–8 http://www.folklore.ee/folklore/vol5/ylorist1.htm.

Vann, Richard T. 1982: 'The Youth of Centuries of Childhood'. *History and Theory.* 21: 279–97.

Verling, Máirtín 1999: *Béarrach Mná ag Caint. Seanchas Mháiréad Ní Mhionacháin.* Indreabhán.

—— 2007: *Leabhar Mhaidhc Dháith.* An Daingean.

Virtanen, Leea 1989: 'The Function of Riddles'. Ed. Reimund Kvideland Sehmsdorf, Hennig K., Elizabeth Simpson. *Nordic Folklore. Recent Studies.* Indiana: 221–31.

Vickery, Roy 1984: *Plant Lore Studies.* London.

Vyse, Stuart A. 1997: *Believing in Magic. The psychology of superstition.* Oxford.

Waddell, John 1981: 'The Antique Order of the Dead: Cemeteries and Continuity in Bronze Age Ireland'. Ed. Ó Corráin 1981: 163–72.

Wagner, Heinrich & Mac Congáil, Nollaig 1982: *Oral Literature from Dunquin, County Kerry.* Belfast.

—— 1991: 'Phonetische Texte aus Dunquin, County Kerry'. *Zeitschrift für Celtische Philologie.* 44: 200–35.

Wall, Bodil & Jan Wall 1993: 'The Witch as Hare or the Witch's Hare: Popular Legends and Beliefs in Nordic Tradition'. *Folklore.* 104: 67–76.

Wallis Budge, Ernest A. 1930: *Amulets and Superstitions.* London.

Warren, Frederick E. 1987: *The Liturgy and Ritual of the Celtic Church.* Woodbridge, Suffolk.

Watts, Dorothy 1989: 'Infant Burials and Romano-British Christianity'. *The Archaeological Journal.* 146: 372–83.

Westermarck, Edward 1924: *The Origin and Development of the Moral Ideas.* London.

Westropp, Thomas J. 1910: 'A Folklore Survey of County Clare'. *Folklore.* 21: 180–99.

—— 1911: 'A Folklore Survey of Clare'. *Folklore.* 22: 49–60.

Whitaker, Ian 1985: 'Core Values among the Blasket Islanders'. *Folk Life. A Journal of Ethnological Studies.* 24: 52–69.

Wiedemann, Thomas E. 1989: *Adults and Children in the Roman Empire.* London.

Wilde, Lady 1890: *Ancient Cures, Charms, and Usages of Ireland.* London.

—— 1988: *Ancient Legends, Mystic Charms and Superstitions of Ireland with Sketches of the Irish Past.* London.

Wilde, William 1852: *Irish Popular Superstitions*. Dublin.

Williams, Nicholas J. A 1980: *The Poems of Giolla Brighde Mac Con Midhe*. Cumann na Sgríbheann nGaedhilge. LI. Baile Átha Cliath.

— 1993: *Díolaim Luibheanna*. Baile Átha Cliath.

Williams, Thomas 1971-1973: 'The Reluctant Messenger'. *Béaloideas*. 39–41: 358–424.

Wilson, F. P. 1970: *The Oxford Dictionary of English Proverbs*. Oxford.

Wood Martin, William G. 1902: *Traces of the Elder Faiths of Ireland: A folklore sketch*. I–II. London.

Wright, Thomas 1846: *Essays on Subjects Connected with Literature, Popular Superstition and History of England in the Middle Ages*. London.

Yoder, Don 1972: 'Folk Medicine'. Ed. Richard Dorson. *Folklore and Folklife: an introduction*. Chicago: 191–215.

Young, Simon 2013: 'Some Notes on Irish Fairy Changelings in Nineteenth-Century Newspapers'. *Béascna*. 8: 34–47.

Zimmerman, Georges D. 2001: *The Irish Storyteller*. Dublin.